Colin Hayes

ZEICHNEN UND MALEN

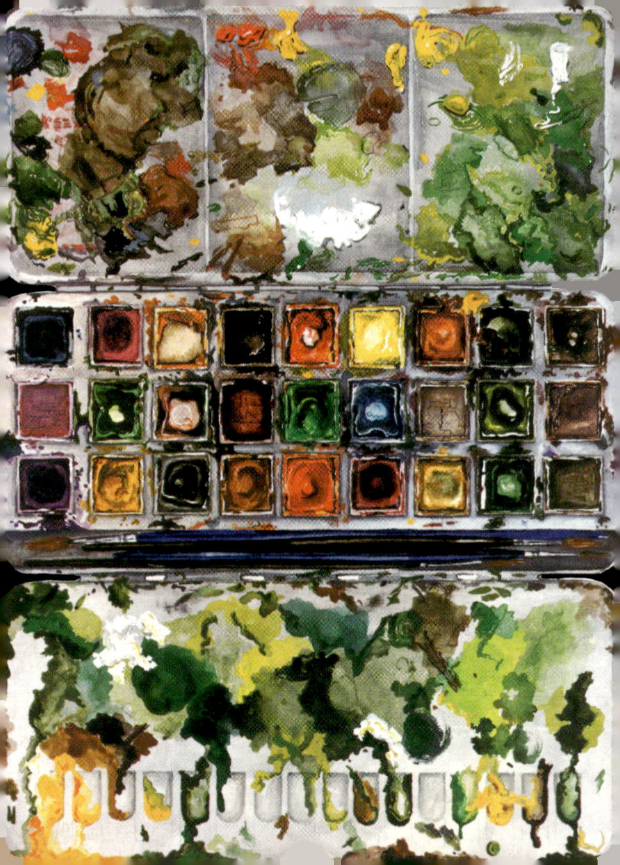

Colin Hayes

ZEICHNEN UND MALEN

Das praktische Handbuch der Werkstoffe und Techniken

Otto Maier Verlag

Beratender Herausgeber
Colin Hayes

Mitherausgeber
Caroline Villers
Michael Pope
Leonard Rosoman
David Tindle
Brian Thomas
Graham Cooper
Stan Smith
Guy Roddon
John Griffiths
Alistair Grant
James Trimble

Die englische Originalausgabe erschien
1978 unter dem Titel
The Complete Guide to Painting and Drawing
Techniques and Materials
bei Phaidon Press, Oxford

Aus dem Englischen übersetzt von
Christian Auffhammer

2. Auflage 1984

Fotosatz der deutschen Ausgabe durch
Bauer & Bökeler Filmsatz KG, Denkendorf
Farbbildreproduktion in Italien durch
Starf Photolitho SRL, Rom
Printed in Hong Kong
ISBN 3-473-61380-0

Dieses Buch wurde von
QED, 32 Kingly Court, London W1
gestaltet und hergestellt

Redakteur David Reynolds

Ausstattung Alastair Campbell

Redaktionsassistent Alastair Dougall
Entwurf David Mallott
Entwurfsassistenten Heather Jackson
Jeremy Bratt

Illustratoren Elaine Keenan Abdul Aziz Kahn
Sally Launder Martin Woodford Moira Clinch
Nicholas Dakin David Staples

Photographen Mike Newton Roger Pring
John Wyand Walter Rawlings

Bildauswahl Linda Proud

Montage Jean Kelly

Redaktionsleitung Michael Jackson

Nach einer Idee von Robert Morley

QED dankt den vielen Personen und Organisationen, die zum Gelingen dieses Buches beigetragen haben. Wertvolle Unterstützung gaben: John Wolff, William L. Ryan und David Greene von M. Grumbacher Inc., New York; Susan Jane Beers, Jean Attard, Alun Foster, Peter Waldren und John Gray von Winsor and Newton Ltd.; Ann Boreham von George Rowney and Co. Ltd.; Lionel Shapiro von Reeves and Sons Ltd.; Dick Garrett von Cumberland Graphics Ltd.; Eddie Rex von Inveresk Paper and Co. Ltd.; Sam Flax Inc.; Falkiner Fine Papers Ltd.; The DeVilbiss Company Ltd.; Paasche Airbrush Co.; Philip Poole von His Nibs; T. N. Lawrence and Son Ltd. Besonders danken wir den Mitarbeitern von Langford and Hill Ltd. für ihre Hilfe und für ihre großzügige Bereitstellung von Material und Werkzeugmustern.

Für Hilfe und fachmännischen Rat schulden wir Dank: Peter Moore vom British Museum, London; The National Gallery, London; den Druckern des Victoria and Albert Museums, London; The Courtauld Institute of Art, London; The National Gallery of Scotland, Edinburgh; The Museum of Modern Art, New York; Louvre, Paris.
Beschreibungen besonderer Verfahren wurden zur Verfügung gestellt von den Mitherausgebern und von Sheila Robinson, Michael Rand, Bob Tipper, R. N. Crossett und Stephen Jackson. Die Begriffserläuterungen stammen von Rory Coonan. Weitere wertvolle Unterstützung gaben: Edward Kinsey, Derek Prigent, Lesley Gilbert, Sarah Campbell, Philippa Reynolds, Arthur Windsor und Lynette Ferguson.

Inhalt

Einführung

Die praktische Verwendbarkeit ist das Leitmotiv dieses Buches. Es soll dem Künstler Hinweise auf leicht erhältliche oder anzufertigende Arbeitsmittel und auf ihre Verwendung geben. Die Autoren sind nur so weit auf die Entwicklungsgeschichte der jeweiligen Techniken eingegangen, als dies zur Erklärung dafür nötig war, wie die verschiedenen künstlerischen Arbeitsmittel entstanden sind; sie haben es vermieden, sich über geheimnisvolle alte Rezepturen zu verbreiten, deren Zutaten heute nur noch in Laboratorien oder mit Hilfe von Fachleuten zubereitet werden könnten.

Das Buch erklärt Eigenschaften und Anwendung der normalerweise jedem Künstler zur Verfügung stehenden Hilfsmittel – Hilfsmittel, die für ihn heute genauso erhältlich sind, wie etwa die, deren sich ein Rubens im frühen 17. Jahrhundert in seinem Atelier bedienen konnte.

Seit den frühen Jahren der Renaissance und Cennino Cenninis berühmtem „Il libro dell' Arte“ (Künstlerhandbuch) von 1390 haben sich die dem Künstler zur Wahl stehenden Hilfsmittel und Techniken vervielfacht, und sie sind in den industriellen Fertigungsprozeß einbezogen worden. Hierdurch werden nicht nur wesentlich höhere Ansprüche an die Herstellung vollständiger Produktpaletten gestellt, sondern der Künstler steht auch vor der Qual der Auswahl aus einer Vielfalt von Gestaltungsmitteln.

Das 20. Jahrhundert mit seinen weit zahlreicheren Ausdrucksmöglichkeiten für den Künstler, mindert diese Schwierigkeiten keineswegs. Renoir (1841–1919) erklärt in der Einführung zu einer Cennini-Ausgabe die ganz andere handwerkliche und künstlerische Ausgangslage des Renaissancemalers: „Zu Cenninis Zeiten gestaltete man Kirchen; heute gestalten wir Bahnhöfe, und wir müssen erkennen, daß unsere Zeitgenossen weniger aus den Quellen der Inspiration schöpfen können als ihre Vorfahren. Für sie gab es darüber hinaus einen gemeinsamen Nenner als Grundlage ihrer Werke, der die Quelle ihrer Stileinheit war: alle Maler übten sich in der gleichen handwerklichen Kunst. Keiner von uns beherrscht diese Kunst wirklich; niemand hat sie uns gelehrt, weil wir uns von der Tradition gelöst haben.

Die Maler der italienischen Renaissance gründeten ihre handwerkliche Kunst auf die ihrer Vorfahren. Gäbe es ein Mallehrbuch der alten Griechen, es würde dem von Cennini weitgehend gleichen.

Es scheint fast so, als stammte alle Malerei seit der Zeit, in der die Griechen in Pompeij malten, über die Zeit von Poussin bis hin zu Corot von der gleichen Palette. Jeder lernte diese Art der Malerei von seinem Meister und gab seinen eigenen Genius dazu. Damit nicht genug: Die Lehrzeit des Malers unterschied sich zu Cenninis Zeit nicht von der anderer Handwerker. Er lernte im Atelier des Meisters nicht nur zu malen, sondern auch, wie man Pinsel herstellt, Farben mahlt, Holzpaneele und Malleinwand fertigt. Schritt für Schritt wurde er mit den technischen Problemen vertraut gemacht, die die schwere Aufgabe des richtigen Farbauftrages mit sich bringt – eine Wissenschaft, die er nur mit Hilfe einer über Generationen hinweg gesammelten Erfahrung bewältigen konnte.“

Renoir übertrieb natürlich, wenn er behauptete, daß die Hilfsmittel und die handwerkliche Kunst sich zwischen dem Altertum und der Lebenszeit eines Corot (1796–1875) nicht geändert hätten.

Dennoch – für das, was uns hier interessiert – zeigte er die gänzlich andere Ausgangslage auf, der sich der zeitgenössische Künstler gegenübersieht. Der frühere Malschüler mußte seine Hilfsmittel kennenlernen; er mußte sie zunächst selbst anfertigen, um dann mit ihnen arbeiten zu können. Er mußte seine Farben schleifen und sogar seine Pinsel selbst herstellen, wie Renoir feststellte. Dabei und indem er sie für seinen Lehrmeister anfertigte, erfuhr er, wozu sie dienten, und er lernte, daß der Erwerb unnötiger Hilfsmittel für ihn mit unnötigem Arbeitsaufwand verbunden war.

Heute wird alles hergestellt, was wir nur begehren können; wir stehen einer riesigen Auswahl von Werkzeugen gegenüber, deren Verwendungsmöglichkeiten wir teilweise nicht einmal erahnen können und von denen der einzelne viele nicht für sich benötigen wird. Es gibt keine einheitliche, überlieferte handwerkliche Kunst mehr, die uns leiten könnte.

Ein Buch über Malhilfsmittel für den zeitgenössischen Künstler muß diese Probleme berücksichtigen. Unser Buch soll dem Künstler bei ihrer Lösung helfen. Wenn wir auch Bezugsnachweise bringen, so hätte es doch wenig Sinn, hier lediglich eine Zusammenfassung einzelner Hersteller- und Händlerkataloge vorzustellen. Wir haben vielmehr versucht, Art und Anwendungsmöglichkeiten der verfügbaren Hilfsmittel aufzuzeigen und dem Künstler eine Entscheidungshilfe für eine vernünftige persönliche Auswahl zu geben.

Heute investiert der Künstler zwar keine Arbeit mehr in seine Hilfsmittel, wohl aber sein Geld. Der Hersteller muß jedem gerecht zu werden versuchen, und es ist nicht seine Schuld, wenn sein Katalogangebot den Bedarf des einzelnen Künstlers bei weitem übersteigt. Erkennen, was ein Material an Gestaltungsmöglichkeiten in sich birgt, und es dann verwenden oder übergehen, ist Erfahrungssache. Aber der Weg zur Erfahrung kann dem Künstler – und gerade dem angehenden Künstler – verkürzt werden, und genau das will dieses Buch tun.

Weil praktische Erfahrung Voraussetzung für solche Hilfestellung ist, sind alle Autoren ausübende Künstler, die selbst ihre individuellen Hilfsmittel entdecken und kennenlernen mußten. Ihre gemeinsamen fachlichen Bemühungen haben sie mit den meisten erwähnenswerten Hilfsmitteln in Berührung gebracht, deren Erwerb sich ein Künstler wünschen könnte.

Von allen Mitautoren hat vielleicht am meisten Leonard Rosoman durch praktische Versuche gelernt. Seine persönlichen Erfahrungen zeigen den hohen Gewinn, den ein Künstler aus der Beachtung aller ihm zur Verfügung stehenden Arbeitsmittel ziehen kann. Viele Jahre lang malte Rosoman mit Öl-, Guasch- und Wasserfarben; danach, in den fünfziger Jahren, lernte er Acryl kennen. Das Ergebnis läßt sich am besten in seinen eigenen Worten wiedergeben: „In den vierziger und fünfziger Jahren malte ich meist mit Guaschfarben oder mit einer Mischung aus Guasch- und Wasserfarben. Ich legte Wert darauf, zunächst Wasserfarbe dünn und flächig aufzutragen und darüber dann so mit Guasch weiterzuarbeiten, daß die Wasserfarbe teilweise noch durchschimmerte, daß also eine Mischung aus deckenden und transparenten Farben entstand.

Ich spürte, daß dies die für mich richtige Maltechnik war, und ich übertrug sie auf die Leinwandmalerei mit Öl – jedenfalls versuchte ich es. Ich war mir durchaus im klaren darüber, daß ich es mit einem anderen Arbeitsmittel zu tun hatte, wollte aber von meiner früheren Technik nicht abgehen. Ich hatte jedoch das Gefühl, daß ich nicht richtig zurechtkam und daß die verschiedenen Stufen, die mein Bild bis zur Fertigstellung nacheinander durchschreiten muß, sich mit Wasserfarbe und Guasch besser bewältigen ließen.

Ich glaube erst damals langsam begriffen zu haben, was meine Malerei war, und es war für mich von größter Bedeutung, daß ich gerade zu dieser Zeit mit Acrylfarbe in Berührung kam. Mit Acryl konnte ich erstmals Ideen und Konzeptionen auf einer großen Leinwand so oder ganz ähnlich verwirklichen, wie ich dies mit Guasch auf Papier getan hatte. Ich fühlte mich plötzlich befreit; dies wirkte sich zweifellos psychologisch ungeheuer aus und spiegelte sich sichtbar auf der Leinwand wider. Ich erinnere mich an das herrliche Gefühl beim Lasieren großer Flächen und beim Beobachten einer Flut von Farbe, die in Sekundenschnelle zu einer schönen, mattglänzenden Oberfläche als Grundlage für den nächsten Arbeitsgang trocknete."

Rosoman hat seither mit Acrylfarben gearbeitet und als Vertreter dieser Richtung weltweite Anerkennung geerntet.

Sinnvoll ist es auch, dem Malschüler Hinweise auf die Materialien zu geben, die er nicht benötigt, oder ihm zu helfen, dies selbst zu erkennen. Dieser Hinweis kann ebenso aus künstlerischen wie aus finanziellen Gründen ge-

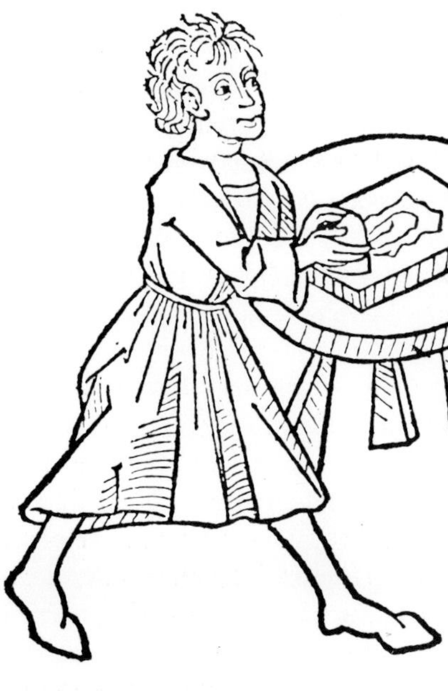

Mittelalterlicher Druck *Malschüler beim Einarbeiten des Pigments in die Trägerlösung zur Farbherstellung.*

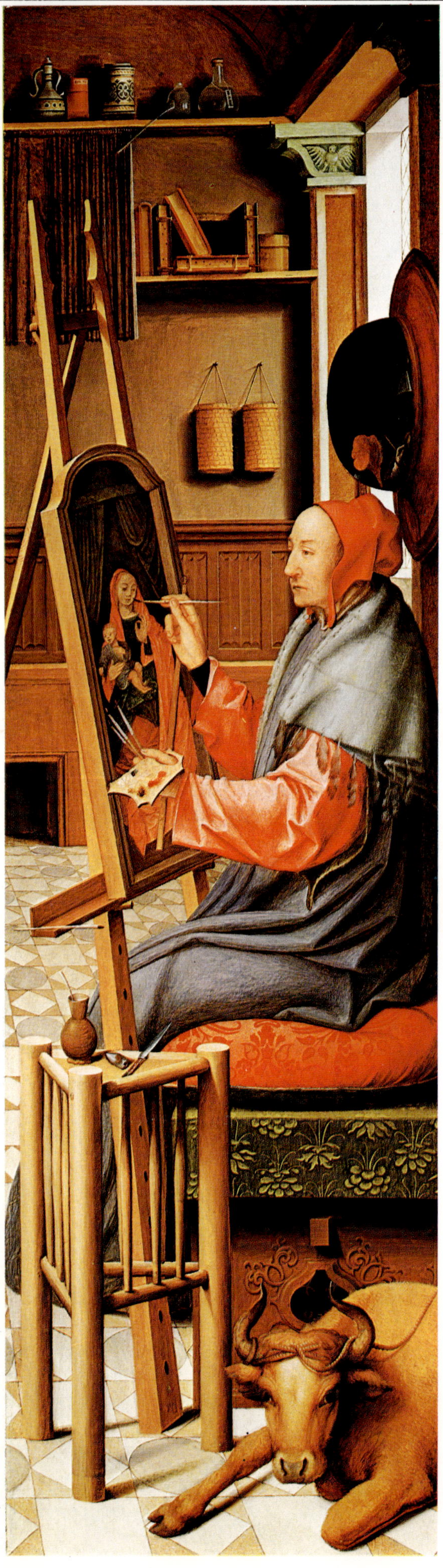

boten sein. Vielfach wird ein Überfluß an Hilfsmitteln dem Gelingen eines Kunstwerkes eher hinderlich als förderlich sein: mit Sicherheit sind zu viele Farben auf der Palette manchem Künstler schädlich. Im irrigen Glauben, er brauche alles, was der Markt bietet, erliegt er nur zu leicht der Versuchung, sich mit allem möglichen Atelier- und Arbeitsmaterial einzudecken. Nur in Ausnahmefällen ist die gesamte lieferbare Produktpalette für den einzelnen von Interesse; niemand merkt das schneller als der Landschaftsmaler, der übereifrig eingekauft hat und nun alles mit sich herumschleppen muß.

Aber der Rat zur Zurückhaltung stellt nur die eine Seite der Medaille dar. Wenn wir Renoir darin folgen, daß es keine einheitliche Kunst mehr gibt, dann können Hinweise zur Beschränkung nur als Anregung dienen, nicht aber als eine Art Vorschrift. Wo einst der Künstler in der Lehrzeit kaum daran vorbeikam, sich mit dem gesamten Umfang und den Eigenschaften eines verhältnismäßig kleinen Angebots von Pigmenten, Trägerlösungen, graphischen und anderen Hilfsmitteln vertraut zu machen, da kann der heutige Malschüler leicht durch Unkenntnis manches Hilfsmittel übergehen, das seinen künstlerischen Bedürfnissen gut gerecht werden könnte.

Zweck dieses Buches ist es daher auch, die Experimentierfreude des Künstlers zu unterstützen, zu erklären und oft auch im Bild zu zeigen, was er mit dem tun kann, was der Markt für ihn bereithält. Der Künstler wird heute ein Arbeitsmittel häufig kennen, ohne jedoch von den ihm innewohnenden Möglichkeiten zu wissen; oder er sieht und beneidet vielleicht Strukturen und Qualitäten der Arbeiten anderer, ohne zu wissen, mit welchen Arbeits- oder Hilfsmitteln sie geschaffen wurden. Er mag sich im unklaren darüber sein, welche Auswirkung die Mischung verschiedener Materialien hat, welche Papiere welchen graphischen Anforderungen entsprechen und dergleichen mehr.

Wir haben versucht, dem Künstler einen Leitfaden durch die oft verwirrende Vielfalt der heute angebotenen Alternativen und Möglichkeiten zu geben, so daß er die Entscheidung über die für seine künstlerischen Ausdruckswünsche richtigen Arbeitsmittel von einem höheren Wissensstand darüber treffen kann, was mit ihnen anzufangen ist.

Der Inhalt jedes Kapitels oder Abschnitts wird von dem ihm vorangestellten Einzelthema bestimmt. Die Kapitel über Öl, Acryl, Außenwandmalerei, Wasserfarbe und Zeichnen oder Graphik spiegeln in der Regel das Handelsangebot der zugehörigen Arbeitsmittel wider. Im Gegensatz dazu erklärt das Kapitel über Tempera, wie der Künstler am besten Gründe und seine bevorzugten Tempera-Trägerlösungen aus leicht erhältlichen Zutaten selbst herstellen kann.

Das Kapitel über Freskomalerei ist ein Sonderfall; es beschreibt die großen Schwierigkeiten, einige der überkommenen Arbeitsmittel dieser Kunst zu erwerben oder selbst herzustellen. Selbst in einem Buch über normalerweise leicht erhältliche Hilfsmittel wäre es aber nicht zu verantworten, Hinweise auf Material und Techniken einer Kunst zu übergehen, die in der Vergangenheit so viele Meisterwerke hervorgebracht hat.

Wir haben kaum Rezepturen von Hilfsmitteln aufgenommen, die nur schwer selbst herstellbar sind und die in gleicher oder besserer Qualität im Handel erhältlich sind. Manchmal aber ist eigene Arbeit gerechtfertigt. So bietet der Handel zwar eine breite Palette von Pastellfarben an; aber da sich diese Farben nicht ohne weiteres mischen lassen, sollte der Künstler seine Spezialfarben, die im Katalogangebot fehlen, selbst herstellen können. Daher ist dies im Detail erläutert und illustriert.

Ein Buch mit dem Ziel klarer und leicht zugänglicher Information muß entsprechend aufgebaut sein. Nur die Trennung nach Sachgebieten vermeidet ein Wirrwar unauffindbarer Hinweise. Aber der Leser sollte wissen, daß er trotz des abgeschlossenen Artikels für jeden Farbträger nur in den Grenzen der chemischen Gesetze daran gehindert wird, ihn mit anderen zu mi-

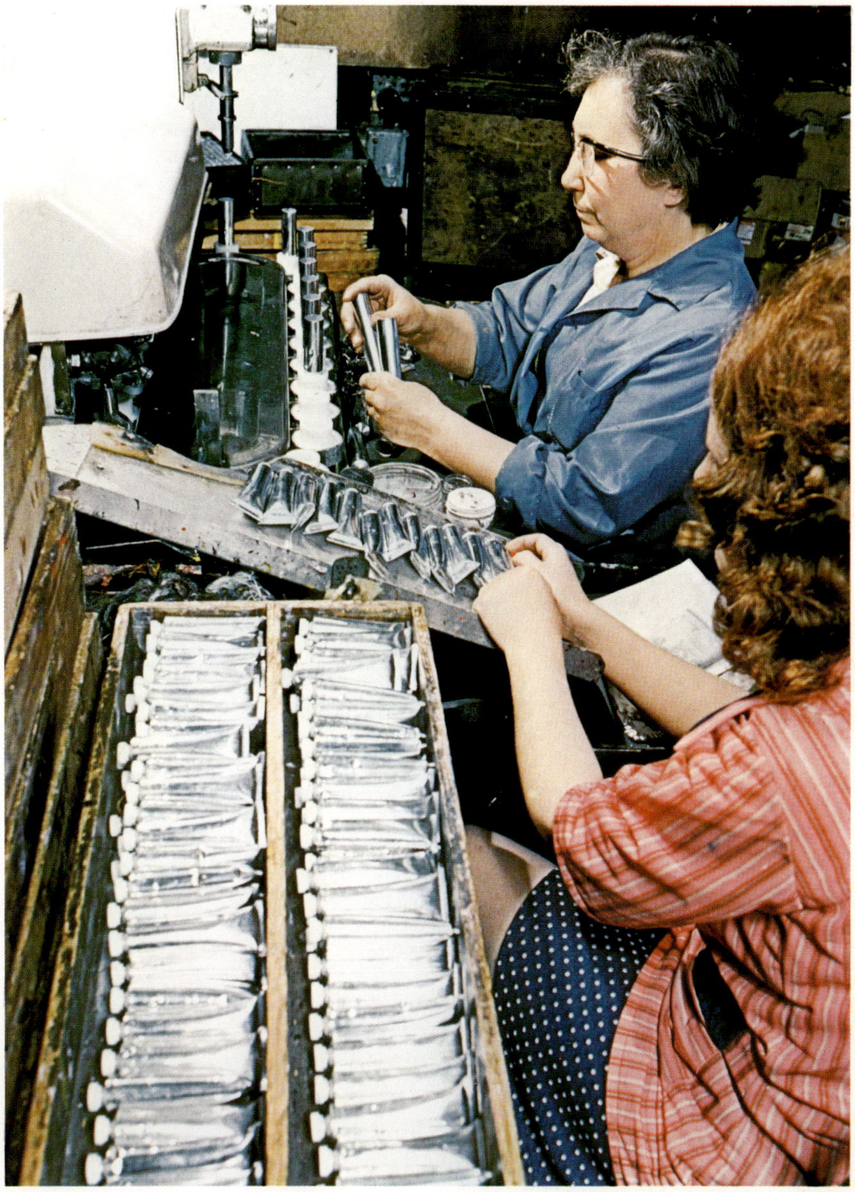

Links **Quentin Massys: St. Lukas beim Malen** *Authentische Darstellung eines Malers und seines Ateliers im frühen 16. Jahrhundert.*
Unten **Pierre-Auguste Renoir: Bildnis von Claude Monet** *Während Renoir es bedauerte, daß die Malerei sich von der festgefügten Tradition gelöst hatte, nutzten er, Monet und andere die aufgezwungene Freiheit zur Schöpfung neuer Ausdrucksformen und Techniken, von denen tiefgreifende Impulse ausgehen sollten.*

Rechts **Maschinelle Farbtubenfüllung bei Winsor and Newton, Harrow, England** *Die industrielle Herstellung der Arbeitsmittel entlastet den heutigen Künstler von der Mühe, Farben, Pinsel und Zeichenbedarf wie sein Vorgänger vor 200 Jahren selbst herstellen zu müssen. Aber er steht vor dem Problem, eine vielfältige Produktpalette kennen und aus ihr auswählen zu müssen.*

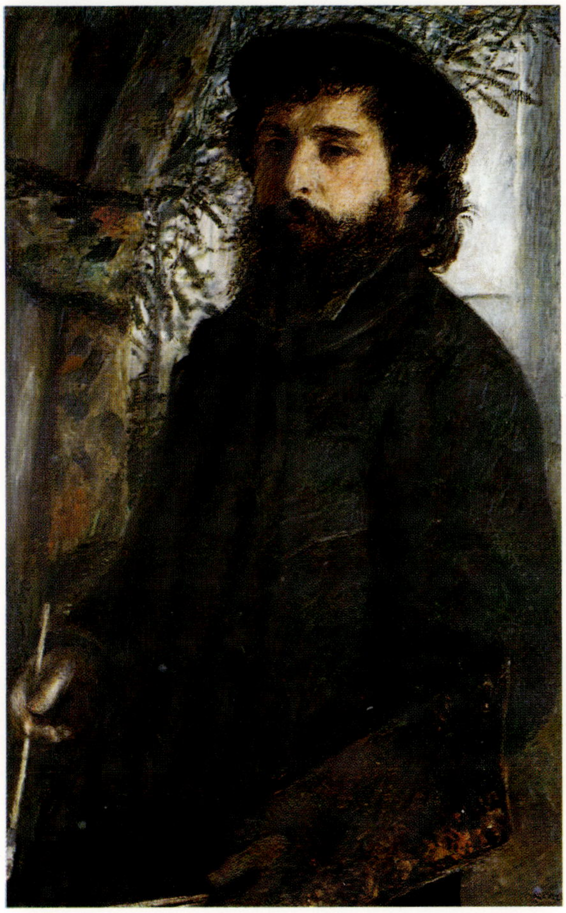

schen. Es ist leicht einzusehen, daß man mit einem wäßrigen Farbträger nicht über einen ölhaltigen malen kann, aber wo solche Hinderungsgründe nicht entgegenstehen, lassen sich die Farbträger ganz nach Bedarf vermischen. So steht einer Mischung von Wasserfarbe und Guasch, vielleicht mit einer zusätzlichen Ausarbeitung in Pastell oder Tusche, nichts entgegen. Es ist auch ohne weiteres möglich, ein Bild mit Acrylfarben anzufangen und es in Ölfarbe zu vollenden, während die umgekehrte Reihenfolge ausscheidet.

Unsere Autoren haben vielfach auf solche Möglichkeiten hingewiesen und Beispiele solcher Meister kombinierter Techniken angeführt, wie etwa Degas (1834–1917). Da aber die Möglichkeiten unüberschaubar sind, möchten wir dem Leser hier ebenso wie in den enger umgrenzten Einzeltechniken zum eigenen Experiment raten.

Colin Hayes

1. Kapitel

Grundlagen für das Malen und Zeichnen

Die meisten ästhetischen Theorien zeichnen sich dadurch aus, daß sie aufgrund praktischer Erkenntnis aufgestellt wurden und daß ihre Urheber sie im allgemeinen nicht vom Standpunkt des künstlerischen Hilfsmittels her gesehen haben. Es gibt aber auch bildnerische Grundsätze und Vorgaben, die von Künstlern stammen oder wenigstens von ihnen adaptiert und als Hilfen beim Bildermalen verwendet wurden.

Proportion Die Grunderkenntnisse über die Proportion sind alt. Die Proportion ist als geometrische, den lange bekannten euklidischen Lehrsätzen verwandte Wissenschaft nicht nur leichter darzustellen als die Farblehre, sondern sie beruht – anders als die meisten Farbtheorien – auf den schönen Künsten, speziell auf den Bedürfnissen der Architektur. Im Lauf der Zeit sind Proportionstheorien ebenso oft neu aufgestellt wie wieder zurückgewiesen worden. Dennoch scheint die Verwendung geometrischer Grundsätze in der Kunst bei der Anordnung von Formen und Bildern einen immer wiederkehrenden, wenn nicht gar ununterbrochenen Einfluß ausgeübt zu haben.

Ein seit der Antike verwendeter geometrischer Begriff ist die „Stetige Teilung". Einfach erläutert bedeutet sie die Teilung einer Geraden in der Weise, daß der kleinere Teil sich zum größeren wie der größere zur ganzen Linie verhält.

Auf der Grundlage dieses „Goldenen Schnitts" können Rechtecke in abgestimmten Größenverhältnissen gebildet werden. Diese und andere Proportionalverhältnisse tauchen in der Kunstgeschichte wiederholt als Hilfsmittel vielfältiger, aber auf dem gleichen Grundsatz aufbauender Unterteilungen architektonischer und bildnerischer Flächen auf. Sie sollen für das menschliche Auge und den menschlichen Geist von natürlicher Harmonie sein; insbesondere soll der „Goldene Schnitt" ein Naturgesetz widerspiegeln, weil seine Proportionen in Flora und Fauna beobachtet werden können.

Farbe Während seit der Antike den jeweiligen Zeitidealen nahekommende geometrische Regeln der Proportion aufgestellt wurden, gab es vor Newton (1642–1727) fast keine „Wissenschaft" der Farbe. Die Farbwissenschaftler haben bei aller Ablehnung ihrer gegenseitigen Theorien Einigkeit nur darin erzielt, daß es vor ihren Darlegungen kein Verständnis über das Farbverhalten gegeben habe. Tatsächlich aber zeigt sich aus den Kunstwerken ein in praktischer Erfahrung erworbenes Wissen, das mindestens bis auf die altgriechische Malerei (ca. 350 v. Chr.–50 n. Chr.), wahrscheinlich aber noch viel weiter zurückgeht.

So zeigt die venezianische Renaissancemalerei durchgehend, wie sich durch die wohlüberlegte Verwendung warmer und kalter Farbgegenüberstellungen Tiefenwirkung erzielen läßt; eine ähnliche Systematik scheint aber schon in den noch vorhandenen Beispielen altgriechischer Portraits – viele von ihnen sind Mumienbildnisse – vorweggenommen zu sein.

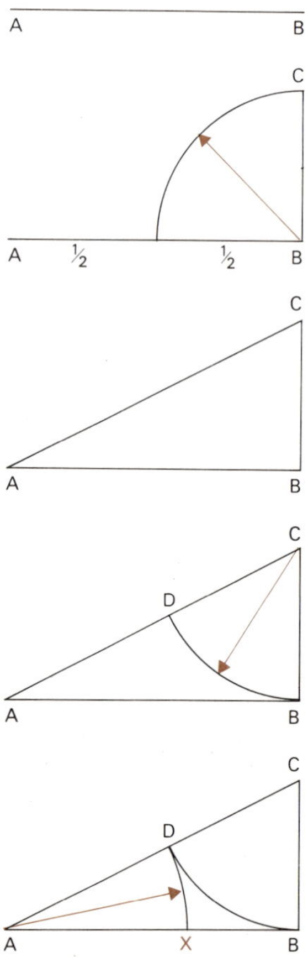

Linienteilung nach dem Goldenen Schnitt *Mit Lineal und Zirkel kann jede Linie nach den Proportionen des Goldenen Schnitts geteilt werden.*
1. *Die Linie AB wird in zwei gleiche Hälften geteilt.*
2. *Mit der Zirkelspitze in B wird ein Viertelkreis von der Linienmitte bis zum Punkt C senkrecht über AB gezogen.*
3. *AC und BC werden zu einem rechtwinkeligen Dreieck verbunden.*
4. *Mit der Zirkelspitze in C wird ein Bogen von B zum Schnittpunkt D in AC gezogen.*
5. *Mit der Zirkelspitze in A wird ein Bogen von D zum Schnittpunkt X in AB gezogen. XB verhält sich dann zu AX wie AX zu AB. Ein Goldener Schnitt ist entstanden. Man kann mit diesen Proportionen ein Rechteck darstellen und darauf weitere Rechtecke aufbauen, deren Proportionen nach dem Goldenen Schnitt wachsen oder schrumpfen.*

Im 19. Jahrhundert begannen von außen kommende Farbtheorien auf die Künstler einzuwirken. Goethes „Farbenlehre" mit ihrer Vereinigung der analytischen und geistigen Elemente faszinierte Turner (1775–1851), als sie 1840 in England erschien. Fast zur gleichen Zeit begann in Frankreich die Abhandlung des Chemikers Chevreul (1786–1889) ihren Einfluß auf die Malerei auszuüben.

Chevreuls „Gesetze des gleichzeitigen und aufeinanderfolgenden Kontrasts" mit ihren Tabellen über die sich daraus ergebenden Farbeffekte zogen die Aufmerksamkeit von Delacroix (1798–1863) auf sich und beeinflußten die Impressionisten zweifellos. Obwohl die wissenschaftliche Anerkennung seiner Ausführungen durch spätere Farbtheorien modifiziert und überlagert wurde, hatten Chevreuls Beobachtungen genügend praktischen Gebrauchswert, um die Aufmerksamkeit der Maler für lange Zeit auf sich zu ziehen.

Neuere Farbuntersuchungen stehen mehr unter dem Einfluß von Erfordernissen und Grenzen kommerzieller Farbwiedergabe und haben zur Forderung nach neuen Grundfarbwerten geführt; die Schwierigkeiten, denen sich der Maler in bezug auf Pigmente, Form- und Raumwirkungen gegenübersieht, haben sie nicht immer berücksichtigt.

Während so die wissenschaftliche Analyse des Farbverhaltens durchaus die Malerei beeinflußte, ist es bemerkenswert, daß sich die Aufzeichnungen der Maler selbst über die Farbe – etwa von Cézanne (1839–1906), Kandinsky (1866–1944) und Matisse (1869–1954) – sowohl mit technischen Aspekten wie auch mit solchen „geistigen" Fragen befaßt haben, die die Wissenschaft nicht behandeln konnte oder wollte.

Ein Zitat von Renoir (1841–1919): „Tatsächlich läßt sich weder in der Malerei noch in anderen Kunstarten ein einzelner Vorgang auf eine Formel reduzieren. Ich glaube lange vor den Wissenschaftlern gewußt zu haben, daß aus der Gegenüberstellung von Gelb und Blau violette Schattierungen entstehen; aber auch derjenige, der das weiß, weiß immer noch gar nichts. Es gibt so vieles in der Malerei, was sich einer Erklärung entzieht, obwohl es von

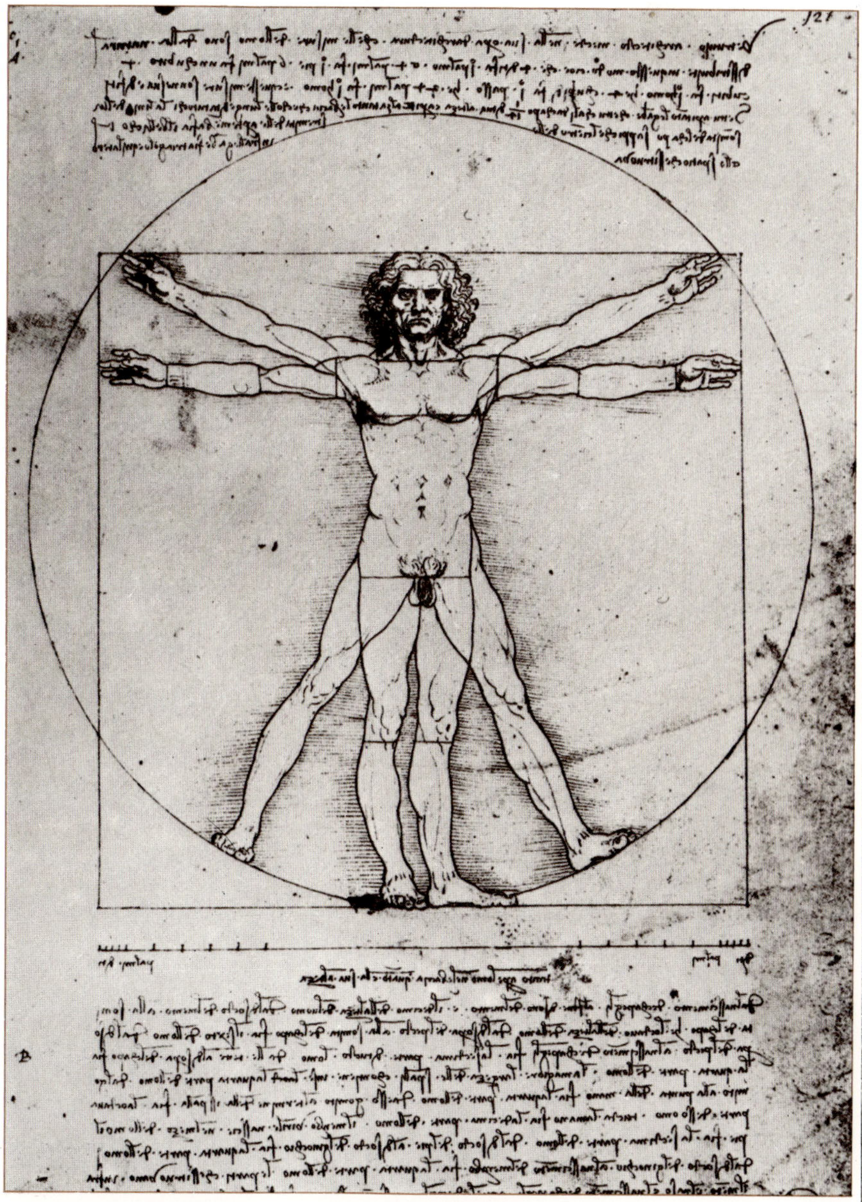

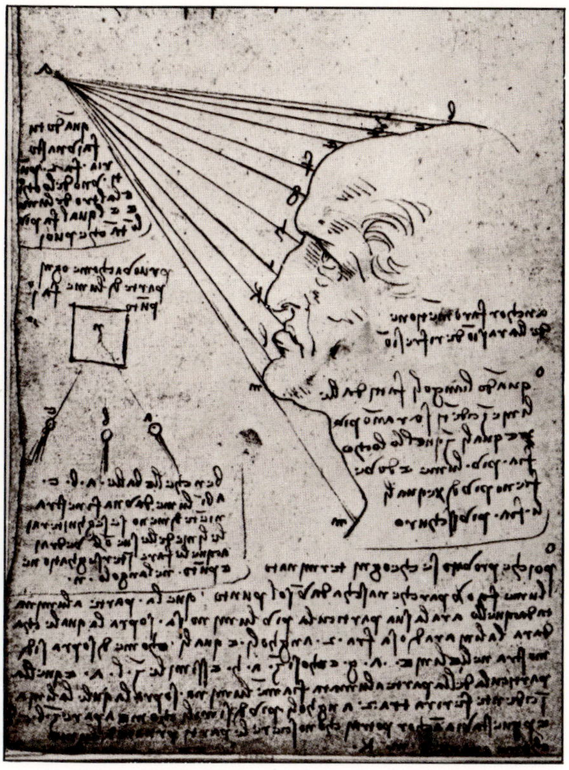

Oben und links **Leonardo da Vinci: Proportionen eines Mannes; Anatomische Punkte**
Unten **Albrecht Dürer: Proportionen einer Hand** *Sowohl die süd- wie die nordeuropäischen Renaissancekünstler beschäftigten sich mit der Darstellung der Proportionsgesetze. Heute ziehen es die meisten figürlichen Maler vor, solche Darstellungen nach Augenmaß zu malen.*

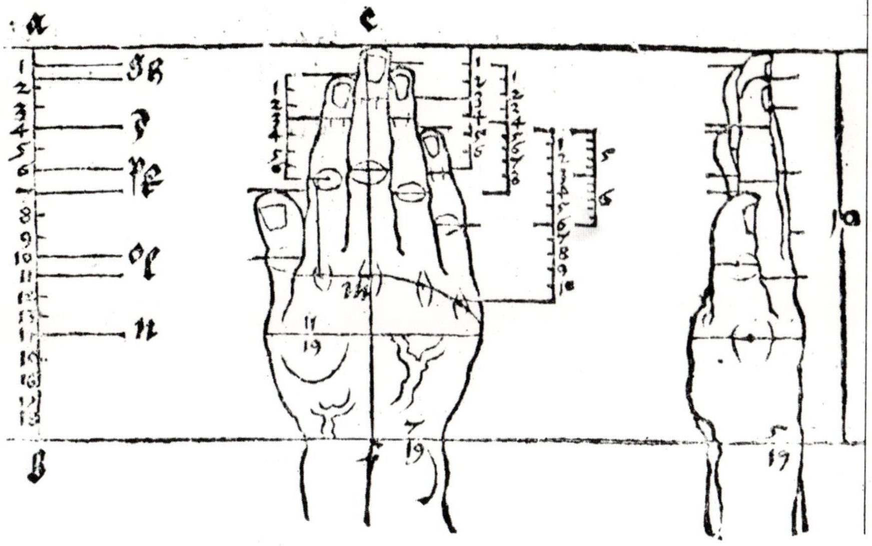

grundsätzlicher Bedeutung ist. Man tritt der Natur mit Theorien gegenüber, und die Natur setzt sie außer Kraft."

Perspektive Entwürfe auf der Grundlage proportionaler Gesetze könnte man sich als vorwiegend zweidimensionales Verteilen von Formen über eine Bildfläche vorstellen. Aber diese Gesetze wurden durch dreidimensionale Zielvorstellungen erweitert und manchmal auch gestört, die seit dem angehenden 15. Jahrhundert versucht haben, mit perspektivischen Systemen formale und räumliche Wirkungen auf Flächen brauchbar darzustellen.

Die Entdeckungen und Erfindungen der Architekten Brunelleschi (1377–1446) und Alberti (1404–1472) und des Malers Ucello (1396/7–1475) und anderer bildeten die Grundlage der verschiedenen Zentralperspektivlehren, die seither mit Ab-

Rechts **Altgriechischer Maler: Bildnis eines Verstorbenen aus dem 2. Jahrhundert v. Chr.** *Warme und kühle Töne drücken Raumformen aus. Mund und Nase spiegeln Modellierungen wider, wie man sie auch häufig im Werk Tizians und Veroneses findet.*

Unten **Ben Nicholson: Guasch 1936** *Das Sujet wurde aus geometrischen Räumen und einer wohlausgewogenen Balance von Fläche und Farbe gebildet, aus der die ganze Bildfläche besteht.*

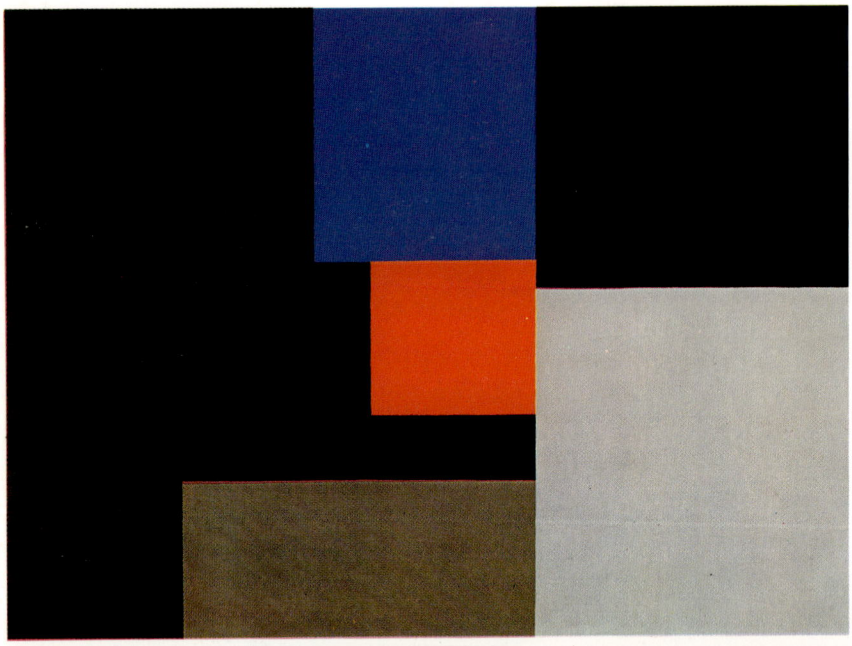

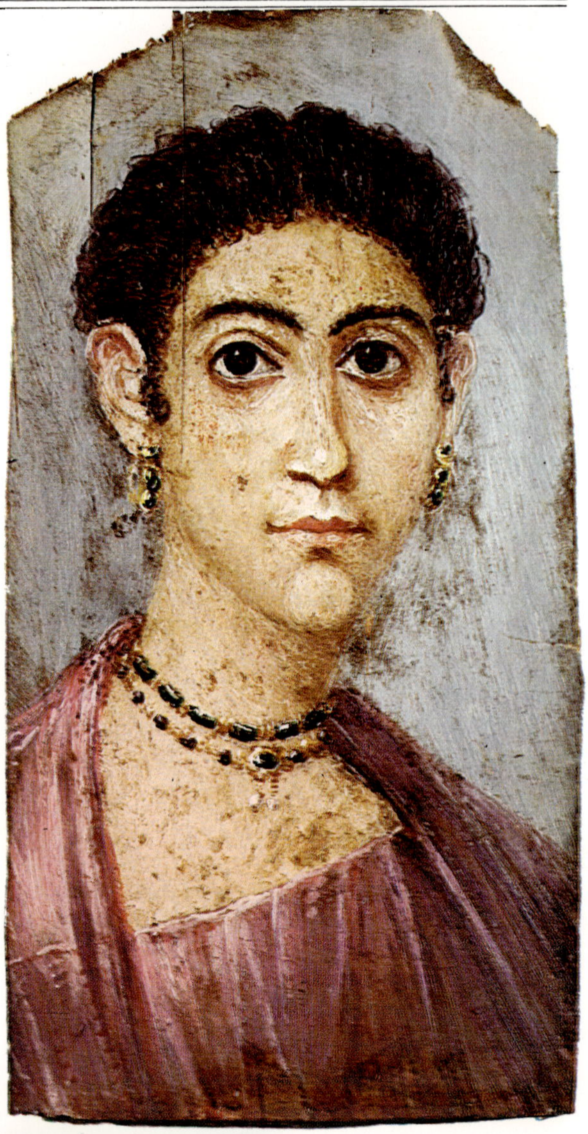

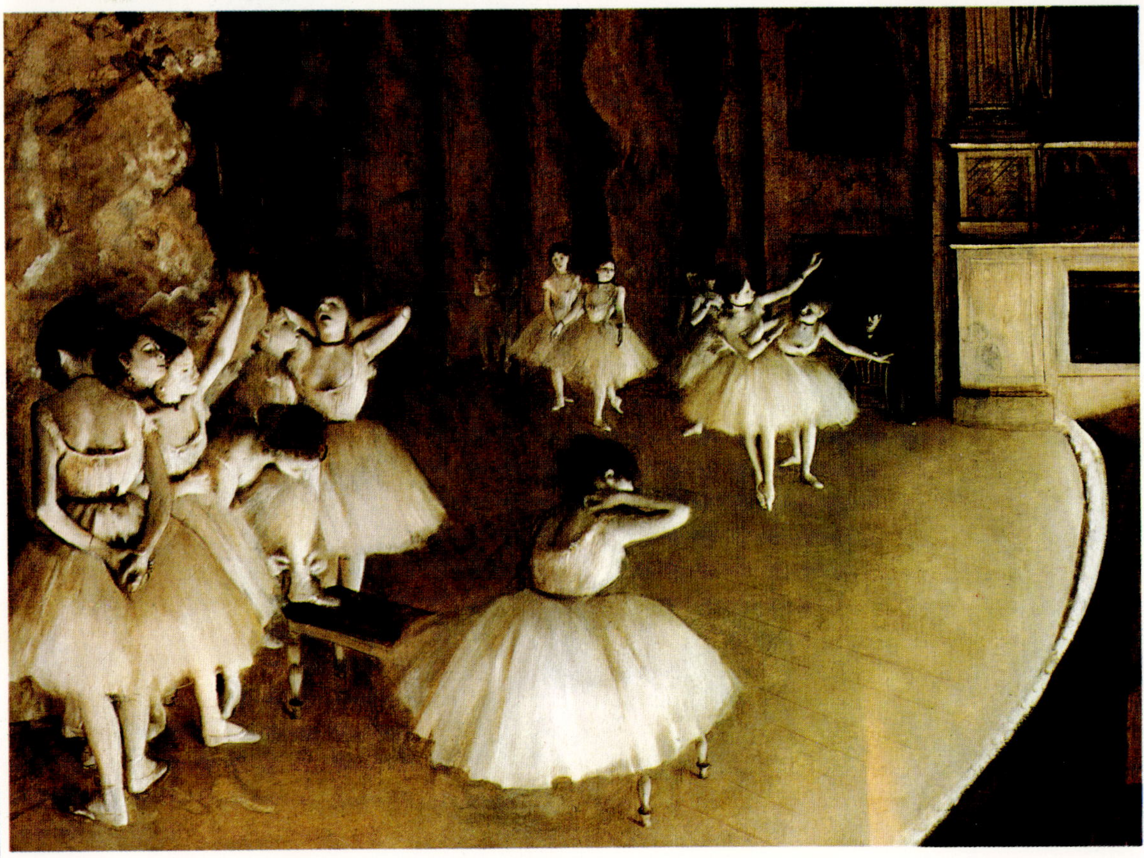

Rechts **André Derain: Bildnis Henri Matisse** *Ein Höhepunkt fauvistischer Malerei. Keine Farbe ist naturgetreu oder beschreibend im Sinne des Nachahmens; aber so emotionell die Farbwahl erscheint, so wenig willkürlich ist sie. Die Kontraste und Akzente von Gelb, Rot, Blau oder Grün sind eine übertriebene Wiedergabe von Chevreuls gleichzeitigen Kontrasten. Die Tiefenwirkung der Farbe geht auf van Gogh und Cézanne zurück.*

Links **Edgar Degas: Ballettübung auf der Bühne** *Auf den ersten Blick fällt die impressionistische Unmittelbarkeit des – wie Degas sagte – „durch das Schlüsselloch gesehenen" Blickwinkels und Handlungsmomentes auf. Dennoch ist dies auch eine formal streng gebundene Arbeit. Die geometrische Form bleibt unmerklich erhalten. Die Farbgebung geht nicht über die Darstellung von Kalt-/Warmkontrasten hinaus. Die kühlen Weiß- oder Grautöne bauen sich massiv oder abtönend auf einer durchscheinenden, warmfarbigen Unterschicht auf.*

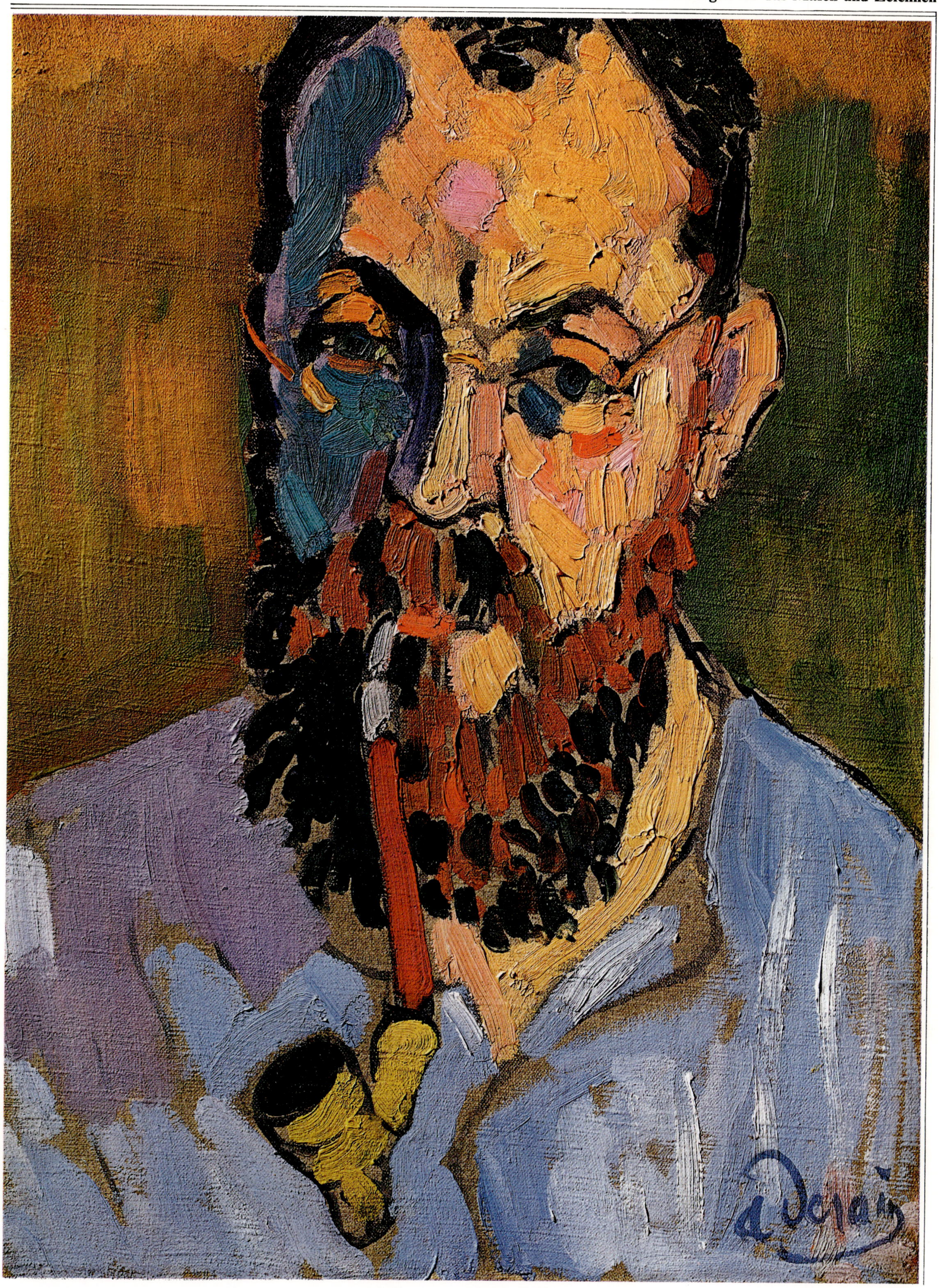

wandlungen von den abendländischen Künstlern immer wieder verwendet wurden. Diese Entdeckungen waren eine logische Begleiterscheinung des Humanismus und der Forderungen des Naturalismus im 15. Jahrhundert.

Wegen ihrer Bindung an den Naturalismus und – in gewissen Grenzen – an das räumliche Sehvermögen des Menschen, hat man die Zentralperspektive oft mit illusionistischer Malerei gleichgesetzt, also mit einer Technik, die dem Auge die Dreidimensionalität eines Gemäldes vortäuscht. Das ist aber nicht ganz richtig; der Grundgedanke der Perspektivlehre ist die Systematik, nämlich der räumliche Aufbau anhand geometrischer Vorgaben, und in diesem Sinne wurden ihre Elemente – „Blickpunkte", „Horizonte" und „Fluchtpunkte" – in der Renaissance angewendet. In der illusionistischen Kunst und in der „trompe l' oeil"-Malerei als ihrer extremsten Spielart spielt die Perspektive sicherlich eine Rolle, aber die Illusion wird durch Manipulation von Lichteffekten erzielt.

Selbst erfahrene Praktiker wissen nicht immer, daß jedes Perspektivsystem eine Verfälschung und nicht etwa die maßgerechte Wiedergabe natürlicher Erscheinungen ist und sein muß. Der Künstler erfaßt die Natur durch ständiges Hin- und Herwandern seiner Pupillen in seinem Blickfeld. Er überträgt seine Beobachtungen entweder nach einem System oder nach dem Auge auf eine Fläche. Es ist aber bekannt, daß eine sphärische Oberfläche nicht unentstellt in eine Ebene gedreht, gebogen oder gestreckt werden kann; jede Weltkarte bietet den Beweis dafür.

Die Wiedergabe von Raum in der Ebene beinhaltet also unvermeidlich Entstellungen. Innerhalb kleinerer Blickwinkel bleibt die Verzerrung unmerklich gering; sie kann in gewissen Grenzen auch durch Kunstgriffe zurückgedrängt werden; geht man aber über diese Grenzen hinaus, wird die Verzerrung offensichtlich. In diesem Sinne sind Perspektivsysteme und Landkartenprojektion nur die beiden Seiten der gleichen Münze.

Maler, die die Perspektive als Mittel zur räumlichen Gestaltung beherrschten, wie Piero della Francesca (1410/20–1492), Vermeer (1632–1675) und Canaletto (1696–1768), waren sich dieser Gesetzmäßigkeit stets wohlbewußt und verstanden es auf das vorzüglichste, sie zu überspielen. Wo es ihnen nötig erschien, ließen sie ohne Zögern die Regeln außer acht, und sie waren geschickt genug, dies unmerklich zu tun. Sie vermieden es meistens, in den Außenbereichen von Gemälden mit breitem Blickfeld winkelige und geometrische Formen wiederzugeben, wo ihre Verzerrung offenkundig geworden wäre. Sie ersetzten sie durch unregelmäßige Formen oder Schattierungen, in welchen räumliche Verzerrungen nicht mehr nachweisbar sind.

In jeder Spielart der schönen Künste tut der Künstler gut daran, sich vorhandener Systematiken zu bedienen, sich aber nicht von ihnen beherrschen zu lassen. Das ist leichter gesagt als getan. Vereinfachend, aber im Kern treffend, kann man feststellen, daß für die meisten Maler und Künstler die eigenständige Themenwahl die beste Waffe gegen die Tyrannei der Systeme darstellt. Wenn neben der augenblicklichen Eingebung noch etwas ein Gemälde zu einer künstlerischen Einheit macht, ist es das Sujet, nicht ein System.

An Regeln über Farbe, Proportion, Perspektive und andere Gesetzmäßigkeiten sollte man sich halten, solange sie der gewünschten Gestaltung dienen. Sobald sie sie gefährden, muß der Künstler sie – notfalls bis zur Unkenntlichkeit – abwandeln.

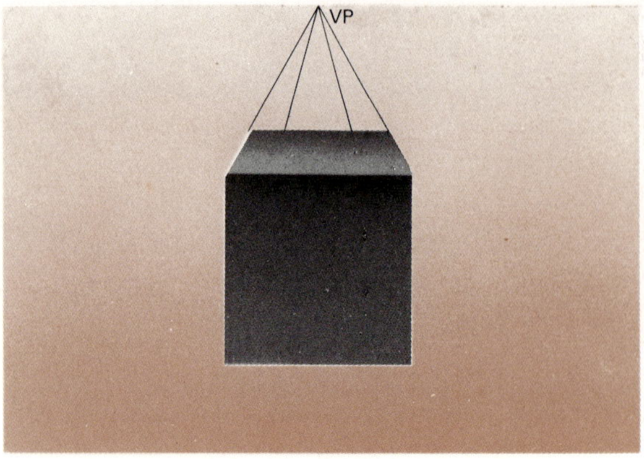

Einpunktperspektive *Nach rückwärts laufende Parallelen scheinen zu konvergieren; sie treffen sich in einem „Fluchtpunkt". Ein Würfel mit nur zwei sichtbaren Seiten wird perspektivisch nur mit einem Fluchtpunkt dargestellt.*

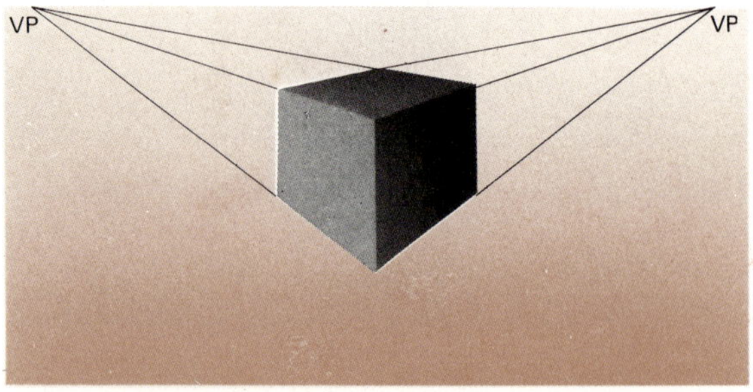

Zweipunktperspektive *Ein Würfel mit drei sichtbaren Seiten auf Sichthöhe des Betrachters zeigt zwei scheinbar konvergierende Liniengruppen. Er kann daher mit Hilfe zweier Fluchtpunkte wiedergegeben werden.*

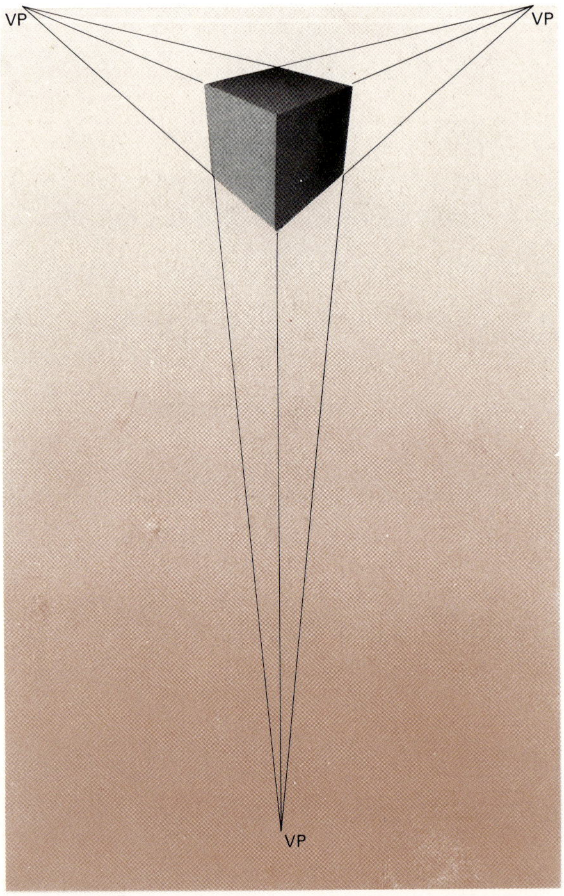

Dreipunktperspektive *Sobald ein Würfel deutlich über oder unter der Sichthöhe des Betrachters auftaucht, scheinen seine Linien horizontal und vertikal zu konvergieren. Jetzt benötigt man drei Fluchtpunkte.*

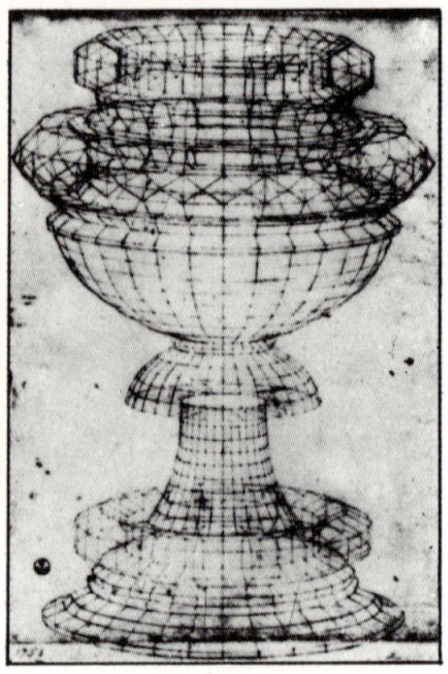

Oben **Ucello: Vase** *Diese perspektivische Studie eines Kelches zeigt den Enthusiasmus, mit dem Ucello die von Brunelleschi und Alberti entwikkelten Richtlinien aufgenommen hatte. Alle Formelemente des Kelches sind in Serien winkeliger Einzelflächen aufgelöst, die sich den Gesetzen der Fluchtpunkte und der Proportionalität unterordnen.*

Rechts oben **Leonardo da Vinci: Perspektivstudie** *Beispiel der Integration lebendiger und sich bewegender Wesen in einen strengen und vergleichsweise einfachen perspektivischen Raum mit zentralem Fluchtpunkt rechts der Bildmitte. Die angedeuteten Menschen, Pferde und sogar ein Kamel ordnen sich in ihren Proportionen ohne weiteres in das perspektivische Netzwerk ein.*

Rechts unten **Michelangelo da Caravaggio: Das Mahl zu Emmaus** *Diese Licht-/Schattenmalerei (Tenebroso) stützt sich auf Perspektivregeln, die sich von denen Leonardos nicht wesentlich unterscheiden. Wollte man aber die verschiedenen Formelemente in der Bewegung der Figuren nach der Art von Ucellos „Vase" in vereinfachte Rasterflächen aufteilen, würde eine ganze Reihe von Fluchtpunkten auftauchen. Oberflächlich betrachtet hat das Bild einen einfachen Aufbau in Form eines Dreiecks, aber es ist charakteristisch für dieses Stadium europäischer Malerei, daß Caravaggio Konturen und Perspektiven durch emphatische Farbgebung konterkariert. Im Dienste des dramatischen Bildaufbaus scheint auch der Früchtekorb nach einem anderen Fluchtpunkt ausgerichtet zu sein als der Tisch.*

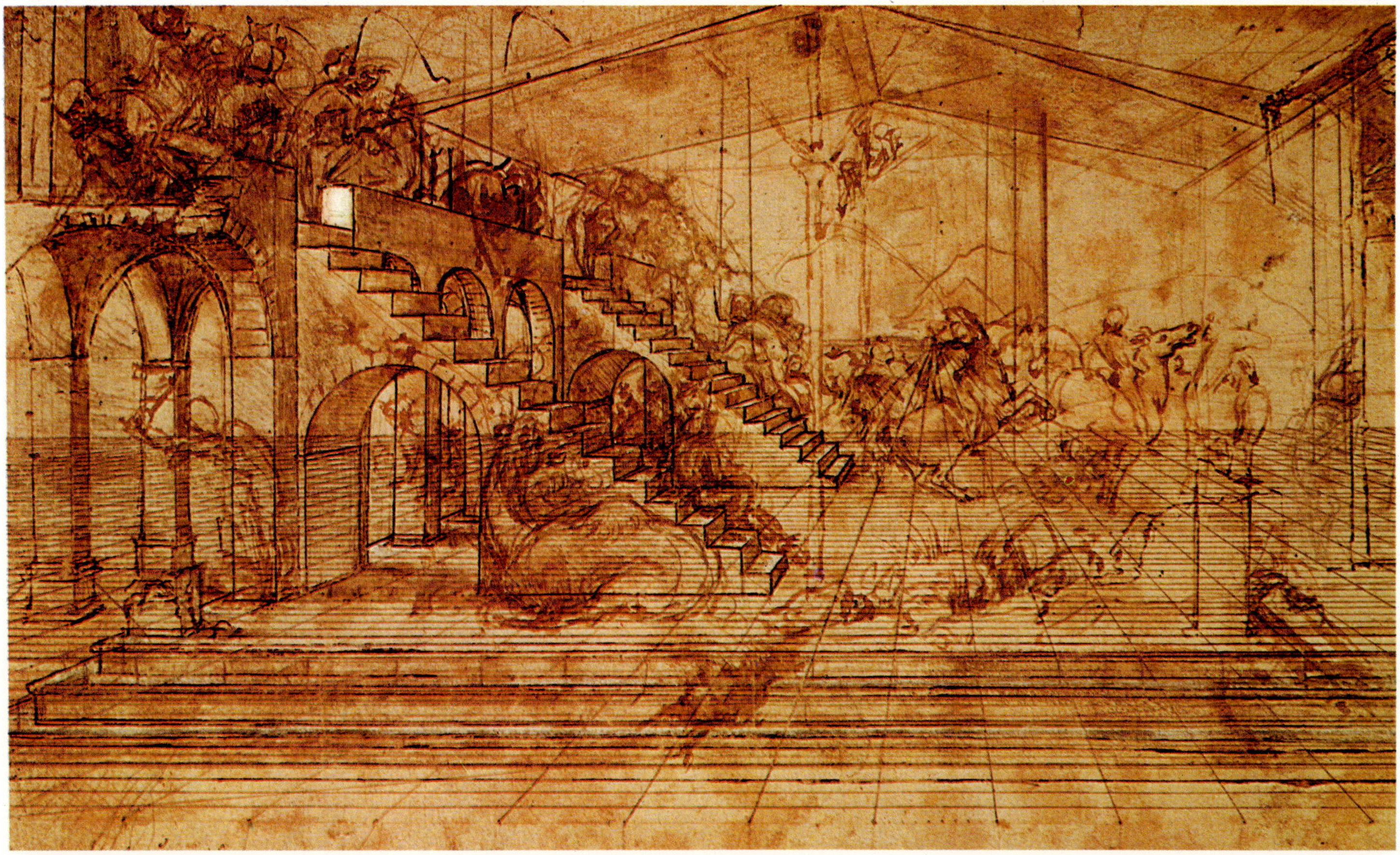

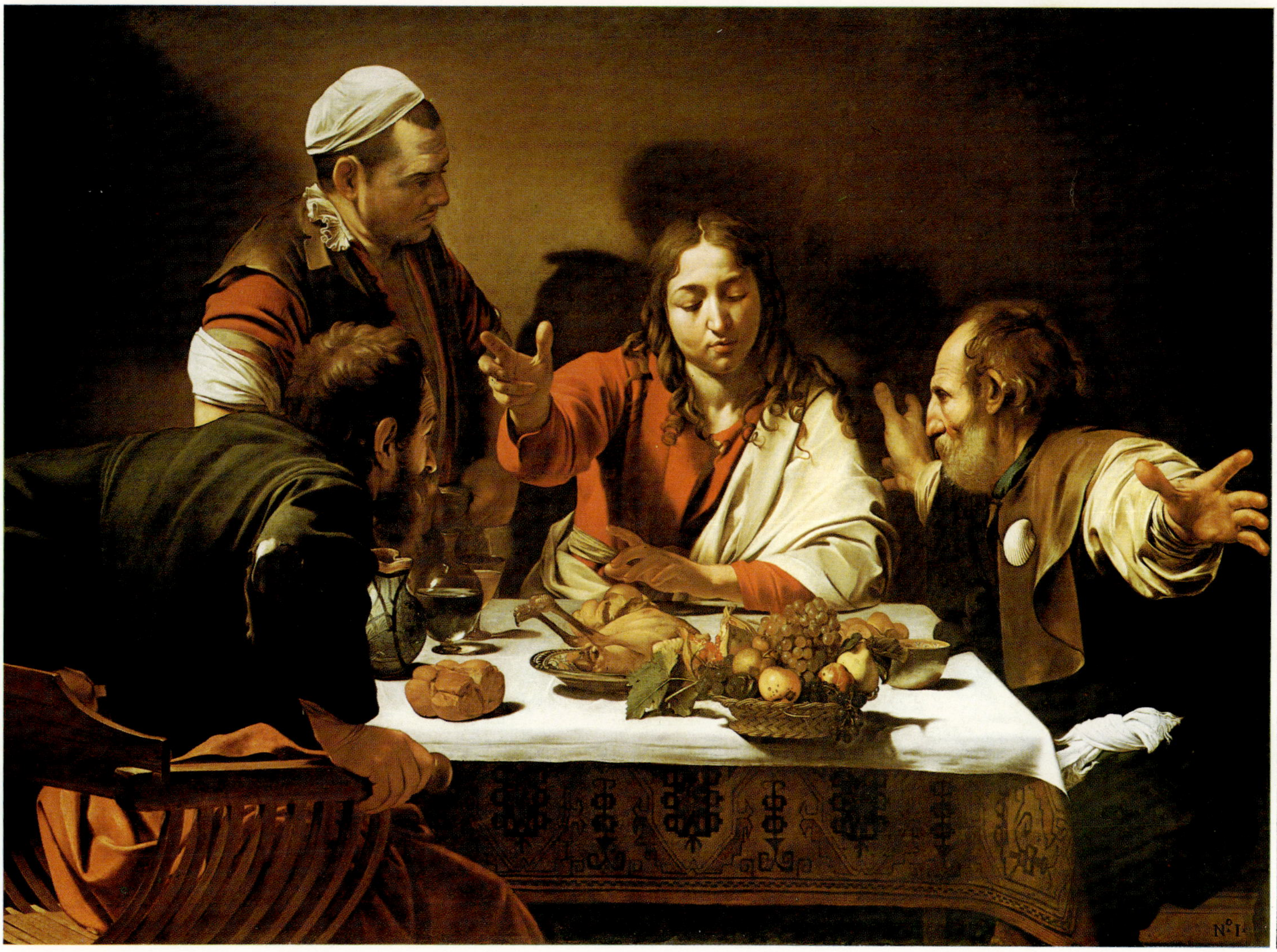
N°1

2. Kapitel

Die Entwicklung der künstlerischen Arbeitsmittel

Ein Gemälde ist mehr als eine farbige Oberfläche. Es ist ein kompliziertes, dreidimensionales Gebilde aus mehreren Schichten. Es kann mit einem geologischen Schnitt durch die Erdoberfläche verglichen werden. Auch dort gibt es Schichten verschiedener Stärke und Zusammensetzung, und in beiden Fällen beeinflussen diese Unterschiede das Erscheinungsbild der Oberfläche.

In seiner Grundform setzt sich ein Gemälde wie folgt zusammen: ein Untergrund, etwa aus Holz oder Leinwand; ein Grund (Grundierung), der als Verbindungselement zwischen Untergrund und Farbschicht dient; schließlich eine Farbschicht aus farbigen Pigmentteilchen in einer Trägerlösung aus Wachs, Öl oder Ei.

Im Lauf der Zeit wurden die verschiedensten Materialien als Untergründe verwendet – Kupfer, Stein, Papier, Leder, Kunststoffe und ähnliches mehr –, aber am verbreitetsten sind Holz und Leinwand.

Holzuntergründe Im westlichen Kulturkreis wurde Holz bereits vor mehr als 4000 Jahren in der VI. Dynastie Ägyptens für Staffeleigemälde eingesetzt, während es in Europa im Mittelalter verwendet wurde; hier blieb es – vielleicht wegen seiner Nähe zur hölzernen Kirchenausstattung – über Jahrhunderte der bevorzugte Untergrund. Es besaß eine Reihe von Vorzügen: es war widerstandsfähig und dabei relativ leicht; es konnte gut mit Handwerkszeugen bearbeitet, geschnitzt, verziert und in den filigranen Strukturen gotischer Kathedralen geformt werden; schließlich war es überall erhältlich.

Die Künstler benutzten in der Regel das Holz ihrer Heimat: die Italiener Pappel, die Holländer Eiche und die Deutschen Linde. Natürlich gab es regionale Abweichungen; so war in Südfrankreich Walnußholz gebräuchlich und Leonardo da Vinci (1452–1519) verwendete es bei seinen Reisen dorthin anstelle der Pappel.

Die mittelalterlichen Künstlerzünfte legten großen Wert auf die Qualität des verwendeten Holzes; sie warnten die Künstler vor dem Gebrauch unzureichend gelagerten, wurmstichigen oder astigen Holzes. Bei Verwendung schlechten Materials wurden Bußen verhängt, und bei wichtigen Aufträgen prüften Zunftausschüsse das Holz nach der Grundierung, aber noch vor Malbeginn.

Gewebe Die Geschichte des Gewebes als Untergrund läßt sich bis auf die XII. Dynastie Ägyptens vor fast 4000 Jahren zurückverfolgen; es wurde aber wahrscheinlich bereits Jahrhunderte zuvor in dieser Eigenschaft verwendet. Obwohl zeitweise weniger Gemälde seine fortlaufende Benutzung bezeugen, gibt es keinen Grund zu der Vermutung, daß es je ganz aus den Ateliers verschwunden wäre. Plinius (23–79 n. Chr.) berichtet beispielsweise, daß der Imperator Nero ein 40 m langes Bild von sich in Auftrag gegeben habe.

Im christlichen Kulturkreis überwog die Ausstattung der Kirche mit Holzgemälden, aber bereits eine Handschrift aus dem 12. Jahrhundert zeugt von gutem Verständnis der Leinwandeigenschaften, und sie erklärt, wie sie vorzubereiten und auf Holz aufzuspannen ist.

Der letzte Teil von Cennino Cenninis Künstlerhandbuch (um 1390) enthält ebenfalls Anleitungen über den Gebrauch einer Vielzahl von Geweben vom Kleiderstoff über Fahnentuch bis hin zu Wandbehängen. Die Inventarverzeichnisse der Medici weisen eine Anzahl solcher Werke auf; aber da sie weniger dauerhaft und bedeutsam als kirchliche Werke waren, sind die meisten von ihnen verschwunden, und so sind uns nur einseitige Eindrücke früherer künstlerischer Aktivitäten verblieben.

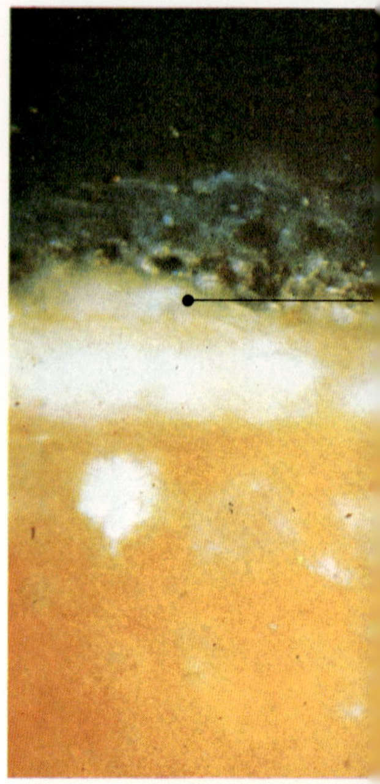

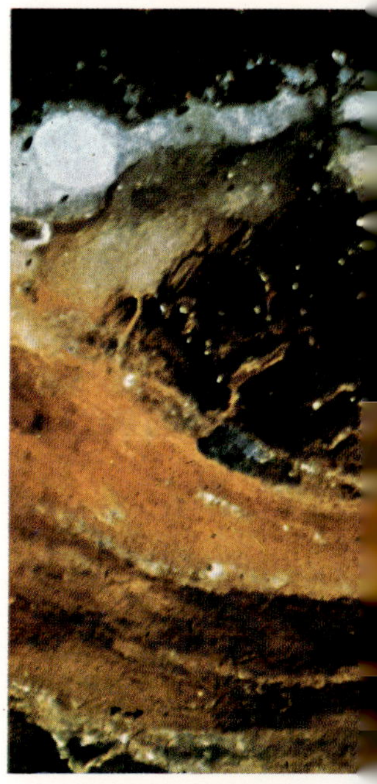

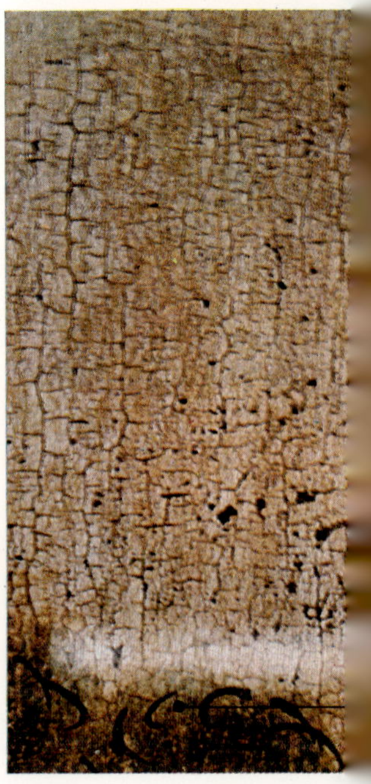

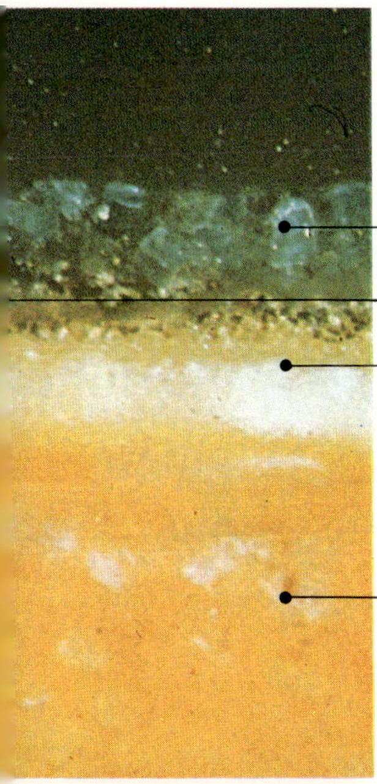

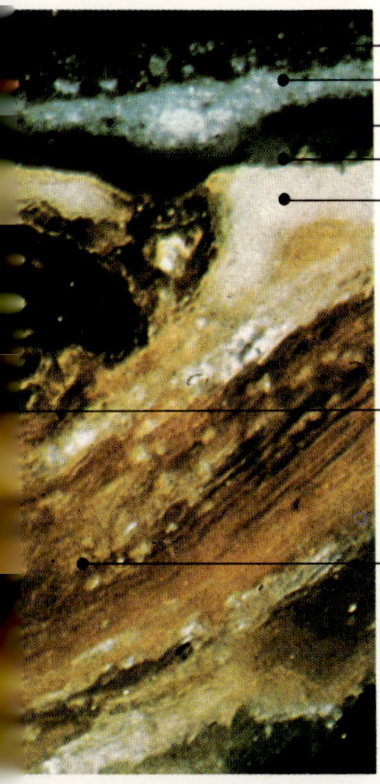

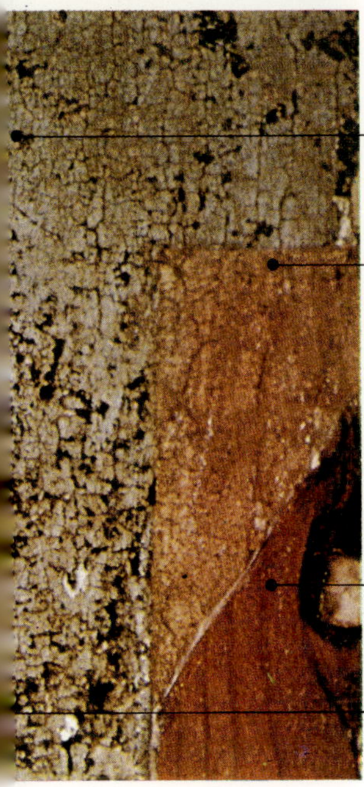

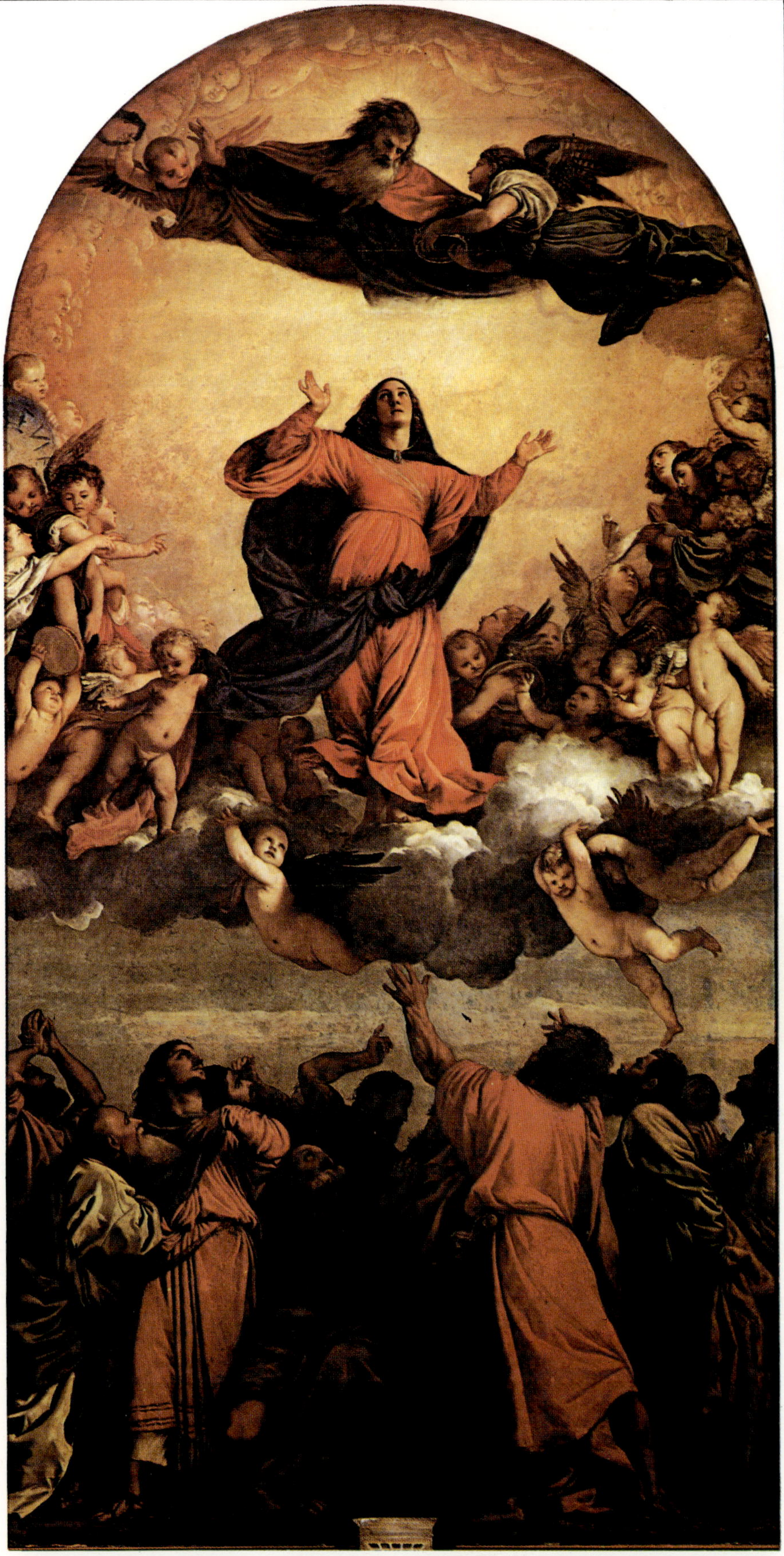

Links oben **200-fach vergrößerter Querschnitt durch ein altes flämisches Gemälde** *Ein winziger Teil wurde in Kunstharz eingebettet und die Schichten wurden poliert, um den Schichtaufbau zu zeigen. Das Holzbrett ist mit Gessogrund bedeckt.*
Links Mitte **100-fach vergrößerter Querschnitt durch ein frühes Tizian-Bild** *Eines der ersten Ölgemälde auf Leinwand. Der weiße Grund ist in das Gewebe eingedrungen, und die grüne Entwurfsmalerei ist freigelegt.*
Links unten **Rückansicht eines teilweise auf einen neuen Untergrund übertragenen Gemäldes** *Hier sind die verschiedenen Temperaschichten einschließlich der ursprünglichen Entwurfszeichnung klar erkennbar.*
Oben **Tizian: Mariä Himmelfahrt** *Dieses 1518 geschaffene Werk ist angeblich das erste großformatige Ölgemälde auf Leinwand.*

Während des 15. Jahrhunderts ersetzte die Leinwand allmählich das Holz als Untergrund für religiöse und weltliche Arbeiten. Dieser Wechsel gründet sich auf die tiefgreifenden technischen, ästhetischen und geistigen Umwälzungen der Renaissance. Wie die Ölmalerei scheint auch die Malerei auf Gewebe zuerst in Nordeuropa in größerem Umfang für geistliche und weltliche Malerei verwendet worden zu sein. Religiöse Bilder – vermutlich preiswerte Kopien von Arbeiten auf Holz – wurden ohne oder mit nur wenig Grund auf sehr feines Gewebe gemalt.

In Italien blieb die Leinwand zunächst offenbar weitgehend dem weltlichen Gemälde vorbehalten, und Tizians „Mariä Himmelfahrt“ von 1518 ist wahrscheinlich das erste großformatige Werk auf Leinwand. Es wird behauptet, daß sich die Leinwandmalerei von Norden her nach Venedig und dann über den Rest Italiens ausgebreitet habe; verschiedene Bestandsverzeichnisse und Tagebücher von Künstlern weisen jedoch eher auf eine gleichzeitige, eigenständige Entwicklung hin.

Gründe Nach der Vorbereitung von Leinwand oder Holz folgt als nächster Schritt das Auftragen des Grundes und damit das letzte Stadium vor der eigentlichen Malerei. Der Grund spielt im Aufbau des Gemäldes eine zweifache Rolle: physikalisch ist er das Bindeglied zwischen Untergrund und Farbe, welches die Oberfläche von Holz oder Leinwand veredelt und einen starken, dauerhaften Belag für die Farbe bildet; ästhetisch bestimmt seine Zusammensetzung die Struktur und oft auch Farbwirkungen des fertigen Gemäldes.

Unten und rechts (Ausschnitt) **Tizian: Tarquin und Lukretia** *Ein Spätwerk Tizians, in welchem er vom geschmeidigen, weißen Gessogrund abging und einen Ölgrund mit eingemischtem rötlichem Pigment verwendete. Hierdurch tritt die Webstruktur der Leinwand hervor, und die hellen Flächen heben sich von den dunklen ab; genau umgekehrt verhält es sich bei den traditionellen Temperagemälden wie Duccios Triptichon „Madonna mit Kind“, wo die dunklen Flächen durch Auftragen dunkler Farbe auf den Gessogrund entstanden.*

Die Bestandteile des Grundes variieren je nach Untergrund, Überlieferung und besonderen Bedürfnissen. Seine wesentlichen Zutaten waren und sind haltbare Füllstoffe und ein Bindemittel. Von den Bindemitteln gibt es drei Grundformen: Leim, Öl und Emulsionen (Bindemittelmischung aus Leim und Öl).

In der mittelalterlichen Malerei Italiens wurde als Füllstoff Gesso (Kalziumsulfat; Gipsgründe) verwendet, in der der Niederlande Kalk (Kalziumkarbonat), gemischt mit Tierleim. Diese Gründe eigneten sich sehr gut für Gemälde auf Holzpaneelen, und sie wurden unverändert – allenfalls mit leichten Pigmentzusätzen versehen – über Jahrhunderte gebraucht.

Anfangs benutzte man solche Gründe auch für die Leinwandmalerei, aber sie waren spröde und für

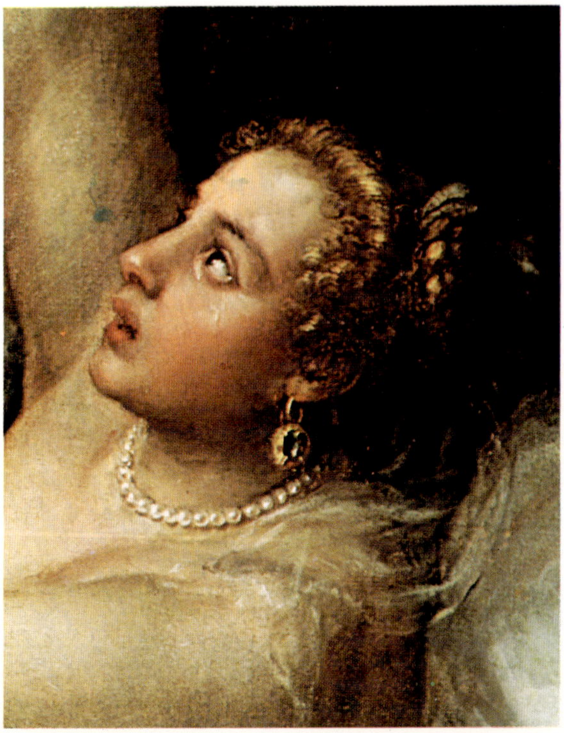

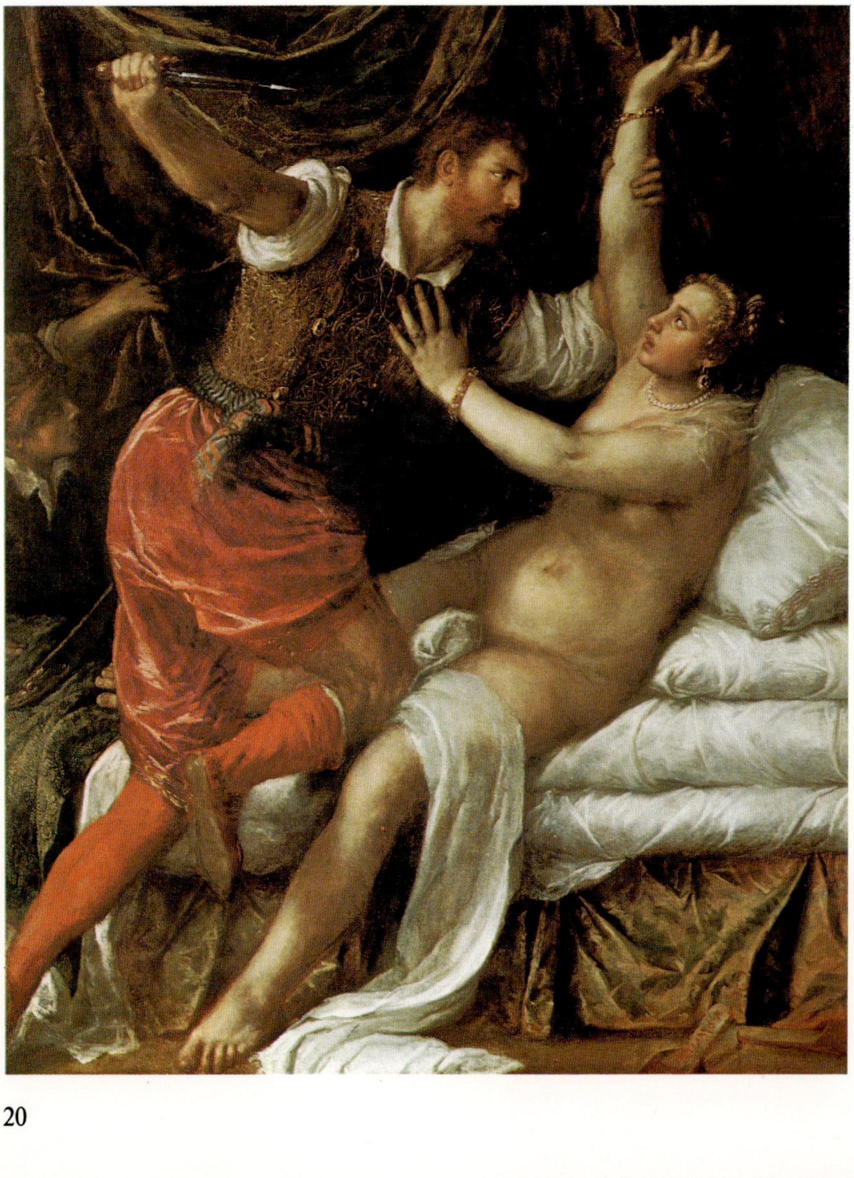

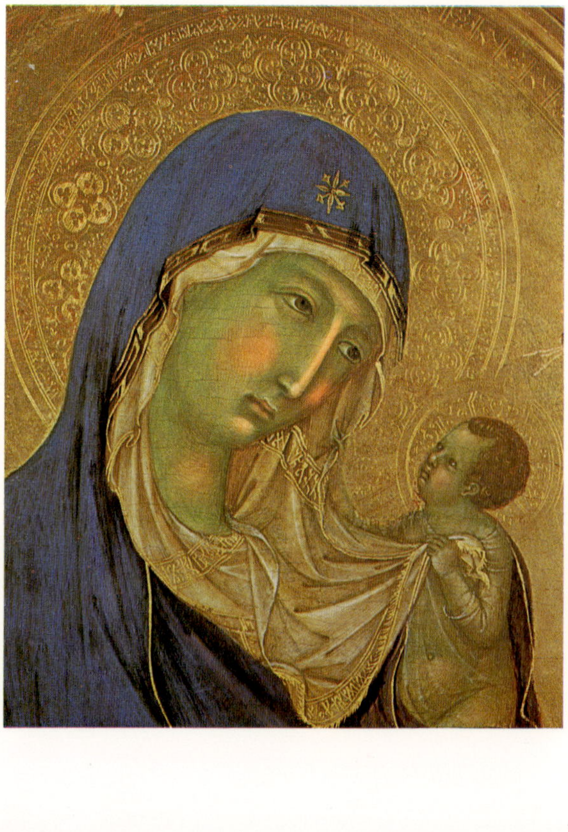

die flexible Leinwand wenig geeignet. „Bacchus und Ariadne“ von Tizian (1489–1576) hat noch einen sehr dünnen, cremefarbigen Gessogrund; in seinen späteren Werken wie „Tarquin und Lukretia“ arbeitete Tizian mit einer geschmeidigeren Leim-Öl-Lösung, in welcher dem Füllstoff ein rötliches Pigment zugesetzt wurde.

Der starke Einfluß von Färbung, Dicke und Auftragsweise dieser Stoffe auf das Erscheinungsbild des vollendeten Werkes erweist sich beim Vergleich der Gründe von Temperagemälden aus dem Quattrocento (15. Jahrhundert) mit denen eines späten Tizian.

Beim Temperagemälde wurde ein relativ dicker Gessogrund aufgetragen und makellos elfenbeinglatt poliert. Die Glätte des Grundes sah man als ästhetisch wünschenswert an, und der starke Auftrag war wegen der anschließenden Blattgoldauflage notwendig, die durch jede Unebenheit gestört worden wäre; der weiße Farbton des Grundes trug zum späteren lichten Gesamterscheinungsbild des Werkes bei. Der Entwurf wurde in der Temperamalerei sorgfältig ausgearbeitet und mit dunklen Tönen aufgetragen, oft noch verstärkt durch in den Gessogrund eingeritzte Linien. Nachträgliche Veränderungen oder Verbesserungen des Bildaufbaus waren kaum möglich.

In der zweiten Hälfte des 16. Jahrhunderts erschienen dunklere, meist rote oder braune Gründe. Ihr Gebrauch setzte eine völlige Umstellung der Maltechnik voraus, nämlich das Malen mit hellen Farben auf dunklem Grund statt des dunklen Auftrags auf hellen Grund. Der Bildaufbau wurde regelmäßig auf der Leinwand selbst vorgenommen, entweder durch Andeuten der Formen mit skizzenartigen weißen Strichen oder mit flächigem Farbauftrag. Oft wurde der Bildaufbau noch nachträglich geändert.

Ein dunkler Grund beschleunigte nicht nur die Bildfertigstellung, ihm kam auch eine ästhetische Funktion in der Weise zu, daß Halbschatten- und Schattenflächen bewußt unbemalt blieben, so daß der Grund in die Bildkomposition einbezogen wurde.

In Venedig benutzte man bisweilen grobgewebte Leinwand, deren Struktur nicht mit Grund überdeckt wurde; ihr rauhes Erscheinungsbild trug mit zum künstlerischen Gesamtbild bei.

Bis etwa 1600 wurden wahrscheinlich alle vorbereitenden Arbeiten an Untergründen und Gründen im Atelier ausgeführt, und erst mit dem Beginn des 17. Jahrhunderts tauchten Anzeichen der gewerbsmäßigen Herstellung dieser Dinge durch unabhängige Fachleute auf. Angeblich stützte sich Sir Godfrey Kneller (1649–1723) erstmals auf einen Hersteller von Künstlerbedarf, der zunächst nur für ihn, später aber auch selbständig tätig wurde. Vom 18. Jahrhundert an wurden vorgrundierte Leinwände aller Größen für jeden Bedarf angeboten.

Farbe Alle Farben setzen sich aus drei Zutaten zusammen: aus farbigen Pigmentteilchen, einem Farbträger für diese Teilchen und einem Lösemittel wie

Unten und links (Ausschnitt)
Duccio di Buoninsegna: Madonna mit Kind *Typisches Temperagemälde des Quattrocento (15. Jahrhundert) auf poliertem weißem Gessogrund. Seine Helligkeit verdankt es dem reinen, weißen Gips. Die Glätte und das Fehlen jeglicher Struktur war Voraussetzung für den Auftrag von Blattgold und wurde als ästhetisch angenehm empfunden.*

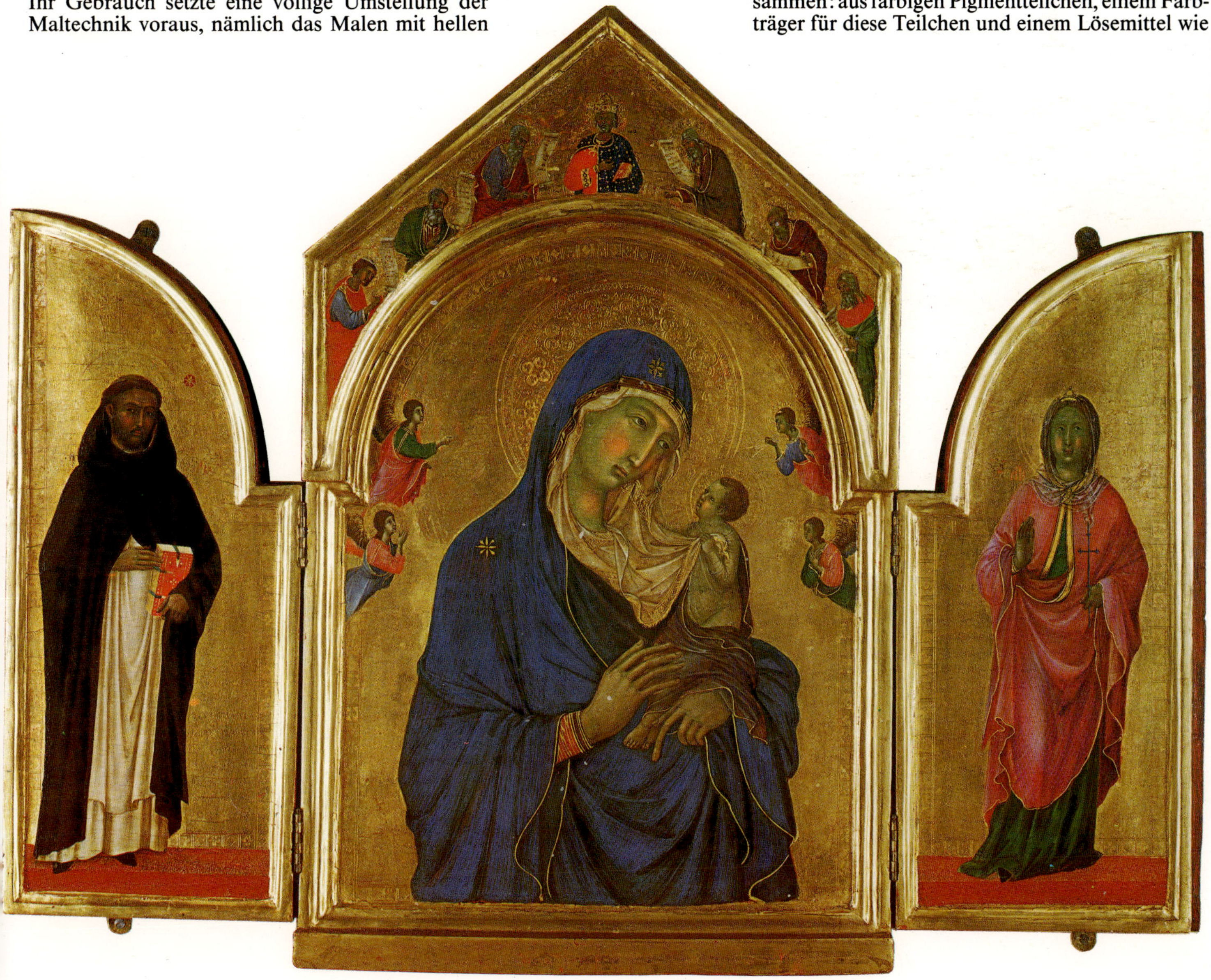

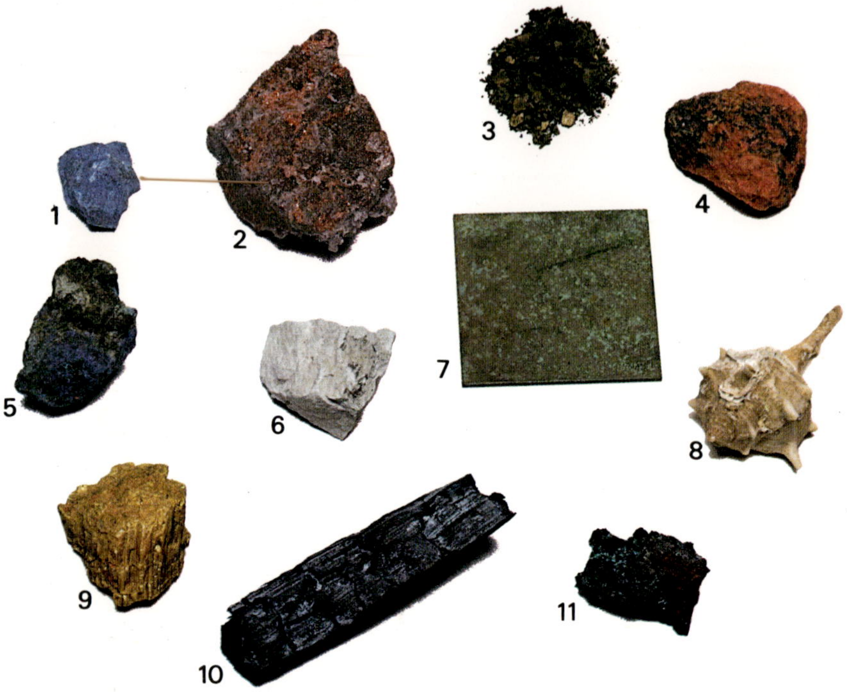

Frühe Pigmentgrundstoffe *Die frühen Höhlenmaler benutzten um etwa 25 000 v. Chr. Holzkohle (10), Kalk (6) und Erde (3). Im ägyptischen Bronzealter wurden Bergzinnober (2), Schwefelarsen (4), Azurit (5), Arsensulfid (9) und Malachit (11) zur Gewinnung der Farben Rot, Orange, Blau, Gelb und Grün gemahlen. Die Römer bereiteten Violett von der Purpurschnecke (8) und gewannen Kupfergrün aus oxidierten Kupferplatten (7). Die Araber erfanden bald nach 1200 Wege zur Gewinnung blauer Pigmente aus dem Halbedelstein Lapislazuli (1).*

Wasser oder Terpentin, welches es dem Künstler ermöglicht, den Flüssigkeitsgrad der Farbe nach seinen Bedürfnissen einzustellen. Die Materialeigenschaften jedes Bestandteiles wirken sich auf Anblick und fühlbare Qualitäten eines Gemäldes aus.

Pigmente Wir müssen uns stets vergegenwärtigen, daß die Farbskala des Künstlers immer beschränkt war, sei es durch bewußte Farbauswahl, sei es durch mangelnde Erhältlichkeit; die Farbe hat eine eigene wechselhafte technologische und wirtschaftliche Entwicklung durchgemacht.

Die ersten Pigmente der Höhlenmenschen bedurften keiner besonderen Herstellungsverfahren; sie waren gebrauchsfertig im Boden enthalten, wie etwa Kalkweiß, grüne Erden und die verschiedenen Ocker- und Umbraformen; Schwarz entnahm man den Feuerplätzen.

Zum Zerkleinern natürlicher Minerale benötigte man Metallwerkzeug, und daher tauchten auch im ägyptischen Bronzealter (2000–1000 v. Chr.) erstmals Azurit, Malachit, Arsensulfid, Schwefelarsen und Zinnober in der Malerei auf. Diese Minerale mußten lediglich zerkleinert, gewaschen und in Pastenform gebracht werden, dann waren sie malfertig; sie behaupteten sich – wie die Erdfarben – jahrhundertelang in den Farbpaletten.

Die Ägypter stellten auch die ersten zwei künstlichen Pigmente her: Ägyptischblau und Bleiweiß. Ägyptischblau scheint ein Nebenprodukt der Keramikmanufaktur gewesen zu sein, welches trotz seiner weiten Verbreitung zwischen 200 und 700 n. Chr. wieder verschwand.

Das noch heute gebrauchte Bleiweiß wird aus künstlich korrodiertem Blei gewonnen und ist wohl das wichtigste Pigment überhaupt. Bis zur Entdekkung von Zinkweiß um 1830 und von Titanweiß (1916) war es das einzige in der Staffeleimalerei verwendete Weiß. Höchste Deckkraft verleiht ihm seine Bedeutung. Vor ihm war als einziges weißes Pigment das wenig deckfähige Kalkweiß verfügbar, welches dick aufgetragen werden mußte, um helle Farbflächen genauso ausdrucksstark werden zu las-

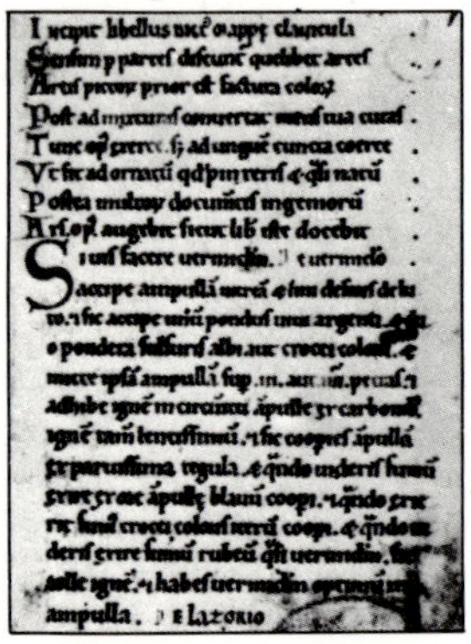
Incipit libellus [illegible] clavicula
[illegible]
[illegible]

Oben **Rezeptur für Zinnober** *Schwefel und Quecksilber ergeben Zinnober. Diese Rezeptur aus der Mappae Clavicula geht auf das 8. Jahrhundert zurück.*

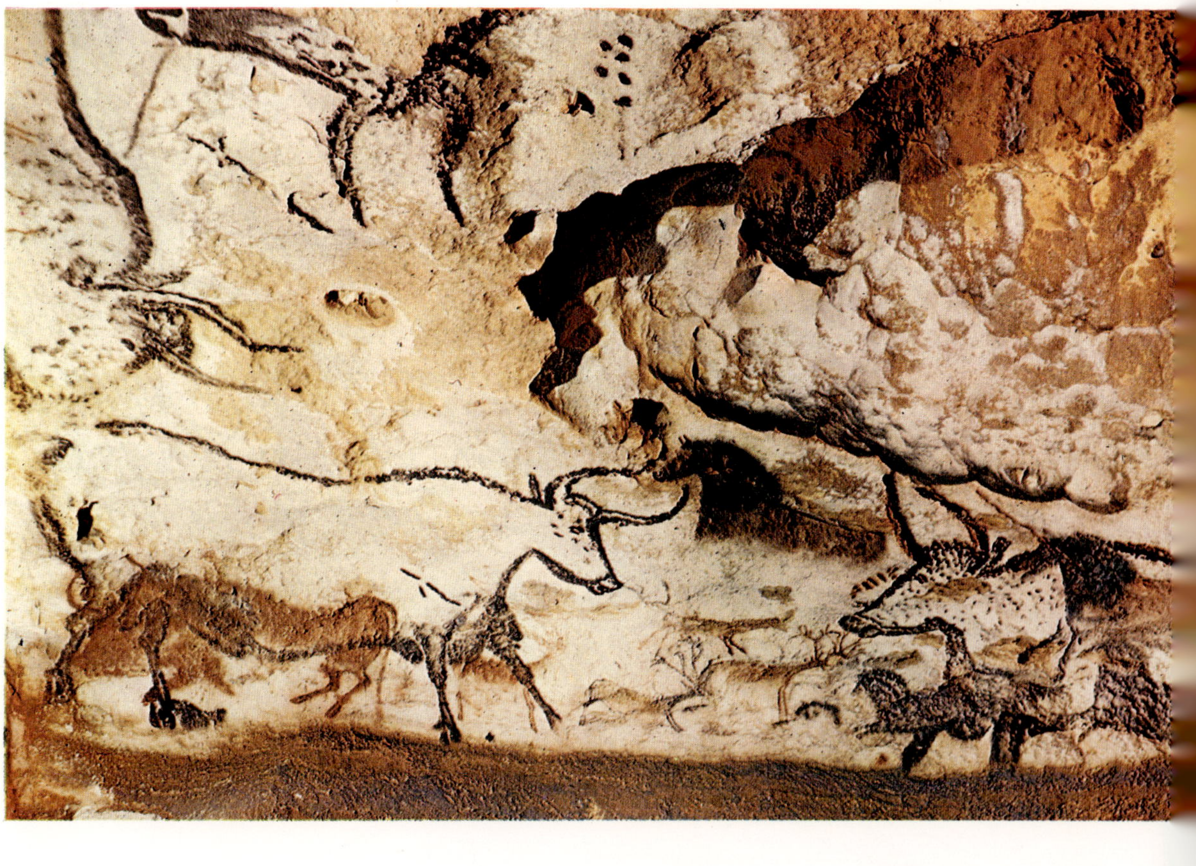

Rechts **Höhlenmalerei aus Lascaux, Frankreich** *Bei diesen zwischen 15 000 und 20 000 v. Chr. entstandenen Bildern benutzten die Höhlenmenschen für gelbe und braune Töne Holzkohle, verkohlte Knochen, Kalk und verschiedene Erden.*

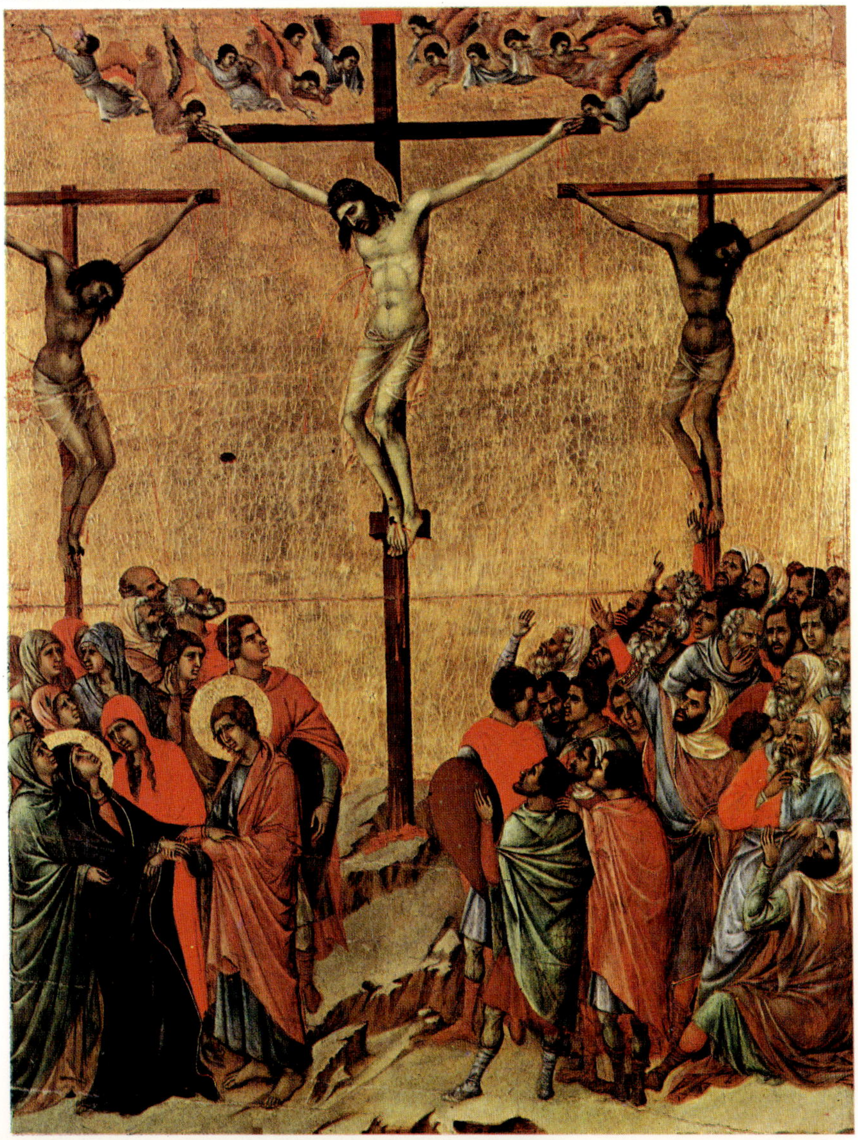

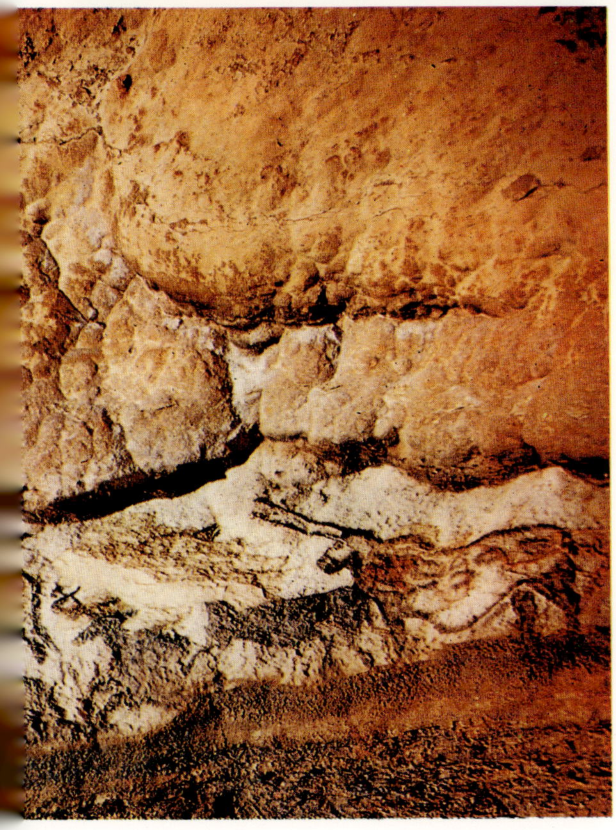

Oben **Duccio di Buoninsegna: Kreuzigungstabernakel**
Gemälde des späten 13. Jahrhunderts unter reichlicher Verwendung der neuen Farbtöne Zinnober und Ultramarin. Das Gewand von Maria ist in Ultramarin, das von Johannes in Zinnober ausgeführt.

sen wie die dunklen. Die Entdeckung von Bleiweiß veränderte die Balance der Farbskalen und brachte neue Techniken und Farbmodulationen hervor. Einziger Nachteil von Bleiweiß ist seine hohe Giftigkeit.

Plinius bestätigt den Gebrauch der ägyptischen Pigmente während des klassischen Altertums; dazu kam noch das zuvor nur zum Färben verwendete Indigo, ein Violett der Purpurschnecke, und ein drittes künstliches Pigment, das Kupfergrün, gewonnen aus kontrollierter Korrosion von Kupferplatten. Kupfergrün war eine wichtige Farbergänzung, nachdem die Natur mit Ausnahme des Chlorophylls überraschend wenige Grüntöne anbietet. Die Farbskala blieb danach relativ gleich, bis zwischen 1200 und 1350 neue oder verbesserte Pigmente hinzutraten, die die Farbpaletten und deren Leuchtkraft nachhaltig verbesserten. Vergleichbar ist diese Entwicklung nur mit der Farbexplosion im 19. Jahrhundert. Es erschienen Pigmente wie Blei-Zinn-Gelb, Krapplack und andere organische Färbemittel, sowie Zinnober und Ultramarin.

Blei-Zinn-Gelb, ein leuchtendes, deckfähiges Gelb, scheint bei der Glasherstellung gewonnen worden zu sein, während die verbesserten organischen Pigmente wie Krapplack dem chemisch-technischen Fortschritt in der Färbereitechnik, wie etwa dem Gebrauch von Alaun zu verdanken sind.

Demgegenüber zeichnen die Alchimie und die arabischen Wissenschaften für die Verbesserung von Zinnober und Ultramarin verantwortlich. Die Technik, Schwefel und Quecksilber zu sublimieren und daraus ein viel leuchtenderes Zinnober zu gewinnen als aus mineralischem Bergzinnober, könnte von den Arabern aus China in den Westen gebracht worden sein. Die Rezeptur taucht erstmals in einem alchimistischen Werk des 8. Jahrhunderts auf, obwohl sie vor dem 13. Jahrhundert nicht allgemein verwendet worden sein dürfte.

Die Leuchtkraft, Reinheit und Deckfähigkeit dieses Zinnobers brachten bis zur Entwicklung des Kadmiumrots (1910) seine Alleinstellung und sicherten seine Verwendung bis auf den heutigen Tag. Auf die Palette des mittelalterlichen Malers übte es großen Einfluß aus; er nutzte die Gegenüberstellung von Zinnober und Ultramarin für schöne Farbkontraste aus.

Ultramarin wurde und wird aus dem Halbedelstein Lapislazuli gewonnen, den man von den Bergwerken Afghanistans nach Europa einführte. Die blauen Mineralpigmente enthalten Verunreinigungen, die sich nicht einfach auswaschen lassen; die Entdeckung einer wirksamen Reinigungsmethode scheint ein weiteres Produkt maurischen Erfindungsgeistes der Jahre nach 1200 gewesen zu sein. Das tiefblaue Ultramarin war so wertvoll wie Gold, und die Verträge darüber befassen sich eingehend mit seiner Gebrauchsfähigkeit, der Qualität und dem Preis.

Nach dem 14. Jahrhundert gab es keine wesentlichen Veränderungen der Farbskala mehr, bis 1704 ein Färber aus Berlin das Preußischblau entdeckte. Es wurde bald in ganz Europa hergestellt und verdrängte zusehends das teurere Azurit und Ultramarin. Als weitere Blautöne folgten 1802 das Kobaltblau und 1828 das künstliche Ultramarin.

Die künstliche Herstellung von Ultramarin wurde von J.B. Guimet in Toulouse aufgrund eines Wettbewerbes erfunden, den die französische Gesellschaft zur Förderung der nationalen Industrie ausgeschrieben hatte. Seine chemische Zusammensetzung entsprach der des natürlichen Minerals, aber es wurde aus billigen Grundstoffen wie Soda, Lehm,

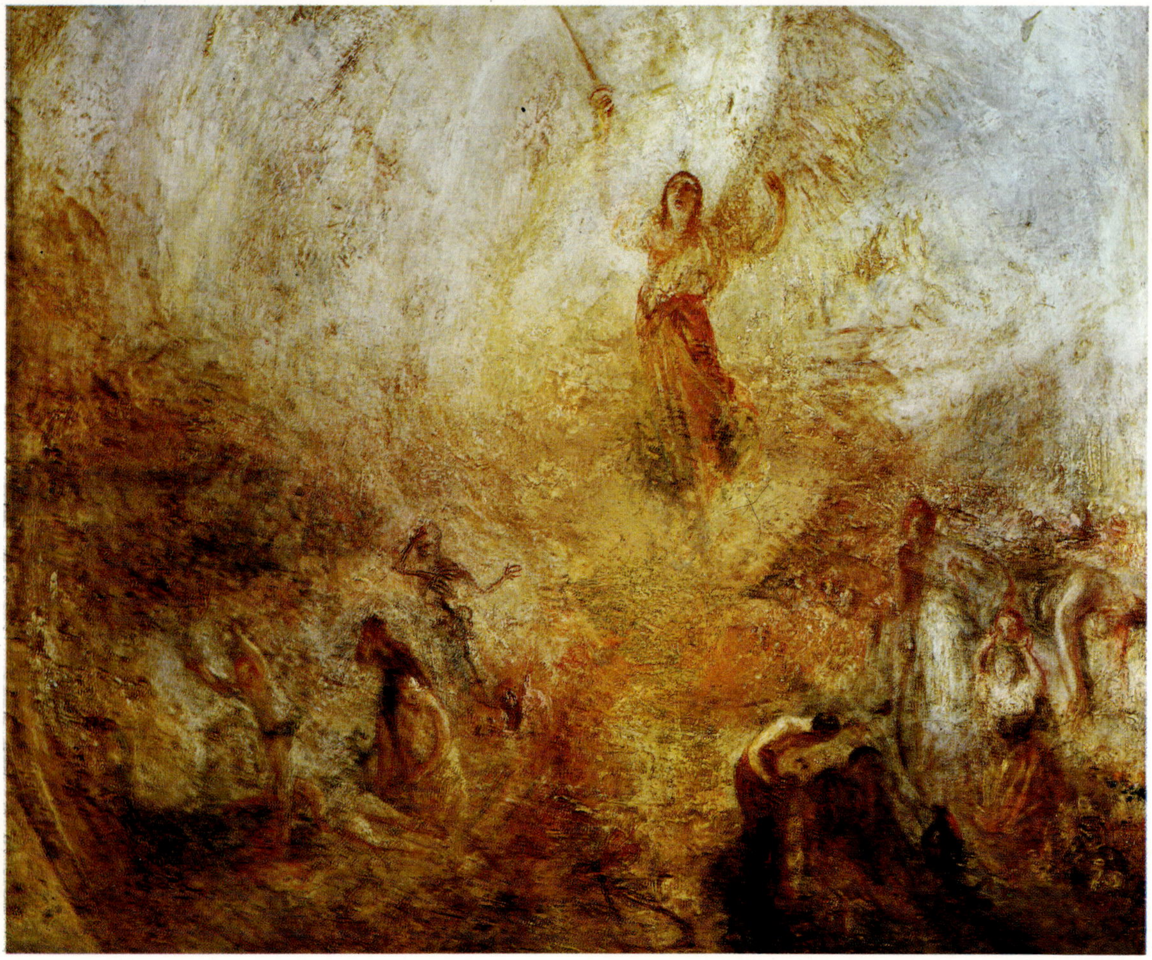

Rechts **Jan van Eyck: Hochzeitsbildnis Arnolfini** *Der Flame van Eyck war ein Vorreiter der Ölmalerei. Seine italienischen Zeitgenossen bewunderten seinen weichen, glänzenden Farbauftrag ohne sichtbaren Pinselstrich. Erst später wurde die Fähigkeit der Ölfarbe zur Strukturbildung durch bewußten Einsatz des sichtbaren Pinselstrichs genutzt. Die Werke Rembrandts sind ein frühes Zeugnis dafür.*

Links **J. M. W. Turner: Engel in der Sonne** *Turner arbeitete mit allen neuen Gelbtönen des frühen 19. Jahrhunderts. Zeitgenössische Kritiker waren von seinen Farben und ihrer Leuchtkraft hingerissen.*

Rechts **Zeittafel der Pigmente** *Vor 2000 v. Chr. waren nur Schwarz, Weiß und einige Erdfarben in Gebrauch. Die Ägypter stellten sieben weitere Farben her und die Römer fügten Violett, Indigo und Kupfergrün hinzu. Zinnober, Ultramarin, Krapplack und Blei-Zinn-Gelb waren vom 13. Jahrhundert an allgemein gebräuchlich. Die industrielle Entwicklung des 19. Jahrhunderts brachte – eher nebenbei – ganz neue Farbskalen hervor, darunter die Chrom-, Kadmium- und Kobaltfarben.*

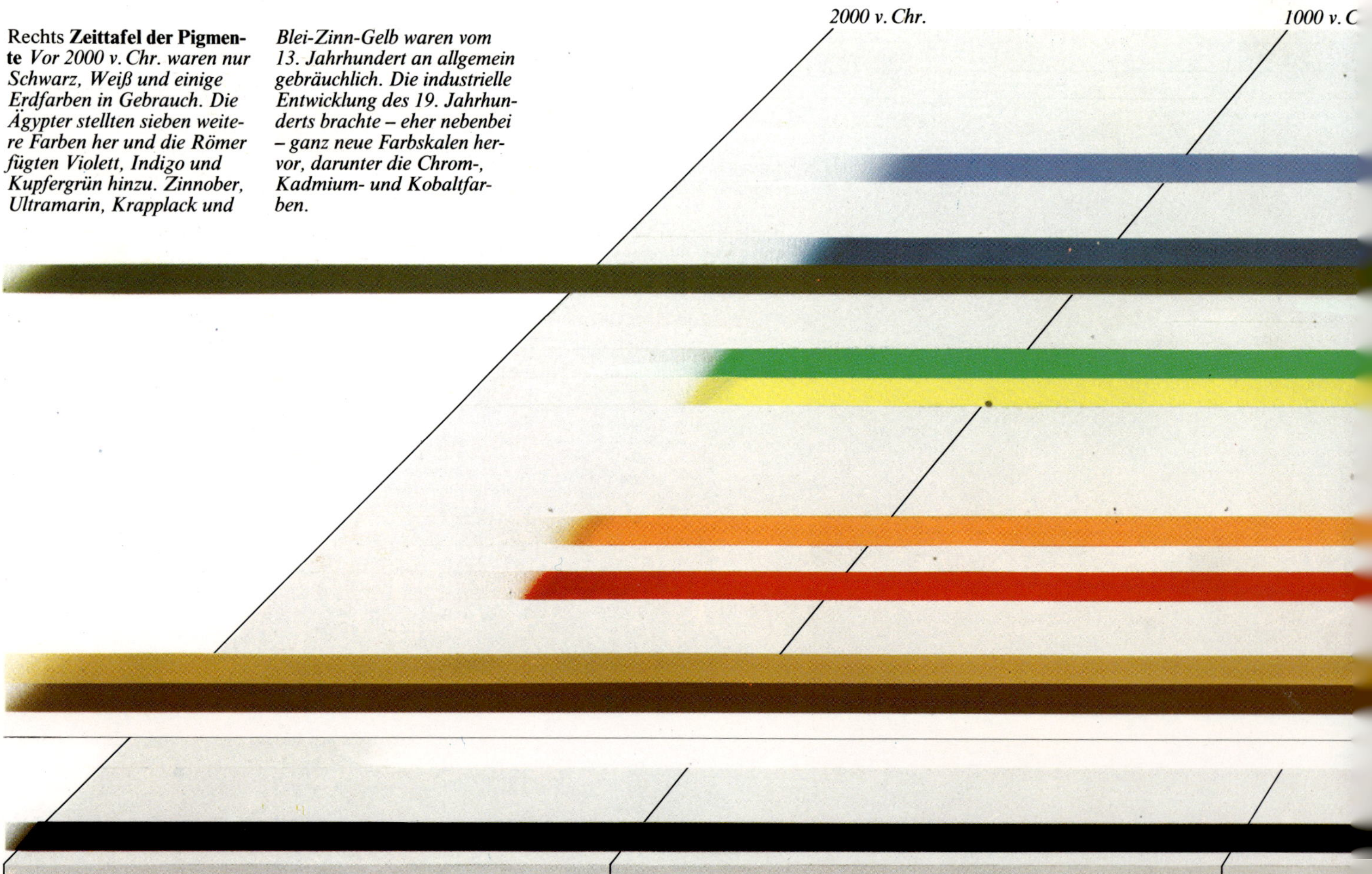

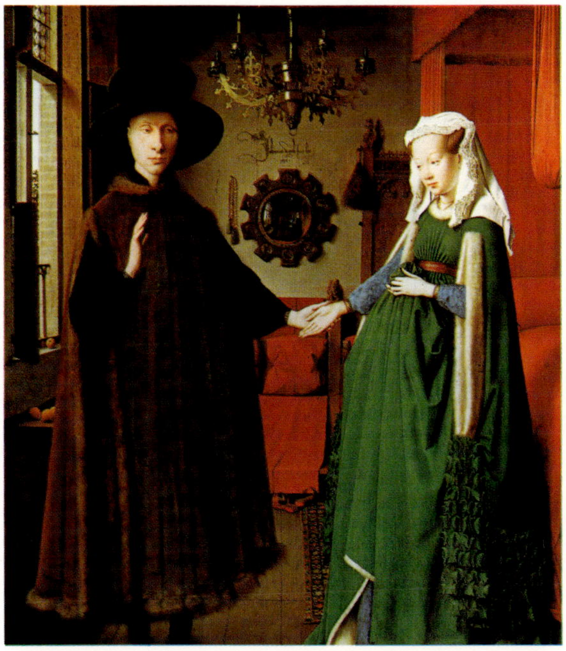

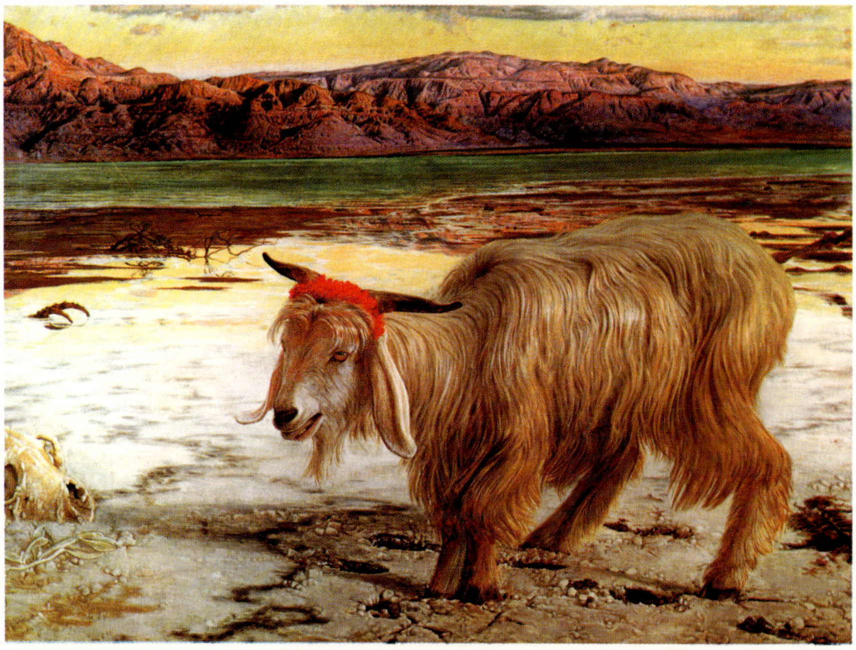

Kohle und Schwefel zu einem Bruchteil der ursprünglichen Kosten erzeugt.

Als einziges weiteres erfolgreiches Pigment wurde vor dem 19. Jahrhundert noch Neapelgelb entwickelt, welches ab etwa 1750 das Blei-Zinn-Gelb fast vollständig verdrängte.

Im 19. Jahrhundert kam es dann zu einer gewaltigen Erweiterung der Farbskala, und zwar hauptsächlich wegen der Fortschritte in der chemischen und der Färbereiindustrie. 1797 entdeckte der französische Chemiker Vauquelin das Chrom, ein denkwürdiges Ereignis, da sich aus Chrom mehr Pigmente und größere Farbskalen ableiten ließen als aus jedem zuvor bekannten Grundstoff.

Um 1820 begann die Massenfabrikation von Chromgelb, und im Laufe des gleichen Jahrhunderts wurden mindestens elf weitere neue Gelbpigmente einschließlich Kadmiumgelb (1817) und Kobaltgelb (1861) eingeführt. Interessanterweise zeigt die Analyse von Turners Farben, daß er mit allen

Oben **William Holman Hunt: Der Sündenbock** *Holman Hunt und die Vorraphaeliten verwendeten die um 1850 entstandenen neuen Violett-Töne. Diese stammten aus Farbfabriken und erwiesen sich zu Holman Hunts Mißfallen als nicht lichtbeständig.*

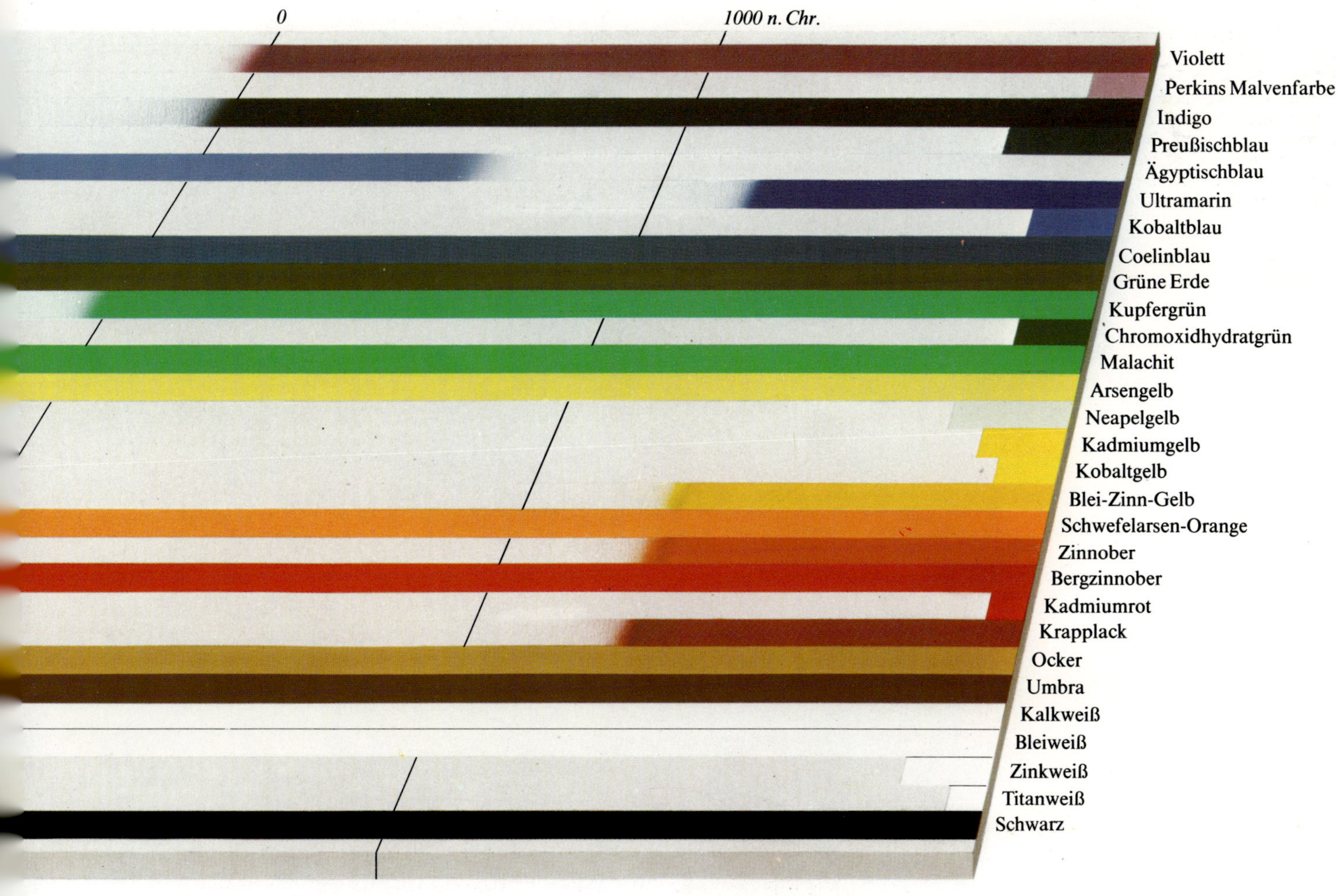

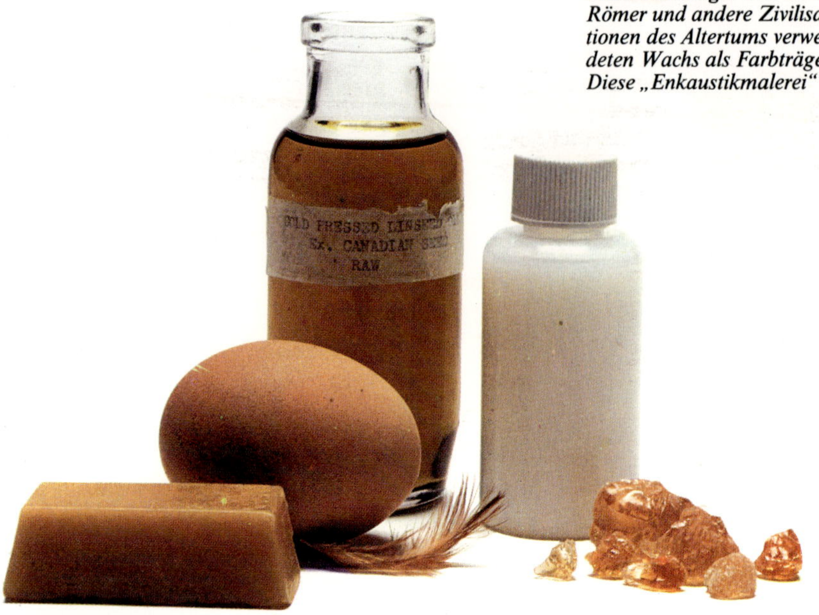

Links **Farbträger** *Griechen, Römer und andere Zivilisationen des Altertums verwendeten Wachs als Farbträger. Diese „Enkaustikmalerei" hielt sich bis zum 8. Jahrhundert. Bis zum 15. Jahrhundert waren dann Eiträger die gebräuchlichsten Bindemittel, danach setzte sich die Ölfarbe mit Leinsamenöl als Binder durch. Seit etwa 20 Jahren werden überall Pigmente in Kunstharzträgerlösungen angeboten. Kristallines Gummiarabikum hat man seit dem Altertum als Träger für wasserlösliche Farben eingesetzt.*

Unten **Robert Campin: Frauenbildnis** *Der Franzose Campin arbeitete im frühen 15. Jahrhundert mit Ölfarben. Er war ein Vertreter jener frühen Ölmaler, die mattglänzende Bilder ohne sichtbare Pinselstrukturen schufen.*

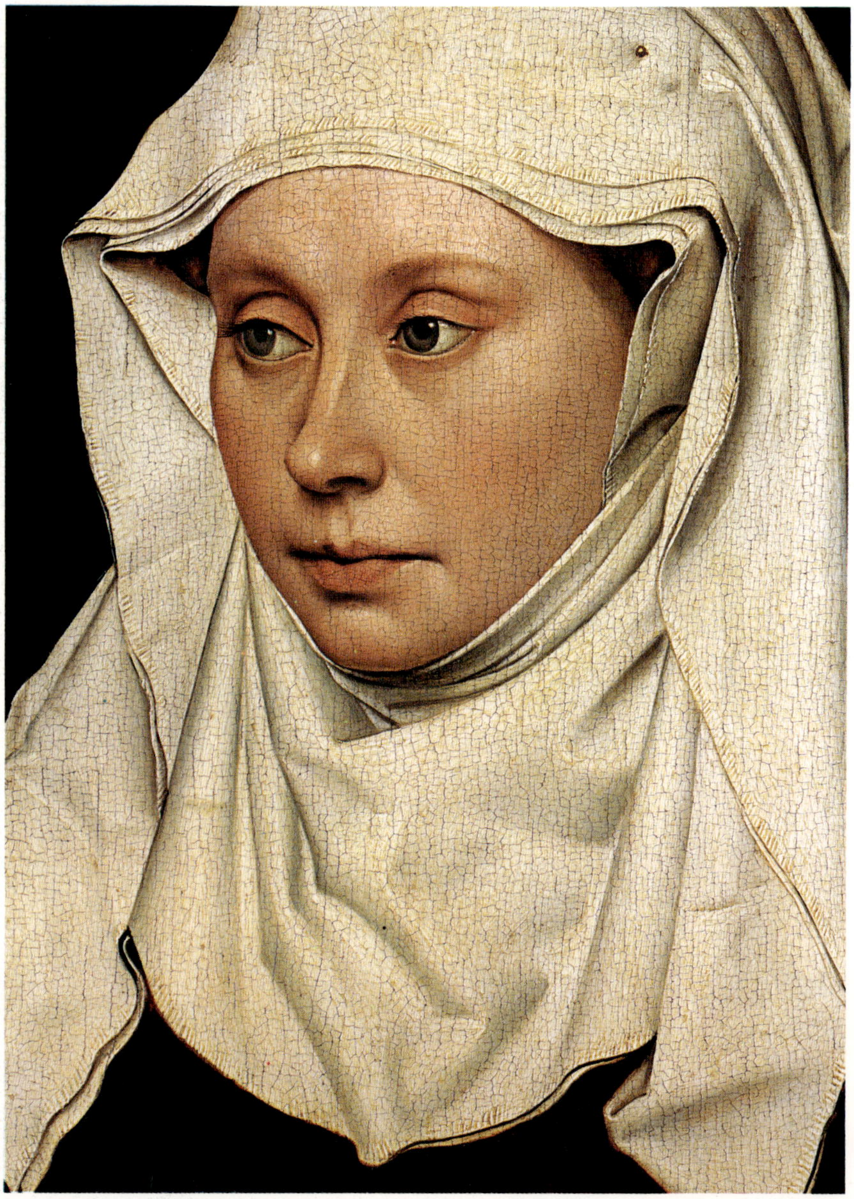

Gelbtönen experimentiert hat, die es zu seinen Lebzeiten gab. Die Mischung dieser Gelbtöne mit Preußischblau ergab auch eine neue, vergrößerte Grünskala, die durch die Einführung von Chromoxidhydratgrün ab 1838 noch erweitert wurde.

Um 1850 wurden die ersten Teerfarben entwikkelt. Die erste war Perkins Malvenfarbe, entwickelt aus einer Nachahmung der Farbbildung in der Krappwurzel. Während hierdurch die Krapp-Produktion in Frankreich völlig zum Erliegen kam, entstand wieder ein neues Farbenangebot. Purpurviolett kam in Mode; Königin Victoria von England kleidete sich damit, die Vorraphaeliten benutzten es zum Malen.

Unglücklicherweise erwiesen sich viele der neuen Pigmente als nicht farbecht, und die Kampagne Holman Hunts (1827–1910) gegen die Farbhersteller wegen dieser Pigmente zeigt die wachsende Besorgnis aller Künstler über den Qualitätsverlust ihrer Arbeitsmittel. Hier zeigten sich die Auswirkungen des Bruchs mit der Tradition. Nur noch wenige Künstler des 19. Jahrhunderts hatten die Erfahrung, das Wissen und das handwerkliche Geschick ihrer mittelalterlichen Vorgänger. Man kaufte alles bei einer rasch ansteigenden Zahl von Farbherstellern und erzeugte nichts mehr im eigenen Atelier.

Trägerlösungen Zur Farbherstellung muß man alle Pigmente nach ihrer Fertigstellung zermahlen und im gewählten Farbträger verteilen. Feines Mahlen ist eine Grundbedingung für leicht zu verarbeitende Farbe von gleichmäßiger Zusammensetzung. Ziel ist es, jedes Pigmentteilchen so mit Trägerlösung zu umgeben, daß es an den anderen Teilchen frei und ohne Klumpenbildung vorbeischwimmen kann.

Die Trägerlösung hat noch zwei weitere Aufgaben: Sie überträgt die Pigmente dorthin, wo der Künstler sie haben will, und sie hält sie nach chemischen oder physikalischen Veränderungen dort auch fest. Das sichtbare Ergebnis dieses Prozesses wird von vielen Faktoren beeinflußt, etwa von der Auftragsweise, von den verwendeten Lösemitteln und vom Mischverhältnis Pigment/Trägerlösung.

Wachs Die Malerei mit in heißem Wachs aufgelösten Pigmenten (Enkaustikmalerei) war eine der Grundtechniken des Altertums, und die besten davon verbliebenen Zeugnisse sind die Bildnisse Verstorbener aus der Zeit vom 1. Jahrhundert vor bis zum 3. Jahrhundert nach Christi Geburt.

Plinius schildert die Herstellung von Trägerlösung aus Bienenwachs. Wachsstäbe wurden mit Pigment vermischt und in heißer, flüssiger Form mit dem Pinsel oder einem Spachtel aufgetragen, der sich auch dazu verwenden ließ, bereits aufgetragene Wachsfarbe neu anzuschmelzen und zu verformen. Diese Technik hielt sich bis ins 8. Jahrhundert. Danach gab es nur noch vereinzelte Versuche zur Wiederbelebung der Wachstechnik.

Gummilösung Gemahlene Pigmente mit Gummi, etwa Gummiarabikum oder Tragant, zu einem „Kuchen" vermischt und dann mit Wasser verdünnt, hat man bereits vor langer Zeit für eine Malweise verwendet, die heute als Aquarelltechnik bezeichnet wird. Der Gebrauch von Farbe auf Gummibasis hat sich parallel zu dem des Papiers entwickelt, welches zugleich sein typischer Untergrund ist, obwohl frü-

Herstellung von Künstlerbedarf *Die Bilder der folgenden Seiten stammen aus der Farbenfabrik Winsor and Newton in Harrow, England.* **Pigmentherstellung** *Es gibt zwei Hauptgruppen von Pigmenten: die natürlichen aus Erden, Rinde, Früchten oder Wurzeln und die künstlichen, die in komplizierten Verfahren aus Metallen und Teer gewonnen werden. Erdpigmente werden nur ausgegraben, gewaschen und gemahlen. Weitere natürliche Pigmente werden aus Färbemitteln gewonnen, indem diese mit Wasser und geeigneten Chemikalien zu Lösungen verarbeitet werden; so werden ihnen etwa Aluminiumsulfat (1) und Natriumkarbonat zugesetzt. Das Gemisch wird entweder per Hand verrührt (2), oder dies geschieht maschinell in Großbehältern mit einem Fassungsvermögen von bis zu 7500 l. In einer chemischen Reaktion wird dann der Färbstoff ausgefällt. Das Pigment sammelt sich breiförmig am Boden des Behälters und die überflüssige Lösung wird zusammen mit den nicht benötigten Chemikalien abgepumpt. Der Pigmentbrei wird mehrfach sorgfältig durch Siebe gefiltert, um Verunreinigungen zu entfernen (3). Einige Pigmente laufen durch eine Filterpresse, die überschüssiges Wasser durch grobes Gewebe herausdrückt (4). Das feuchte Pigment wird dann auf Kalk oder in Trokkenräumen getrocknet (5), bevor es zur Farbherstellung mit Gummi oder Öl gemischt wird.*

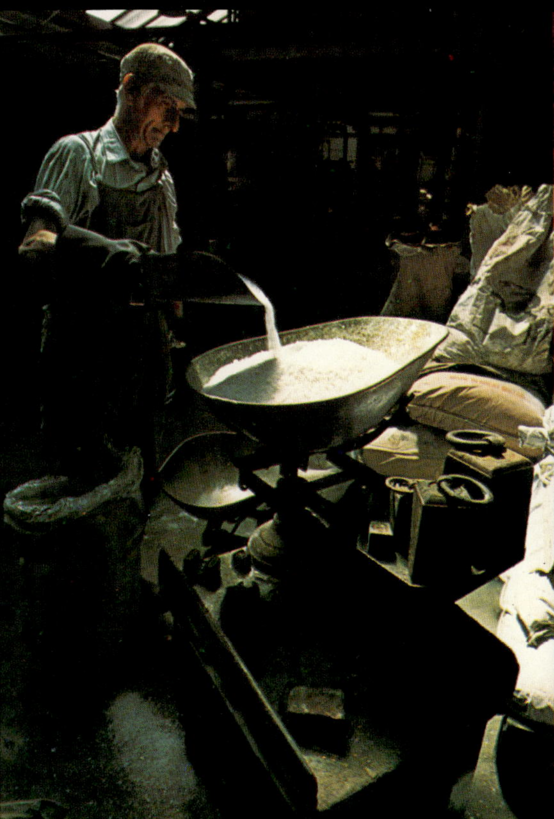

1 △

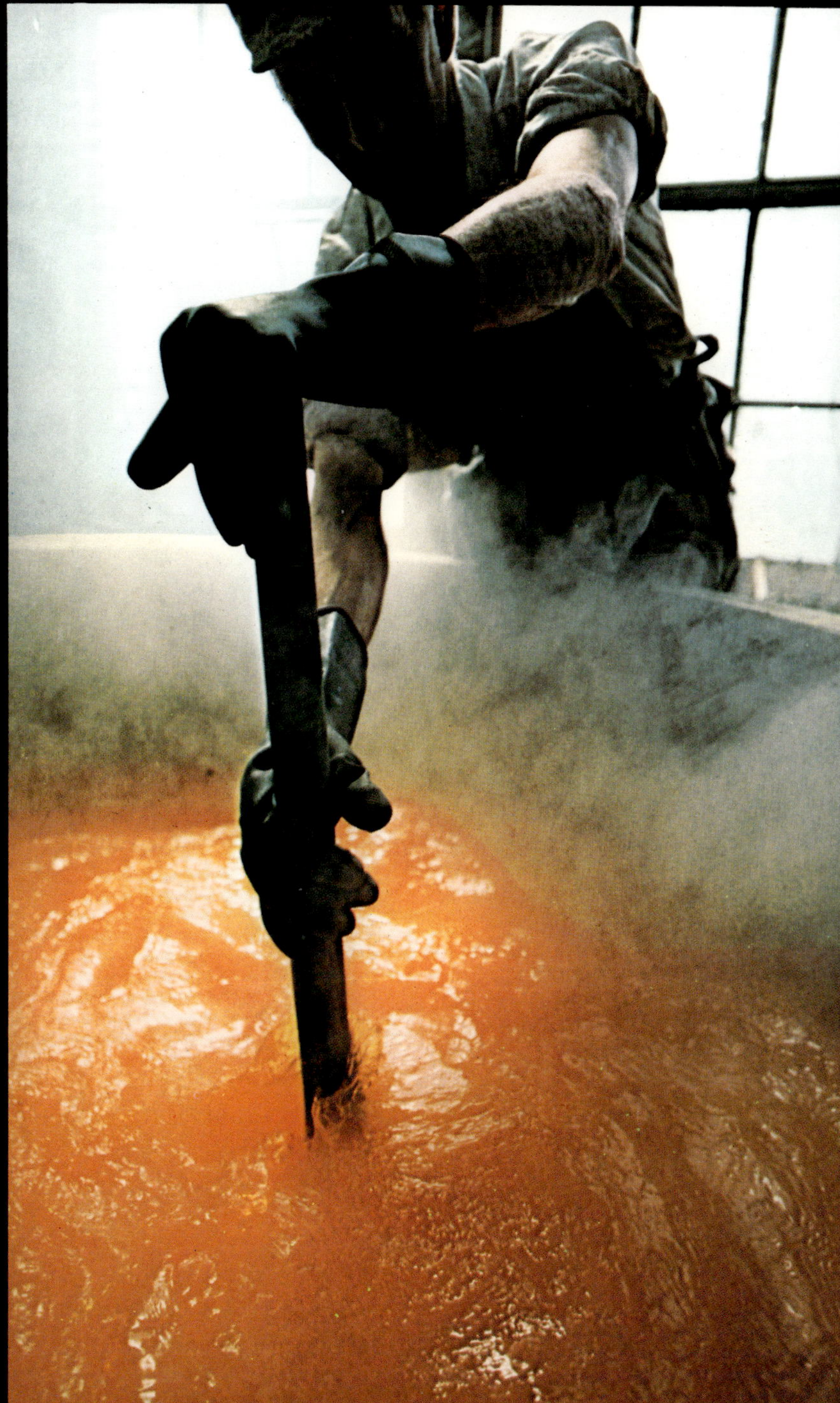

2 △

3 ▽

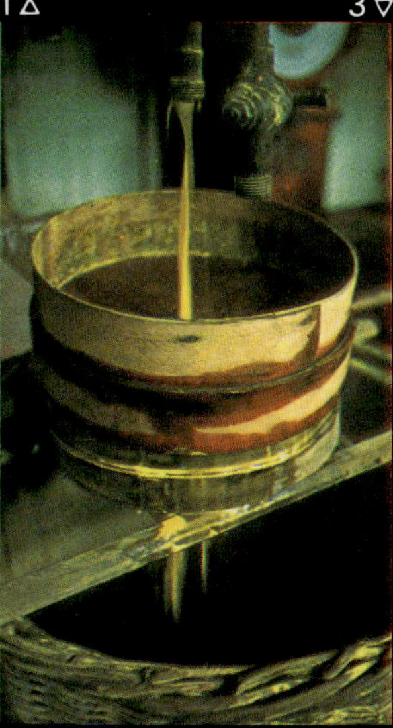

4 ▽

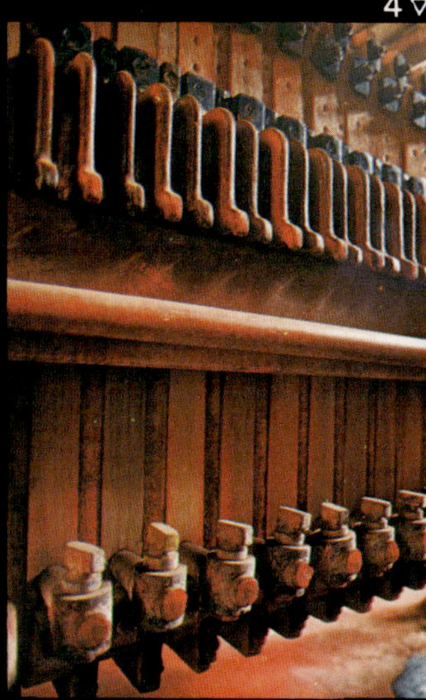

5 ▽

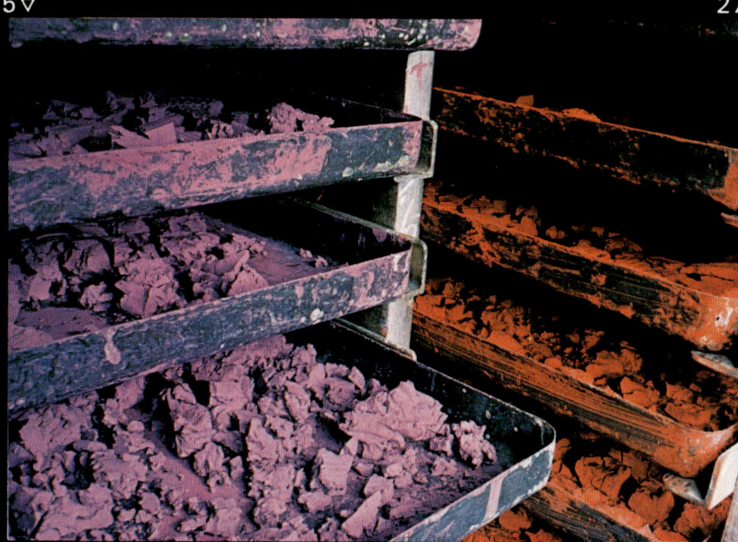

Herstellung von Gummiarabikum für Wasserfarben *Der kristalline Gummi wird abgewogen und mit Brechwalzen zerkleinert. Anschließend werden Verunreinigungen wie Holzsplitter oder Grasreste entfernt und der Gummi wird in Mischkesseln durch heißes Wasser geschmolzen (1). Schließlich wird die Lösung zur Beseitigung letzter Schmutzpartikel gefiltert. Dies geschieht per Hand durch Musselintuch (2).*

Farbproduktion mit dem Dreiwalzenmahlwerk *Pigmente für Öl- oder Wasserfarben werden mit Gummilösung oder Öl gemischt (3) und dann durch ein Dreiwalzenmahlwerk passiert (4), welches Druckkräfte von bis zu 72 kp (entspricht dem Gewicht von 72 kg) pro cm² ausüben kann. Dieser Druck trennt die Pigmentteilchen voneinander und bewirkt die Entstehung von Farbe gleichmäßiger Konsistenz. Ölfarbe passiert das Mahlwerk langsam und taucht in zähflüssiger Form zum Abfüllen in Eimer auf (5,6).*

Der Reibstein *Empfindlichere Wasserfarbenpigmente werden mit schweren Gewichten geschliffen und zerrieben. Jeder Schleifstein wiegt bei einem Durchmesser von 30 cm etwa 7 kg. Gummilösung und Pigment laufen unter dem Schleifstein durch (7), die daraus entstehende Farbe wird aufgefangen, getrocknet und auf Konsistenz, Farbwert und gleichmäßige Pigmentverteilung geprüft.*

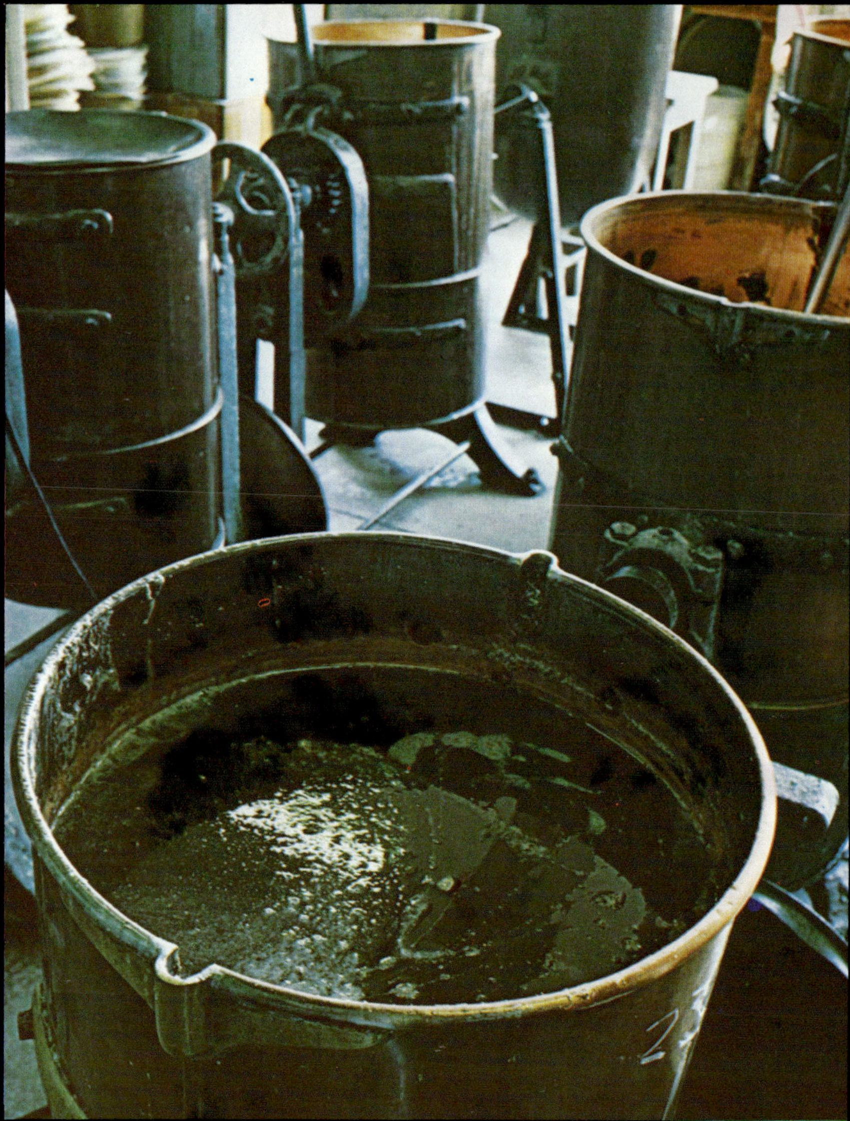

1 △

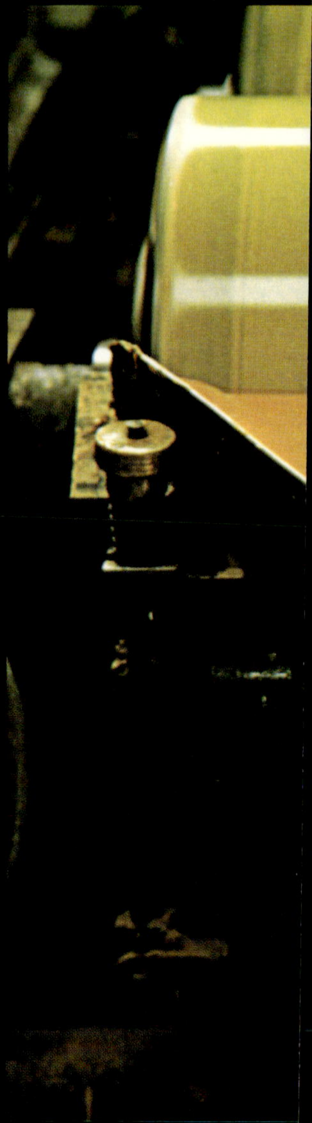

2 ▽

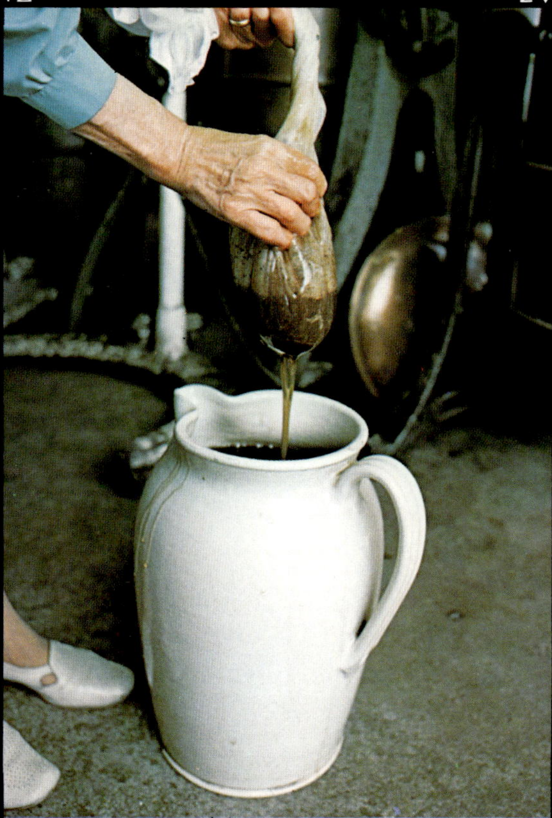

3 ▽

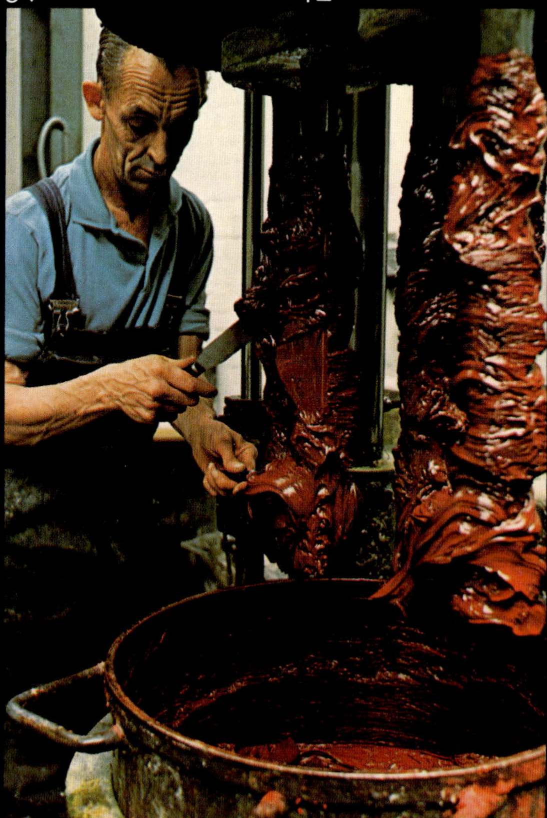

4 △

5

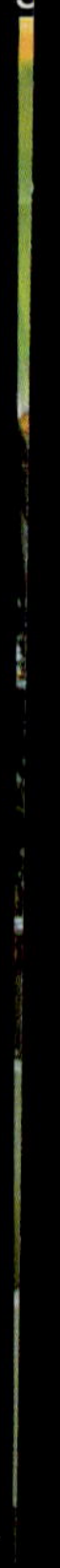

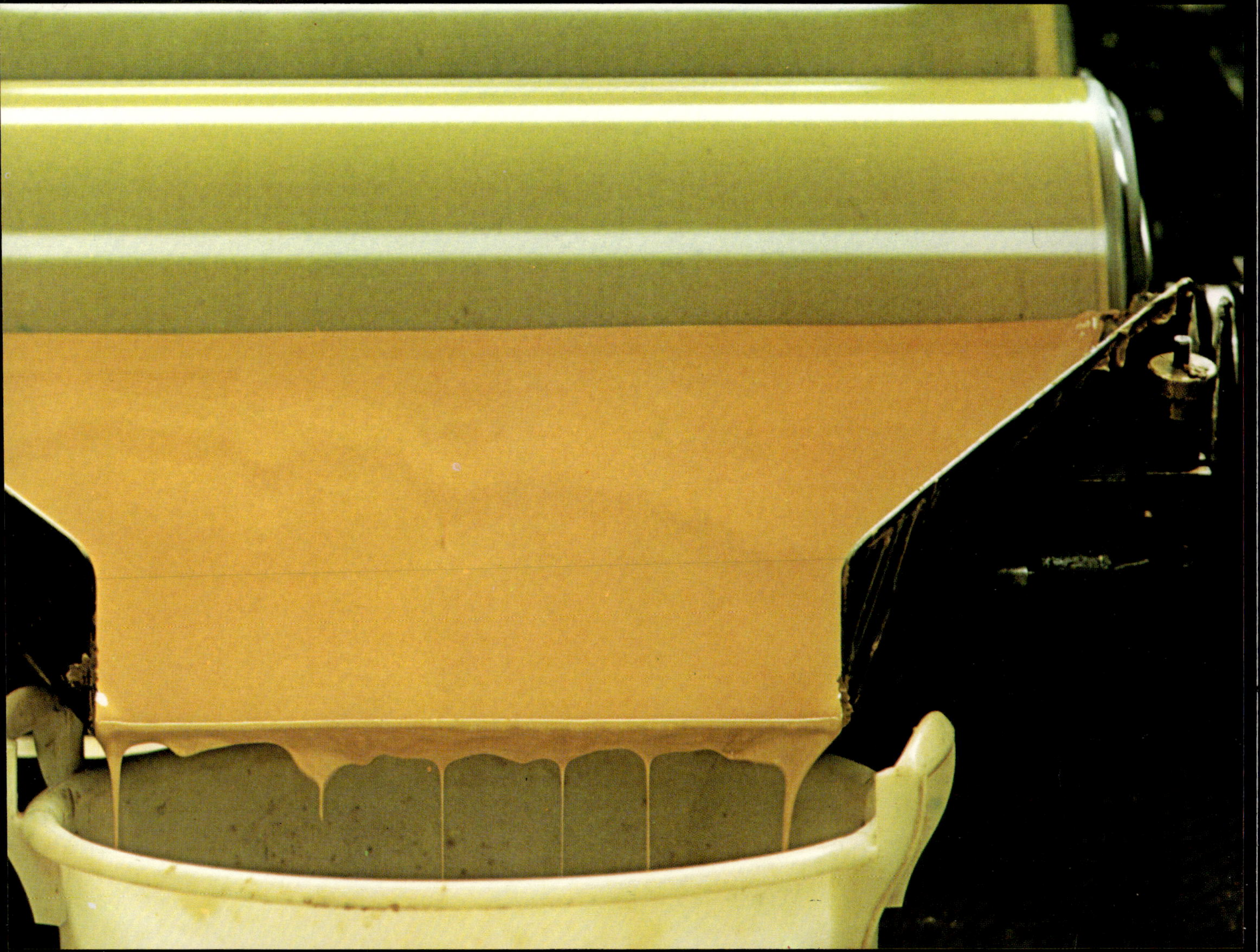

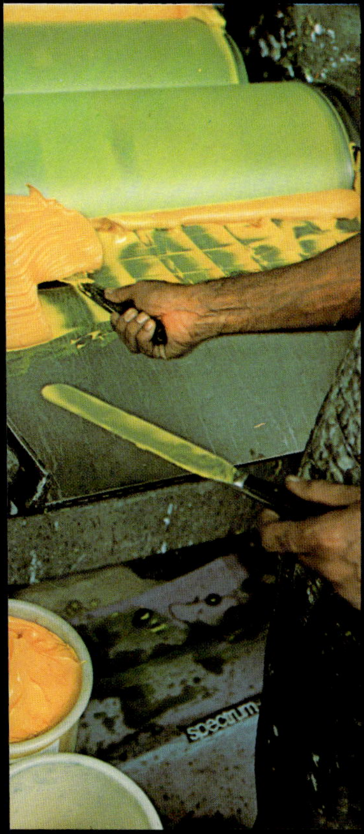

6 ▽

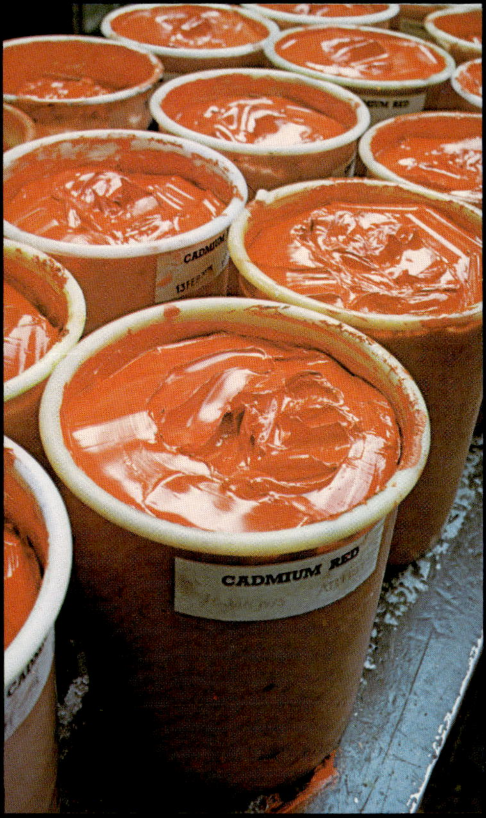

7 ▽

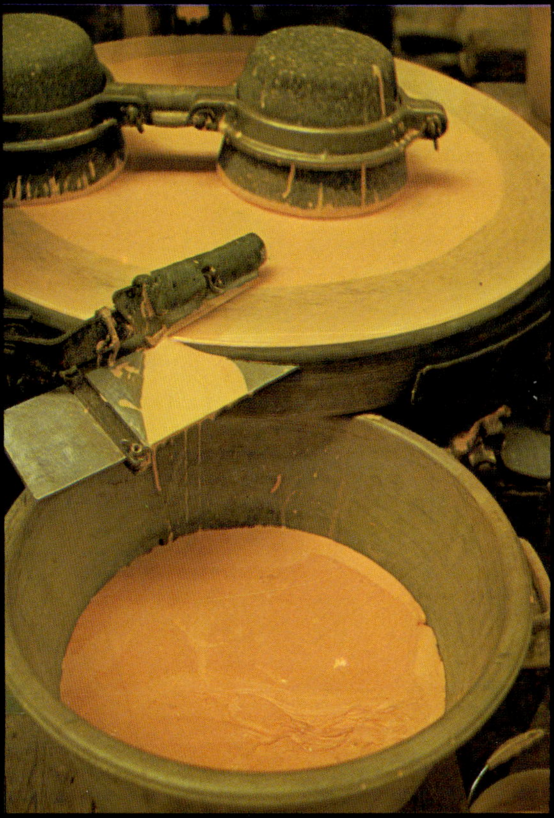

Füllung von Tuscheflaschen Die Flaschen werden maschinell gefüllt (1).
Herstellen von Pinselgriffen *Die Rohlinge werden geprüft, angesplitterte Exemplare aussortiert (2). Die geprüften Rohlinge werden in einen Rahmen gehängt und mit Nitrolack tauchlackiert (3); anschließend läßt man sie trocknen und stempelt sie, bevor sie in die Hirnringe eingepaßt werden.*
Herstellung von Borstenpinseln *Die Borstenhaare werden sorgfältig ausgewählt und abgewogen (6). Jeder Ölpinsel erhält eine bestimmte Gewichtsmenge an Schweineborsten. Die Borsten werden angefeuchtet und von Hand in Form gebracht (7). Ansonsten werden die Pinsel genauso gefertigt, wie nachstehend bei den Marderhaarpinseln beschrieben.*
Herstellen von Farbtuben *Eine Lage Blei wird zwischen zwei Lagen Zinn gelegt und mit ihnen zusammengewalzt. Aus dem entstehenden Laminat werden kleine, kreisrunde Rohlinge ausgestanzt (4), die dann zu Tubenröhrchen geformt werden. Tuben werden heute auch oft billiger aus Aluminium hergestellt. Aluminium ist leicht und ungiftig, aber Tuben daraus sind steifer; dies erschwert das exakte Herausdrücken der richtigen Farbmenge. Außen werden die Tuben bisweilen emailfarbig überzogen. Die Tubenröhrchen werden mit Kappen verschlossen und dann von unten her durch Kolbendruckmaschinen gefüllt, die die Farbe durch Düsen einspritzen. Die Innenseite des Tubenendes wird mit Latex überzogen (5), welches das Tubenende beim anschließenden Falzen abdichtet. Häufig werden die Arbeitsgänge des Zuschraubens, Füllens und Falzens durch eine einzige Maschine bewältigt.*

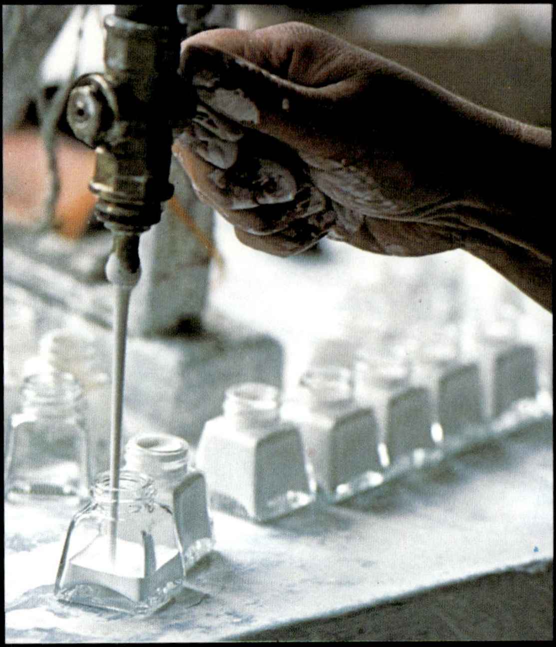

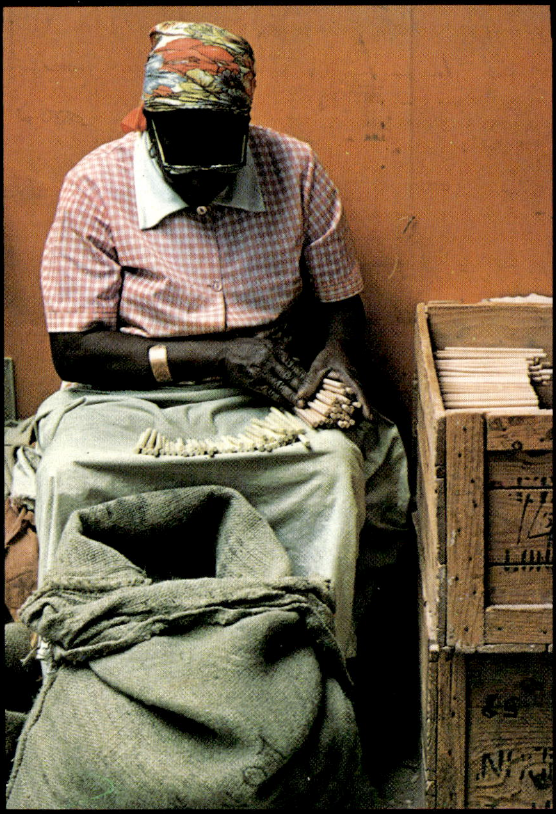

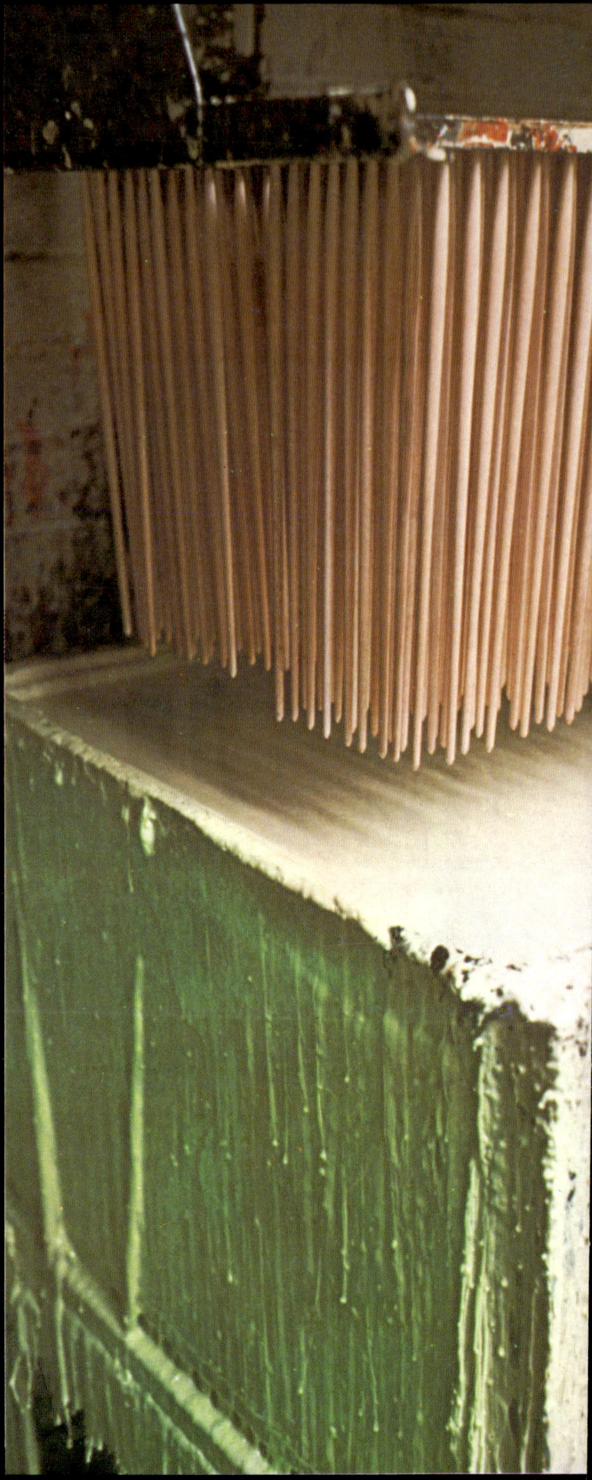

2△ 4▽ 3△ 5▽ 6▽

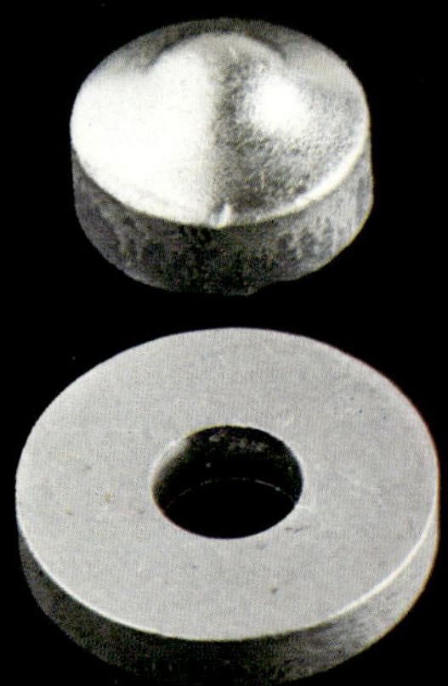

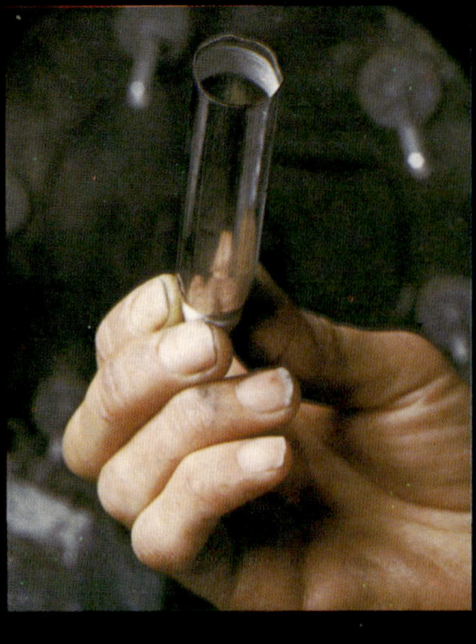

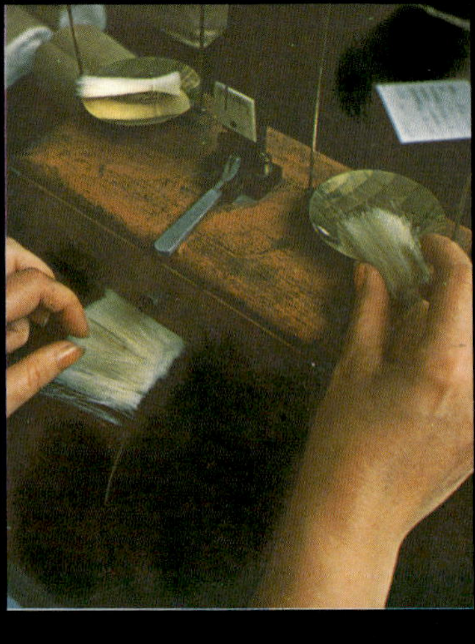

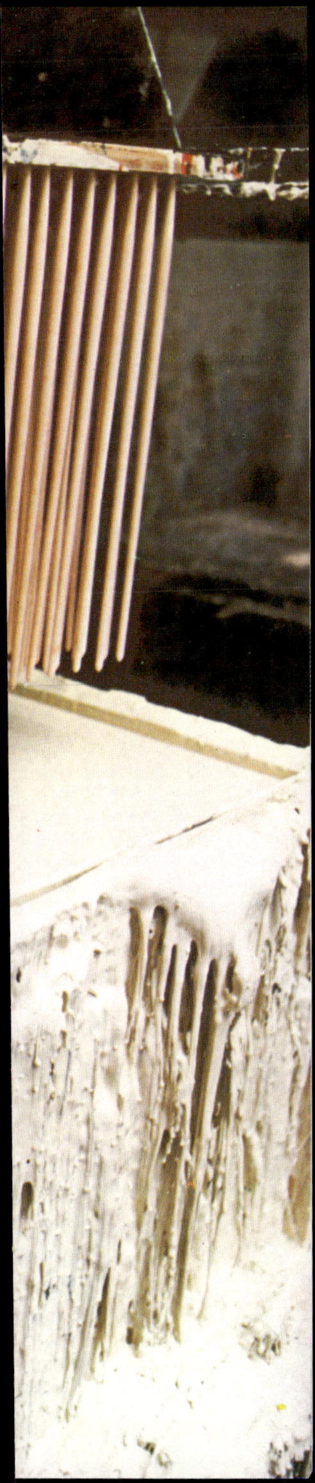

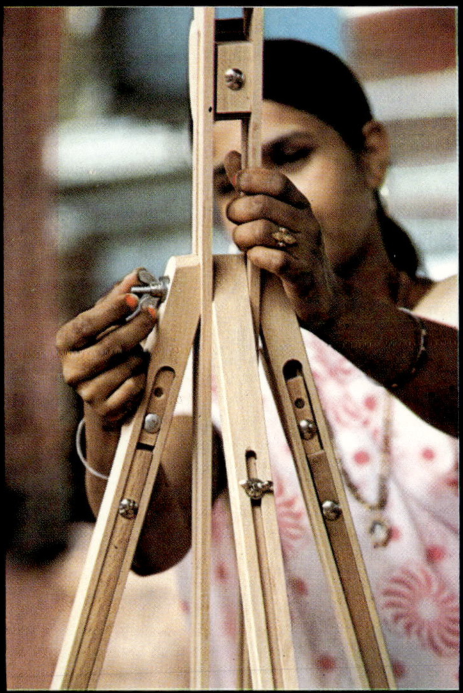

8 △

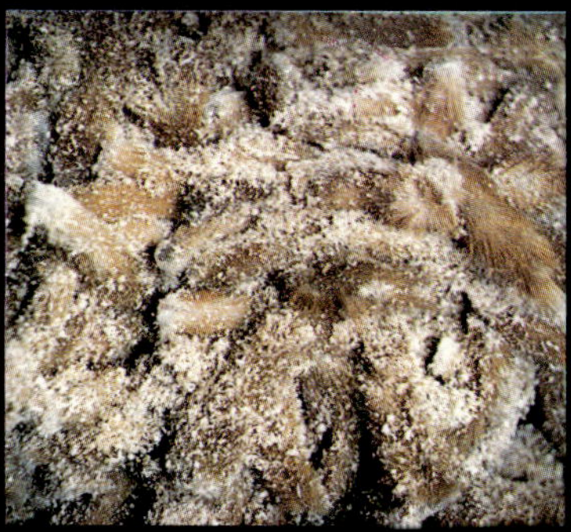

9 △

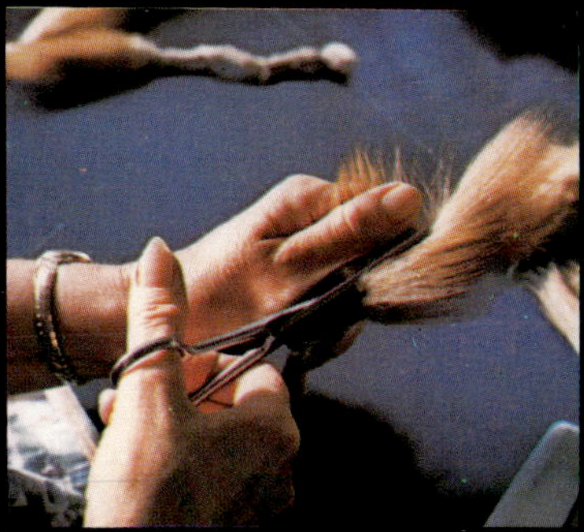

10 △

11 ▽

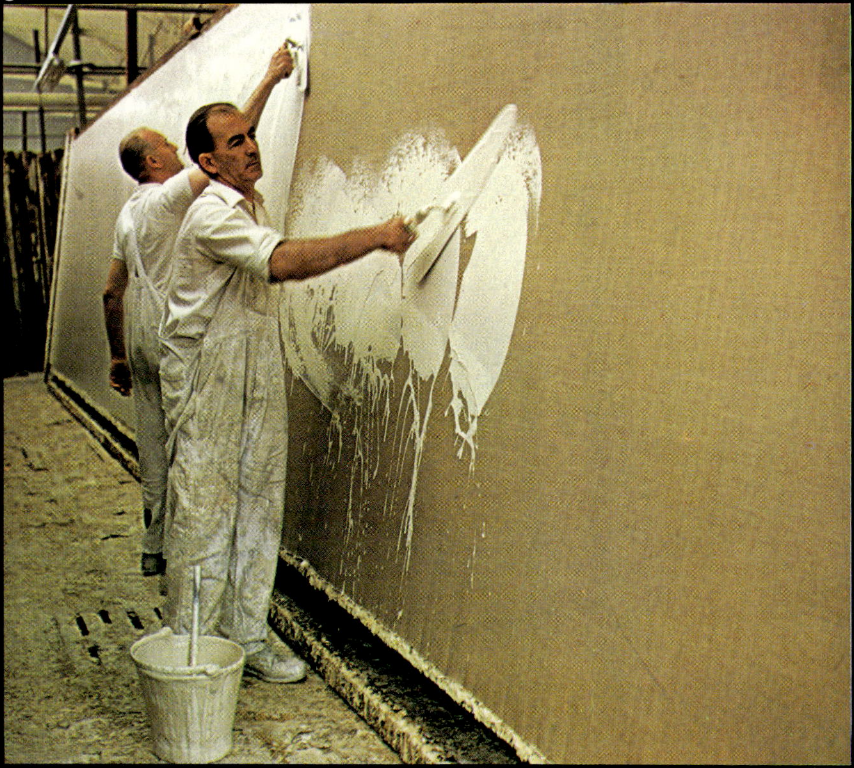

7 ▽

12 ▽

13 ▽

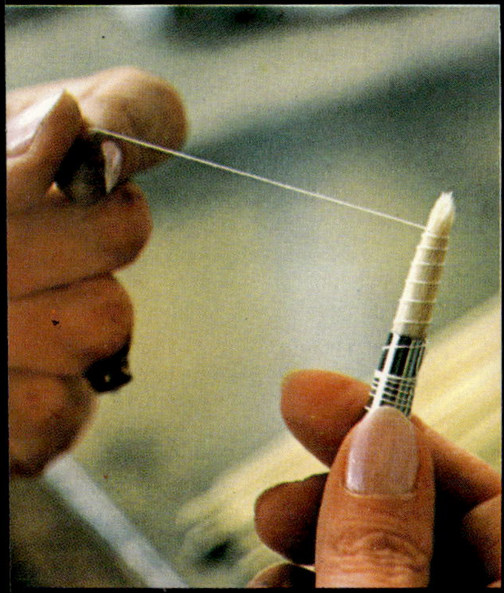

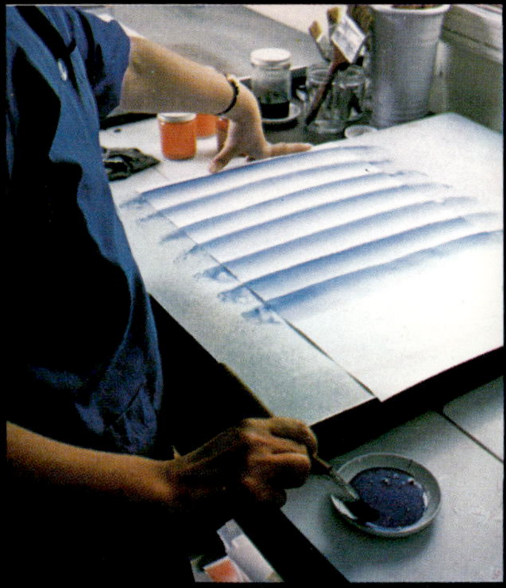

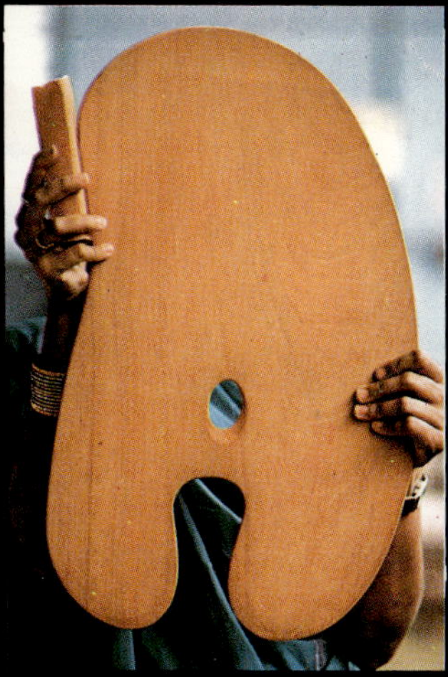

Staffeleien *Letzte Handgriffe an einer klappbaren Skizzierstaffelei (8).*

Herstellen von Marderhaarpinseln *Die Marderschwänze werden durch Aufstreuen von Sägemehl entfettet (9). Es wird besonders darauf geachtet, daß die feinen Spitzen der Schweifhaare nicht beschädigt werden. Die Haare werden vom Schweif abgeschnitten und sortiert (10). Zu kurze Haare werden weggeworfen, die geeigneten in fingerhutartigen Gefäßen gesammelt und ihre Enden durch leichtes Aufstoßen auf gleiche Höhe gebracht. Mit einem durch die Haare streifenden Federmesser werden verkehrt eingesteckte Haare entfernt; sie werden wegen ihres umgekehrten Faserverlaufes von der Klinge leicht erfaßt. Die Haare werden in Form gebracht, gebunden und in die Ringhülse eingesetzt, die dann auf den Griff geklemmt wird.*

Früher war das Pinselmachen Spezialistenarbeit mit einer langen Lehrzeit. Heute werden Pinsel meist am Fließband gefertigt und jeder Arbeiter kann innerhalb von etwa acht Wochen seinen Arbeitsgang erlernen.

Leinwandherstellung *Leinwand wird aus Baumwolle oder Flachsstoffen gewebt. Baumwolle ist billiger und dünner als der in Kette und Schuß stärkere Flachs. Flachs- oder Leinengewebe eignen sich am besten zum Bemalen, und eine Vielzahl von Webarten ist auf dem Markt.*

Baumwollgewebe wird großflächig aufgespannt, zweimal mit Leimgrund, einmal mit Grundierfarbe behandelt und dann eine Woche ruhig stehen gelassen. Die Herstellung von Leinen dauert länger: es wird bahnenweise aufgespannt, danach müssen die beiden Leimgrundüberzüge und die Grundierfarbe an getrennten Tagen aufgebracht werden (11). Das Leinen wird mit Bimsstein abgerieben und bleibt nach dem ersten Leimgrundauftrag einen Monat stehen. Danach wird die zweite Schicht Leimgrund aufgetragen; schließlich wird mit einem Kurzhaarroller die Grundierfarbe aufgewalzt.

Farbtöne für Farbmusterkarten anlegen *Farbmusterkarten werden manchmal noch aus den Farben selbst hergestellt und nicht gedruckt. Geschickte Fachkräfte tragen Streifen unterschiedlich starker Farbe auf, damit die Musterkarte die aus einer Farbe erhältlichen Abstufungen zeigt. Die Muster werden ausgeschnitten und auf Kartons mit der übrigen Farbskala aufgeklebt (12).*

Paletten *Kantenschleifen bei einer Holzpalette (13).*

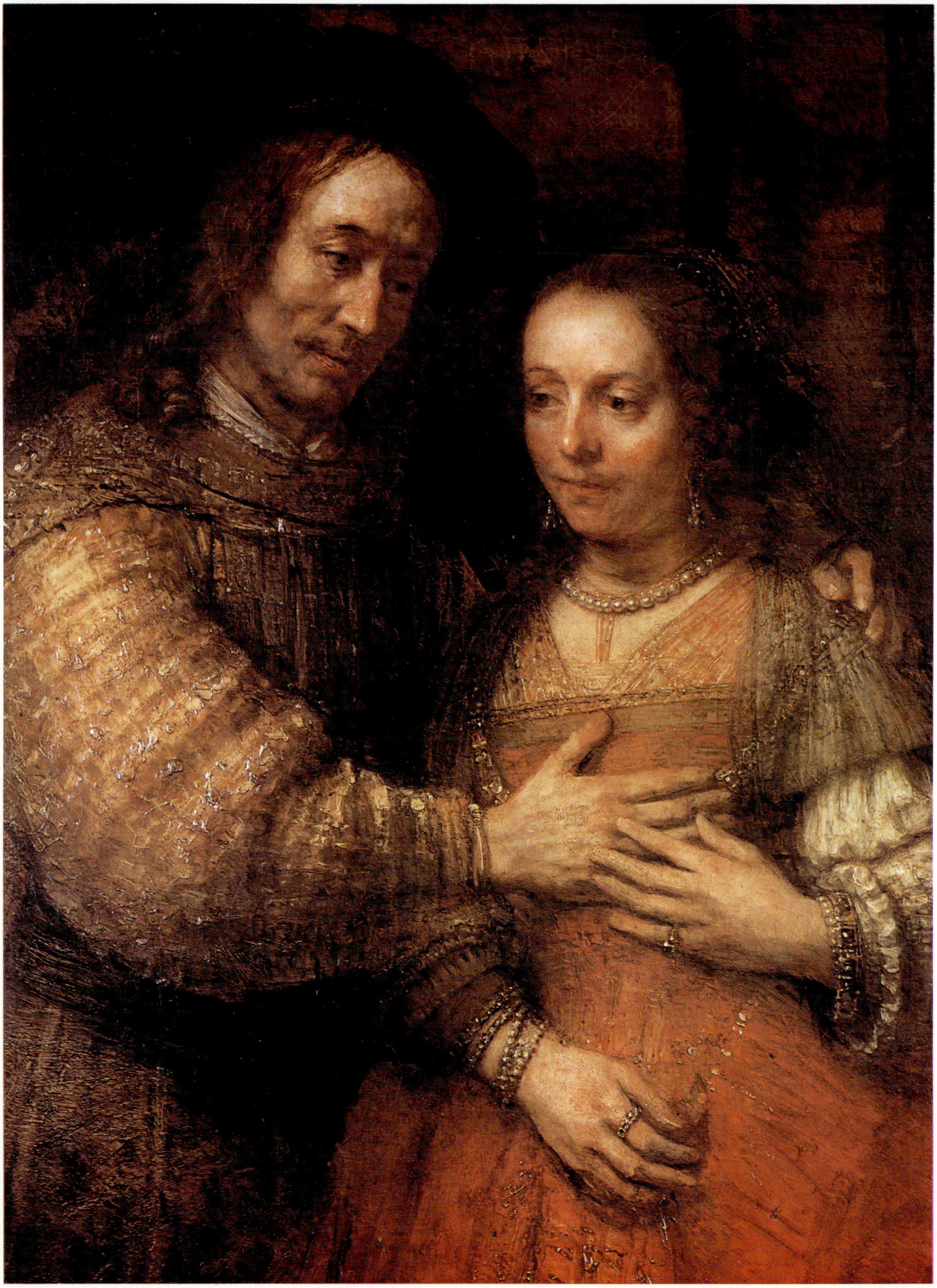

her auch andere Untergründe wie Seide und Pergament Verwendung fanden.

Ei Während des Mittelalters malte man bereits mit Gummi- und Leimträgern, aber der vorherrschende Farbträger war das Ei, und Cennino Cennini stellt ausführlich die auf ihm basierende Malweise, die Eitempera, dar.

Eigelb, Eiweiß oder ein Gemisch aus beiden können dazu verwendet werden. Beide Zutaten enthalten die gleichen Bestandteile, allerdings in unterschiedlichem Verhältnis; so enthält Eigelb 22 % Öl, Eiweiß dagegen nur 0,2 %. Durch den höheren Ölanteil ist das Eigelb fetter, zäher, elastischer und außerdem völlig wasserunlöslich; es eignet sich gut für das Malen auf Holz.

Eiweiß war der Standardfarbträger für die Bebilderung und Verzierung von Handschriften. Um das zähflüssige Eiweiß verarbeitbar zu machen, schlug man es steif und ließ es stehen, bis der Schaum sich wieder verflüssigt hatte. Das Schlagen verändert die molekulare Struktur des Eiweiß; es verwandelt sich in eine klare, leichtflüssige Lösung, die fein, leicht zu verarbeiten und mit Wasser gut mischbar ist.

Öl Cennini sah das Malen mit Eitempera als vornehme Arbeit an, die sogar im Seidengewand, dem feinsten Luxusgewand des 14. und 15. Jahrhunderts, ausgeführt werden konnte; aber noch während er 1390 sein Werk schrieb, entstand in den Niederlanden die Ölmalerei, und die Italiener glänzten in der Entwicklung von Farbtönen und -mischungen sowie im Erarbeiten mattglänzender – von Pinselstrukturen scheinbar freier – Oberflächen, die sich deutlich von der Tempera mit ihren Modellierungen und sichtbaren Pinselstrukturen abhoben.

Vasari (1511–1574) beschreibt in seinem 1568 erschienenen „Leben der Künstler" die Ölmalerei als die alleinige, umwälzende Idee eines Mannes: Jan van Eyck (tätig ab 1422, gestorben 1441). Van Eyck suchte nach Firnis, den man nicht an der Sonne trocknen lassen mußte und fand diese Eigenschaft bei Leinsamen- und Nußöl, die er dann als Trägerlösung für alle seine Pigmente benutzte. Vasari behauptete, van Eyck habe sein Geheimnis später an Antonello da Messina (ca. 1430–1479) weitergegeben, der seinerseits italienische Künstler in diese Technik einweihte.

In Wirklichkeit war die Sache komplizierter. Man hatte bereits Jahrhunderte vor van Eyck Öl für verschiedene künstlerische Zwecke benutzt, und das Erscheinen der Ölfarbe war nicht einer Einzelerfindung zu verdanken, sondern dem Experiment und der schrittweisen Entwicklung.

Der Gebrauch von Öl als Trägerlösung scheint hauptsächlich von Norden her aufgekommen zu sein. Die frühesten Ölgemälde finden sich im Norwegen des 13. Jahrhunderts; schon früh gab es auch in England und Frankreich Wandgemälde aus Öl, und in einer Abhandlung aus dem 12. Jahrhundert beschreibt der deutsche Mönch Theophilus genau das Zermahlen von Pigmenten in Leinsamen- und Walnußöl.

Theophilus stellt auch fest, daß der Hauptnachteil dieser Maltechnik die lange Trocknungszeit war, die der Maler abwarten mußte, bevor er die nächste Farbschicht auftragen konnte; die Arbeit wurde dadurch langwierig und ermüdend.

Vom Blickwinkel des Malers her interessieren drei Eigenschaften eines für Malzwecke vorgesehenen Öls: seine Reinheit, seine Farbe und sein Trocknungsverhalten. Alle drei Eigenschaften wurden nach und nach verbessert, aber der weitaus wichtigste Fortschritt war eine Erfindung zum Verkürzen der Trocknungszeit. Sie ist in zwei Handschriften des 14. Jahrhunderts beschrieben und bezieht sich auf die Zugabe von Metalloxiden während der Reinigung des Öls.

Links **Rembrandt van Rijn: Jüdische Braut (Ausschnitt)**
Rembrandt entwickelte die Technik des bewußt eingesetzten sichtbaren Pinselstrichs. Hier vertiefen sie die Farbtöne und erzeugen eine reiche, dreidimensionale Wirkung.

Die Oxide, damals Blei und Zink, fördern und beschleunigen den Trocknungsprozeß und ermöglichen das Malen von Ölbildern ohne die von Theophilus beklagten Verzögerungen. Eine der Handschriften – die aus Straßburg – stellt fest: „Dies ist ein sehr schnell trocknendes Öl, welches noch nicht alle Maler kennen; wegen seiner Vorzüglichkeit nennt man es ‚oleum preciosum' und eine halbe Unze davon kostet wenigstens einen Schilling."

So entwickelte sich das Öl in 300 Jahren von einer dunklen, langsam trocknenden Substanz in eine leichte, schneller trocknende und wahrscheinlich dünnere Trägerlösung. Van Eycks Beitrag hierzu bestand in der perfekten Beherrschung dieser umwälzenden neuen Technik, mit der eine mattglänzende Oberfläche ohne sichtbaren Pinselstrich geschaffen werden konnte. Erst später wurde die Ölfarbe als Medium mit eigenen Strukturmöglichkeiten entdeckt, und man begann die Farbe so aufzutragen, daß durch sichtbar auf dem Bild verbliebene Strukturen zusätzliche Charakteristik einfloß.

Beide Malweisen hielten sich nebeneinander bis ins 19. Jahrhundert, welches mit seiner direkten „alla-prima"-Malerei eine Umwälzung mit sich brachte: statt wie früher ein Bild Schicht um Schicht mit Vorzeichnung, Lasur und Deckfarbe aufzubauen, trug der Künstler jetzt jede Farbfläche häufig unmittelbar so auf, wie sie am Schluß erscheinen sollte. Diese unmittelbare, spontane Malweise wurde durch die Einführung zusammenrollbarer Farbtuben noch gefördert, die an Stelle der in kleine Beutel gefüllten Farbe traten. Die Zinntuben waren sauberer und ermöglichten es dem Künstler neben ihren sonstigen Vorzügen auch noch, im Freien zu arbeiten.

Acryl Der letzte größere Beitrag zur Entwicklung der Farbträger ist das Acryl, ein Kunstharzbindemittel, welches seit 1945 überall hergestellt und benutzt wird. Mit seiner kurzen Trocknungszeit, seiner Substanz, Elastizität und leichten Anwendbarkeit vereint es viele technische Vorzüge von Öl und Tempera. Dennoch hat man es weniger als Ersatz für die älteren Bindemittel verwendet, sondern als einen Farbträger eigener ästhetischer Qualität mit eigenem Verwendungsbereich.

Farbhersteller Viele Künstler stellen Farben und Pastelle noch selbst her, weil sie nur so bestimmte Wirkungen erzielen können. Aber schon in der frühen Renaissancezeit befaßten sich auf Künstlerbedarf spezialisierte Handwerker mit der Herstellung von Zeichen- und Malerbedarf.

1789 gründeten Thomas und Richard Rowney in England ihr Geschäft, welches zur heutigen Firma George Rowney and Co. heranwuchs. 1832 entstand die heute weltberühmte Gesellschaft von William Winsor und Henry C. Newton. In Deutschland wurden 1862 die Lukas Künstlerfarben- und Maltuchfabrik Dr. Fr. Schoenfeld & Co., 1881 die H. Schmincke & Co. Künstlerfarbenfabrik gegründet.

Diese und viele andere Firmen stellen heute mit modernster Technik eine riesige, fast beängstigende Vielfalt von Untergründen, Pigmenten, Farbträgern und Mal- und Zeichenzubehör her. Kunststofferzeugnisse haben sich einen breiten Raum erobert, doch einige herkömmliche Werkstoffe haben sich als nicht ersetzbar erwiesen: Auch heute noch werden – wie vor Hunderten von Jahren – die besten Leinwände aus Linnen gefertigt, und nach wie vor kann reines Ultramarinpigment nur durch das Mahlen von Lapislazuli gewonnen werden.

3. Kapitel

Ölmalerei

Die Ölfarbe hat sich von der Mitte des 16. Jahrhunderts an schnell zum gebräuchlichsten Werkstoff der Malerei entwickelt und diesen Rang über 400 Jahre hinweg behauptet. Erst während der vergangenen zwanzig Jahre ist diese Vorrangstellung etwas zugunsten der Kunstharz- und Acrylfarben zurückgedrängt worden, aber die Ölfarbe dürfte nach wie vor der am meisten verbreitete Farbträger sein.

Ölfarbe wird aus trockenem Pigmentpulver hergestellt, welches bis zur gewünschten Verdünnung mit dem einen oder anderen Pflanzenöl – meist Leinsamen- oder Mohnöl – gemischt wird. Diese Öle trocknen langsamer als andere Farbträger, und zwar nicht durch Verdampfen, sondern durch Oxidation; dabei

Tizian: Mutter und Kind *Tizian und seine venezianischen Kollegen gaben der Ölmalerei entscheidende Anstöße. Tizian verwendet hier wenige Farben, aber sein leichter, lebendiger Pinselstrich verleiht dem Gemälde eine vibrierende Vielfalt, die sich mit den zuvor benutzten Temperafarbträgern nicht erzielen ließ.*

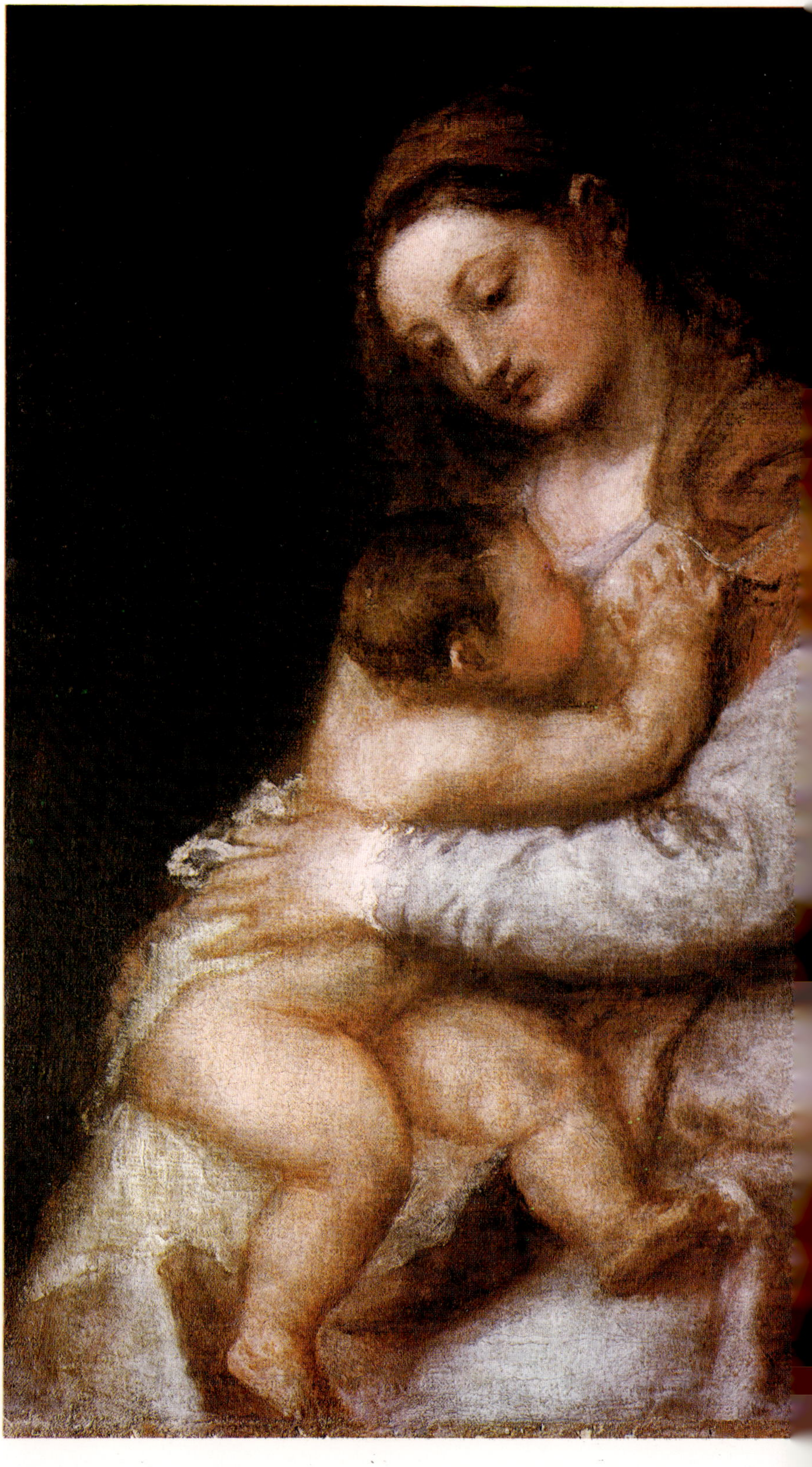

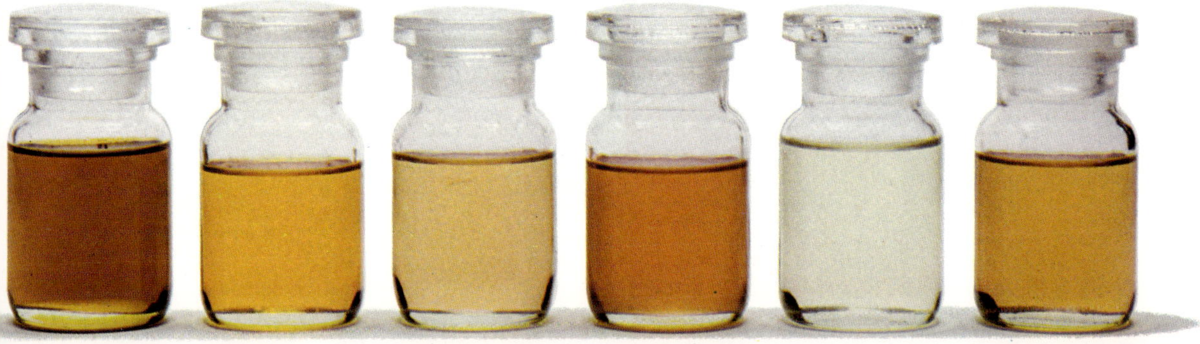

Links **Öl als Farbträger** *(von links): reines (kalt gepreßtes) Leinsamenöl; rohes Leinsamenöl; raffiniertes Leinsamenöl; Standöl (ebenfalls aus Leinsamen); Mohnöl; Walnußöl.*

Unten **Rembrandt von Rijn: Badende im Bach** *Der ausgeprägte Pinselstrich des Gewandes kontrastiert mit den weich lasierten Körperpartien. Rembrandts meisterhafte Technik hinterließ fortdauernde Einflüsse.*

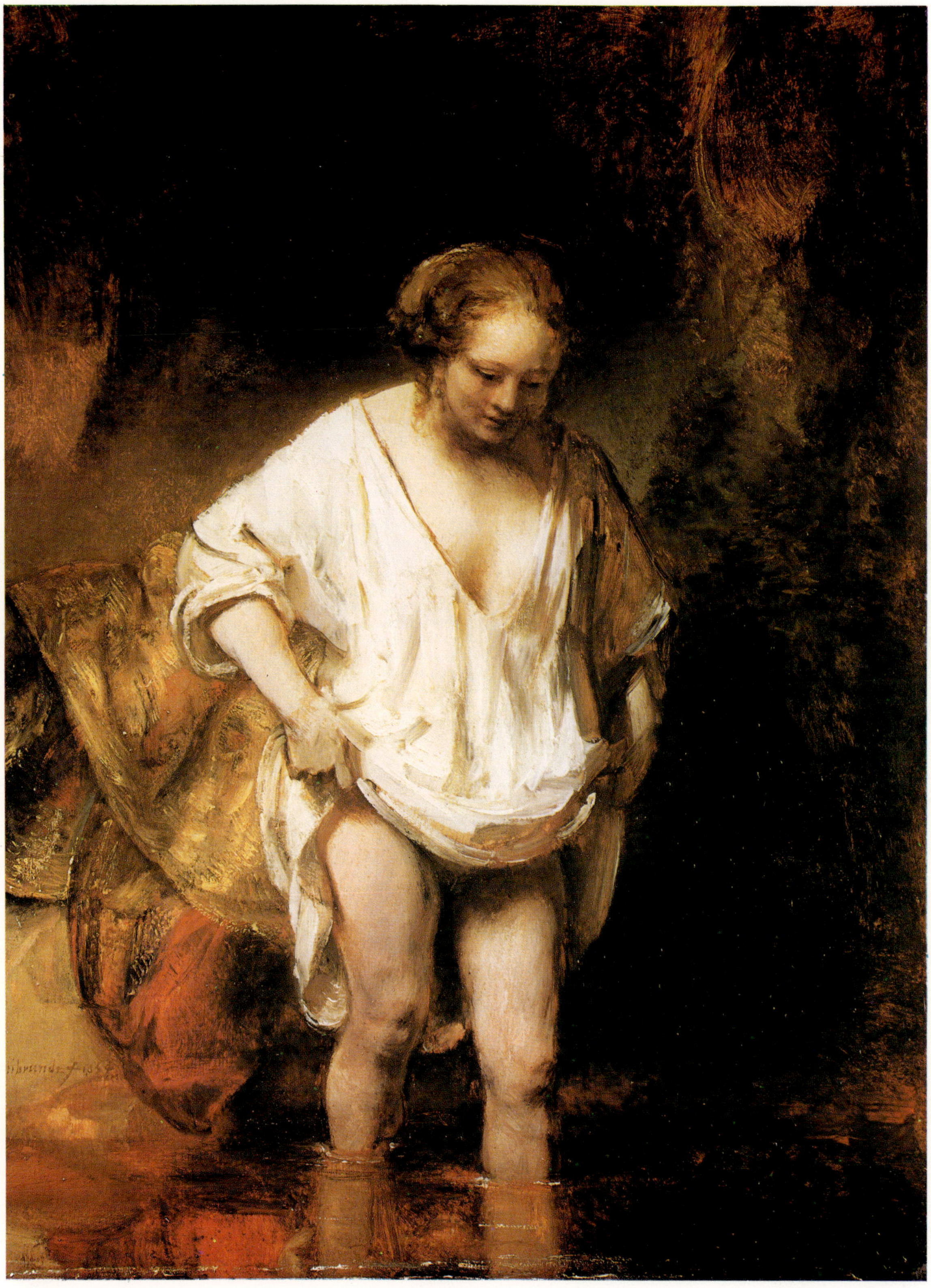

bilden sich Pigmenthäute, die sich mit dem Untergrund und – bei sorgfältiger Einhaltung der Trocknungszeiten – auch mit anderen Pigmentschichten fest verbinden. Der Oxidationsprozeß verleiht den getrockneten Farbpigmenten eine eigene Tiefe und Fülle; der Künstler kann das Mengenverhältnis von Öl und Lösemitteln – etwa Terpentin – so variieren, daß die Farboberfläche vielerlei Gestalt annimmt, daß sie etwa deckend oder transparent, matt oder glänzend wirkt.

Aus diesem und aus anderen Gründen kann die Ölfarbe den Rang des vielseitigsten Farbträgers für sich beanspruchen. Bei richtiger Verarbeitung wird sich Ölfarbe beim Trocknen wenig verändern; allerdings verfärbt sie sich im Laufe der Zeit leicht gelblich. Der Künstler kann die Möglichkeiten zum Auftrag mehrerer Farbschichten dazu nutzen, den Bildaufbau partienweise zu entwickeln – „bien amenée", wie Degas das nannte –, und das langsame Abtrocknen erlaubt es ihm, einzelne Farbpassagen abzukratzen und neu zu gestalten. Röntgenaufnahmen beweisen, wie häufig auch die Großen der Ölmalerei von dieser Möglichkeit Gebrauch gemacht haben.

Die Mitverwendung öliger Substanzen als Bestandteil verschiedener Temperafarbemulsionen hat eine lange Geschichte. Ihr Ursprung liegt im Dunkeln. Das Verdienst, die Ölmalerei in ihrer späteren reinen Form entwickelt zu haben, kann der flämischen Malerei des 15. Jahrhunderts und speziell van Eyck (tätig ab 1422, gest. 1441) zugesprochen werden; ihr Einfluß auf Schüler wie Antonello da Messina (ca. 1430–1479) brachte die Ölmalerei nach Italien, insbesondere nach Venedig.

Die hohe Luftfeuchtigkeit in Venedig erschwerte die Freskomalerei und die Maler der Stadt waren von den Möglichkeiten zu großflächigerer Malerei angetan, die ihnen die elastischen Ölfarbträger eröffneten. Durch ihre dauerhafte Flexibilität bot sich die Ölfarbe für die Leinwandmalerei an; große Werke konnten im Atelier angefertigt und dann zusammengerollt an Ort und Stelle gebracht werden.

Tizian (1490–1576) spielte in seiner langen und überragenden Schaffensperiode in Venedig eine Schlüsselrolle bei der Entwicklung der Techniken und Möglichkeiten der Ölfarbenmalerei. Sein Lehrer Giovanni Bellini (1430–1516) hatte erstaunliche Änderungen in Konzeption und Malstil verwirklicht; Tizian tat das gleiche erneut, verband es aber zusätzlich mit technischen Änderungen.

Ausgehend von der vergleichsweise graphischen Strenge seines Frühwerkes, entwickelte er mit den Ölfarbträgern eine bemerkenswerte Spannweite von Farbtonstufen. In seinem Spätwerk entsteht das Motiv aus großen, direkt auf die Leinwand aufgetragenen Farbflächen; der Farbtonaufbau setzt sich frei über die im Motiv enthaltenen Formen und Grenzen hinweg fort; er nimmt die fließenden Übergänge eines Turner oder eines Monet vorweg.

Die Venezianer legten die Grundsteine für die Beherrschung der Ölfarbe. Kurze Zeit später baute der Flame Rubens (1577–1640) darauf auf; sein Werk spiegelt die ganze Ausdrucksmöglichkeit der Ölfarbe wider. Die Maltechnik von Rubens hat geschichtliche Bedeutung insofern, als sein eigener großer Erfolg, sein Einfluß als Lehrer erfolgreicher Schüler und Assistenten eine Ölfarbtechnik ins Leben rief, der Generationen von Malern in verschiedenen Variationen folgten. Der Einfluß von Rubens läßt sich noch bei Delacroix (1798–1863) und sogar bei Renoir nachweisen.

Edouard Manet: Olympia
Manets Werk zeichnet sich durch den scharfen Gegensatz von Licht und Schatten und Weglassen oder Verdrängen der Halbtöne aus. Obwohl er nichts von Stilrichtungen hielt, war er einer der wichtigsten Impressionisten. Sein schnörkelloses Malen und seine Themenwahl schockierten die damalige Kunstwelt, regten aber auch bald eine Welle von Neuerungen an.

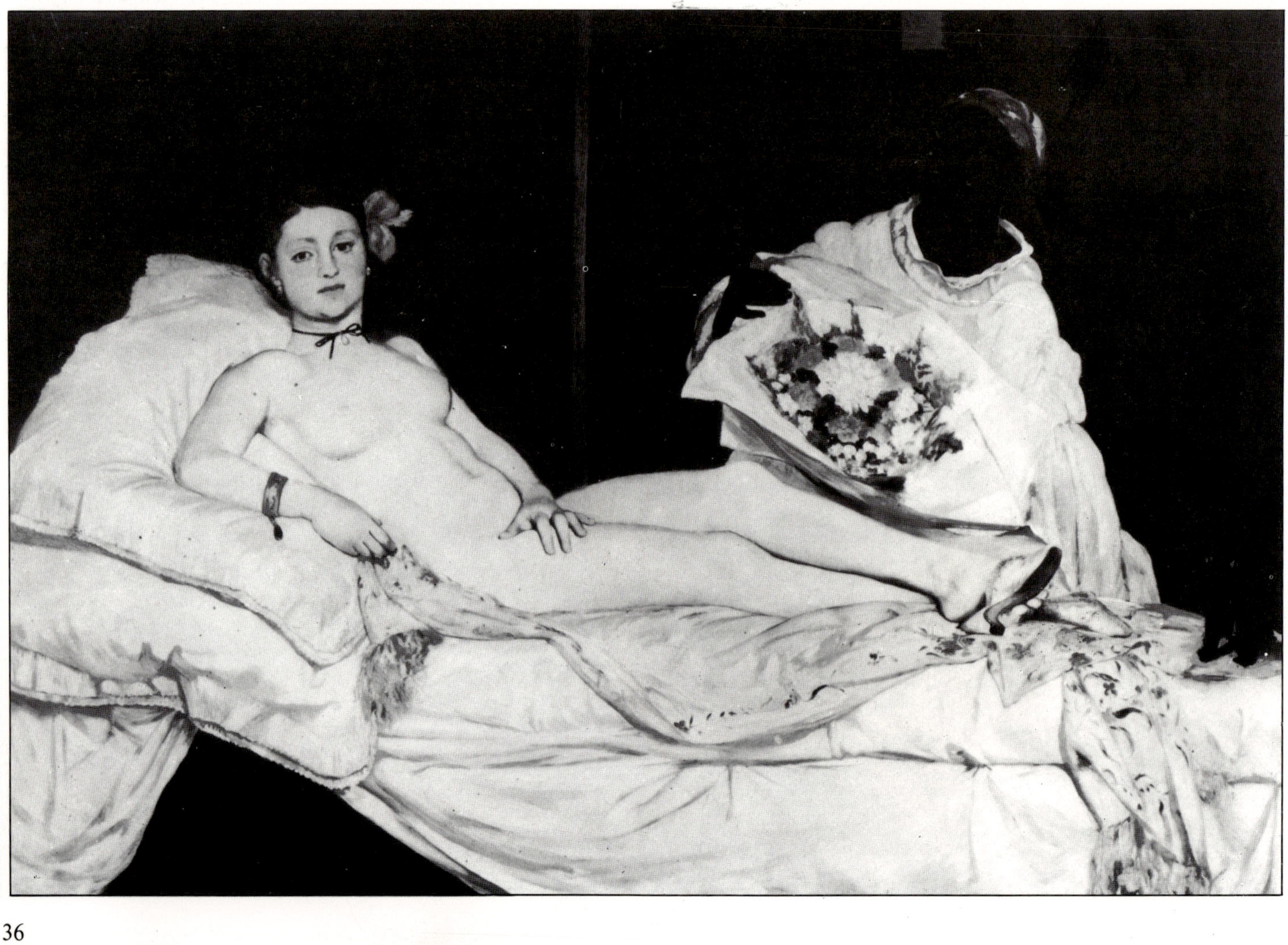

Die Venezianer hatten mit dem Malen auf rotem Grund begonnen, wofür sie vermutlich eine Temperaart verwendeten; Rubens entwickelte einen genau geregelten Arbeitsablauf, indem er zunächst einen weißen Grund leicht grau übertönte. Darauf folgte dann die breitflächig aufgetragene, transparente Wiedergabe von Farbtonwerten in goldfarbiger Umbra zur Herausarbeitung der Umrißlinien, die in sie eingezeichnet wurden. Hierauf baute er kühle Töne mit halbdeckenden Pigmenten auf, die den warmen Ton der vorangegangenen Schicht teilweise noch durchscheinen ließen. In einem Teil dieser Halbtonflächen stellte er dic dunklen Bildteile mit stärkeren und vielfältigeren Farbtönen heraus, trug die Farbe aber dünn auf, um transparente, dunkel glimmende Schattenwirkungen zu erzielen; in den übrigen Bildteilen arbeitete er die Lichter und kräftige Farben mit stärkerer Deckfarbe heraus. Den Schluß bildeten einige Passagen mit transparenten Lasurüberzügen.

Rubens übte unmittelbaren Einfluß sowohl auf Velasquez (1599–1660), den er in Madrid getroffen hatte, wie auch auf Rembrandt (1606–1669) aus, den wohl größten Maler überhaupt. All diese großen Meister hatten natürlich ihre eigenen Techniken, aber ihnen allen gemeinsam ist ein Element ungewöhnlicher Unmittelbarkeit: so einfach oder kompliziert der Bildschichtaufbau auch immer war – jede Farbschicht entwickelte ihren eigenen Charakter, aber sie störte nie den Gesamteindruck des fertigen Werkes.

Rembrandt selbst, obwohl in der Technik Rubens nahestehend, modellierte oft ganze Flächen in einer Farbe durch, die er dann mit lasierenden oder deckenden Farbstrichen überarbeitete und die so eine intensive Leuchtkraft entwickelten. Diese Malweise wurde als „Grisaille" im 18. Jahrhundert eine Akademietechnik, wie sie sich etwa im Werk von Reynolds (1723–1792) wiederfindet. Ohne die unmittelbare Wirkung des Untergrundes konnte die Grisaillemalerei mit ihrer Überbetonung der Lasur oft etwas schwerfällig wirken. Die Reaktion auf derartige Routinetechniken findet sich bei Gainsborough (1727–1788) und Goya (1746–1788) in der Rückkehr zum flüssigen Arbeitsstil im Geiste von Rubens, wenn auch nicht mehr ganz in seiner Technik.

Die bereits im 18. Jahrhundert in Lederbeuteln hergestellte und verkaufte kommerzielle Ölfarbe geriet im 19. Jahrhundert sowohl im Anwendungsbereich wie auch von der gewerblichen Produktion her in den Aufwind. Die Erfordernisse der Landschaftsmalerei im Freien, deren Pionier in England Constable (1776–1837) war, führten zu einer selten zuvor gesehenen Direktheit des Ausdrucks.

Die steigende Nachfrage der Neureichen des Industriezeitalters nach Gemälden wurde großteils durch glatte Salonmalerei befriedigt, die sich nur noch äußerlich auf traditionelle Maltechniken stützte. Viele der Maler, die wir heute zu den besten Künstlern jener Epoche zählen – zum Beispiel Corot (1796–1875) – arbeiteten vergleichsweise im Verborgenen und hatten nur mäßigen Erfolg. Ironischerweise konnten sie so ihren eigenen Stil besser entwikkeln, als bei den konventionellen Formen, wie sie von den damaligen Auftraggebern verlangt wurden.

Die romantische Vorstellung vom Künstler als Bohemièn, die sich in der Mitte des 19. Jahrhunderts unter dem Einfluß etwa von Courbet (1819–1877) in Frankreich und Rosetti (1828–1882) in England breitgemacht hatte, nährte auch die Vorstellung vom Künstler als Individualisten, einem, der nicht nur besser malt als seine Kollegen, sondern auch anders. Die Möglichkeiten, originell zu sein und sich von anderen zu unterscheiden, nahmen stark zu; erweitert wurden sie noch durch die breite Erhältlichkeit von Künstlerbedarf aller Art.

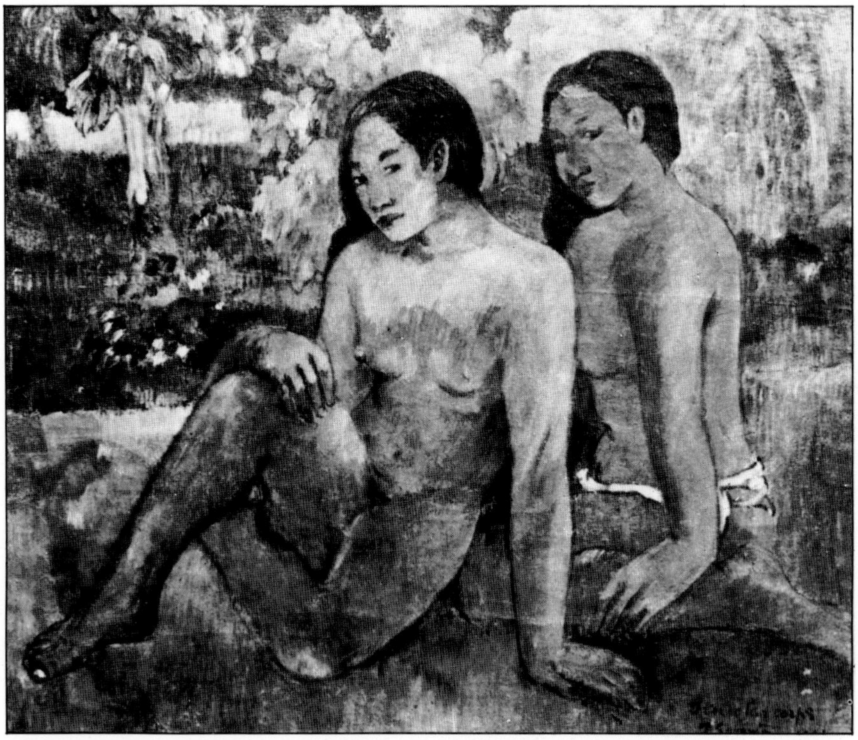

Paul Gauguin: ... und das Gold ihrer Körper *Der Reichtum Gauguinscher Malerei beruht auf der Sorgfalt, die er für das Mischen und Auftragen von Deckfarben verwendet. Die Stärke des Bildes liegt im feinfühligen Zusammenspiel von im Grunde einfachen Farbfeldern. Gauguin und van Gogh zählen zu den Nachimpressionisten. Ihre leuchtende Farbvielfalt und ihre neuen Wege im Umgang mit Farbe übten großen Einfluß auf die Malerei des zwanzigsten Jahrhunderts aus.*

In der Mitte des 19. Jahrhunderts war bereits die neue, zusammenrollbare Zinntube mit gebrauchsfertiger Ölfarbe auf dem Markt, und das alte Lehrsystem des Mahlens und Zubereitens von Pigmenten, welches eine Stütze traditioneller Maltechnik gewesen war, starb aus.

Ein Hauptmerkmal des Impressionismus ist der starke Auftrag von Deckfarben; er verließ weitgehend die alte Technik mit ihren Spielformen von Deckfarbe und transparenter Malweise, von starkem und lasierendem Farbauftrag. Er war eine Maltechnik, die dem künstlerischen Ausdruck einer unter Ausschluß der Öffentlichkeit entstandenen Bewegung am besten entsprach. Maler wie Monet (1840–1926), Pissarro (1831–1903), Cézanne (1839–1906) und Sisley (1839–1899) wurden erst einmal als inkompetente Farbkleckser abgetan; in Wirklichkeit waren die meisten Impressionisten auch im handwerklichen Sinn Meister, nur eben auf eine neue Art und Weise.

Dennoch war es spätestens im frühen 20. Jahrhundert unübersehbar geworden, daß es eine „richtige" Maltechnik nicht mehr gab; Beispiel dafür sind der Impressionismus und der Nachimpressionismus und der posthume Ruhm von van Gogh (1853–1890) und Gauguin (1848–1903), die technisch wohl die exzentrischsten Maler ihrer Zeit waren.

Von falscher Technik konnte man nur dort sprechen, wo sie zu rascher Zerstörung des Gemäldes führte; dies konnte der Preis für zu viele Experimente sein, wie schon des Beispiel Leonardos zeigt. Sikkert (1860–1942) beschreibt, wie einige Gemälde seines Lehrers Whistler (1834–1903) rasch nachdunkelten und stumpf wurden, weil Whistler ständig Farbe wegkratzte und mit zu viel Terpentin „alla prima" neu auftrug, anstatt ordentliche Farbschichten übereinanderzulegen.

Seit den Tagen des Impressionismus hat sich das Angebot an Ölfarben – speziell durch die neuen chemischen Farbtöne – vervielfacht; die heute erhältlichen Industriepigmente verhalten sich relativ stabil und vorausberechenbar. Wir können uns heute Freiheiten nehmen, die man früher als maltechnisch unklug, wenn nicht gar als undurchführbar ansah.

Picasso (1881–1973) und Matisse (1869–1954) sind herausragende Beispiele für Maler, die sich nicht scheuten, das Farbmaterial von Bild zu Bild ihren Bedürfnissen entsprechend abzuwandeln. Der Expressionismus hat Künstler hervorgebracht, die ihre Entwürfe mit Bergen von Farbe verwirklichten und den satten Farbauftrag eines van Gogh dabei noch weit übertrafen.

Tachismus, abstrakter Impressionismus und Expressionismus erlaubten es dem Künstler, Farbe gegen die Leinwand zu werfen oder sie darauf zu tropfen, und dies geschah häufig auch mit Ölfarbe. Gleichzeitig arbeiteten Maler wie Salvador Dali (geb. 1904) und Lucien Freud (geb. 1922) aber auch mit höchst präzise durchgearbeitetem dünnem Farbauftrag.

Wie stets wird die Zeit das Urteil über die künstlerischen Leistungen sprechen; sie wird auch zeigen, wie brauchbar die Technik war, in der die Ölfarbe aufgetragen wurde. Die heutigen Ölfarben werden häufig zu Recht kritisiert, aber die besten von ihnen sind vermutlich dauerhafter als alle ihre Vorgänger. Es gibt keinen Grund zu der Annahme, technisch richtig ausgeführte Ölmalerei könne nicht ebenso langlebig sein wie die eines van Eyck; mit handwerklich falsch ausgeführter moderner Ölmalerei haben die Museumsrestauratoren dagegen schon heute ihre Mühe.

Pablo Picasso: Mandoline und Gitarre *Für dieses Gemälde aus der Anfangszeit seines „linear-flexiblen Kubismus" mischte Picasso Ölfarbe mit Sand. Picasso schuf viele neue Ansätze für die Ölmalerei und er experimentierte fortwährend mit verschiedenen Farbträgern. Von allen Malern der Moderne hatte er den größten Einfluß auf die Malweisen und Stilrichtungen des 20. Jahrhunderts.*

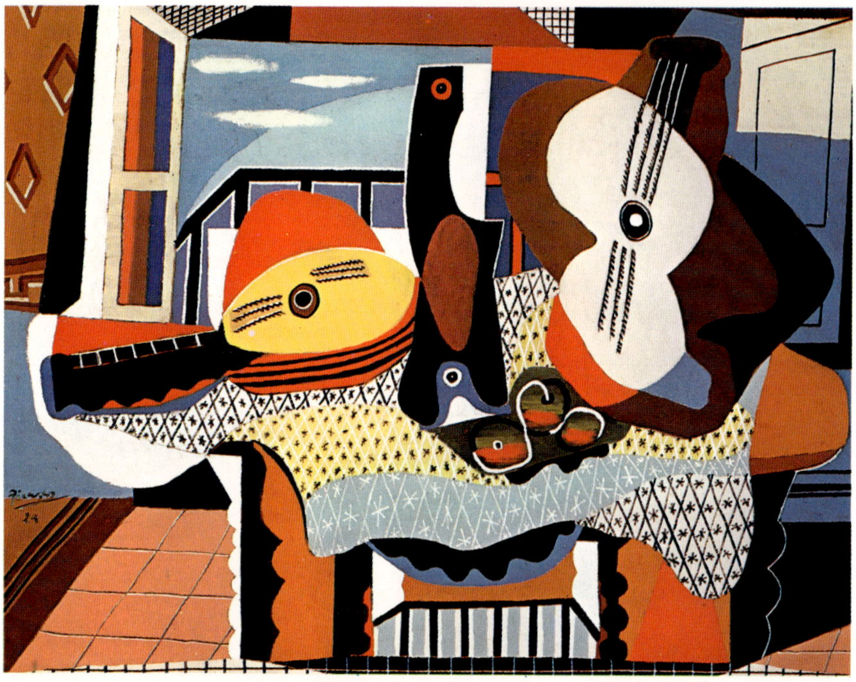

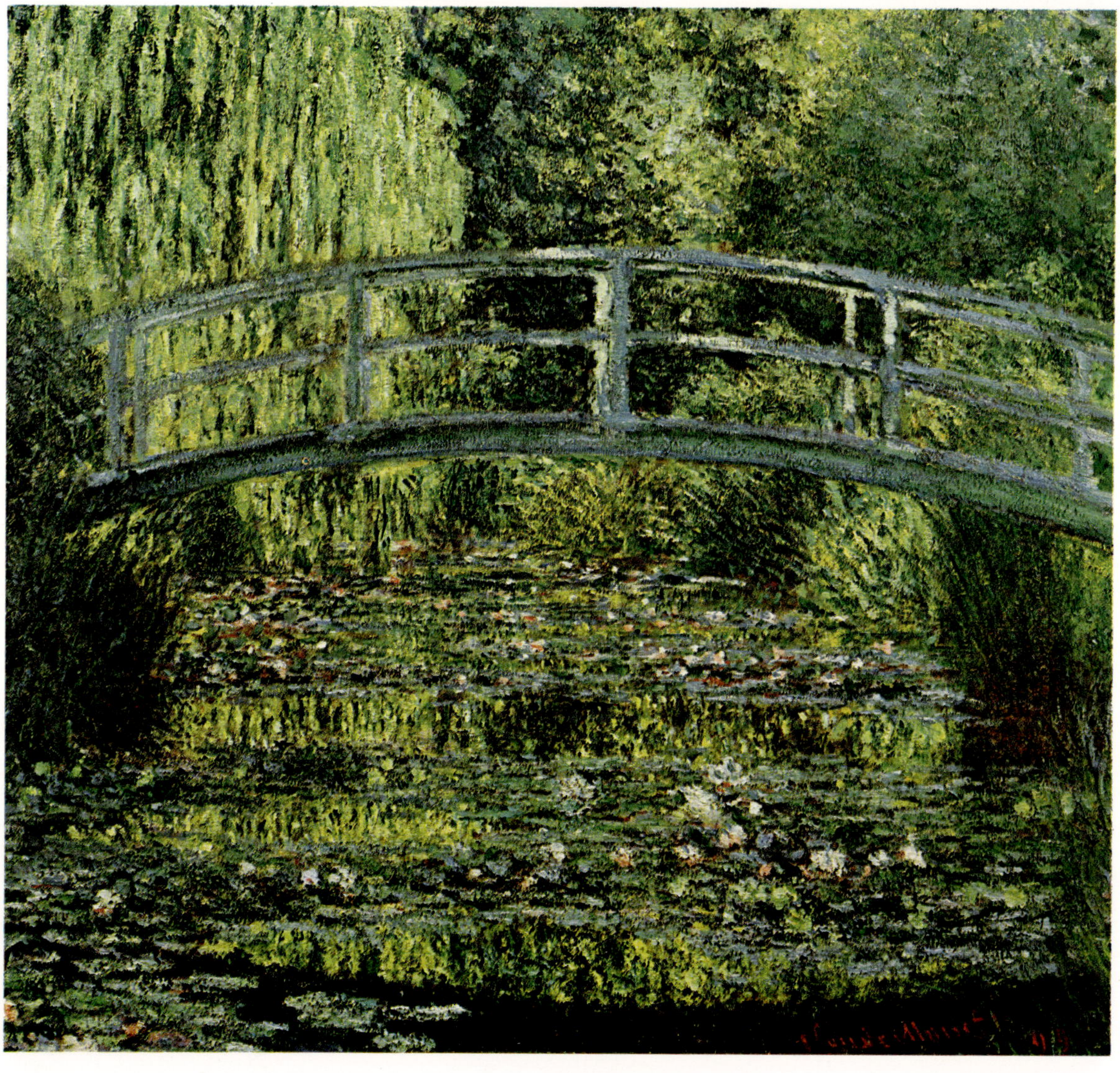

Claude Monet: Wasserlilien. Harmonie in Grün *Monet war vom Licht besessen und bewies erstaunliches Können darin, Lichtschimmer auf Wasserflächen durch Nebeneinanderstellen kleiner Tupfen reiner Farbe herauszuarbeiten. Monet war der Kopf der Impressionisten und ein wichtiger Vertreter der alla-prima-Malerei, bei der die Leinwand zum Motiv – oft ins Freie – gebracht und das Gemälde ohne Entwurf und mehrfaches Übermalen in einem Zug fertiggestellt wurde.*

Untergründe und Grundierung

Die meisten Ölmaler arbeiten heute mit aufgespannter Leinwand als Untergrund. Geeignet ist aber auch jeder andere stabile Untergrund, der die Farbe annimmt. Holz, Metall, Schichtbretter, Pappe oder Papier taugen als Untergrund, solange sie nur mit der geeigneten Grundierung vorbehandelt werden.

Leinwand Fast alle großen Meisterwerke in Öl sind auf Leinwand gemalt, die auch heute noch der gebräuchlichste Untergrund für diese Malweise ist. Aufgespannte Leinwand (siehe Abb.) nimmt Farbe und Pinselstrukturen hervorragend an.

Künstlerleinwand wird aus Leinen, Baumwolle, einer Mischung aus beidem und aus Jute hergestellt. Leinen eignet sich am besten, ist aber am teuersten. Das beste Leinen wird fein, knotenfrei und mit rechtwinkeligem Fadenverlauf gewoben. Fachgerecht aufgespannt und vorbehandelt, ist es der ideale Untergrund für Ölfarbe.

Grober Leinendrell ist billiger als reines Leinen, enthält aber Knoten. Grobgewebter Leinenstoff ist weitmaschiger und bedarf guter Vorbehandlung, falls seine Struktur nicht mit in das Bild einbezogen werden soll.

Die meisten Baumwollgewebe lassen sich schlecht aufspannen und nehmen die Grundierung nicht so gut an wie Leinen. Dennoch, und obwohl seine Oberfläche schwach und gestaltlos wirken kann, ist fertig grundierte Baumwolle die vermutlich beste Alternative zum Leinen.

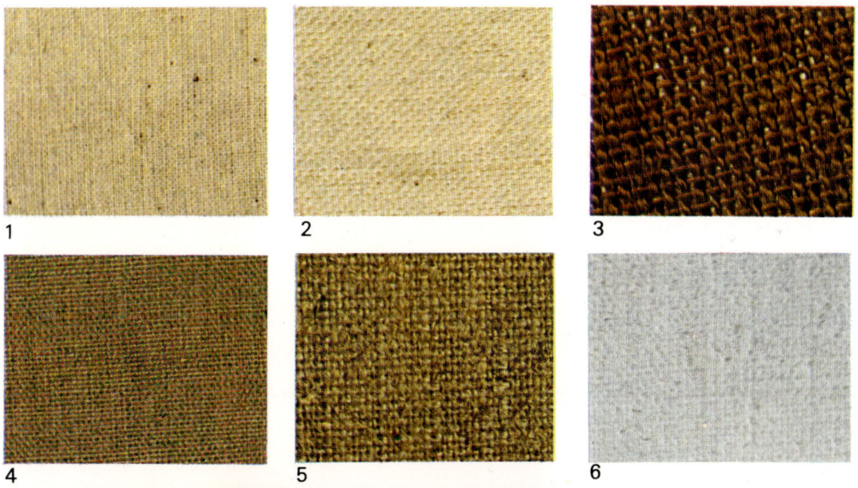

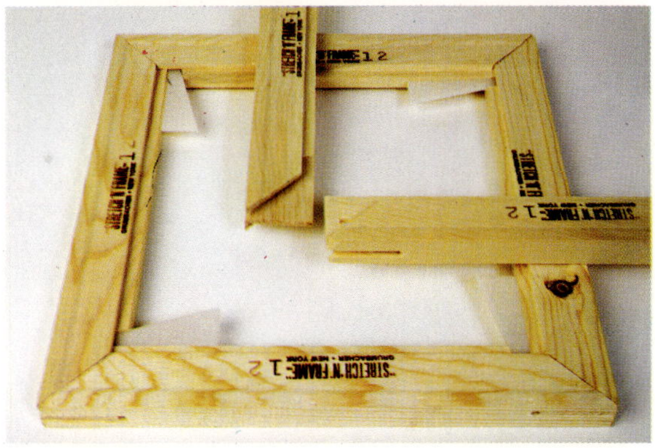

Oben **Leinwandarten** *Ungebleichtes Kattungewebe (1) ist eine billige Baumwollart. Gute Baumwollqualität steht dem Leinen kaum nach (2). Jute (3) ist stets rauh, während Leinen (4 und 5) in verschiedenen Webarten erhältlich ist und die beste Leinwand abgibt. Mit Acryl vorbehandeltes Leinen (6) eignet sich für viele Zwecke.*

Links **Spannrahmen** *Holzleisten für Spannrahmen sind in vielen Längen erhältlich. Sie sind zu Rechtecken aller Größen zusammensetzbar.*

Untergründe für Ölfarbe *Die meisten Ölgemälde entstehen auf Leinwand (5), aber auch viele Holzarten sind verwendbar; gut abgelagertes Mahagoni (7), mindestens 2,5 cm stark, ist ein traditioneller Untergrund. Hartfaserplatte (2), Schichtplatte (3) und Sperrholz (6) sind gute Untergründe, die aber versteift werden müssen. Faserplatten (4) müssen gut mit Primgrund behandelt, aber nicht versteift werden. Starker Karton, wie etwa mehrfach verleimter Hartkarton (10), benötigt eine beidseitige Leimgrundierung. Für bessere Farbaufnahme strukturierte Pappe (9) ist praktisch für Anfänger. Von allen Metallen ist Kupfer (8) der beste Untergrund. Papier (1) kann auf Pappe geklebt und mit Leimgrund eingelassen werden.*

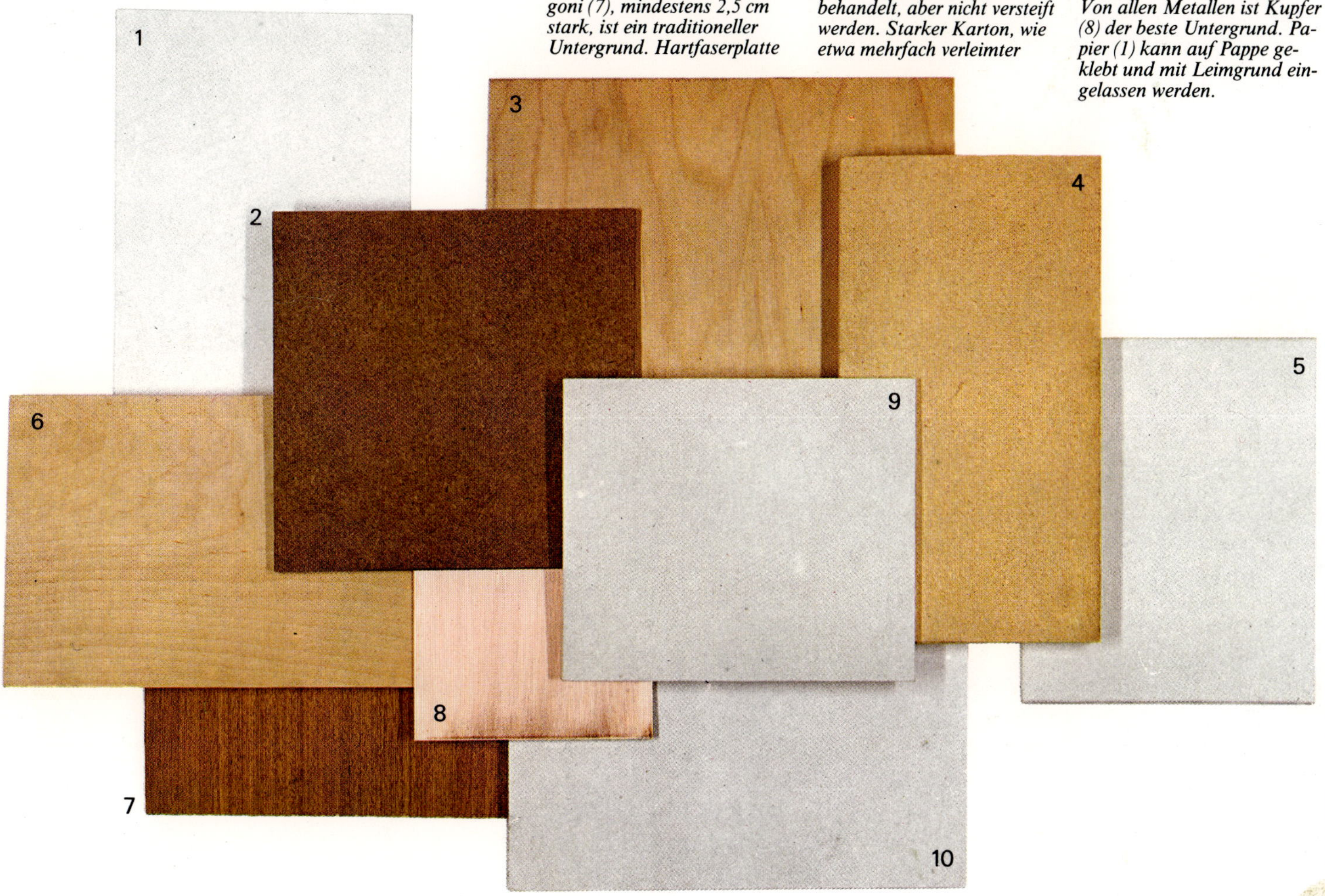

Eine Mischung aus Baumwolle und Leinen ist weniger zweckdienlich als reine Baumwolle. Unabhängig von der Güte der Vorbehandlung werden Leinen und Baumwolle die Grundierung, das Öl und die Pigmente unterschiedlich annehmen, und beim Trocknen werden unterschiedliche Spannungen auftreten, die zu Verzerrungen und Rißbildung führen können.

Jute ist sehr grob gewebt und benötigt viel Primgrund. Sie kann dann spröde werden und leblos aussehen und dadurch die Qualität eines Gemäldes verderben.

Mit Leimgrund und Grundierung fertig vorbehandelte Leinwand kann man bereits aufgespannt in verschiedenen Größen kaufen. Dies ist die für den Künstler einfachste, aber auch teuerste Weise, zu einem Untergrund zu kommen. Beruflich arbeitende Künstler und ernsthafte Amateure werden den Kauf vorbehandelter Leinwand in Rollenform erwägen. Viele Künstler kaufen unbehandelte Leinwand, die sie sich nach ihren eigenen Bedürfnissen grundieren.

Holz Holz ist ein lebendiges Material, welches weder Flüssigkeit gleichmäßig aufnimmt noch gleichmäßig trocknet. Verziehen und Rißbildung sind die Folge. Nur sehr gut abgelagerte Hölzer – Mahagoni eignet sich am besten – sind für dauerhafte Arbeiten verwendbar. Das Brett sollte mindestens 2,5 cm stark und rückseitig versteift sein (siehe Abb.), damit es sich nicht verwirft.

Sperrholz Sperrholz mit Mahagonioberfläche – mindestens fünffach, besser jedoch achtfach verleimt – gibt einen guten Untergrund mit angenehmer Struktur ab. Es sollte mit zwei Schichten Leimgrund auf jeder Seite vorbehandelt werden. Sperrholz reißt nicht wie gewöhnliches Holz, aber es kann sich wer-

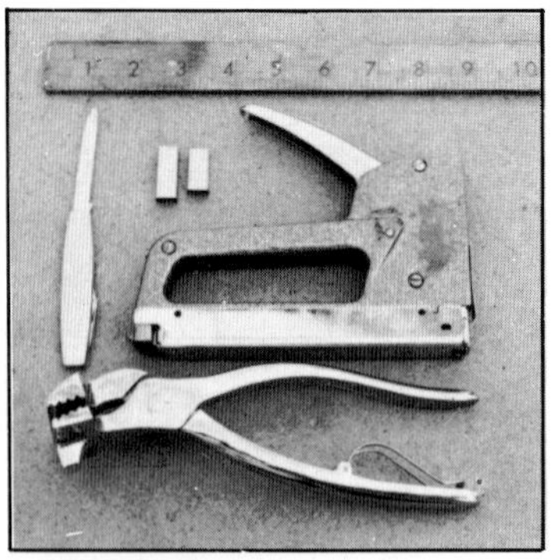

Leinwand aufziehen 1. *Benötigtes Werkzeug: Lineal, Messer, Hefter, Heftklammern, Leinwandzange.*

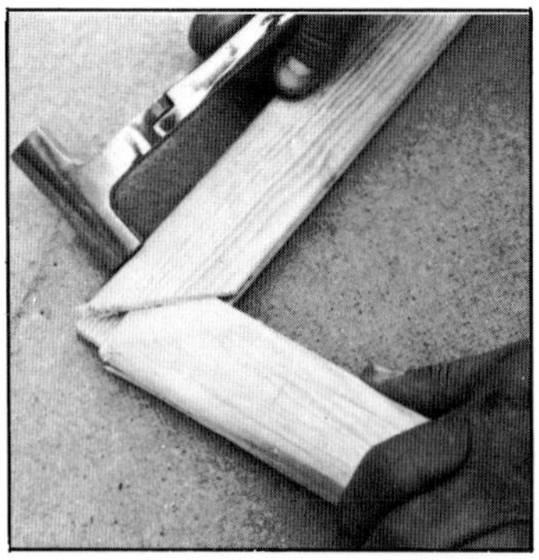

2. *Ecken des Spannrahmens fest miteinander verbinden. Sie müssen für sicheren Halt gut aneinandergeschlagen werden.*

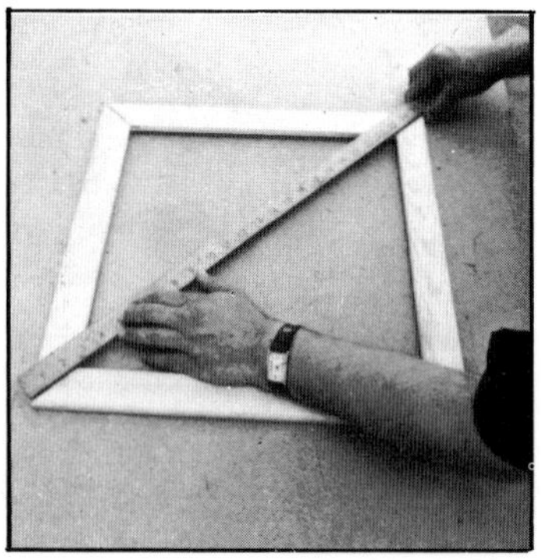

3. *Rechtwinkeligkeit des Spannrahmens durch Vermessen der Diagonalen prüfen.*

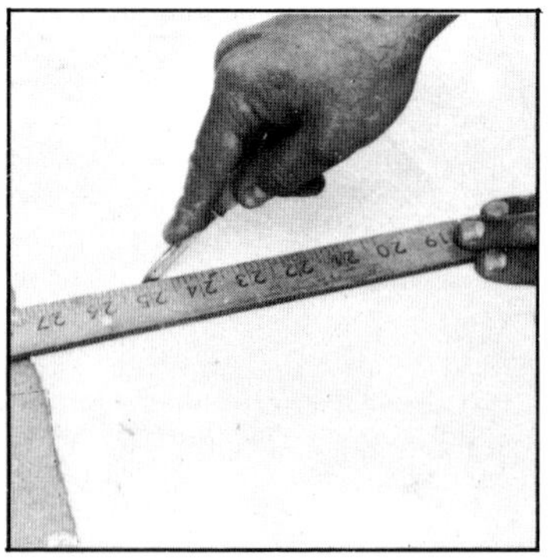

4. *Leinwand mit Messer und Lineal zurechtschneiden. Auf allen Seiten etwa 4 cm Überstand lassen.*

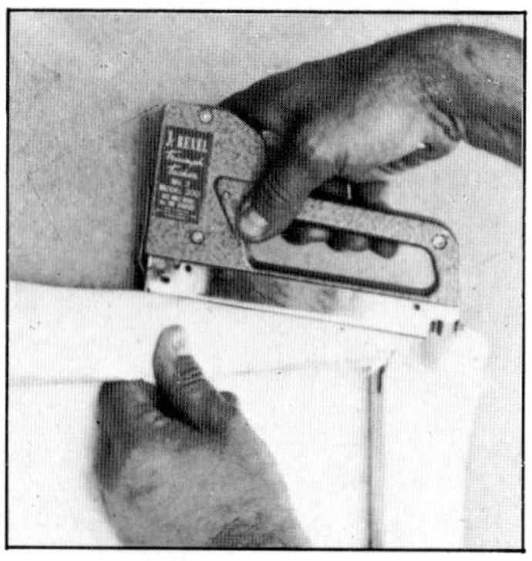

5. *Spannrahmen auf die Leinwand legen. Leinwand auf einer Seite darüberziehen und an der Außenseite des Rahmens festheften.*

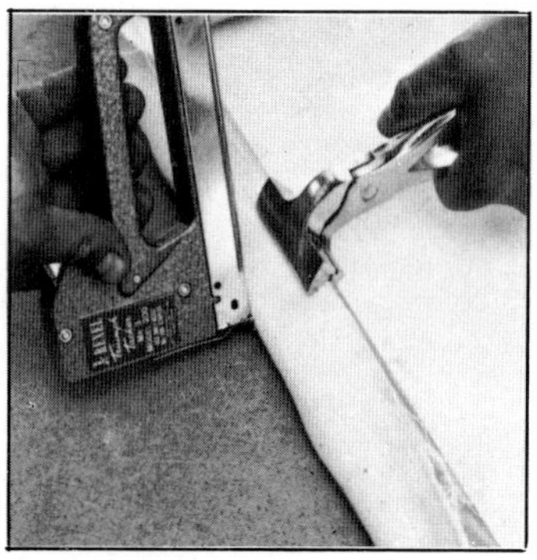

6. *Leinwand auf der gegenüberliegenden Seite mit der Zange festziehen und anheften. Gleichen Arbeitsgang für die beiden anderen Seiten wiederholen.*

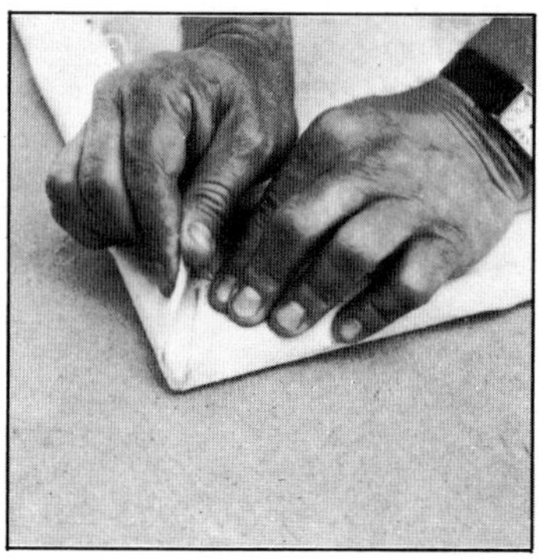

7. *Heftklammern in Abständen von ca. 8 cm eindrücken; an den Ecken je 5 cm freilassen. Leinwand an der ersten Ecke fest einfalzen.*

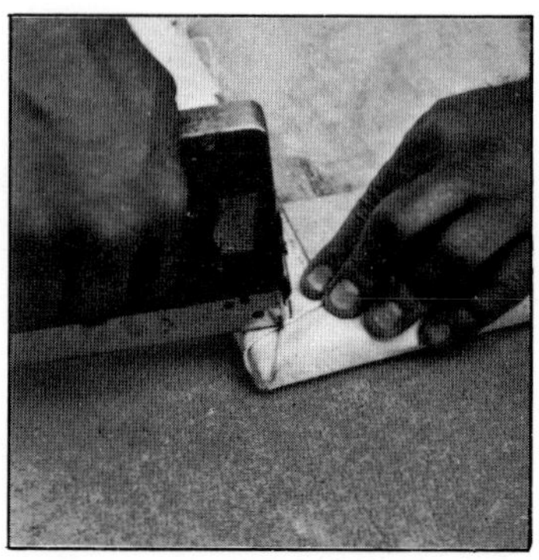

8. *Ecke mit zwei Heftklammern befestigen. Arbeitsgang für die drei übrigen Ecken wiederholen.*

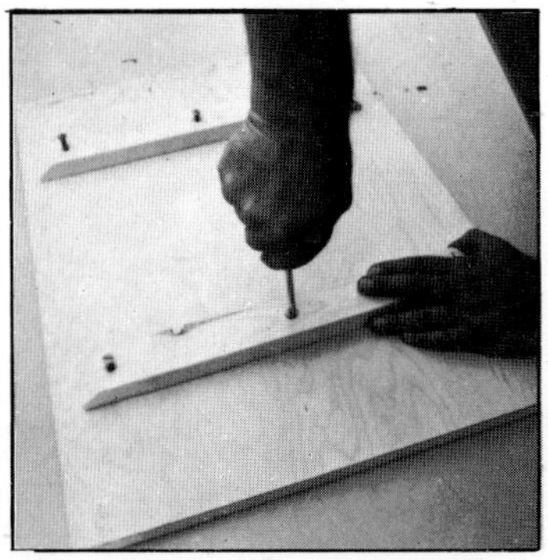

Brett versteifen *Zwei Leisten etwa 5 cm kürzer als die Brettbreite zuschneiden. Die Enden abschrägen, Löcher einbohren, Leisten aufschrauben.*

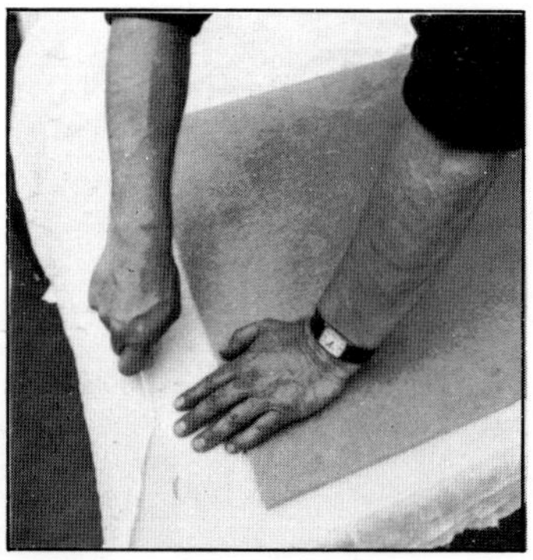

Musselin aufkleben 1. *Musselin mit je 5 cm Überstand zuschneiden*

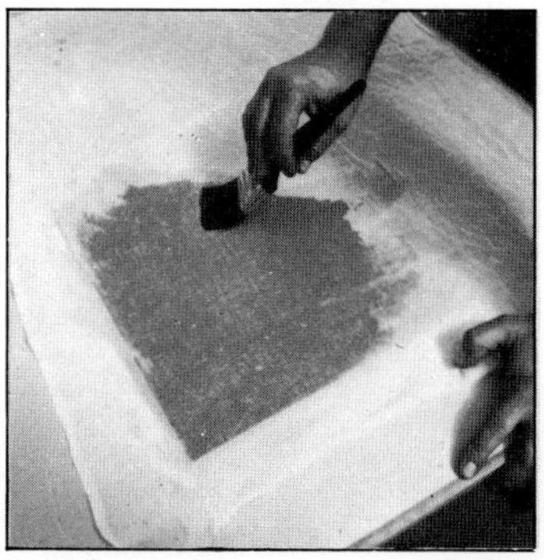

2. *Musselin auf das Brett auflegen und Leimgrund auftragen. Falten wegbürsten.*

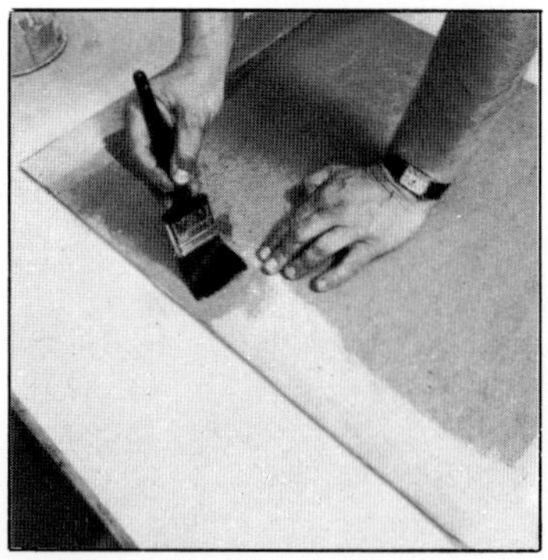

3. *Brett wenden und Überstand aufleimen. Ecken einfalzen und mit Leimgrund einlassen. Trocknen lassen.*

fen und sollte daher versteift werden (siehe Abb.).

Faserplatte Dicke Faserplatten geben in mancher Hinsicht einen besseren Untergrund ab als Holz oder Sperrholz, weil sie sich kaum werfen und weil sie nicht versteift werden müssen. Sie werden entweder aus Holzspänen gefertigt, die mit Öl- oder Kunstharzbindemitteln miteinander verpreßt werden, oder aus zusammengepreßten Holzfasern; sie müssen gut vorbehandelt werden. Nachteilig ist ihre Neigung zum Abbröckeln an Kanten und Ecken. Auf Faserplatten geleimter Musselinstoff ergibt einen guten Untergrund (siehe Abb.).

Hartfaserplatten Gut versteifte Hartfaserplatten sind ein guter, recht dauerhafter Untergrund. Sie können ohne Vorbehandlung verwendet werden, wenn die glatte Seite mit Alkohol abgerieben wird, aber grundsätzlich ist auch hier die Leim- und Primgrundierung vor Malbeginn vorzuziehen. Der Leimgrund muß auf beide Seiten aufgetragen werden, will man böse Verwerfungen vermeiden.

Hartkarton Dies ist ein verleimter Karton, der in großen Formaten u.a. im Baufachhandel erhältlich ist. Mit beidseitigem Leimgrund gibt er einen guten Untergrund ab. Manchmal gibt es ihn mit imitierter Leinenstruktur; er ist dann aber teuer und hat oft ein wenig befriedigendes künstliches Aussehen und einen schwer abdeckbaren Glanz.

Pappe Ein guter Untergrund mit ganz anderen Eigenschaften als Leinwand oder Holz kann aus dikker Pappe hergestellt werden. Sie muß beidseitig mit Leimgrund versehen werden und bedarf guter Versteifung, sonst wellt sie sich. Sie ist für Schimmel und Bakterien anfällig und deshalb wenig dauerhaft. Dennoch schätzen viele Maler ihr warmes, natürliches Braun als zusätzlichen mittleren Farbton. Toulouse-Lautrec (1864–1901) verwendete Pappe für

Jan Vermeer: Die Spitzenklöpplerin (Ausschnitt) *Vermeer verwendete für dieses Gemälde grobe Leinwand und ließ ihre Struktur durch die dünnen Farbschichten des Hintergrundes und eines großen Teils der Portraitierten hindurchwirken.*

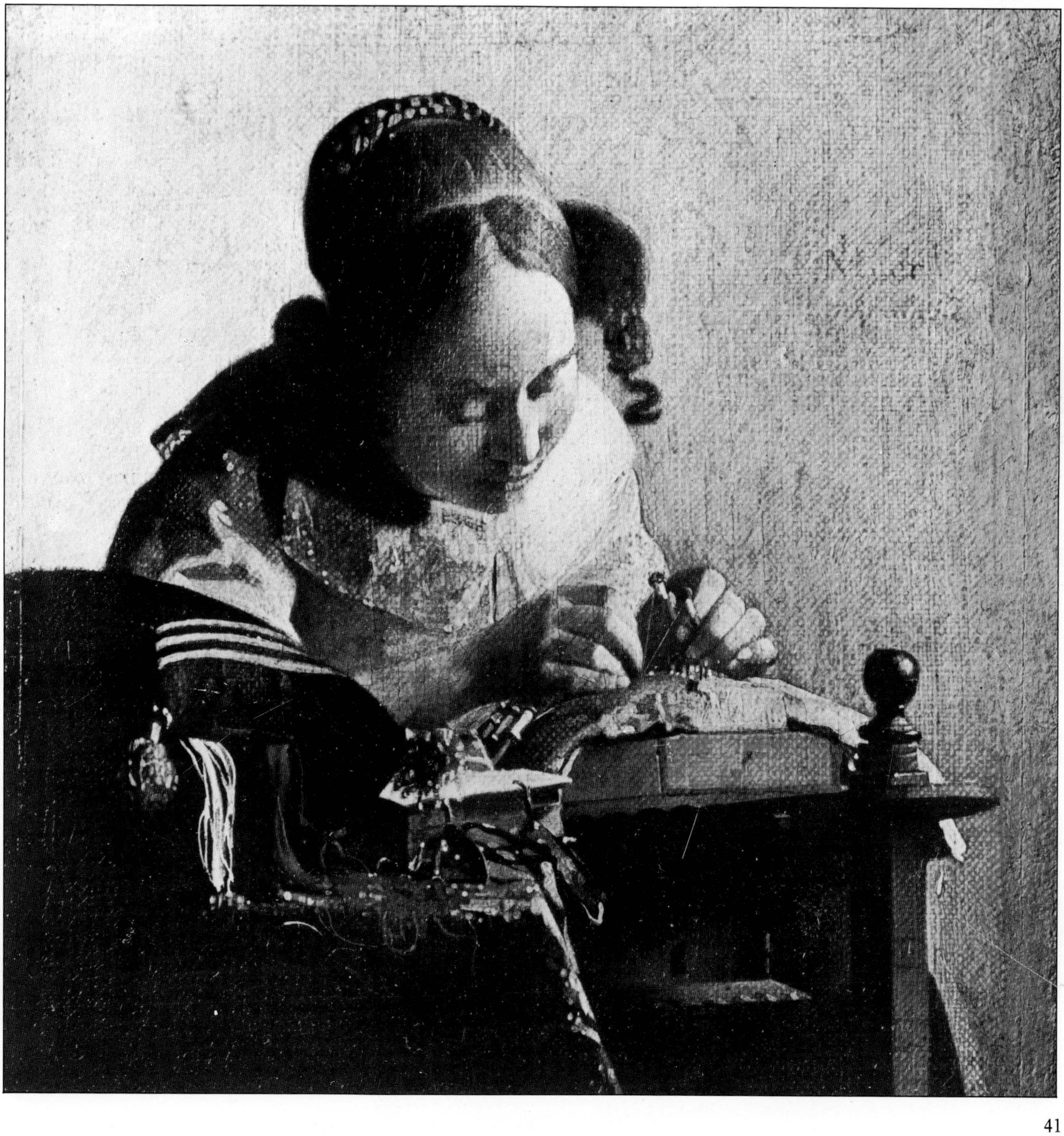

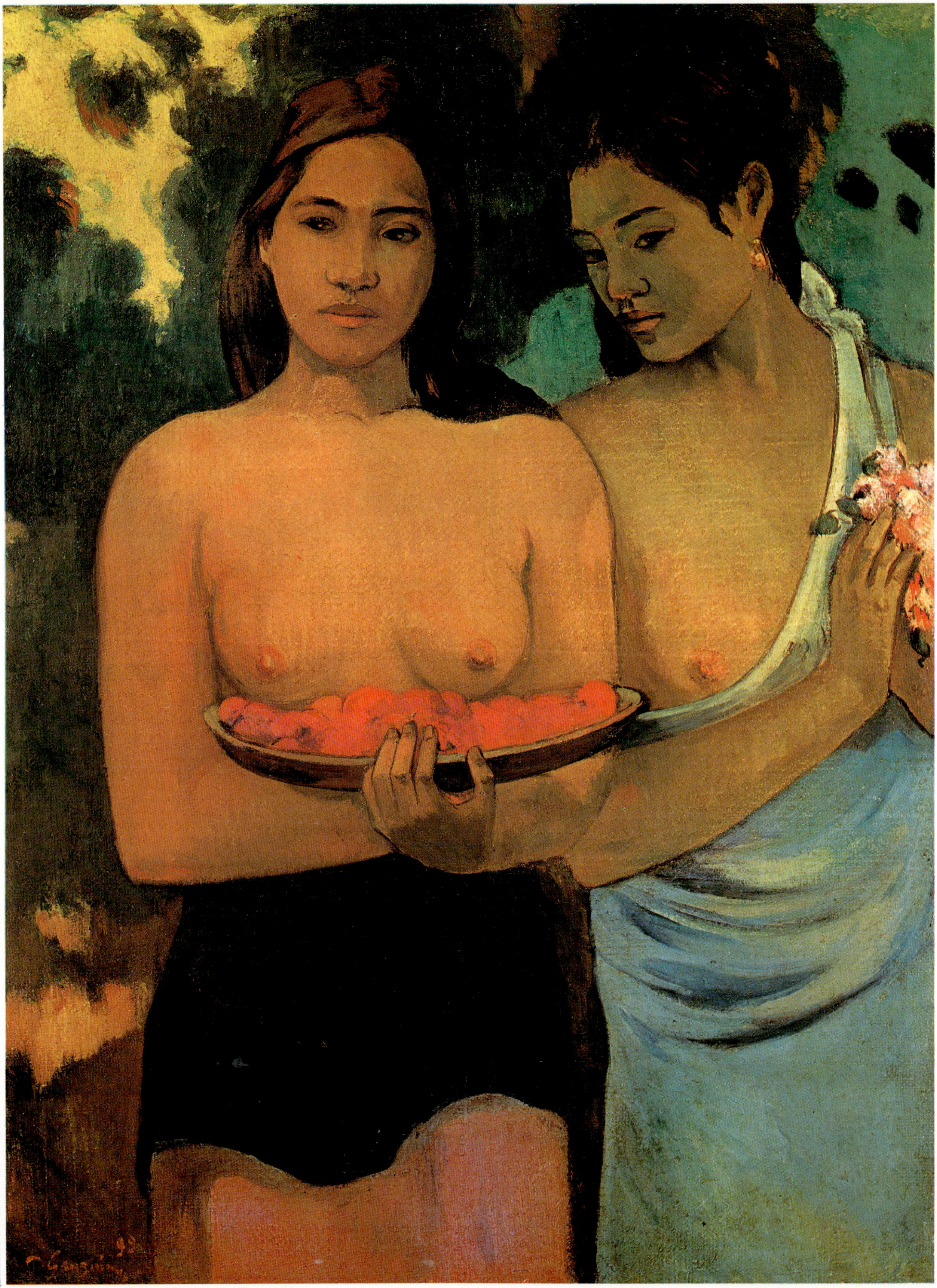

Links **Paul Gauguin: Zwei tahitische Frauen** *Gauguin mußte sich oft mit alles anderem als zufriedenstellenden Untergründen begnügen. Häufig schimmert der rauhe Untergrund, entweder Holz oder – wie hier – Leinwand, durch die Farbe durch. Der deckende Farbauftrag Gauguins verbirgt diesen Untergrund jedoch häufig sehr gut.*
Rechts **Francis Bacon: Studie dreier Figuren am Fuße des Kreuzes (Ausschnitt)** *1944 auf Pappe gemalt, zeigt diese Arbeit kaum Alterungserscheinungen. Sie beweist Bacons große Erfahrung im Umgang mit Ölfarbe; die helleren Partien sind Beispiele für abtönenden Farbauftrag.*

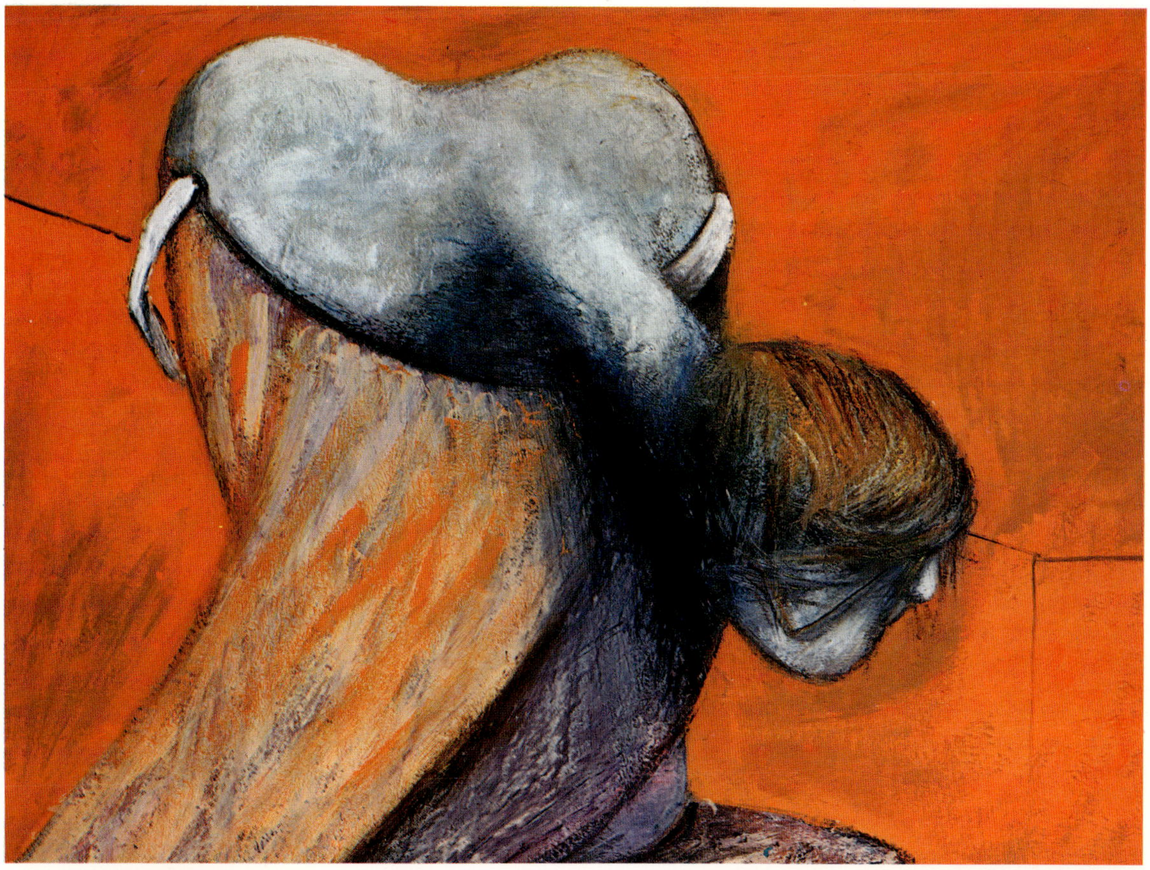

Unten **Paul Cézanne: Stilleben mit Wasserkrug** *Obwohl das Gemälde unvollendet ist, zeigt es, wie ein weißer Grund als Bindeglied in den Bildaufbau einbezogen werden kann. Die Technik erinnert in mancher Hinsicht an die Aquarelle des Künstlers.*

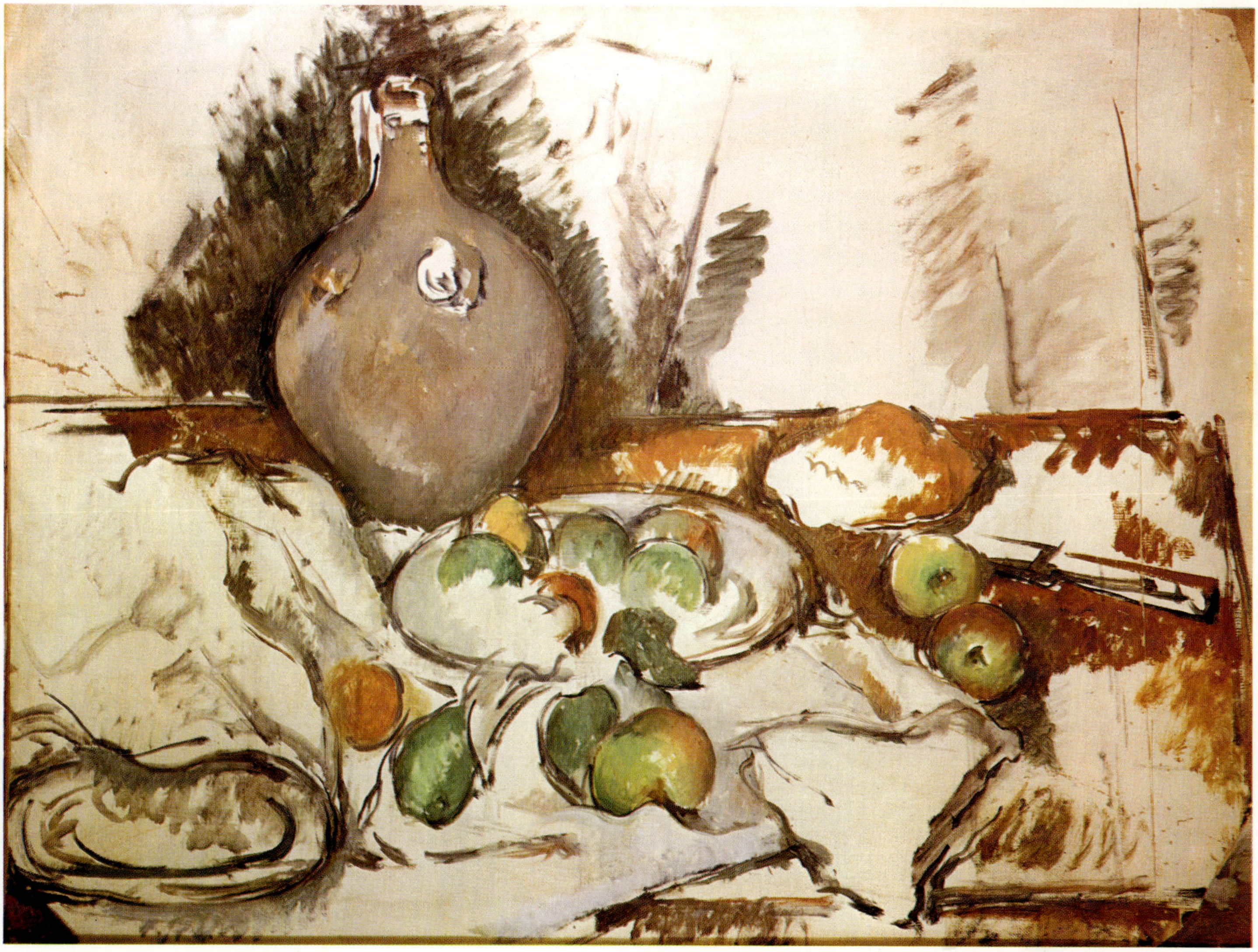

manche seiner Darstellungen aus der Halbwelt der Pariser Varietés und Bars.

Papier Aquarellpapier mit rauher Oberfläche, auf Pappe geklebt und mit Leimgrund – vorzugsweise mit Kaseinleim – behandelt, kann als Ölfarbenuntergrund benutzt werden. Papier kann auch vorbehandelt werden, indem man beidseitig Schellackfirnis (s. S. 52) aufträgt. Manche Künstler sehen ölhaltiges Pergamentpapier oder einfaches, mit Gelatineleim behandeltes Papier als ideal für kleine Skizzen oder Farbentwürfe an.

Metall Die Holländer malten seit van Eyck mit Öl auf Kupferplatten, taten dies aber gewöhnlich nur dann, wenn sie kleine, wertvolle Arbeiten schufen. Nur wenige von ihnen haben ohne gründliche Restaurierungsarbeiten bis auf den heutigen Tag überlebt. Der Vorzug von Metall ist, daß es keine Grundierung benötigt; es muß nur mit Sandpapier angerauht werden, damit es die Farbe annimmt.

Kunstleinen Kunstfasern mögen der Untergrund der Zukunft sein, aber zunächst einmal wird es noch intensiver Forschung und beträchtlicher Entwicklungszeit bedürfen, bevor vertrauenswürdiges Material auf dieser Basis erhältlich ist. Angeboten werden bereits „Leinwände" aus Nylon, Orlon und Kunstsegeltuch.

In den USA wird die synthetische Leinwand „Polyflax" speziell für die Malerei hergestellt und gebrauchsfertig mit Acrylgrund angeboten. Es gibt sie in den Standardgrößen, und sie kostet weniger als ein Drittel dessen, was man für die beste Leinwandqualität anlegen muß. Vorzüge dieser Kunstfasern sind ihre klaren Farben, ihre Leichtigkeit und Widerstandsfähigkeit gegenüber chemischen Reaktionen. Beim Altern werden sie aber möglicherweise brüchig.

Primgrund Mit der Ausnahme von Metall sollten alle Untergründe, speziell aber Leinwand, nicht mit dem Öl der Grundierung in Berührung kommen. Öl greift die Leinenfasern an, sie werden brüchig und verrotten. Der für den Schutz hiervor verbreitetste Primgrund ist eine schwache Leimlösung. Grundleim gibt es von allen größeren Künstlerbedarfsproduzenten. Die Künstler ziehen es aber oft vor, ihn selbst herzustellen; in diesem Fall ist es aber wichtig, ihn mit tierischen Rohstoffen anzusetzen.

Kölner Leim Der reinste Leimgrund wird mit Kölner Leim – auch Hasenleim genannt – hergestellt (siehe Abb.). Er wird vom Handel plattenförmig angeboten und ist sehr teuer.

Knochenleim Der am weitesten verbreitete Leimgrund wird aus dem in den meisten Farbgeschäften erhältlichen Knochenleim hergestellt; er sollte nur in guter Qualität angeschafft werden. Man schüttet unter ständigem Rühren so viel in kaltes Wasser, bis ein geschmeidiges Gemisch entsteht. Anschließend werden für jeden Teil pulverförmigen Leim sieben Teile Wasser zugegeben, und das Ganze wird so lange vorsichtig erhitzt – nicht gekocht –, bis sich der Leim vollständig aufgelöst hat. Dieser Leimgrund muß warm aufgetragen werden.

Kaseinleim Kasein ist ein kaltlöslicher Leim, der in Haushaltspackungen angeboten wird. Ein Teil Kasein wird so lange mit sieben Teilen Wasser verrührt, bis er sich vollständig aufgelöst hat. Dieser Leimgrund muß noch am gleichen Tag verbraucht werden.

Grundierung Nach dem Leimgrund wird die Grundierung auf den Untergrund aufgetragen. Sie schützt den Untergrund vor dem Öl der Farbe und ergibt eine ideale Oberfläche zum Farbauftrag.

Handelsformen Künstlerbedarfshersteller verkaufen malfertig aufgezogene Leinwand und bieten

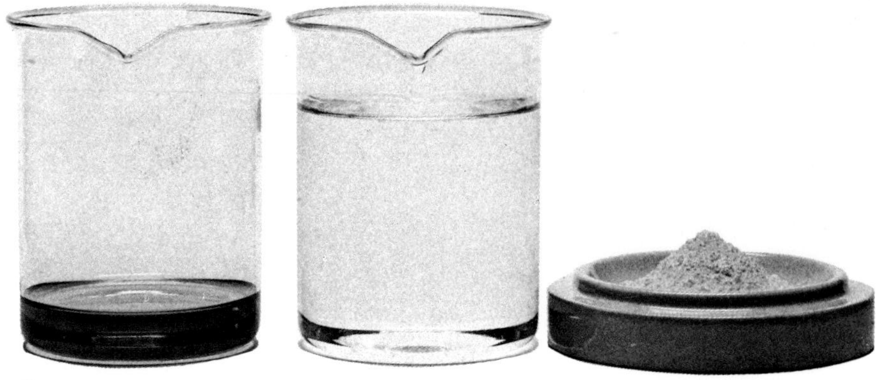

Ölgrund mischen *Ein guter, dauerhafter Ölgrund kann aus sechs Teilen Terpentin oder Terpentinersatz, einem Teil Leinsamenöl und etwas Bleiweißpaste oder Kremserweiß zubereitet werden. Terpentin und Leinsamenöl mischen und die Mischung so lange dem Weiß zugeben, bis eine zähe Flüssigkeit entsteht. Davon werden dann zwei Schichten gleichmäßig auf die Leinwand aufgetragen; die Trocknungszeit vor dem Farbauftrag beträgt mindestens einen Monat. Vorsicht bei der Verwendung der giftigen Bleiweißpaste!*

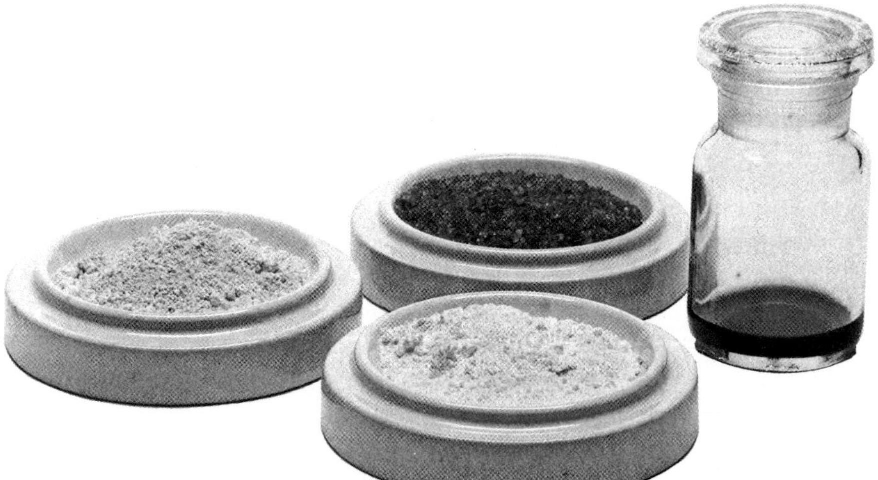

Emulsionsgrund mischen *Ein Teil Leimgrundmischung, ein halber Teil rohes Leinsamenöl, ein Teil Schlämmkreide und ein Teil Zinkoxid sind die Zutaten. Die zwei trockenen Zutaten werden vermischt und der heiße Leimgrund wird langsam zugegeben, bis eine geschmeidige Paste entsteht. Dann das Leinsamenöl Tropfen für Tropfen in die Paste einrühren, bis es sich völlig in ihr verteilt hat, und anschließend den restlichen heißen Leimgrund zugeben. Der fertige Grund muß warm gehalten und verarbeitet werden.*

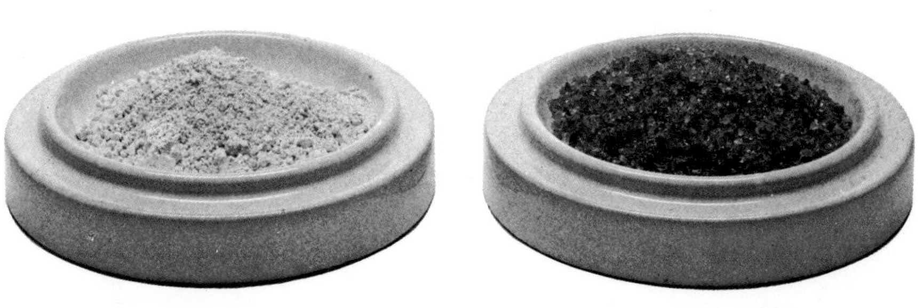

Gessogrund mischen *Dies ist eine einfache Mischung von je einem Raumteil Kreide und Leimgrund. Den Leimgrund erhitzen und teilweise in einen Behälter gießen. Die trockene Kreide so lange einsieben, bis eine weiche Paste entsteht. Dann den restlichen heißen Leimgrund einrühren, bis eine cremige Flüssigkeit entsteht.*

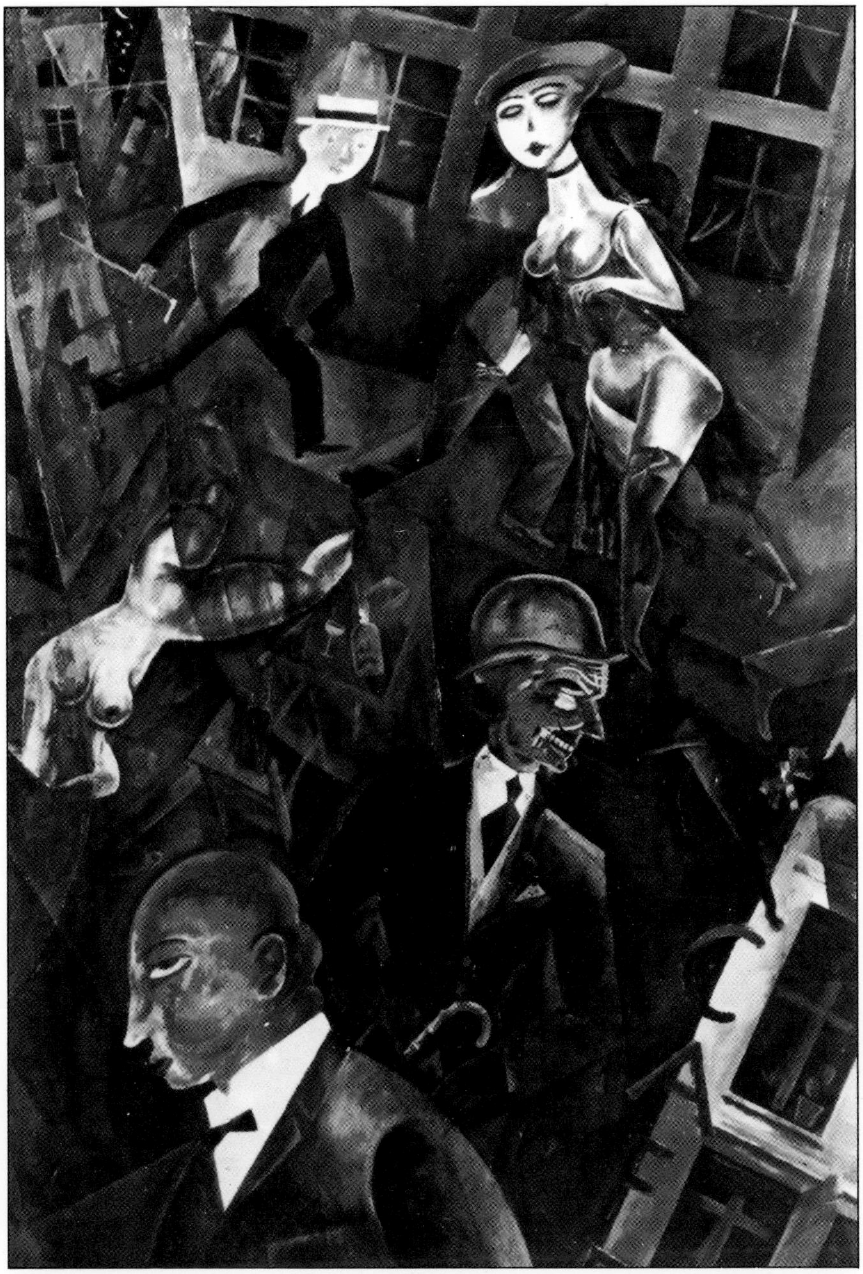

Oben **George Grosz: Metropolis** *1917 auf Pappe gemalt, zeigt dieses Gemälde keine Alterungserscheinungen. Wie auch Lautrec und Sickert bewiesen haben, gibt ordnungsgemäß vorbehandelte Pappe einen guten, dauerhaften Untergrund für die Ölmalerei ab. Sie eignete sich auch gut für Lautrecs Darstellungen des Pariser Nachtlebens; ihre flächigen Eigenschaften dienten auch Grosz für seine aufrüttelnden Bilder mit ihren häufig radikalen politischen Aussagen.*

auch malbereit grundierte Leinwand als Meterware an, die nur noch aufgezogen werden muß. Diese Leinwand ist meist mit Leim- und Primgrund auf Öl- oder Acrylbasis vorbehandelt. Primgrund auf Öl- und Acrylbasis kann man auch kaufen und auf rohe, aber bereits mit Leimgrund versehene Leinwand auftragen.

Ölgrund Ölhaltige Grundierungen eignen sich am besten für aufgezogene Leinwand (siehe Abb.). Sie benötigen zum Durchtrocknen viel Zeit – etwa vier bis sechs Wochen –, machen aber die Leinwand so geschmeidig, daß sie sich Temperatur- und Feuchtigkeitsschwankungen anpassen kann. Sie verhindern auch, daß die Leinwand zuviel Öl von der Farbe aufsaugt.

Wenn die Leinwand nach einem Monat noch nicht durchgetrocknet ist, aber bereits benötigt wird, kann sie dünn mit Schellackfirnis überzogen und verwendet werden, sobald dieser trocken ist.

Gessogrund Die ersten Ölmaler verwendeten Gessogrund (siehe Abb.); sie übernahmen ihn von der Temperamalerei, wo er auch heute noch eingesetzt wird. In der Ölmalerei sollte Gesso nur auf harten Untergründen wie Holz oder Hartfaserplatten zum Einsatz kommen.

Gesso ist für Ölfarbe nicht der ideale Grund, weil er spröde ist, scharf austrocknet und sich auf der ganzen Oberfläche mit feinen Rissen überzieht, wenn die Ölfarbe im Laufe der Jahre ganz durchtrocknet.

Emulsionsgründe Emulsionsgründe setzen sich aus in Öl- und Leimgrund aufgeschwemmten weißen Pigmenten zusammen (siehe Abb.). Sie sind aufnahmefähiger als reiner Ölgrund und weniger brüchig als Gesso.

Emulsionsgrund kann für Leinwand oder feste Untergründe verwendet werden; er trocknet schnell. Eine mit Emulsion behandelte Leinwand ist nach einer Woche malfertig. Es hat sich jedoch gezeigt, daß Ölfarbe auf Emulsion weniger dauerhaft ist als auf Ölgrund. Manche Künstler bevorzugen Emulsionsgrund wegen seines weichen, fast porösen Charakters, der ihren Malweisen entgegenkommt; andere wieder wollen ihren Grund nicht rein weiß, sondern farbig, und Emulsion läßt sich am leichtesten färben.

Acrylgründe für Öl Acrylgrund (s. S. 71) kann gleichermaßen für Acryl- wie für Ölfarben eingesetzt werden. Alle Künstlerbedarfshersteller führen ihn. Er läßt sich ohne Leimgrund auftragen. Acrylgründe wurden in den fünfziger Jahren entwickelt, und sie haben sich bislang als tauglich erwiesen. Schwächen wie Rißbildung oder Farbveränderungen sind noch nicht aufgetreten. Die Zeit wird ihre weitere Alterungsbeständigkeit erweisen.

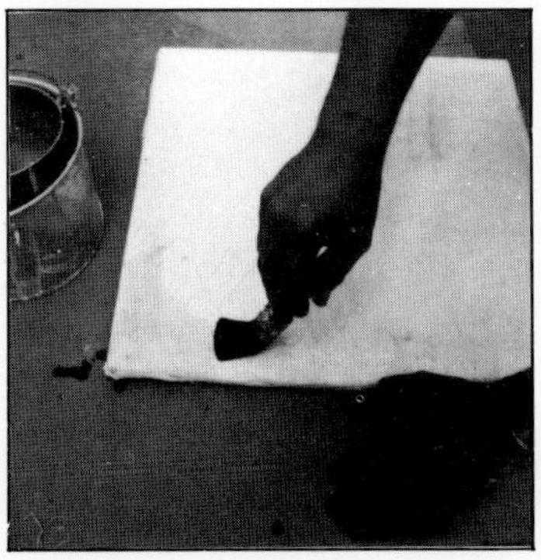

Leimgrund und Grundierung auftragen 1. *Leimgrund heiß auftragen und über Kreuz einpinseln, damit er sich voll im Gewebe verteilt. Trocknen lassen.*

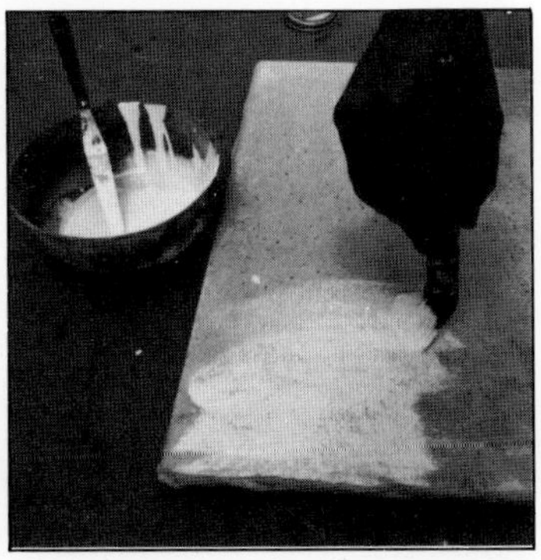

2. *Zweite Schicht Leimgrund auftragen und 12 Stunden trocknen lassen. Danach den Grund aufstreichen.*

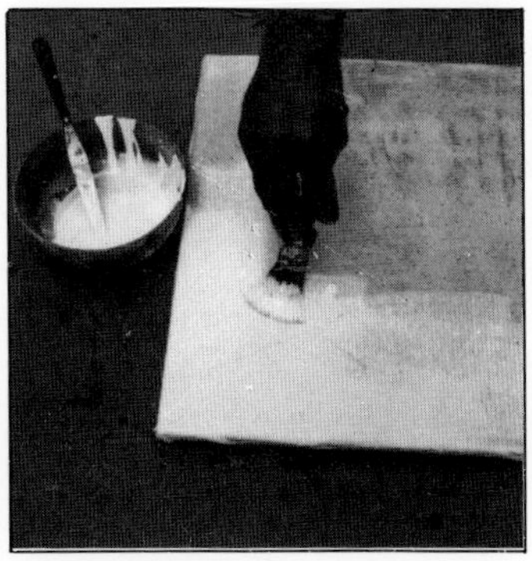

3. *Grund dick auftragen und in das Gewebe einarbeiten. Empfehlenswert ist kreuzweises Verschlichten ohne sichtbare Pinselstruktur. Einen Tag trocknen lassen.*

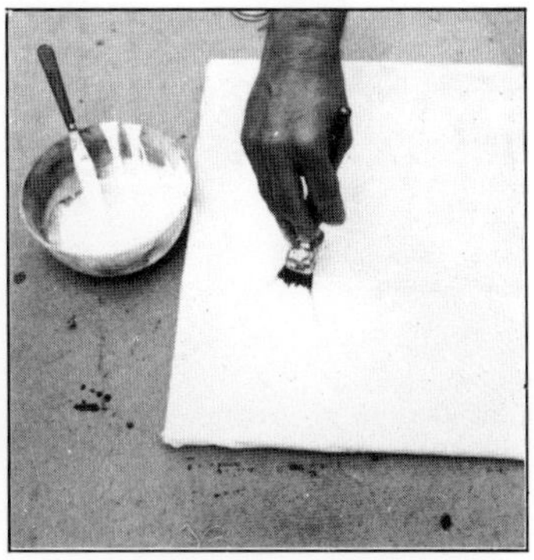

4. *Zweite Schicht auftragen und mindestens einen Monat trocknen lassen. Der Grund kann durch Einrühren von Trockenpigment oder Ölfarbe gefärbt werden.*

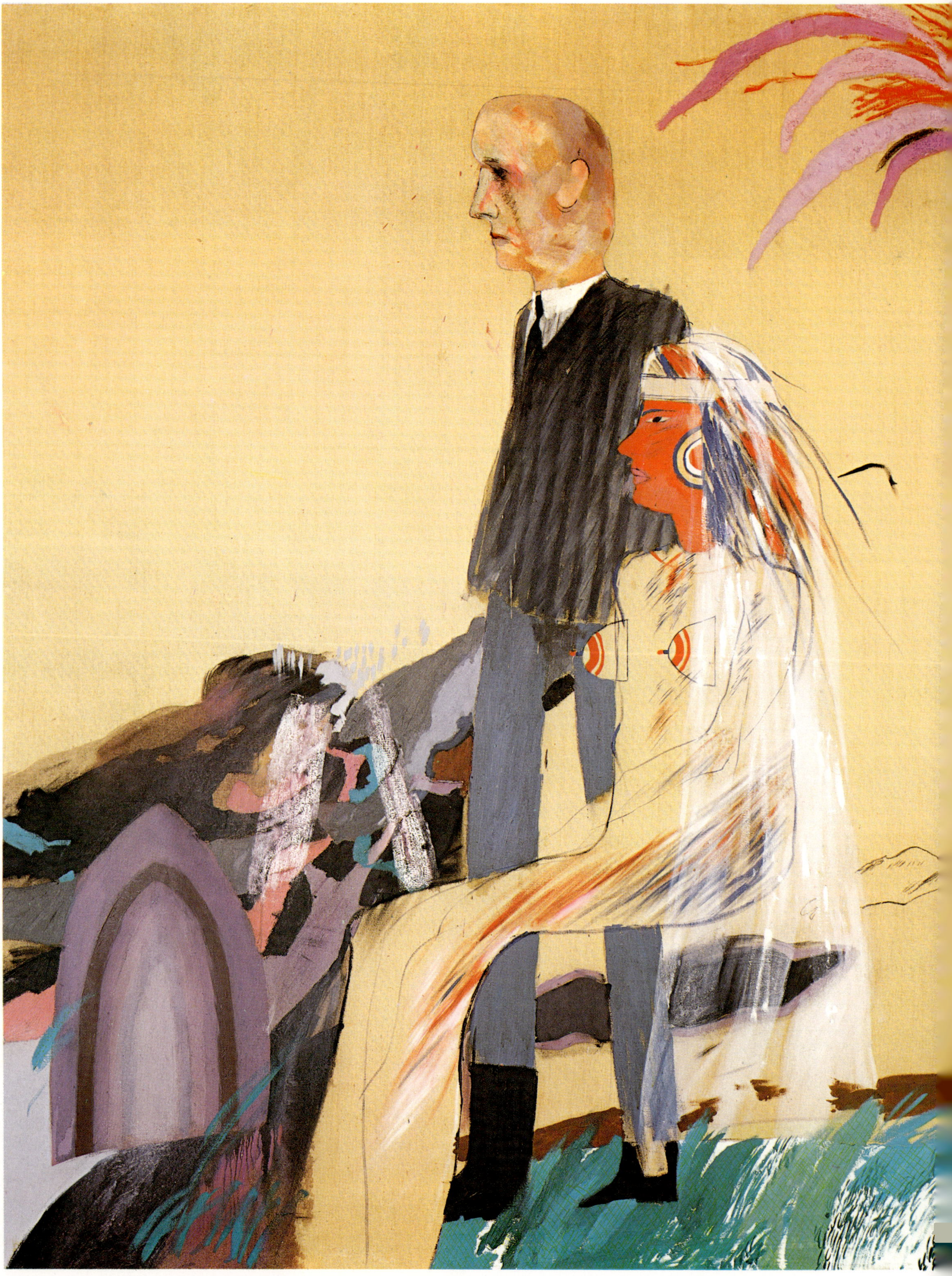

Farben

Links **David Hockney: Erste Heirat** *Rohe, nicht grundierte Leinwand ist in das Gemälde integriert und bildet einen ausgeprägten Kontrast zu den starken Farben und Pinselstrichen. Auf einen wie gewöhnlich präparierten Untergrund hätte man die weiße Farbe so nicht auftragen können; die Leinwand bildet hier den Hintergrund für den auflasierten Schleier.*

Die meisten Hersteller produzieren Ölfarbe in mindestens zwei Qualitäten. Die Künstlerölfarben sind zuverlässig und dauerhaft. Die übrigen Qualitäten – manchmal „Schülerfarben" genannt oder mit einer sonstigen Handelsbezeichnung versehen – sind billiger, enthalten aber auch schlechtere Pigmente; sie sind weniger zuverlässig und können sich als nicht beständig erweisen.

Pigmente In Ölfarben (s. S. 50) werden die gleichen Pigmente verwendet wie in Wasser-, Guasch-, Tempera- und Acrylfarben. Das perfekte Pigment verändert seine Farbe weder durch Säure, noch durch Alkali, Hitze, Licht oder Feuchtigkeit. Nur Chromoxidhydratgrün, Kobalt und Rußschwarz erfüllen diese Idealforderung annähernd.

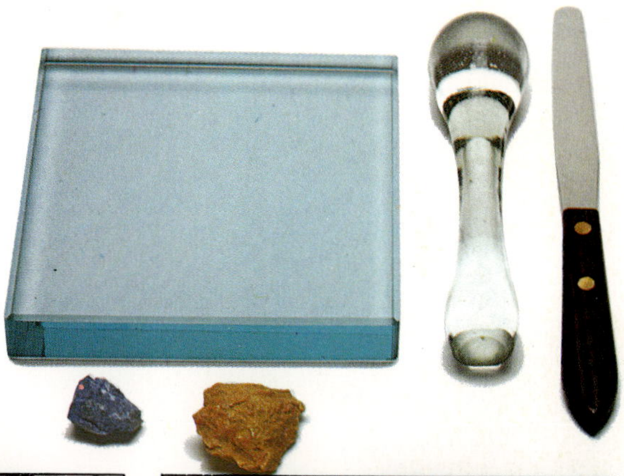

Rechts **Werkzeug zur Farbherstellung** *Pigmentpulver kann man leicht in Ölträgerlösung hineinreiben; man braucht nur eine Glasplatte, einen Reibstein aus Glas und ein Palettmesser oder Spatel.*

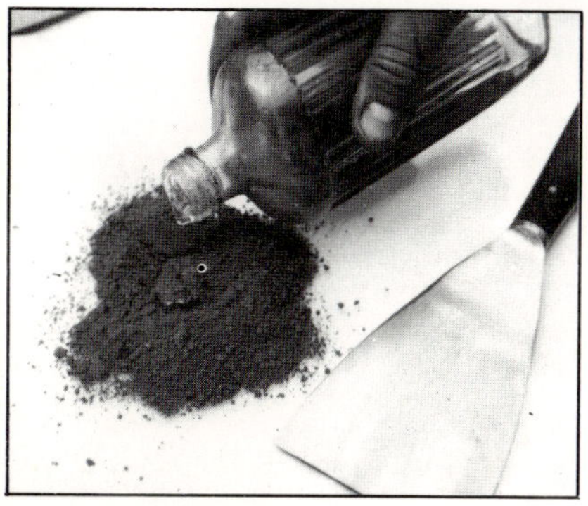

Farbe herstellen 1. *Pigmentpulver auf die Glasplatte geben und so viel Öl zugeben, bis die Mischung pastos wird.*

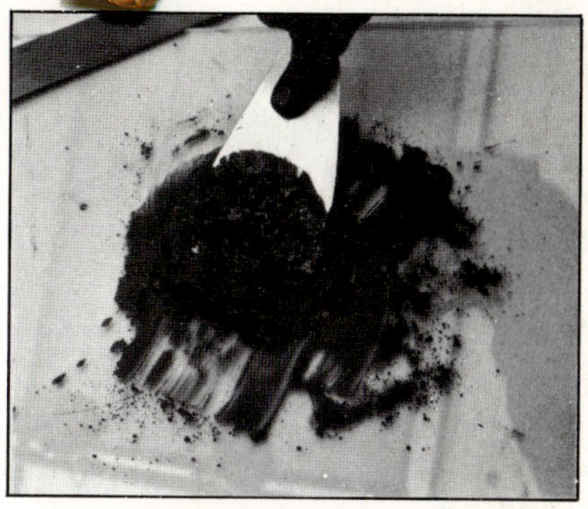

2. *Mit Spatel, bei kleineren Mengen mit Palettmesser, Öl und Pulver mischen.*

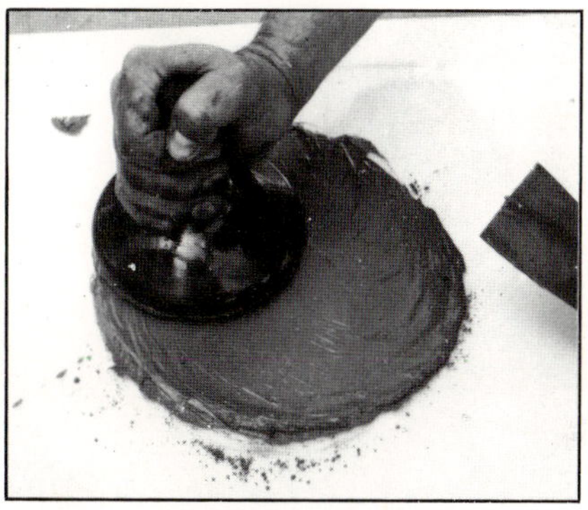

3. *Farbe mit dem Reibstein einarbeiten; er wird unter mäßigem Druck so lange kreisförmig bewegt, bis Pigment und Öl gleichmäßig vermischt sind.*

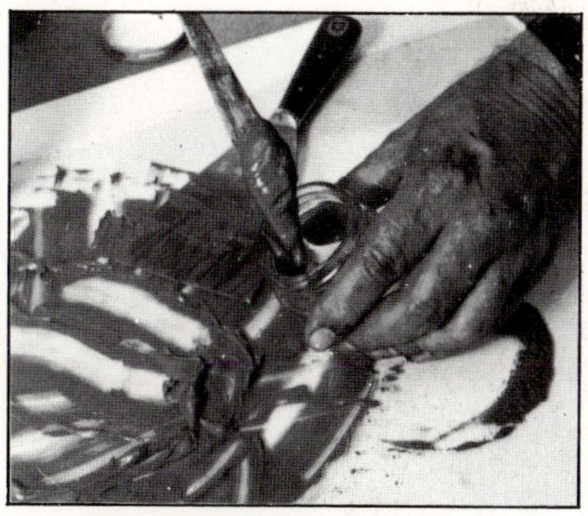

4. *Die Farbe kann in Gläsern oder kleinen Röhrchen aufbewahrt werden. Sie wird mit dem Palettmesser hineingestreift. Für längere Aufbewahrung wird sie mit etwas Wasser abgedeckt.*

Die meisten Pigmente sind in irgendeiner Form anfällig. So verfärbt schwefelhaltige Luft die metallischen Pigmente wie etwa Bleiweiß. Durch das Vergilben von Öl im Alter kann Chromgelb zu grün werden, und starkes Sonnenlicht läßt Krapplack, Sepia und Karminrot mit der Zeit nachdunkeln.

Andere Pigmente reagieren untereinander. Sulfide wie Kadmium schwärzen metallhaltige Pigmente. Kupfer-, blei- und eisenhaltige Farben wie Preußischblau, Schweinfurter Grün und Bleiweiß sollten von synthetischem Ultramarin, Zinnober und Kadmium ferngehalten werden.

Von allen Pigmenten sind die Erdfarben die beständigsten. Sie sind natürliche, mit Eisen- oder Manganbestandteilen gefärbte Erden, die in Röst- oder Erhitzungsprozessen gewonnen werden. Die Skala dieser Pigmente umfaßt lichten Ocker, natürliche und gebrannte Siena, natürliche und gebrannte Umbra, grüne Erden, Kasslerbraun, Oxidrot, Veneziarot und gebrannten Ocker.

Das wichtigste Pigment in der Palette jedes Malers ist Weiß. Kaum eine Farbe wird ohne Weißzusatz verwendet; gute Weißtöne sind daher besonders wichtig.

Farbherstellung Fabrikfarben sind am leichtesten zugänglich, aber diese Tubenfarben lassen manchmal Wünsche offen. Der Füllmittelanteil bei billigeren Farben oder der oft starke Ölgehalt, der das Eintrocknen in der Tube verhindern soll, hat zur Folge, daß die Farbe häufig nicht die vom Künstler gewünschte Konsistenz aufweist.

Etliche Künstler stellen daher ihre Farbe selbst her, was nicht schwierig ist (siehe Abb.). Viele Hersteller führen ein umfassendes Pigmentangebot in ihrem Programm. Eine Glasplatte oder ein alter Lithostein, ein gläserner Reibstein und ein Palettmesser sind alles, was man braucht.

Bindemittel Die Pigmente müssen in Bindemittel eingearbeitet werden; für Ölfarben kommen Leinsamenöl, Mohnöl, Walnußöl und andere von selbst trocknende Öle zum Einsatz. Durch das Bindemittel werden die Pigmentteilchen gleichmäßig verteilt festgehalten, und sie lassen sich leicht auf die Malfläche aufpinseln. Wenn die Öle durch Sauerstoffaufnahme getrocknet sind, verkleben sie die Pigmente mit dem Untergrund und werden unlöslich trocken und fest.

Die meisten Fabrikfarben enthalten Leinsamen- oder Mohnöl. Künstler, die aus Trockenpigmenten eigene Farben herstellen, kaufen manchmal auch andere Öle mit besonderen Eigenschaften.

Leinsamenöl Leinsamenöl ist das gebräuchlichste Bindemittel für Ölfarben. Es oxidiert zu einem zähen, ledrigen Film von guter Durchsichtigkeit. Oberflächlich trocknet es rasch ab; aber der gesamte Trocknungsprozeß zieht sich über viele Jahre hin und ermöglicht es so der Farbe, sich mit der Leinwand bei unterschiedlichen Temperaturen zu dehnen und zusammenzuziehen, ohne Risse zu bilden.

Kaltgepreßtes Leinsamenöl Es ist das reinste Leinsamenöl und damit das beste zum Malen überhaupt. Da es nur für Künstler geeignet ist, ist es teuer und mancherorts schwer erhältlich. Raffinade-Leinsamenöl ist die beste Alternative dazu.

Raffiniertes Leinsamenöl Dieses Öl wird gebleicht und zu einem reinen, farblosen Öl raffiniert, welches einen erstklassigen, klaren und dünnflüssigen Binder abgibt.

Rohes Leinsamenöl Zur Rohölerzeugung erhitzt man Flachs vor dem Auspressen im Dampf. Er gibt dann mehr Öl ab, welches allerdings dunkelfarbiger ist. Obwohl es dauerhafter als kaltgepreßtes Leinsamenöl ist, wird es nur von wenigen Künstlern verwendet.

Standöl Standöl nennt man ein in einem Vakuumbehälter erhitztes Leinsamenöl; hierdurch wird die Molekularstruktur verändert, das Öl wird dunkler und dicker. Mit Pigment vermischt, trocknet es zu einer feinen, emailartigen Oberfläche ohne Pinselstruktur ab; im Alter vergilbt es weniger als andere Leinsamenöle.

An der Sonne verdicktes Standöl Früher stellte man Öl her, indem man es in lose abgedeckten Gefäßen mehrere Wochen der Sonne aussetzte, um es oxidieren und bleichen zu lassen. Das so hergestellte Öl läßt die Farbe leichter fließen, erhöht ihre Transparenz und läßt sie schneller trocknen. Rubens (1577–1640) nutzte dieses Öl, um den Lichtern seiner

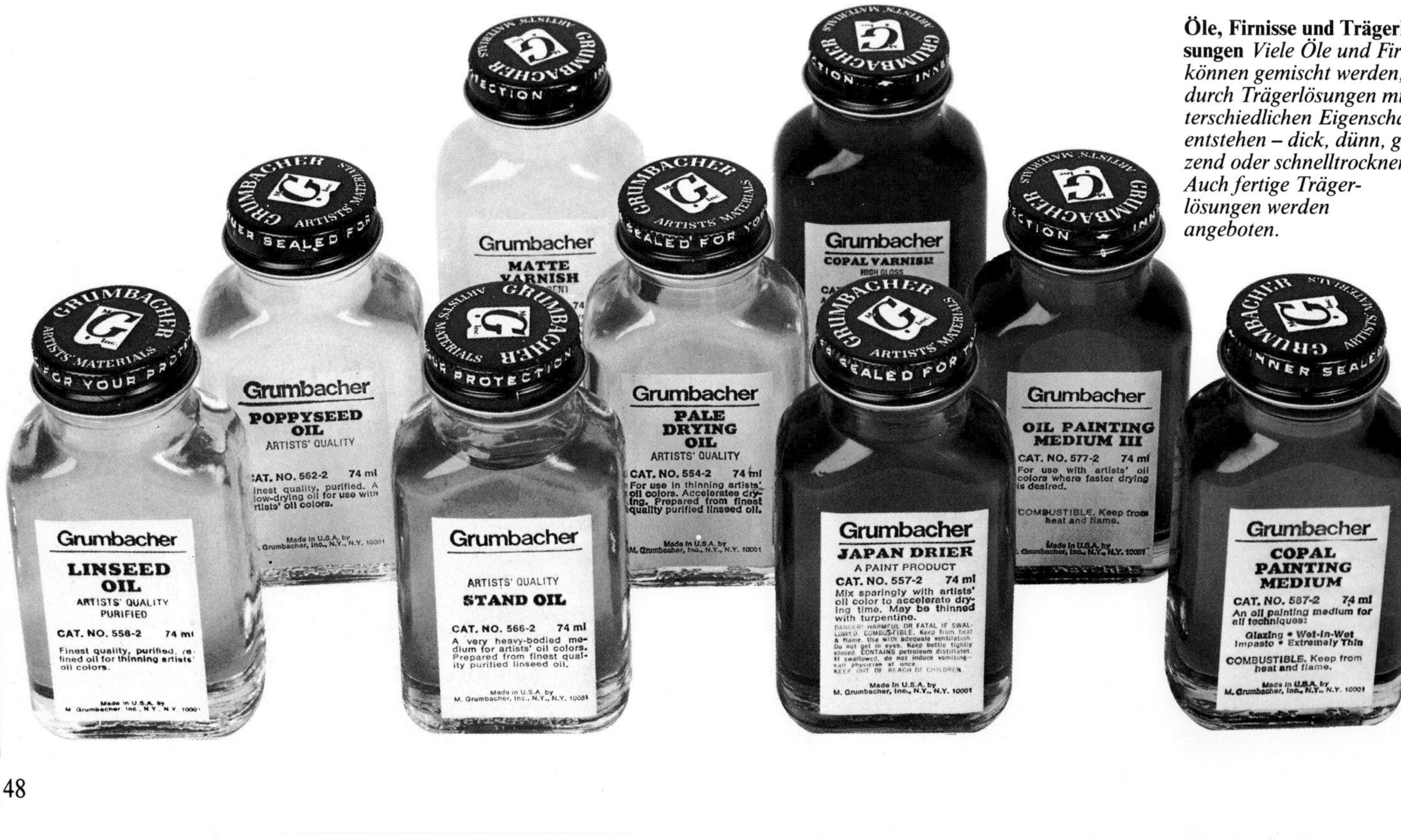

Öle, Firnisse und Trägerlösungen *Viele Öle und Firnisse können gemischt werden, wodurch Trägerlösungen mit unterschiedlichen Eigenschaften entstehen – dick, dünn, glänzend oder schnelltrocknend. Auch fertige Trägerlösungen werden angeboten.*

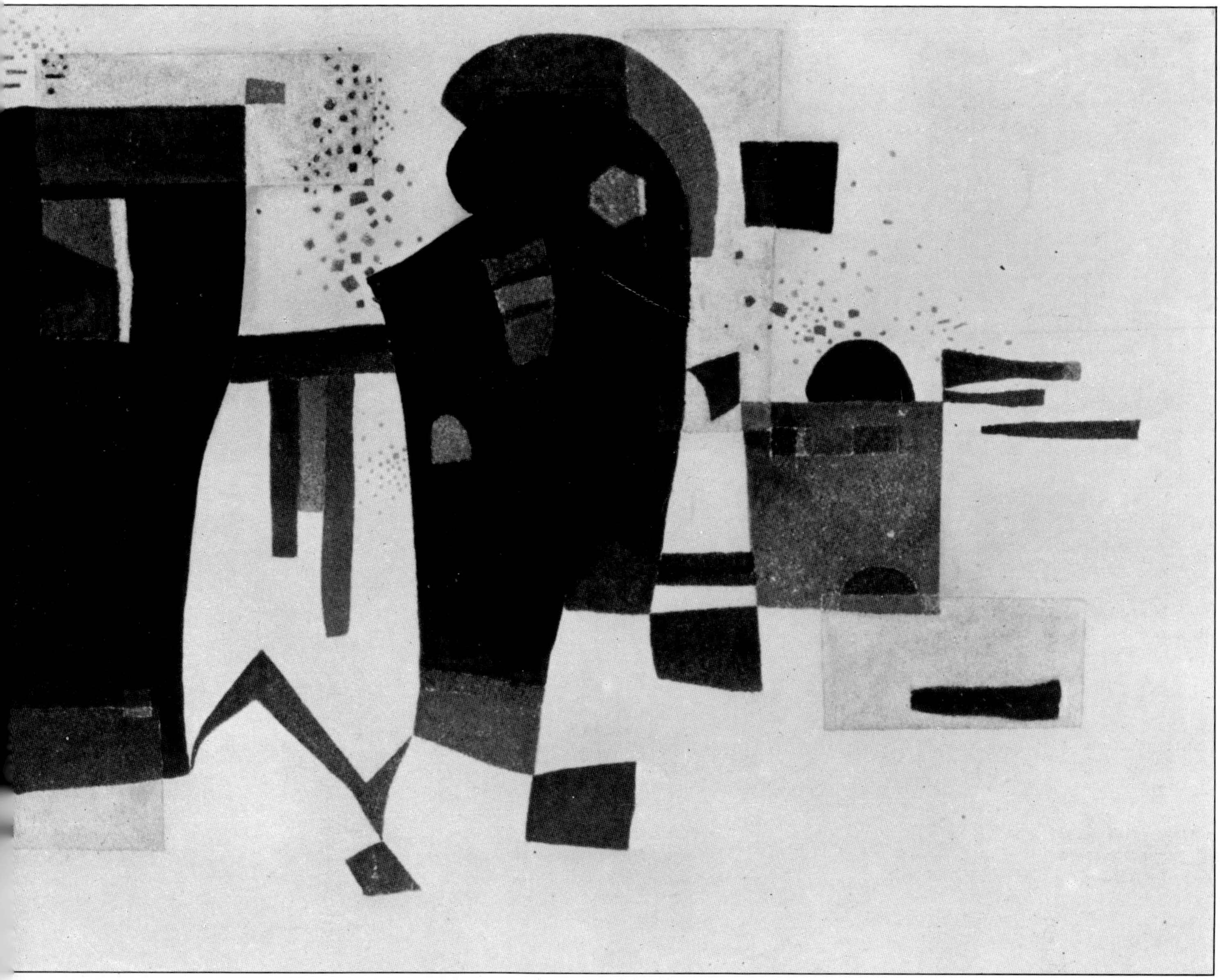

Gemälde mehr Körper und den Schatten eine leichte Transparenz zu geben.

Mohnöl Gemahlene Samen des Opiummohns ergeben ein langsam trocknendes Öl, welches heller als Leinsamenöl ist. Die Hersteller nutzen es als Bindemittel für helle Farben. Es ist weniger säurehaltig als Leinsamenöl und gilbt daher nicht so stark, aber es trocknet langsamer und neigt zur Rißbildung.

Walnußöl Dieses früher weit verbreitete Öl wird durch Auspressen junger Walnüsse erzeugt; daraus entsteht ein sehr helles, dünnes Öl mit guten Trocknungseigenschaften. Gute Hersteller haben es auch heute noch im Angebot.

Safloröle und Holzöle Manche Künstler benutzen noch einige andere, natürlich abtrocknende Öle, wie Saflor- und Holzöle, aber von ihnen sind nur wenige so vielseitig wie Leinsamen- und Mohnöle.

Öltrocknungszusätze Natürliche Öle trocknen schneller, wenn ihnen bestimmte Chemikalien – üblicherweise auf Mangan- oder Kobaltbasis – zugesetzt werden. Der Künstler kann sie leicht selbst mischen: Ein Teil Manganoxid wird auf drei Teile Leinsamenöl gegeben. Man kann auch auf Terpentin Kobaltnaphthenat oder -linoleat zugeben, bis eine 5 %ige Lösung entsteht. Davon wird dann einem Eßlöffel Leinsamenöl ein Tropfen zugegeben.

Künstliche Öle sind bei hoher Luftfeuchtigkeit sehr nützlich, da diese die Oxidation von Naturölen verzögern und zu Farbausflockungen führen kann. Solche Öle können aber Verfärbungen und Risse oder Haarrisse verursachen, wenn sie nicht sachgemäß zubereitet und verwendet werden.

Oben **Wassilij Kandinsky: Kontrastbegleitung No. 613**
Kandinsky mischte Sand unter die Ölfarbe, um die subtile Strukturwirkung dieses Gemäldes zu erreichen. Solche Fremdzusätze müssen stets gründlichst mit dem Ölbindemittel gemischt werden; anderenfalls besteht die Gefahr, daß sie Risse verursachen und von der Leinwand abbröckeln.

Farbträgerlösungen Zweck der Farbträgerlösung ist es hauptsächlich, den Farbauftrag auf den Untergrund zu erleichtern. Sie dient auch zur Farbverdünnung, läßt aber immer noch den Aufbau ausgewogener Farbschichten zu. Manche Trägerlösungen beschleunigen außerdem noch den Trocknungsvorgang.

Wenn der Künstler Farbe aus Rohpigmenten selber herstellt, kann er sie direkt in jedes Binde- oder Trägermittel einarbeiten, bis er die gewünschte Konsistenz erzielt hat. Demgegenüber benötigen Tubenfarben gewöhnlich Zusätze von Trägerlösung, um leichter auftragbar zu werden. Es ist eine ungute Übung, hierzu lediglich reines Lösemittel wie Terpentin oder Petroleum zu verwenden, weil dies die Bindekraft des Öls herabsetzt und unweigerlich zu rissigen Farbschichten führt.

Terpentinträgerlösung Die am meisten verbreitete Trägerlösung ist eine Mischung aus Leinsamenöl und Terpentin, gewöhnlich im Verhältnis 60:40. Der alte Grundsatz, stets „fett auf mager“ zu malen, ist sehr beherzigenswert; im Verlauf der Arbeit sollte der Künstler den Ölanteil der Farbmischung erhöhen, um zu verhindern, daß die unteren Schichten

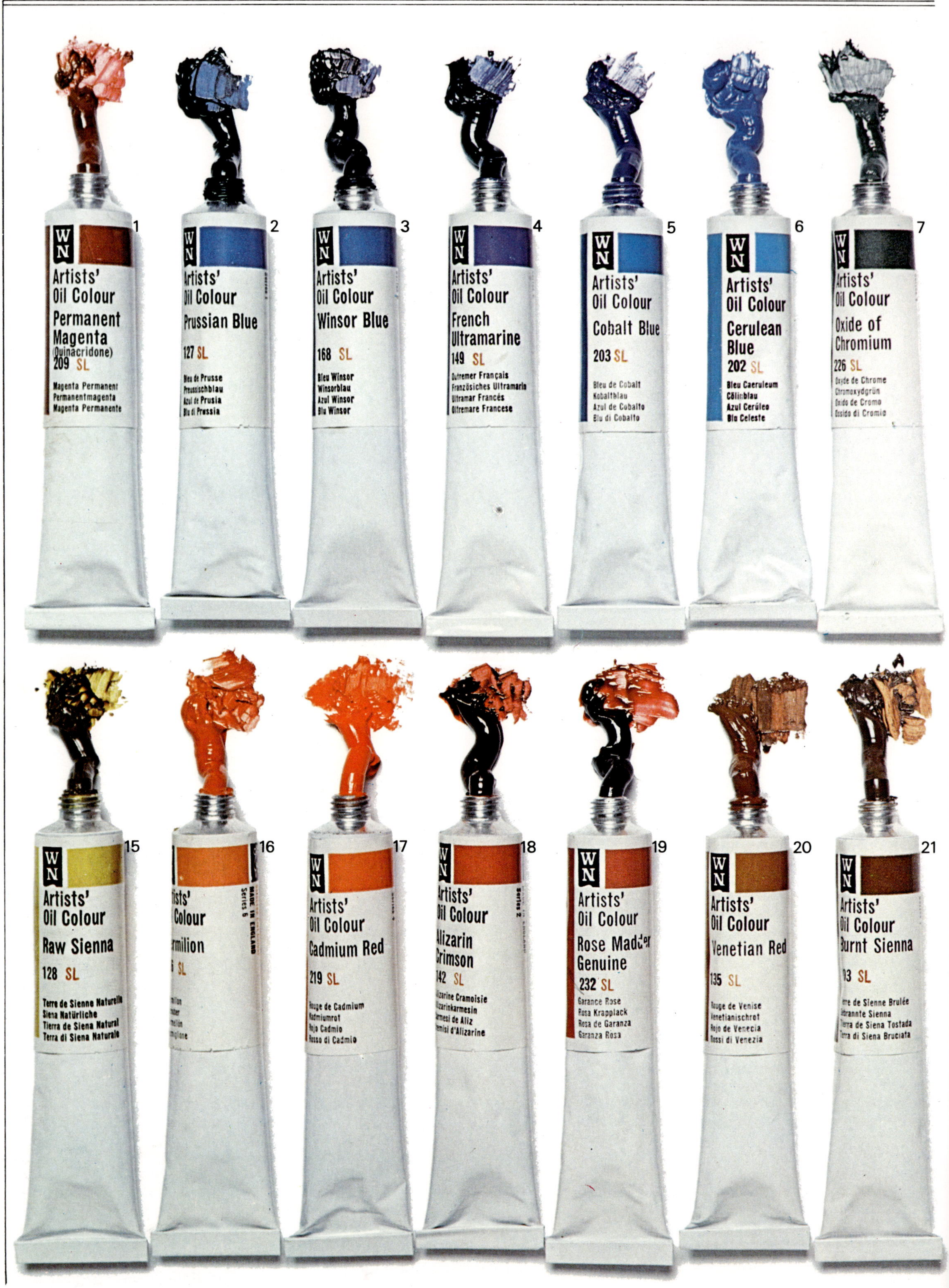
1
Artists' Oil Colour
Permanent Magenta (Quinacridone)
209 SL
Magenta Permanent
Permanentmagenta
Magenta Permanente
2
Artists' Oil Colour
Prussian Blue
127 SL
Bleu de Prusse
Preussischblau
Azul de Prusia
Blu di Prussia
3
Artists' Oil Colour
Winsor Blue
168 SL
Bleu Winsor
Winsorblau
Azul Winsor
Blu Winsor
4
Artists' Oil Colour
French Ultramarine
149 SL
Outremer Français
Französiches Ultramarin
Ultramar Francés
Oltremare Francese
5
Artists' Oil Colour
Cobalt Blue
203 SL
Bleu de Cobalt
Kobaltblau
Azul de Cobalto
Blu di Cobalto
6
Artists' Oil Colour
Cerulean Blue
202 SL
Bleu Caeruleum
Cölinblau
Azul Cerúleo
Blu Celeste
7
Artists' Oil Colour
Oxide of Chromium
226 SL
Oxyde de Chrome
Chromoxydgrün
Oxido de Cromo
Ossido di Cromio
15
Artists' Oil Colour
Raw Sienna
128 SL
Terre de Sienne Naturelle
Siena Natürliche
Tierra de Siena Natural
Terra di Siena Naturale
16
Series 6
MADE IN ENGLAND
17
Artists' Oil Colour
Cadmium Red
219 SL
Rouge de Cadmium
Kadmiumrot
Rojo Cadmio
Rosso di Cadmio
18
Series 2
19
Artists' Oil Colour
Rose Madder Genuine
232 SL
Garance Rose
Rosa Krapplack
Rosa de Garanza
Garanza Rosa
20
Artists' Oil Colour
Venetian Red
135 SL
Rouge de Venise
Venetianischrot
Rojo de Venecia
Rossi di Venezia
21

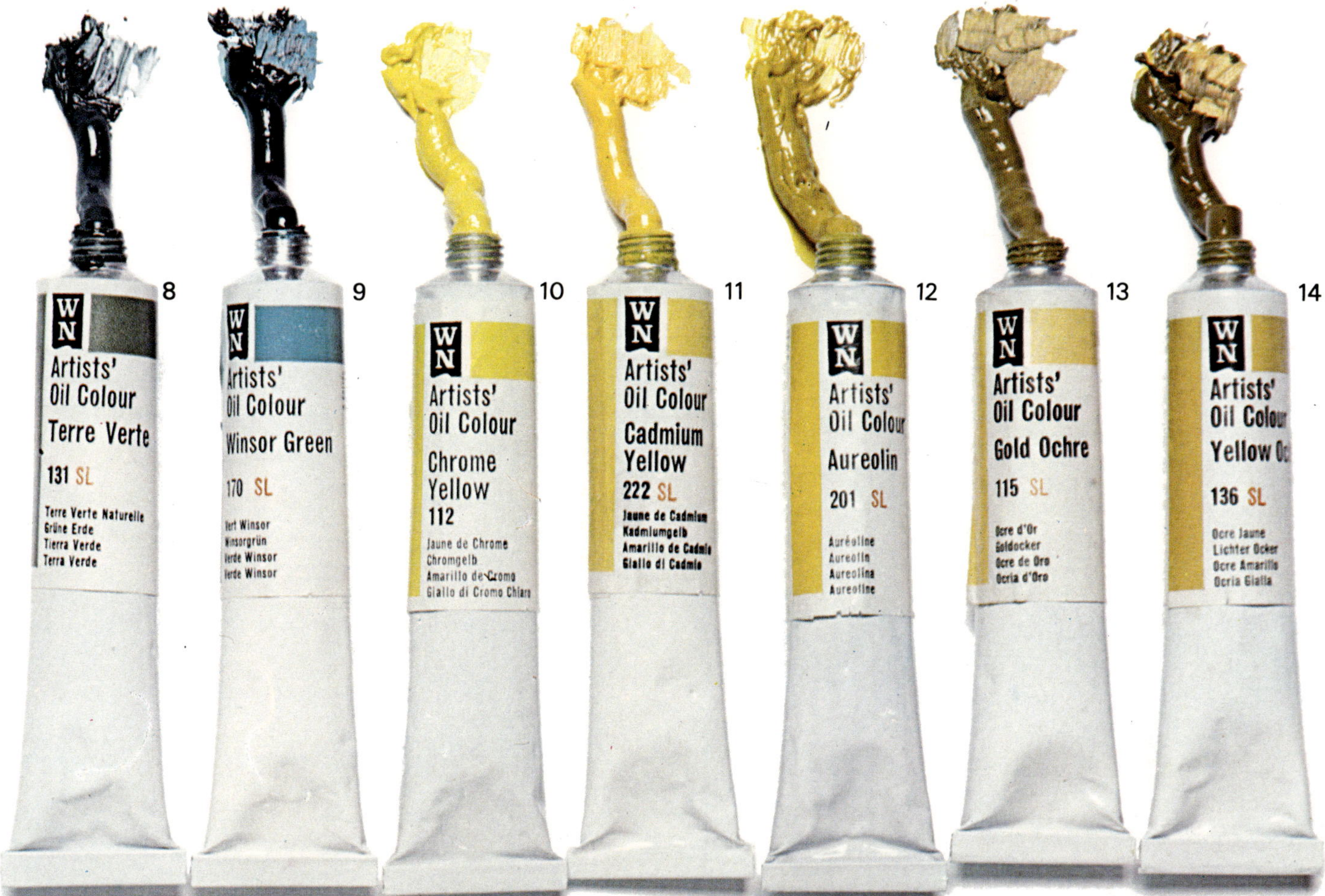

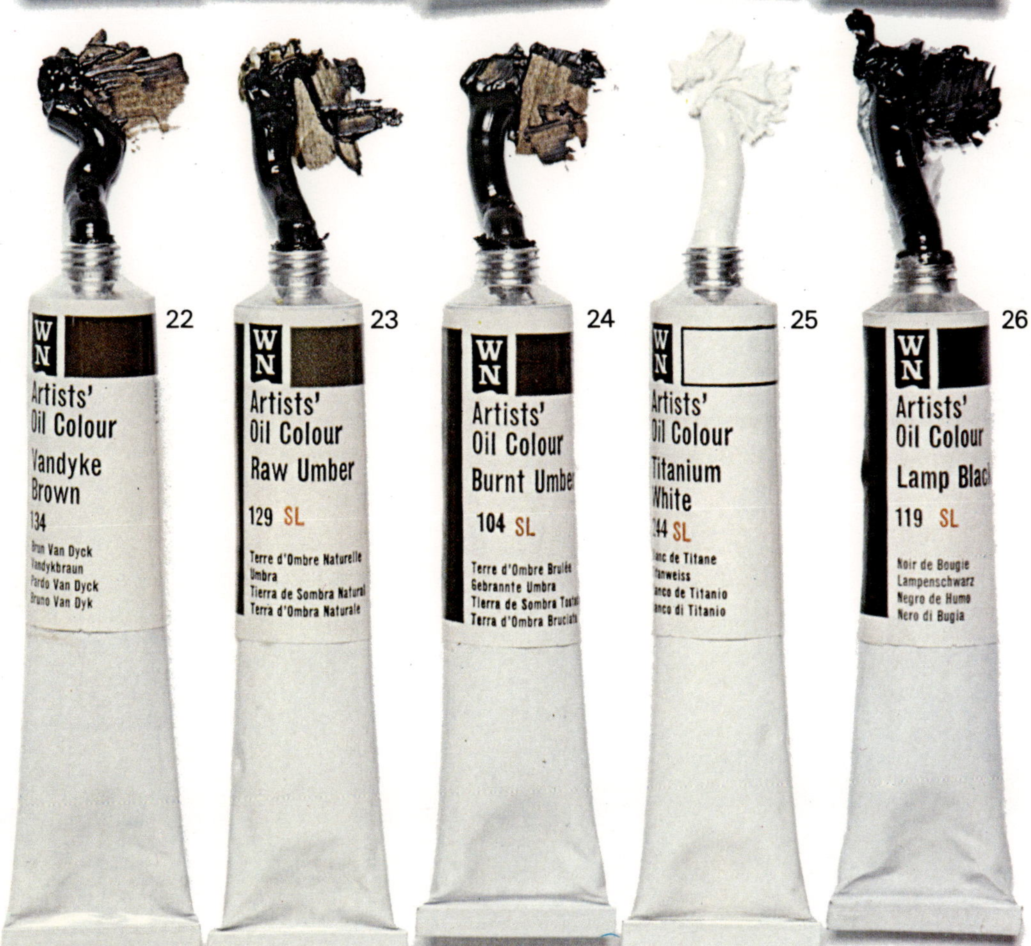

Ölfarben *Die geläufigsten Ölfarben umfassen:* **1.** *Magentarot, ein Violettrot;* **2.** *Preußischblau, stark und beständig;* **3.** *Heliogenblau (auch: Phtalocyaninblau);* **4.** *Ultramarinblau synthetisch;* **5.** *Kobaltblau, stark und stabil;* **6.** *Coelinblau, sehr beständig;* **7.** *Chromoxidgrün, dekkend oder transparent erhältlich;* **8.** *Grüne Erde, beständige Erdfarbe;* **9.** *Heliogengrün (auch: Winsorgrün oder Phtalocyaningrün);* **10.** *Chromgelb, von zweifelhafter Beständigkeit;* **11.** *Kadmiumgelb in verschiedenen Abstufungen von Gelb bis Orange;* **12** *Aureolin (Kobaltgelb), beständig und transparent;* **13.** *Goldocker, leuchtendes Gelb;* **14.** *Lichter oder heller Ocker, beständige Erdfarbe;* **15.** *Natürliche Siena, dunkles Naturgelb;* **16.** *Zinnober, leuchtendes Rot;* **17.** *Kadmiumrot, verschiedene Abstufungen;* **18.** *Alizarinrot, bläuliches Rot;* **19.** *Rosa Krapplack, natürliches Tiefrot;* **20.** *Veneziarot, rotbräunlich;* **21.** *Gebrannte Siena, sehr beständig;* **22.** *Vandyckbraun (synthetisch);* **23.** *Umbra, sehr beständig;* **24.** *Gebrannte Umbra, warm und transparent;* **25.** *Titanweiß, zu Recht auch Permanentweiß genannt;* **26.** *Lampenschwarz, sehr beständig.*

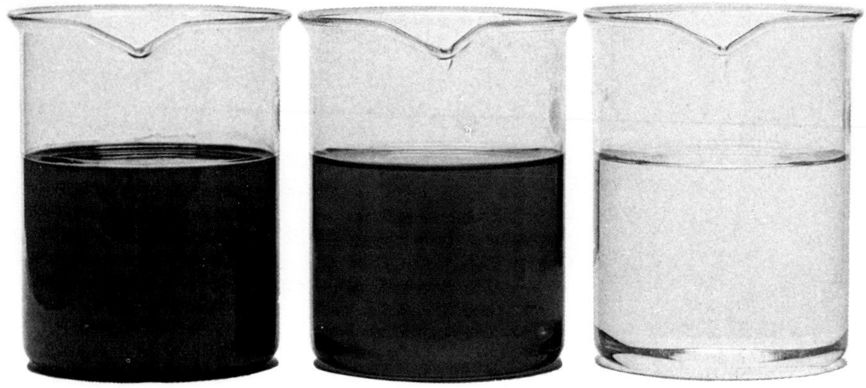

Links **Firnisträgerlösung** *Der Zusatz von Firnis zu den üblichen Öl- und Terpentinträgerlösungen ergibt eine dickflüssige Mischung, die schneller trocknet und gut verdünnt werden kann. Ein Teil Kopalfirnis, ein Teil Leinsamenöl und ein Teil Terpentin werden in eine trockene Flasche gegeben und kräftig geschüttelt.*

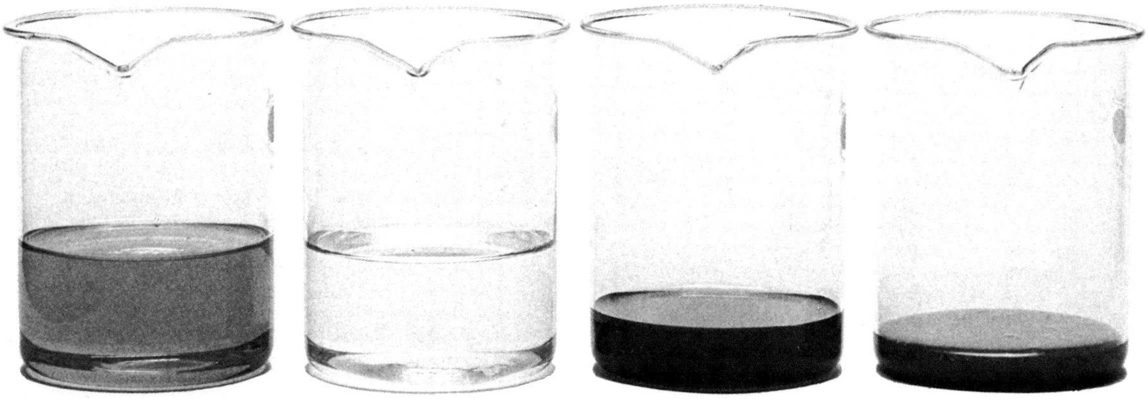

Oben **Dammarfirnis-Trägerlösung** *Klare Trägerlösung eignet sich bestens zur Farbverdünnung für Lasuren. Sie wird hergestellt aus neun Teilen Dammarfirnis, neun Teilen Terpentin, vier Teilen Standöl und zwei Teilen Venezianerterpentin. Die Bestandteile werden in eine trokkene Flasche gegeben und bis zur völligen Vermischung kräftig geschüttelt. Ein Tropfen Kobalttrockner kann zugegeben werden, damit die Lösung schneller trocknet.*

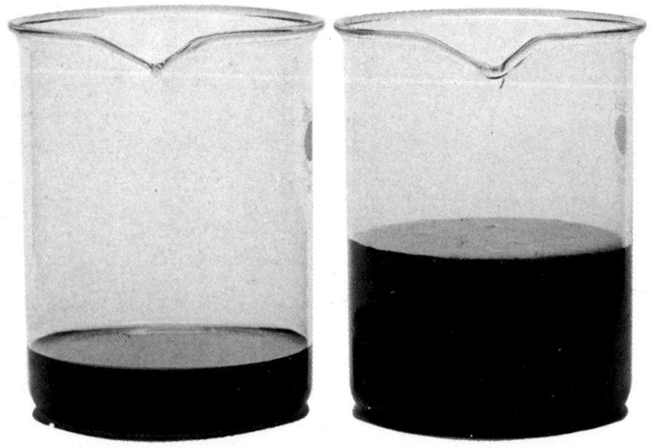

Oben **Standölträgerlösung** *Eine harzige Lösung, die fast hochglänzend abtrocknet, wird durch Mischen und Durcheinanderschütteln von einem Teil Standöl mit drei Teilen Venezianerterpentin erzeugt.*

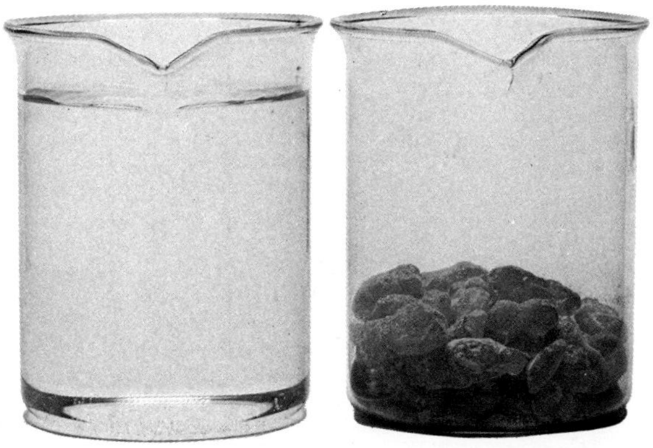

Oben **Dammarfirnis** *Er ist eine Verdünnung, die beim Altern nicht wolkig wird oder vergilbt, und wird aus einem Teil zerstoßenem Dammarharz und vier Teilen Terpentin hergestellt. Das Harz wird in einen Musselinbeutel gefüllt, den man mit Baumwollgarn zubindet und dann in einen mit Terpentin gefüllten Topf hängt. Das Harz löst sich dann innerhalb von zwei bis drei Tagen im Terpentin auf. Damit dies schneller geht, kann der Beutel ab und zu vorsichtig bewegt werden. Das Musselin hält Verunreinigungen zurück.*

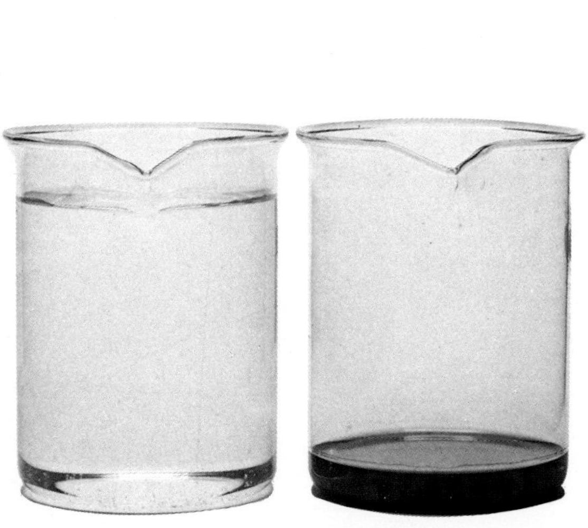

Rechts **Schellackfirnis** *Er wird als Verdünnung oder als Überzug für einen zu saugkräftigen Grund verwendet. Auch als Fixativ für Zeichnungen kommt er zum Einsatz. Ein Teil weißer oder brauner Schellack wird nach und nach in eine Flasche mit sieben Teilen Alkohol gegeben. Die Flasche wird dann bis zur völligen Auflösung des Schellacks geschüttelt.*

aus den oberen so viel Öl absaugen, daß diese „ausmagern" und wegen Ölmangels Risse bilden.

Hauptnachteil einer einfachen Terpentin-Öl-Trägerlösung ist die lange Trocknungszeit der Farbe. Wenn die Farben für Lasureffekte verdünnt werden, muß außerdem so viel Lösung zugesetzt werden, daß die Farbe möglicherweise an der Leinwand herunterrinnt. Trägerlösungen mit Zusätzen von Firnis, Standöl oder am besten Bienenwachs helfen bei der Lösung solcher Schwierigkeiten.

Firnisträgerlösung Eine einfache Firnisträgerlösung läßt sich aus Kopalfirnis, Leinsamenöl und Terpentin zubereiten (siehe Abb.).

Eine sehr klare Trägerlösung, mit der sich auch Farbe für Lasuren verdünnen läßt, bereitet man aus einer Mischung von echtem Dammarfirnis, Venezianerterpentin und Standöl zu (siehe Abb.).

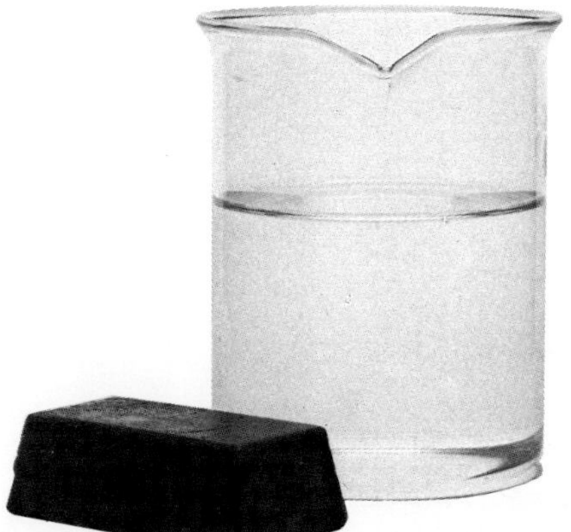

Links **Bienenwachs-Trägerlösung** *Mit Bienenwachs gemischtes Terpentin trocknet langsam und matt ab. Ein Teil helles Bienenwachs wird zerstückelt und nach und nach in drei Teile Terpentin gegeben, welches zuvor im Dampfbad erwärmt wurde. Das Ganze wird umgerührt, bis das Bienenwachs vollständig gelöst ist. Nach dem Abkühlen wird die Lösung in ein Gefäß mit breiter Öffnung gegeben.*

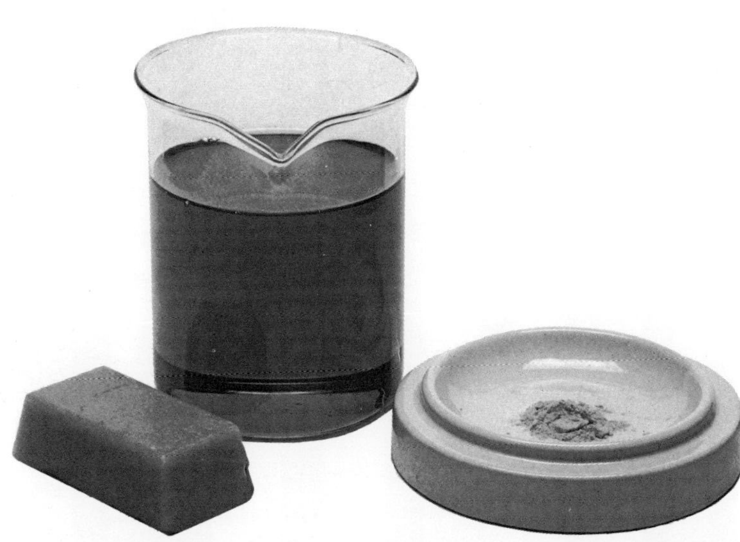

Oben **Bienenwachs-Öl-Trägerlösung** *Eine dickflüssige, harzige Lösung für dicke und dünne Farben. Zehn Teile rohes Leinsamenöl, zwei Teile Bienenwachs und ein sechzehntel Teil Bleiglätte werden benötigt. Bleiglätte ist giftig! Man mischt sie am besten zunächst mit etwas Öl an. Das restliche Öl wird dann in einen großen Metallbehälter gegeben und dieser wird im Freien oder in einem Räucherschrank bei kleiner Hitze erwärmt. Dann gibt man die Bleiglätte und das kleingestückelte Bienenwachs zu. Anschließend die Mischung unter regelmäßigem Rühren auf 250 Grad erhitzen, bis sie schwarz wird und brauner Dampf aufsteigt. Abkühlen lassen und in Behälter füllen, die man erst verschließt, nachdem sich die Flüssigkeit (ähnlich wie Wachs) gesetzt hat.*

Im richtigen Verhältnis mit Venezianerterpentin gemischtes Standöl (siehe Abb.) ergibt eine dicke, harzige Firnislösung, die Lasuren einen herrlichen Glanz gibt.

Bienenwachs-Trägerlösung Eine Mischung aus Bienenwachs und Terpentin (siehe Abb.) trocknet langsam zu einer matten Oberfläche ab; sie eignet sich gut für saugkräftigen Untergrund.

Bienenwachs-Öl-Trägerlösung Rubens arbeitete mit einer Trägerlösung aus Leinsamenöl, Bienenwachs und Bleiglätte (siehe Abb.). Diese dunkle Lösung verfärbt alle Pigmente, mit denen sie gemischt wird. Sie ist jedoch äußerst vielseitig; dicke Farbe für Deckauftrag kann mit ihr ebenso verarbeitet werden wie dünne Farbe für Lasuren; diese Vorteile wiegen für viele Künstler ihre Nachteile auf.

Kunstharzträgerlösung Bei den meisten Herstellern gibt es künstliche, gelartige Lösungen. Sie werden gewöhnlich in Form von mit Öl versetzten Kunstharzen als Tuben angeboten. Sie lassen sich insbesondere bei starkem Auftrag problemlos verwenden.

Maroger's Trägerlösung Diese als Fertigprodukt erhältliche Lösung ist eine Emulsion aus gekochtem Leinsamenöl, Mastixfirnis, Gummiarabikum und Wasser. Ihre Eigenschaften sind angenehm, und sie hat den Test der Zeit bestanden.

Lösemittel Speziell für Lasuren müssen Ölfarben oft zum Malen verdünnt werden; dies geschieht in der Regel durch Zugabe von Spiritus oder Firnis zur Farbträgerlösung. Das verbreitetste und sicherste Lösemittel ist Terpentin. Die anderen Lösemittel mit ihren unterschiedlichen Eigenschaften sind alle Firnisarten, von denen viele ebenfalls Terpentin enthalten.

Terpentin Echtes Terpentin wird aus Kiefernharz gewonnen. Künstlerterpentin ist doppelt destilliert und wird von allen Herstellern angeboten, kann jedoch in guter Qualität in größeren Packungen und billiger auch von Maler- und Do-it-yourself-Geschäften bezogen werden.

Venezianerterpentin Diese Sorte wird aus Lärchen gewonnen; sie ist zähflüssiger und harziger als gewöhnliches Terpentin. Sie neigt weniger dazu, die Farben zu beeinflussen.

Firnisse Firnisse stellt man her, indem man Harze entweder in ätherischen Ölen wie Terpentin oder in Öl (z.B. Leinsamenöl) auflöst. Die erste Gruppe bezeichnet man als Weichharzfirnis, die zweite als Hartharzfirnis.

Mastixfirnis Mastixfirnis ist als Verdünnungsmittel nützlich, neigt aber zum Ausblühen und Vergilben. Hergestellt wird er vom Harz des Pistazienstrauches, welches in Terpentin gelöst wird.

Dammarfirnis Er neigt nicht wie Mastix zum Ausblühen oder Vergilben und läßt sich leicht durch Auflösen eines Teiles zerstoßenen Dammarharzes in vier Teilen reinem Terpentin herstellen (siehe Abb.).

Schellackfirnis Ein leicht herstellbarer Firnis (siehe Abb.), der als Überzug für zu saugfähigen Grund verwendet werden kann; er wird auch als Fixativ für Zeichnungen eingesetzt.

Alkydfarben Von der Firma Winsor and Newton gibt es seit kurzem sogenannte „Alkydfarben" für Künstler. Sie entsprechen den üblichen Ölfarben insofern, als sie sich mit Terpentin verdünnen und mit Ölträgerlösungen mischen lassen. Sie sind Kunstharzfarben und trocknen sehr viel schneller als Ölfarben; bereits nach 18 Stunden sind sie berührtrocken. Bislang hat diese Farbart die bei der Ölfarbe so häufige Rißbildung noch nicht gezeigt. Die Zukunft wird erweisen, wie beständig sie wirklich ist.

Werkzeug

Pinsel Gute Pinsel sind ein wichtiger Bestandteil des Künstlerwerkzeuges. Ölpinsel sollten entweder mit Schweineborsten oder mit Marderhaar ausgestattet sein. Bei der Herstellung guter Pinsel wird nie die Vorderseite zurechtgestutzt oder abgeschnitten; die Pinselhaare werden ausschließlich von der hinteren, später in die Metallhülse eingeklemmten Seite zugerichtet. Der Pinselmacher formt die Malspitzen der Pinsel durch Mischen und Zurechtschieben der einzelnen Haare oder Borsten.

Die besten Ölpinsel werden mit gebleichten Schweineborsten gefertigt. Anders als Marderhaar haben Borsten gespaltene Enden, die eine wichtige Rolle für die Farbaufnahmefähigkeit des Pinsels spielen. Die Borsten sind teilweise gebogen, und der Pinselmacher muß sie so in die Hülse einlegen, daß sie sich nicht nach außen wegspreizen.

Marderhaarpinsel haben einen weicheren, zarteren Strich als Borstenpinsel, und sie sollten im Werkzeug des Ölmalers nicht fehlen.

Die drei Grundformen sind der Flachpinsel, der Rundpinsel und der konische Pinsel. Für spezielle Zwecke gibt es noch andere Formen.

Kurzer Flachpinsel Pinsel mit kurzen, rechteckig geformten Borsten eignen sich hervorragend zum Auftrag dicker, cremiger Pigmente.

Rundpinsel Wie schon der Name andeutet, sind die Haare oder Borsten hier rund eingefaßt; kleine Marderhaarpinsel laufen sogar zu einem feinen Punkt aus. Rundpinsel verwendet man hauptsächlich zum Betupfen kleiner Flächen, für feine Detailarbeiten und zum Auftrag stark verdünnter Farbe.

Konische Pinsel Sie sind breiter als Rundpinsel und laufen vorne leicht konisch zusammen. Sie eignen sich besonders für den starken oder für den sich verjüngenden Pinselstrich.

Flachpinsel lang Die Borsten dieses Pinsels sind wesentlich länger als die des oben beschriebenen kurzen Flachpinsels. Sie können deshalb mehr Farbe aufnehmen und ermöglichen bei normalem Auflagedruck einen längeren Pinselstrich. Sie eignen sich bestens für kräftige alla-prima-Maltechniken.

Keilförmige Pinsel Dies sind keilförmig abgeschrägte Pinsel, die heute nicht mehr viel verwendet werden, die sich aber gut für das Malen von scharfen Grenzlinien eignen.

Fehhaar-Verwaschpinsel Sie ähneln in der Form alten, lange benutzten Rasierpinseln; ihre Haare laufen nach vorn auseinander. Sie dienen ausschließlich dazu, noch feuchte Farbflächen ineinander zu verwischen.

Marderhaar-Verwaschpinsel Sie ähneln den oben beschriebenen Fehhaarpinseln und werden ebenfalls zum Verwaschen feuchter Farbe verwendet, schaffen dabei aber noch weichere Übergänge.

Pinsel säubern Gute Pinsel sind teuer und sollten gut gepflegt werden. Alle Pinsel sollten nach Gebrauch, zumindest jedoch am Ende des Arbeitstages gereinigt werden.

Es ist dem Pinsel nicht zuträglich, wenn er einfach in einem Gefäß mit Lösemittel stehen gelassen wird. Die restliche Farbe wird vielmehr durch kurzes Rühren des Pinsels in Terpentin oder Spiritus entfernt.

Palettmesser Diese Spezialmesser braucht man zum Farbmischen und zum Abkratzen der Farbe von der Palette. Sie werden auch beim Impastofarbauftrag oder beim Wegkratzen der Farbe vom Untergrund eingesetzt. Der Künstler kann unter einer Reihe von Formen und Größen wählen.

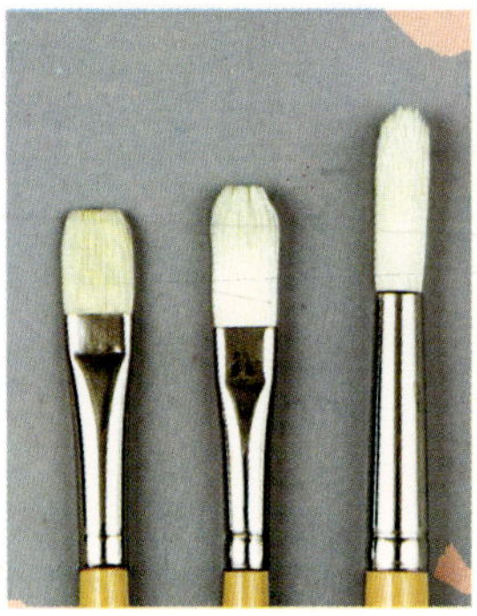

Links **Formen des Ölpinsels** *Die drei Grundformen (von links) sind kurzer Flachpinsel, konischer Pinsel und Rundpinsel; sie werden bei den meisten Ölmaltechniken eingesetzt. Alle drei haben vielfältige Anwendungsbereiche; die kurzen Flachpinsel sind günstig für das Bemalen großer Flächen, die konischen zum Auftragen starker Formen und die runden für feine Detailarbeiten.*

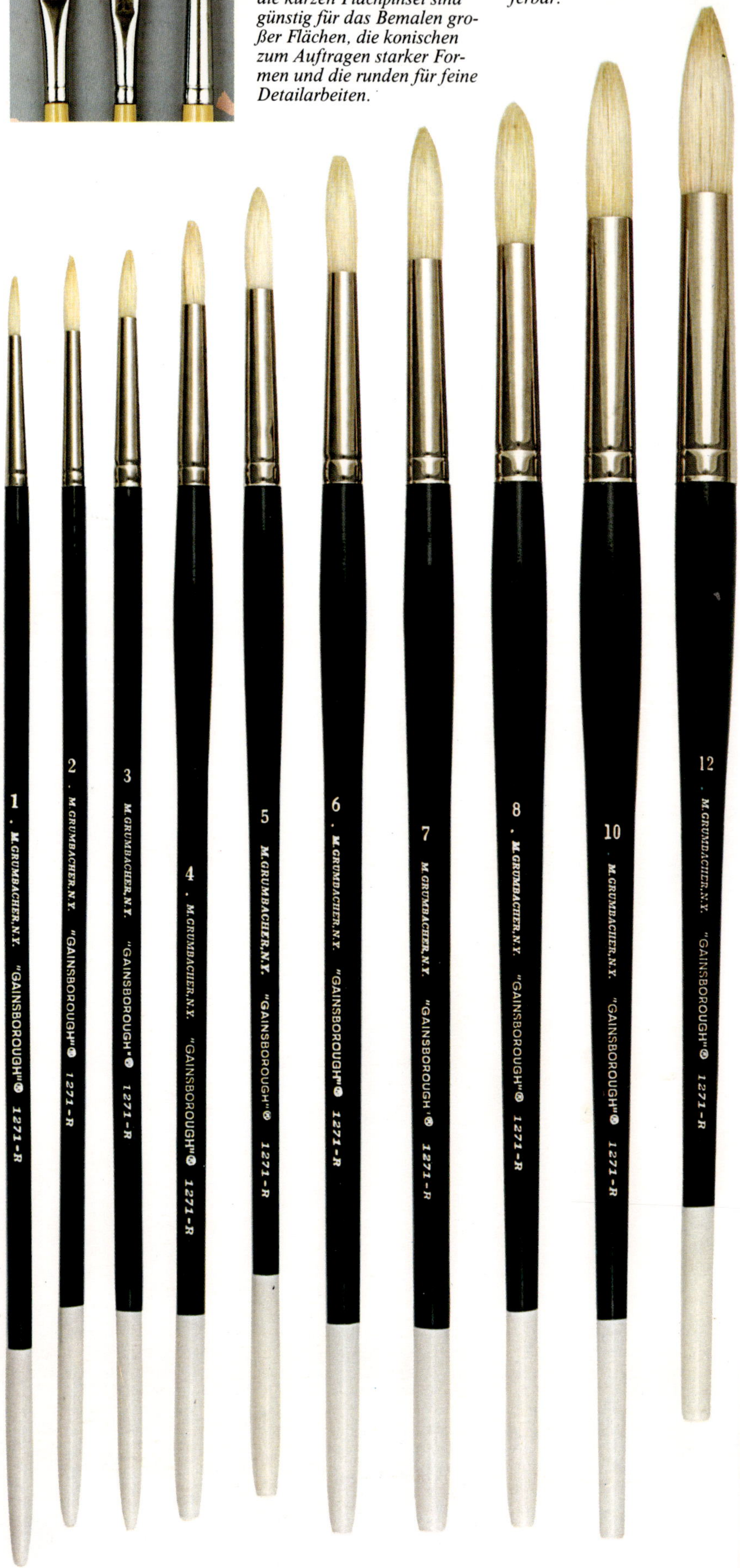

Unten **Pinselgrößen** *Eine bedarfsgerechte Pinselkollektion umfaßt von jeder der gerade beschriebenen Grundtypen drei oder vier Größen. Die meisten Größenskalen beginnen mit 1 und enden mit 12. Extragrößen bis 36 sind lieferbar.*

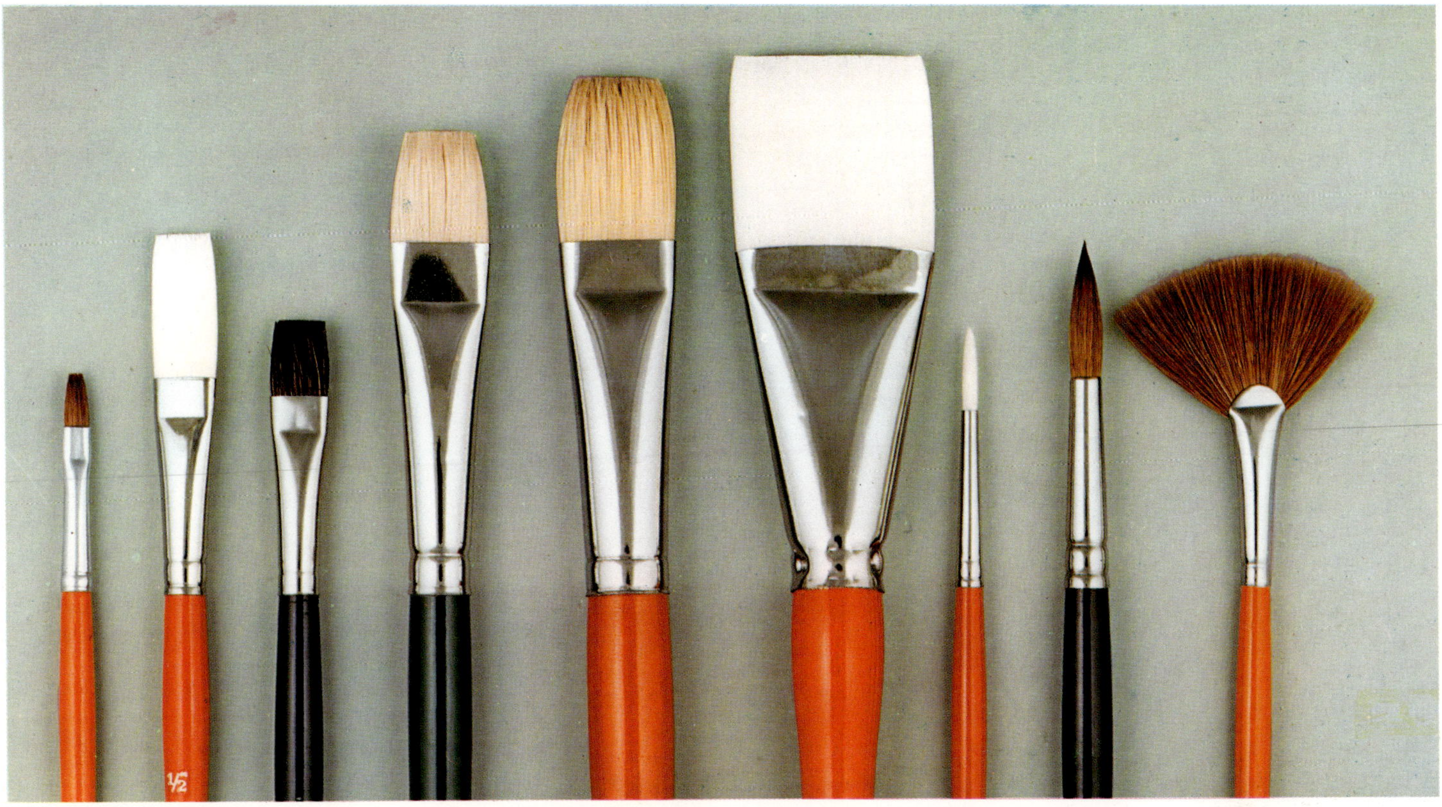

Oben **Ölpinsel** *Die besten Ölpinsel sind die Schweineborsten- oder Marderhaarpinsel, es gibt aber auch viele andere Ausführungen (von links): Marderhaarpinsel; Synthetikflachpinsel lang; russischer Zobelhaar-Flachpinsel; konischer Borstenpinsel; Borstenflachpinsel lang; Synthetikflachpinsel kurz; Synthetik-Rundpinsel; Marderhaar-Rundpinsel; Marderhaar-Verwaschpinsel.*

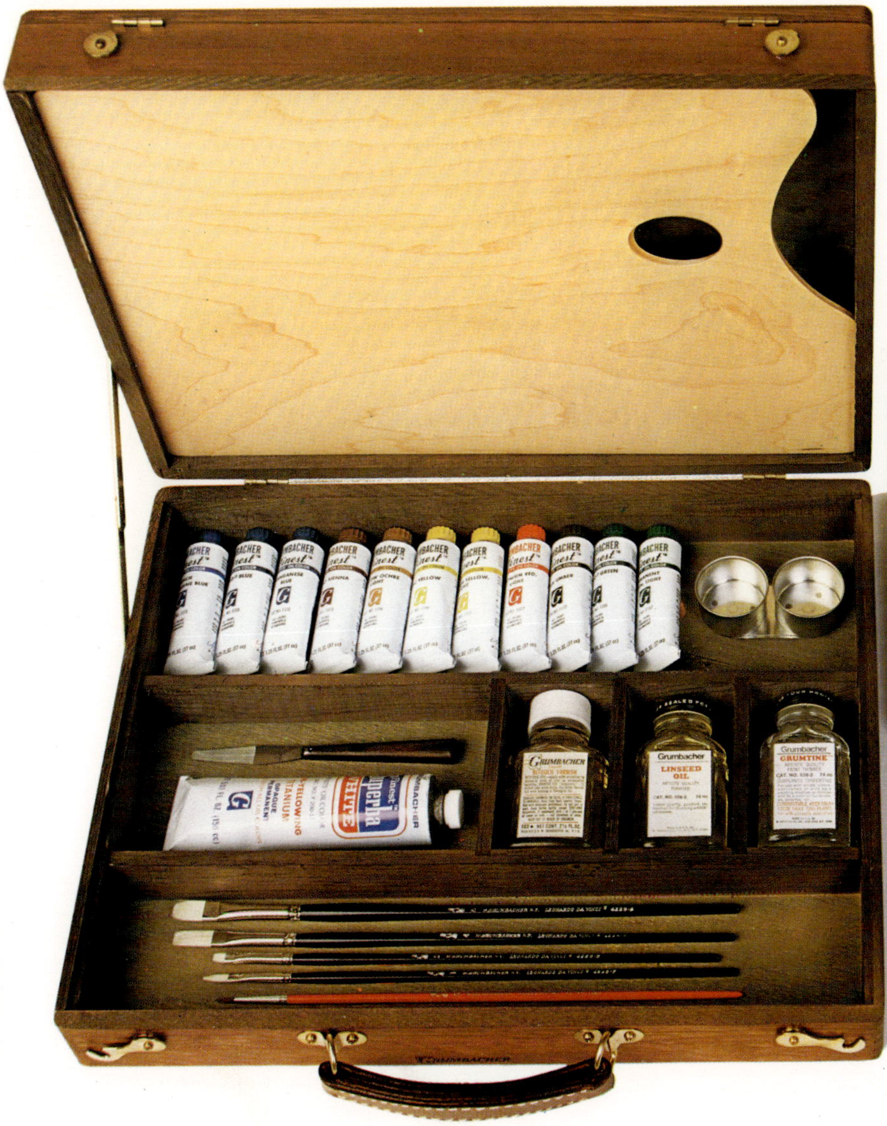

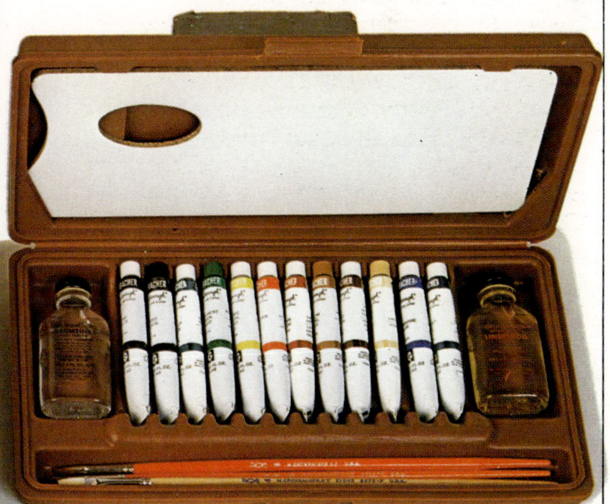

Ölmalsets *Das Werkzeug für die Ölmalerei kann in jeden Behälter von der Einkaufstasche bis zum Koffer gepackt werden; Stanley Spencer benutzte dazu einen Kinderwagen ... Fertigpackungen sind gut für Anfänger, obwohl die selbständige Auswahl von Farben und Pinseln mehr Vertrautheit mit dem Material schafft. Fertige Ölfarbensets gibt es in vielen Größen.*

Malmesser Farbe läßt sich auch mit einem Messer auf die Leinwand auftragen. Die gerade beschriebenen Palettmesser lassen sich hierzu durchaus verwenden. Es gibt aber auch die speziell für diesen Zweck gefertigten Malmesser mit feinen Klingen in den verschiedensten Formen.

Paletten Nierenförmige Holzpaletten mit Daumenloch sind nützliche Helfer für große Leinwandarbeiten an der Staffelei. Für die normale Arbeit in Innenräumen tut es auch jede nicht saugfähige Fläche – ein Stück Glas, Metallblech, glattes Holz, Plastik oder Marmor.

Vor der ersten Benutzung sollte jede Holzpalette einige Tage mit Leinsamenöl eingelassen werden, damit die Holzfasern sich gut damit vollsaugen können. Unterläßt man dies, so saugt das Holz Öl von der Farbe auf, die dann schnell auf der Palette antrocknet.

Die Palette muß nicht unbedingt blütensauber sein, und manche Künstler schätzen Paletten mit sichtbaren Gebrauchsspuren. Aber alte, vertrocknete Farbe saugt die neue etwas aus und vermindert deren Haftfähigkeit auf der Leinwand.

Papierpaletten sind für den zweckmäßig, der gerne eine saubere Palette hat, aber die Arbeit des Reinigens scheut.

Näpfe Es gibt sie als kleine, offene Gefäße, die an den Rand der Palette geklammert werden können und dort Öl und Terpentin aufnehmen. Für Künstler, die ohne Palette arbeiten, erfüllen kleine Kunststoffbehälter den gleichen Zweck.

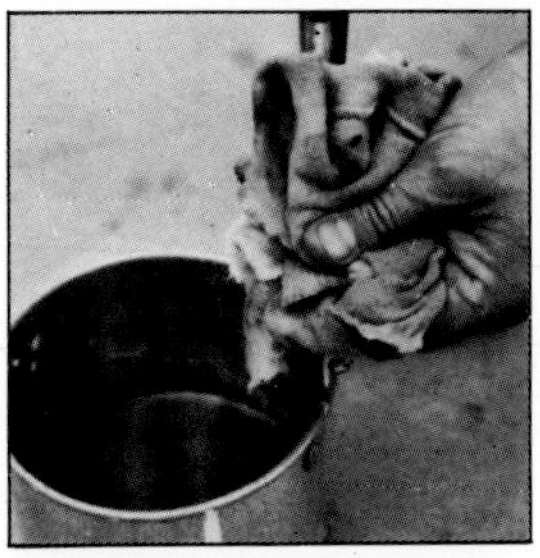

Pinsel säubern 1. *Pinsel in Terpentin tauchen und mit Lappen säubern.*

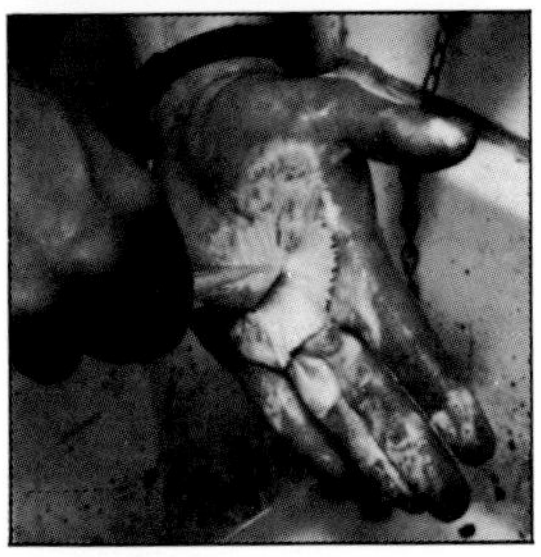

2. *Pinsel unter laufendem Wasser über Seife streichen, auf der Handfläche verreiben und spülen.*

Malstock Ein Malstock besteht aus einem langen Stab, der mit einem umwickelten Ende auf die Leinwand gestützt wird und auf dem die pinselführende Hand ruht (siehe Abb.). Es gibt ihn zu kaufen, man kann ihn aber aus einem Stock, den man mit etwas Stoff umwickelt, auch leicht selbst herstellen.

Staffeleien Die Vielfalt der verschiedenen Staffeleien ist kaum zu überblicken. Die Hauptunterscheidungsmerkmale sind jedoch Größe und Gewicht. Die schwersten haben einstellbare Höhen und Kurbeln zum Vor- und Zurückneigen zwei Meter hoher Leinwände, die leichtesten sind klapp- und tragbare Aluminiumkonstruktionen. Dreibeinstaffeleien (Feldstaffeleien) sind zusammenklappbar, gebrauchstüchtig und dauerhaft. Die Wahl der Staffelei richtet sich nach den jeweiligen Bedürfnissen und dem verfügbaren Platz.

Maler, die über ein großes Atelier verfügen, mögen die Anschaffung einer Sitzstaffelei in Erwägung ziehen. Sie ermöglicht es dem Künstler, vor dem Bild sitzend zu arbeiten.

Für das Malen im Freien gibt es zum vernünftigen Preis eine Kombination aus Staffelei und Skizzenkoffer, die sich wie ein Aktenkoffer aufklappen läßt.

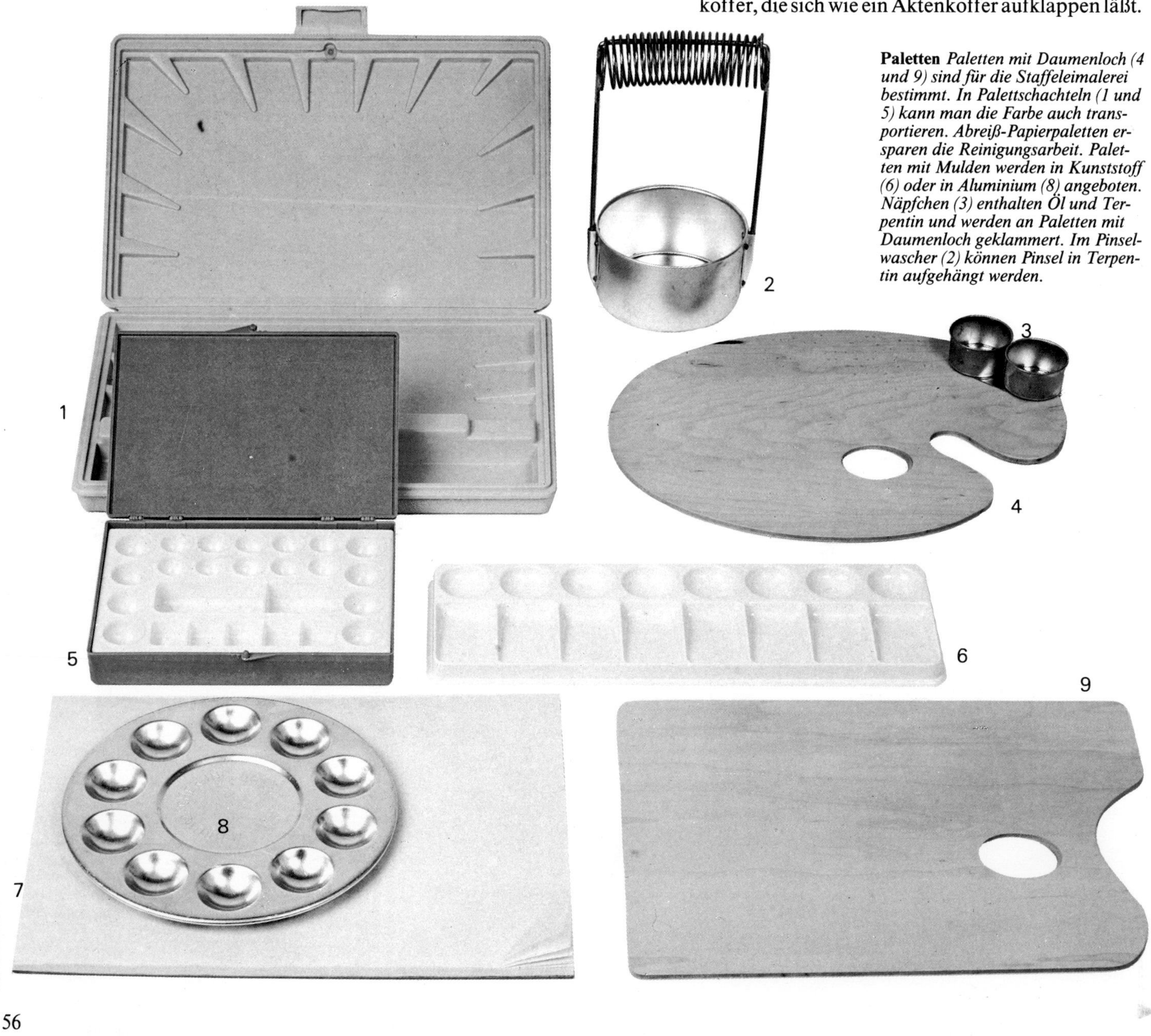

Paletten *Paletten mit Daumenloch (4 und 9) sind für die Staffeleimalerei bestimmt. In Palettschachteln (1 und 5) kann man die Farbe auch transportieren. Abreiß-Papierpaletten ersparen die Reinigungsarbeit. Paletten mit Mulden werden in Kunststoff (6) oder in Aluminium (8) angeboten. Näpfchen (3) enthalten Öl und Terpentin und werden an Paletten mit Daumenloch geklammert. Im Pinselwascher (2) können Pinsel in Terpentin aufgehängt werden.*

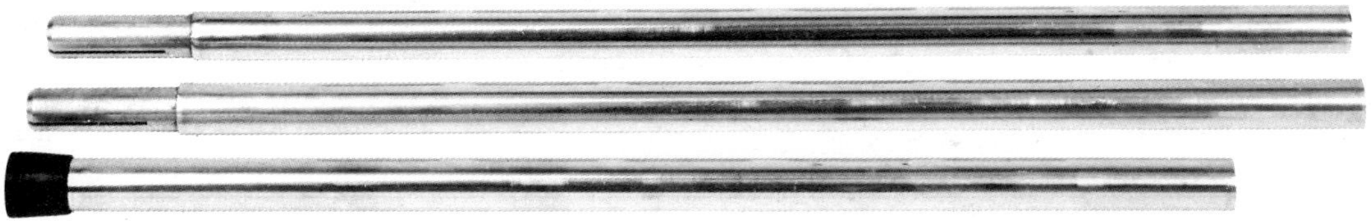

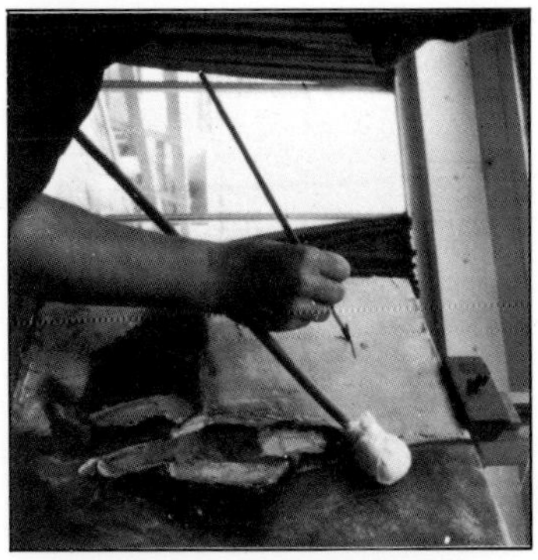

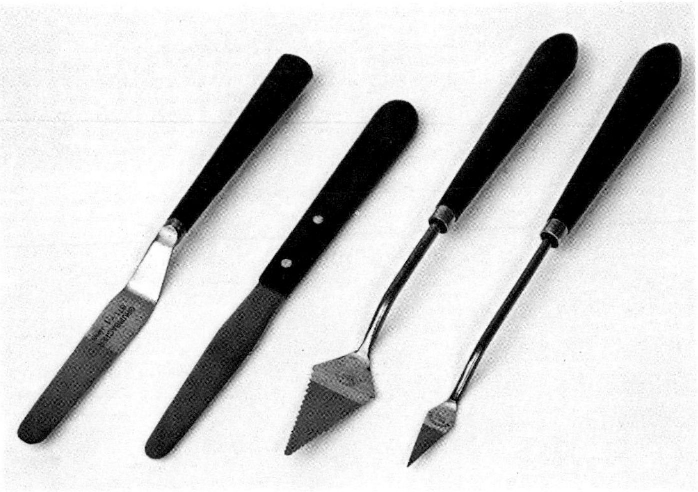

Oben **Malstock** *Der traditionelle Malstock hat einen Bambusgriff und ein mit Chamoisleder umwickeltes Stützende. Der hier abgebildete Aluminiumstock hat ein Gummiende. Dank seiner Dreiteilung ist er in den Längen 30, 60 oder 90 cm verwendbar. Man kann Malstöcke selber machen, indem man Stoffreste um ein Bambusrohr wickelt.*

Links **Palett- und Malmesser** *Palettmesser, links, werden aus geschmeidigem, biegsamem Stahl gefertigt und zum Farbmischen verwendet; auch Farbe läßt sich mit ihnen auf den Untergrund auftragen. Malmesser, rechts, gibt es in verschiedenen Größen; sie dienen ausschließlich zum Farbauftrag.*

Gebrauch des Malstockes *Der rechtshändige Maler nimmt den Malstock in die Linke und stützt das Ende auf der Leinwand ab, sofern diese trocken ist; anderenfalls kann es auf den Spannrahmen gestützt werden.*

Unten **Malstaffeleien** *Die Atelierstaffelei (1) ist ideal für den Künstler, der mit großen Leinwänden arbeitet. Sie ist stabil, kann gut eingestellt werden, braucht aber viel Platz und kann nicht zusammengelegt werden. Die Dreibeinstaffelei (2) ist eine gute Alternative. Sie kann zusammengeklappt und vor- und zurückgeneigt werden. Maler, die gern sitzend arbeiten, benutzen eine Sitzstaffelei (3); sie eignet sich besonders für detailreiche Arbeiten. Eine Tischstaffelei (4) verwendet man am besten an einem niedrigen Tisch oder mit einem hohen Stuhl; ihre Schrägstellung ist einstellbar, und sie kann klein zusammengelegt werden. Für Außenarbeiten gibt es relativ leichte, aber doch stabile Feldstaffeleien (5), die dem Untergrund Halt geben.*

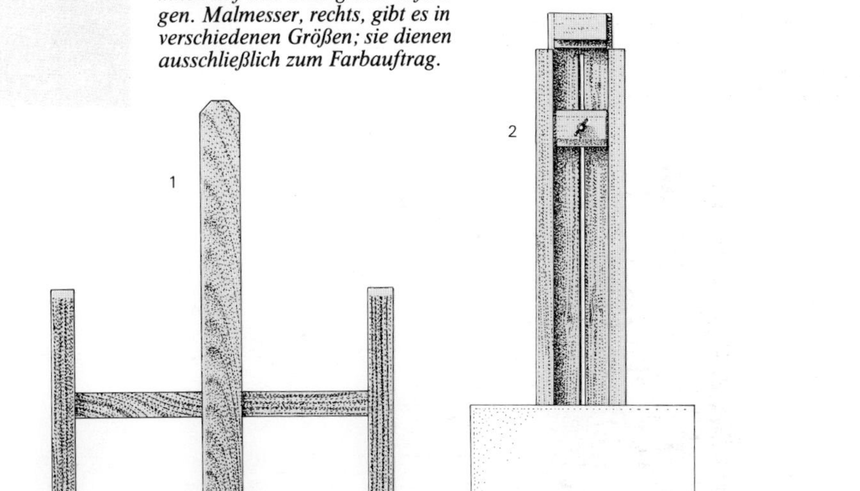

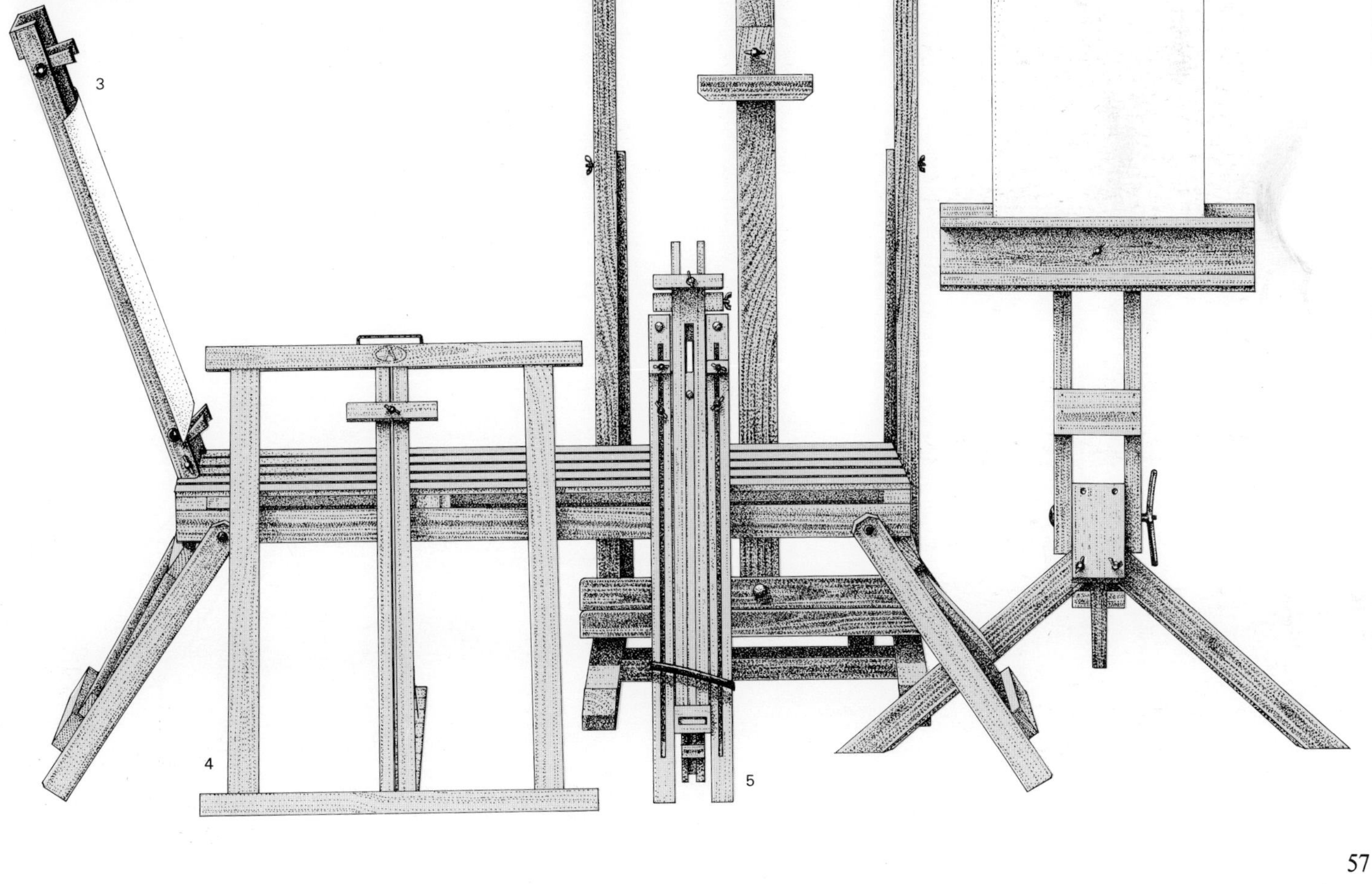

Techniken

Jeder Künstler entwickelt eine eigene, seinen persönlichen Bedürfnissen angepaßte Malweise, sei es die makellos glatte Oberfläche eines van Eyck oder die aufgewühlte, einer Felsenlandschaft ähnliche Arbeit eines Auerbach (geb. 1931). Immer aber müssen Können und Sorgfalt verhindern, daß die Farboberfläche reißt, sich verfärbt oder sonst verschlechtert.

Der zeitgenössische Maler kann von den Erfahrungen profitieren, die aus Versuchen und Fehlschlägen früherer Maler gewonnen wurden, und die es ihm ermöglichen, ein technisch einwandfreies Gemälde zu schaffen. Innerhalb des weiten Rahmens der bestehenden Grundregeln hat sich eine Vielzahl verschiedener Farbauftragstechniken mit mancherlei Effekten entwickelt und ist zum Allgemeingut geworden. Die besten Maler werden aber stets individuelle Maltechniken ausarbeiten.

Grundsätzlich gibt es zwei Haupttechniken der Ölmalerei: Auf der einen Seite steht das sorgfältig geplante Werk, welches Schicht für Schicht über Zeiträume aufgebaut wird, die sich bisweilen über Jahre hinziehen; auf der anderen Seite ist die direkte „alla-prima"-Malweise zu nennen, in der gewöhnlich in einem Zug mit Deckfarben gearbeitet wird, die die Entwurfs- oder Untergrundmalerei (sofern diese überhaupt angefertigt wurde) völlig abdecken.

Alla prima Bei Landschaftsskizzen arbeiten fast

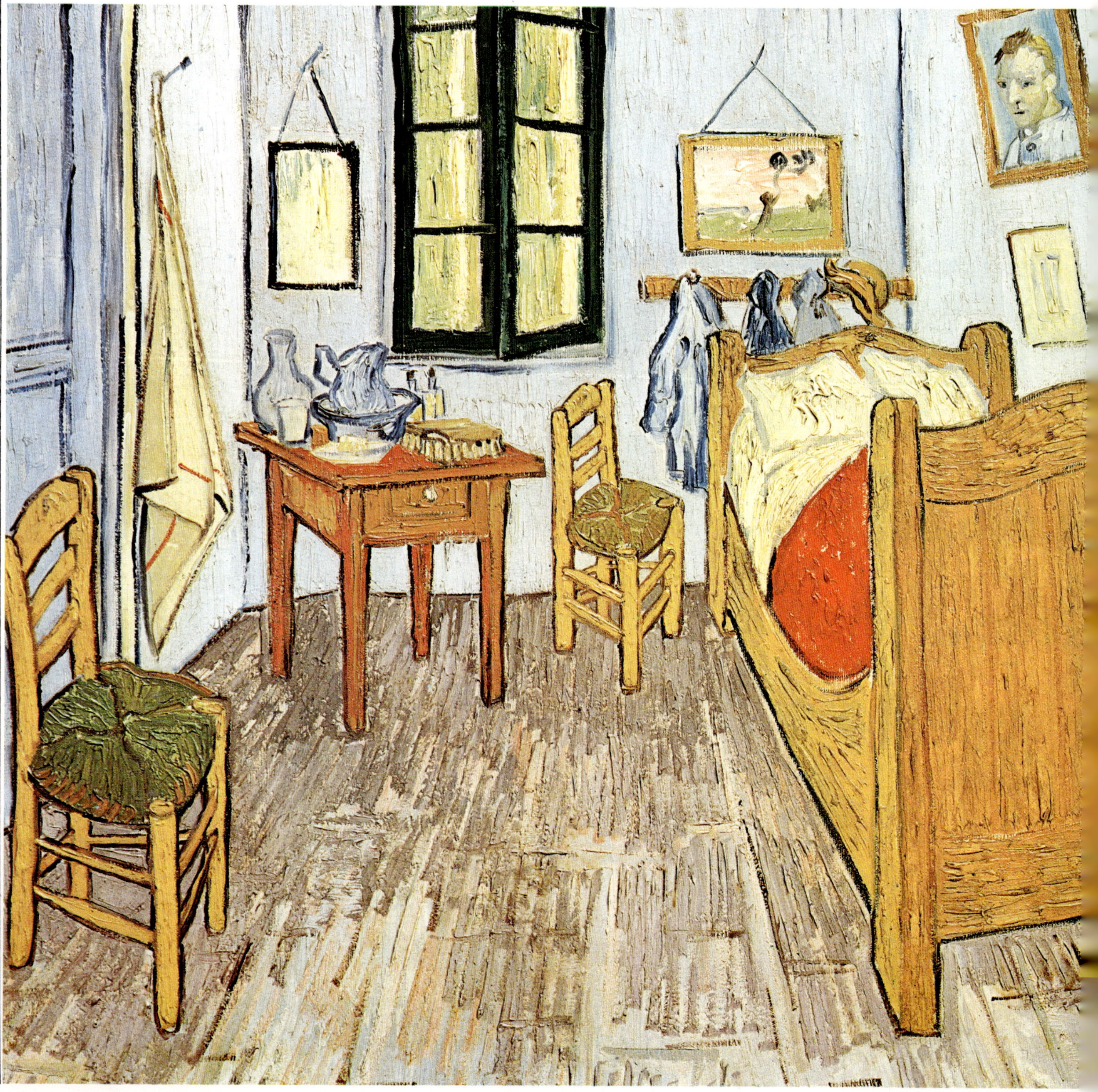

Rechts **Jakob van Oost: Knabenbildnis** *Der Künstler arbeitete sichtbar lange, mit großer Sorgfalt und exakter Planung. Er benutzte sehr dünne Farbe in einer vollen, harzigen Trägerlösung und legte damit eine Anzahl fein abgestimmter Lasuren übereinander.*
Unten **Vincent van Gogh: Schlafzimmer in Arles** *Ein höchstwahrscheinlich in einem Zuge gefertigtes alla-prima-Gemälde, in Form einer intensiven Momentaufnahme. Der kräftige Strich verwandelt ein spartanisches Interieur in ein Gemälde voll vibrierenden Lebens.*

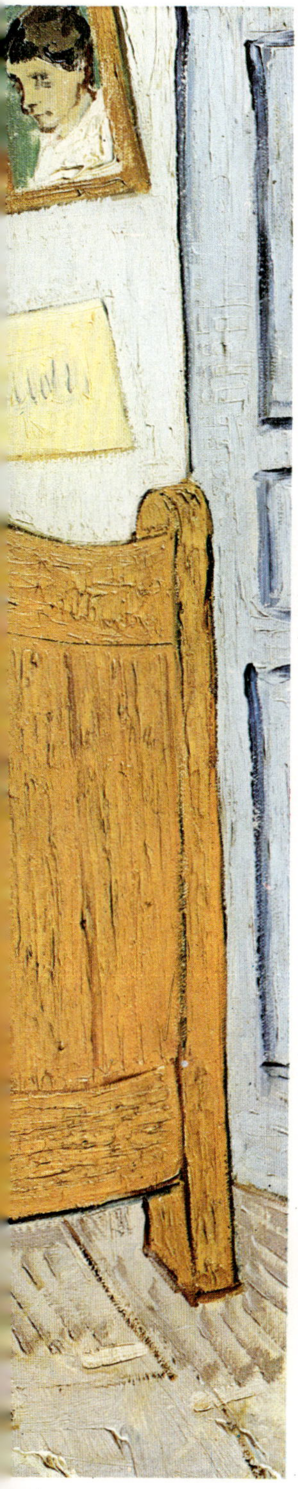

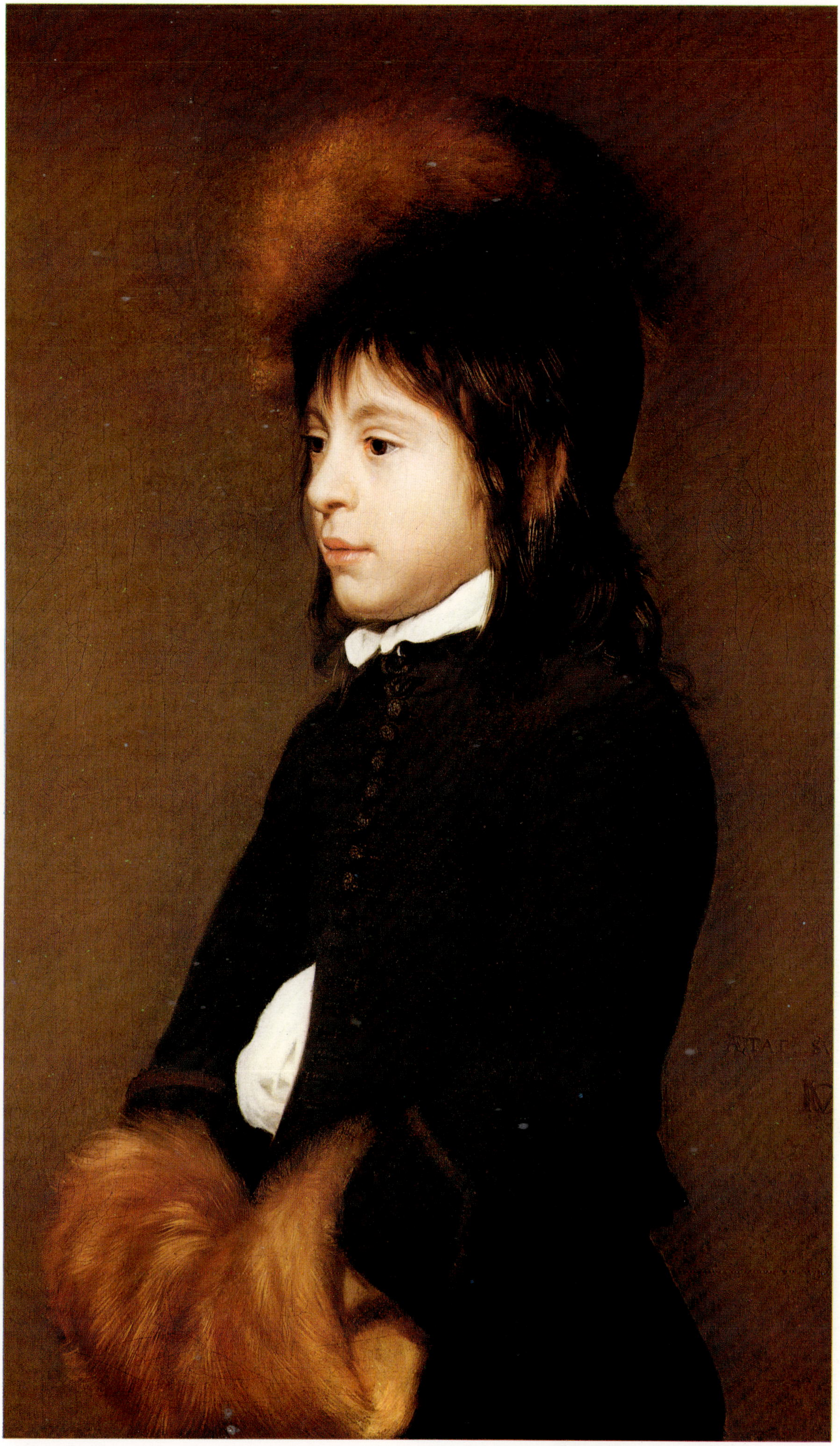

alle Maler in der alla-prima-Technik. Die schönen, aufgelockerten Landschaftstudien von Constable (1776–1837) decken die Vorzüge dieser Malweise auf. Die Farbe wird frei und lebendig aufgetragen und drückt eine momentane Stimmung oft eindrucksvoller aus, als jede sorgfältig ausgearbeitete Ateliermalerei.

Voraussetzung für diese Technik ist die Fähigkeit, Farbe frei und ungezwungen aufzutragen. Alla prima war die Technik der Impressionisten, und ihr größter Verfechter war vielleicht van Gogh. Er brachte die Leinwand vor Ort, häufig ins Freie, und fertigte das Bild meist in einem Arbeitsgang mit vielen kräftigen Pinselstrichen und schnell aufeinandergelegten Impastoaufträgen an.

Ein Gemälde entwerfen Das sorgfältig vorgeplante Herangehen an ein Ölgemälde ist eine Technik mit einer langen Geschichte. Viele Künstler, wie etwa van Eyck, Poussin (1593/4–1665), Rubens und sogar Turner (1775–1851) begannen die meisten ihrer Bilder zunächst mit Entwurfsskizzen. So können etwa die Umrisse zunächst mit Kohle- oder Bleistift vorgezeichnet und dann mit dünner Farbe oder leichter Lasurtechnik so ausgefüllt werden, daß die Entwurfslinien durchschimmern und erst später verdeckt werden; so etwa ging auch van Eyck vor. Turner deutete die Umrisse seiner Themen manchmal mit dünnen Pinselstrichen an, die er später übermalte.

Die Verwendung von Planquadraten (siehe Abb.) ist hilfreich bei der Übertragung einer auf Papier oder anderes Material gezeichneten Skizze auf die Leinwand.

Untermalung Unabhängig von der Existenz von Entwurfsumrissen können mit der Untermalung die wichtigsten Farben und Tönungen angelegt werden,

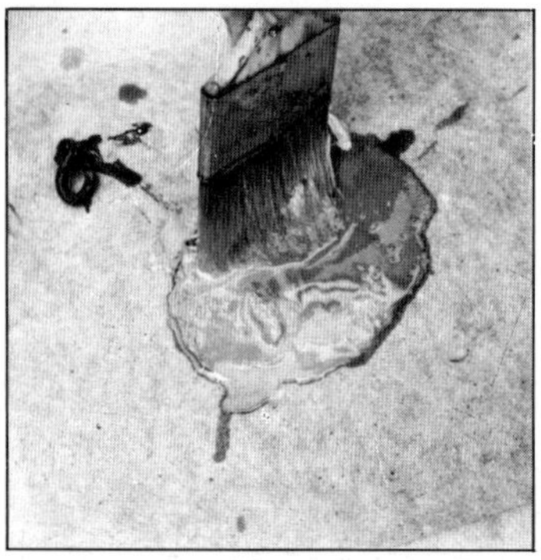

Färben einer weißen Grundierung
1. *Farbe dunkler als gewünscht anmischen und mit Terpentin stark verdünnen.*

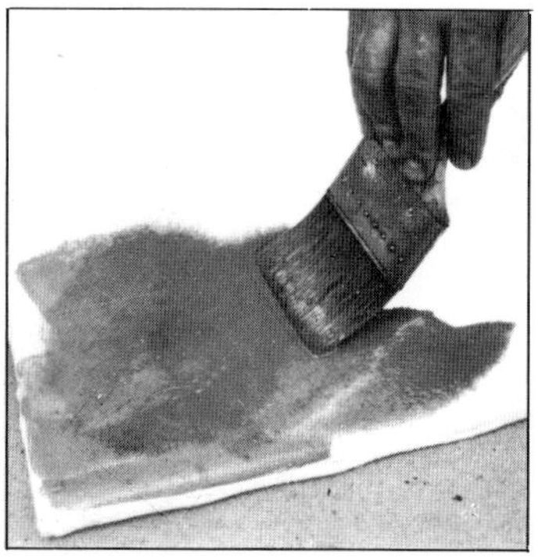

2. *Farbe flächig auftragen, bis das Grundweiß vollständig abgedeckt ist.*

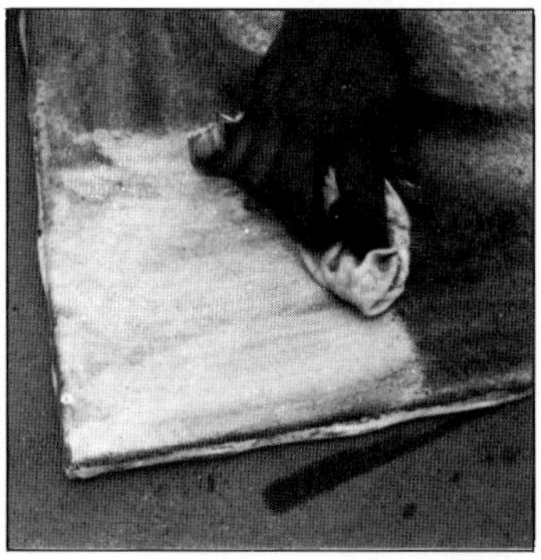

3. *Die Leinwand mit trockenem Lappen abreiben und mit ihm so lange Farbe aufsaugen, bis der gewünschte Ton erreicht ist.*

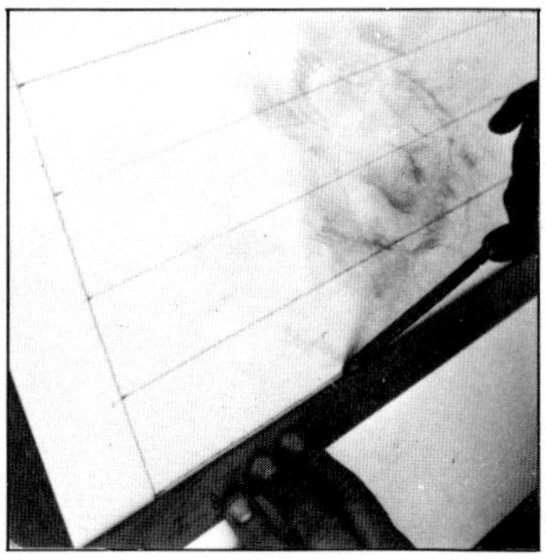

Rastern 1. *Mit Bleistift und Lineal ein Rasternetz leicht über das Entwurfsmotiv zeichnen. Hier hat jedes Quadrat 5 cm Seitenlänge.*

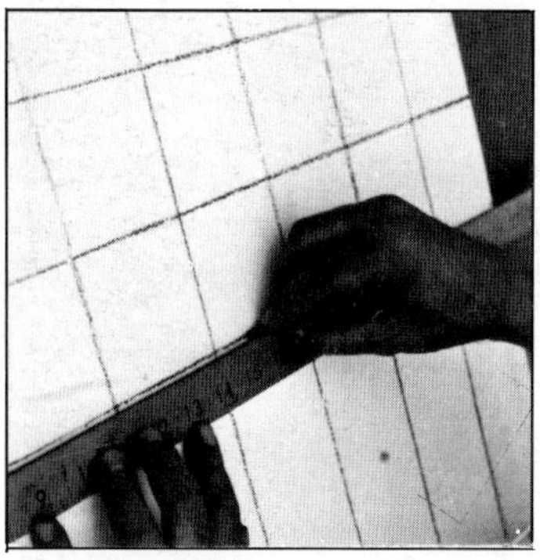

2. *Die Leinwand mit Kohlestift entsprechend aufrastern. Hier wird das Bild um 50% vergrößert, so daß die Seitenlänge jetzt 7,5 cm beträgt.*

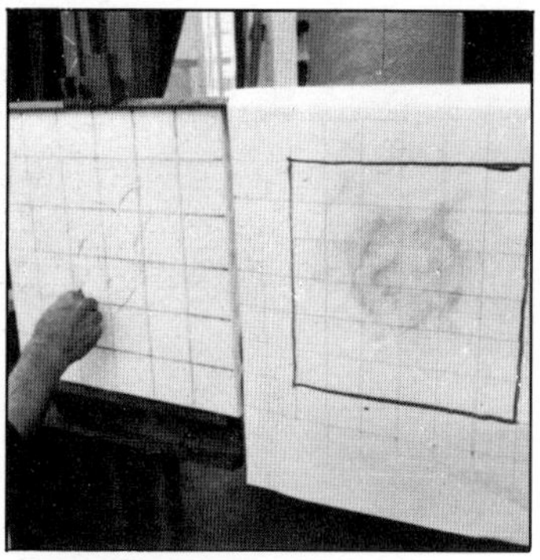

3. *Den gerasterten Entwurf neben die Leinwand stellen. Eventuell einen Stab an der Leinwand befestigen und den Entwurf mit Klebeband daran aufhängen.*

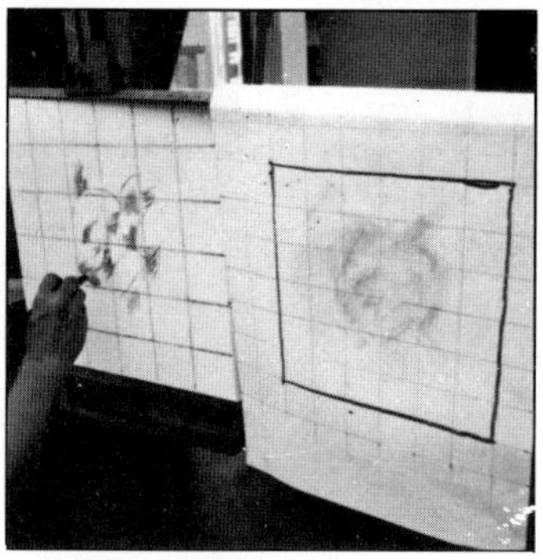

4. *Umrisse Quadrat für Quadrat übertragen. Danach ausarbeiten und Farbe auftragen.*

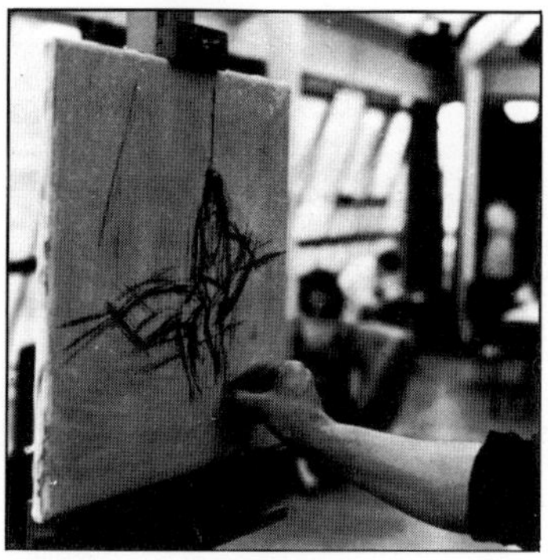

Vorzeichnung mit Kohle 1. *Umrisse skizzieren. Frei arbeiten; Fehler können verbessert werden.*

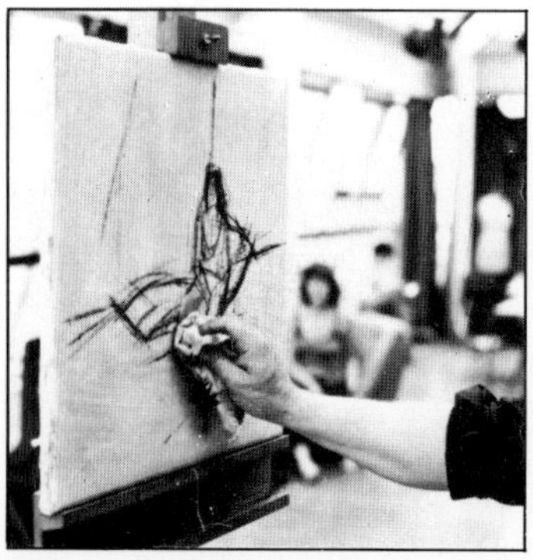

2. *Kohlezeichnung mit trockenem Lappen abstauben. Lose Partikel werden dadurch entfernt und das Schwarz so aufgehellt, daß die Farbe es abdecken kann.*

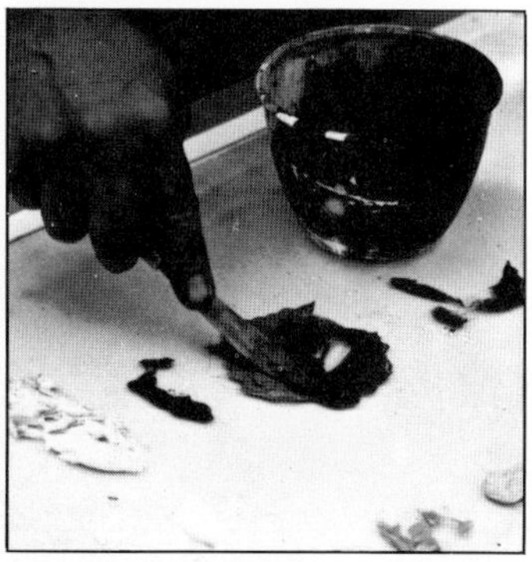

Untermalung 1. *Farbe mit Terpentin sehr dünn anmischen. Man verwendet in der Regel neutrale Farbtöne.*

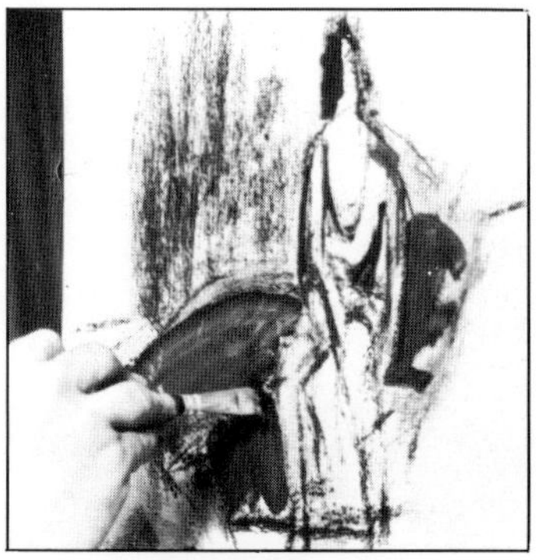

2. *Die Grundformen und -flächen mit sehr dünn aufgetragener Farbe anlegen.*

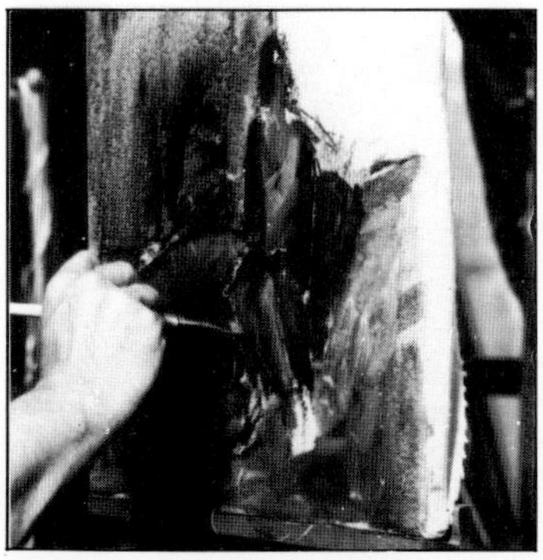

3. *Nach Fertigstellung der großen Flächen mit feinerem Pinsel die Detailformen anlegen.*

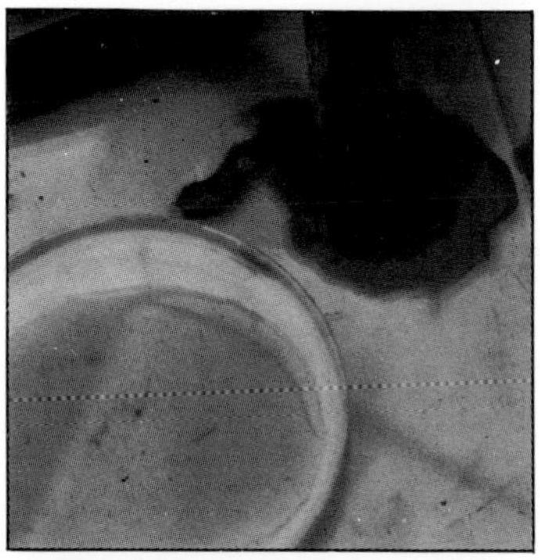

Lasur 1. *Farbe für Lasuren sollte nicht mit Terpentin, sondern mit Trägerlösung gemischt werden. Der Ölgehalt der Farbe muß mit jeder neuen Farbschicht steigen.*

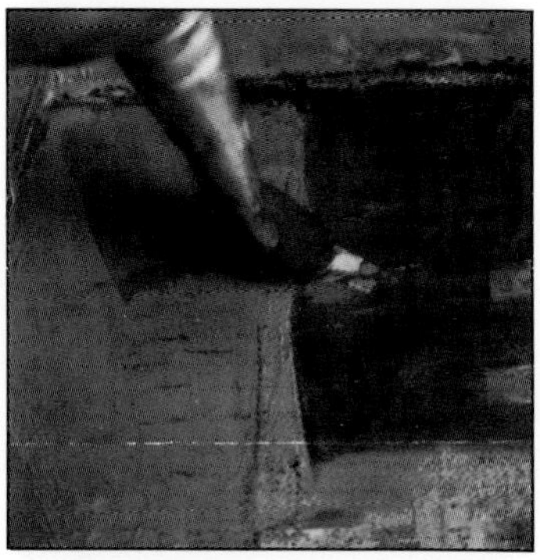

2. *Farbe so dünn auftragen, daß ein transparenter Farbfilm entsteht, der die darunterliegende Farbschicht durchschimmern läßt.*

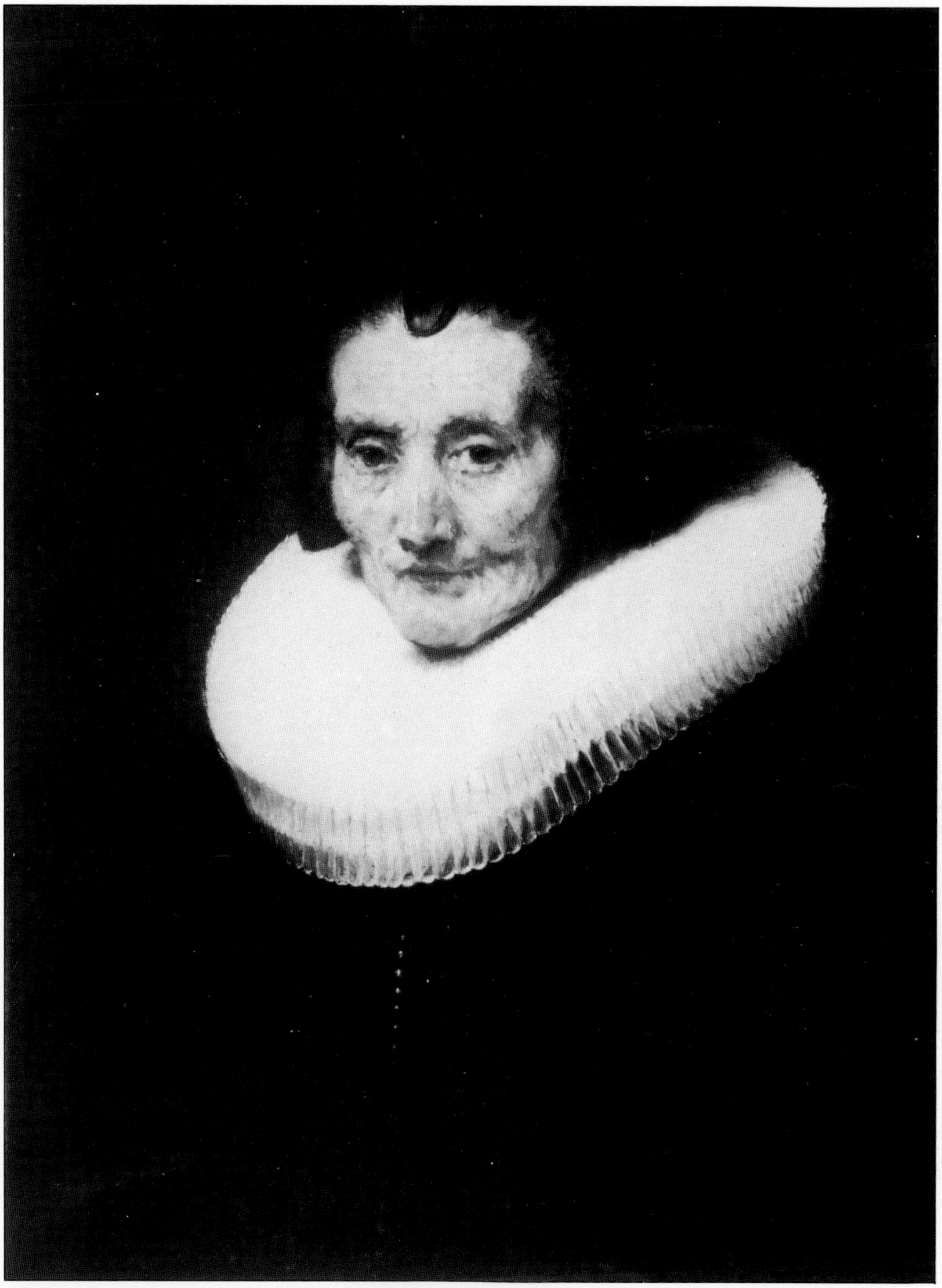

Rechts **Rembrandt van Rijn: Bildnis der Margaretha de Greet (Ausschnitt)** *Lasur war ein Kernelement Rembrandtscher Technik. Er untermalte weiß und grau – manchmal mit dickem, weißem Impasto – und legte darüber feinste Lasuren an. Er legte Lasuren auch über dunkle Grundfarben der Schatten an. Das Ergebnis sind Farben tiefer Leuchtkraft mit plastischer Wirkung.*

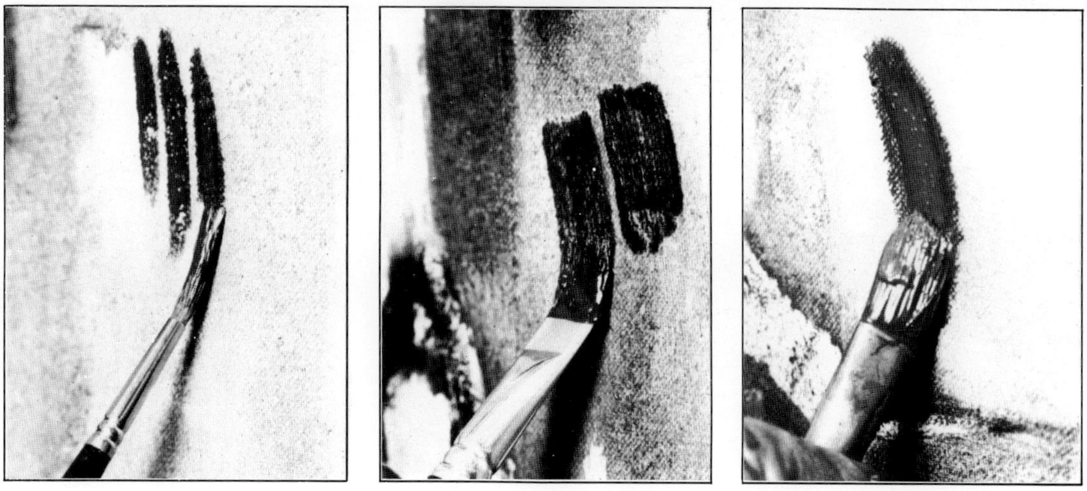

Rechts **Pinselstruktur** *Jeder Pinsel kann unterschiedlich geführt werden und dadurch verschiedene Strukturen hinterlassen. Schon wenn man ihn nur mit der Spitze auf den Untergrund auftupft, bildet sich dort seine charakteristische Struktur ab. Die Technik des trockenen Farbauftrages, bei welchem der Pinsel mit leicht gespreizten Borsten fast trockene Farbe auf die Bildfläche streicht, läßt sich mit allen Pinseln durchführen. Farbe kann auch mit leicht kreisenden Bewegungen in dünner Schicht aufgetragen werden. Mit flüssiger Farbe angelegte Pinselstriche offenbaren die charakteristischen Strukturen jeder Pinselart: (von links) Marderhaar-Rundpinsel; kurzer Borstenpinsel; konischer Borstenpinsel.*

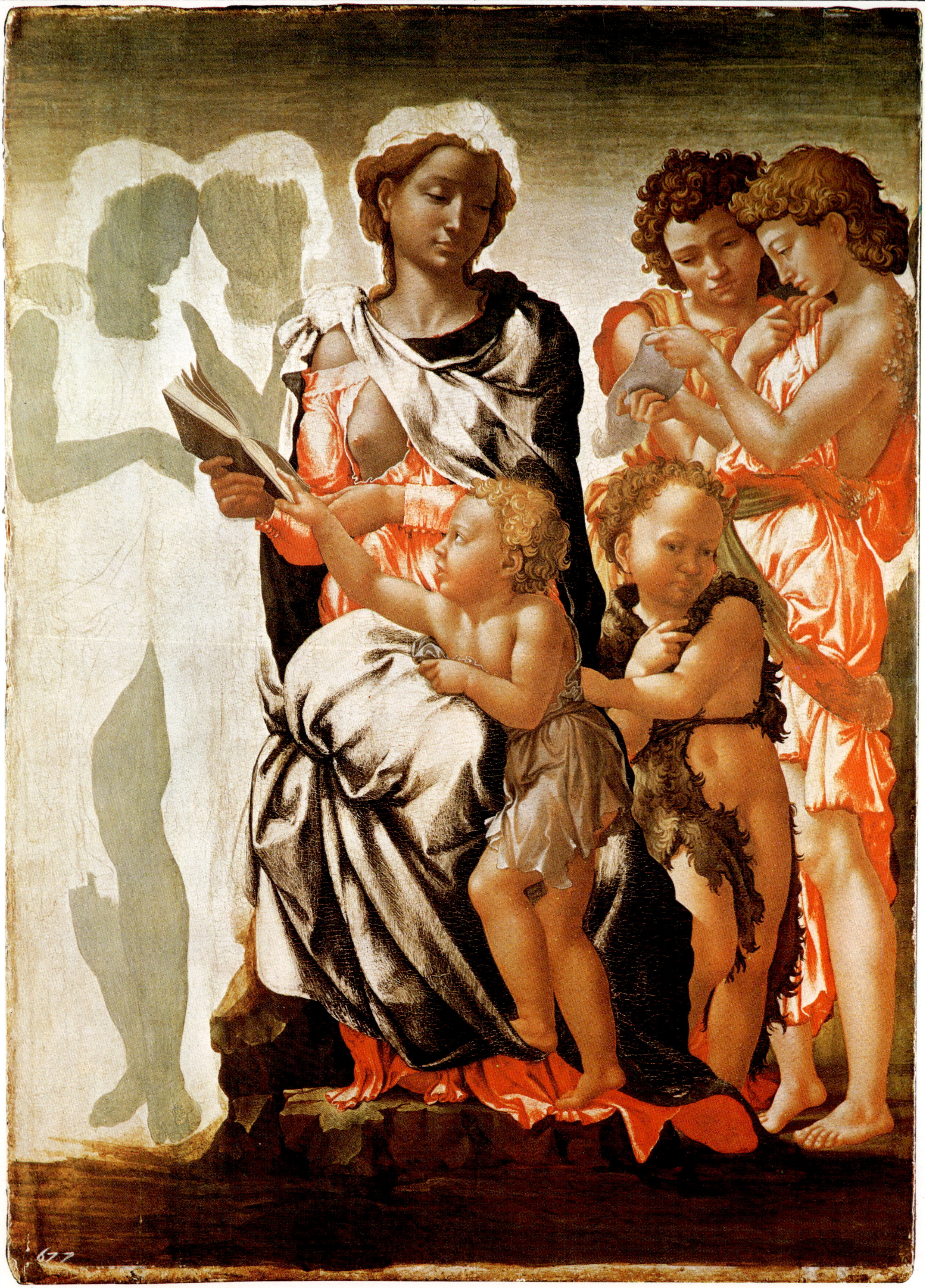

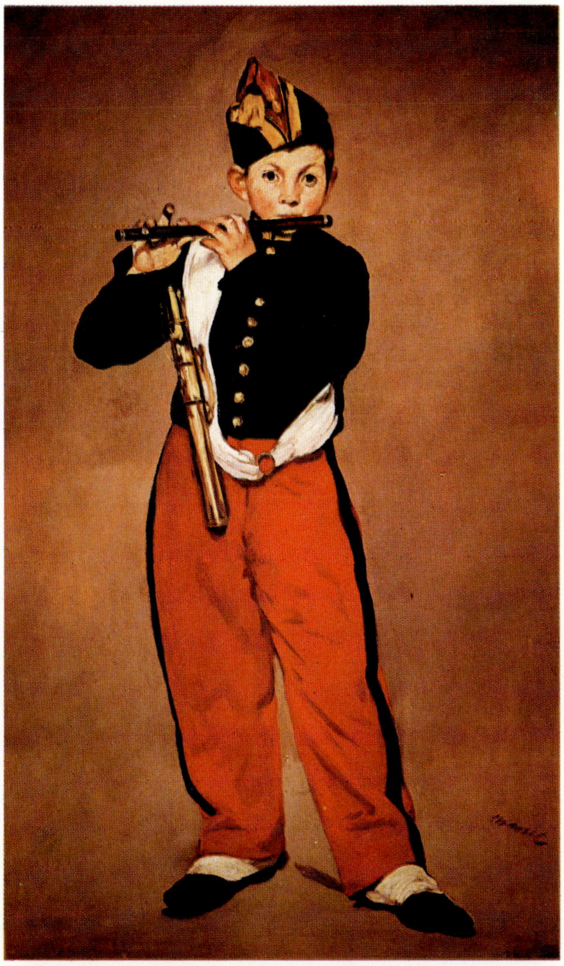

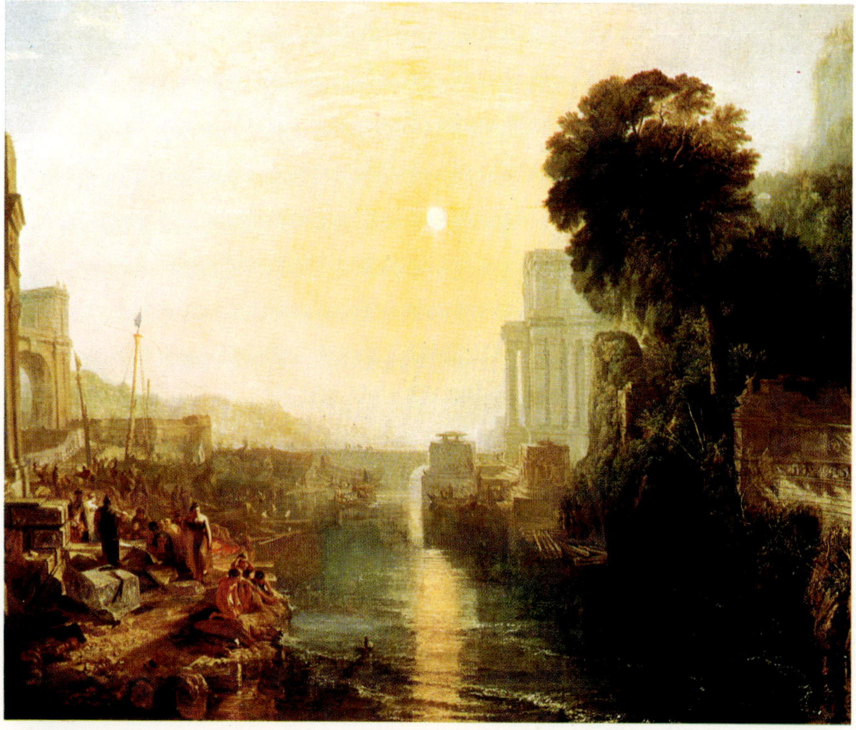

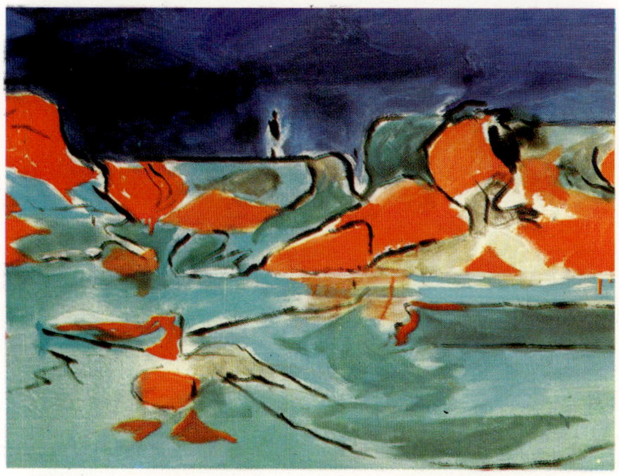

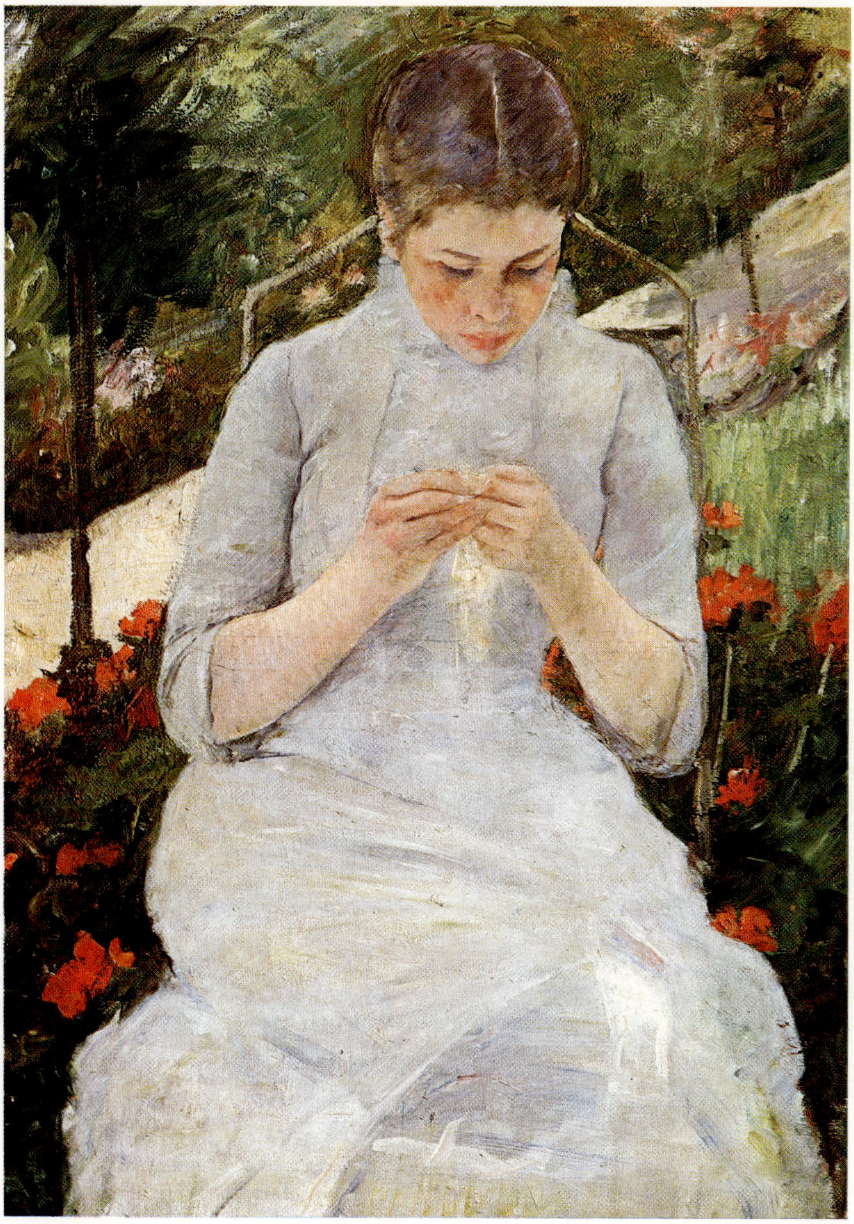

Links **Michelangelo Buonarroti: Madonna und Kind mit Johannes** *Vermutlich auf Gessogrund gemalt, zeigt dieses unvollendete Meisterwerk die Arbeitsschritte sorgfältiger Ölmalerei. Die Hauptpartien links sind mit grüner Erde untermalt, die einen neutralen Mittelton abgibt, auf den sowohl Schlaglichter wie auch Schattenpartien gemalt werden konnten. Im Umhang der Madonna ist der Faltenwurf bereits in Untermalung ausgeführt.*

Oben links **Edouard Manet: Der Flötenspieler** *Die Strukturen wurden in die noch feuchten Grundfarben gemalt. Dazu kontrastierend wurden Schärpe und Gamaschen pastos aufgetragen.*

Oben rechts **J. M. W. Turner: Dido beim Erbauen von Karthago (Ausschnitt)** *Die bemerkenswerte Leuchtkraft resultiert aus zahlreichen Lasurschichten über einer deckenden Untermalung.*

Oben **Graham Sutherland: Landschaft in Orange und Blau (Ausschnitt)** *Dünne Ölfarbe entfaltet ihre Wirkung durch kräftigen Auftrag. Ihre Lebendigkeit wird durch sichtbaren Pinselstrich noch erhöht.*

Rechts **Mary Cassatt: Junge Frau beim Nähen** *Eine delikate Pinselarbeit vereint sich hier mit feinfühliger Farbwahl. Nur an wenigen Stellen tauchen sichtbare, bewußt eingesetzte Pinselstrukturen auf.*

die dann später mit Lasuren und Deckauftrag weiter überarbeitet werden. In diesem Frühstadium des Gemäldes ist es empfehlenswert, wenige Farben zu benutzen und sie mit Verdünnungsmittel und etwas Öl oder Trägerlösung zu verdünnen; in der Regel arbeitet man dabei mit großen Pinseln.

Viele Künstler untermalen mit nur einer Farbe. So benutzte Rembrandt und eine ganze auf ihm aufbauende Schule, nämlich die Grisaille-Maler, Grau. Andere Maler färben lieber die Grundierung dünn ein (siehe Abb.), bevor sie untermalen.

Lasur Ölfarbe eignet sich sehr gut zum Anlegen dünner, transparenter Farbschichten, Lasuren genannt (siehe Abb.). Sie können über Untermalungen, Deckfarben und Impasto gelegt werden. Dadurch entsteht eine ganz andere Wirkung als beim Zusammenmischen zweier Farben. Das Licht durchdringt die Lasur, wird von der darunterliegenden Deckfarbe reflektiert und erzeugt dadurch Tiefe und Leuchtkraft.

Gewöhnlich legt man Lasuren über helle Farben, besonders über Weiß und neutralem Grau an, weil diese das Licht am besten reflektieren. Die Deckfarbe scheint dann hinter der Lasur zurückzutreten, ein dreidimensionaler Eindruck entsteht.

Lasurfarbe muß stark mit der geeigneten Trägerlösung verdünnt werden, vorzugsweise mit einer bienenwachshaltigen Lösung. Leinsamenöl eignet sich nicht so gut, weil es zum Verlaufen neigt.

Die brillanten roten Draperien von Tizian und El Greco (1541–1614) wurden mit karmesinroter Lasur über der Unterfarbe geschaffen. Rembrandt lasierte über schwere, weißgraue Impastos, um den Schlaglichtern juwelartigen Glanz zu geben, der aus tiefgetönten Flächen hervorleuchtete, die er ebenfalls lasiert hatte, jedoch über dünner, warmer Farbe.

Turner war vielleicht der hervorragendste Vertreter der Lasurtechnik. Gewöhnlich begann er ein Gemälde, indem er eine terpentinverdünnte Farbschicht auf den weißen Grund legte. In sie malte er mit neutraler Farbe die Hauptumrisse seines Motivs, wobei er etwa gebrannten Ocker oder gebrannte Siena verwendete. Die Lichtflächen wurden dann mit Bleiweiß als Impastos aufgetragen, und fast der gesamte Rest des Gemäldes wurde mit Farblasuren, wahrscheinlich auf Harz-Öl-Basis, vollendet.

Impasto (pastoser Auftrag) Dicke Farbe, stark mit Pinsel oder Messer aufgetragen, nennt man Impasto. Man verwendet diese Technik häufig, um dem Gemälde durch Herausarbeiten von Strukturen dreidimensionale Wirkung zu verleihen. Manche Maler – etwa de Stael (1914–1955) – haben ganze Impastobilder geschaffen. Hauptsächlich wird diese Technik jedoch als Grundlage für Lasuren verwendet. Helle Impastos – speziell weiß und grau – sind dafür wie geschaffen. Schon Tizian und Rembrandt haben mit dem Palettmesser Impastos für Lasurzwecke geschaffen.

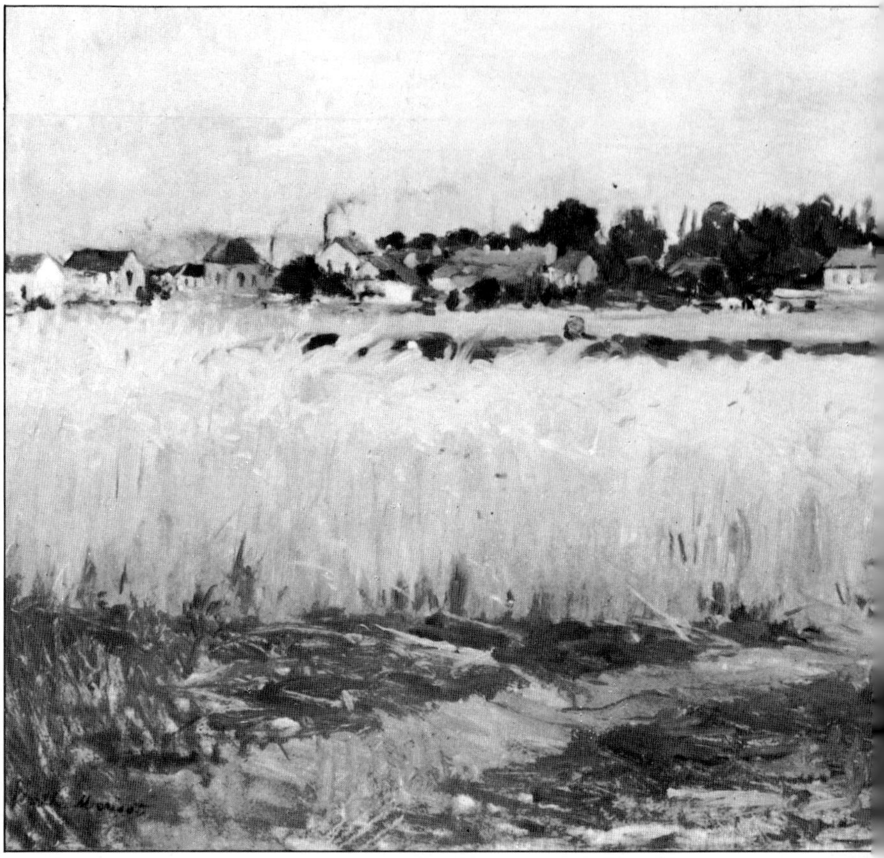

Abtönen Abgetönt oder übertönt wird durch unregelmäßig starken Deckauftrag auf bereits vorhandene Deckfarbe, so daß diese teilweise noch durchschimmert. Solche Tonabstufungen werden regelmäßig durch kreisende Pinselbewegungen erzielt, aber der gleiche Effekt läßt sich auch mit Strichen, Tupfern, Klecksen, Punkten oder in jeder anderen Malweise erzielen, die nicht gerade eine glatte Farbfläche erzeugt.

Abtönen kann man mit jedem Pinsel. Manche Künstler benutzen Verwaschpinsel, mit denen sie die Farbe mit pendelförmigen Bewegungen auf die flachgelegte Leinwand auftragen. Andere übertönen mit einem Lappen oder sogar mit den Fingern und wischen überschüssige Farbe noch während der Arbeit weg.

Farbauftrag naß auf naß Monet, Sisley und viele

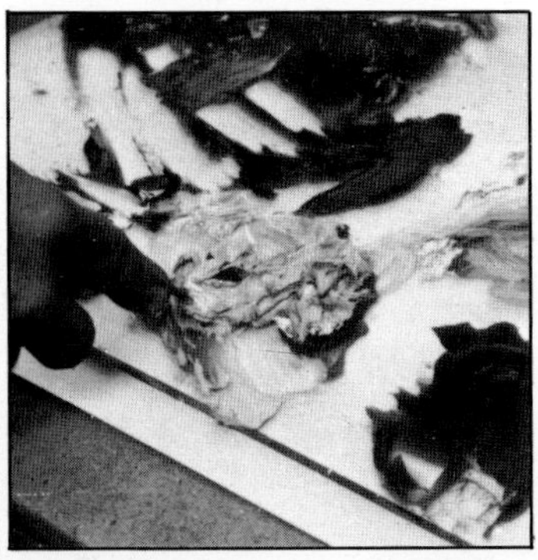

Impastoauftrag 1. *Farbe und Trägerlösung mit Palettmesser mischen. Am besten benutzt man einen harzigen Träger(vorne rechts); mankann auch mitwenig Ölträgerlösungarbeiten.*

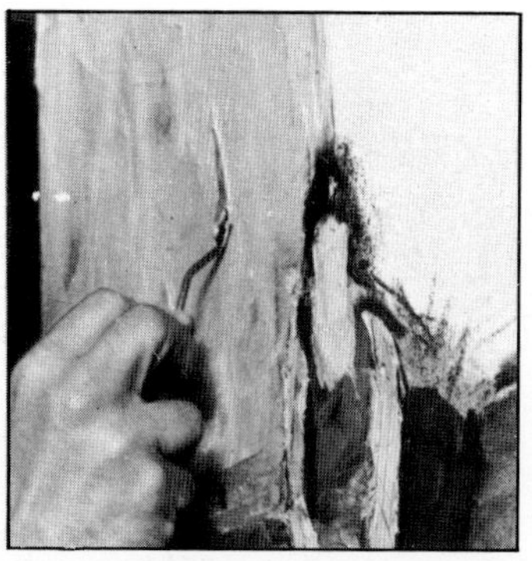

2. *Impasto kann mit dem Palettmesser aufgetragen werden. Man bringt etwas Farbe auf den Untergrund und breitet sie mit dem Messer aus und formt sie mit ihm zurecht.*

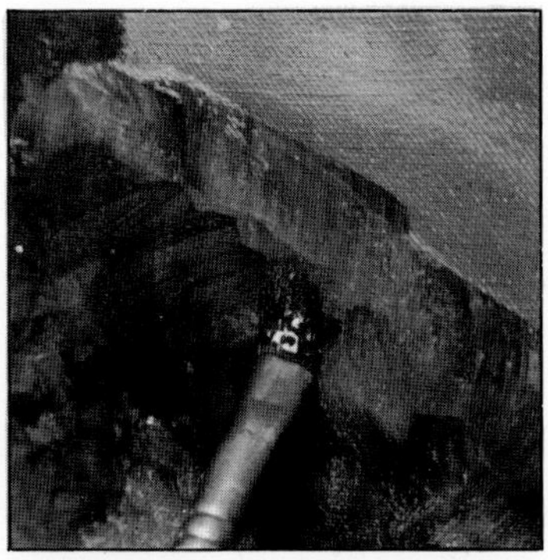

Pastoser Auftrag mit Pinsel *Pinsel dick mit Farbe versetzen; Farbe impastoförmig verstreichen und formen; dabei berücksichtigen, daß die Pinselstruktur sichtbar bleibt.*

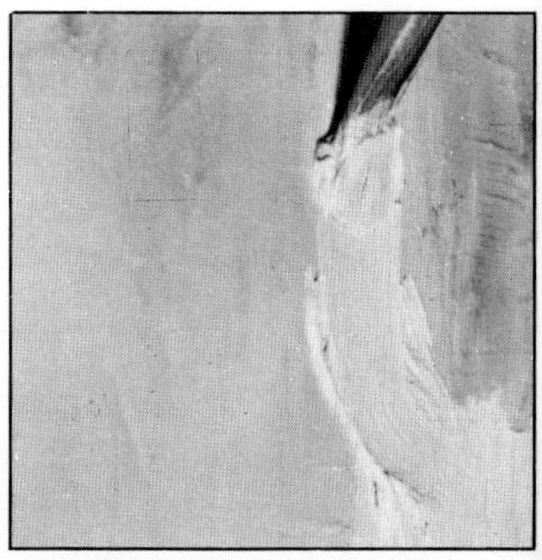

Übertönen *Man verwendet dazu dünne bis mäßig dicke Farbe, die mit tupfenden oder kreisenden Bewegungen aufgetragen wird.*

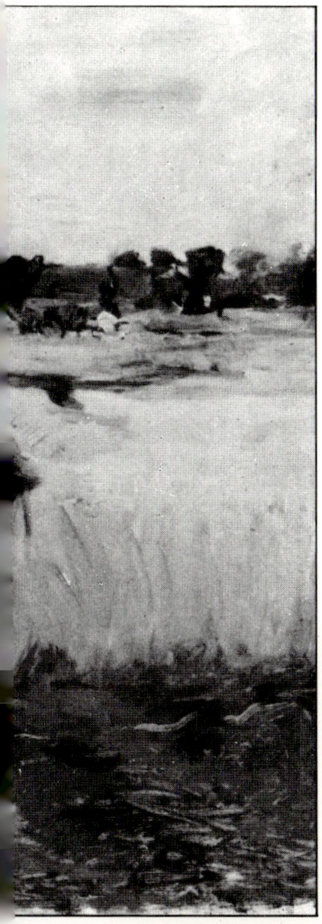

Links **Berthe Morisot: Das Kornfeld** *Lockere, flüssige Malweise mit viel Naß-auf-naß-Auftrag; die verschiedenen Bildebenen werden durch abwechselnd vertikalen und horizontalen Pinselstrich dargestellt.*

Unten **George Seurat: Nachmittag in La Grande Jatte** *Seurat trug die Ölfarbe punktförmig oder mit kurzen, tupfenden Pinselstrichen auf. Er meinte, mit dem dadurch entstehenden optischen Effekt ließen sich die natürlichen Farben besser wiedergeben als mit anderen Techniken. Die Grundfarben liegen punktförmig nebeneinander und vermischen sich erst im Auge des Betrachters. Diese als „Pointillismus“ bekannt gewordene Technik ist sehr wirkungsvoll, wenn das Gemälde aus genügendem Abstand betrachtet wird.*

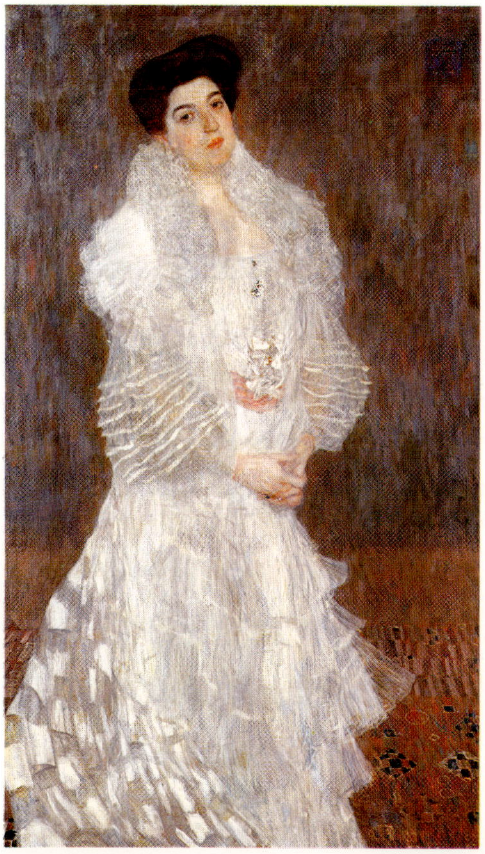

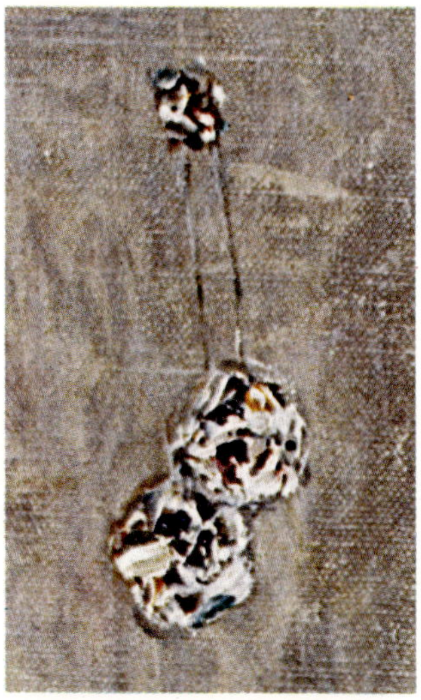

Links und oben (Ausschnitt) **Gustav Klimt: Portrait von Hermione Gallia** *Klimt mischte seine Farben sehr sorgfältig und verdünnte sie dann, um eine mit leichter Pinselstruktur durchsetzte Oberfläche zu erzielen. Im scharfen Gegensatz dazu steht die Brosche; sie ist fast als Skulptur ausgeführt und besteht aus über einem Zentimeter starker Farbe.*

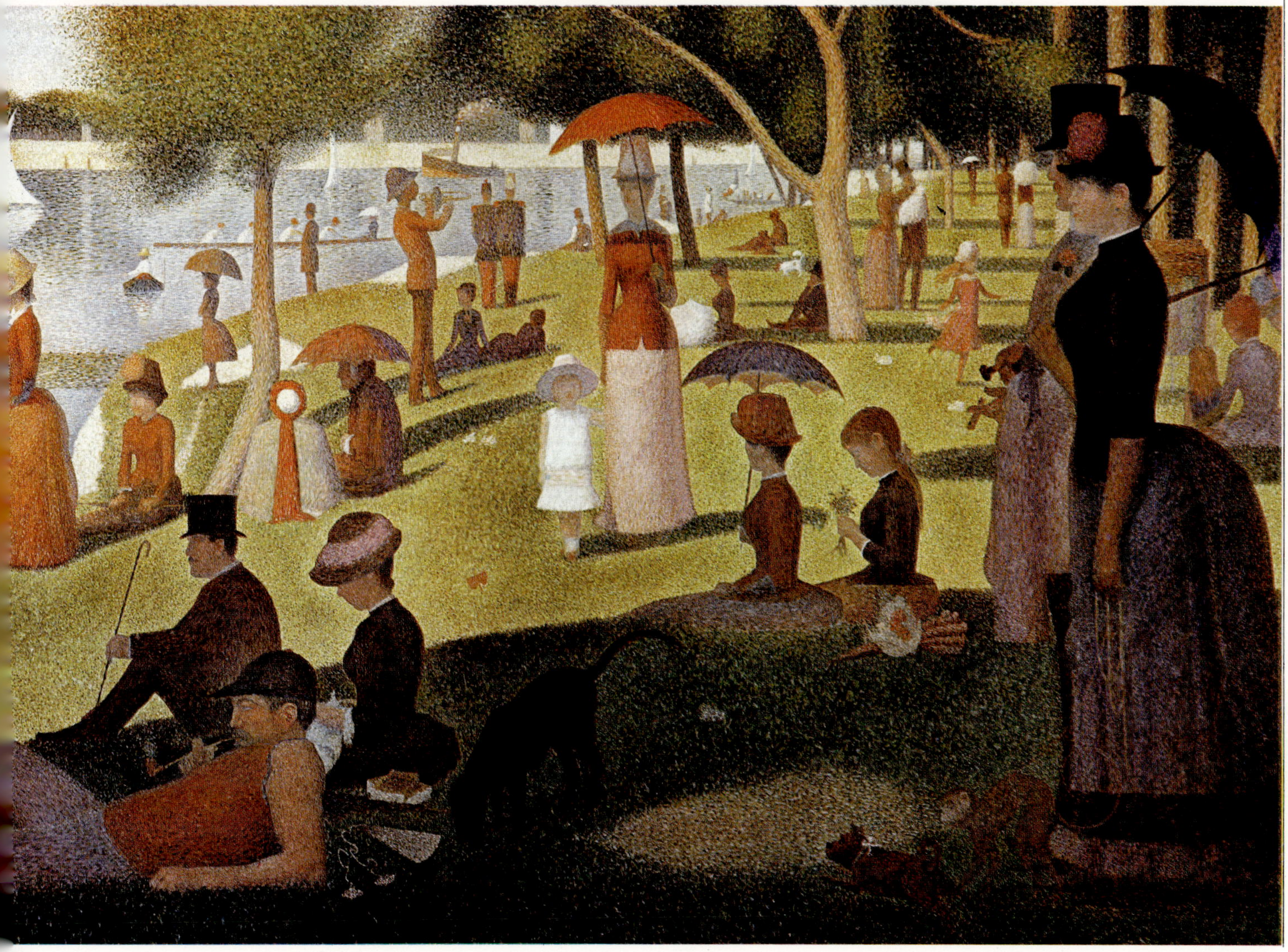

andere Impressionisten übermalten oder übertönten, solange die darunterliegende Farbschicht noch feucht war und versuchten teilweise sogar, die Farben ineinander verlaufen zu lassen. Diese Technik nähert sich sehr der alla-prima-Malerei. Alle Farben für Naß-auf-naß-Auftrag müssen mit der gleichen Trägerlösung gemischt werden.

Frottage Passagen mit reicher Struktur können durch die von Max Ernst (1891–1976) entwickelte Frottagetechnik geschaffen werden. Man bemalt ein Stück Leinwand gleichmäßig mit Deckfarbe und legt darauf nichtabsorbierendes Material, etwa Hochglanzpapier. Das Papier wird festgerieben und dann vorsichtig abgehoben (siehe Abb.).

Firnisauftrag auf das fertige Gemälde Ölgemälde müssen nicht mit Firnis geschützt werden; nicht gefirnißte Bilder leiden nicht, solange sie unter normalen Bedingungen aufgehängt oder gelagert werden. Der Nachteil von Firnis ist seine Neigung zum allmählichen Vergilben; andererseits schützt er das Bild vor Luftverunreinigungen und erhöht die Leuchtkraft der Farben. Besonders im Impastoverfahren gemalte Bilder, deren Farbe beim Trocknen schrumpfen und einsinken kann, sollten gefirnißt werden.

Der Firnis soll in der Regel drei bis sechs Monate nach Fertigstellung des Gemäldes erfolgen, da erst dann die Farbe ausreichend trocken ist und sich kaum noch ausdehnt oder zusammenzieht. Bei dikker Farbe kann die Trocknungszeit auch mehr als sechs Monate betragen.

Will man eine glänzende Oberfläche erzielen, so ist ein weicher Harz-Testbenzinfirnis, etwa Dammar oder Mastix, am geeignetsten. Für halbmatte Oberflächen nimmt man Wachsfirnis.

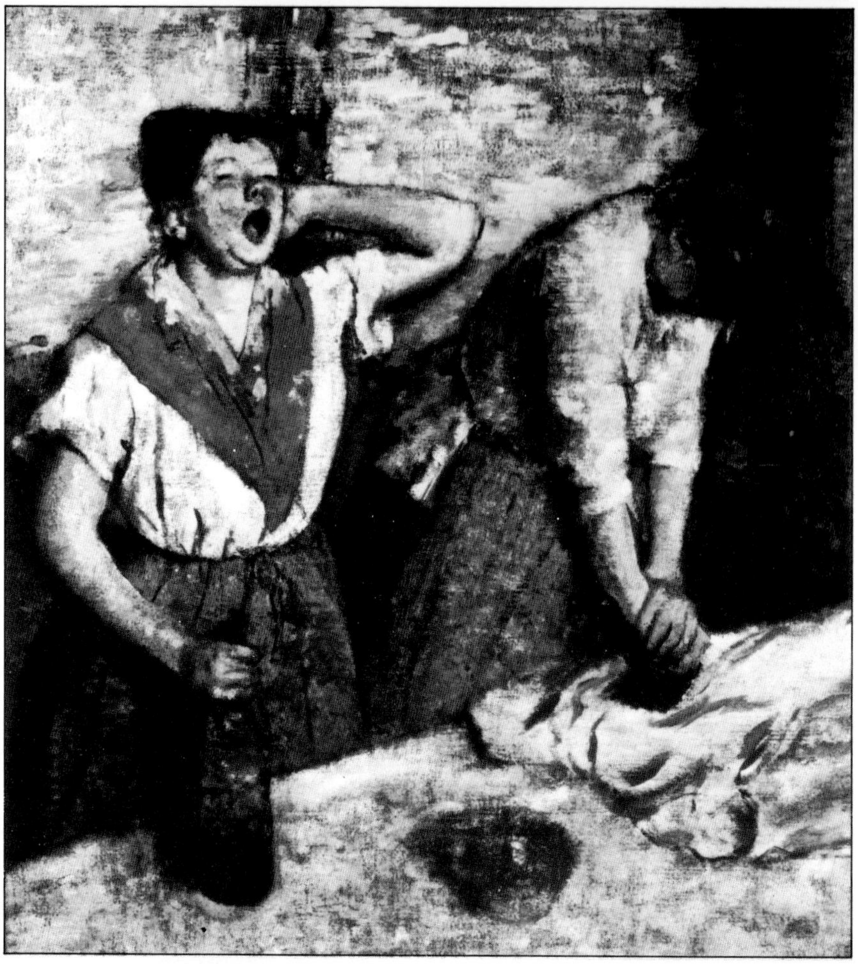

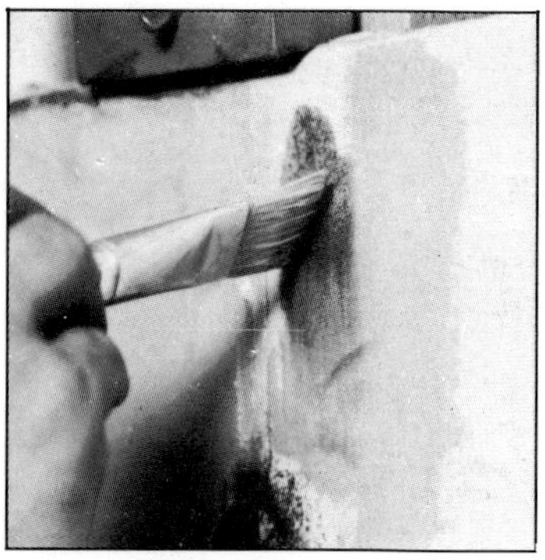

Malweise naß auf naß 1. *Farbfläche anlegen und vor dem Trocknen eine zweite Farbe daneben- und darübermalen.*

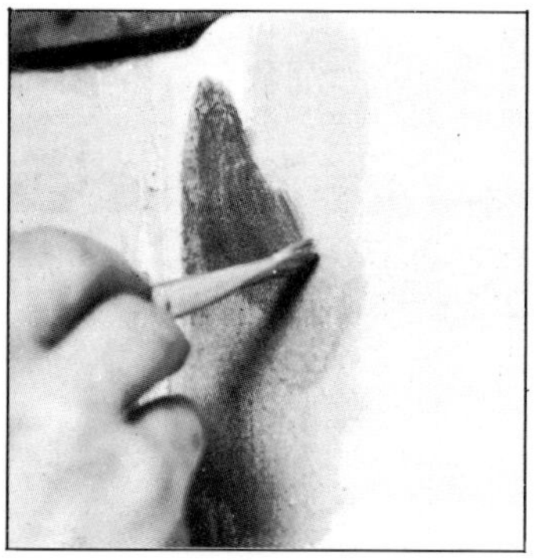

2. *Die nassen Farben verlaufen ineinander, aber es bleiben Streifen unvermischter Farbe übrig; auch sie können mit dem Pinsel ineinandergemischt werden.*

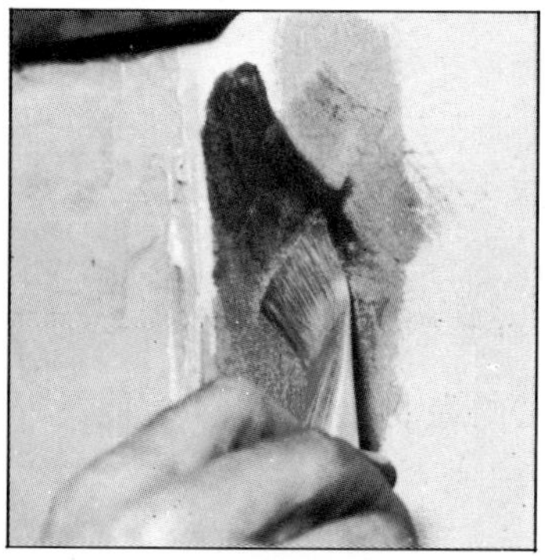

3. *Wenn ein gleichmäßig abgestufter Farbübergang gewünscht wird, kann man ihn durch einen terpentingetränkten Pinsel erzielen, der über die Farbe gezogen wird.*

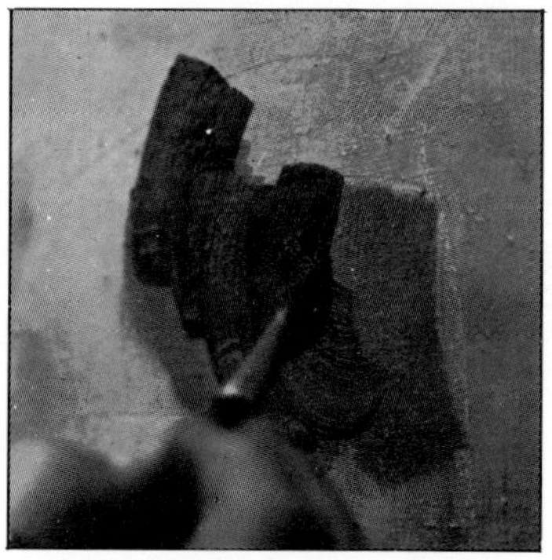

Vermischen mit dem Verwaschpinsel 1. *Breitgefächerte Marderhaarpinsel dienen zum Vermischen nasser Farbe. Man beginnt mit dem Anlegen der Farbflächen.*

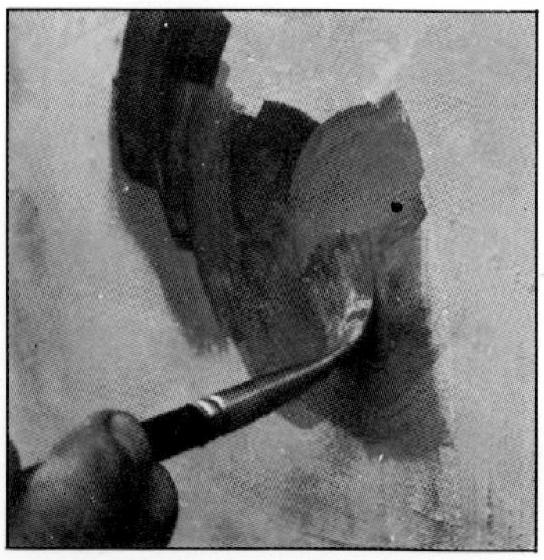

2. *Farben mit dem Verwaschpinsel ineinandermischen. Falls erwünscht, können breite, geschwungene Pinselstrukturen sichtbar bleiben.*

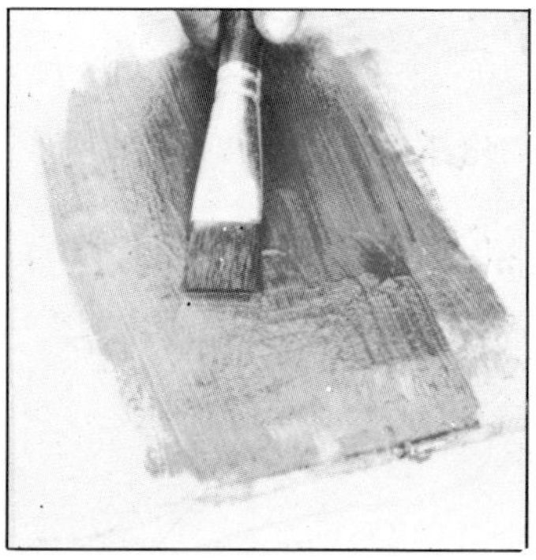

Frottage mit Glanzpapier 1. *Mit Öl und Terpentin verdünnte Farbe reichlich auftragen.*

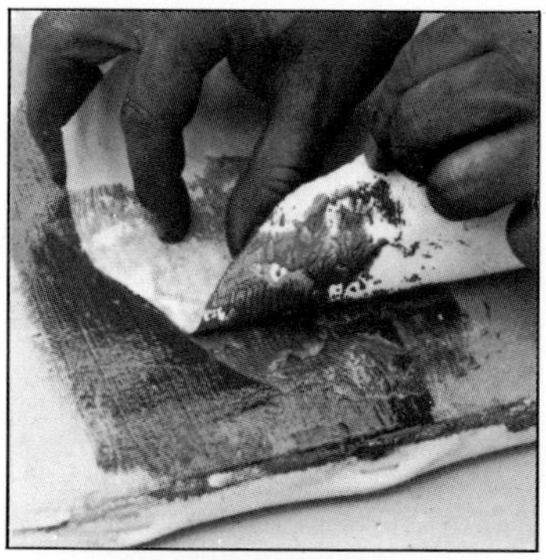

2. *Nicht saugfähiges Papier auflegen, leicht in die Farbe hineindrükken und dann wegziehen.*

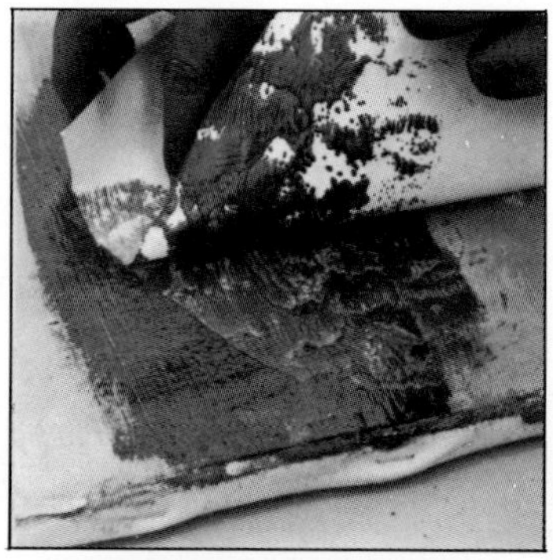

3. *Um die Struktur zu verändern, kann man das Papier neu auflegen, aufreiben oder hin- und herschieben. Vorhersehbare Ergebnisse lassen sich nur mit viel Erfahrung erzielen.*

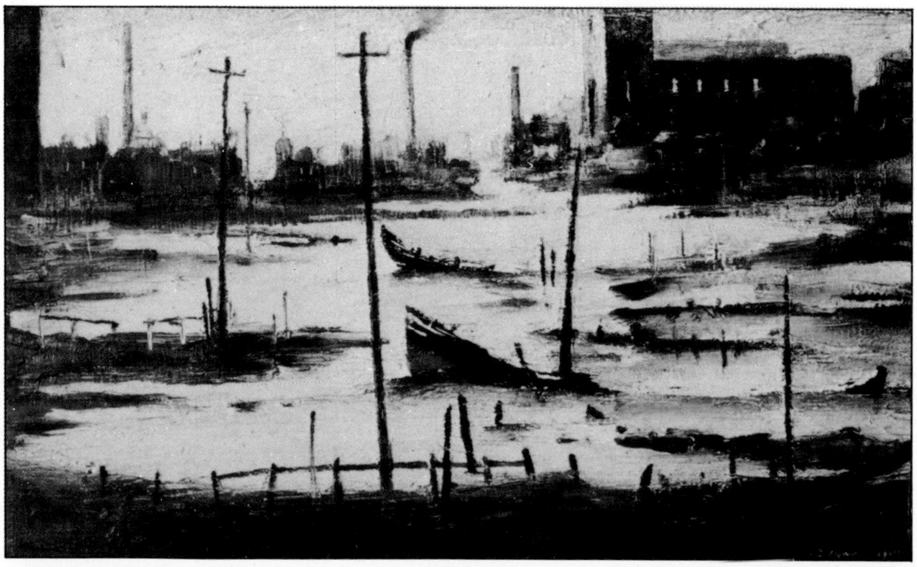

Links **Edgar Degas: Bügelnde Frauen (Ausschnitt)** *Degas färbte hier die Grundierung und ließ sie durch den lockeren, trockenen Farbauftrag durchscheinen. Licht und Schatten sind durch dunkle Linien klar getrennt; wohldurchdachte Übertönungen bilden Farbabstufungen.*

Oben rechts **L. S. Lowry: Landschaft an der See** *Ein Impastogemälde. Dicke, weiße Farbe stellt das Wasser dar; die Grundierung ist nicht mehr sichtbar. Die übrigen Farben wurden pastos aufgetragen und sorgfältig in das noch feuchte Weiß gemischt.*

Unten rechts **David Hockney: We two boys together clinging** *Dieser frühe Hockney ist in Öl auf ein Paneel gemalt. Flächen dicker und dünner Farbe stehen gegeneinander oder überlagern sich. Der Bildaufbau wird maßgeblich von der Linienstruktur beeinflußt.*

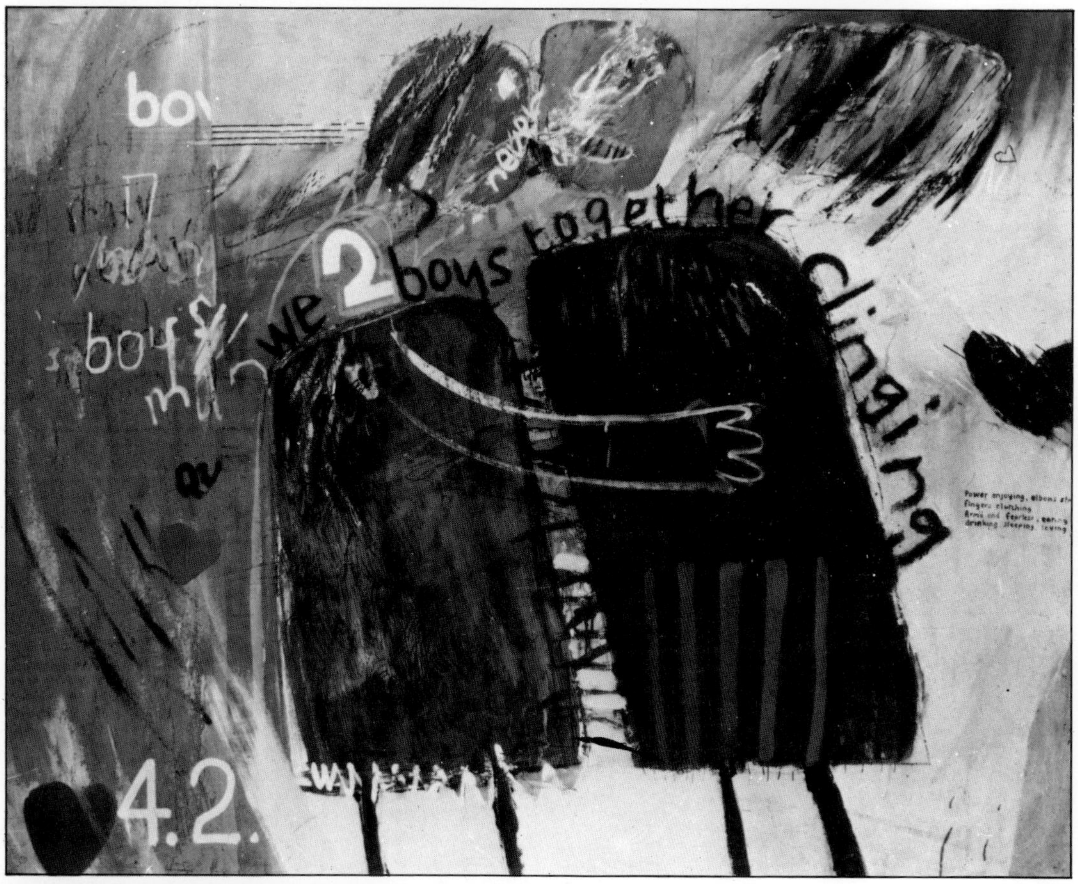

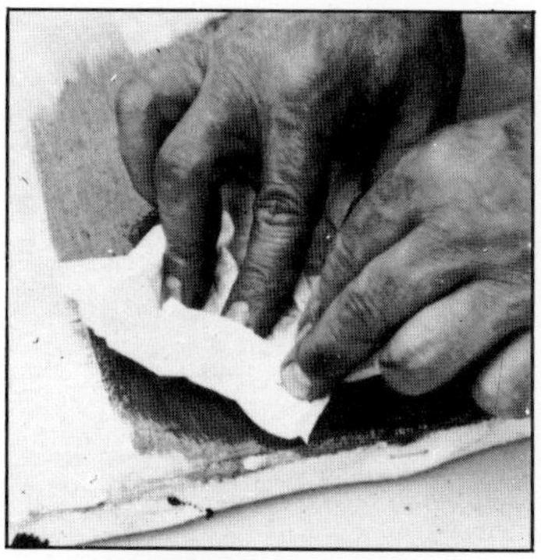

Frottage mit zerknülltem Papier
1. *Papier ballförmig zusammenknüllen, wieder etwas auseinanderziehen und in die nasse Farbe drücken.*

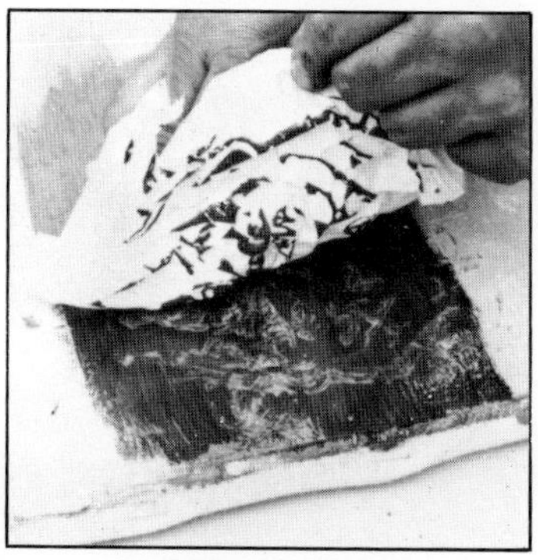

2. *Papier sorgfältig abziehen. Das Ergebnis ist eine Reihe unregelmäßiger Strukturen.*

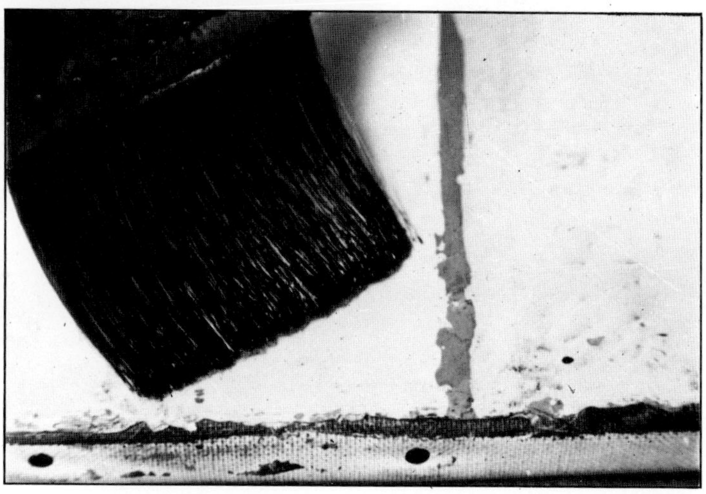

Firnis für das fertige Gemälde *Es ist nicht immer nötig, ein Ölbild mit Firnis zu schützen, aber dort wo dicke Farbe zu schrumpfen beginnt, sollte man es tun. Firnis erhöht zwar den Glanz der Ölfarbe, vergilbt aber im Lauf der Zeit. Man führt den Pinsel flach über das Gemälde und trägt den Firnis ganz dünn und ohne sichtbaren Pinselstrich auf. Dann verstreicht man ihn nach allen Richtungen und beendet die Arbeit, sobald keine Pinselstruktur mehr sichtbar ist.*

4. Kapitel

Acryl

Jede Farbe, bei der Pigmente in Kunstharz gelöst sind, bezeichnet man gewöhnlich als Acrylfarbe. Die Künstler benutzen diesen Ausdruck unabhängig davon, ob die verwendete Kunstharzlösung tatsächlich Acryl oder beispielsweise Polyvinylacetat ist.

Die Entwicklung der Acrylfarbe als Künstlerfarbe geht auf öffentliche Aufträge zurück: In den zwanziger Jahren wollten lateinamerikanische, speziell mexikanische Maler – insbesondere Orozco (1883–1949), Siquieros (1896–1974) und Rivera (1886–1957) – große Wandgemälde für öffentliche Gebäude schaffen, von denen einige auch Außenwandmalereien werden sollten. Ölfarbe hielt den dabei auftretenden Umwelteinwirkungen nicht stand; deshalb experimentierten die Maler mit Freskofarben, deren Ergebnisse sie allerdings ebenfalls nicht befriedigten.

Sie suchten eine Farbe, die sowohl schnell trocknete wie auch den Witterungseinflüssen standhielt. Was sie suchten, gab es in der Industrie bereits seit einiger Zeit, nämlich das Kunstharz; nur hatte man dieses Material bis dahin noch nie mit Pigmenten in Zusammenhang gebracht. Es wurde in Form gespritzter Plastikgegenstände im Haushalt benutzt, und Perspex oder Plexiglas ersetzte Glas in Zügen und Flugzeugen. Flüssiges Kunstharz verwendete man bereits als Rostschutz.

Nun begann man mit der Laborentwicklung von Künstlerfarben, wobei man sich hauptsächlich auf die Entwicklung einer geeigneten Trägerlösung konzentrieren mußte. Die Pigmente blieben in gewissen Grenzen unverändert; neu war nur die sie aufnehmende Polymerlösung. Das Wort „Polymer" bezeichnet die Bildung von Ketten gleicher Moleküle, durch die jede daraus entstehende Substanz stärker und stabiler wird. Zwei der durch die Polymerisation entstandenen und zur Künstlerfarbenherstellung herangezogenen Kunstharze sind Acryl und Polyvinylacetat.

Acrylharze werden aus Acryl- und Metacrylsäuren hergestellt. Mit bestimmten Zusätzen werden sie wasserlöslich, so daß Pigment in Acryllösung mit zusätzlicher Lösung, mit Wasser oder einer Mischung aus beidem verdünnt werden kann, je nachdem, welche Oberfläche man erzielen möchte. Besonders bemerkenswert ist dabei, daß Acrylfarbe trocken ist, sobald das in ihr enthaltene Wasser verdunstet ist. Sowie dies geschehen ist, finden in der Farbe keinerlei Reaktionen mehr statt. Der Künstler kann schon nach wenigen Minuten weitere Farben auf eine völlig abgetrocknete Oberfläche auftragen; das Lasieren oder Übermalen ist ohne Schwierigkeiten möglich.

Aufgrund ihrer chemischen Struktur weist die Farbschicht gleichzeitig eine Porösität auf, die ihr die volle Atmungsfähigkeit erhält. Versuche haben gezeigt, daß die Farbe weder oxidiert noch sich chemisch zersetzt. Zusätzlich zeichnet sie sich durch hohe Haftfähigkeit aus, wobei sich jede neue Farbschicht mit der vorhergehenden fest verbindet und fast unzerstörbare Überzüge bildet.

In der Mitte der zwanziger Jahre experimentierte

Rechts **David Hockney: Mr. and Mrs. Clarke and Percy** *Hockney verwendet hier Liquitexfarbe, die trotz glatter, ebener Oberfläche viel Körper hat. Die Farbe wird streng kontrolliert aufgetragen, lediglich bei den Wänden und beim Fensterausblick ist die Malweise etwas freier. Die Transparenz der Blumen läßt sich fast nur mit Acrylfarbe so gut darstellen. Hockney meinte: „Die schönste Art, mit Acryl zu malen, ist das seit langem bekannte Lasieren in Verwaschtechnik; sie läßt sich mit Acrylfarben hervorragend ausführen".*

Rechts **Bridget Riley: Interpretation von Seurats Farbenkreis** *Die scharfen Abgrenzungen wurden mit Maskierband erzielt. Die wasserverdünnten Farben wurden mit weichen Pinseln aufgetragen, um eine glatte Oberfläche zu erzielen.*

Rechts außen **Leonard Rosoman: Mädchen in Hängematte** *Dieses auf ein grundiertes Holzbrett gemalte Bild ist ausschließlich aus dünnen Farbschichten aufgebaut. Zunächst wurde die Hintergrundfarbe auf das ganze Bild aufgemalt; die übrigen Partien wurden darübergezeichnet und -gemalt. Lasuren heller, einander durchscheinender Farben schaffen in weiten Bereichen hohe Leuchtkraft; diese Technik eignet sich für Acrylfarben ganz besonders.*

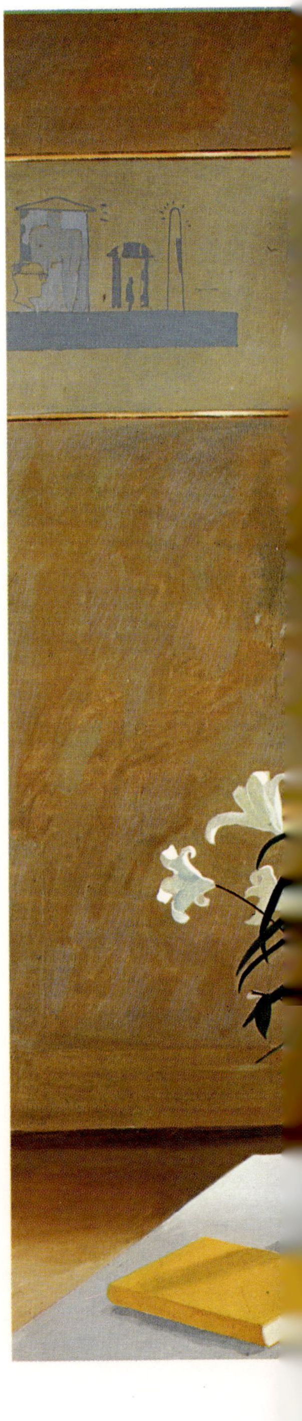

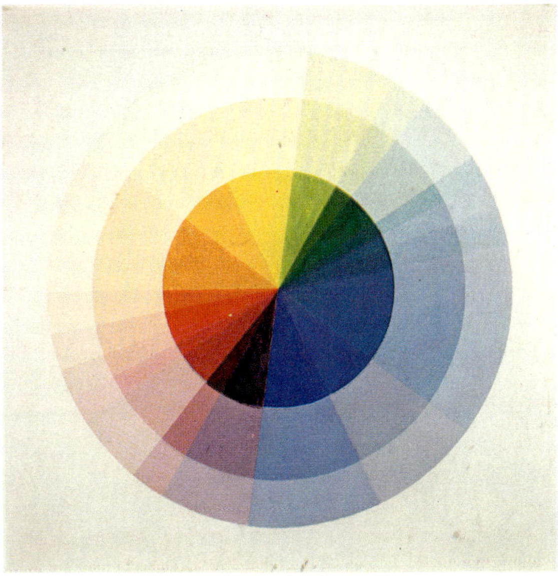

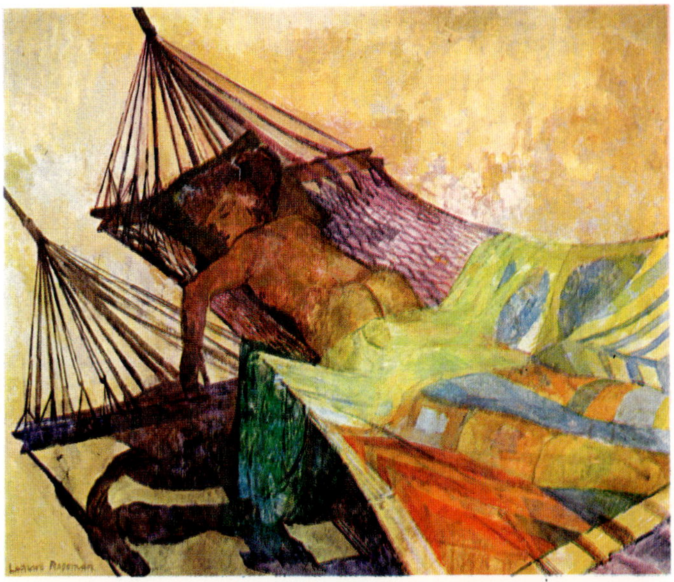

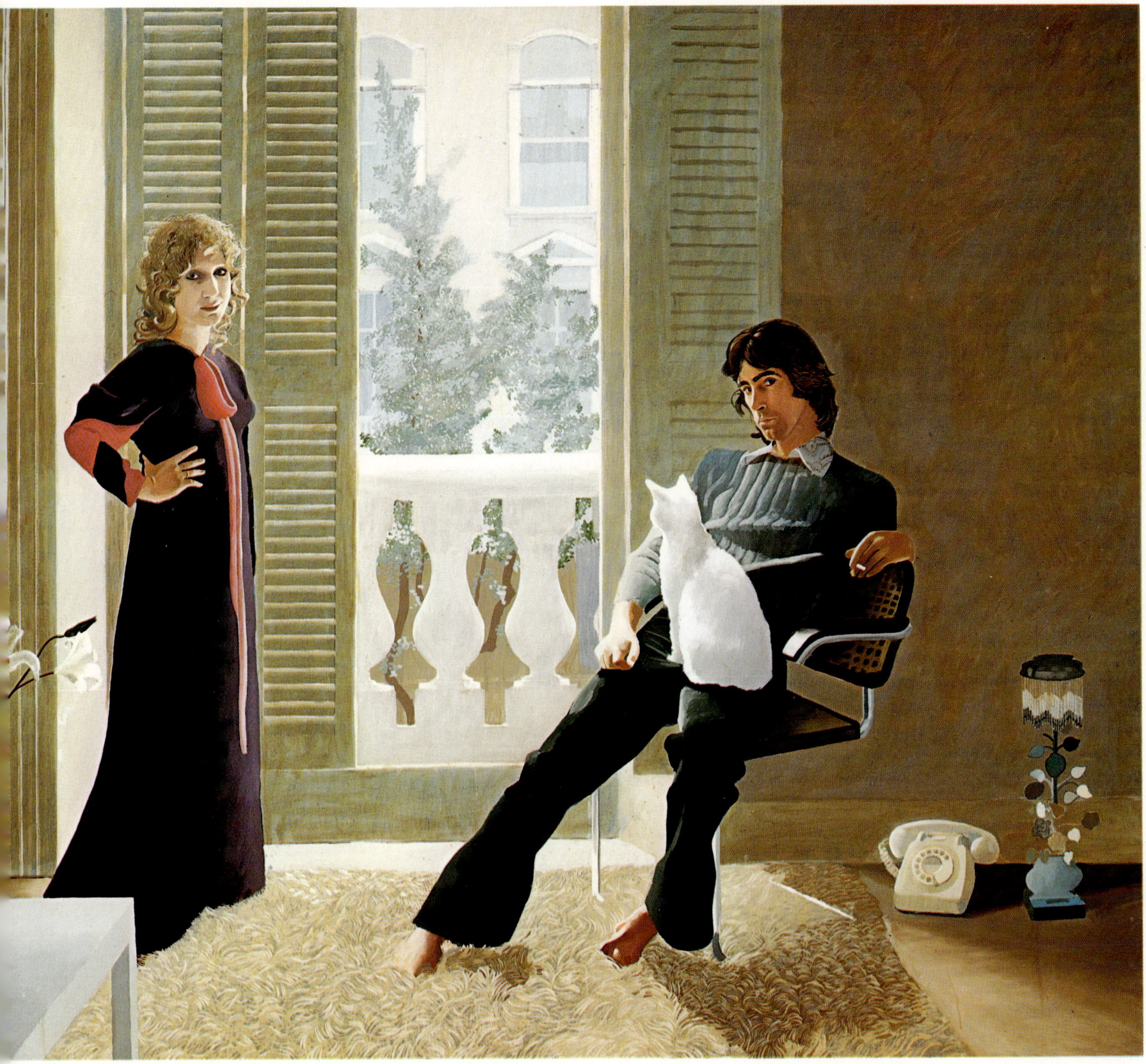

Siquieros Arbeitsgruppe in New York mit neuen Verbindungen und es entstanden enge Arbeitskontakte zwischen Künstlern und Wissenschaftlern. Viele interessante Wandbilder und Gemälde wurden angefertigt, einige davon für das Projekt „Works Progress Administration". Sie bilden den Anfang einer Entwicklungsphase.

Die Versuche in den USA wurden fortgesetzt und die Maler begriffen bald, daß die Möglichkeiten der neuen Farben weit über den Bereich der reinen Wandmalerei hinausgingen. Die Labortests verliefen so erfolgreich, daß man der Meinung war, die Wissenschaftler hätten eine fast völlig beständige Farbart entdeckt. 1945 wurde in Mexico City eine weitere Arbeitsgruppe, das Nationale Polytechnische Institut, gegründet; Künstler und Kunststudenten arbeiteten dort mit Acryl und schufen auf den Wänden des Instituts einige interessante Wandgemälde.

Die Acrylfarben erschienen in den USA in den fünfziger Jahren auf dem Markt und spielten eine wichtige Rolle bei Künstlern wie Jackson Pollock (1912–1956), Noland (geb. 1929), Rothko (1903–1970) und Motherwell (geb. 1913). Die Maler verwendeten Acryl sehr unterschiedlich. Pollock arbeitete mit einer wilden Vielfalt von Lasuren und Impastos; er legte manchmal die Leinwand auf den Boden und goß die Farbe darüber. Noland baute gleichmäßige, scharf abgegrenzte Farbflächen auf, und Rothko färbte riesige Paneele mit dünner, verwaschen durchscheinender Farbe ein. Motherwell arbeitet gleichfalls horizontal, aber mit voller, direkter Pinselführung und mit starker Gestik. In England begann die Zeit des Acryls wesentlich später. In den fünfziger Jahren wurde noch viel geforscht und eine Reihe von Malern, wie Michael Ayrton (1921–1976), Peter Blake (geb. 1932), Josef Herman (geb. 1911), Bridget Riley (geb. 1931), Leonard Rosoman (geb. 1912) und andere wurden aufgefordert, das neue Material zu testen. Dies geschah über eine Reihe von Jahren. Auch mit Farbmusterkarten stellte man Versuche an: einfache Farbquadrate wurden miteinander verglichen, die Trocknungszeiten, Farbveränderungen beim Trocknen und ähnliches mehr wurden aufgezeichnet.

Forschung, Erprobung und Versuche zogen sich hin und erst Mitte der sechziger Jahre wurden Acrylfarben auch in Großbritannien angeboten. Seither sind sie von vielen englischen Künstlern, auch von David Hockney (geb. 1937), verwendet worden.

Gegen Ende der sechziger Jahre trat dann Polyvinylacetat (PVA) als weitere Kunstharzfarbe hinzu. Beide Farbarten sind mit Wasser oder Acryllösung verdünnbare Emulsionen. Beide trocknen glatt und ohne zu schrumpfen ab, und Tonveränderungen oder Verfärbungen treten dabei nicht auf. Die Farben sind deckend, können aber zu jeder gewünschten Transparenz verdünnt werden. Beide Arten sind schnelltrocknend, aber die Trocknungszeit kann mit Verzögerungsmitteln verlängert werden.

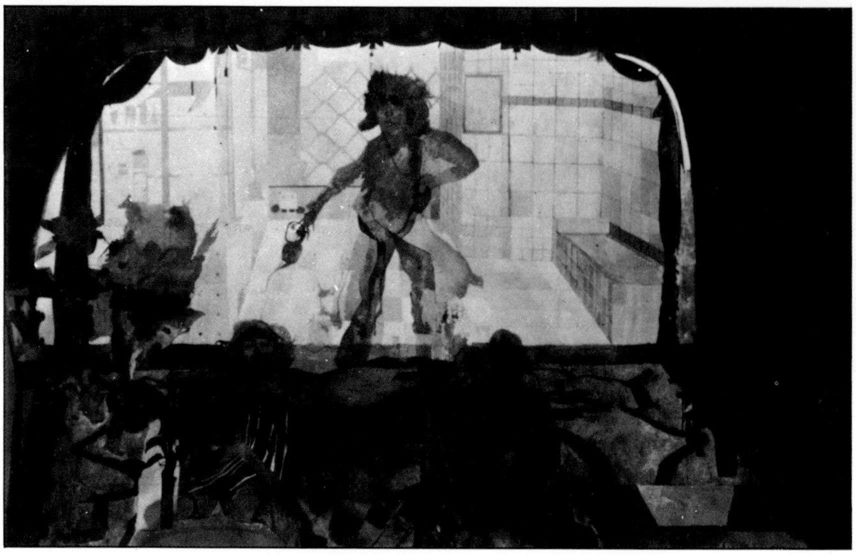

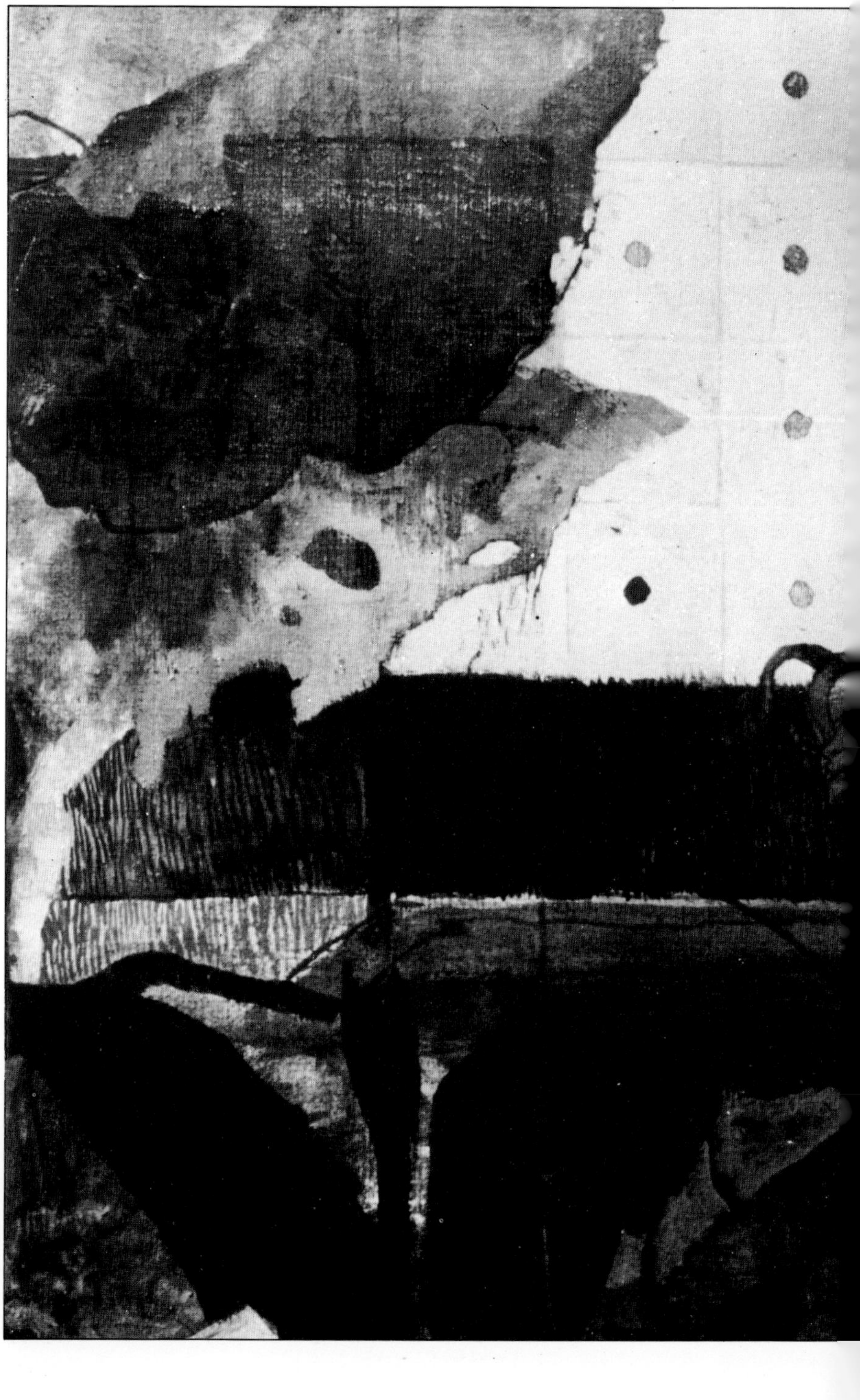

Oben und rechts (Ausschnitt) **Leonard Rosoman: Der Exterminator, New York** *Rosomans Sujet ist hier Gewalt und Angst. Die subtil strukturierten Flächen des Bogens sind in stark verwaschenem Karmesin und Ultramarin ausgeführt. Kontrastierend dazu der harte, helle Raum im Hintergrund, der in mittleren Grau- und Ockertönen angelegt und mit Deckweiß übermalt ist. Die Figurenumrisse sind sorgfältig mit einem feinen Wasserfarbenpinsel angelegt und dann mit kräftiger und dünnerer Verwaschtechnik mit Farbe gefüllt. Der Teppich ist mit fein schraffierten Linien ausgeführt und erhält so eine reiche Textur, die ihn von allen übrigen Teilen des Bildes abhebt.*

Untergründe und Grundierung

Acryl läßt sich auf vielen Untergründen verwenden und ist für Anfänger leichter zu verarbeiten als jeder traditionelle Farbträger. Die Farben haften praktisch auf jedem saugfähigen Untergrund – etwa auf Leinwand, Holz, Hartfaserplatte, Pappe, Karton oder Papier – und zwar ohne isolierende Grundierungsschicht zwischen Untergrund und Farbe, obwohl Acrylgrund verwendet werden kann und normalerweise auch verwendet wird.

Zwei wichtige Ausnahmen sind zu beachten: zum einen haften die wasserlöslichen Kunstharzfarben nicht auf Ölgrund, zum anderen sollten auf gewöhnlichen Emulsionsfarben aufbauende Gründe vermieden werden, weil sie sich, obwohl ebenfalls mit Wasser verdünnbar, chemisch nicht mit den Acrylfarben vertragen.

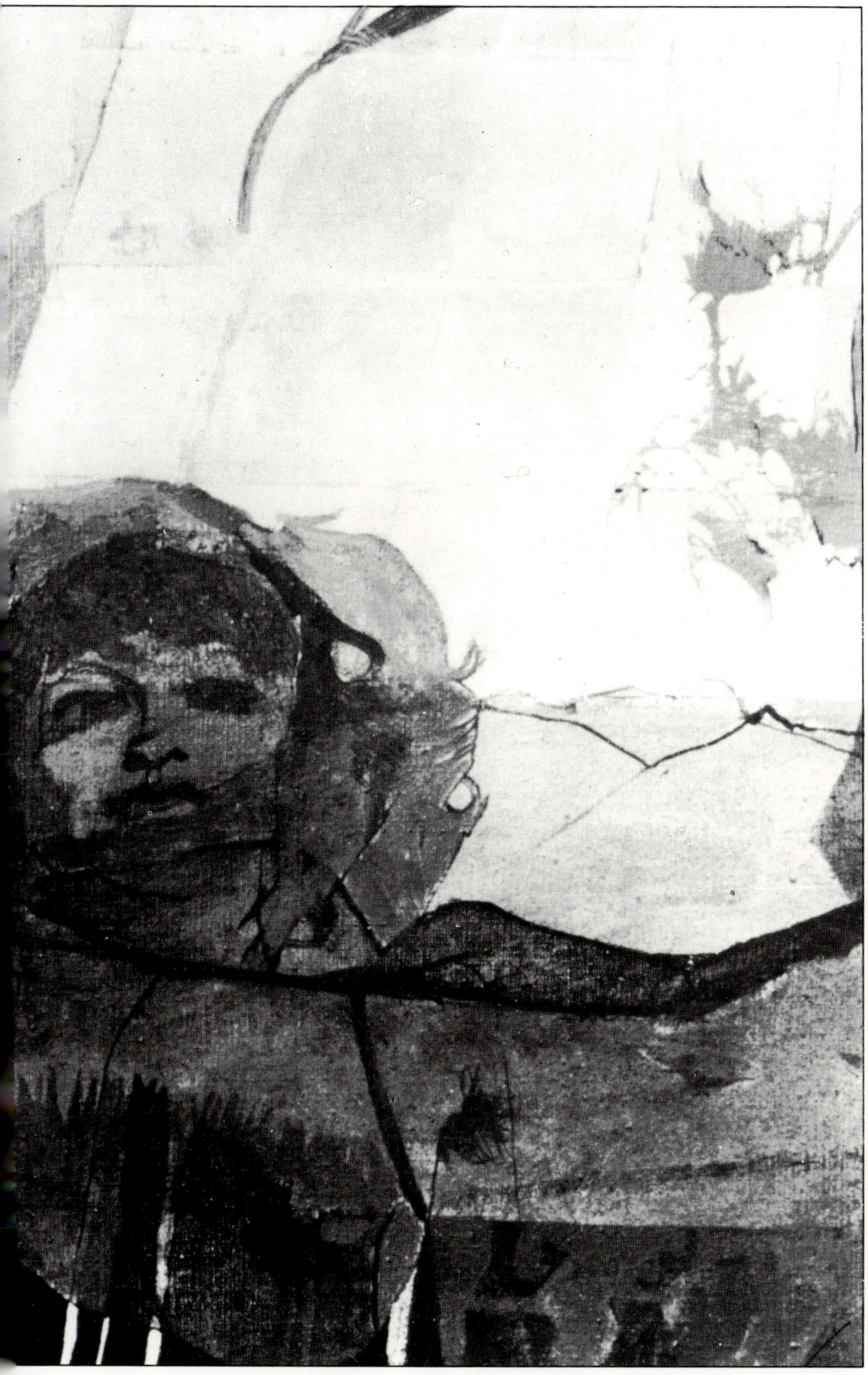

Leinwand Acryl harmoniert mit dem gesamten, vielfältigen Angebot von rauher Jute bis hin zur feingewebten Flachsleinwand. Die bei Ölfarben notwendigen Leimgrundüberzüge werden nicht benötigt, gleichgültig, ob man mit oder ohne Acrylgrund arbeitet. Sollte eine Jute sehr weitmaschig gewebt sein, so genügt es, sie mit Acrylträgerlösung zu überziehen.

Beim Aufspannen nicht grundierter Leinwand muß berücksichtigt werden, daß die Grundierung, oder, falls ohne sie gearbeitet wird, die feuchte Farbe dazu führt, daß das Untergrundmaterial etwas schrumpft. Etwas Spielraum sollte daher eingeplant werden.

Papier und Karton Acryl haftet mit oder ohne Grund auf jeder Pappe, jedem Karton oder auf ausreichend starkem Papier; soll die Farbe nicht direkt aufgetragen werden, so genügt schon ein einfacher Überzug mit Acrylträgerlösung.

Holz Holzpaneele sind für Acryl bestens geeignet. Man kann Naturholz, Sperrholz oder Tischlerplatten verwenden. Auch Hartfaserplatten sind gute Untergründe, sie sollten aber mit rückseitig aufgeklebten Leisten verstärkt werden, sonst verziehen sie sich. Für glatte Oberflächen kann auch die glatte Seite der Hartfaserplatte verwendet werden, sie sollte aber mit Sandpapier abgeschliffen und grundiert werden.

Metall Metalloberflächen sind sehr glatt, nicht saugfähig und haben keine Körnung, die dem Pigment als Halt dienen könnte. Bei Ölfarbe ist dies problematisch, weil sie wenig haftkräftig ist, aber Acrylfarben lassen sich auf Metallen, speziell auf Zink und Kupfer, gut verwenden. Man rauht die Oberfläche mit grobkörnigem Sandpapier auf und grundiert sie.

Wandgemälde Die Bemalung von Wandflächen aus Mörtel, Zement, Stein oder Ziegeln wirft Probleme auf. Soweit sie im Freien vorgesehen ist, ist sie im 7. Kapitel (Außenwandmalerei) näher beschrieben. Man kann jedoch sagen, daß sich Acryl gegenüber Säuren, Laugen und Luftfeuchtigkeit bemerkenswert gut behauptet, viel besser jedenfalls als Ölfarbe; wir hatten ja schon bemerkt, daß Acrylfarbe ihre Entwicklung als Künstlerfarbe dieser Eigenschaft verdankt.

Acryl eignet sich glänzend für Innenraumwandmalerei auf Verputz, weil es eben und matt abtrocknet. Ölfarbe ist weniger brauchbar, weil nur einige Farben matt, andere jedoch glänzend trocknen und dann Licht reflektieren. Auch wird jeder Impastoauftrag von Ölfarbe auf Putz schrumpfen und sich dabei merklich in Farbe und Tönung verändern.

Es ist ratsam, den Putz vor dem Grundierungs- oder Farbauftrag mit Sandpapier glattzuschleifen. Falls sich eine Wand oder ein Brett aus irgendeinem Grund nicht als Untergrund eignet und deshalb mit Leinwand verdeckt werden muß, kann diese wegen der Flexibilität der Acrylfarbe zum Transport ohne weiteres ein- und wieder ausgerollt werden.

Primgrund auftragen Jeder nicht grundierte, saugfähige Untergrund wird das Pigment aufsaugen und es eben und matt abtrocknen lassen. Werden sie grundiert, so ergibt sich ein leichter Seidenglanz, den man jedoch durch Zugabe von Wasser zur Farbe vermeiden kann.

Wenn grundiert wird, muß dies mit Acrylgrund geschehen; gewöhnlicher Primgrund verbindet sich nicht mit Acrylfarbe. Acrylgrund ist eine einfache Mischung von Acryllösung mit beständigem Titanweiß; er kann billig gekauft werden. Zwei oder drei dünne Schichten sollten aufgetragen werden, jede, nachdem die vorangegangene getrocknet ist.

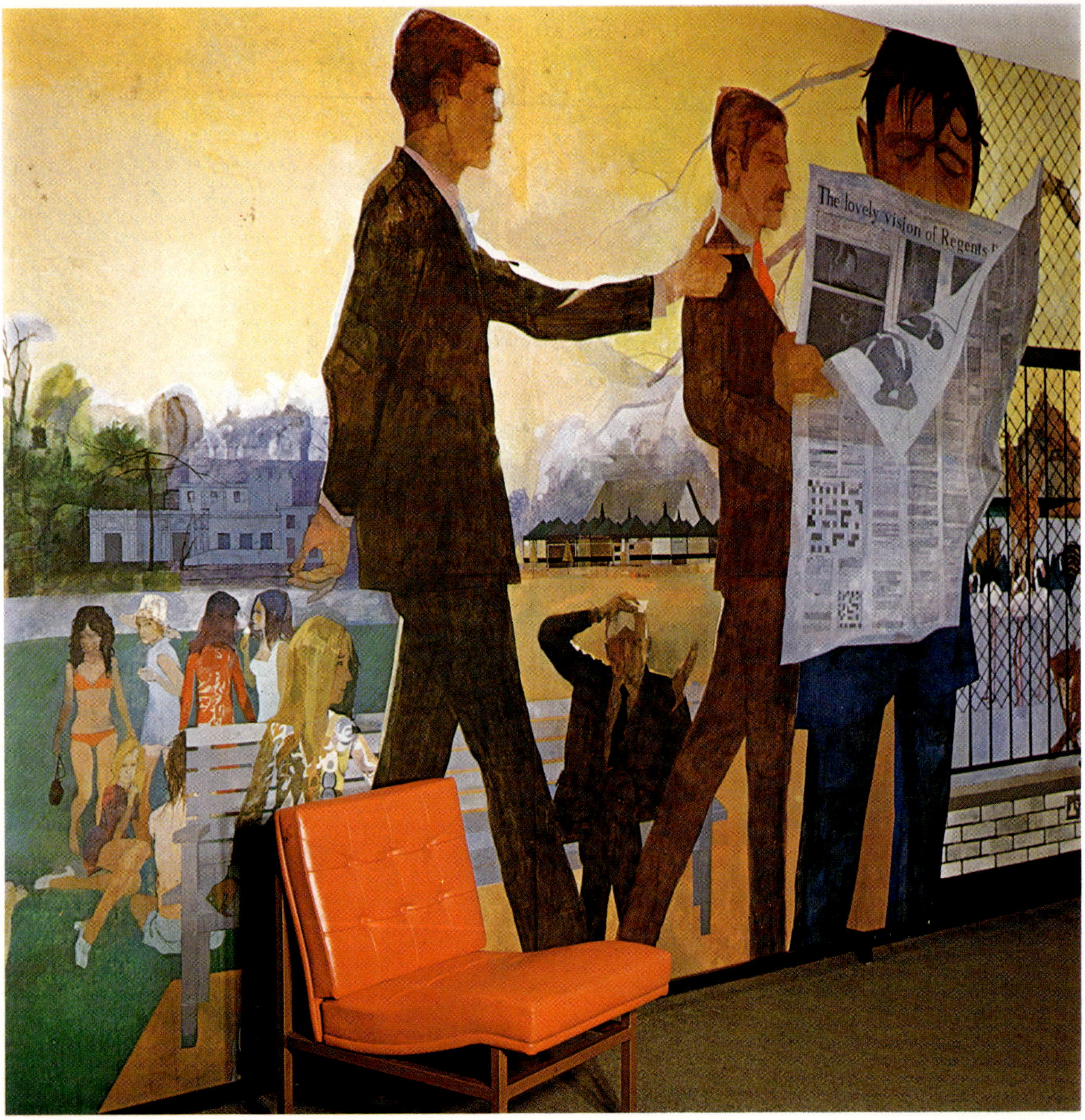

Links **Leonard Rosoman: Ausschnitt aus einem Wandgemälde in der Graduate School of Business Studies, Sussex Place, London** *Acryl eignet sich in vieler Hinsicht am besten für Wandgemälde. Anders als viele Ölfarben trocknen alle Acrylfarben matt ab, so daß keine störenden Reflektionen entstehen. Durch die schnelle Trocknungszeit kann sich kaum Staub oder Schmutz auf der Farbe absetzen; auch kann Acryl dünn zu glatten Oberflächen aufgetragen werden, auf denen sich im Lauf der Zeit nur wenig Staub ansammeln kann. Die Farbe kann relativ gefahrlos mit Wasser und Seife gereinigt werden. Für dieses Wandgemälde wurde ein sorgfältiger Entwurf in Acrylguasch angefertigt. Er wurde aufgerastert, auf die Wand übertragen und in neutraler natürlicher Umbra mit einem Pinsel von etwas über 1 cm Borstenlänge aufgemalt. Große Flächen, wie etwa der Himmel, wurden in Verwaschtechnik mit etwa 8 cm Borstenlänge aufgetragen; anschließend wurde mit zähflüssigerer Farbe weitergemalt. Das Bild ist gut 3 m hoch und 10 m lang und wurde innerhalb von drei Monaten fertiggestellt.*

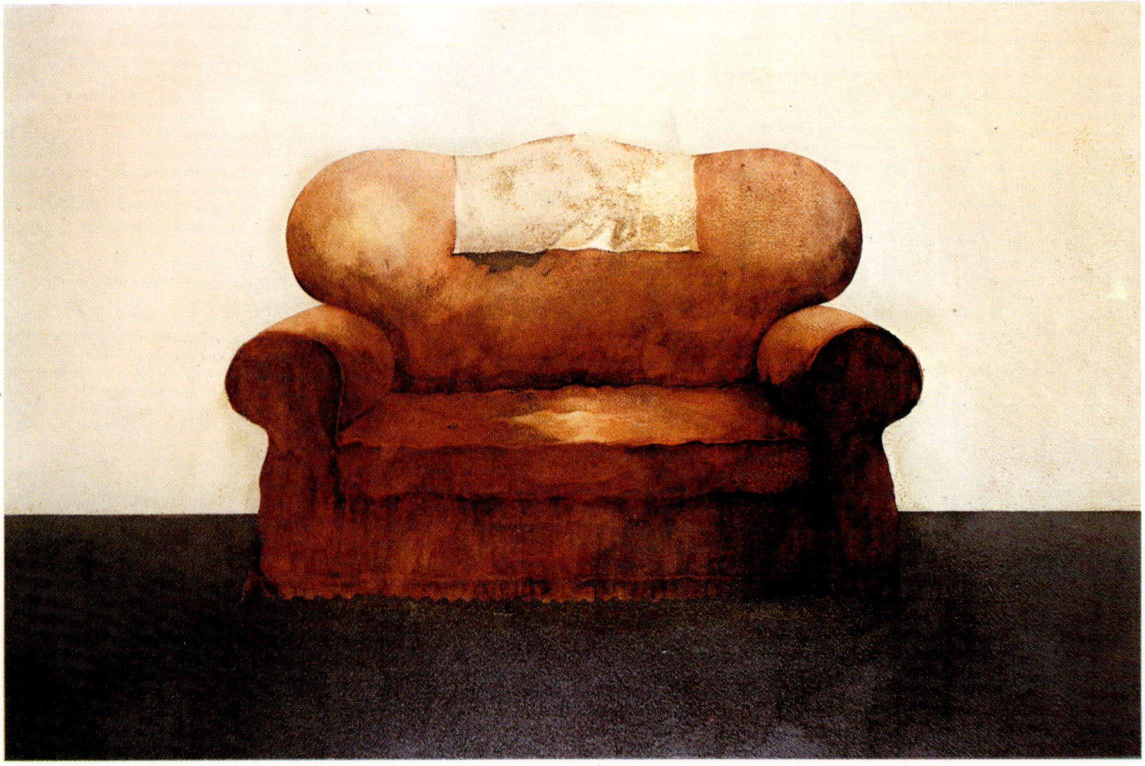

Links **Terence Millington: Sofa** *Hier wurde Acrylfarbe in Verwaschtechnik dünn auf rauhfaseriges Aquarellpapier aufgetragen. Nachdem die Farbe trocken war, wurde das Bild mit einer geschlossenen Schicht gefärbtem Polyurethanfirnis in der Farbe gebrannter Umbra überzogen. Der Firnis wurde teilweise wieder abgewischt, wodurch die verschiedenen Brauntöne entstanden.*

Farben

Künstler, die erstmalig Acryl verwenden, sollten durch Versuche feststellen, welche Marke ihnen geeignet erscheint. Es gibt dort genauso feine Unterschiede wie bei den verschiedenen Ölfarbenmarken. PVA-Farben sind preiswerter, aber weniger zuverlässig und beständig. Große Farbpaletten gibt es z. B. von Schmincke (PRIMAcryl), Winsor and Newton, Lukas, Liquitex und Aquatec. Dabei tauchen die traditionellen Namen auf – lichter Ocker, natürliche Umbra, Veneziarot, Kobalt, Ultramarin und so weiter – aber es gibt auch eine Reihe fremdartiger neuer Bezeichnungen wie Naphtholgrün, Phthalocyaningrün, Indanthrenblau oder Dioxazinpurpur. Grund hierfür ist, daß solche Pigmente das Ergebnis jahrelanger Laboratoriumsforschung sind und daß die Wissenschaftler für sie absolut neue chemische Formeln entwickelt haben. Besonders Liquitex bietet eine eindrucksvolle Reihe neuer Farben an, und der Künstler muß sich entscheiden, welche davon er in seine Farbpalette übernehmen will.

Natürlich ist eine große Farbpalette nicht unbedingt vorteilhaft, egal mit welchem Farbträger der Künstler arbeitet. Zwölf bis fünfzehn Farben reichen als Grundlage für zahllose Farbkombinationen und Tonstufen aus, und viele Maler begnügen sich mit noch weniger Farben.

Jeder Maler wird im Laufe der Zeit zu seinen persönlichen Farben finden. Die Farbwahl spiegelt seine sich über die Jahre ändernde Anschauungsweise wider, und es ist interessant, etwa Picassos Palette während der rosa Periode mit der seiner blauen Periode zu vergleichen. Nachfolgend die von Leonard Rosoman für einige Jahre benutzte Palette: Weiß, Zitronengelb, lichter Ocker, natürliche Siena, Veneziarot, Kadmiumrot, Tiefviolett, Coelinblau, Kobaltblau, Hookersgrün, Heliogengrün, Hellgrün, natürliche Umbra, Ultramarin, Schwarz.

Etwas Sorgfalt muß auf die Tubenverschlüsse ver-

Unten **Acrylfarben** *Acrylfarben entstehen aus den gleichen Pigmenten wie Öl- und Wasserfarben. Sowohl die bekannten wie auch eine beträchtliche Anzahl neuer, synthetischer Pigmente sind erhältlich. Man legt sich am besten auf eine kleine Farbskala fest und benutzt diese ständig. Die Farben von Leonard Rosoman sind hier abgebildet; sie sind alle beständig und können untereinander zu einer Vielfalt von Zwischenfarben und -tönen gemischt werden.*

Tiefviolett

Ultramarin

Kobaltblau

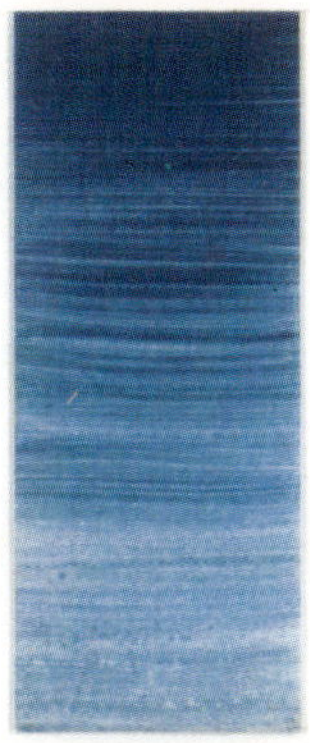
Coelinblau

Heliogengrün

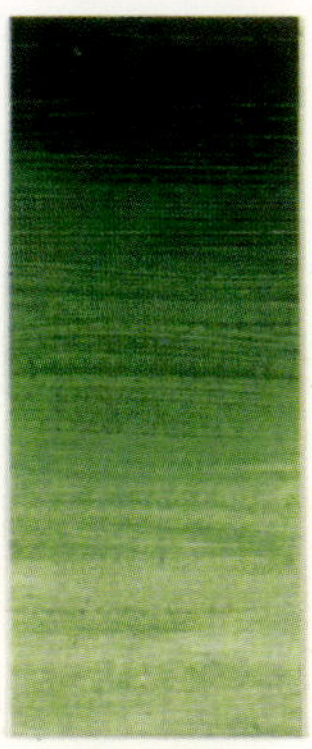
Hookersgrün

Hellgrün

Zitronengelb

Kadmiumrot

li. Ocker

nat. Siena

Veneziarot

nat. Umbra

Oxidschwarz

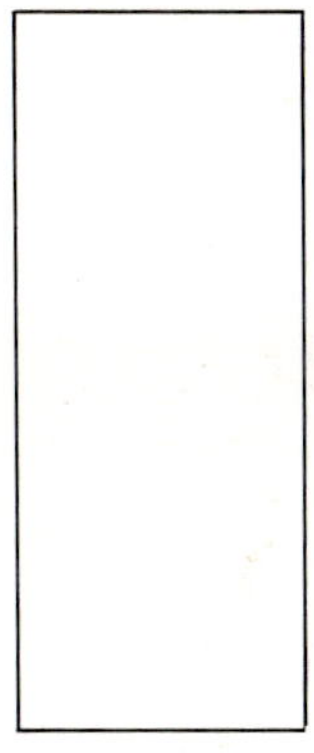
Weiß

wendet werden. Durch das beständige Ausdrücken sammelt sich Farbe um die Öffnung; sie vertrocknet, verhindert das luftdichte Aufschrauben der Kappe, Luft kann in das Tubeninnere eindringen und läßt den Inhalt steinhart werden. Dies kann man verhindern, indem man den Hals ab und zu mit einem weichen Lappen abreibt.

Trägerlösungen Normalerweise trocknen Acrylfarben halbmatt ab; verarbeitet man sie ohne Wasser, so entsteht ein leichter Seidenglanz. Die Hersteller produzieren verschiedene Trägerlösungen, deren Zugabe zur Farbe auf der Palette unterschiedliche Wirkungen auslöst.

Es gibt Lösungen, durch die sich Hochglanz erzielen läßt; andere ermöglichen es dem Künstler, auch ohne Wasserzusatz matte Oberflächen zu erzielen; wieder andere – oft als Lasurlösung bezeichnete – lassen die Farbe transparent werden.

Guasch und Acryl Rowney stellt Guaschfarben her, die sich auf der Palette mit Acrylfarben und -lösung mischen lassen. Sie eignen sich gut für aufgezogenes Zeichenpapier, und es gibt sie in vielen Farben. Der Hauptunterschied zu gewöhnlicher Guaschfarbe besteht darin, daß Farbschichten übereinander angelegt werden können, ohne daß sie sich miteinander vermischen.

Unten **Jasper Johns: Ohne Titel** *Große Flächen unvermischter Farbe wurden in freier Weise mäßig stark aufgetragen. Die ins Auge springenden Buchstabenfragmente und regenbogenfarbigen Viertelkreise wurden mit kleineren Pinseln hinzugefügt. Acryl eignet sich vorzüglich für großflächigen Auftrag.*

Werkzeug

Gewöhnlich werden Acrylfarben mit den gleichen Pinseln und Palettmessern wie Ölfarbe verarbeitet (s. S. 54). Falls Acryl verdünnt und fein verarbeitet werden soll, verwendet man Wasserfarbenpinsel (s. S. 128) – Marderhaar ist dann ideal.

Pinsel für Acrylfarben müssen besonders sorgfältig gepflegt werden, weil die Farbe schnell trocknet und dann sehr hart wird. Sobald eine Farbfläche auf der Leinwand angelegt ist, muß der Pinsel so gründlich in Wasser gereinigt werden, daß kein Pigment mehr zwischen den Borsten kleben bleibt. Warmes Wasser löst die Farbe am besten.

Wird die Farbe doch einmal völlig trocken, kann der Pinsel gerettet werden, wenn man ihn mindestens 12 Stunden in Methylalkohol stellt und die Farbe dann mit den Fingern herausdrückt. Anschließend wird der Pinsel mit Wasser und Seife gewaschen.

Die Paletten, Staffeleien und Malbretter der Ölmaler (s. S. 56) und Aquarellisten (s. S. 130) eignen sich auch für Acryl. Zusätzlich gibt es weiße Kunststoffpaletten, von denen sich trockene Acrylfarbe etwas leichter lösen läßt als von Holz.

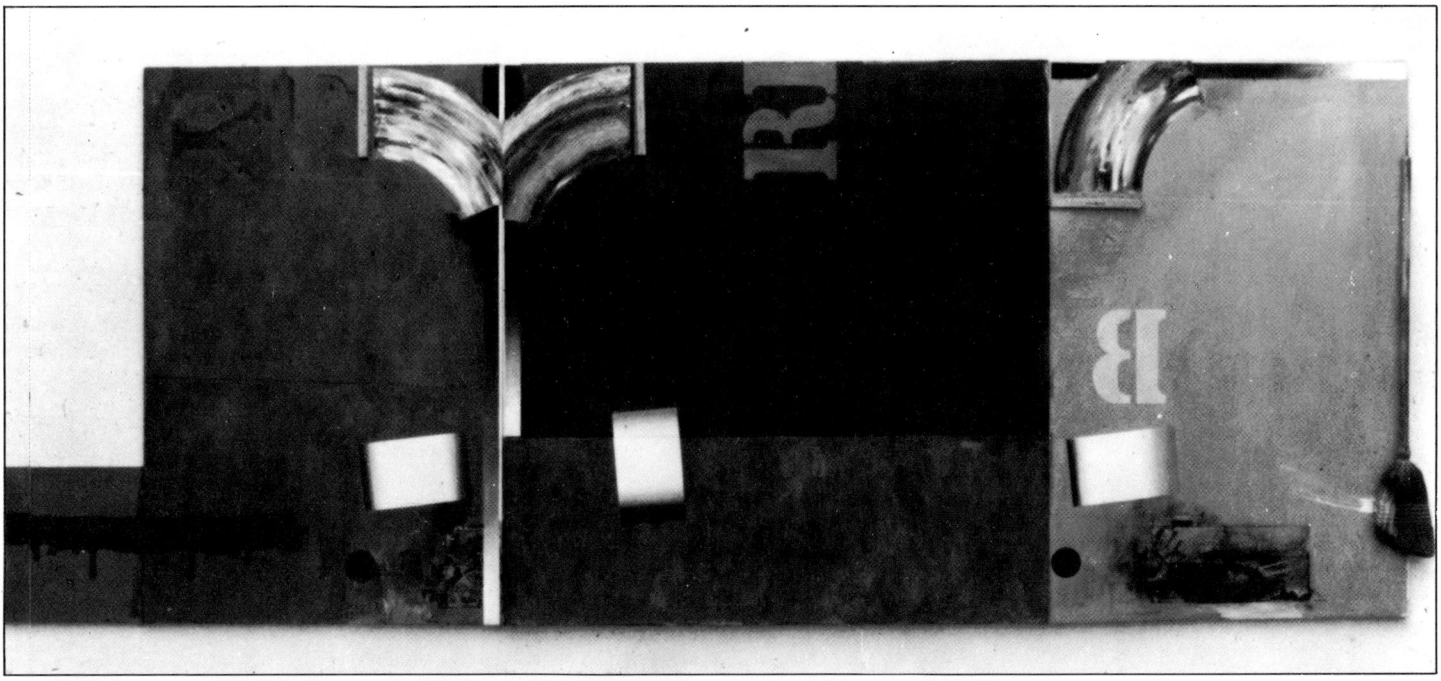

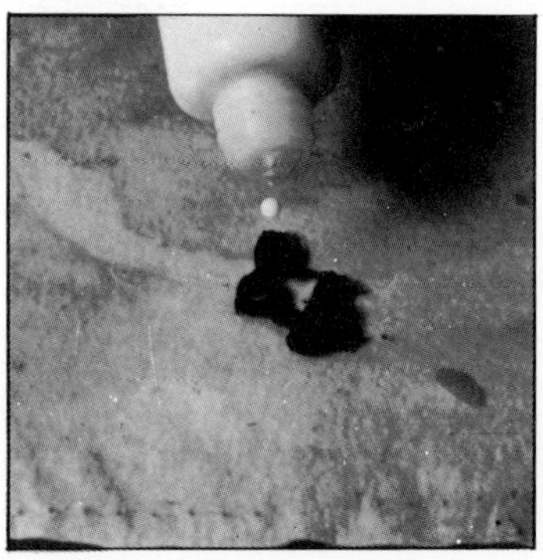

Trägerlösung mit einer Farbe mischen 1. *Etwas Farbe auf die Palette drücken und in der Mitte eine kleine Vertiefung eindrücken, in die etwas Lösung getropft wird.*

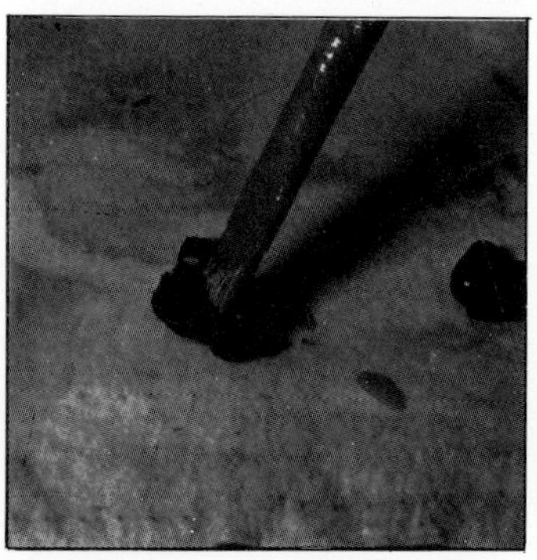

2. *Farbe und Lösung mit Pinsel oder Palettmesser mischen. Man kann mit Wasser noch weiter verdünnen.*

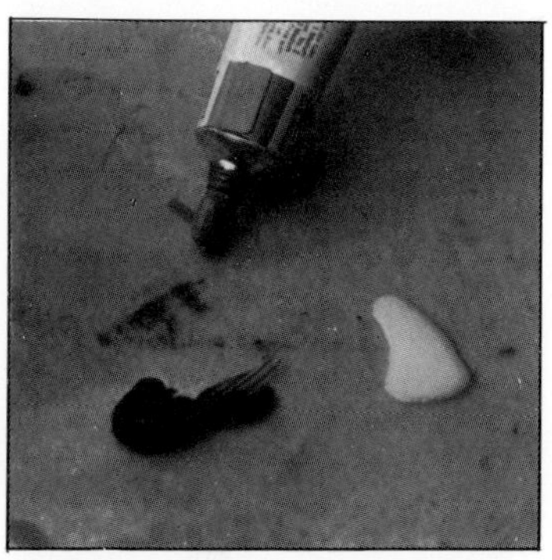

Trägerlösung mit zwei Farben mischen 1. *Einige Tropfen Lösung auf die Palette geben und daneben etwas von beiden Farben ausdrücken.*

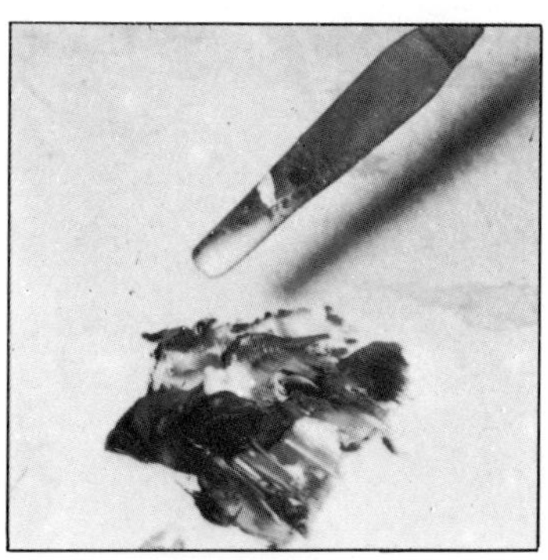

2. *Zunächst die Farben mit dem Palettmesser mischen, dann etwas Lösung nehmen und in die Farbe einarbeiten.*

Techniken

Bevor die Acryltechnik auch in England Eingang fand, bemitleidete der Architekt Sir Basil Spence einmal Leonard Rosoman – später einer der Pioniere und heute einer der Hauptvertreter der Acryltechnik –, weil die Künstler, anders als die Architekten, nie das anregende Gefühl genießen konnten, sich den Herausforderungen neuer Werkstoffe zu stellen. Auf die Architektur hatte dagegen etwa im 19. Jahrhundert die Erfindung von Gußstahl ungeheuren Einfluß, und es entstanden neue Formen und Konstruktionen, die sich vorher statisch nicht hatten bewältigen lassen. Einen ähnlichen Einschnitt verursachte auch der später aufkommende Stahlbeton. Demgegenüber hatten sich die Künstler bis zum Erscheinen der Kunstharzlösungen über Jahrhunderte hinweg mit unveränderten Werkstoffen begnügen müssen.

Ähnlich wie vor langer Zeit die Einführung der Ölfarbe dem Künstler breitgefächerte neue Möglichkeiten eröffnet hatte, macht heute das Acryl mit seiner ganz neuen Charakteristik den Weg für neue Techniken frei, und dies noch mit dem Vorteil, daß es chemisch sehr sicher und beständig ist. Bei seinem ersten Erscheinen neigten die Künstler noch dazu, den neuen Werkstoff lediglich auf den eingefahrenen Gleisen der bereits bestehenden Techniken einzusetzen. Es stellte sich jedoch schnell heraus, daß Acrylfarben ausgeprägte eigene Charakterzüge haben und daß es nicht genügt, mit ihnen andere Medien lediglich zu imitieren.

Acryl hat seine Vorteile und seine Grenzen, und es ist Sache des Künstlers, die einen zu nutzen, ohne die anderen zu mißachten. Als Trägerlösung hat Acryl nichts mit Öl zu tun; Substanz und Körper dieser Farben sind mehr der Wasserfarbe, Guasch und Tempera verwandt. Die Florentiner Temperamaler hätten Acryl eher benutzt als die venezianischen Ölmaler wie Tizian (ca. 1487/90–1576) und Tintoretto (1518–1594), die glanzdurchglühte Oberflächen anstrebten. Acryl ist von einer Leichtigkeit und Feinheit, die zum Verdünnen mit Wasser oder Acryllösung geradezu einlädt.

Einbeziehen des Untergrundes Mit Arcyl können Folgen verschiedener Farbschichten miteinander verbunden werden, und dabei kann auch der Untergrund mit in die Gestaltung einbezogen werden; weiße Leinwand kann etwa durch eine Schicht Veneziarot schimmern und diesem einen Ausdruck verleihen, der durch den Auftrag einer weiteren, weißen Farbschicht nicht zu erreichen wäre. In dieser Hinsicht ist Acryl der Wasserfarbe sehr ähnlich. Ein weiterer Hauptvorzug dieser Farbart ist die Transparenz, die beim Zumischen von Wasser oder Acryllösung entsteht.

Lasieren Lasieren mit Acrylfarben ist nicht nur einfach, sondern es bringt auch eine der vorzüglichsten Eigenschaften dieses Werkstoffes an den Tag. Speziell im Anfangsstadium eines Gemäldes empfiehlt sich das Lasieren.

Farbe für Lasurzwecke läßt sich mit Wasser oder Lasurlösung anmischen. Die Farbe wird mit Hilfe eines Messers oder eines feuchten Pinsels auf der Palette mit Wasser oder Lösung gemischt (s. S. 74). Soll die Farbe stark mit Wasser verdünnt werden, so gibt man etwas matte oder Glanzlösung zu, um ihre Bindekraft zu erhalten.

Deckfarbenauftrag Unverdünnte Acrylfarbe ist relativ steif, obwohl die Konsistenz von Farbton zu Farbton verschieden ist; nur wenige Farben kann man auch unverdünnt leicht verarbeiten. In diesen

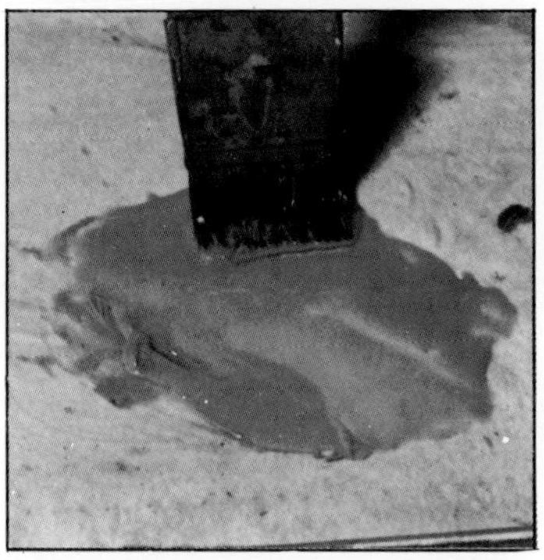

Lasurschichten anlegen 1. *Farbe mit Palettmesser mischen. Farbe mit in Wasser getauchtem Pinsel verdünnen.*

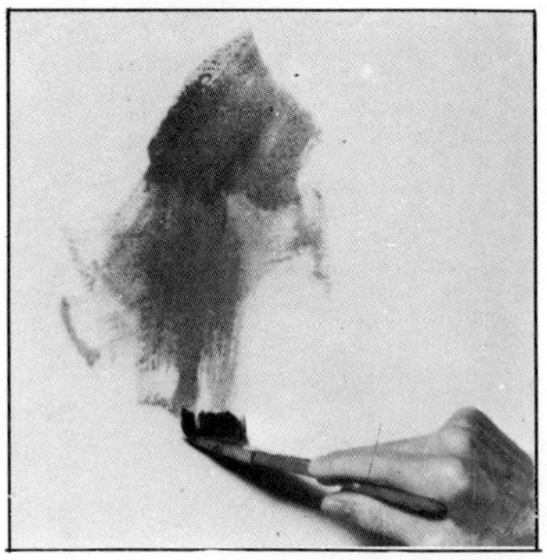

2. *Farbe auf die Leinwand auftragen. Bei dünner Malweise scheint die Grundierung durch.*

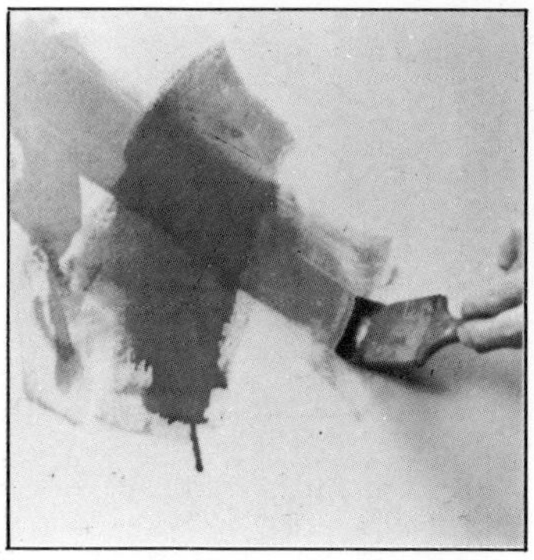

3. *Erste Schicht einige Minuten trocknen lassen, dann zweite Schicht mit gleich stark verdünnter Farbe auftragen.*

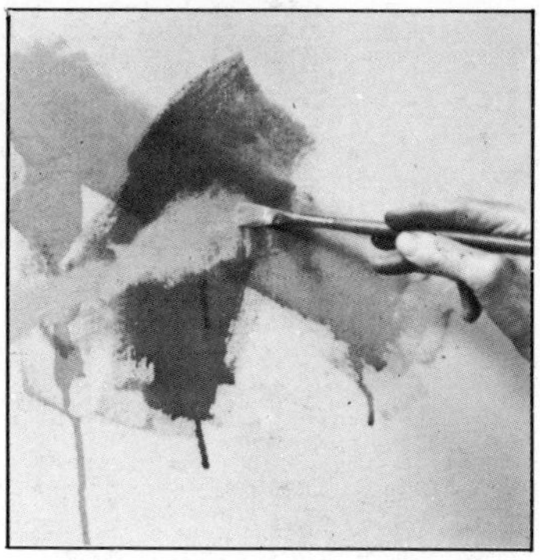

4. *Man kann unbegrenzt viele Lasurschichten übereinanderlegen und sie mit Deckfarbe teilweise wieder abdecken.*

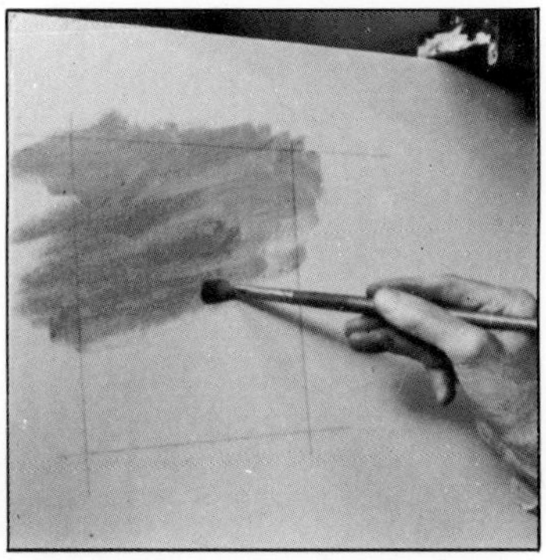

Farbflächen ohne sichtbaren Pinselstrich 1. *Durch die Bleistiftlinien kann die Deckkraft ermittelt werden. Farbschicht auftragen und gut in die Leinwand einarbeiten.*

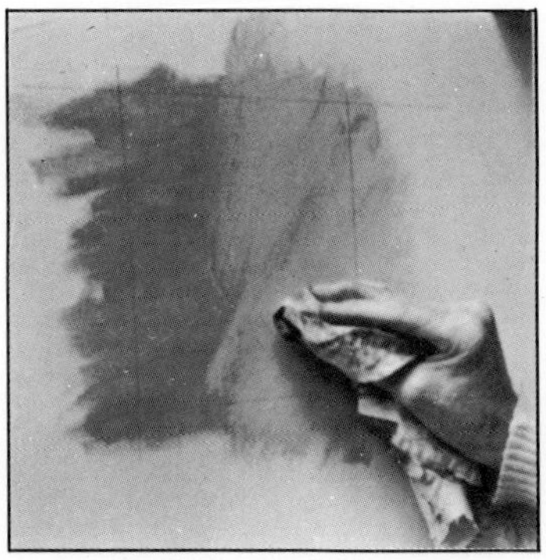

2. *Farbe mit trockenem Lappen in das Gewebe einreiben und gleichzeitig die Pinselstruktur verreiben.*

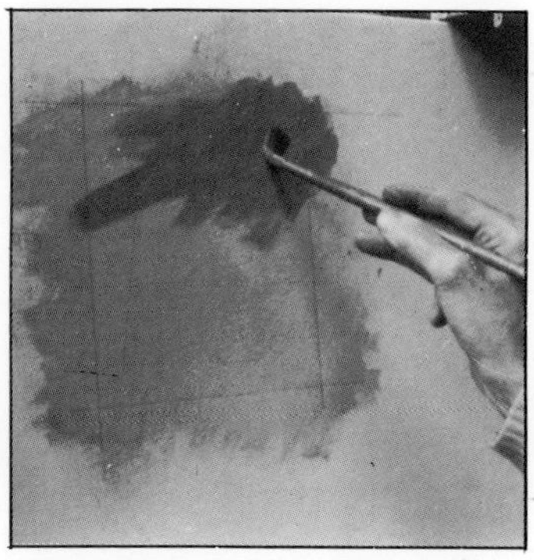

3. *Einige Minuten trocknen lassen, danach zweite Schicht auftragen. Sie kann erforderlichenfalls heller oder dunkler sein als die erste. Trocknen lassen.*

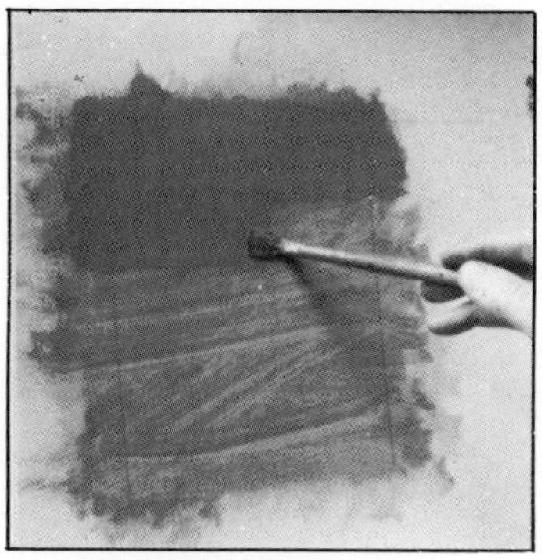

4. *Dritte Schicht auftragen. Jetzt deckt die Farbe die Bleistiftlinien völlig ab. Unter Vermeidung von Pinselstrukturen gleichmäßig arbeiten.*

Fällen können deckende Farbflächen mit unverdünnter Farbe angelegt werden, aber gewöhnlich sollte man doch auch hier etwas Wasser oder Acryllösung zugeben.

Um tiefe, glattflächige Farbflächen mit wenig oder ohne Pinselstruktur zu erreichen – etwa wie der Himmel in Peter Blakes „Tarzan“ – kann man mehrere Schichten wenig verdünnter Farbe auftragen. Pinsel oder Palettmesser dienen zum Deckfarbenauftrag.

Rowney bietet als Variante seiner „Cryla“-Farben die „Flow-Formula“ an. Sie ist flüssiger, läßt sich leichter verarbeiten und eignet sich besonders zum Anlegen großer Flächen in Deckfarbe. Sehr glatte Oberflächen lassen sich auch durch Zusatz von Wasserenthärtungsmitteln zur Farbe auf der Palette erzielen. So angemischte Farbe und Flow-Formula eignet sich hervorragend für abstrakte Malerei mit scharfer Farbabgrenzung; die scharfen Linien werden durch Aufkleben von Markierband erreicht.

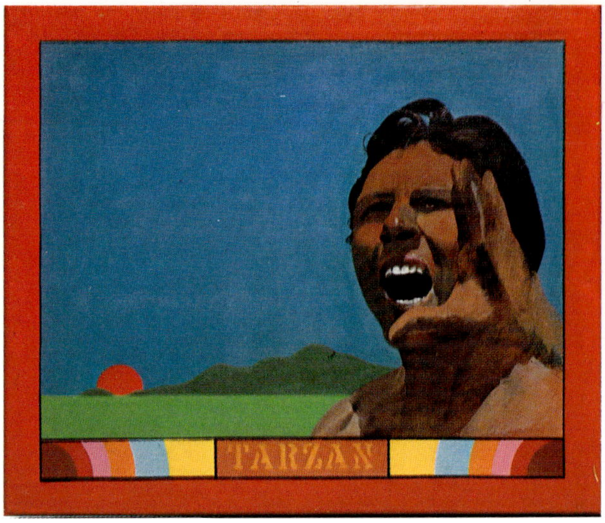

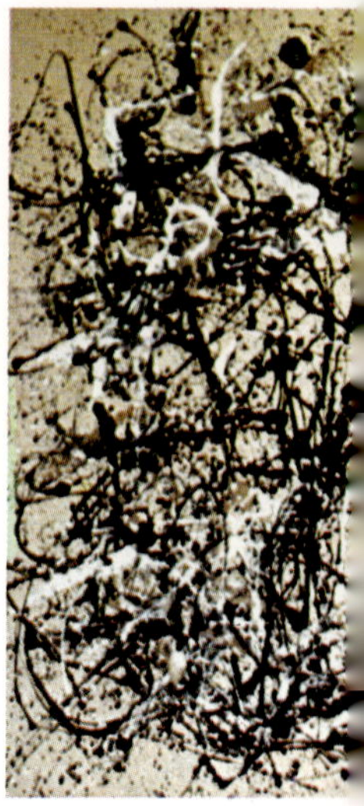

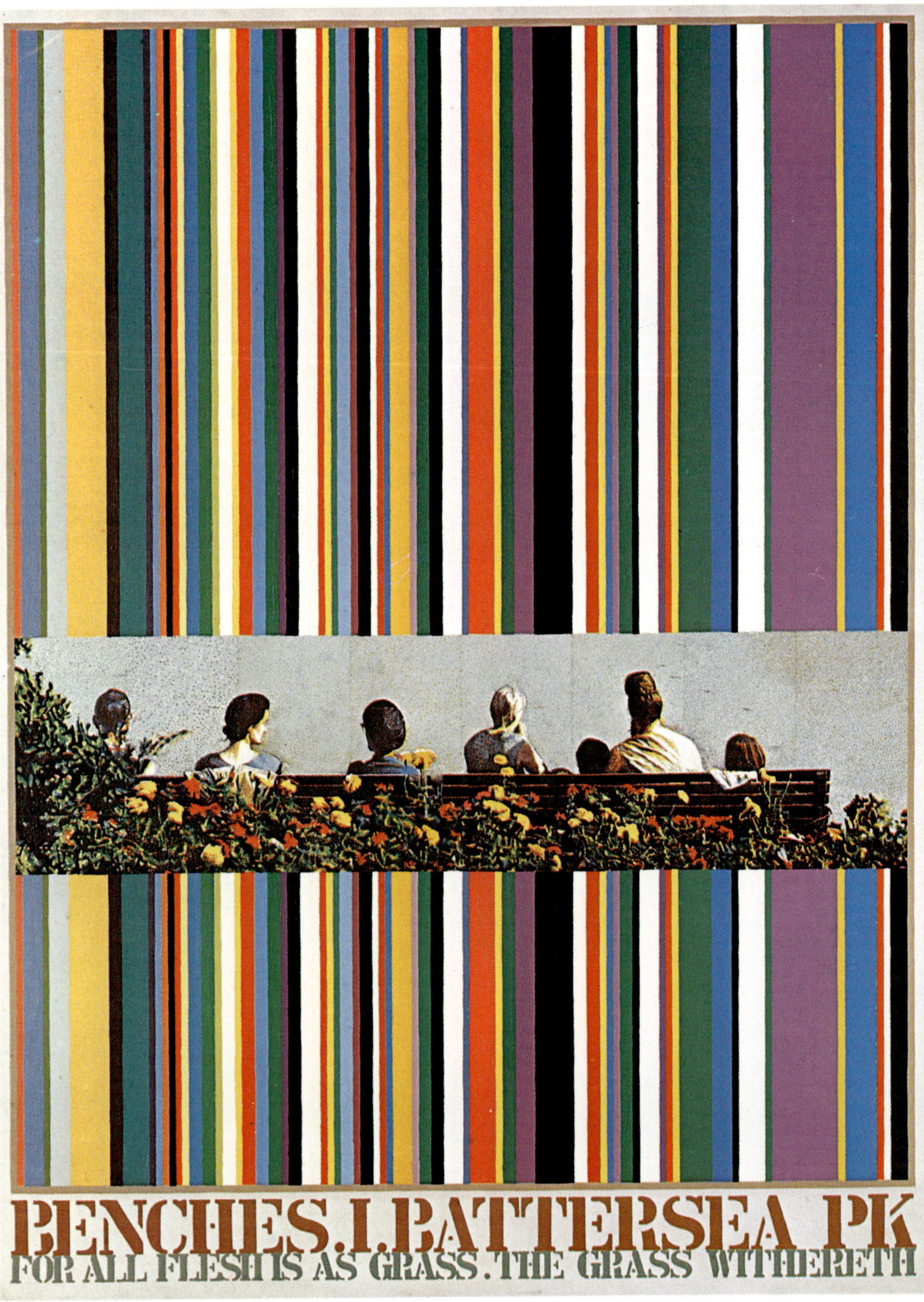

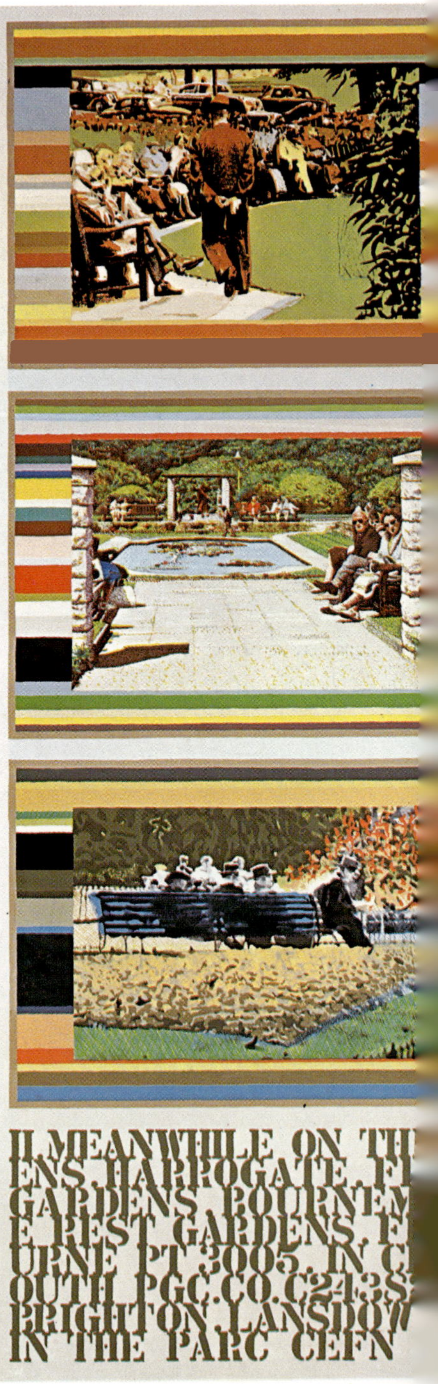

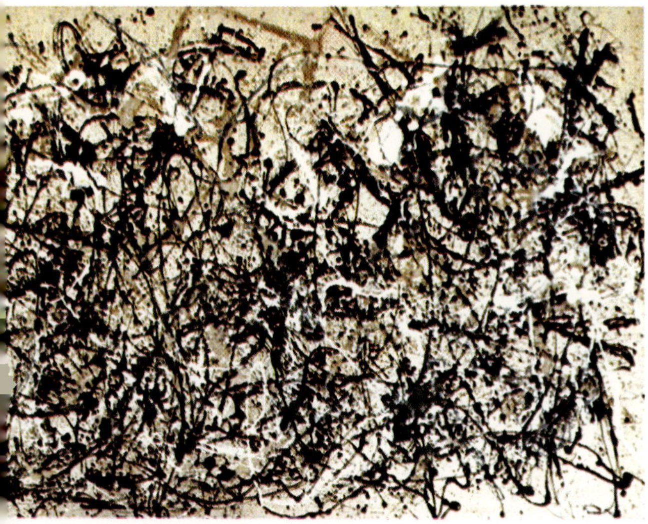

Links außen **Peter Blake: Tarzan** *Die Stärke des Bildes liegt in den kontrastierenden Farbaufragstechniken. Starke, lebhafte Pinselstruktur kennzeichnet Tarzans Kopf, während der Himmel in tiefem, ebenmäßigem Blau ohne jede Tönung oder Struktur angelegt ist.*

Links **Jackson Pollock: Gemälde** *Pollock bearbeitete die flach auf dem Boden liegende Leinwand und goß oder warf Farbe darauf. Danach behandelte er sie mit Messern, Holzstücken, Schwämmen und Lumpen. Er benutzte dünne und dicke Farben mit unterschiedlichen Trocknungszeiten. Acrylfarbe hält eine derartige Behandlung besser aus als jede andere.*

Unten **Tom Phillips: Bänke** *Phillips nahm Postkarten als Vorlage für dieses der Vergänglichkeit gewidmete Gemälde. Er wählte Acrylfarbe in einer Reihe von Techniken, um die Postkarten wiederzugeben. Tupfer, Schraffuren und trockener Pinsel werden ausgiebig verwendet. Die vertikalen und horizontalen Streifen geben die Farben wieder, die für jedes Postkartenabbild benutzt wurden. Das Bild ist fast drei Meter lang, 1,5 Meter hoch und aus drei Leinwänden zusammengesetzt. Die 19 Aquatecfarben wurden fast alle mit langen, quadratischen Graphikerpinseln aufgetragen.*

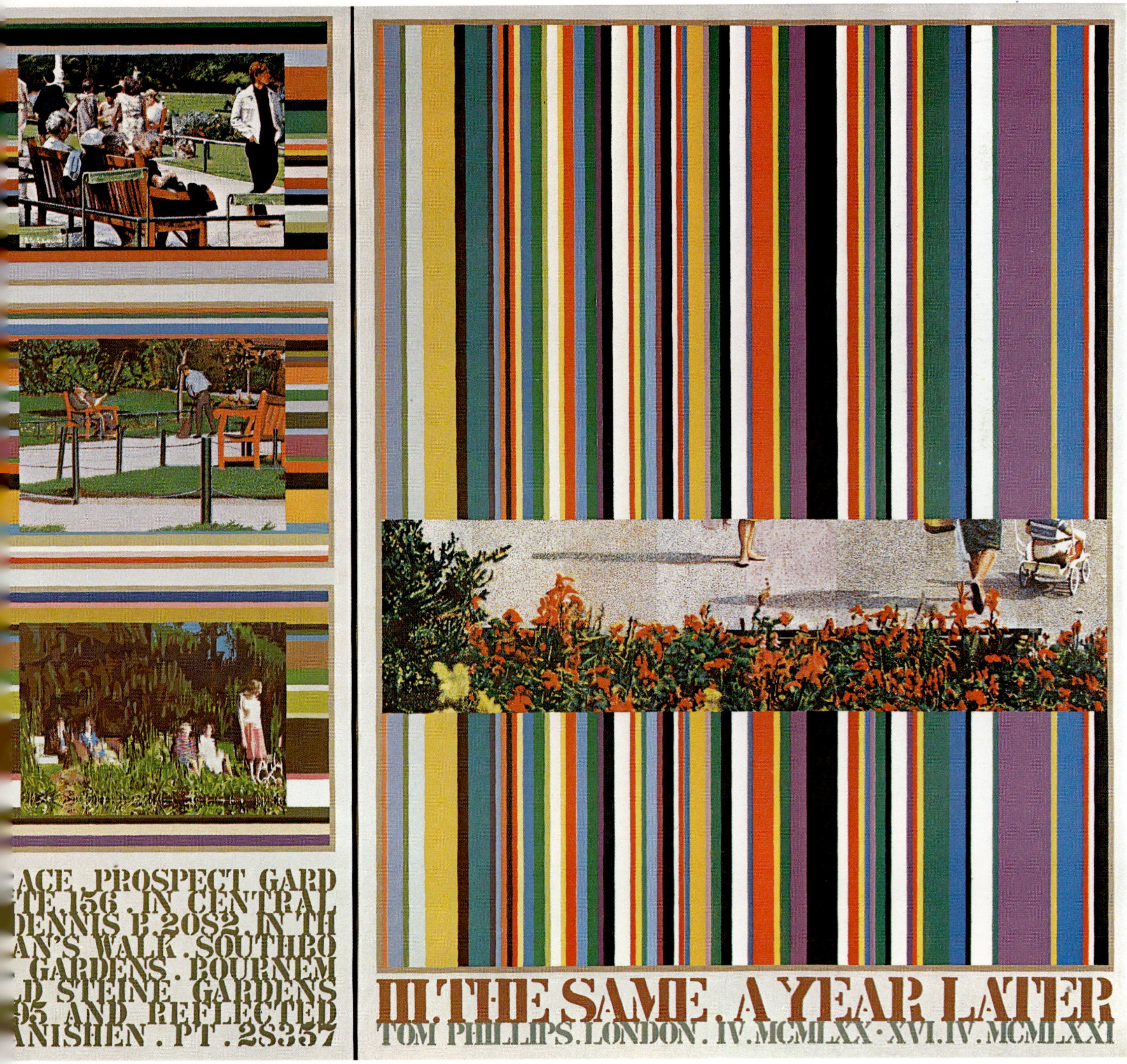

Die Kombination von Lasur und Deckfarbe gibt dem Gemälde eine interessante Oberfläche mit ausgeprägten Strukturvarianten. Mit dem schnelltrocknenden Acryl läßt sich leicht eine Lasur- auf eine Deckfarbenschicht auftragen oder umgekehrt.

Sichtbare Pinselstruktur Mit Acryl läßt sich die Pinselführung auf dem Bild ebenso sichtbar machen wie mit Ölfarbe. Die Farbe wird dazu unverdünnt oder mit nur wenig Wasser oder Acryllösung verarbeitet. In Peter Blakes „Tarzan“ zeigt das Portrait stark ausgeprägte Pinselstriche, die es in lebhaften Gegensatz zur ebenmäßigen Farbe des Himmels setzen.

Die im Öl- und Wasserfarbenbereich geläufige „trockene“ Pinseltechnik – die trockenen Borsten werden leicht gespreizt geführt – ist sowohl bei dikker wie bei dünner Acrylfarbe ebenfalls gut anwendbar.

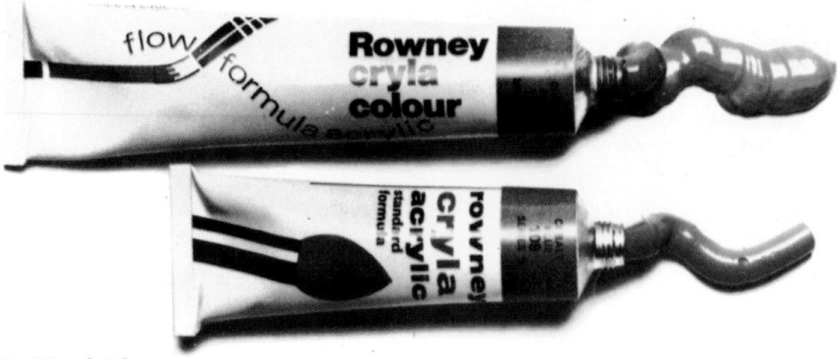

Flow Formula *Im Vergleich zu normaler Acrylfarbe ist Rowneys Flow Formula sehr flüssig, aber von vergleichbarer Deckkraft. Sie eignet sich besonders zum Bedecken großer Flächen mit Farbe.*

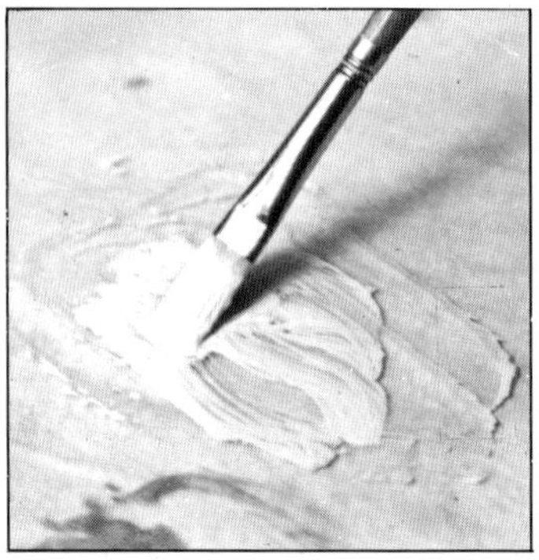

Unbehandelte Leinwand einfärben **1.** *Farbe mit Wasser oder Trägerlösung dünn anmischen.*

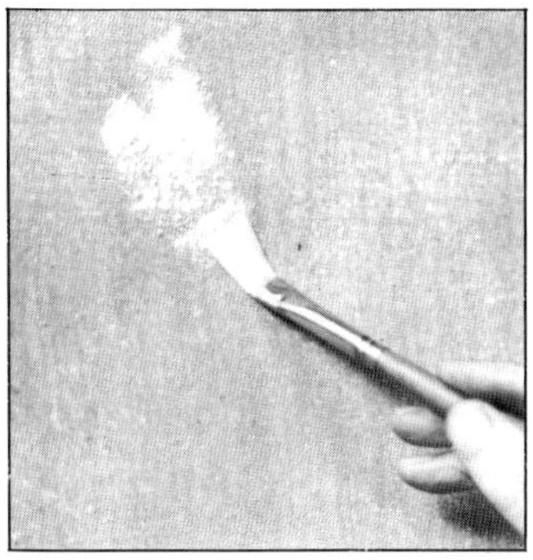

2. *Farbe auftragen und gut in das Gewebe einarbeiten. Nach allen Richtungen verstreichen.*

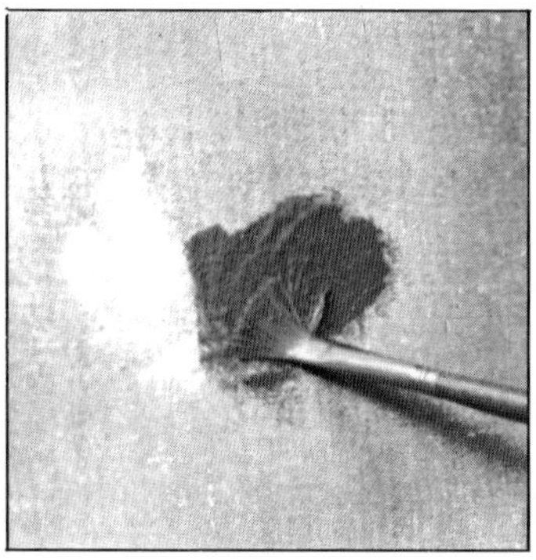

3. *Nächste Farbe auftragen und gut einarbeiten. Die ganze Leinwand kann zwecks späterer Übermalung mit einer Farbe eingelassen werden; großen Pinsel verwenden.*

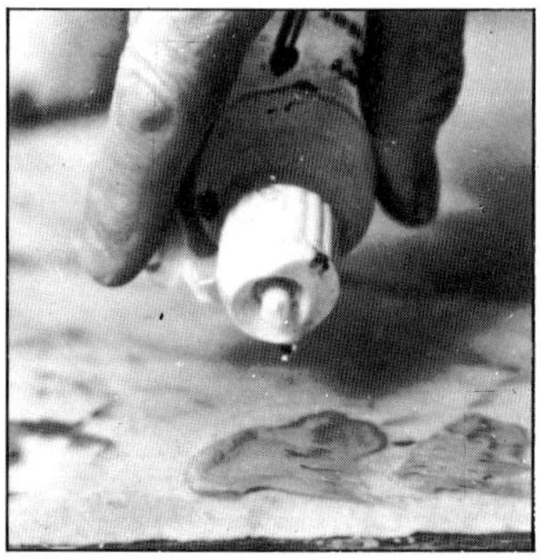

Verzögerungsmittel *Um die Trocknungszeit von Acrylfarbe zu verlängern, gießt man ihr auf der Palette einige Tropfen Trocknungsverzögerer zu.*

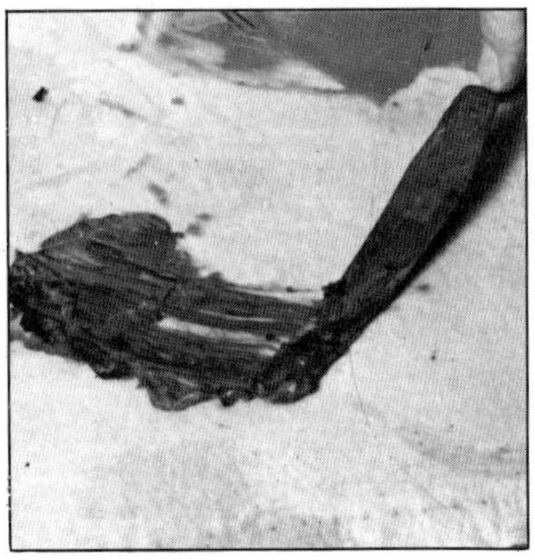

Impastoauftrag 1. *Farbe mit wenig Wasser oder Lösung zähflüssig anmischen.*

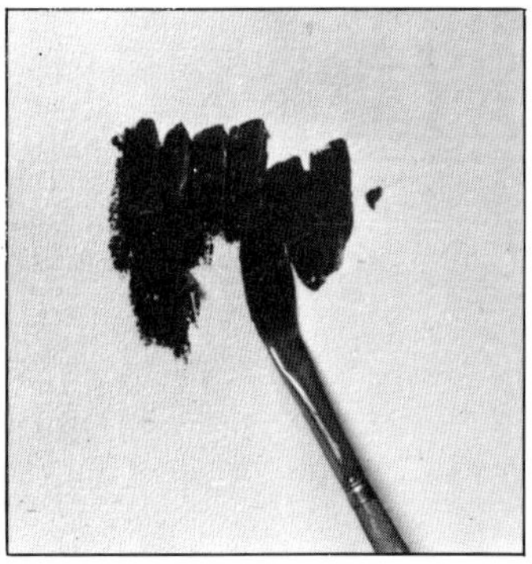

2. *Farbe mit dem Pinsel auftragen und formen. Auftrag und Ausgestaltung sind auch mit dem Palettmesser möglich.*

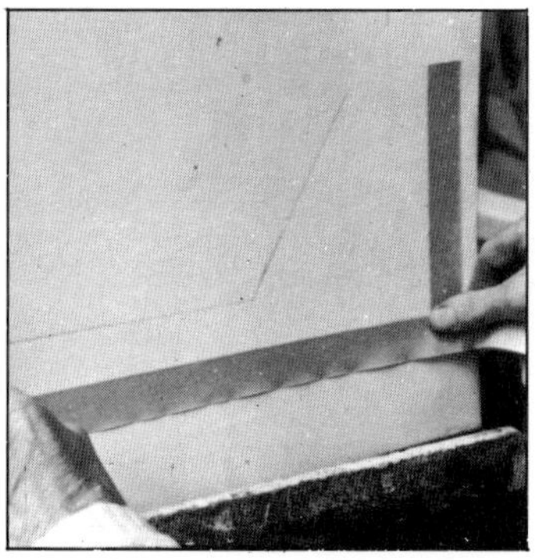

Abdeckband für scharfe Konturen **1.** *Entwurfslinien mit Bleistift vorzeichnen und an den Kanten Maskierband aufkleben.*

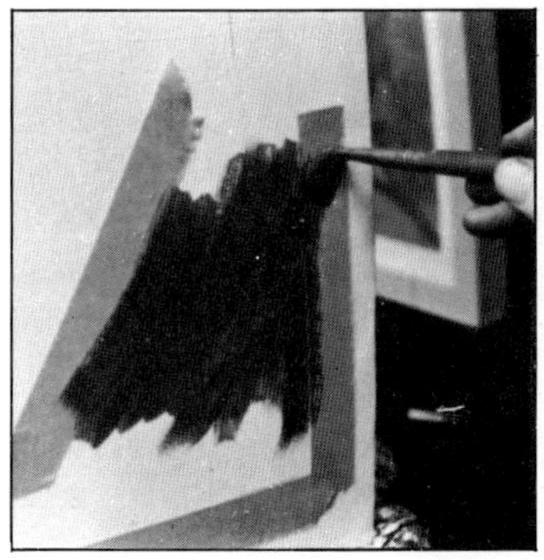

2. *Farbe auf die gewünschte Fläche auftragen. Der Pinsel wird bis in das Maskierband geführt.*

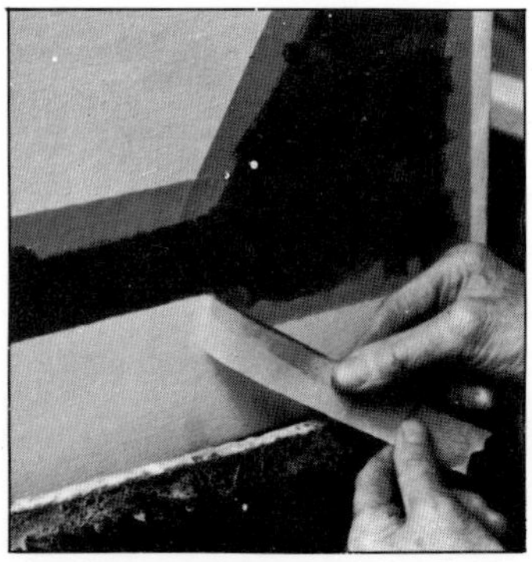

3. *Band vorsichtig abziehen. Die scharfen Linien werden sichtbar. Farbe trocknen lassen.*

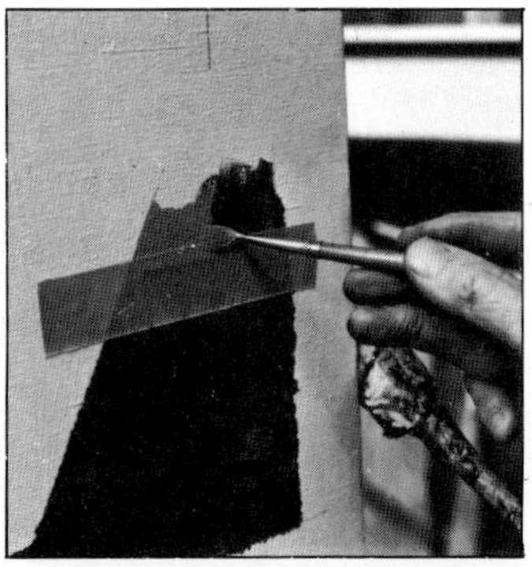

4. *Zur Ausführung horizontaler Linien Bandstück auf die trockene Farbe kleben. Farbe bis in das Band streichen.*

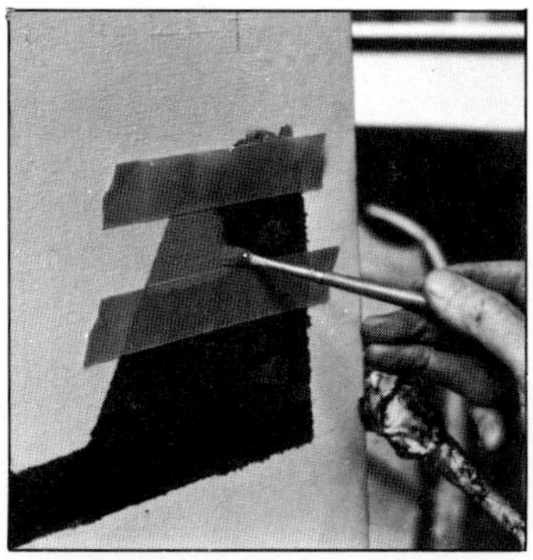

5. *Die fertiggestellte und einen schmalen Streifen der vorherigen Farbschicht erneut abdecken, und weiter unten einen weiteren Bandstreifen aufkleben. Den entstehenden Zwischenraum ausmalen.*

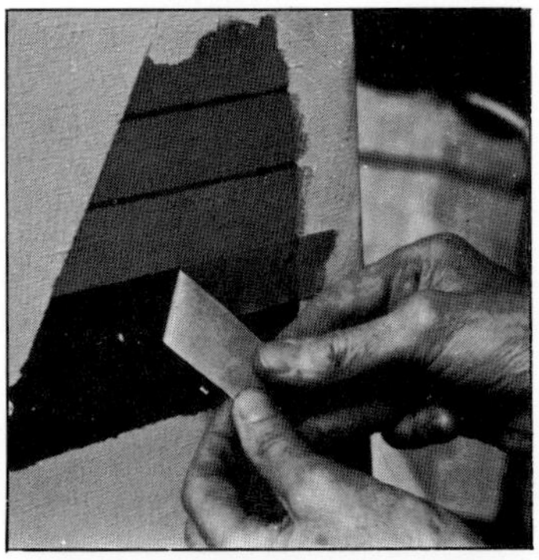

6. *Ebenso fortfahren: jedesmal zwei Streifen aufkleben, wobei der obere immer ein schmales Stück der ersten Farbschicht mit abdeckt. Farbe zwischen den Bandstreifen anlegen.*

Impasto Acryl ist der beste Farbträger für jeden pastosen Auftrag, von der fein durchstrukturierten Oberfläche bis hin zur direkt auf die Leinwand ausgedrückten Farbtube, etwa in der Manier eines Jackson Pollock, eines John Bratby (geb. 1928) oder vieler anderer zeitgenössischer Maler. Auch mit Ölfarbe ist Impasto natürlich möglich, dort aber umständlich und zeitraubend; außerdem bringt der langsame Trocknungsprozeß dort Probleme wie verstaubte Oberflächen und Farbrisse mit sich. Auch direkt aus der Tube ausgedrückte Acrylfarbe braucht ihre Zeit zum Trocknen, aber bei weitem nicht so viel wie Ölfarbe; außerdem haftet sie sofort fest auf dem Untergrund.

Für Impastos gibt es spezielle Strukturfarben. Sie werden aufgetragen, trocknen sehr schnell und können dann mit jeder Farbe, auch mit Ölfarbe, übermalt werden; Acrylfarbe haftet allerdings am besten darauf. Manche Maler meinen jedoch, daß Impastos den persönlichen Umgang des Künstlers mit der Farbe ausdrücken sollten, was durch die Verwendung fabrikmäßig hergestellter Impastofarbe kaum möglich sei.

Farbauftrag auf nasse Farbe Mit Ölfarbe vertraute Künstler kritisieren bisweilen die schnelle Trocknunszeit von Acryl. Für diejenigen von ihnen, die ihre Maltechnik auf das Bemalen noch feuchter Oberflächen ausgerichtet haben, oder die gewöhnt sind, Farbe mit Terpentin abzuwaschen oder zu entfernen, hat schnelltrocknende Farbe in der Tat Nachteile. Dieses Problem läßt sich jedoch teilweise durch speziell für die Acrylfarbe entwickelte Trocknungsverzögerer ausräumen, die ihr auf der Palette zugegeben werden.

Unten **Leonard Rosoman: Das Kaninchen** *Rosoman hat hier die Farbe relativ stark auf grundierte Leinwand aufgetragen; Lasur wird nur für die Schatten des Gartens und des Kaninchens verwendet, die dadurch leicht zu vibrieren scheinen.*

Linien malen Beim Malen von Linien zeigt sich eine weitere Qualität von Acryl: Sie können etwa als Entwurfslinien vorab aufgetragen oder als feine Linien in den Bildaufbau einbezogen werden. Die Farbe wird dazu verdünnt und mit weichen Marderhaarpinseln aufgetragen.

Viele von Leonard Rosomans Acrylgemälden bauen stark auf Linienstrukturen auf. Er verwendet lebhafte, dunkelfarbige Linien und malt sie oft mehrfach auf und in das Bild, bis er genügend Formen angesammelt hat, die er dann mit dünner Farbe in Verwaschtechnik oder mit stärkerem Farbauftrag füllt.

Leinwand einfärben Leinwandgewebe kann zum Bestandteil des fertigen Gemäldes werden, sofern man mit stark wasserverdünnter Farbe auf nicht grundierter Leinwand arbeitet; die Marke „Flow Formula“ ist dafür besonders geeignet. Die rohe Leinwand wird fast mit Farbe getränkt. Dem Wasser zugesetzte Enthärtungsmittel tragen zur Erhaltung der Farbintensität bei.

Firnisauftrag und Säuberung Acrylgemälde müssen nicht unbedingt mit Firnis geschützt werden, aber bei Außenwandgemälden sollte es geschehen. Man verwendet dann matten Acrylfirnis, da dieser Lichtreflexionen auf großen Bildflächen verhindert und erforderlichenfalls mit Testbenzin oder Terpentin entfernt werden kann.

Ein Gemälde ohne Firnis kann leicht mit Wasser und Seife gesäubert werden, weil Farbe und Grundierung wasserunlöslich sind; man tut dies mit einem weichen Schwamm; das gereinigte Bild wird dann nochmals mit Schwamm und klarem Wasser abgewischt.

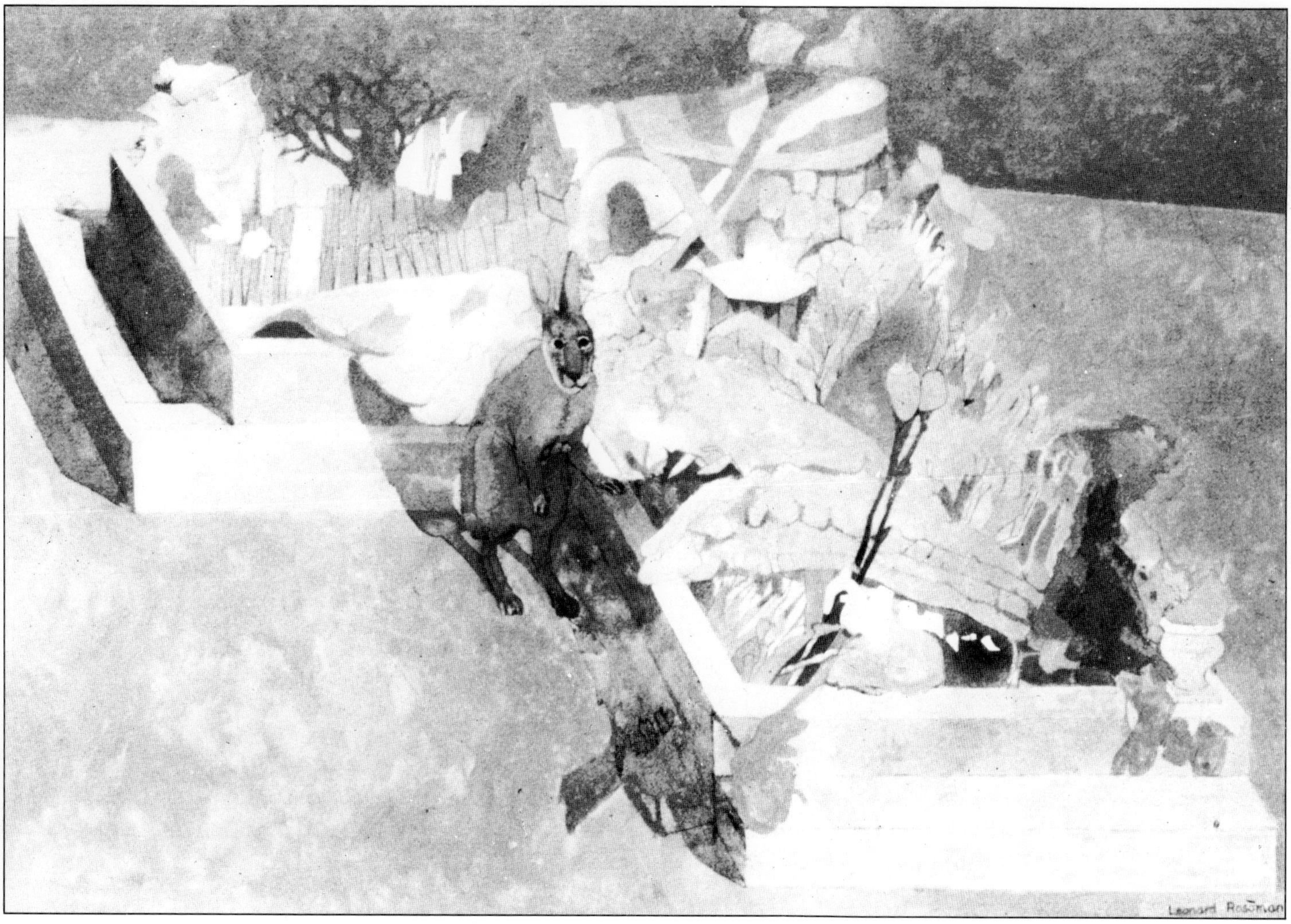

5. Kapitel

Tempera

Theoretisch umfaßt das Wort „Tempera" jede Substanz, die sich als Bindemittel für pulverisiertes Pigment gebrauchen läßt. In der Praxis kennzeichnet Tempera jedoch ein auf Eibasis zubereitetes Bindemittel; Eitempera ist denn auch der Gegenstand dieses Kapitels. Tempera trocknet fast sofort, kann leicht abgekratzt werden und bietet Anwendungsmöglichkeiten, die bei den meisten anderen Werkstoffen kaum durchführbar wären. Sie bietet sich für vielerlei Techniken an.

Gewöhnlich wird das Eigelb mit Wasser gemischt, aber auch mit Öl und sogar mit Wachs lassen sich Emulsionen herstellen. Der entstehende Farbträger ist äußerst vielseitig, vielseitiger etwa als Öl, wo der Farbschichtaufbau „fett auf mager" beachtet wer-

Rechts **Byzantinischer Meister** Rechts außen **Duccio di Buoninsegna: Die Berufung der Apostel** *Die frühe Temperatechnik war einfach, aber sorgfältig und bediente sich häufig des Blattgoldes. Duccio zeichnete den Entwurf ein und malte ihn aus.*

Unten **Sandro Botticelli: Die Geburt der Venus** *Viele moderne Maler stützen sich noch auf Botticellis Technik. Er legte über der Vorzeichnung kühle, neutrale Farbflächen an und dann nach und nach die endgültigen Farbtöne.*

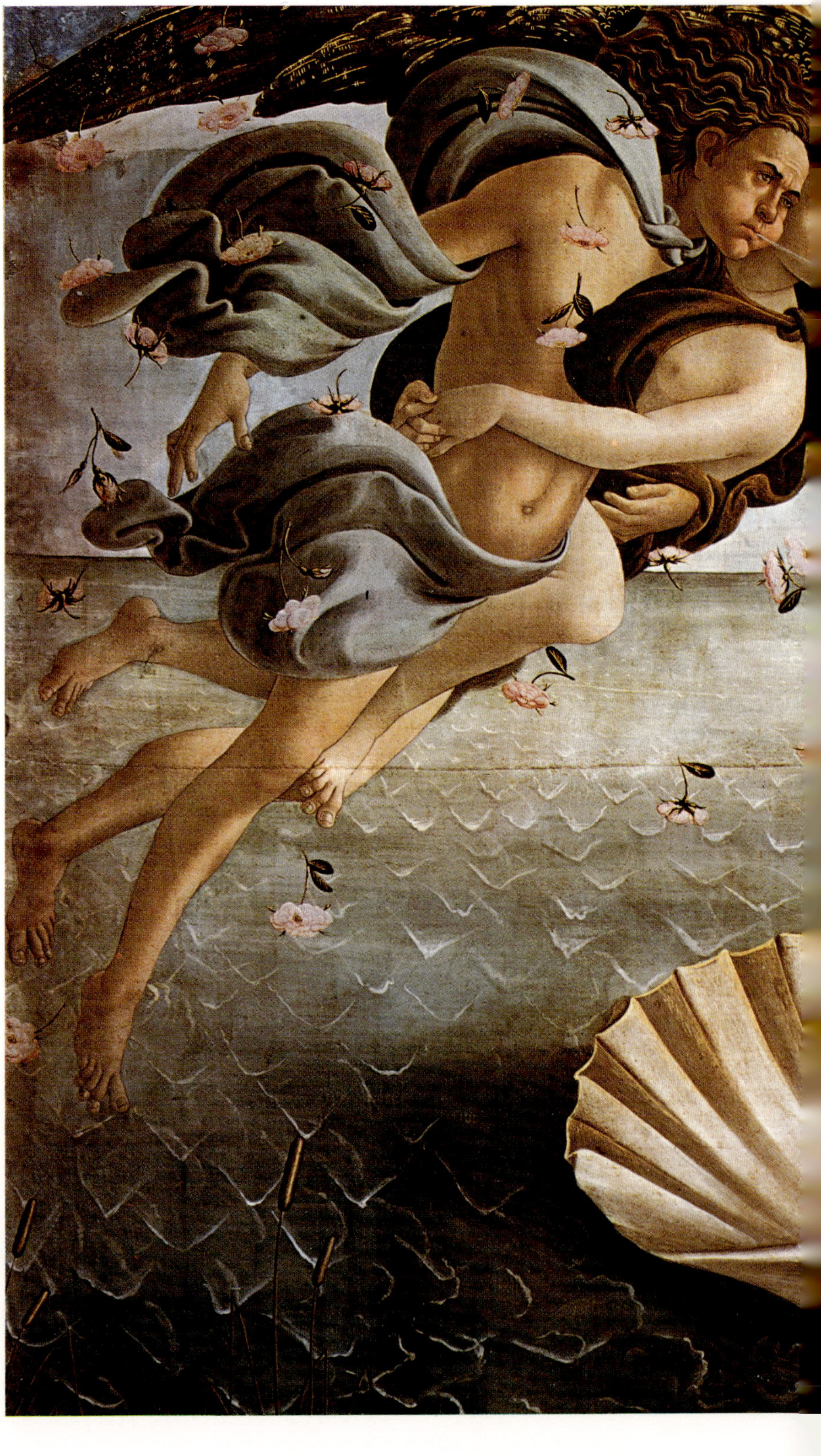

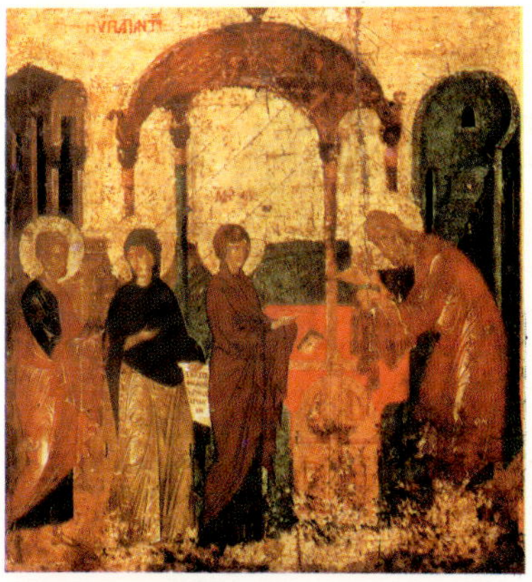

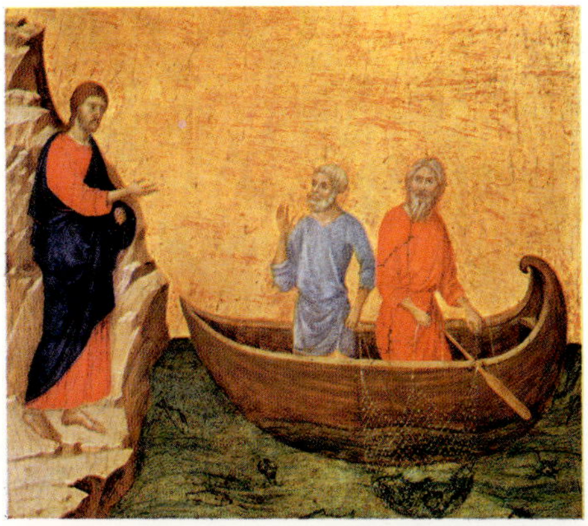

den muß, wo man also jeder neuen Farbschicht mehr Öl zugeben muß, um Rißbildungen in den unteren Schichten zu vermeiden. Mit Tempera kann man dagegen fett auf mager ebensogut wie mager auf fett arbeiten.

Tempera läßt sich auch außerordentlich vielseitig mit anderen Trägerlösungen kombinieren; eine Ei-Öl-Emulsion kann zum Beispiel in flüssige Ölfarbe eingearbeitet werden. Da aber Emulsionen und gemischte Trägerlösungen den Nachteil aufweisen, daß ihre Bestandteile unterschiedlich lange Trocknungszeiten haben können, ist die innerhalb von Sekunden trocknende reine Grundlösung aus Eigelb und Wasser die unproblematischste.

Die an Ölfarbe gewöhnten Künstler werden sich

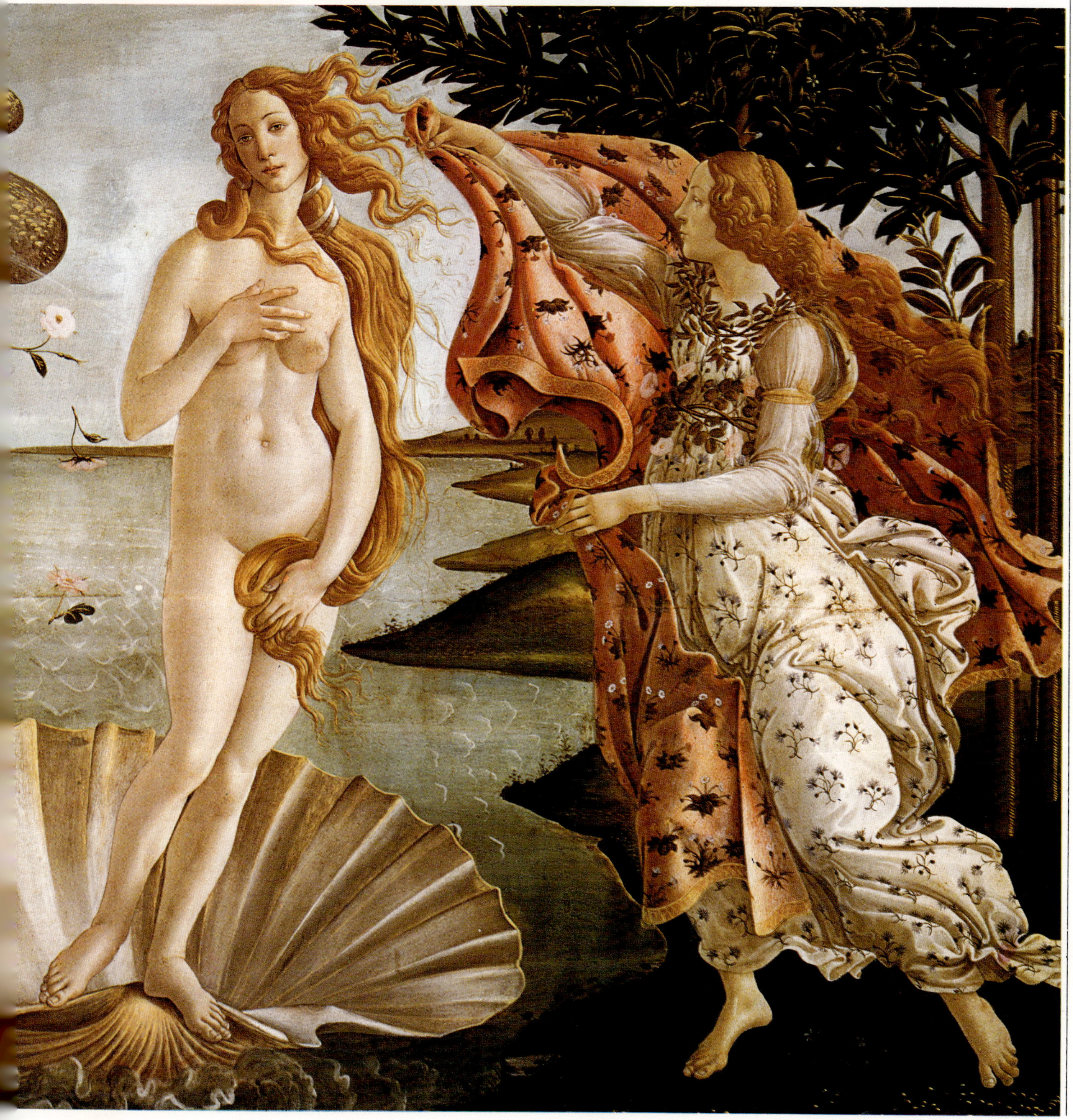

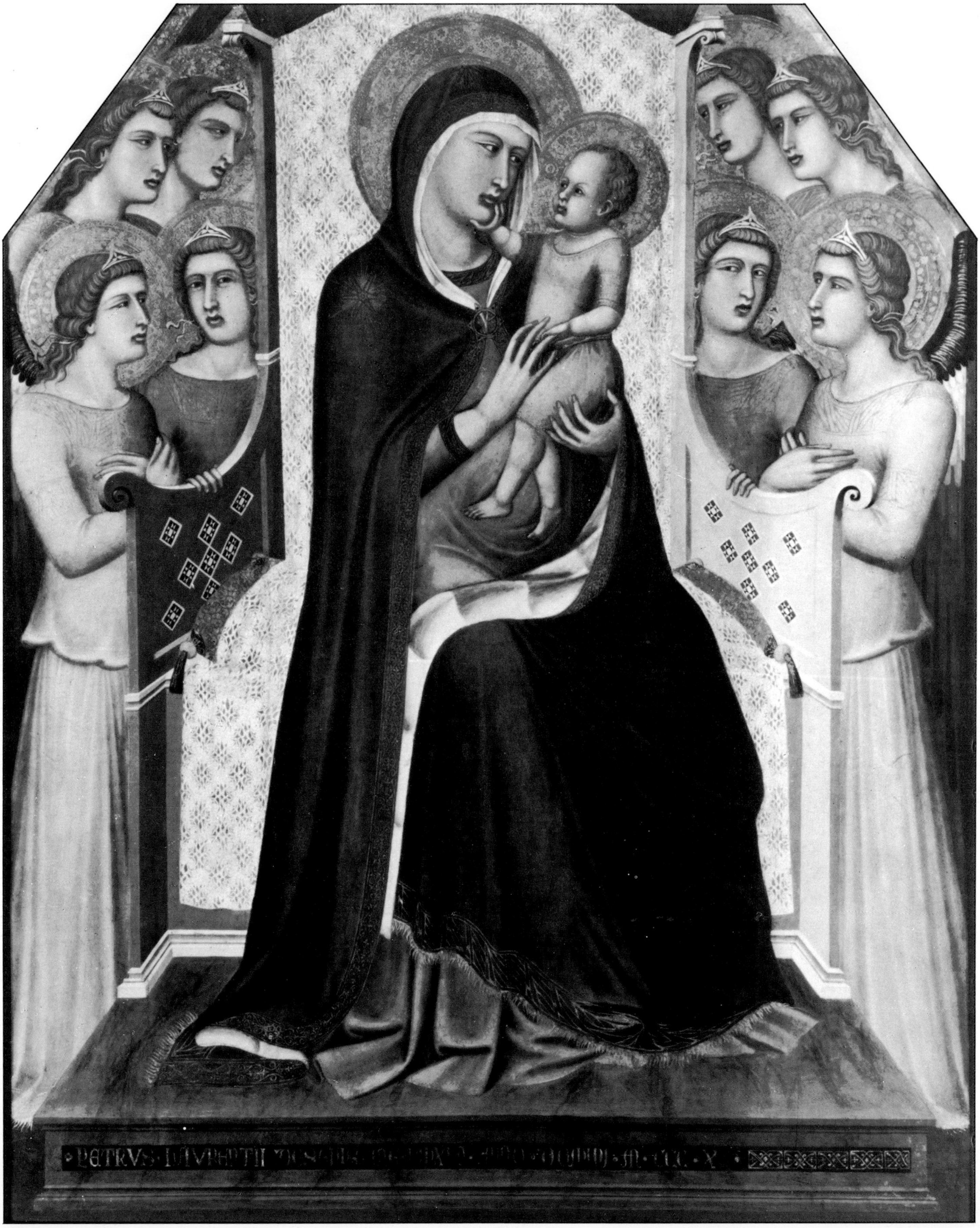

Oben **Pietro Lorinzetti: Madonna mit Kind** *Ein Altarbild aus dem frühen 14. Jahrhundert, mit Farbauftrag über der Zeichnung und leichten Waschtönen.*

Rechts oben **Piero della Francesca: Krippenszene** *Piero zeichnete mit grüner Erde und legte schwache Waschtöne der gleichen Farbe darüber, wie aus der Kleidung der linken Figur ersichtlich ist. Direkt darauf folgte der meiste übrige Farbauftrag in einer einzigen Schicht.*

Rechts unten **Fra Angelico: Abnahme vom Kreuz (Ausschnitt)** *Ähnliche Technik wie bei Piero. Die leichte, frische Darstellung der Personen, die sie aus dem kräftigen Hintergrund hervortreten läßt, ist in beiden Gemälden erkennbar.*

erst an die anderen Anforderungen und Möglichkeiten der Tempera gewöhnen müssen, obwohl sie im Prinzip nicht schwieriger zu verarbeiten ist als Öl. Sie ist in manchen Eigenschaften dem Acryl verwandt, bietet aber andere optische Effekte. Die Art, in der die Temperafarbe vom Pinsel fließt, ist mit dem Zeichnen mit weichem Bleistift verglichen worden. Sie verlangt Disziplin vom Maler, was aber sicherlich nicht unbedingt nachteilig ist; hat er nämlich seine Farben erst einmal vorbereitet und mit dem Malen begonnen, muß er in einem Zug durcharbeiten, sonst trocknet ihm die Farbe ein.

Die Oberfläche reiner Eigelbtempera ist weich, sehr fein und dunkelt nicht nach, wie dies alte Ölfarbe tut. Eine solche Tendenz besteht schon eher bei einer Ei-Öl-Emulsion. Der Hauptunterschied zwischen Tempera und Öl ist, daß der Temperamaler seine Farben aus frischen Eiern, Wasser und Trokkenpigment selbst zurechtmischen muß, will er ein erstklassiges Ergebnis erzielen, während der Ölmaler gute Farben kaufen kann. Aber die Herstellung ist keine Geheimwissenschaft, mit Tempera lassen sich im Gegenteil Farben leichter selbst herstellen als mit den anderen Farbträgern.

Die Ursprünge der Temperamalerei liegen im Dunkeln; sie scheint aber in Europa etwa um das zehnte Jahrhundert ältere Träger wie Enkaustik (heißes Wachs) als Mittel zur Tafelmalerei in Form von Staffeleiarbeiten und Altarbildern verdrängt zu haben.

Temperalösungen für das Malen und für mittelalterliche Handschriftenillustrationen wurden parallel zueinander entwickelt. Bedeutende Handschriften wurden gewöhnlich auf Kalbspergament oder anderer Tierhaut angefertigt, und da bot sich Tempera als ebenfalls tierisches Produkt ganz natürlich an. Die Kombination von Blattgold und Tempera ist nicht nur für die schön geschmückten Handschriften, sondern für die ganze mittelalterliche Tafelmalerei charakteristisch. Sie wurde sowohl in der romanischen wie in der byzantinischen Kunst praktiziert und hielt sich bis ins 15. Jahrhundert.

Mit dem Aufkommen des Naturalismus verschwand das Blattgold; in den Werken von Fra Angelico (ca. 1387–1455) und auch in den früheren Bildern von Piero della Francesca (ca. 1410–1492) taucht es noch als einer der Hauptbestandteile auf. In seinen späteren Werken, etwa in der „Krippenszene", ist es weggelassen, eine unmittelbar auf Gessogrund gemalte Temperalösung ist an seine Stelle getreten.

Manuskripte illustrierte man mit Eiweißemulsionen, für Gemälde waren aber vermutlich Trägerlöungen aus Eigelb und Wasser die Standardemulsionen. Auch der sich von den Niederlanden nach Italien und anderen Ländern ausbreitende Übergang auf die Ölfarbe stellte sich zunächst teilweise nur als Abwandlung der Tempera dar, und die Ölmalerei eines van Eyck (tätig ab 1422, gest. 1441) oder solcher italienischer Schüler der nördlichen Techniken wie Antonello da Messina (ca. 1430–1479) entwickelten sich mit an Sicherheit grenzender Wahrscheinlichkeit aus der Zugabe von Öl zu einer Eiemulsion. Die beschriebenen Emulsionen aus Ei, Öl und Firnis sind charakteristisch für diesen Zeitraum.

Die Fachwelt ist sich über die Varianten der Temperatechnik in den verschiedenen Kunstperioden nicht einig. Möglicherweise stammt die von Cennini ca. 1390 beschriebene reine Eitechnik aus dem Atelier Giottos (1266–1339), und man darf annehmen, daß sie im 13. und frühen 14. Jahrhundert zusammen mit der Freskomalerei ihren Höhepunkt erleb-

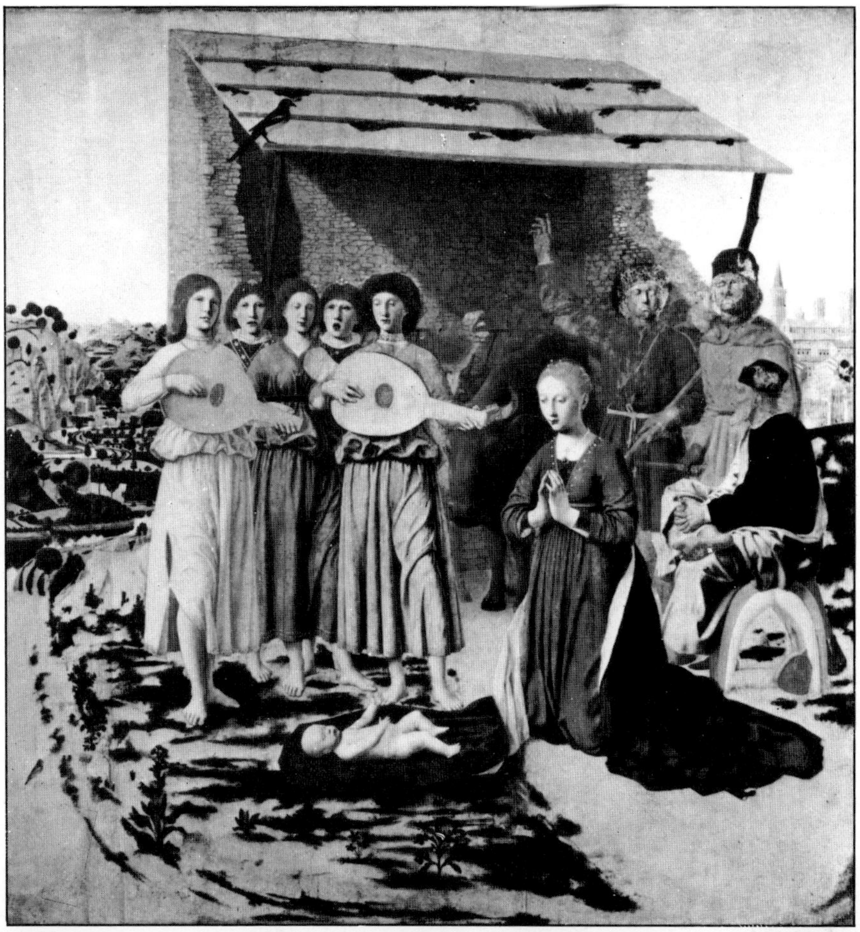

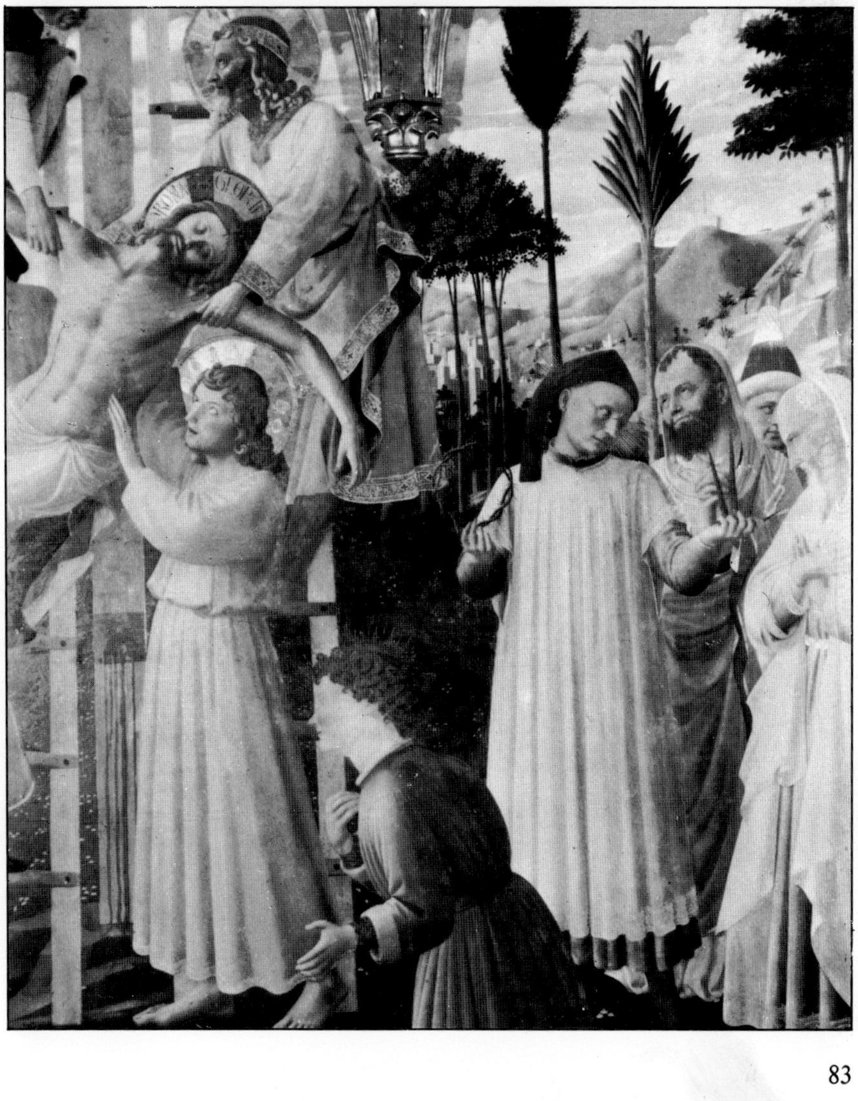

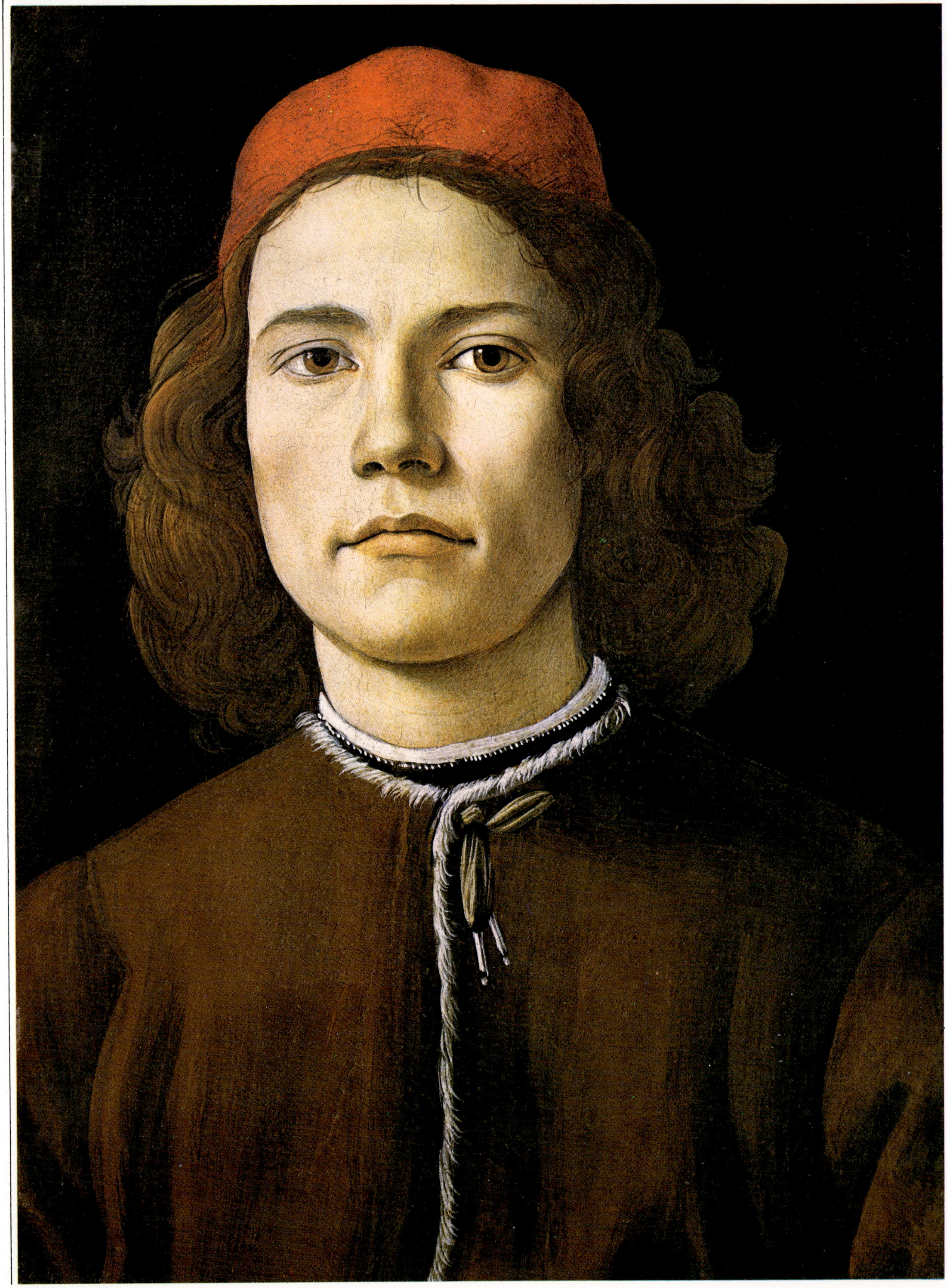

Links **Sandro Botticelli: Knabenkopf** *Kühle Waschtöne aus Ocker und grüner Erde liegen über einer fein ausgearbeiteten Zeichnung. Darauf wurde sorgfältigst mit ganz feiner Netzschraffur gearbeitet, um die subtilen Tonstufen zu erzielen. Interessant ist ein Vergleich von Botticellis Darstellungsweise des Gesichts mit der ganz ähnlichen Technik von Andrew Wyeth bei der Figur in „Christinas Welt“.*

Rechts **Samuel Palmer: Heimkehr vom Abendgottesdienst** *Palmer baute dicke Farbschichten auf, um Strukturen wie die des Grabsteines oder der Baumrinde zu erzielen. Für die Darstellung des Mondes kratzte Palmer die Farbe bis zum Gessogrund ab und ersetzte sie durch dicke, neue Farbschichten.*

Unten **Andrew Wyeth: Christinas Welt** *Wyeth ist der wichtigste Temperamaler der USA. Vermutlich malte er hier zunächst die Landschaft und kratzte dann den Untergrund für die Figur wieder frei, die so ihre Leuchtkraft dem darunterliegenden Gessogrund verdankt. Wyeth nutzt die Eigenschaften des Mediums, indem er durch ineinander verwebte Farbstriche Struktur schafft.*

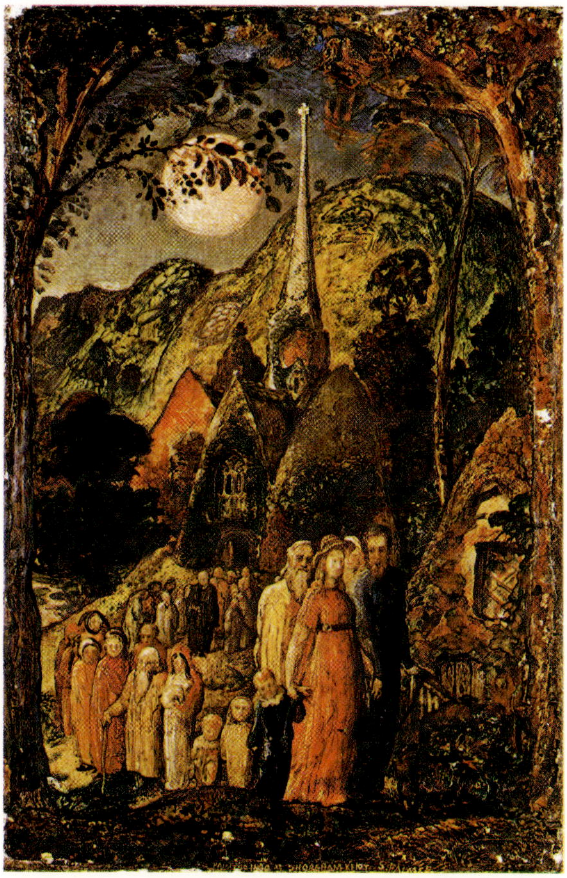

te. Ein unvollendetes Gemälde von Cima de Conegliano (1459–1517) zeigt klar den stufenweisen Aufbau der Eitemperaschichten, ausgehend vom Gessogrund und beginnend mit Untermalung in grüner Erde. „Christus bei der Heilung des Blinden“ von Duccio (1255–1319) und die „Madonna mit den Engeln“ von Pietro Lorenzetti (tätig zwischen 1320 und 1345) sind die schönsten Beispiele reiner Temperamalerei des frühen 14. Jahrhunderts.

In den Arbeiten des 15. Jahrhunderts treten dann teilweise ölige oder harzige Bestandteile hinzu: so vermutlich bei Fra Angelico und wahrscheinlich bei Piero della Francesca. Piero soll später die bald weitverbreitete und bis ins 17. Jahrhundert angewandte Technik entwickelt haben, ein Gemälde mit Tempera zu beginnen und darüber mit ölhaltigen Emulsionen oder nur mit Öl zu lasieren.

Reine Ölimpastos auf Ölgrund in der Art, die man heute als Ölmalerei bezeichnet, waren vor der Zeit eines Hals (1580/5–1666) und eines Rembrandt (1606–1669) nicht Allgemeingut. Van Eyck mag zwar bereits im 14. Jahrhundert reines Öl benutzt haben, aber noch die Maler des 15. Jahrhunderts, wie Holbein (1497/8–1543) und Dürer (1471–1528), arbeiteten wie die Florentiner dieser Zeit sicherlich auf Temperabasis.

Das Öl drängte die Tempera nur teilweise zurück, und noch im 18. Jahrhundert wurden großflächige Temperaarbeiten, wie etwa Rossis Deckengemälde in der Villa Borghese in Rom, ausgeführt.

In den USA ist die Tempera über zwei Jahrhunderte hinweg allgemein im Gebrauch geblieben.

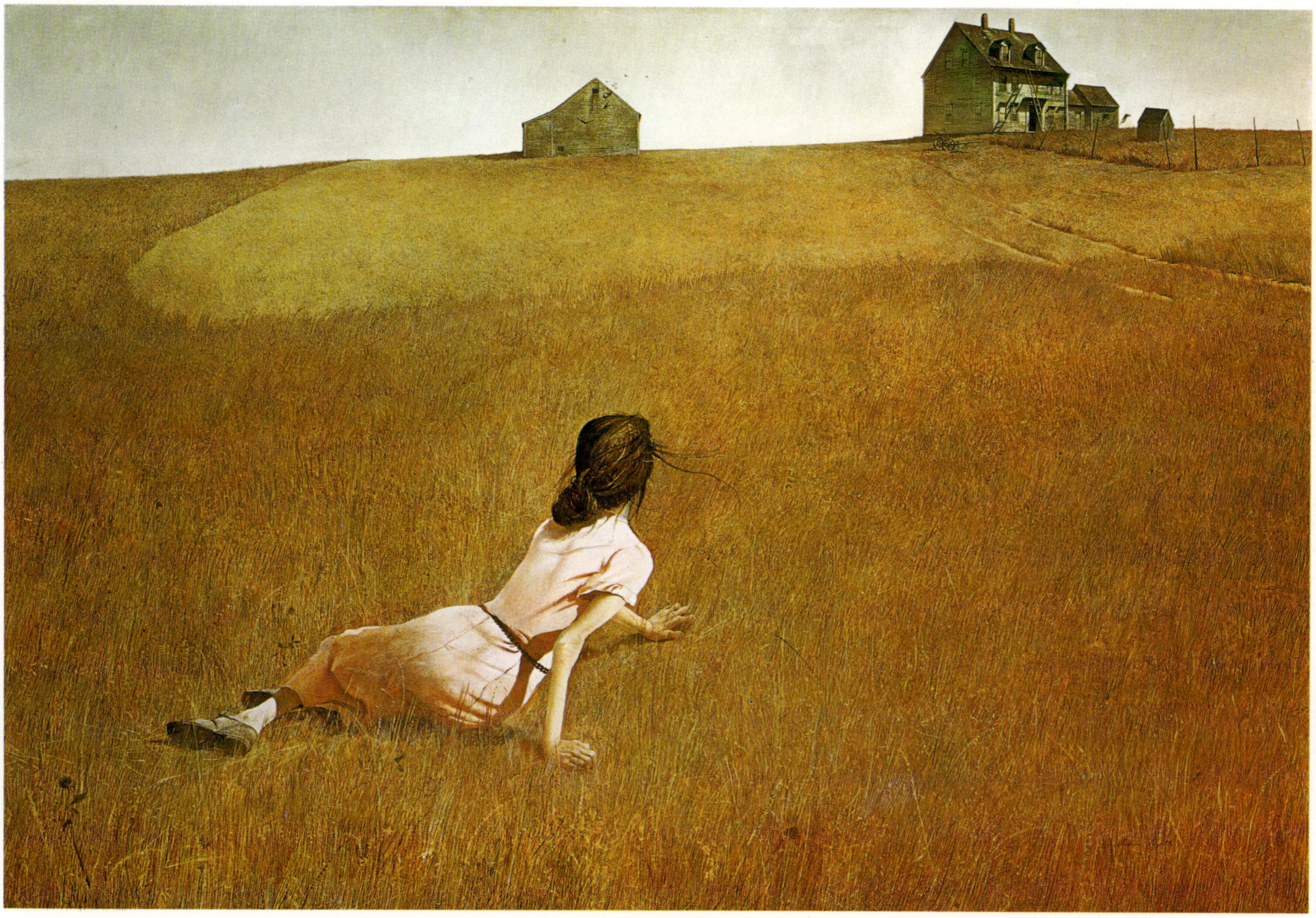

Untergründe und Grundierung

Leinwand Für Tempera benötigt man feingewebte Leinwand in bester Qualität. Sie sollte am besten auf eine Tafel geklebt werden (siehe Abb.), aber man kann sie auch wie für die Ölmalerei aufspannen. Die Tafeln werden gewöhnlich aus gut abgelagertem Holz hergestellt, aber dieses ist heute schwer erhältlich; man kann sich durch gute, unvergütete Hartfaserplatten behelfen.

Die rauhe Rückseite wird mit Leimgrund eingelassen oder noch besser mit Papier zugeleimt, um Verwerfungen beim Trocknen zu vermeiden. Man ist dann nicht auf dicke Platten angewiesen.

Paneelholz Tempera läßt sich auf passend vorbereitete Holztafeln auftragen. Nicht vergütete Preßspanplatten, Masonite und Faserplatten sind heute die besten und am leichtesten erhältlichen Untergründe. Holzpaneele sollte man nur verwenden, wenn sie gut abgelagert sind und nicht mit chemischen Schutzmitteln vorbehandelt wurden.

Masonite und Hartfaserplatten sollten über Kreuz mit Sandpapier geschliffen und dann vor der Grundierung sorgfältig abgebürstet werden. Läßt man sie vor dem Grundieren rückseitig mit Leimgrund ein, so müssen sie nicht sonderlich stark sein.

Faserplatten haben eine saubere und haftkräftigere Oberfläche als Hartfaserplatten. Sie sind unterschiedlich glatt; beim Leimgrundauftrag öffnet sich ihre Oberfläche etwas und wird rauher. Dünne Faserplatten brechen leicht; zur Versteifung können sie auf Masonite oder Hartfaserplatten aufgeklebt werden. Die Versteifung sollte als Kantenschutz für die Faserplatte leicht überstehen.

Sperrholz und Tischlerplatten sind ungeeignet. Ihre Oberflächen wellen oder spalten sich, und ihre Verleimung verträgt sich möglicherweise nicht mit dem Grundierleim. Weichfaserplatten sind viel zu zerbrechlich und eignen sich auch nicht als Versteifung.

Grundierleim Sowohl auf Leinwand wie auf Holz muß vor der Grundierung Leimgrund aufgetragen werden. Der Leimgrund besteht aus einer Leimschicht, die sich aus einem Teil Kölner Leim oder Künstlerleim und zehn Teilen Wasser zusammensetzt (siehe Abb.). Kölner Leim ist der beste Grundierleim, ist aber etwa dreimal teurer als der ebenfalls verwendbare Künstlerleimgrund. Billige Leimpulver können Verunreinigungen und Bakterien enthalten, die Schimmelbildung verursachen.

Gelatine-Grundierleim Blattgelatine (beim Lebensmittelhändler erhältlich) kann als Leimgrund eingesetzt werden. Pulverförmige Gelatine sollte man nicht benutzen. 6 Blatt Gelatine 15 Minuten in einem halben Liter Wasser im Wasserbad ziehen las-

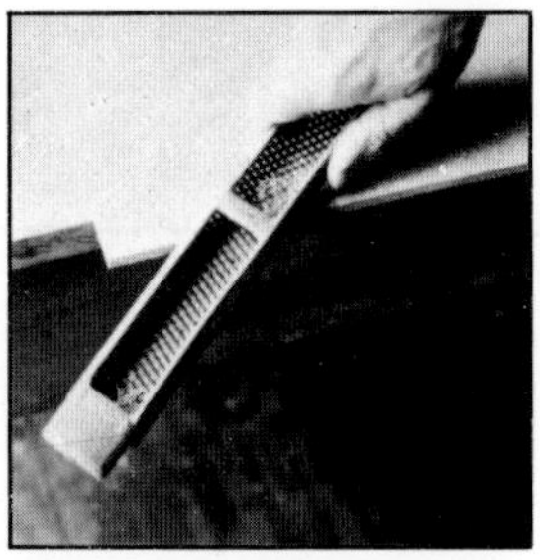

Paneel vorbereiten 1. *Kanten mit Feile oder Sandpapier runden, um Aussplittern zu vermeiden.*

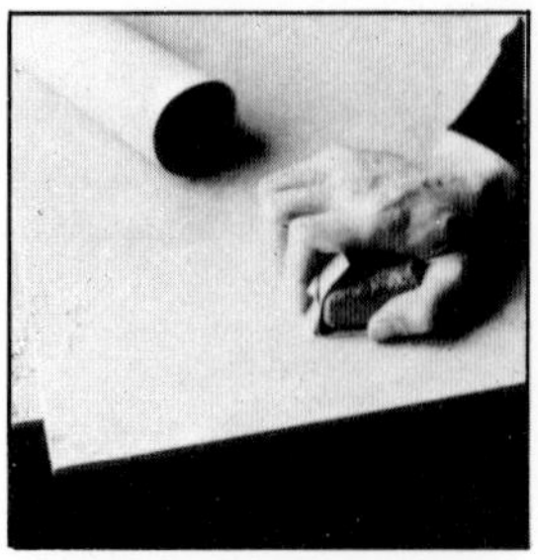

2. *Paneel über Kreuz mit Sandpapier schleifen, um die Poren zu öffnen. Nicht mit Kreisbewegungen, sondern erst in der einen, dann in der anderen Richtung schleifen.*

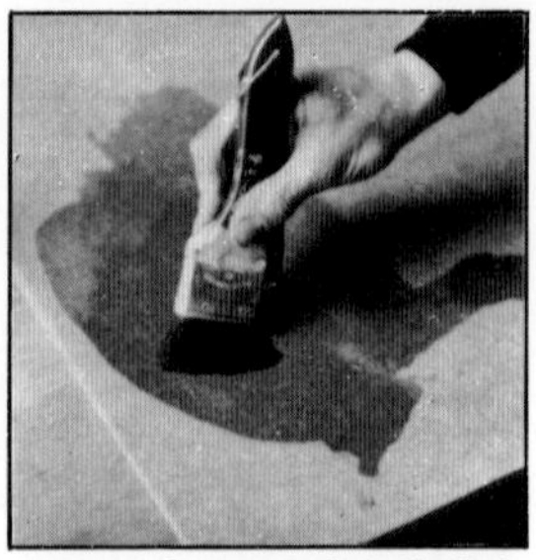

3. *Paneel mit Methylalkohol einlassen und diesen gut verreiben.*

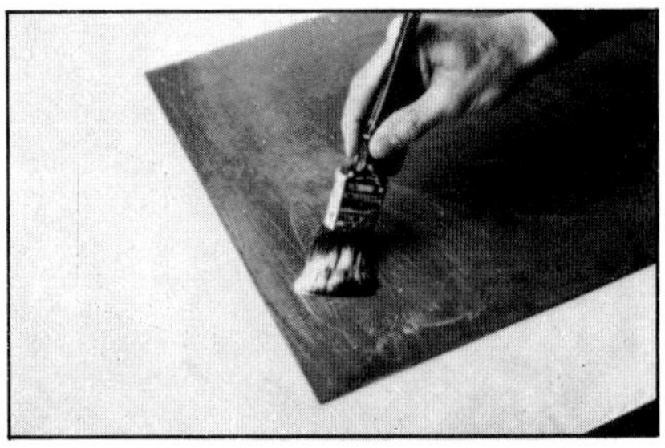

Leinwand auf Tafel kleben 1. *Vorbereitetes, mit Grundierleim versehenes Paneel mit klümpchenfreiem Leim bestreichen.*

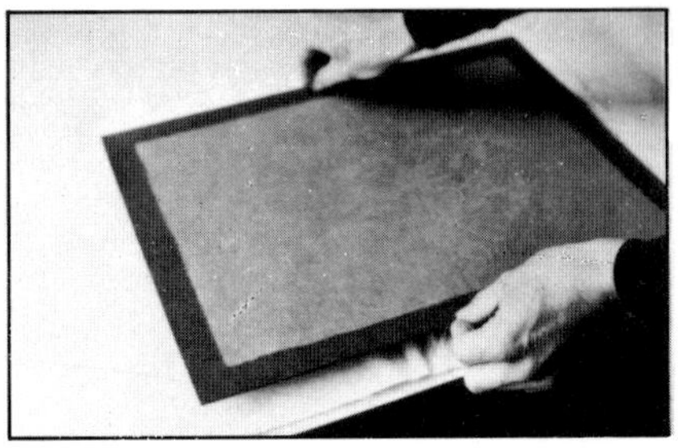

2. *Leinwand ausbreiten. Paneel mit der Leimseite nach unten darauflegen.*

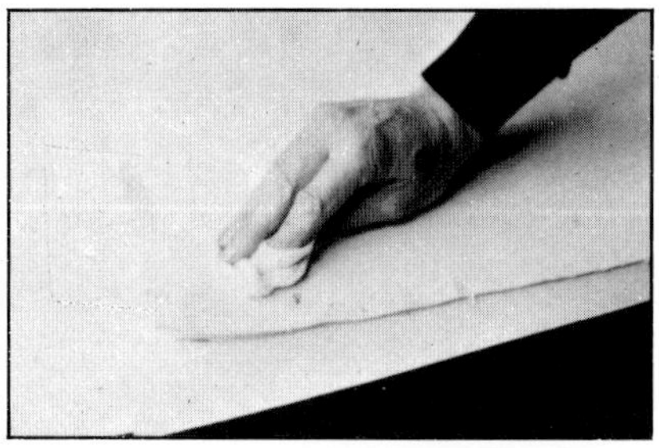

3. *Paneel umdrehen und ein Blatt Papier auflegen. Leinwand durch das Papier hindurch glatt aufreiben.*

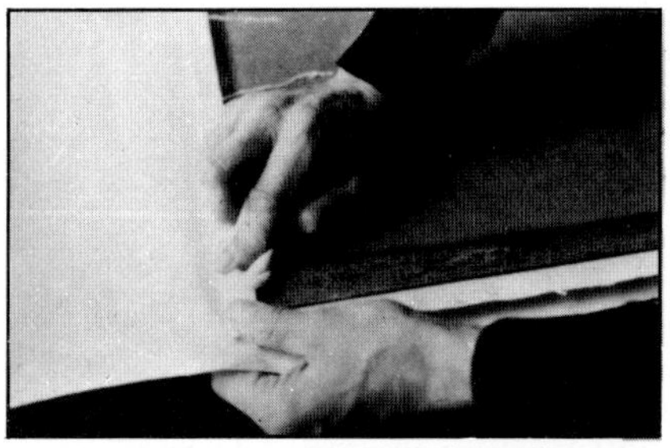

4. *Paneel erneut umdrehen und Ränder mit Leim bestreichen. Überstehende Leinwand verkleben.*

Unten **Leimgrund** *Temperauntergründe müssen vor dem Grundieren mit Leimgrund eingelassen werden. Dieser wird aus zehn Teilen Wasser und einem Teil Kölner Leim oder Künstlerleim zubereitet.*

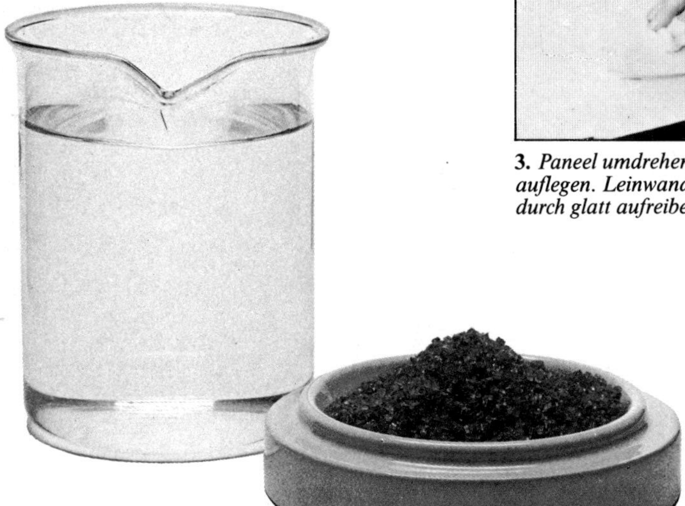

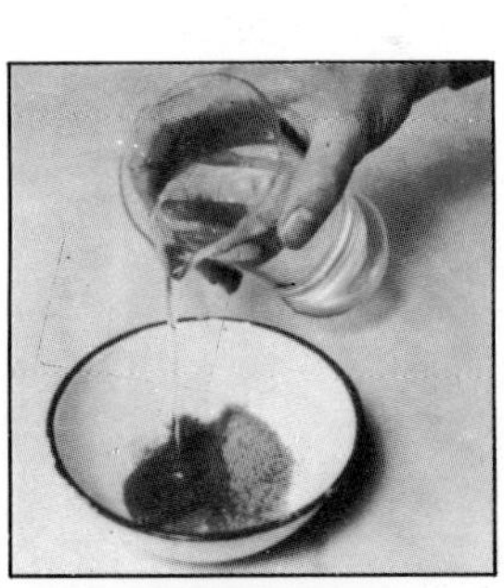

Leimgrund zubereiten 1. *10 Teile Wasser auf einen Teil Leimkristalle gießen. Über Nacht stehen lassen.*

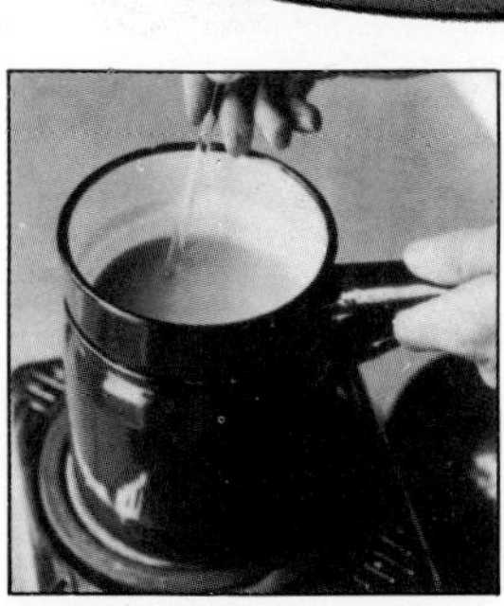

2. *Leim im Wasserbad anwärmen und dabei mit Glasstab umrühren. Körpertemperatur sollte nicht überschritten werden.*

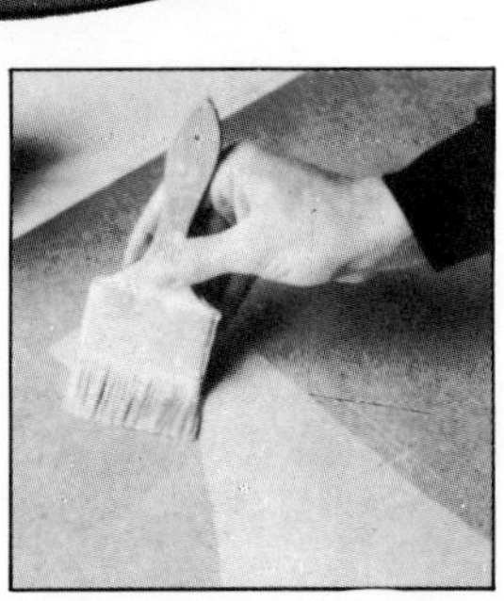

3. *Warmen Leim auf den Untergrund und dessen Kanten auftragen. Liegend trocknen lassen, dann die Rückseite einlassen.*

sen, bis die Gelatine aufgeht. Dann nur so lange leicht erhitzen, bis sich die Gelatine aufgelöst hat. Beide Seiten der Paneele mit dieser Lösung überziehen und über Nacht trocknen lassen.

Gründe Die richtige Zubereitung der Grundierung ist äußerst wichtig; sie ist technisch die schwierigste Vorbereitungsarbeit bei Tempera, weil hier alles von der guten Grundierung abhängt. Luftblasen müssen vermieden werden. Der Grund wird mit vom Künstler selbst zuzubereitendem Gesso angefertigt. Am besten setzt man den Grund in einem warmen Raum an, damit sich die Leimbestandteile des Gesso nicht zu schnell absetzen.

Gesso für Paneele Für Gesso wird pulverisierte Kreide mit Leim oder dem eben beschriebenen Gelatineleim gemischt. Feste Mischverhältnisse lassen sich schlecht angeben; man sollte die Leimlösung dem Pulver nicht einfach wie eine Sauce zugeben. Wegen der unterschiedlichen Ausgangsstoffe gibt man der Kreide gerade soviel Leim zu, wie sie aufsaugen kann.

Durch Zugabe von (allerdings teurem) Zinkpulver kann zusätzliche Glätte und Weißfärbung erzielt werden. Es muß so lange gut unter das Kreidepulver gemischt werden, bis eine homogene Masse entsteht. Die Benutzung von reinem Kreidepulver hat den Vorteil, daß die Kreide von allein gerade die richtige Leimmenge aufsaugt (siehe Abb.).

Vier bis sechs Gessoschichten müssen auf die Tafel aufgetragen und für einige Tage zum Trocknen stehen gelassen werden. Danach muß die Oberfläche mit Sandpapier geschliffen und mit einem feuchten Baumwolltuch poliert werden. Nach der Grundierung sollten die Tafeln in sauberes Papier eingehüllt gelagert und dabei aufeinander oder eng aneinander gelegt werden, um Verwerfungen zu vermeiden. Bedrucktes Zeitungspapier hinterläßt auf Gesso Spuren.

Gesso für Leinwand Man verwendet die gleiche Mischung und Zubereitungsweise wie für den Tafelgrund, gibt aber pro halbem Liter Gesso je einen gestrichenen Teelöffel Leinsamenöl tropfenweise zu und verrührt ihn gut. Der Grund reißt dann nicht, wenn er auf die aufgezogene Leinwand aufgetragen wird. Es entsteht eine sehr geschmeidige Lösung, von der nur zwei Schichten benötigt werden. Bei zu dickem Auftrag entstehen Risse. Der Auftrag muß schnell erfolgen, weil Gesso sich schnell setzt. Luftbläschen müssen unter allen Umständen vermieden werden.

Für Leinwand ist der Zusatz von Zinkweißpulver empfehlenswert, weil der Zinkgehalt Verfärbungen durch das Öl verhindert. Ein Teil pulveriges Zinkweiß wird zwei oder drei Teilen Kreide zugegeben; manche Fachleute schlagen eine Mischung zu gleichen Teilen vor, aber die Substanz ist dann nicht mehr geschmeidig genug.

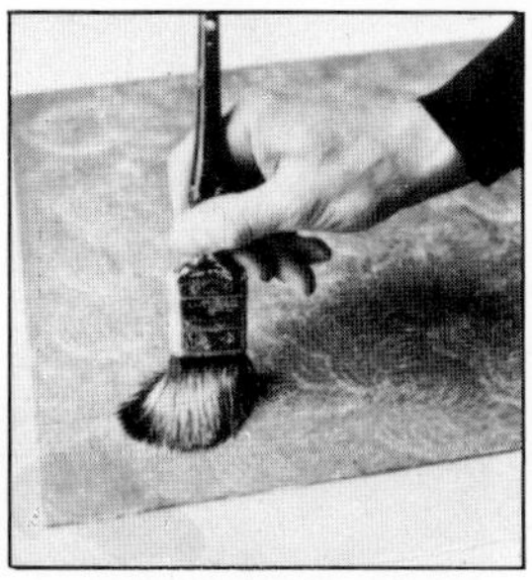

Papier auf Paneel aufkleben **1.** *Oberfläche des Paneels gut mit Leim bestreichen.*

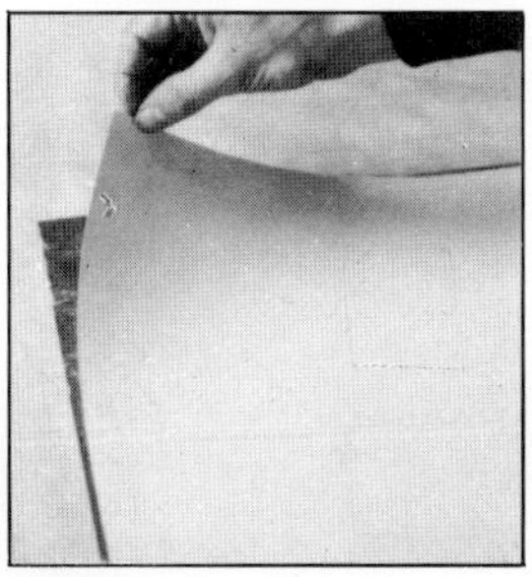

2. *Papier auflegen. Etwa 5 mm Rand um das Papier frei lassen und das Papier aufreiben.*

Unten **Gesso** *Tempera wird auf Gessogrund aufgetragen, der aus drei Teilen Kreidepulver, einem Teil Zinkweiß und Leim zubereitet wird.*

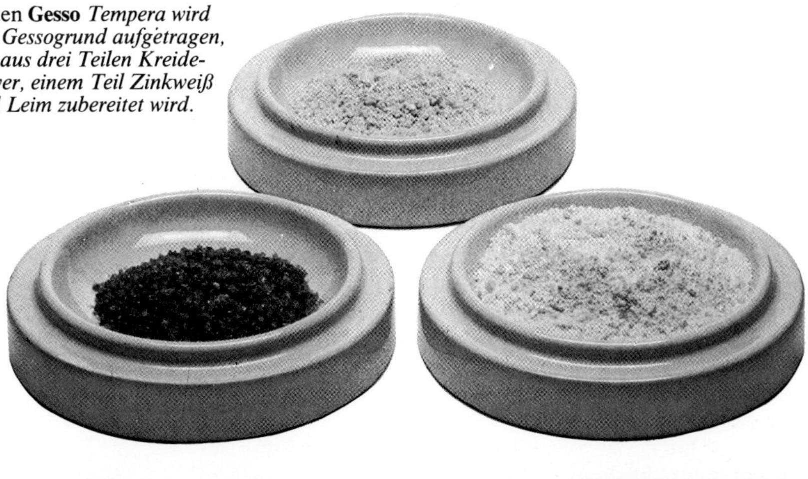

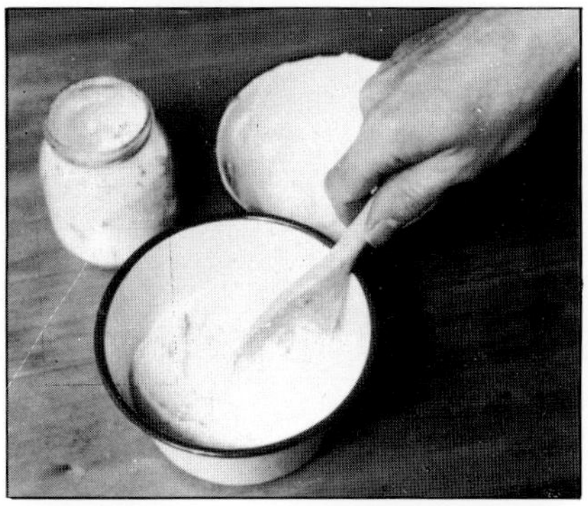

Gesso zubereiten 1. *Ein Teil Zinkweiß mit drei Teilen Kreidepulver mischen.*

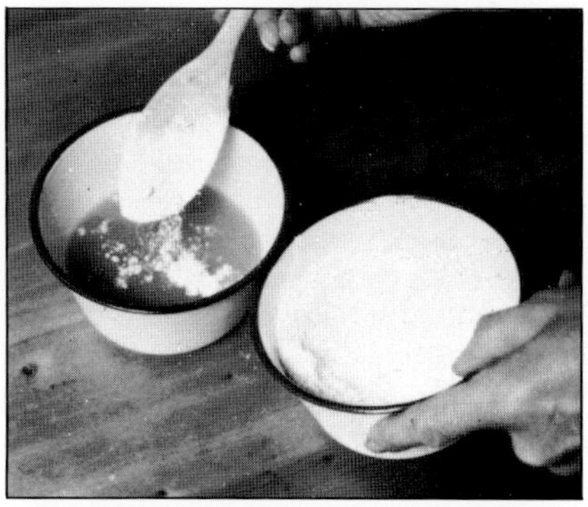

2. *Die Mischung in eine Schüssel mit lauwarmem Leimgrund geben, bis dieser kein Pulver mehr aufnimmt.*

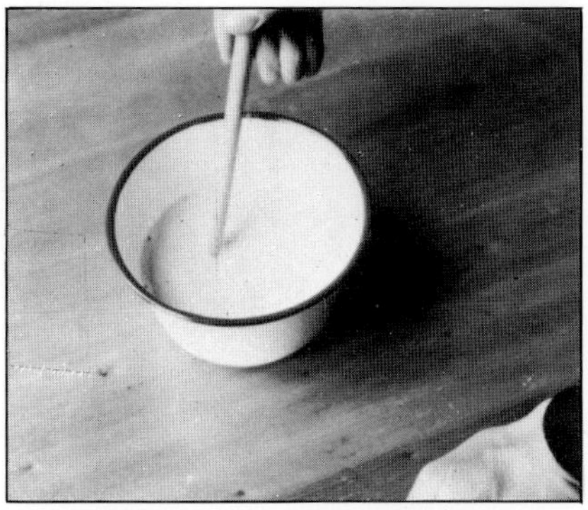

3. *Mischung mit Stab bis zur völligen Auflösung umrühren.*

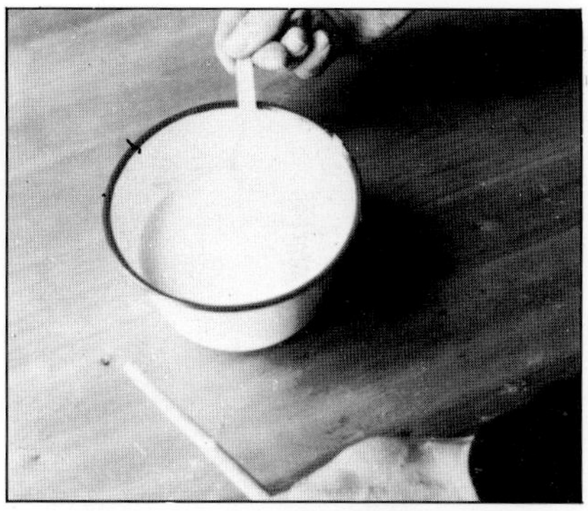

4. *Luftbläschen mit Löffel von der Oberfläche abschöpfen.*

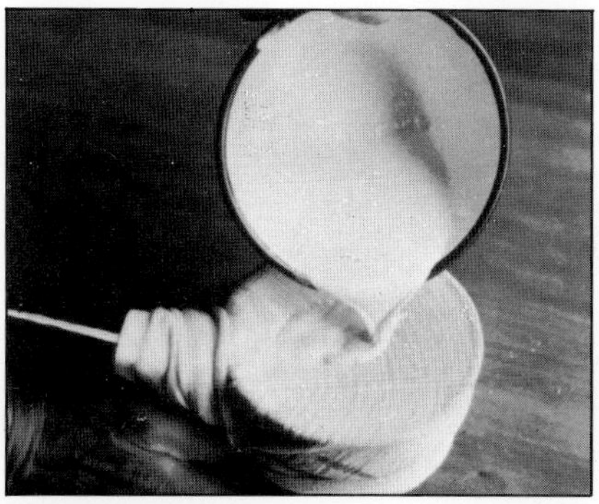

5. *Mischung durch Musselin sieben, um Rückstände auszufiltern. Tuch über dem Gefäß ausdrücken.*

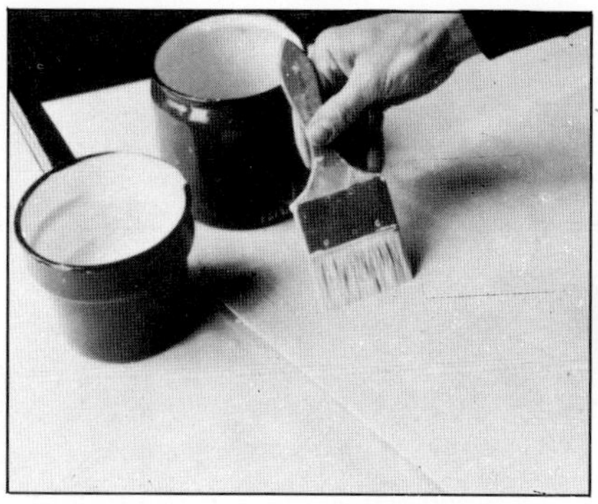

6. *Gesso mit feuchtem Pinsel auftragen, um Luftbläschen zu vermeiden. Sechs bis acht Schichten gleichmäßig auftragen, jede Schicht 20 Minuten lang trocknen lassen.*

Farben

Temperafarbe stellt man durch Zusammenmischen etwa gleich großer Teile Pigmentpulver und Eilösung her. Es gibt sie als Tubenfarbe, die jedoch offenbar nicht so schnell wie handgemischte Farbe trocknet; verarbeitet man sie daher genauso schnell wie die selbst zubereiteten Farben, so reagieren sie mit den darunterliegenden Schichten und schrumpfen, was sonst eigentlich nur bei Ölfarbe geschieht.

Sicher taugen Tubenfarben für bestimmte Maltechniken, und man sollte sie ausprobieren, aber so vielseitig wie selbstgemischte sind sie nicht. Außerdem ermöglicht das Selbermachen eine breitere und persönlichere Farbenauswahl.

Pigmente Es gibt eine große Auswahl von Pigmentpulver in Künstlerqualität – mindestens 50 Farben – und weitere in geringerer Qualität. Sogar gute und mit anderen Substanzen (wie Gips) nicht verschnittene Erdfarben können leuchtend und kräftig sein.

Einige Farben sind für Tempera ungeeignet. Bleiweiß sollte man meiden; es ist zu schwer und außerdem giftig, was das Hantieren mit diesem Pigmentpulver gefährlich macht. Auch Chromfarben sind giftig. Phthalocyaninblau, ein hervorragendes Pigment für andere Träger, läßt sich mit Ei schlecht mischen.

Eine ausreichende und preiswerte Palette kann sich auf folgende Farben beschränken: Titanweiß; lichter Ocker; Englischrot; Ultramarinblau; gebrannte Umbra; Lampenschwarz.

Pigmentpaste Pigmentpulver hebt man am besten als mit destilliertem Wasser zubereitete Paste auf (siehe Abb.), damit es gebrauchsfertig und leicht zu handhaben ist. Ein Eilösung enthaltender Pinsel darf nicht in den Pigmentbehälter kommen, sonst verdirbt der Inhalt.

Die meisten Pigmente sind gut mit Wasser mischbar. Lediglich einige schlecht gemahlene Synthetikfarben sind schlecht mischbar; man sollte sie meiden. Weißtöne bilden eine Ausnahme; um ihre Fülle und Deckkraft zu erhalten, mischt man sie als Pulver in das Eigelb. Ultramarinblau sollte man nur in Gebrauchsmengen mit Wasser mischen, da es sich sonst im Gefäß klumpenförmig zusammenballt.

Einige Pigmente, etwa Karmesin-Hochrot, Preußischblau und die verschiedenen Schwarztöne sind nicht ohne weiteres mit Wasser mischbar. Hier hilft eine je nach Pigment bemessene Alkoholzugabe oder die Zugabe von Wasserenthärter, wie er für Acrylfarben verkauft wird; dies hilft und beeinträchtigt die Trocknungseigenschaften der Farbe nicht.

Natürlich kann man Pigmentpulver auch unmittelbar auf die Palette geben und es dort mit etwas destilliertem Wasser mischen, bevor die Eilösung zugegeben wird. Dies ist jedoch eine wenig saubere Angelegenheit und sollte nur bei größeren Farbmengen gemacht werden; im übrigen läßt sich Farbpaste genauso leicht aus einem Gefäß holen, wie man sie aus Tuben ausdrücken kann.

Pigmentpasten werden luftdicht verschlossen in Glasgefäßen aufgehoben. Schraubkappen mit Pappeinsätzen, die feucht und schimmelig werden, sollten nicht verwendet werden.

Eigelbtempera Tempera ohne Pigment ist ein reines Bindemittel. Eigelbtempera wird aus frischem

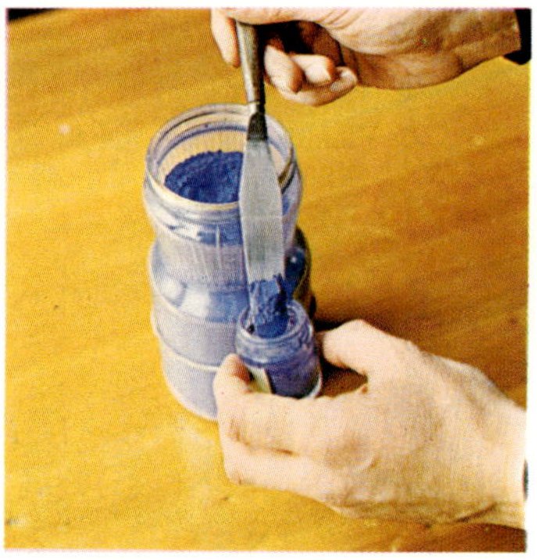

Paste bereiten 1. *Etwas Pigmentpulver in kleinen Behälter geben.*

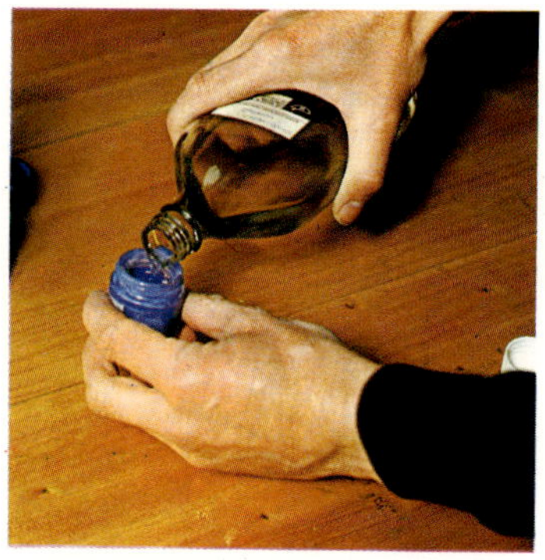

2. *So viel destilliertes Wasser zugeben, daß eine dicke Paste entsteht. Die Menge ist je nach Absorptionsfähigkeit der Pigmente verschieden.*

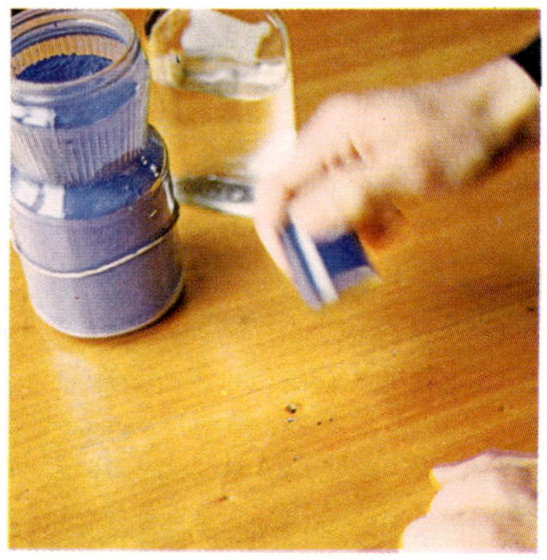

3. *Deckel aufsetzen und kräftig schütteln.*

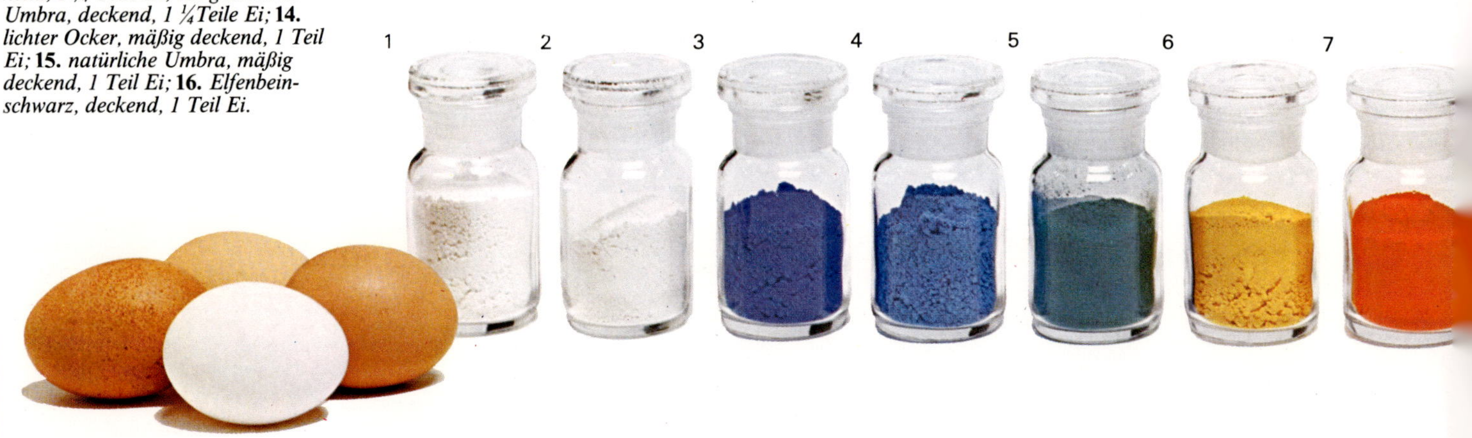

Temperapigmente *Geeignete und leicht erhältliche Farben sind unter ungefährer Angabe der Eimenge aufgeführt, die einem Teil Pigment zugegeben werden muß.* **1.** *Zinkweiß, leicht transparent, ¾ Teile Ei;* **2.** *Titanweiß, stark deckend, 1 ¼ Teile Ei;* **3.** *Ultramarinblau, deckend, 1 Teil Ei;* **4.** *Coelinblau, körnig, aber deckend, ¾ Teile Ei;* **5.** *Chromoxidhydratgrün, transparent, ¾ Teile Ei;* **6.** *Kadmiumgelb, mäßig deckend, 1 Teil Ei;* **7.** *Scharlachrot, körnig, aber deckend, 1 Teil Ei;* **8.** *Kadmiumrot, mäßig deckend, ¾ Teile Ei;* **9.** *Veneziarot, stark deckend, 1 ¼ Teile Ei;* **10.** *Englischrot, mäßig deckend, 1 Teil Ei;* **11.** *und* **13.** *gebrannte und natürliche Siena, körnig, aber deckend, 1 ¼ Teile Ei;* **12.** *gebrannte Umbra, deckend, 1 ¼Teile Ei;* **14.** *lichter Ocker, mäßig deckend, 1 Teil Ei;* **15.** *natürliche Umbra, mäßig deckend, 1 Teil Ei;* **16.** *Elfenbeinschwarz, deckend, 1 Teil Ei.*

Eigelb und destilliertem Wasser hergestellt (siehe Abb.). Dies ist die reinste Trägerlösung, die die frischesten und saubersten Ergebnisse bringt.

Eigenschaften und Rezepte von Ei-Öl-Emulsionen folgen am Schluß diese Kapitels (s. S. 96).

Tempera mit Pigmenten mischen Temperafarbe wird auf Glasplatten oder auf Papierpaletten angemischt (siehe Abb.). Pigmentpaste und Eigelbtempera werden am besten mit Pipetten in mehr oder weniger gleichen Mischungsverhältnissen (je nach Pigment) auf die Palette getropft. Anschließend werden sie mit einem Plastikpalettmesser zusammengemischt. Braucht man größere Mengen einer Farbe, so kann man sie in einer Schüssel anmischen.

Die entstehende Farbe kann für Verwasch- und Lasurzwecke mit destilliertem Wasser verdünnt werden (die Verunreinigungen von Leitungswasser würden die Farbe angreifen), aber man sollte dann zur Erhaltung der Bindekraft genug Eigelb zugeben.

Die Bindekraft läßt sich durch Farbauftrag auf ein sauberes Glas testen. Die trockene Farbe muß sich hautartig abziehen lassen. Bröselt sie, so muß noch Ei zugegeben werden. Gelingt der Test, so sollte die Farbe brauchbar sein.

Mit Ei angemischte Farbe muß sofort verbraucht werden; Reste werden nach dem Ende der Tagesarbeit weggeworfen, weil sie nicht lagerfähig sind.

Frische Eier dürfen nicht in Behälter mit Eiresten gegeben werden; überhaupt verlangt das Arbeiten mit Tempera, daß alle Werkzeuge, Paletten und Pinsel makellos sauber gehalten werden. Dabei ist Waschmittel der Seife vorzuziehen, weil diese Rückstände hinterläßt, die die Farbe klebrig machen können.

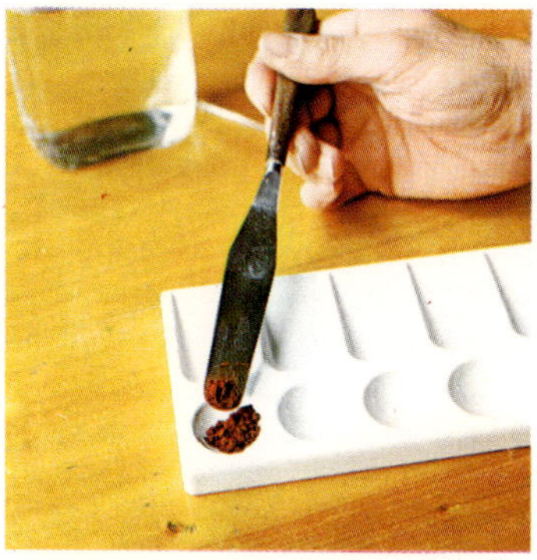

Weitere Zubereitungsart für Paste
1. *Etwas Pigment mit dem Palettmesser auf die Mischpalette geben.*

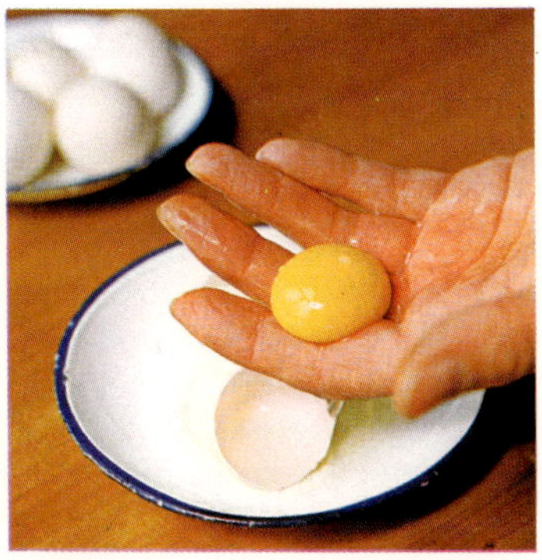

Eigelbbindemittel zubereiten
1. *Ei aufschlagen und Eiweiß durch die Finger in eine Schüssel ablaufen lassen.*

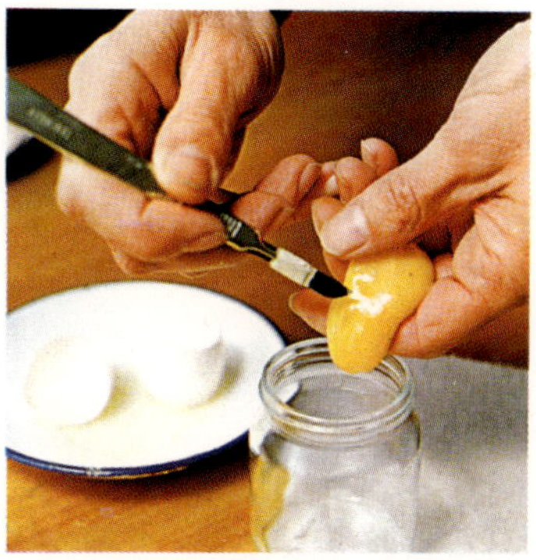

2. *Eigelb durch Hin- und Herrollen in der Hand oder auf Löschpapier trocknen. Eigelb in der Hand halten, Haut aufritzen und die Flüssigkeit in ein Glasgefäß laufen lassen.*

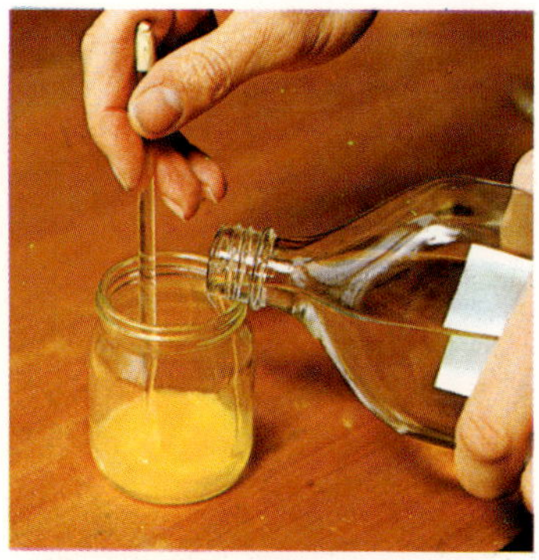

3. *Destilliertes Wasser zugeben und umrühren. Die Mischung sollte von steifcremiger Konsistenz sein. Falls sie zu dick ist, mehr Wasser zugießen. Mischung in Glas abfüllen.*

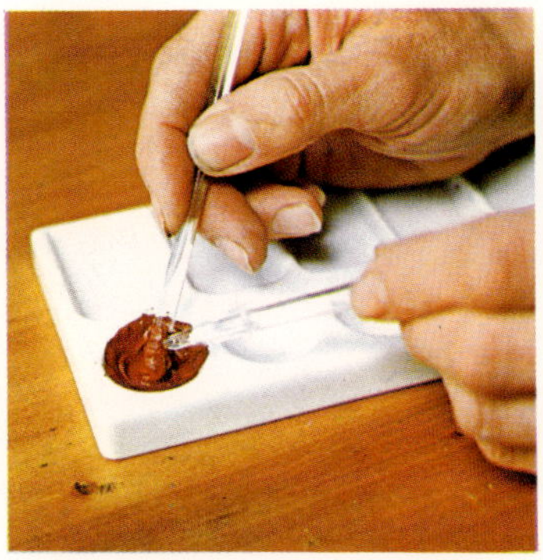

2. *Destilliertes Wasser aus Pipette zugeben und mit Glasstab einmischen.*

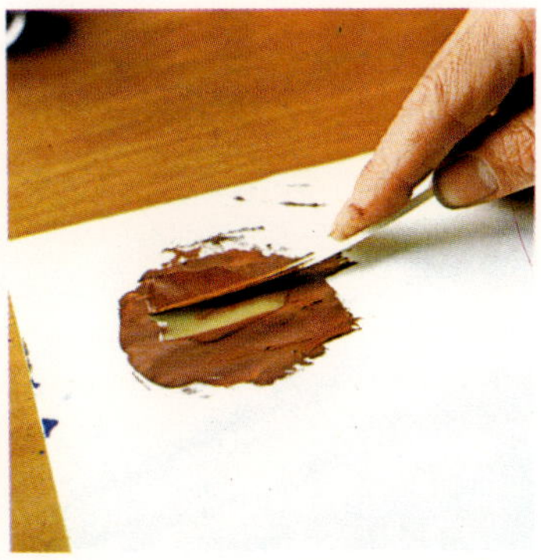

Pigmentpaste mit Eigelbbindemittel mischen 1. *Pigment und Bindemittel auf Papierpalette mit Plastikpalettmesser mischen.*

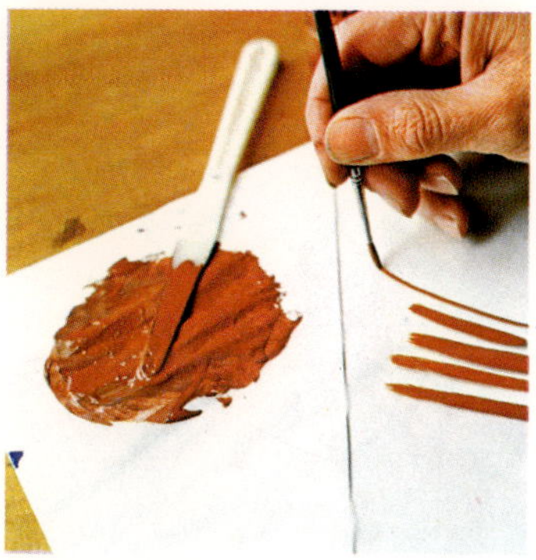

2. *Zur Prüfung der Bindekraft dieser Mischung wird etwas davon auf ein sauberes Glas gegeben.*

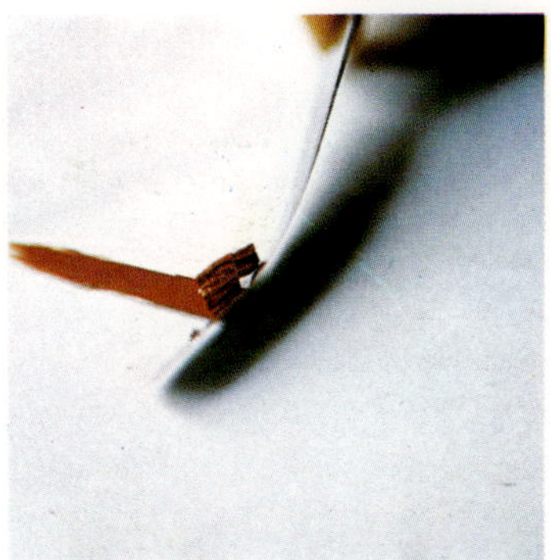

3. *Trockene Farbe mit Palettmesser abziehen. Hautartige Farbe ist gebrauchsfertig; bei krümelnder Farbe muß mehr Ei zugegeben werden.*

8 9 10 11 12 13 14 15 16

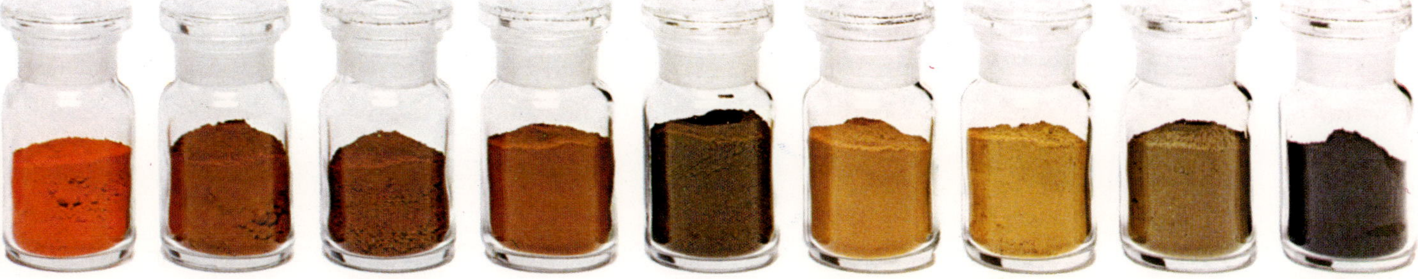

Werkzeug

Pinsel Verwendbar ist jede Pinselart, mit der sich die Farbe angemessen dünn auftragen läßt und die nicht wegen zu harter Borsten die vorhandenen Farbschichten beschädigt. Auch Schwämme und Lappen können eingesetzt werden.
Farbbehälter Nichtrostende Kuchenformen, Email- oder Porzellanschüsseln können zum Farbanmischen verwendet werden. Plastikschüsseln benutzt man besser nicht; ihre Reinigung ist schwierig, und sie halten die Farbe nicht kühl. Farbhersteller arbeiten mit stapelbaren Porzellanschüsseln. Sie sind nützlich, weil die gerade nicht gebrauchte Farbe gestapelt wird und so nicht trocknet.

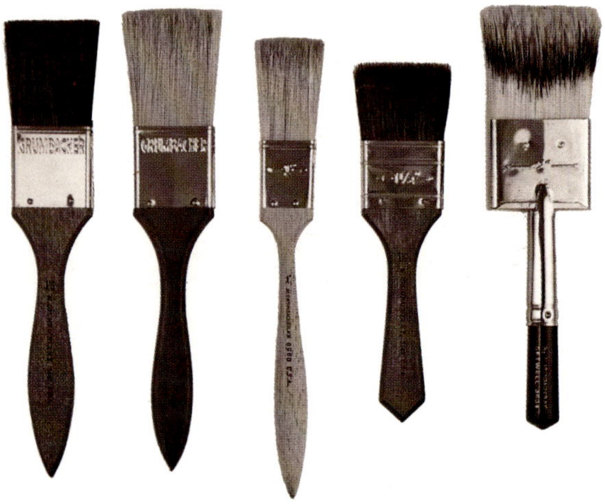

Links **Breite Pinsel** *Temperafarbe kann mit Wasserfarben- und Ölpinsel aufgetragen werden, soweit sie ausreichend geschmeidig sind. Leimgrund, Gesso und große Farbflächen können mit breiten Pinseln aufgetragen werden. Diese werden aus vielen Materialien hergestellt, wie etwa (von links): Ochsen- und Schweineborsten; weiße Borsten 4 cm; weiße Borsten 2,5 cm; Kamelhaar; Dachshaar.*

Techniken

Vorzeichnung Manche Künstler legen vor dem Arbeitsbeginn gern einige Entwurfslinien an. Dazu benutzt man am besten den auf Gesso gut ansprechenden Silberstift oder feine Kohle, deren Linien vor dem Malen abgestaubt werden sollten. Normaler Graphitstift kann die Gessofläche beschädigen und durch die Farbe durchschlagen.
Farbauftrag Tempera muß dünn aufgetragen werden, man kann aber beliebig viele Schichten übereinanderlegen. Eine Farbschicht von mehr als 1 mm Stärke wird auf dem Untergrund herablaufen.

Üblicherweise beginnt man ein Temperabild in dünner Verwaschtechnik und versiegelt damit den Untergrund. Sie kann mit transparenter Farbe auch über feinen Vorzeichnungen angelegt werden, die dann immer noch erkennbar durchscheinen.

Eine Eigenart der Temperafarbe ist, daß man sie immer bis zum Gessogrund abschaben kann. Man verwendet dazu ein Skalpellmesser mit gerundeter Klinge, das absolut sauber gehalten werden muß; Rost und Flecken gefährden die Farbe. Beschädigungen des Gessogrundes müssen sorgfältig vermieden und mit dem Messer nicht zu bearbeitende Farbflächen abgedeckt werden.

Unten **Werkzeug zum Mischen und Auftragen von Tempera** *Am besten verwendet man Glas- oder Papierpaletten, damit Eireste leicht entfernt werden können. Pigmentpaste und Ei werden mit Pipetten auf die Palette getropft und mit einem Plastikpalettmesser gemischt. Große Farbmengen können mit Pinseln angemischt und in Porzellanschüsseln aufbewahrt werden.*

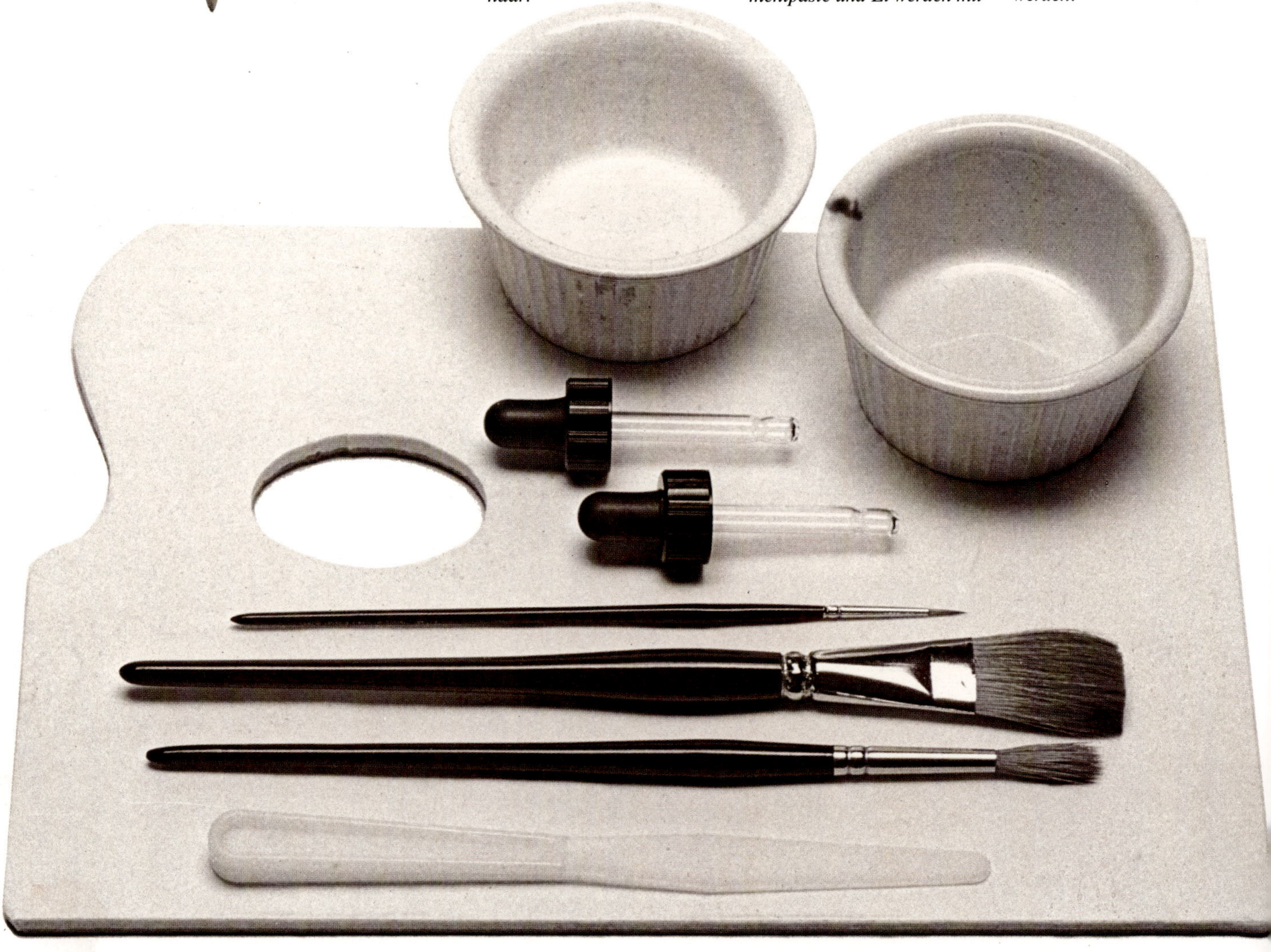

Gewöhnlich arbeitet man breitflächig und streicht über Linien und Kanten hinweg. Überstehende Farbe kann ja immer mit dem Messer entfernt werden; beim Fortgang der Arbeit kann weggeschabte und danach neu aufgetragene Farbe frischer wirken als häufiges Übermalen.

Für sehr dünnen Farbauftrag bereitet der Künstler eine Lösung aus einem Teil Ei und 15 Teilen Wasser, die während der Arbeit als Trägerlösung zugegeben wird. Damit bleibt die Bindekraft erhalten und es entsteht eine ebene Oberfläche. Man kann so auch ein ganzes Bild überziehen, um eine einheitliche Wirkung zu erzielen.

Ein Krug gekochtes Wasser muß während der Arbeit zum Pinselwaschen bereitstehen. Die Pinsel müssen gleich gereinigt werden, da die Farbe schnell trocknet. Nützlich ist ein Plastikbehälter, aus welchem der Farbe destilliertes Wasser zugegeben werden kann. Schwämme und Lappen für den Farbauftrag müssen sauber sein; man feuchtet sie an, damit sie die Farbe annehmen, ohne sie aufzusaugen.

Möglichkeiten der Strukturierung Tempera kann wiederholt aufgemalt, schraffiert, getupft und abgekratzt werden. Der Maler muß hier nicht wie ein Aquarellist planen und tiefere Strukturen können ohnehin nur in vielen Arbeitsgängen erzielt werden; die Eigenschaften dieser Farbe verbieten den dicken Auftrag in einem Arbeitsgang.

Lasur Für die Lasurtechnik, also für das Übereinandermalen transparenter Farbschichten, eignet sich Tempera hervorragend. Sie kann in unbegrenzt vielen Farbschichten aufgetragen werden, nur muß bei dickeren Lasurschichten schnell gearbeitet werden, weil die Farbe schnell haftet und sich setzt.

Zum Lasieren sollte man die Oberfläche zunächst

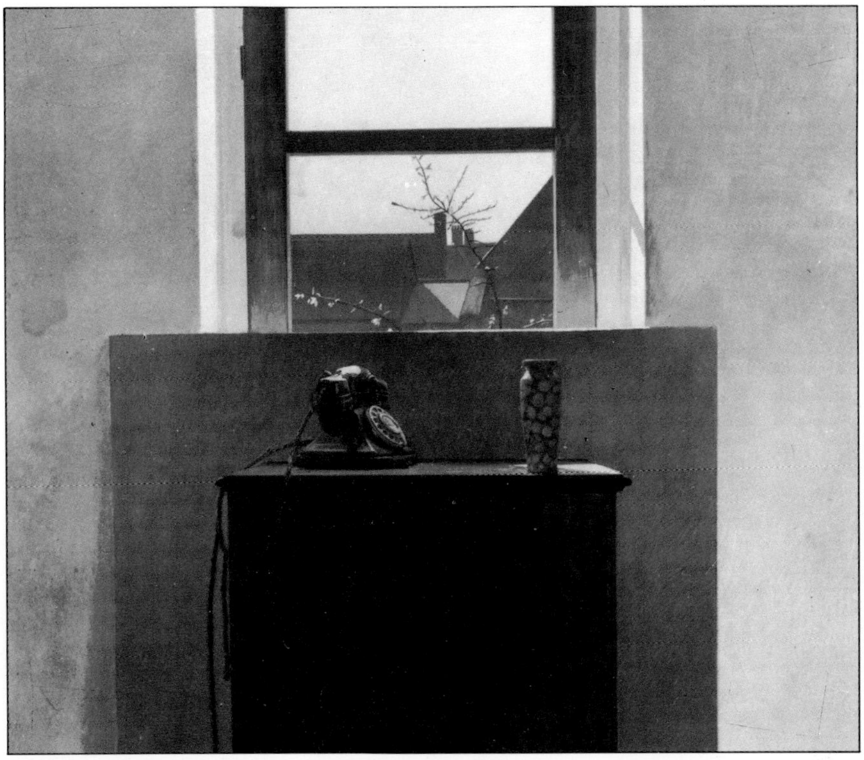

Oben **David Tindle: Stilleben mit Telephon** *Eigelb, Standöl und Dammarfirnis wurden verwendet. Die daraus entstandene dicke, zähe Mischung wurde kräftig wie Ölfarbe aufgetragen.*

Unten **John Armstrong: Träumender Kopf** *Armstrong verwendete vermutlich eine Emulsion aus Ei, Leinsamenöl und Essig. Die größeren Farbflächen – Himmel, See und Felsen – sind glattflächig wie Guasch oder dünne Ölfarbe.*

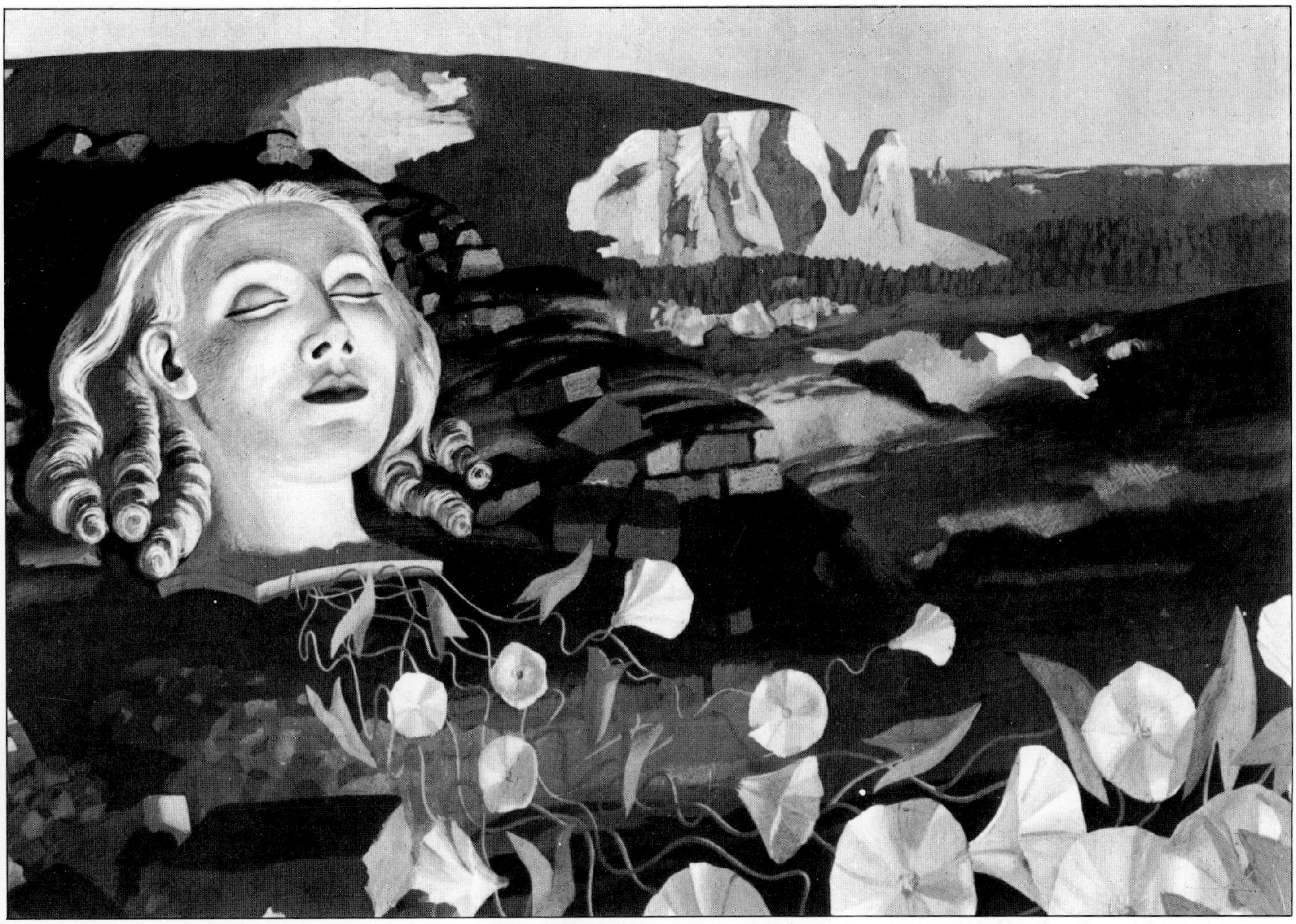

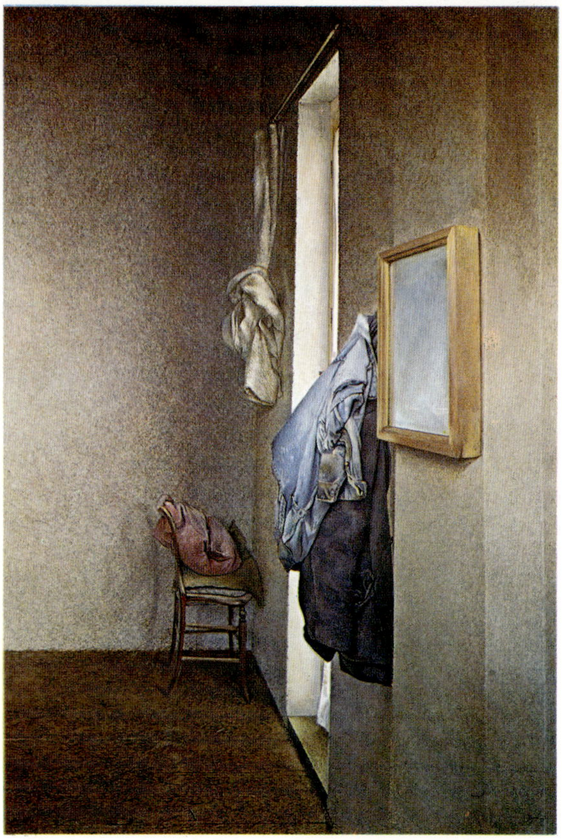

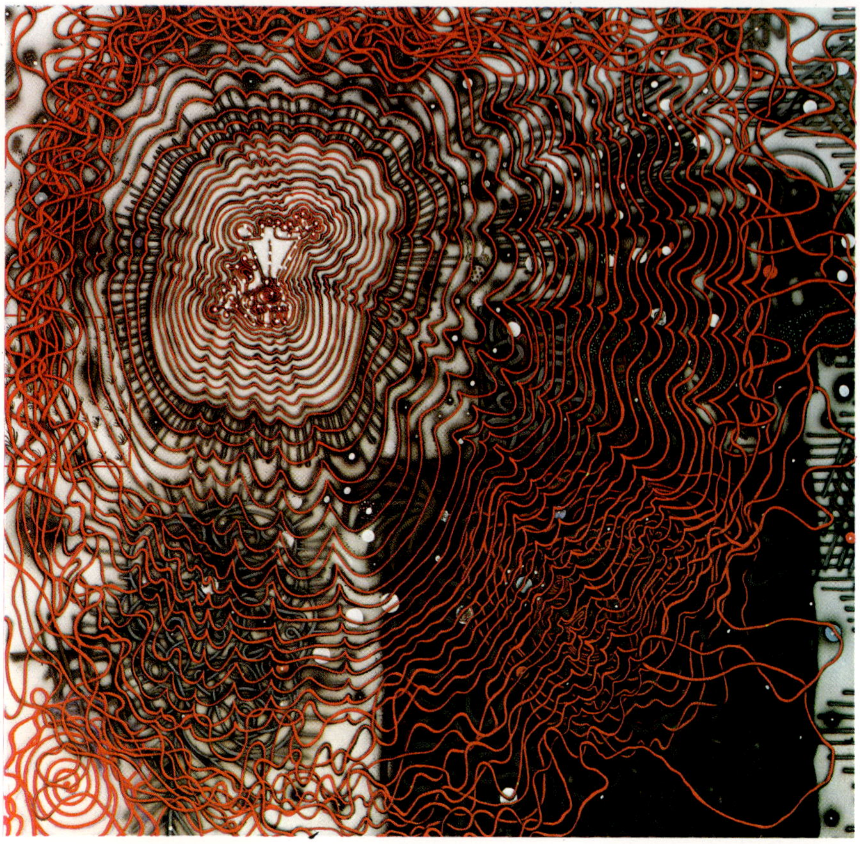

Temperatechniken *Tempera ist bei höchster Vielseitigkeit leicht zu verarbeiten. Die Farbe muß zwar dünn aufgetragen werden, weil sie sonst vom Untergrund tropft, trocknet aber schnell und kann in beliebig vielen Schichten übereinandergelegt werden. Die Farbe kann nicht nur zu Korrektur- sondern auch zu gestalterischen Zwecken leicht bis zum Gesso abgeschabt werden. Deckfarbe kann mit Pinsel oder Palettmesser aufgetragen werden; Lasuren können in Verwaschtechnik angelegt werden; jede Strukturgebung einschließlich Schraffur, Tupfen und dichte Flächen miteinander verwebter Farben ist möglich.*

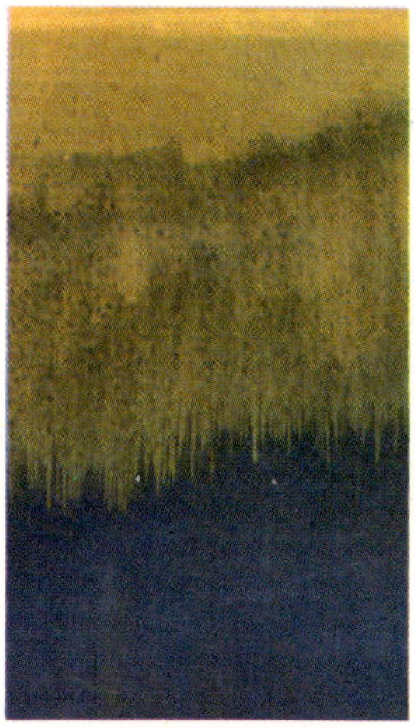

Verwaschenes Kobaltblau über anderen Farben.

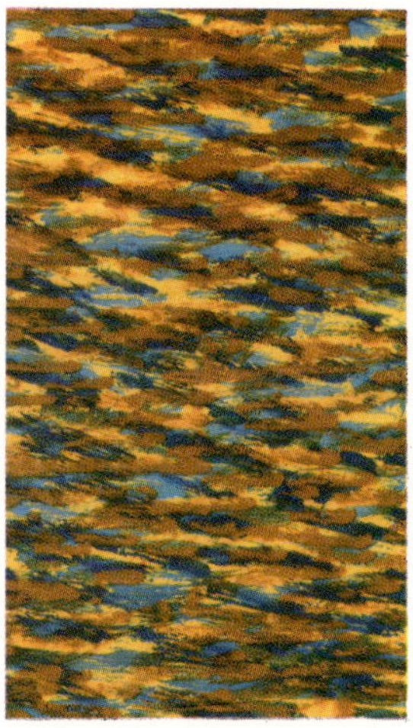

Zwei mehrfach übereinander gemalte Farben.

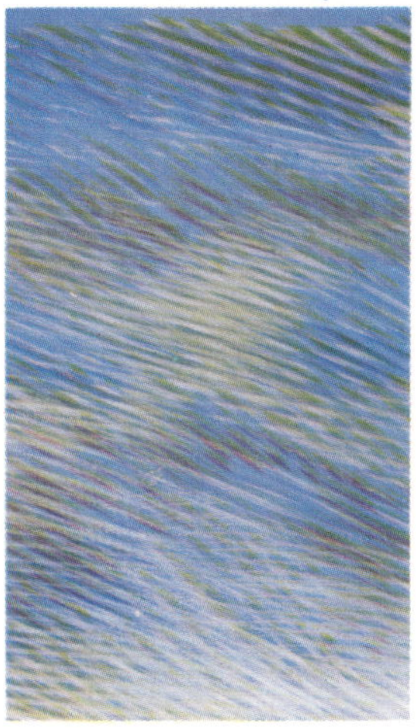

Kreuzschraffur: Umbra und Ocker mit Weiß.

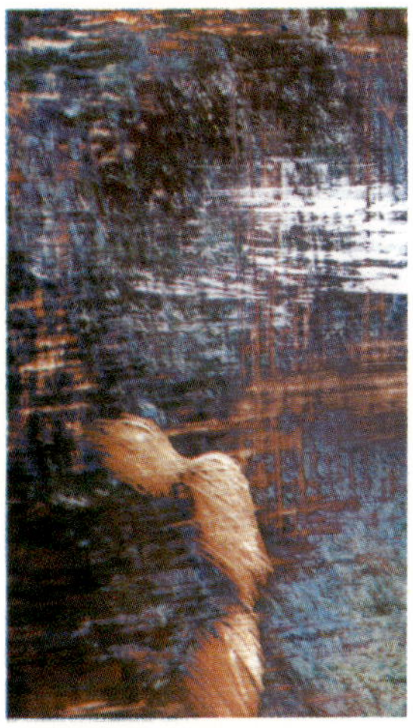

Teilweise weggekratzte und geschliffene Farbflächen.

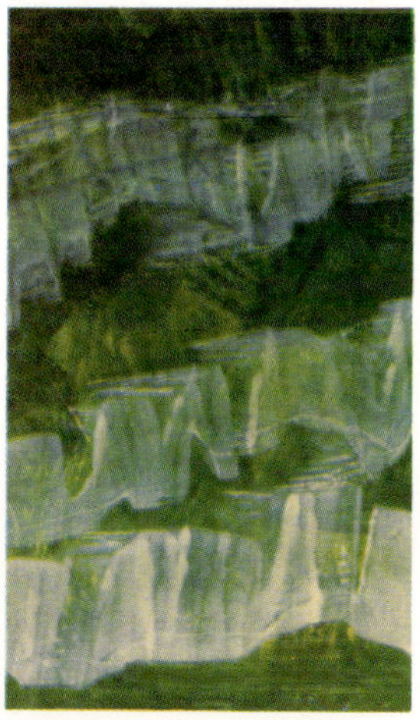

Von verwaschenem Gelb abgedecktes Blau mit darüberliegendem Cremeweiß.

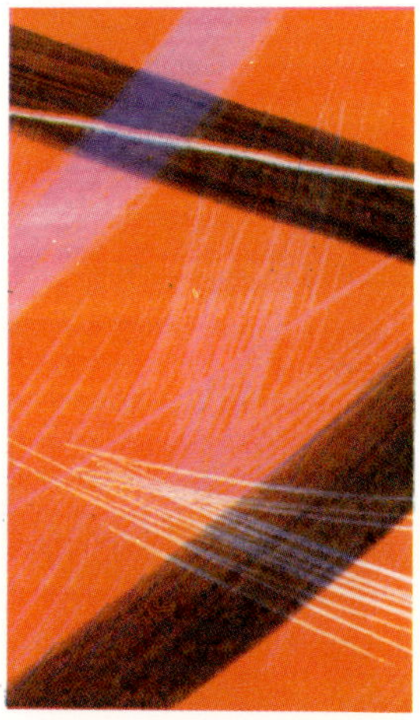

In Deckfarbe eingekratzte Linien mit darüber angelegtem Verwaschauftrag.

Mit dem Schwamm vorsichtig auf Blau aufgetragene Farben.

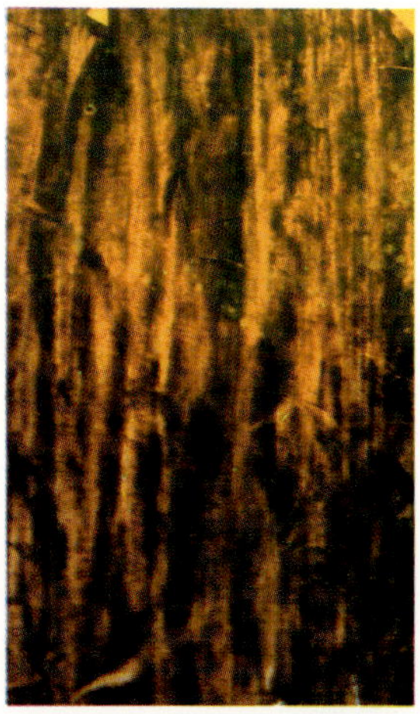

Natürliche Umbra, mit dem Palettmesser aufgetragen, mit Kadmiumgelb überwaschen.

Auf warmem Grund übereinander gespritzte Farben.

Ganz links **David Tindle: Stuhl, Mäntel, Spiegel, verknoteter Vorhang** *Reine Eitempera wurde unter Ausnutzung des charakteristisch lockeren Bildes dieser Farbe eingesetzt. Durch zahllose miteinander verbundene winzige Farbtupfer wurde reiche Strukturwirkung erzielt. Die Stoffstruktur wurde durch feine, sorgfältige Kreuzschraffur wiedergegeben. Lichteffekte in Spiegel und Durchgang entstanden durch Abkratzen und Neubemalung dieser Teilflächen. Insgesamt liegen 30 bis 40 verwaschene, schraffierte, getupfte oder ähnlich strukturierte Farbflächen übereinander.*

Links **Bernard Cohen: Floris** *Cohen verwendet Tempera, weil sie die von ihm angestrebten Effekte besser als jedes andere Medium wiedergibt. Dies ist ein schönes Beispiel dafür, wie gleichmäßig Tempera vom Pinsel fließt und so das Malen durchgehender Linien fast noch besser ermöglicht als Guasch.*

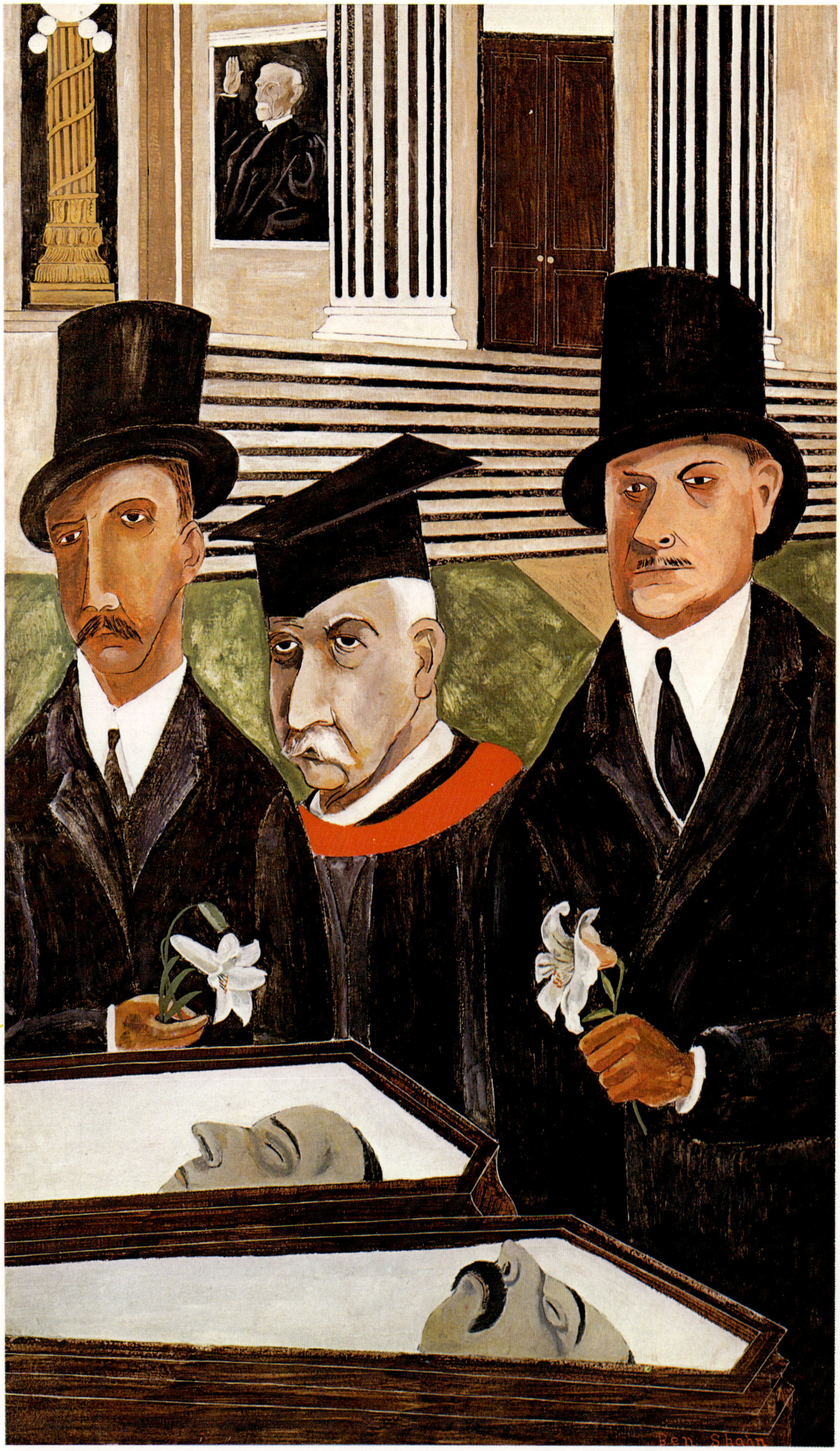

Rechts **Ben Shan: Passion von Sacco und Vanzetti** *Shan setzte hier die Tempera graphisch, fast wie Guasch ein. Während der Arbeit änderte Shan häufig Entwurf und Farben, obwohl er auf dem Gessogrund bereits vorentworfen und -gezeichnet hatte. Er kratzte Farbe ab, schliff und trug neue Farbe auf. Auf der Türe und den Särgen befinden sich ausgekratzte Linien.*

anfeuchten, damit die Farbe sich leicht und streifenfrei verteilt. Größere nasse Farbflächen sollten vermieden werden, weil sie den Gessogrund angreifen können. Bilden sie sich dennoch, so kann man sie – ähnlich wie Wasserfarbe – herablaufen lassen und an der Bildkante mit Löschpapier oder Gaze auffangen.

Trockener Pinsel Das Arbeiten mit „trockenem" Pinsel kann sehr effektvoll wirken. Dazu wird einfach die meiste Farbe vom Pinsel gestreift und der verbliebene Rest in parallelen Linien aufgetragen.

Schraffierung Die alte Schraffurtechnik – Schattierung durch Parallellinien – zeigt, wie gut Temperafarben nebeneinander angelegt werden können. Sie ergibt frische optische Effekte und setzt interessante, durch flachen Farbauftrag nicht erreichbare Beziehungen der Farben zueinander frei. Auch technisch ist sie problemlos; alte Gemälde zeigen, wie gut die durch Schraffur und Kreuzschraffur entstandenen feinnetzigen Oberflächen die Zeitläufte überstanden haben.

Auftupfen und Aufspritzen Schattierungen und Strukturen kann man auch durch Auftupfen – Anlegen feiner Punktflächen – oder durch Aufspritzen (siehe Abb.) erreichen. Beide Techniken sind insofern hilfreich, als sie eine stärkere und dichtere Oberfläche ermöglichen als glatter Farbauftrag.

Aufschütten Die Farbe kann aus dem Gefäß auch direkt auf den Untergrund geschüttet werden; man legt das Bild am besten auf den Boden, um ein Herablaufen der Farbe zu vermeiden. Papiermasken decken die Flächen ab, die nicht mit Farbe beschüttet werden sollen. Die aufgeschüttete Farbe muß mit Schwamm oder Lappen bearbeitet und teilweise weggenommen werden; zu dicke Farbkleckse verlaufen.

Farbe entfernen Frisch angelegte Farbflächen können mit feuchter Gaze abgewischt werden. Die Gaze muß bereitliegen. Muß der Künstler sie erst holen, so trocknet ihm die Farbe inzwischen ein. Trockene Farbe kann nur noch mit dem Messer abgekratzt werden.

Entwurfskorrekturen Auch wenn die Farbe bereits aufgetragen ist, kann jederzeit ein neuer Entwurf aufgemalt werden; die Farbe kann mit jedem spitzen Gegenstand abgekratzt werden, da sie lange elastisch bleibt, obwohl die Oberfläche fast sofort trocknet. Man korrigiert am besten mit dünner Farbe in mittleren Tönen.

Korrekturen von Linien sind auch mit Hilfe von

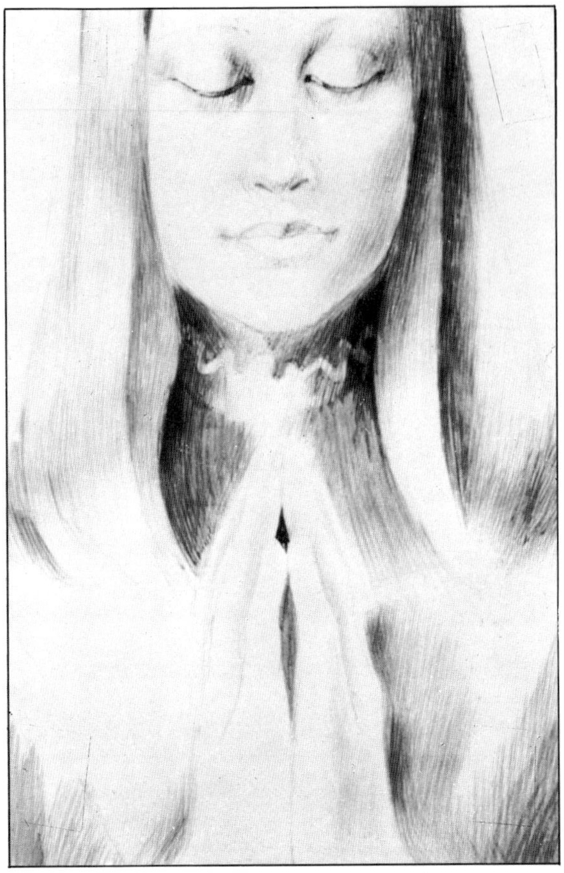

Oben **Tony Barrs: Barmherzigkeit (Ausschnitt während der Arbeit)** *Mehrere Schichten Gesso wurden aufgetragen und völlig glatt abgeschliffen. Die Formen sind in neutralgrauer Farbe mit feinem Pinsel vorgemalt. Erste Töne sind in Schraffur und Kreuzschraffur aufgetragen.*

Rechts **David Tindle: Die Aussicht** *Ein Eitemperabild. Der Gessogrund wurde mit Ocker in Verwaschtechnik überzogen, die Formen in dunkleren Tönen angelegt. Die Wand wurde von allen Richtungen her aufgespritzt und einige der Ziegelstrukturen wurden mit Abdeckungen herausgearbeitet. Für Jacke und Stuhl wurde die Farbe bis zum Gesso weggekratzt und danach sorgfältigst neu aufgetragen. Über 30 feine Verwaschschichten stellen die volle Bildwirkung her.*

Rechts unten **David Tindle: Stilleben mit Plastikbecher und Löffel** *Gemalt mit Eigelbtempera. Aufspritzen und -tropfen der Farbe unter Verwendung von Abdeckmasken sind deutlich erkennbar. Die noch feuchte Farbe wurde von Teilflächen entfernt und mit einem Schwamm vorsichtig neu aufgetragen.*

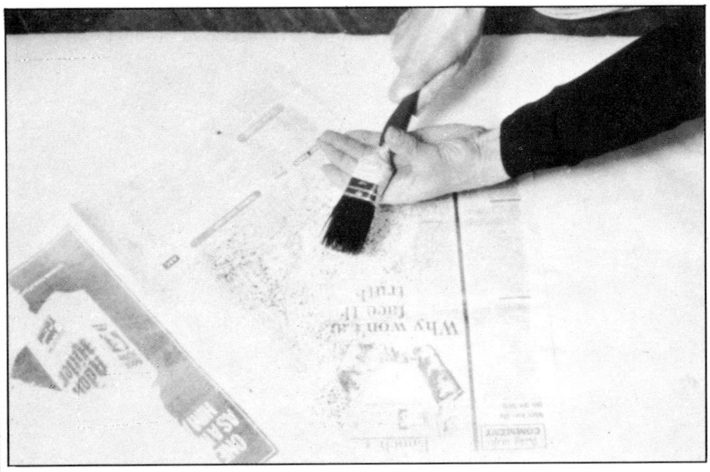

Aufspritzen 1. *Tafel auf den Boden legen und Zeitungspapier zum Maskieren auflegen. Pinsel mit verdünnter Farbe durch Aufschlagen auf die flache Hand ausspritzen.*

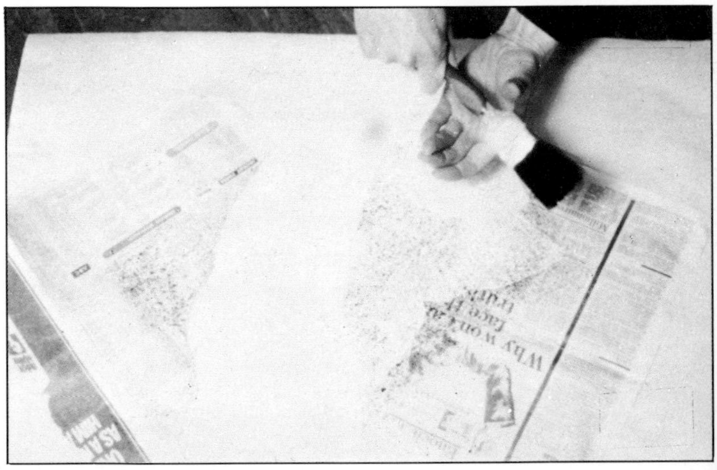

2. *Papiermasken entfernen. Feine Spritzer erreicht man, indem man den Pinsel gegen ein Holzstück schlägt. Durch Spritzen aus verschiedenen Richtungen lassen sich unterschiedliche Effekte erzielen.*

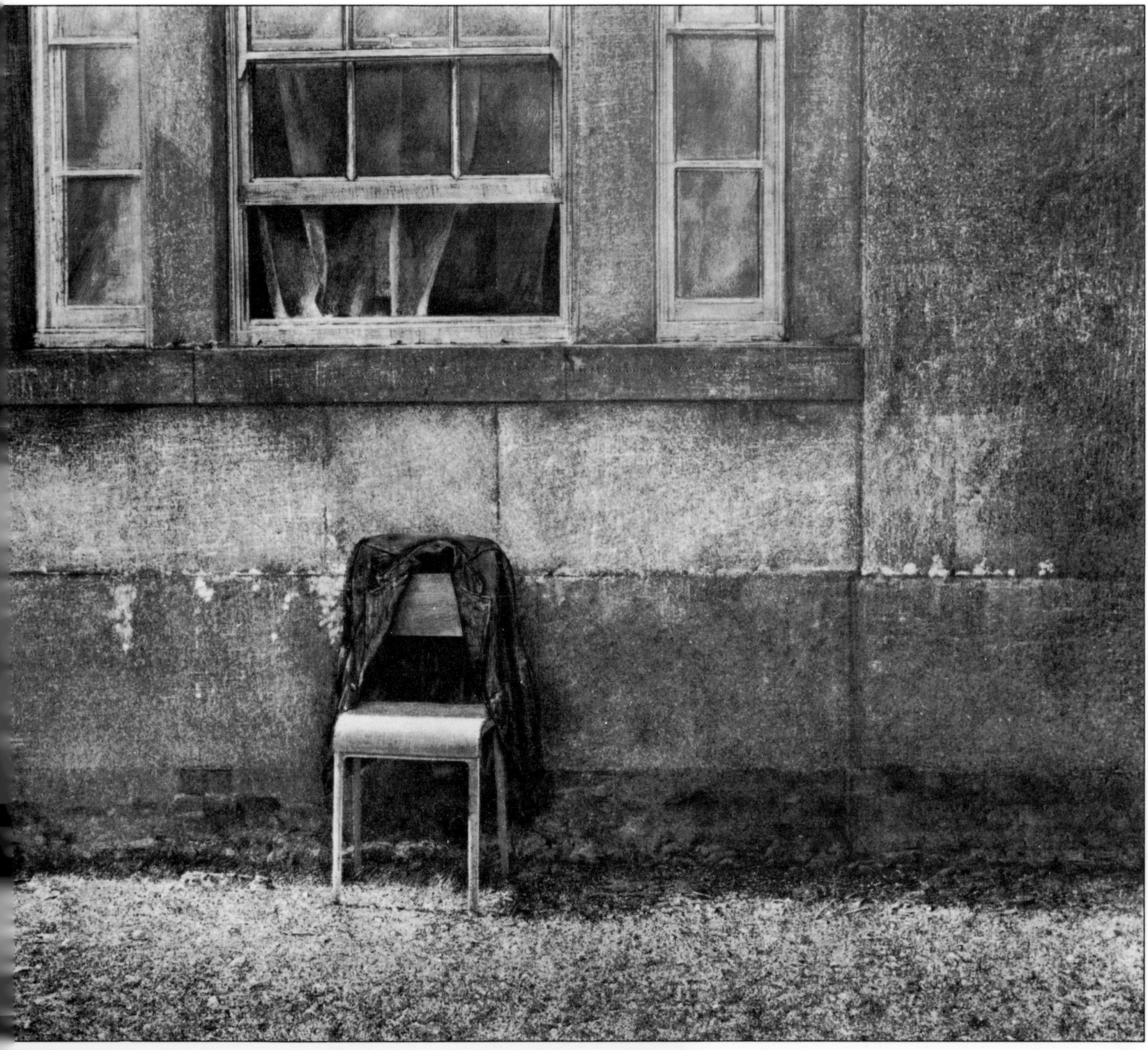

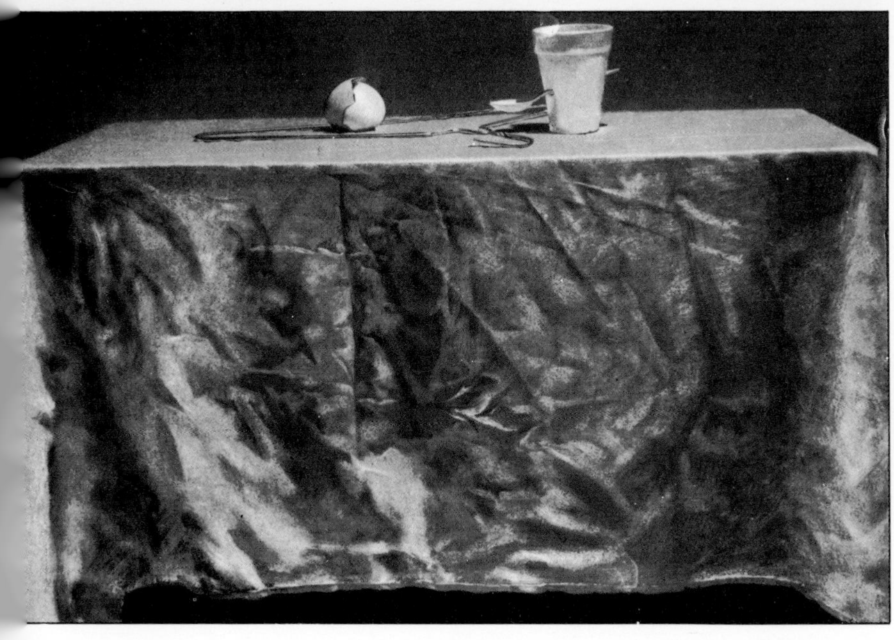

Übertragungspapier möglich; es wird auf das Bild aufgelegt, die richtigen Linien werden leicht eingezeichnet. Anschließend wird die Rückseite des Papiers mit Kreide oder Kohle eingerieben; danach kann die Zeichnung leicht auf das Bild übertragen werden.

Schablonen und Abdeckungen Aus Papier kann man Schablonen zum Malen spezieller Formen herstellen; außerdem kann man es während der Arbeit zum Abdecken von Teilflächen benutzen. Wenn die Hand sich bei feinen Malarbeiten auf dem Untergrund abstützt, sollte dieser stets mit rauhem Papier abgedeckt werden, damit er vor Fett und Nässe geschützt ist. Manschetten und Armbänder dürfen nicht über die Oberfläche streifen: das Gemälde verkratzt ebenso leicht, wie ein Ölgemälde verschmutzt.

Schutz des fertigen Werkes Obwohl die Temperaoberfläche sekundenschnell trocknet, bleibt die Farbe einige Monate lang geschmeidig und muß deshalb sorgfältig behandelt werden. Am besten deckt man das Bild mindestens ein Jahr lang mit Glas ab, welches im Abstand von knapp einem Zentimeter über der Oberfläche montiert wird.

Ei-Öl-Emulsionen

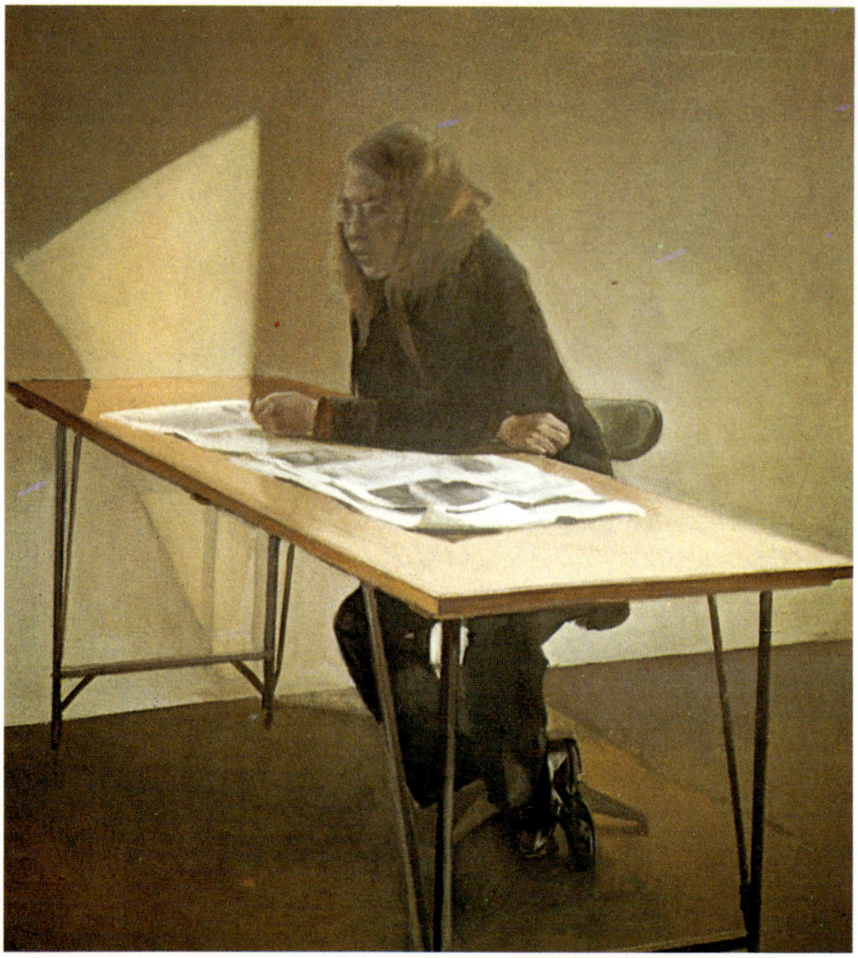

Mit Ei-Öl-Emulsionen lassen sich glänzendere Oberflächen erzielen als mit reiner Tempera. Je mehr Öl und Firnis zugegeben wird, desto stärker wird der Glanz. Die Farbe trocknet langsamer als reine Tempera, wird aber härter.

Eigelb und Leinsamenöl Eine mit Pigmentpaste gemischte Eigelb- und Leinsamenölemulsion ergibt eine wie Eitempera zu verarbeitende Farbe, die aber in ihren Eigenschaften der Ölfarbe ähnelt. Man sollte pro Eigelb nicht mehr als einen gestrichenen Teelöffel Öl zugeben (siehe Abb.), sonst wird die Emulsion klebrig. Dagegen kann für magere Mischungen ohne weiteres weniger Öl verwendet werden. Wie bei Eigelbtempera sollten etwa gleiche Teile Pigmentpaste und Emulsion zusammengemischt werden.

Eigelb, Standöl und Dammarfirnis Man vermengt eine Mischung aus Standöl und Dammarfirnis auf gleiche Weise und im gleichen Verhältnis mit Ei, wie bei Eigelb und Leinsamenöl beschrieben (siehe Abb.). Die Mischung wird wieder mit etwa der gleichen Menge Pigmentpaste versetzt.

Zu Beginn trägt man diese Farbe sehr dünn auf. Sie trocknet hart ab und kann dann mit einem mit Seide oder Papiertaschentüchern angefertigten Polierkissen ohne Firnisauftrag glänzend poliert werden. Sie wird wie Eitempera verwendet, läßt sich gut lasieren und kann der Ölfarbe gleichen. Manchmal trocknet sie nicht gleichmäßig ab und in jedem Fall ist sie nicht vor etwa 30 Minuten trocken. Nach dem

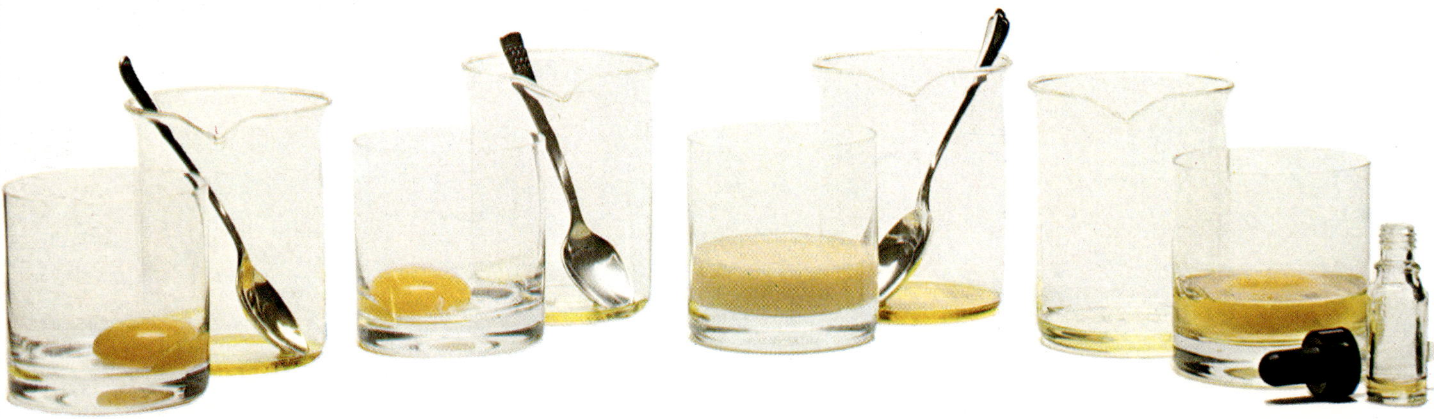

Eigelb und Leinsamenöl *Ein höchstens gestrichen voller Teelöffel Leinsamenöl wird mit einem Eigelb gemischt (siehe auch nächste Seite).*

Eigelb, Standöl und Dammar *Eigelb und ein gestrichener Teelöffel Standöl-Dammar-Mischung werden wie Eigelb und Leinsamenöl gemischt (siehe nächste Seite).*

Ganzes Ei und Leinsamenöl *Eiweiß und Eigelb von einem Ei vermischen. Einen Teelöffel Leinsamenöl tropfenweise zugeben. Mischung durchseihen.*

Ganzes Ei, Dammarfirnis und Nelkenöl *20 Tropfen Nelkenöl werden einem ganzen Ei und einem Viertel Eivolumen Dammarfirnis zugegeben (siehe nächste Seite).*

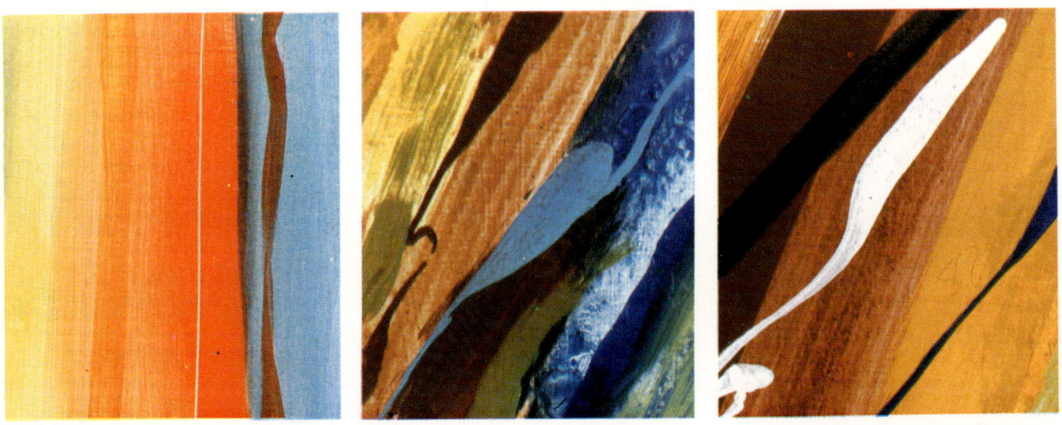

Links **Temperaoberflächen** *Eine reine und ohne weitere Verarbeitung lediglich aufgemalte Eitempera (ganz links) gleicht dick aufgetragener Wasserfarbe. Eine genauso aufgetragene Eigelb-, Dammarfirnis- und Standölemulsion (Mitte links) ergibt dichte Farbe unterschiedlicher Transparenz und sieht aus wie eine Mischung aus reiner Tempera und Ölfarbe. Die Farbe deckt gut und ist von leicht öligem Charakter. Eine Emulsion aus Ei, Dammarfirnis und Nelkenöl (links nebenan) ergibt, direkt und ohne weitere Vorbereitung aufgetragen, dichte, flächige Farbwirkungen; Verwaschauftrag bekommt leicht körnigen Charakter.*

Links **David Tindle: Gordon (Ausschnitt)** *Mit einer Emulsion aus Ei, Standöl und Dammarfirnis auf Leinwand gemalt. Reine Eitempera bildet auf Leinwand Risse. Durch ausgiebige Kreuzschraffur auf der Wand werden Lichteffekte dargestellt; übereinander angelegte warme und kalte Töne schaffen optische Spannung. Ähnliche Effekte werden mit dem Blauschwarz des Anzugs erzielt. Kopf, Hände und Zeitung sind mit „trockenem" Pinsel ausgeführt. Durch die Öl-Ei-Emulsion ließ sich das Weiß stark und deckend auftragen.*

Rechts **David Tindle: Stilleben mit Stuhl** *Für dieses Leinwandbild wurde eine Emulsion aus Eigelb, Standöl und Dammarfirnis verwendet. Die Farbe wurde dick – ähnlich wie Ölfarbe – aufgetragen. Das Gemälde spiegelt die Festigkeit von Ei-Öl-Emulsionen wider und zeigt, wie sich diese Farbe besser als reine Eitempera beherrschen läßt.*

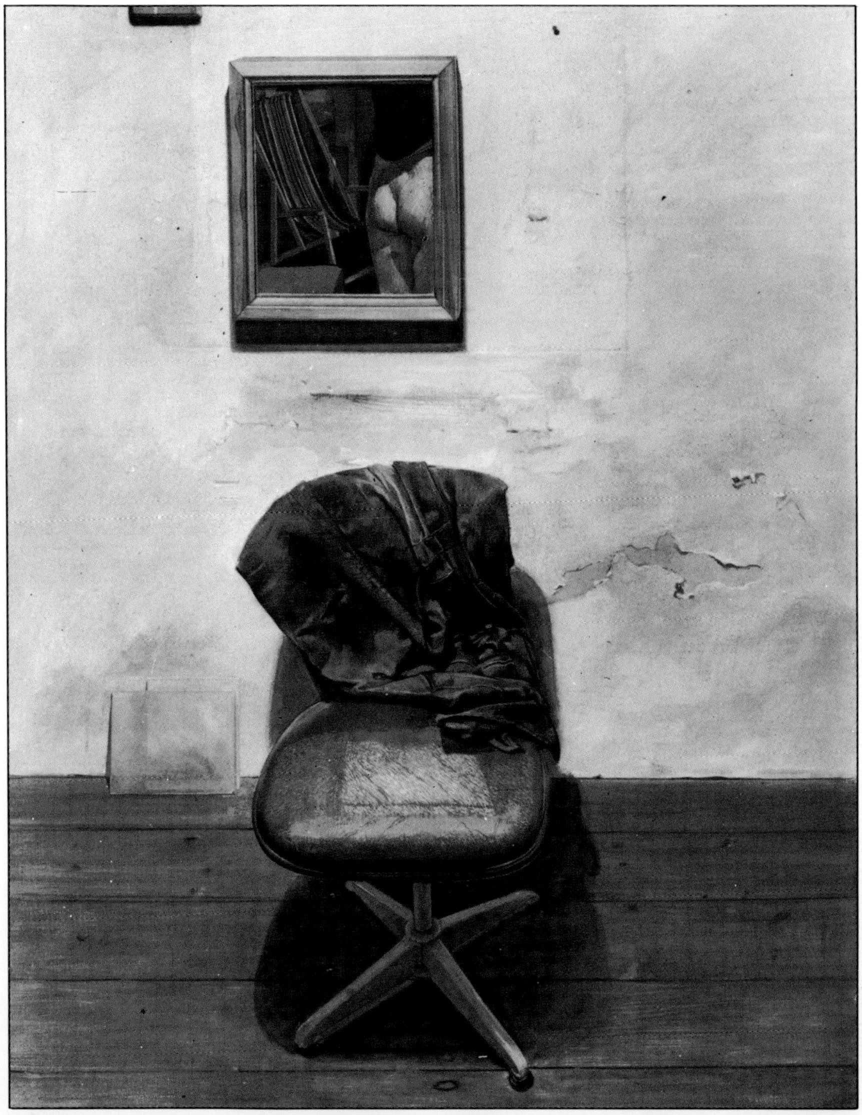

Trocknen ist sie fast dauerhafter als Ölfarbe und genauso widerstandsfähig.

Mit dieser Emulsion können feine Linien in noch feuchte Ölfarbe gemalt werden, ohne daß die Ölfarbe sich dadurch verändert. Ihr Vorteil gegenüber reiner Ölfarbe ist die schnelle Trocknungszeit und das Festwerden innerhalb von Sekunden. Sie ist auf Leinwand gut zu verarbeiten und gegen Feuchtigkeit widerstandsfähiger als Eitempera. Der Ölgehalt läßt sie jedoch schneller nachdunkeln, das Abkratzen ist schwieriger und sie trocknet nicht so matt ab wie reine Eitempera.

Ei und Leinsamenöl Eine aus einem ganzen Ei und Leinsamenöl gemischte Emulsion trocknet schnell und hart. Sie ist nicht so klar wie reine Eitempera und läßt sich nicht wie Standöl-/Dammarfirnisemulsion polieren. Sie wird mit etwa gleicher Menge Pigmentpaste angemischt und erforderlichenfalls mit destilliertem Wasser verdünnt.

Ei, Dammar und Nelkenöl Die drei Bestandteile werden gemischt und mit destilliertem Wasser zu einer dünnen Emulsion bereitet (siehe Abb.). Abweichend von den anderen Emulsionen und Lösungen muß sie mit trockenem Pigmentpulver zu einer Paste angemischt werden. Für Arbeit mit dünner Farbe auf großen Flächen ist diese Emulsion sehr nützlich; bei zu dickem Auftrag verläuft sie auf dem Untergrund.

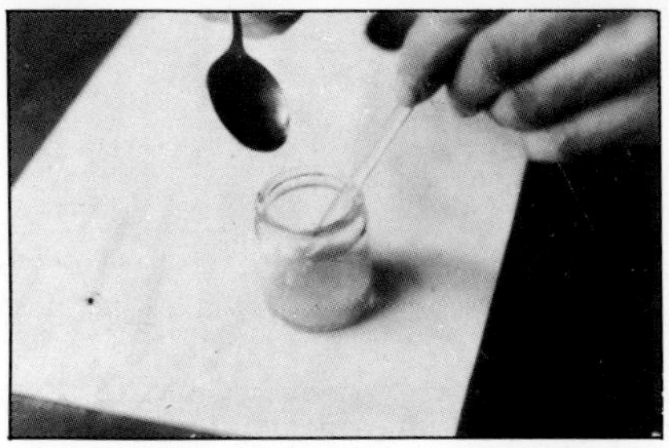

Zubereitung von Eigelb-Leinsamenöl-Emulsion 1. *Leinsamenöl dem Ei tropfenweise zugeben: ein Teil Öl auf drei Teile Ei. Mit Glasstab umrühren.*

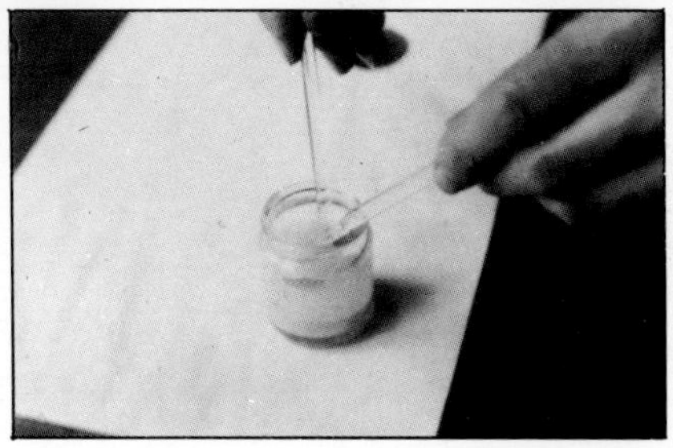

2. *Destilliertes Wasser mit Pipette in gleicher Menge wie Eigelb zugeben. Zugabe muß auch hier tropfenweise erfolgen, sonst emulgiert die Farbe nicht.*

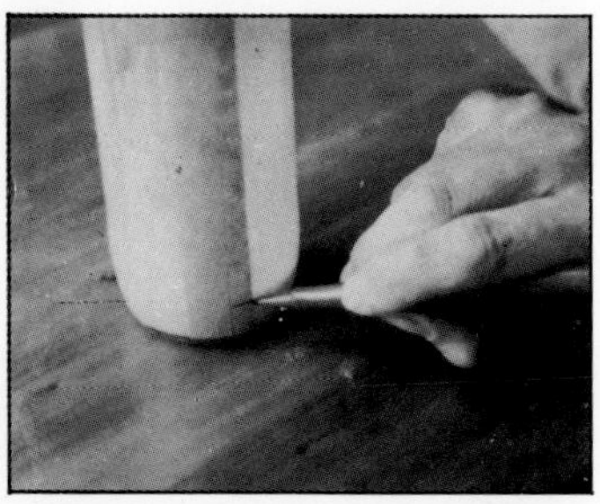

Emulsion aus Ei, Dammarfirnis und Nelkenöl 1. *Ei in Glasbehälter schlagen, Flüssigkeitsstand außen markieren, Behälter schließen und schütteln.*

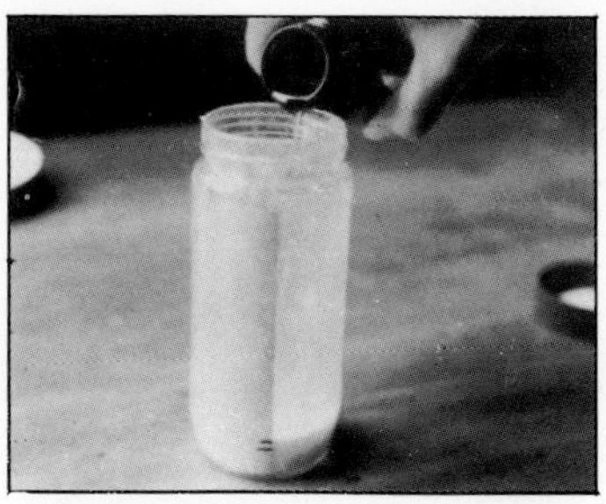

2. *Abstand Behälterbecken – Markierung messen, vierteln und zweite Markierung um ein Viertel höher anbringen. Bis auf diese Höhe Dammarfirnis zugeben.*

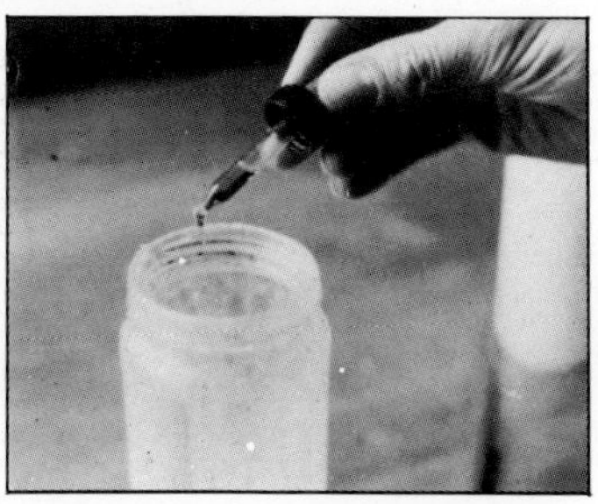

3. *20 Tropfen Nelkenöl pro Ei mit Pipette zugeben und schütteln. Bei sofortigem Verbrauch der Emulsion kann das Nelkenöl wegfallen.*

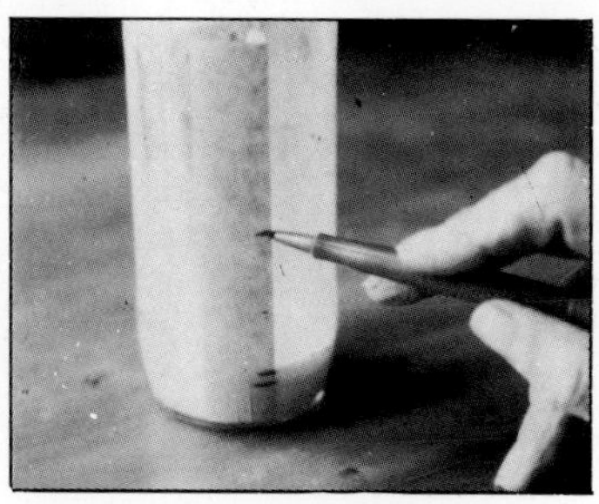

4. *Die zwölffache Höhe des jetzigen Flüssigkeitsstandes markieren und mit destilliertem Wasser auffüllen. Behälter verschließen und schütteln. Danach ist die Emulsion gebrauchsfertig.*

6. Kapitel

Fresko

Viele Arten von Wandmalerei werden oft fälschlich als „Fresko“ bezeichnet. Dieses Kapitel beschränkt sich auf das echte Fresko oder „buona fresco“ als der großen, traditionellen Technik.

Echtes Fresko verhält sich zur modernen Malerei wie Latein zu den heutigen Sprachen. Gerade in der zweiten Hälfte des 20. Jahrhunderts, in welcher sich die Malerei nach vielfältigen Experimenten wieder auf ihre Ursprünge zurückbesinnt, ist die Kenntnis dieser Technik wichtig.

Italien präsentiert uns Freskomalerei aus allen Zeiten, darunter Beispiele der größten Meisterwerke abendländischer Kunst. Viele Maler der Vorrenaissance, Renaissance und des Barock arbeiteten mit diesem Farbträger. Mit die Größten unter ihnen waren: Giotto (1266/7–1337); Masaccio (1401–1428); Fra Angelico (ca. 1387–1455); Piero della Francesca (1410/20–1492); Signorelli (1441/50–1523); Michelangelo (1475–1564); Raphael (1483–1520); Pietro da Cortona (1596–1669).

Auch im 18. Jahrhundert wurden – speziell von Tiepolo (1696–1770) – Meisterwerke dieser Technik geschaffen. Im vergangenen Jahrhundert entstanden Fresken in England und Deutschland, im jetzigen wurden sie von Diego Rivera (1886–1957) in Mexiko geschaffen.

Hervorragend erhaltene spätmittelalterliche Werke zeigen sich in den Bergklöstern Jugoslawiens. In Spanien zeigt das Stadtmuseum von Barcelona mittelalterliche Fresken katalonischer Kirchen und Madrid weist Malereien von Tiepolo, Giordano

Rechts **Michelangelo Buonaroti: Decke der Sixtinischen Kapelle (Ausschnitt)** *Michelangelo malte die gesamte Decke von einer Arbeitsplattform aus, was die Überprüfung des Gesamtwerkes während der Arbeit sehr erschwerte. Er führte die gesamte Malarbeit allein aus und benötigte dazu zweieinhalb Jahre.*

Unten **Delphische Sibylle (Ausschnitt aus der Sixtinischen Kapelle)** *Die Umrisse der Figur sind in einer einzigen ovalförmigen Umrahmung zusammengefaßt.*

Rechts außen **Jacopo Pontormo: Mariä Verkündigung** *Feuchtigkeits- und andere Schäden wurden durch Wegnahme, Restauration und Säuberung der Farbe beseitigt, die alte Farbfrische ist wiederhergestellt.*

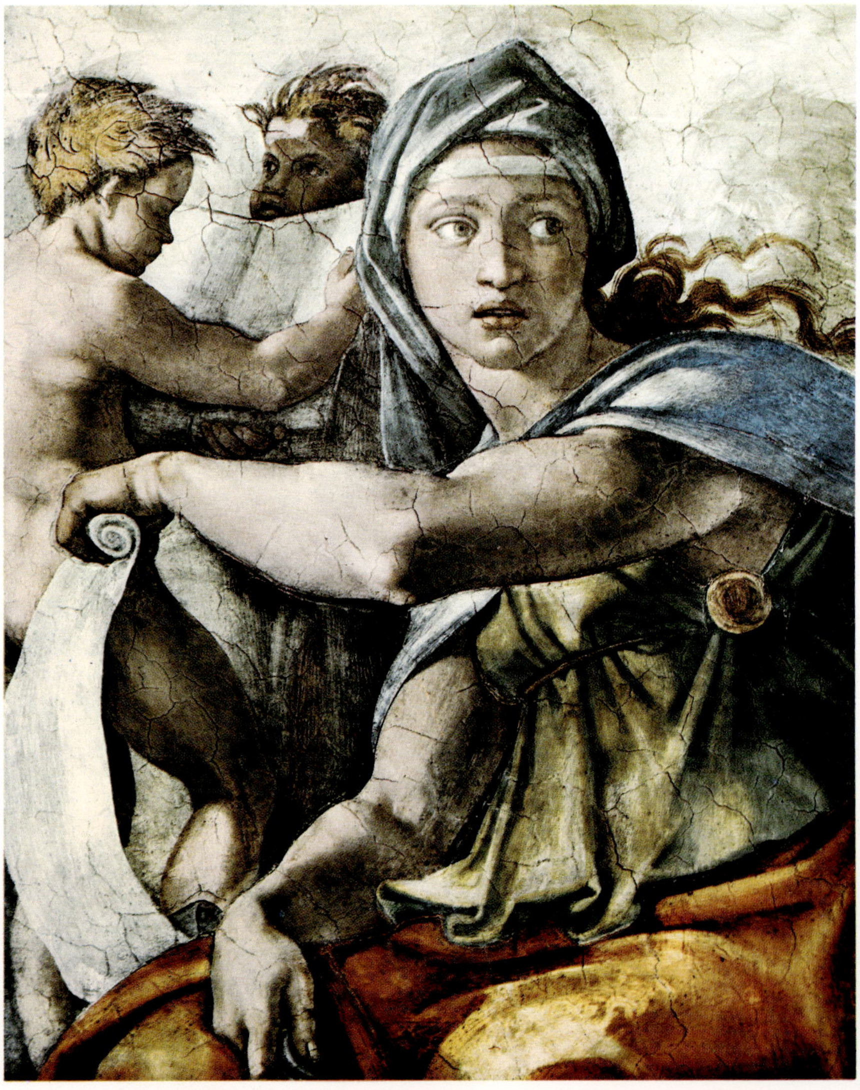

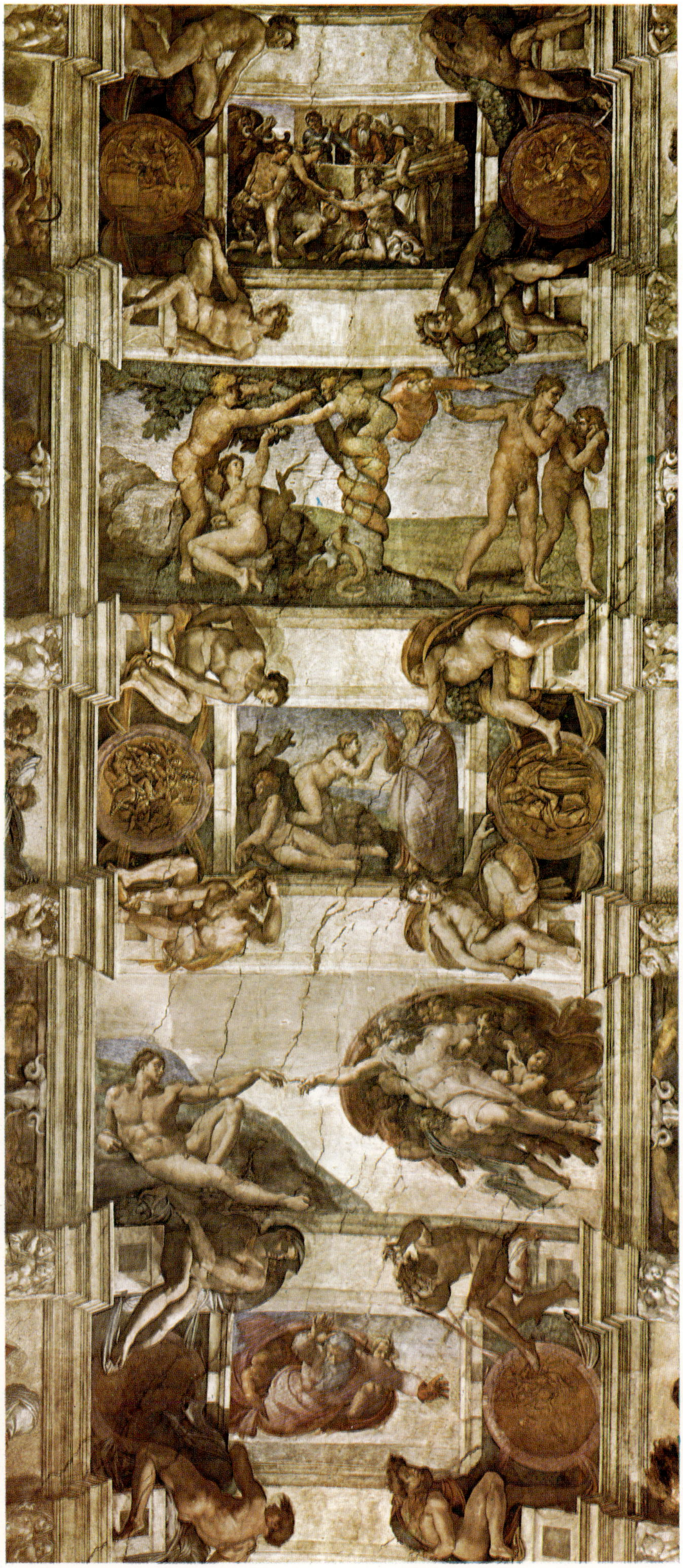

(1632–1705) und Goya (1746–1828) auf. Über ganz Süddeutschland und Österreich verstreut finden sich die Meisterwerke des Rokoko, und Würzburg besitzt einige der schönsten außerhalb Italiens entstandenen Fresken. Im Moskauer Kreml stehen zwei Kathedralen voller Fresken im spätbyzantinischen Stil. England besitzt als einziges erwähnenswertes Beispiel dieser Kunst ein Fragment der Innenausmalung der Kathedrale von Canterbury.

Die Freskotechnik arbeitet unter Zuhilfenahme chemischer Reaktionen. Pulverisierte und mit reinem Wasser vermahlene Erdfarben werden auf frischen Kalksandputz aufgetragen, solange der Kalk sich noch nicht durch Aufnahme von Kohlensäure aus der Luft von Calciumhydroxid in Calciumkarbonat verwandelt hat. Die Bildung von Calciumkarbonat durch Kohlensäureaufnahme geht sehr schnell vonstatten; dabei wird das Pigment in die Wand einkristallisiert.

Fresken lassen sich innen und außen anbringen; sofern sie außen einigermaßen geschützt und nicht Rauch oder chemischen Gasen ausgesetzt sind, sind sie dort ebenfalls haltbar.

Freskomalerei ist technisch einfach, aber sehr arbeits- und zeitaufwendig. Allein die Vorbereitung des Kalks für den Putz nimmt zwei Jahre in Anspruch.

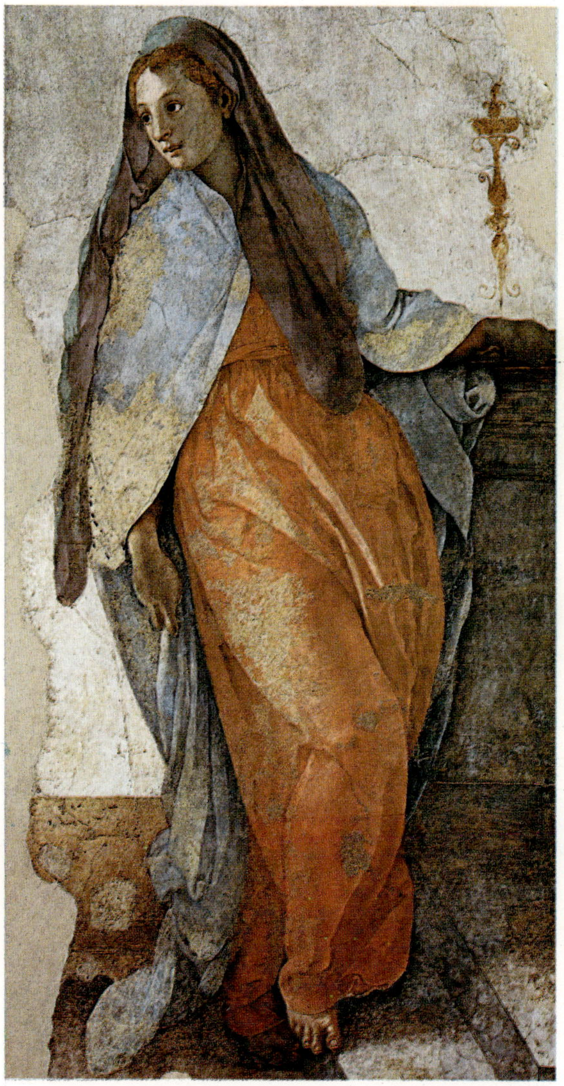

Untergründe

Jeder Künstler, der heute Fresken malen will, wird mit den Schwierigkeiten der Materialbeschaffung und -bearbeitung konfrontiert, während es früher für diesen Zweck wohlausgestattete Werkstätten gab.

Verputz zubereiten Grunderfordernis ist ein absolut reiner, gut gebrannter weißer Ätzkalk. Dieses gefährliche Pulver muß im Freien in ziegelverkleideten Behältnissen sicher gelagert werden. Es wird in an schattigen Stellen in den Boden eingelassene und mit Holz abgedeckte Kalkgruben geschüttet und mit Wasser aufgeschwemmt. Der Kalk muß immer mit klarem Wasser bedeckt sein und zwei Jahre lang regelmäßig umgerührt werden, bevor er rein und geschmeidig genug zur Verarbeitung ist. Organischer Schmutz – etwa ein in die Grube gefallener Frosch – schadet nicht; Gefahren gehen nur von chemischen Verunreinigungen aus. Das zweite Problem ist es, sauberen Bachsand oder geeigneten Grubensand zu finden. Meeressand und auch schon Flußsand sind untauglich, weil ihr nie ganz auswaschbarer Salzgehalt die Fresken ruiniert. Außerdem muß der Sand frei von Glimmer sein. Gewöhnlicher Bausand greift ein Fresko meist schon nach etwa drei Jahren an. Jede Verunreinigung des Sandes verursacht Ausblühungen, Risse, Verfärbungen oder chemische Veränderungen.

Wandvorbereitung Vor Arbeitsbeginn muß die Wand sorgfältig so vorbereitet werden, daß sie überall gleich aufnahmefähig ist. Alter Verputz sowie zu stark gebrannte Ziegel müssen entfernt und ersetzt werden. Die Wand muß trocken, gut belüftet und während des Malens vor direkter Sonnenbestrahlung geschützt sein. Freskomalerei auf Beton ist fast unmöglich, weil Beton chemische Verunreinigungen enthält. Vor dem Verputzen muß die Wand mit Hammer und Meißel aufgerauht werden, damit sie den Mörtel besser hält. Anschließend muß sie gut mit Wasser abgespült werden.

Verputzen Drei Mörtelschichten müssen aufgebracht werden. Die erste ist der nach altitalienischem Sprachgebrauch als „Trusilar" bezeichnete Spritzbewurf. Er enthält am wenigsten Kalk und wird aus drei Teilen sauberem, scharfkörnigem Sand und einem Teil gut mit Wasser vermischtem Löschkalk so angemacht, daß die Mischung auf dem Mörtelbrett nicht zerfließt. Dieser Mörtel wird dann kräftig angeworfen. Wird er wie Butter aufgestrichen („aufgezogen"), so entstehen in der rauhen Maueroberfläche Lufteinschlüsse. Der Spritzbewurf wird anschließend mit dem Reibebrett lediglich noch grob flachgedrückt, aber noch nicht verrieben, weil sonst die Oberfläche zu glatt wird. Es schadet nichts, wenn diese Schicht auf eine größere Flä-

Unten **Wandvorbereitung** *Die Wandoberfläche (1) wird für den etwa 12 mm starken Spritzbewurf, den „Trusilar" (2), rauhgeschlagen. Dann wird die mittlere Ausgleichsschicht, der etwa 6 mm starke „Arricciato" (3), aufgezogen. Nachdem er sich abgesetzt hat, folgt die noch etwas dünnere dritte Schicht, der „Intonaco" (4), der mit der Kelle auf die Wandteile aufgetragen und geglättet wird, die an einem Tag bemalt werden können (5). Die Pigmentpartikel werden in den porösen Putz eingearbeitet und verbinden sich beim Trocknen und Abbinden fest mit ihm.*

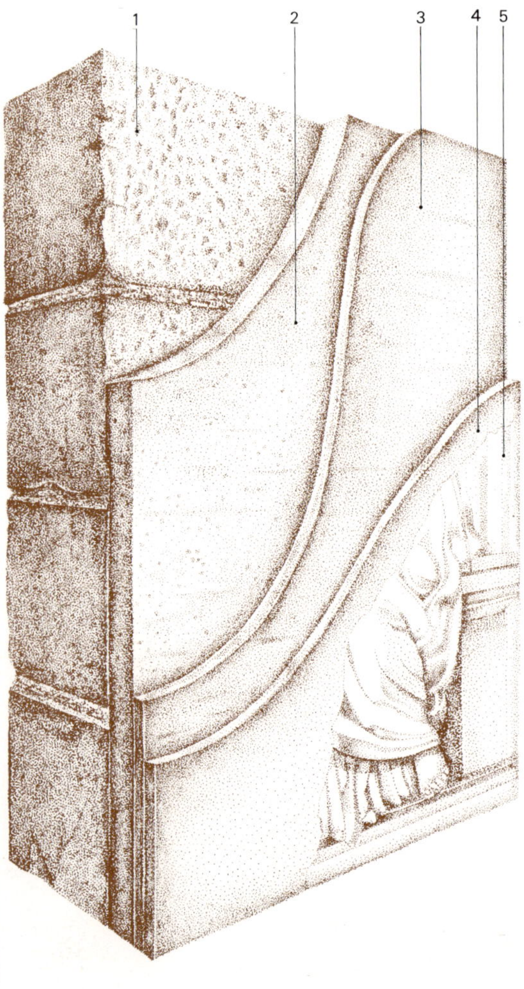

Rauhschlagen *Die Wandoberfläche wird mit Hammer und Meißel aufgerauht.*

Wässern *Die Oberfläche wird gründlich gewässert, lose Partikel werden abgewaschen.*

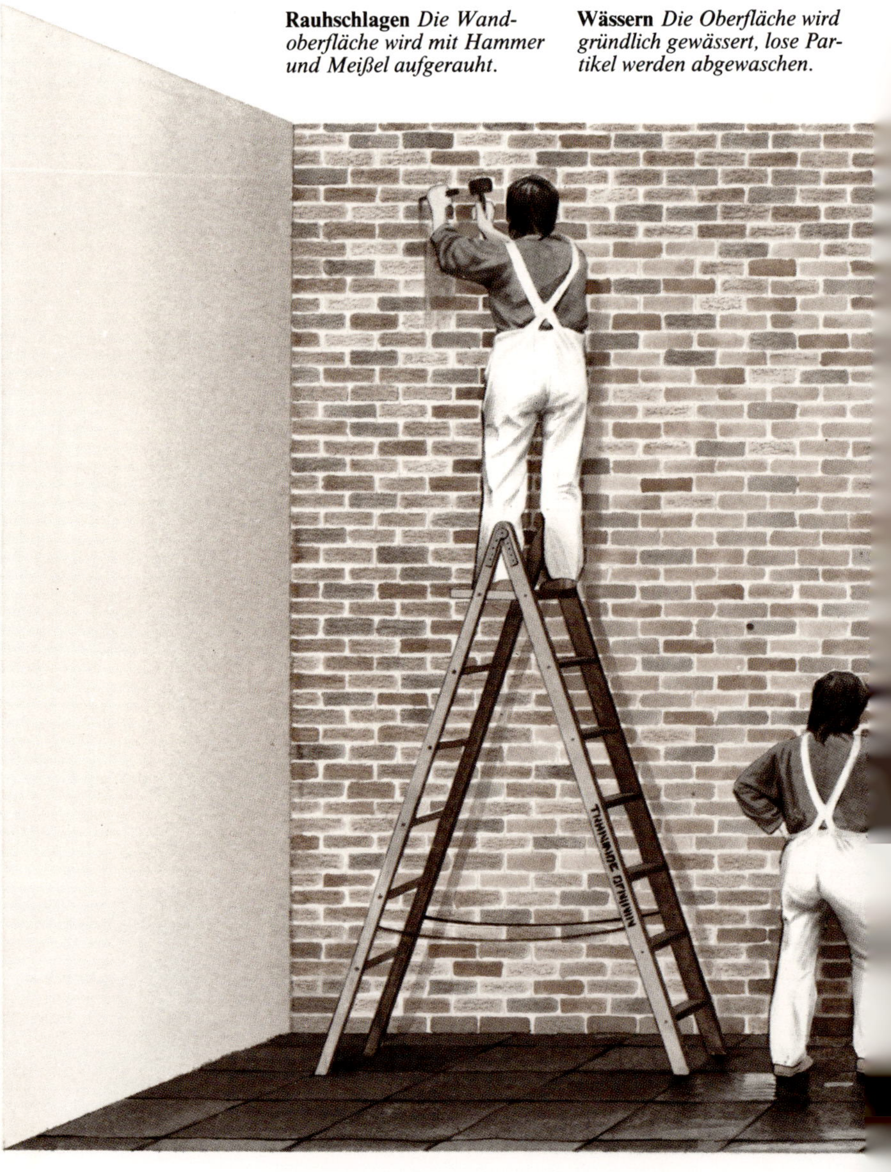

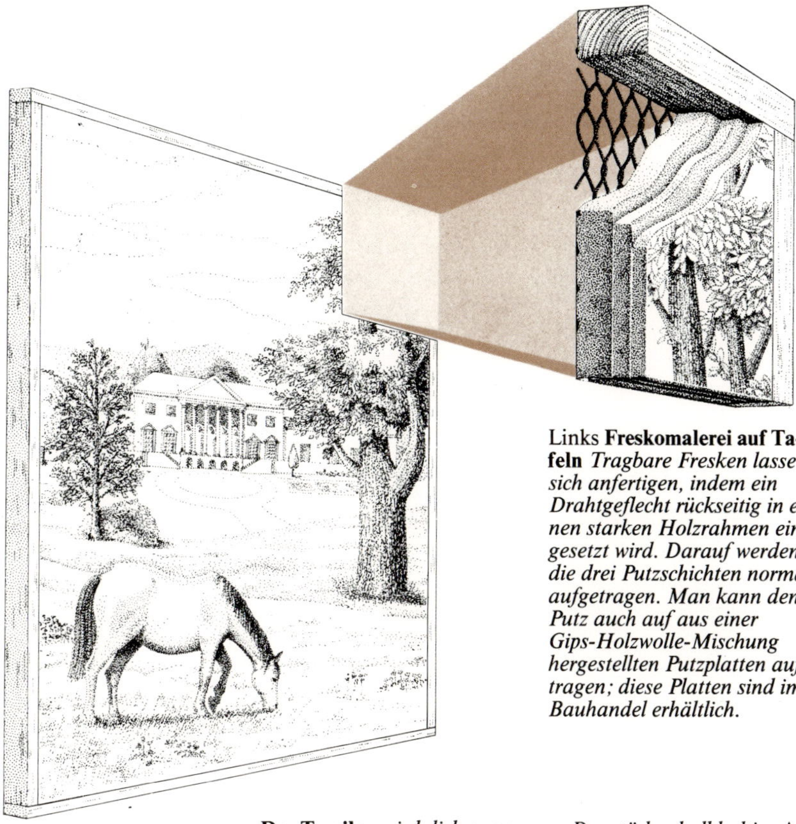

Links **Freskomalerei auf Tafeln** *Tragbare Fresken lassen sich anfertigen, indem ein Drahtgeflecht rückseitig in einen starken Holzrahmen eingesetzt wird. Darauf werden die drei Putzschichten normal aufgetragen. Man kann den Putz auch auf aus einer Gips-Holzwolle-Mischung hergestellten Putzplatten auftragen; diese Platten sind im Bauhandel erhältlich.*

che aufgetragen wird, als man an einem Tag bemalen kann, sofern man sie nur mit feuchten Tüchern naßhalten kann. Sie ist als dickste Schicht etwa 12 mm stark.

Die mittlere Schicht, der „Arricciato“, kann in üblicher Weise aufgezogen werden, sobald der Spritzbewurf fest, aber noch nicht trocken ist. Diese Schicht muß mehr Kalk enthalten – zwei Teile Sand auf einen Teil Kalk – und sie sollte knapp über 6 mm stark sein. Man trägt nur den Putz für die am Arbeitstag zu bewältigende Fläche auf und muß etwa noch nicht bemalte Putzteile abends wegschlagen.

Der „Intonaco“ kann als dritte Schicht etwa eine halbe Stunde nach der zweiten aufgezogen werden, wenn diese fest, aber ebenfalls noch nicht durchgetrocknet ist. Sie wird glatt verrieben und anschließend vorsichtig abgewaschen oder abgespült, um damit möglichst viel Kalk von der Oberfläche zu entfernen. Dieser Überzug sollte am meisten Kalk enthalten – ein Teil Kalk auf einen Teil Sand oder noch besser auf einen Teil Marmorsand – und er sollte mit etwa 5 mm ein wenig dünner sein als die vorherige Schicht. Ist am Tagesende eine fertig verputzte Fläche noch nicht bemalt, so muß sie mit einem Elfenbein- oder Plastikpalettmesser von der bemalten Fläche getrennt und weggeschlagen oder abgehoben werden.

Der Trusilar *wird dick angeworfen und grob geglättet.*

Der stärker kalkhaltige **Arricciato** *wird nach dem Abbinden der ersten Schicht aufgetragen.*

Der am meisten Kalk enthaltende **Intonaco** *wird erst am Maltag aufgezogen.*

Abwaschen *Überschüssiger Kalk wird von der letzten Putzschicht abgewaschen.*

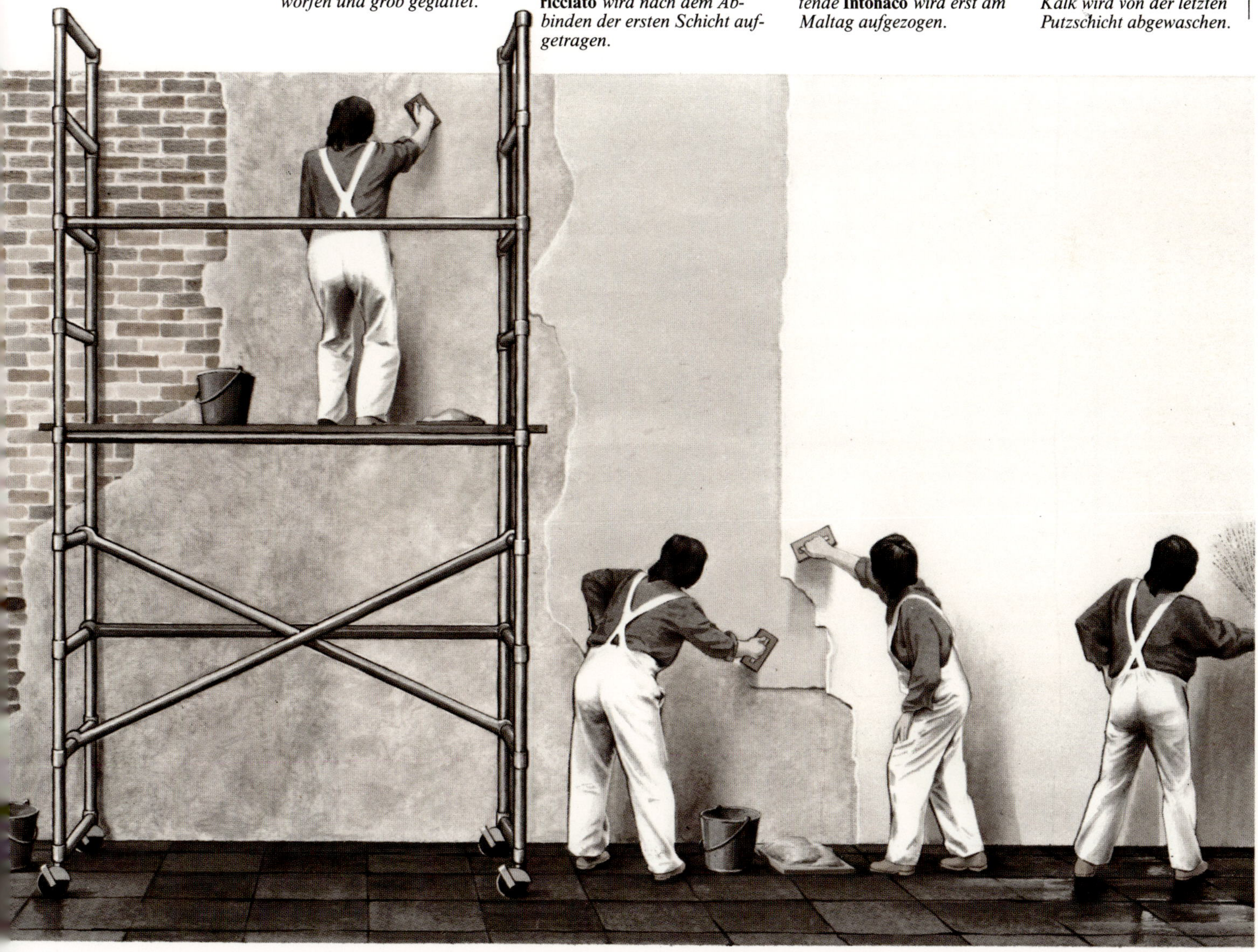

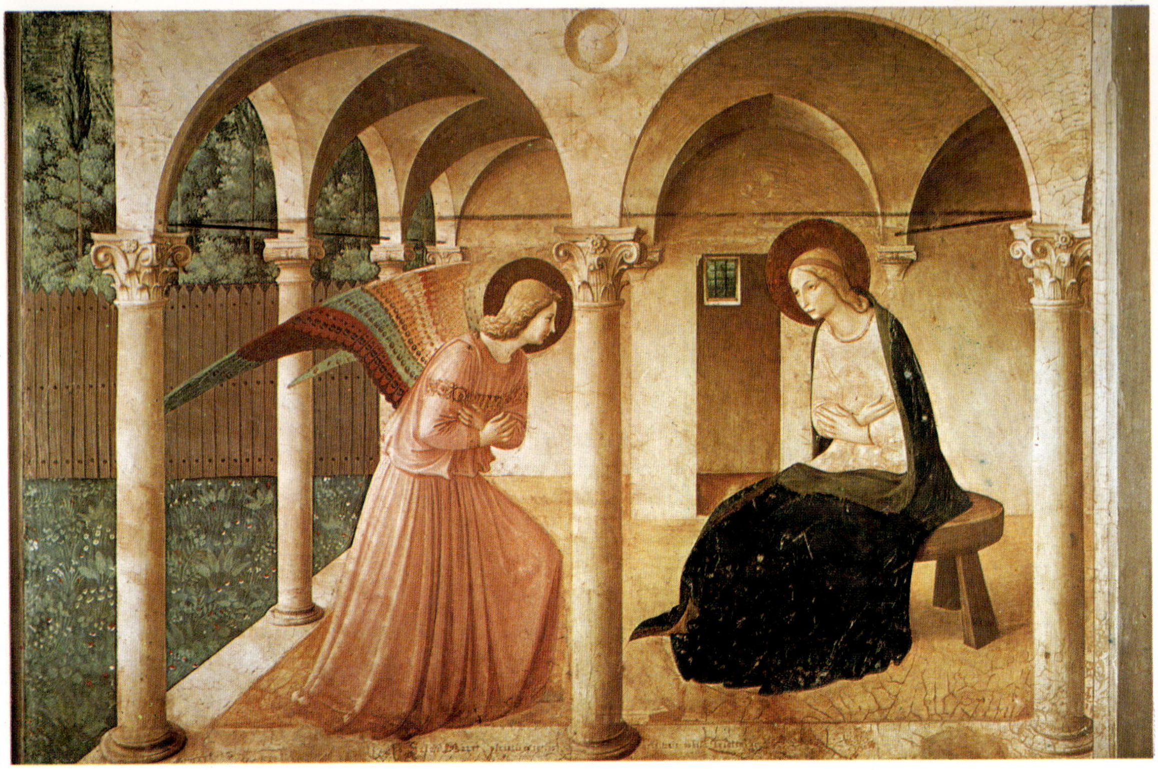

Links **Fra Angelico: Mariä Verkündigung** *Fra Angelico war ein Pionier in der Verwendung der Perspektive für den Bildaufbau.*

Rechts **Masaccio: Der Judaslohn** *Die Dramatik des Augenblicks wird dadurch verstärkt, daß die eng beieinanderstehende Gruppe einer entfernten Landschaft gegenübergestellt wird, während die zwei übrigen Figuren vor Gebäuden im Vordergrund stehen.*

Unten **Ein Fresko malen** *Entwurfskarton für eine Tagesarbeit muß vorbereitet werden und die Umrißlinien müssen mit Schieferstift in den nassen Mörtel eingeritzt werden. Anschließend wird dünne Farbe in Verwaschtechnik aufgetragen und der Umriß nachgezogen. Mittlere Farbtonlagen trägt man am besten zuerst auf und modelliert sie dann mit dunklen und hellen Tönen heraus. Es muß schnell und genau gearbeitet werden.*

Entwurf vom Karton übertragen *Die Umrisse werden vom Karton auf den Verputz durchgedrückt.*

Verwaschauftrag *Viel dünne Farbe wird auf den Verputz aufgetragen und von ihm aufgesaugt.*

Linien malen *Danach werden die Umrißlinien ausgeführt.*

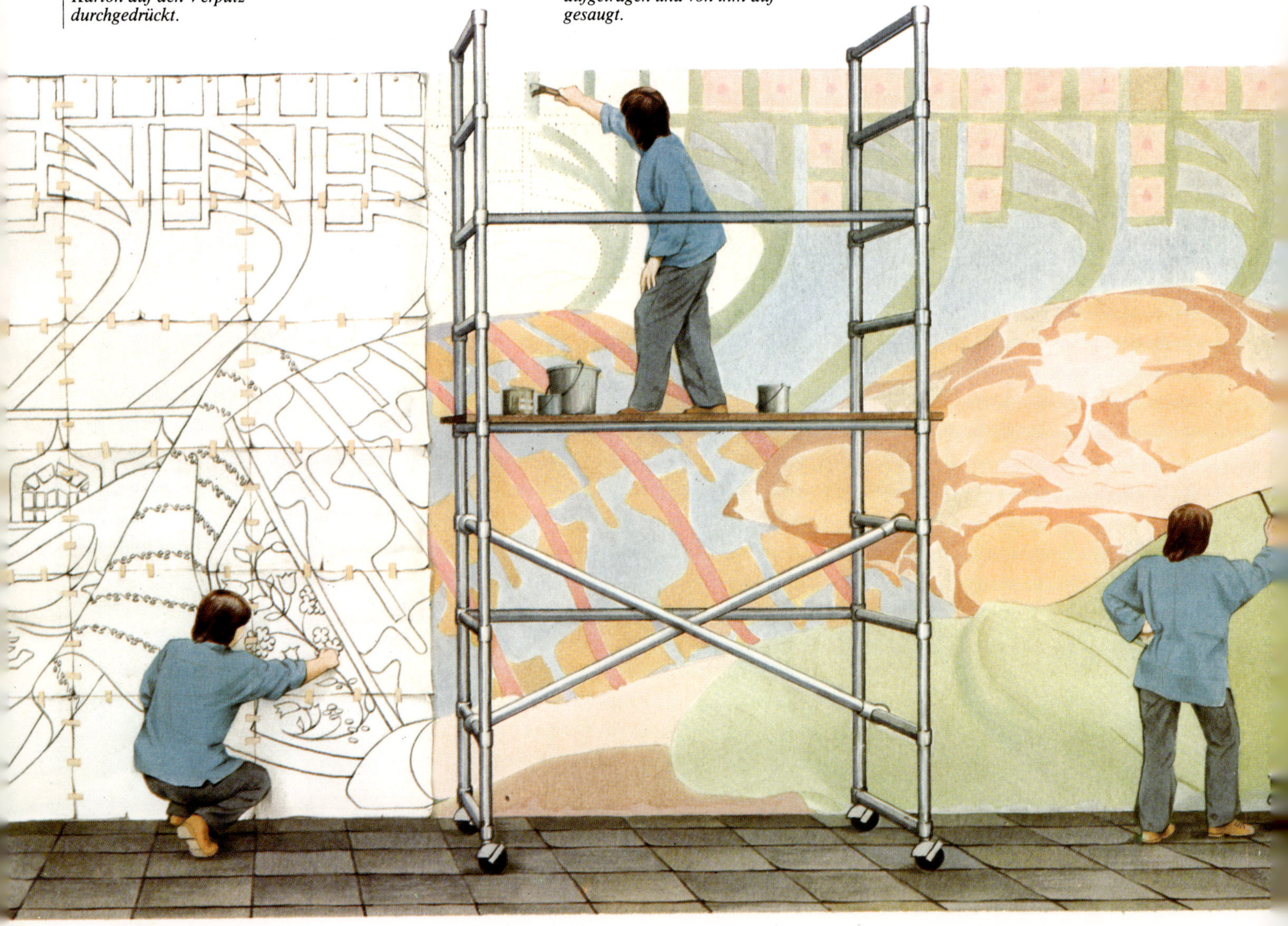

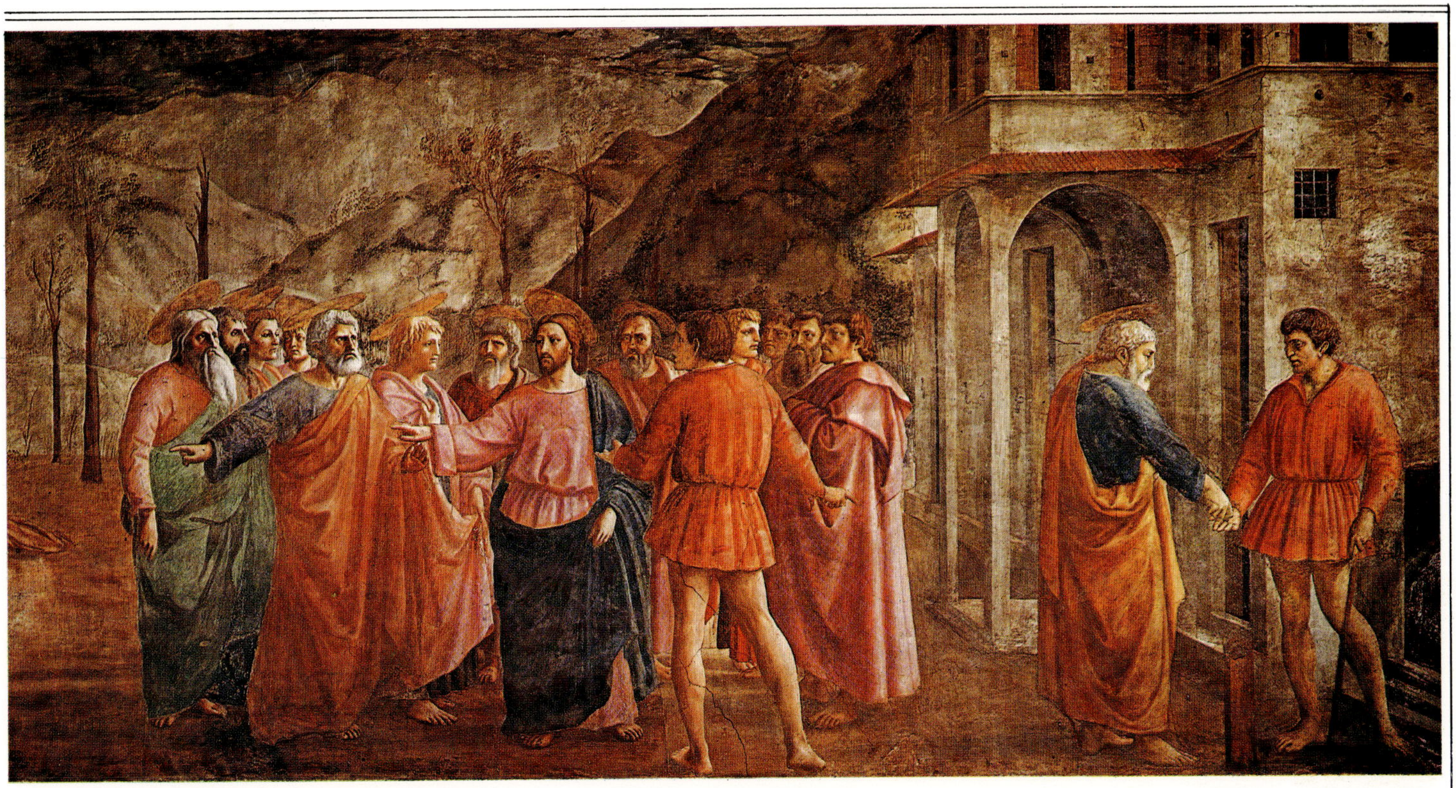

Schlaglichter aufsetzen *Hierzu verwendet man Bianco San Giovanni über den Mitteltönen.*

Dunklere Töne *Sie werden als Schatten oder Kontrastfarben hinzugefügt.*

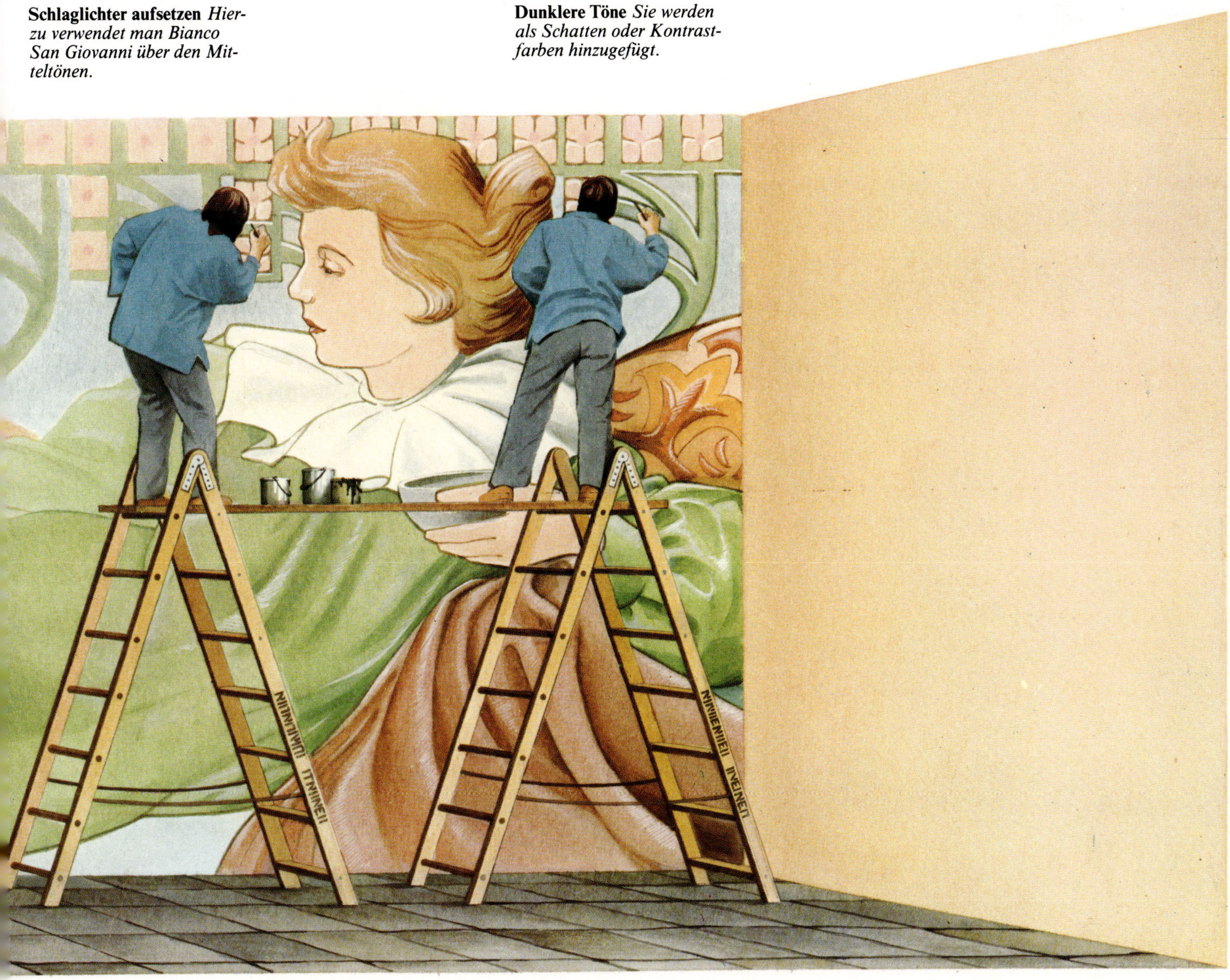

Farben

Fresken malt man am besten mit nur wenigen Farben. Die chemische Zusammensetzung der Farbe ist wichtig, da manche von ihnen sich nicht mit Kalk vertragen. Künstler, die mit der Freskomalerei beginnen wollen, sollten sich deshalb zuvor bei den Chemikern der Farbproduzenten Rat einholen. Folgende Pigmente sind für Fresken geeignet: Bianco San Giovanni (reiner weißer Kalk); lichter Ocker; Neapelgelb; Kadmiumrot; Oxidrot; Caput mortuum; rötlicher Ocker; Potters Rosa; grüne Erde; Chromoxidhydratgrün; Kobaltgrün; natürliche Umbra; bräunlicher Ocker; Perigord (natürlich und orange); Kobaltblau; Coelinblau; Ultramarin; Kobaltoxid schwarz; Eisenoxid schwarz; Manganschwarz.

Unten **Giambattista Tiepolo: Decke im Schloß zu Würzburg** *Die ungewöhnliche Leuchtkraft wurde durch gekonntes Übereinanderlegen dünner Farbschichten erreicht.*

Ganz unten **Kartonentwurf** *Vor der eigentlichen Arbeit benötigt man eine Zeichnung in Originalgröße. Von ihr aus wird jeweils ein Tagesarbeitspensum auf den Putz übertragen. Die Grenzen dieser Teilflächen sollten so angesetzt werden, daß die Übergänge unsichtbar bleiben.*

Techniken

Kartonentwurf Vor dem Verputzen und Malen muß der Künstler einen Entwurf im Maßstab 1:1 auf Karton anfertigen und ein genaues Farbschema entwerfen. Er muß zum Beispiel entscheiden, ob er Umrißlinien in dunklerem Ton der gleichen Farbe, mit einer Komplementärfarbe oder in einem mittleren Ton anlegen will, den er für den Schatten im ganzen Fresko verwendet. Wegen der schnellen Abbindezeit des Putzes bleibt später keine Zeit für langes Überlegen. Abänderungen greifen den Mörtel an, Farbe vermischt sich mit dem Kalk und nach dem Trocknen werden Flecken sichtbar. Fehler können nur durch Wegbrechen und Erneuern des Putzes verbessert werden, und dies ist schwierig.

Der Karton wird nach Tagesarbeitsphasen aufge-

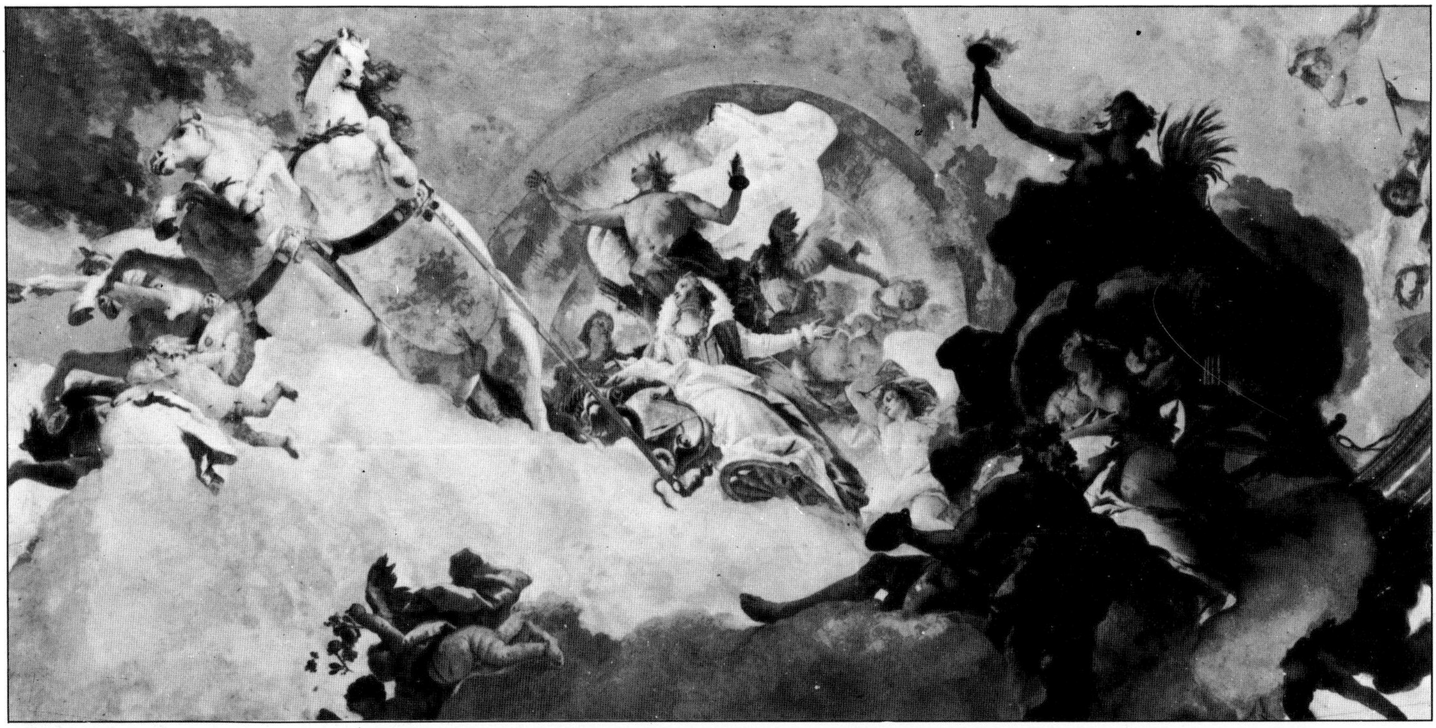

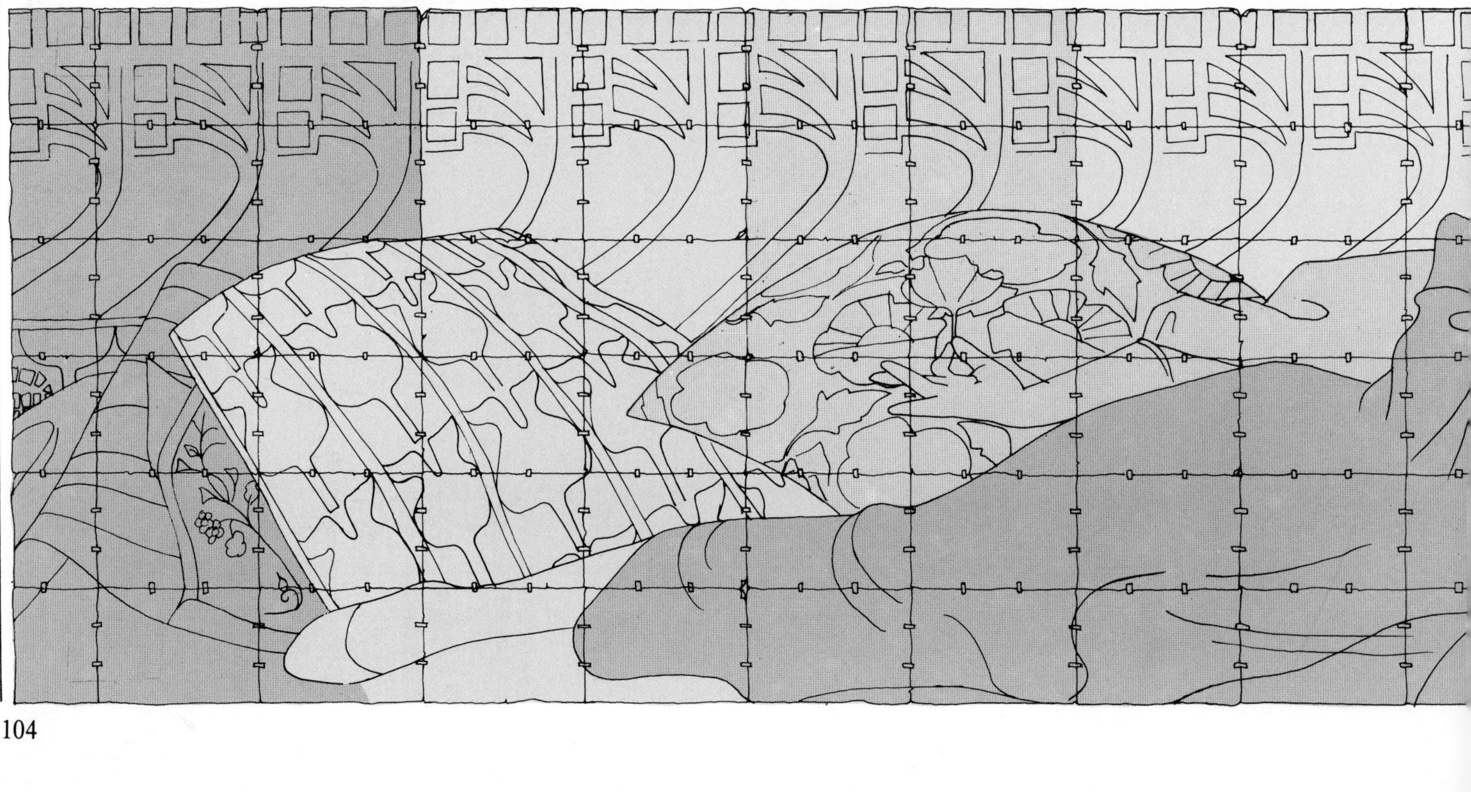

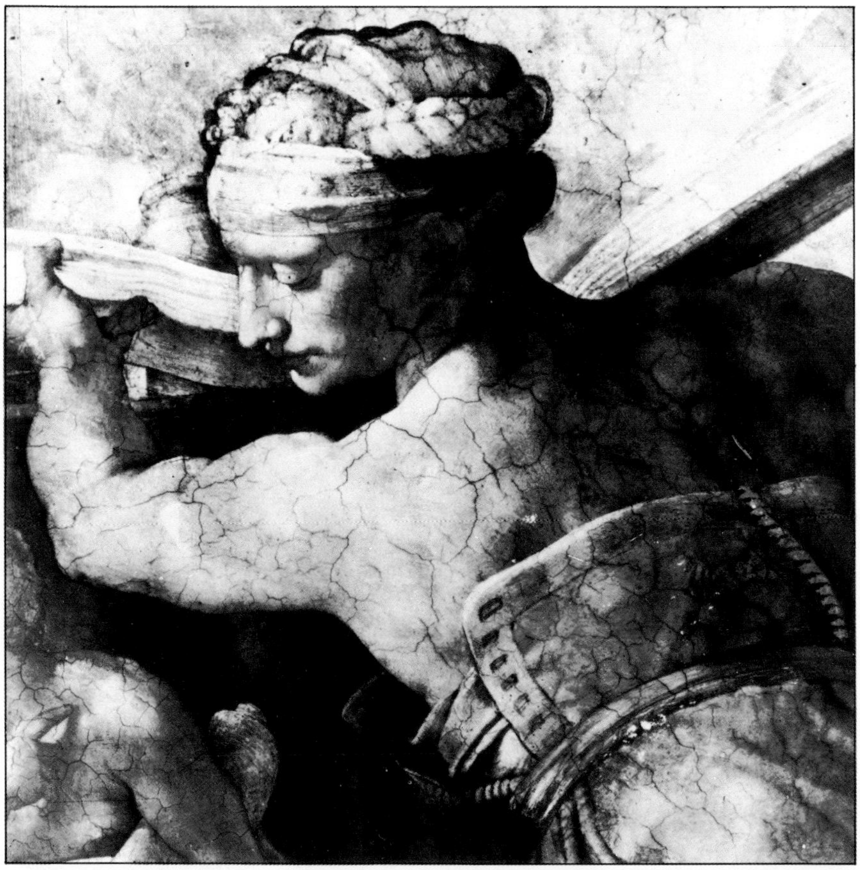

teilt. Die Grenzen der Teilflächen werden möglichst so gewählt, daß keine sichtbaren Linien zwischen ihnen verbleiben. Pro Arbeitstag wird dann je eine dieser Teilflächen mit Schieferstift vom Karton auf den nassen Mörtel „durchgepaust“, bevor die eigentliche Malarbeit beginnt.

Farbauftrag Die Farbe kann mit weichen Tierhaarpinseln aufgetragen werden. Man bereitet kleine Schüsseln von in Wasser aufgelöstem Pigmentpulver vor und mischt sie am besten auf einer Palette mit weißer Celluloidoberfläche an.

Fresken beginnt man zweckmäßigerweise mit reichlichem Auftrag dünnflüssiger, transparenter Farbe, ähnlich wie in der Verwaschtechnik beim Aquarell; darauf folgt das Anlegen der scharfen Umrißlinien. Man besinnt sich am besten auf die alte italienische Technik zurück, bei der ein Mittelton mit dunkleren Tönen herausmodelliert wird, und bei dem dann hellere Töne den Gesamteindruck vervollständigen. Helle Töne können durch Zugabe von etwas Bianco San Giovanni (weißer Kalk) noch kräftiger gemacht werden; dabei muß berücksichtigt werden, daß dieser Weißton beim Trocknen heller wird. Noch hellere Schlaglichter und Akzente tiefdunkler Töne können manchmal bei größeren Fresken angebracht sein. Die frühen italienischen Freskomaler modellierten mit Schraffur und Schattierung, und Tiepolos spätere Fresken aus dem 18. Jahrhundert verdeutlichen, wie sich sogar ein aus der Ferne naturalistisch wirkender Malstil aus der Nähe lediglich aus breit angelegten Farbtönen mit wohlüberlegten Akzenten zusammensetzt.

Oben **Michelangelo Buonarroti: Libysche Sibylle (Ausschnitt aus der Decke der Sixtinischen Kapelle)** *Die Decke wurde vor dem Anlegen der Figurenumrisse in Drei- und Rechtecke aufgeteilt.*

Rechts **Giotto di Bondone: Beweinung Christi (Ausschnitt)** *Hier zeigen sich die Grenzlinien der einzelnen, für jeden Arbeitstag aufgebrachten Putzschichten. Die Heiligenscheine sind aus vergoldetem Putz.*

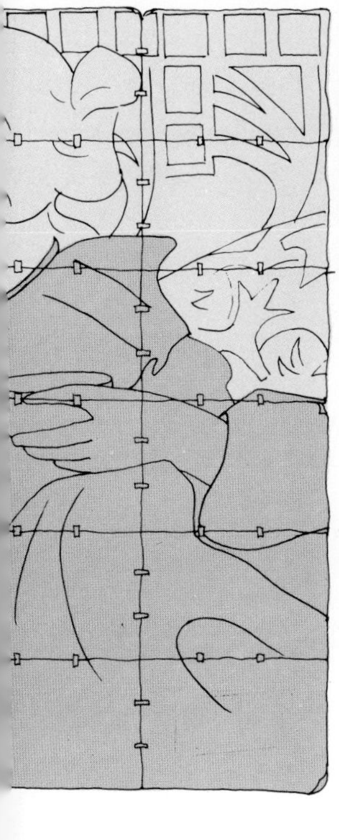

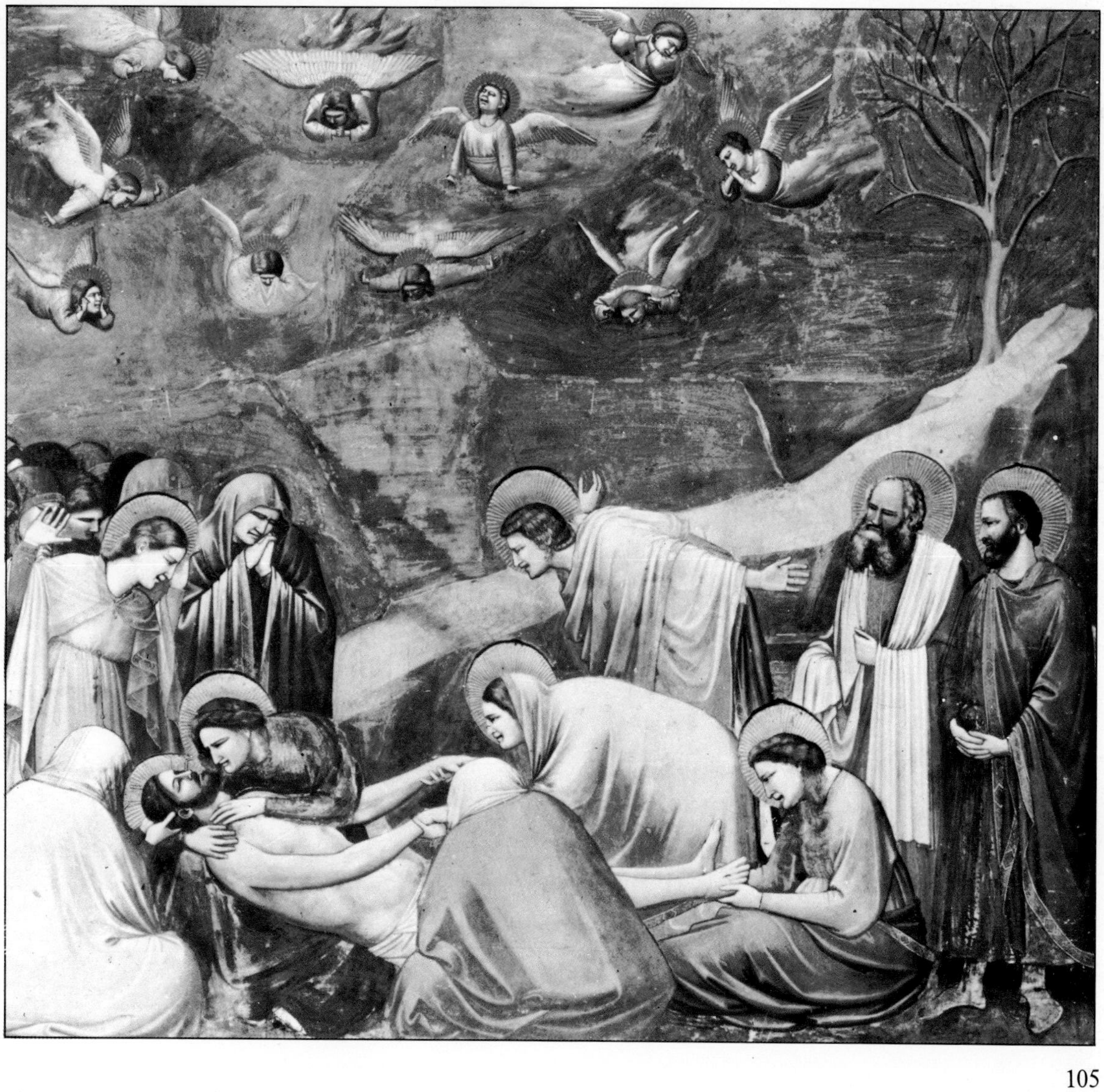

7. Kapitel

Außenwandmalerei

Die Außenmalerei ist eine Kunstform, die mehr als jede andere von der Öffentlichkeit gesehen, besprochen und aufgenommen werden kann. Meistens werden mit diesen Gemälden Handlungsabläufe vergrößert wiedergegeben, die oft auch der Übermittlung von Informationen dienen. Selbstverständlich lassen sich auch Außenwände im Privatgarten mit Gemälden verzieren, und gerade wenn ein Fenster einer weißen Wand gegenüberliegt, wird ein Gemälde – speziell eine Landschaft – den Ausblick verschönern und optisch mehr Raum schaffen.

Das Bemalen von Außenwänden ist so alt wie das Bauen selbst. Es läßt sich durch alle Epochen hindurch nachweisen – von den farbenreichen Wänden Mesopotamiens über die prunkvollen Außenfriese des Parthenon bis hin zu den modernen Wandgemälden in Mexico City und der neuen Welle von Wandmalereien in den USA.

Die europäischen Kathedralen und Abteien des Mittelalters spiegeln die von der Renaissance praktizierte Einheit von Malerei, Baukunst und Skulptur beim Errichten von Gebäuden wider. Erst die zunehmende Spezialisierung im Gefolge der Renaissance führte zur Malerei auf Leinwand für Kunstsammler als Einzelpersonen im Gegensatz zur für jedermann bestimmten Wandmalerei.

Nach der Renaissance gab es im Abendland relativ wenig Außenmalerei, bis sie in den USA in den sechziger Jahren rasch in Mode kam. Das in Chicago gemalte Wandbild „Respekt" des farbigen Künstlers William Walker war ein Vorläufer einer Welle von Wandgemälden, die in den großen Städten auftauchten. Viele von ihnen wurden von Künstlern der Minoritätsgruppen geschaffen, andere von Gruppen, die sich mit der Verschönerung ihrer tristen Umgebung befaßten. In New York setzte eine „City Walls" (Stadtwände) genannte Organisation Berufsplakatmaler dazu ein, von Künstlern entworfene abstrakte Gemälde vergrößert auf die Wände mehrstöckiger Gebäude zu übertragen.

Unten **Wandgemälde in Sigiri, Sri Lanka, 5. Jahrhundert n. Chr.** *Das Bild ist durch einen Felsüberhang geschützt. Es wurde als echtes Fresko auf mindestens 2,5 cm starken Putz gemalt und seither nicht mehr verändert. Lediglich die Putzkanten wurden erneuert.*

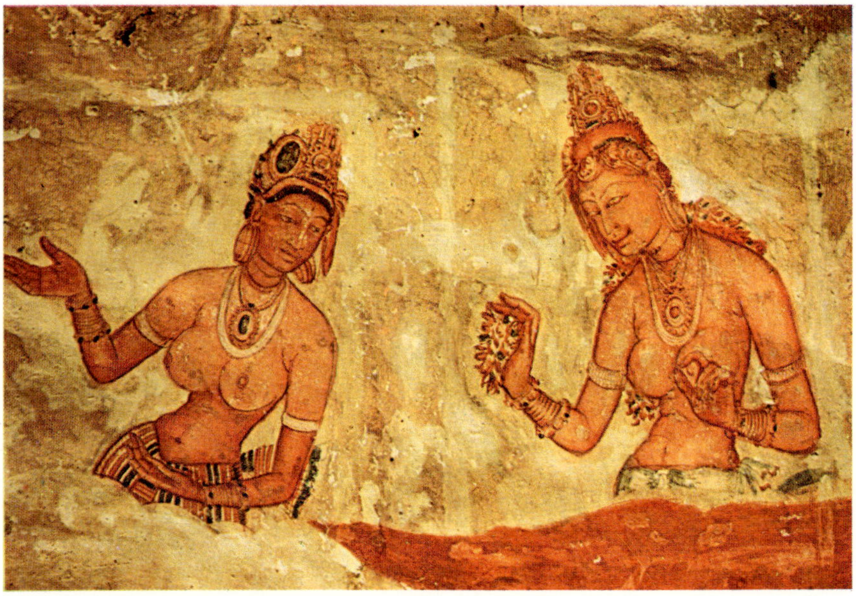

Auf den Britischen Inseln waren bis vor wenigen Jahren Belfast und Derry mit den Wandgemälden über den Unionsführer King Billy (William III. von Oranien) die einzigen Städte mit Wandmalerei. Seit 1970 jedoch hat sich diese Technik mehr und mehr verbreitet und von öffentlichen Institutionen wie von Privatpersonen Unterstützung erfahren. Heute gibt es in Großbritannien mehr als 100 große Wandgemälde.

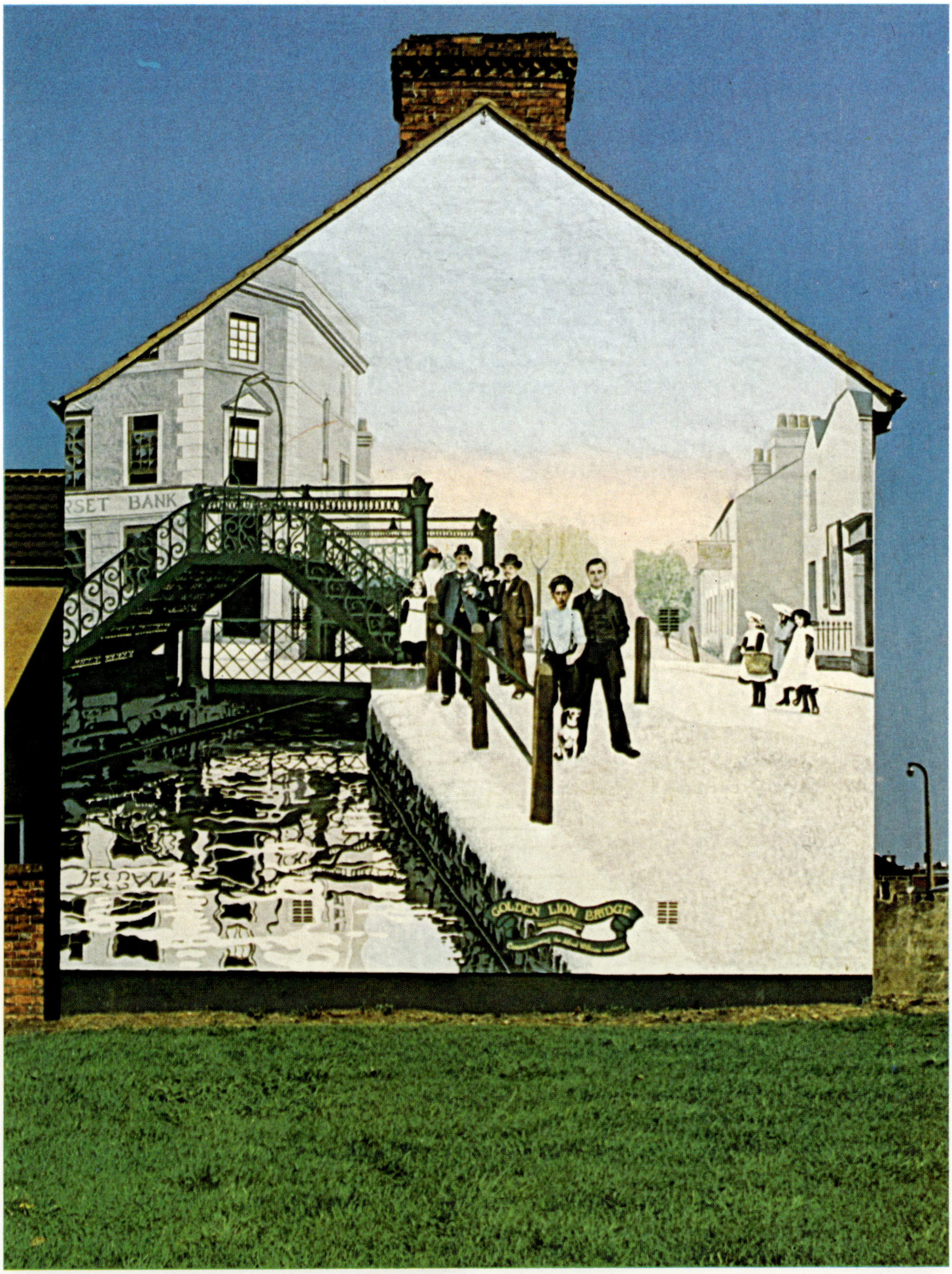

Links und unten (Ausschnitte) **Ken White und das Thamesdown Community Centre: Golden Lion Bridge – Swindon, England** *Alte Photographien lieferten das Motiv für dieses mit Rasterhilfe auf die Wand übertragene Gemälde. Es wurde mit normaler Maleremulsionsfarbe angefertigt und in drei Monaten fertiggestellt.*

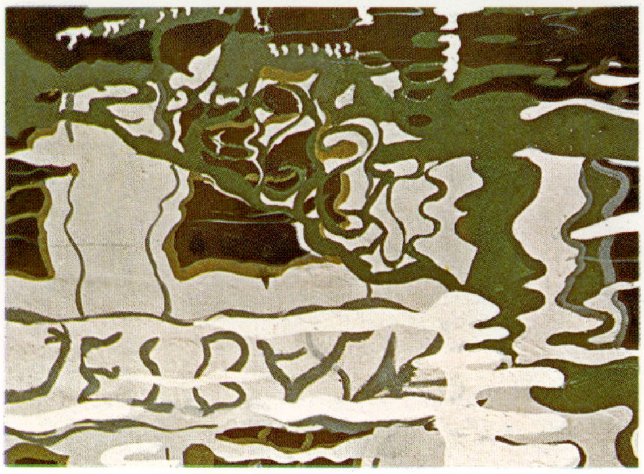

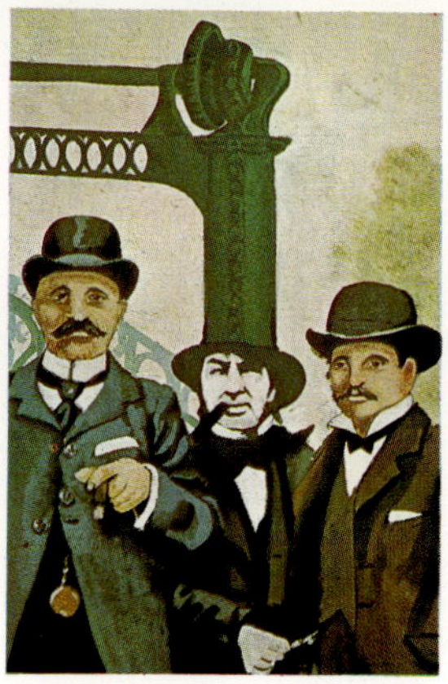

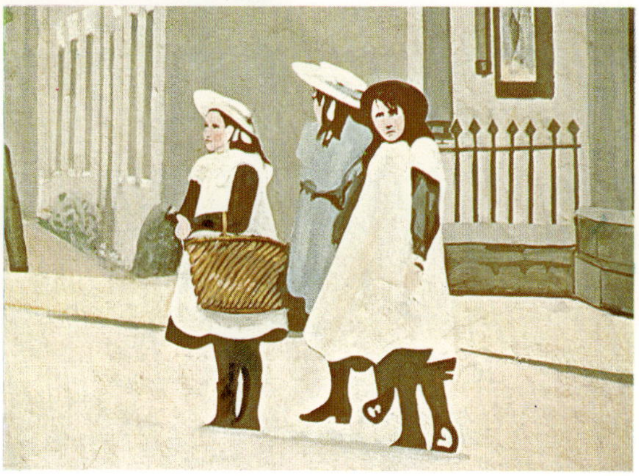

Wände

Eine geeignete Wand muß – auch nachts – gut zu sehen sein; sie muß sauber, in gutem Zustand und geschützt sein, etwa unter einer Brüstung oder einem Vorsprung; am besten sollte es auch die Wand eines bewohnten, beheizten Gebäudes sein. Um die Verwitterung gering zu halten, sollte sie nach Osten liegen, weg also von der stärksten Sonne und geschützt vom vorherrschenden Westwind.

Außenmalerei muß fast immer auf bereits vorhandene Wände aufgetragen werden und nicht auf neue, eigens für diesen Zweck vorgesehene. Ein Außenbild ist nicht dauerhafter als die Mauer, auf die es gemalt ist. Will man also seine Dauerhaftigkeit sichern, muß man damit rechnen, daß die Wand vor dem Malbeginn vorbehandelt werden muß. In jedem Falle ist es empfehlenswert, die Wand vor dem eigentlichen Malen mit einem Isolier- und Stabilisiergrund oder mit verdünnter Farbe einzulassen.

Die Farbe hält in der Regel zwischen drei und zehn Jahre lang, danach beginnt die ursprüngliche Oberflächenfarbe wieder durchzuscheinen, und es zeigen sich Putzstrukturen, Risse und organischer Bewuchs. Außenwände sind in hohem Maße den schädigenden Auswirkungen der UV-Strahlung und chemischen Einwirkungen – etwa von sauren oder schwefelhaltigen Verbindungen – ausgesetzt. Sie werden ständig mit Staubkörnern, Regen und Schnee bombardiert, die die Farbe abscheuern und schnelle Verwitterung verursachen können.

Wände säubern Auch die beste Farbe wird an feuchten, öligen, verrußten oder übermäßig staubigen Wänden nicht haften. Die Oberfläche muß daher durch Abkratzen, Abbürsten, neues Verfugen, Verputzen und Entfernen organischen Bewuchses vorbehandelt werden. Dies gilt besonders auch für geschützte Flächen unter Dachrinnen und Fenstersimsen, unter denen sich viel Schmutz ansammeln kann. Ölreste, die nach dem Ausschalen auf Beton zurückgeblieben sind, müssen mit Lösemitteln, neutralen Reinigungsmitteln oder durch Abkratzen entfernt werden.

Bei Ziegelmauerwerk ergeben sich die Hauptprobleme aus der Feuchtigkeit. Es ist daher empfehlenswert, den Malbeginn in den frühen Sommer zu legen, damit die Mauer gut austrocknen kann. Feuchtigkeit verursacht geringe Haftfähigkeit, Blasenbildung, Ausflockungen, Flecke und Verfärbungen. Spritz- oder Regenwasser muß ferngehalten werden. Legt man die Unterkante des Gemäldes mindestens 30 cm über dem Boden an, so verringert sich die Gefahr von Schäden durch Spritzwasser oder aufsteigende Feuchtigkeit. Besondere Sorgfalt ist bei Erd- oder Wasserstützmauern geboten, weil ständige Feuchtigkeit dort die Farbschicht schnell zerstören kann. Man benutzt hier am besten zusätzliche Versiegelungen oder sehr poröse Überzüge, wie etwa Mineralfarben.

Alkali und Ausblühungen Das in allen Ziegelwänden vorkommende Alkali ist in Neubauten besonders störend. Es kann Farben abblättern lassen, bleichen und verfärben. Daher muß es abgebürstet und die Wand dann mit ein oder zwei Schichten alkaliresistentem Isoliergrund eingelassen werden.

Der Isoliergrund soll den Untergrund versiegeln und Flecke aufgrund unterschiedlicher Porosität vermeiden helfen. Er deckt auch Rostflecke von an der Wand angebrachten Stahlkonstruktionen ab.

Im Frühling kann es zu Kalkausblühungen in Form flockiger, weißer Kristalle kommen. Sie sind Rückstände absorbierten Wassers, welches im wärmeren Wetter verdunstet ist. Sie können den Farbfilm verfärben oder abstoßen und müssen daher abgebürstet werden. Bei starkem Auftreten wartet man einige

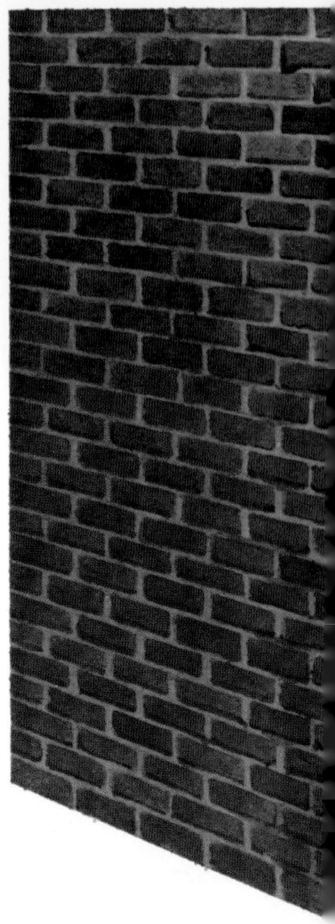

Rechts **Wandvorbereitung** *Soll die Farbe nicht auf eine neue Mauer aufgetragen werden, sind gewisse Vorbereitungsarbeiten erforderlich. Zunächst müssen lose Teilchen abgekehrt werden. Dann werden organische Überzüge wie Schimmel und Moos mit Bleichlösungen weggebürstet. Ziegelwände werden erforderlichenfalls neu verfugt. Schließlich sollten die Oberflächen nach Möglichkeit noch mit Haft- und Isoliergrund eingelassen werden.*

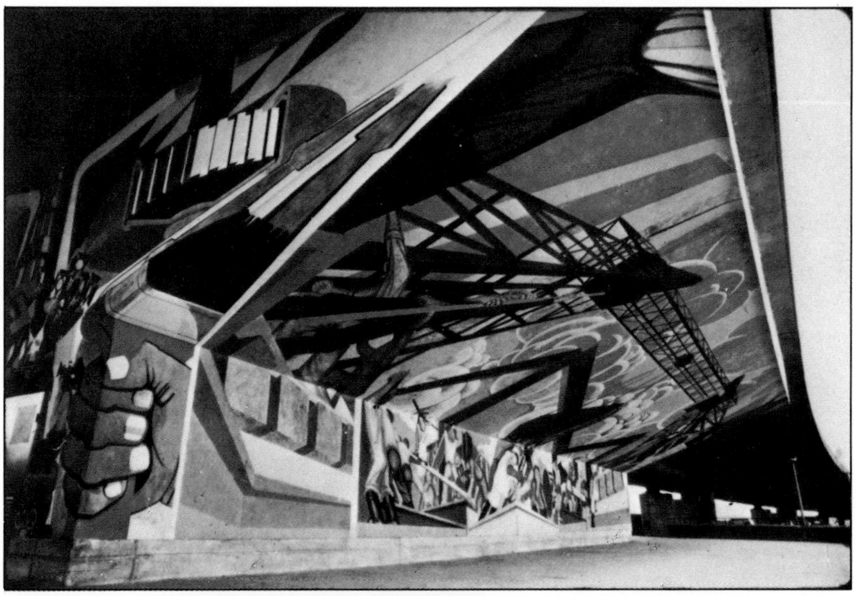

Oben **David Binnington: Royal-Oak-Wandgemälde – Paddington, Londen** *Der weite Überhang schützt dieses auf eine mehrspurige Überführung gemalte Bild vor Regen und Sonne. Die Silikatfarbe dringt in den Untergrund ein und hat die gleiche Lebensdauer wie dieser selbst.*

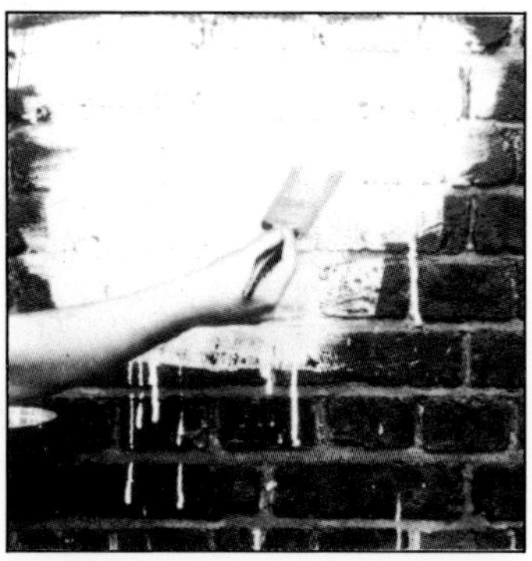

Verputzen 1. *Wand abbürsten. Die Oberfläche kann zur Verbesserung der Haftfähigkeit angeritzt oder zweimal mit Polyvinylacetat-Haftgrund eingelassen werden.*

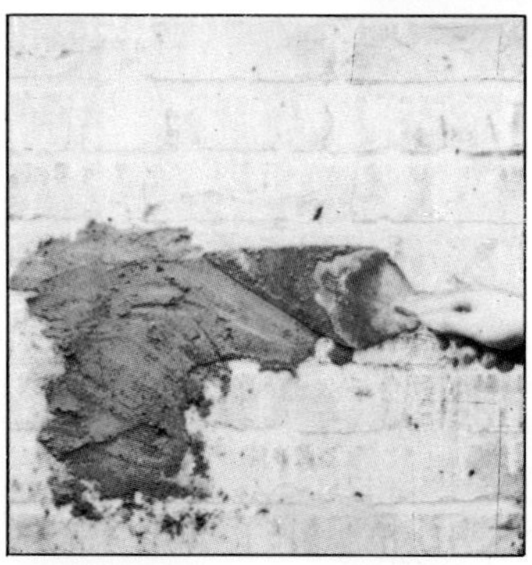

2. *Vor dem Abtrocknen der zweiten Haftgrundschicht die erste Putzschicht aus vier Teilen Sand und einem Teil Zement gleichmäßig mit der Kelle aufbringen.*

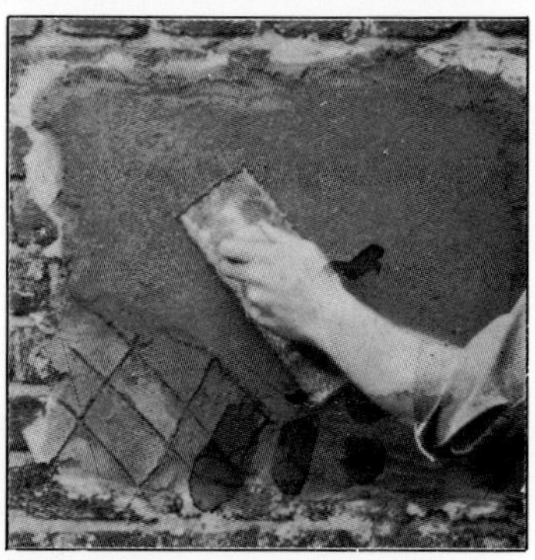

3. *Putzschicht zur Erhöhung der Haftfähigkeit einritzen; trocknen lassen. Zweite Schicht auftragen und glätten; dadurch entsteht eine ebene Oberfläche, auf der die Farbe gut haftet.*

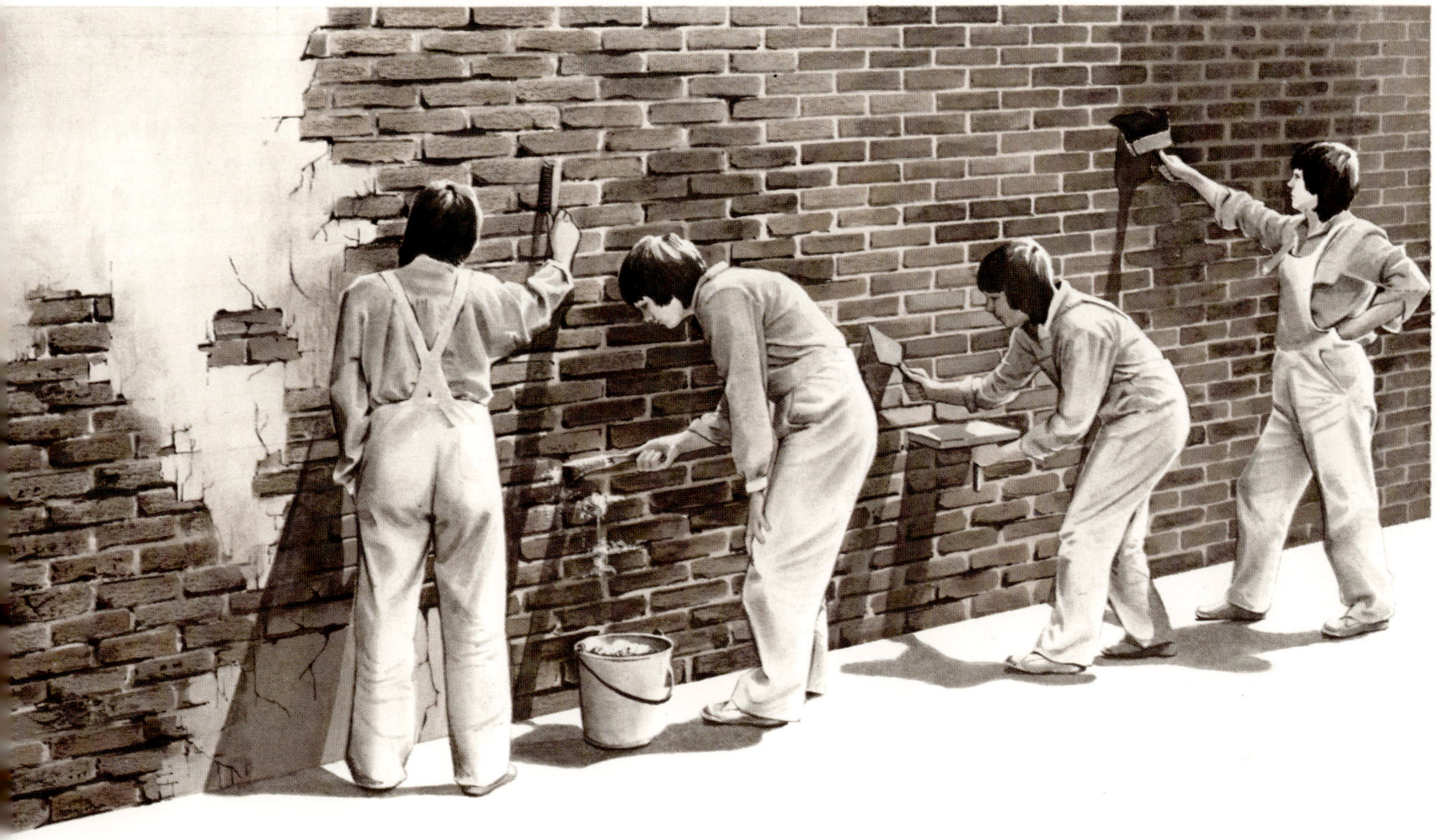

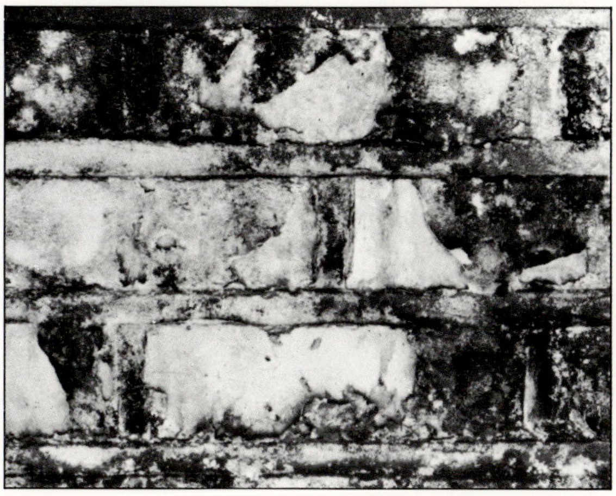

Links **Verwitterung** *Mit Ausnahme von Silikatfarben verwittern alle Außenfarben innerhalb weniger Jahre, falls sie nicht aufgefrischt werden.*

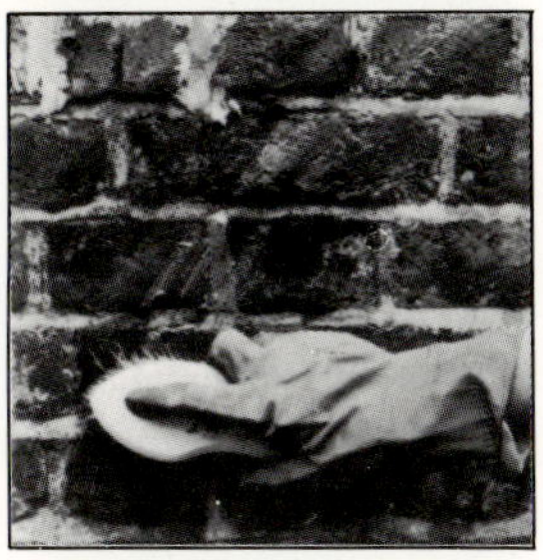

Schimmel entfernen
1. *Bleichlösung aus 1 Teil Bleichmittel und 8 Teilen Wasser mit der Bürste auftragen. Gummihandschuhe anziehen.*

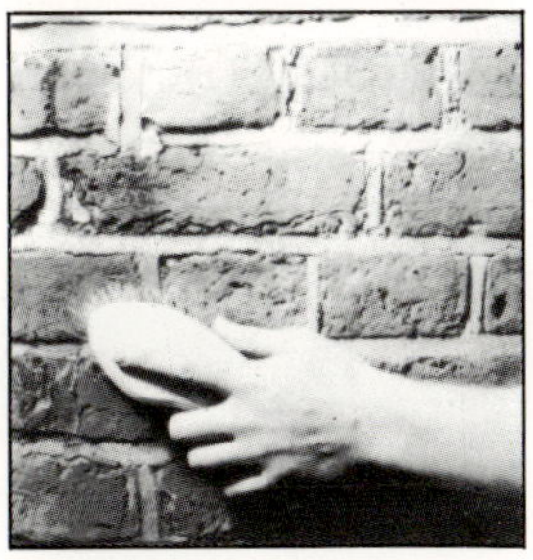

2. *Wand trocknen lassen, dann restlichen Schimmel mit fester Bürste wegputzen.*

Tage und bürstet die Wand erneut ab; erst danach wird der Isoliergrund aufgebracht.

Organischer Bewuchs Von Schimmel, Algen, Flechten und Moosen gehen ernsthafte Gefahren aus: im Wachsen reißen sie die Farbe vom Untergrund los. Schimmel ist oft schwer erkennbar, er kann mit Ruß, Schmutz oder der Steinoberfläche verwechselt werden. Die meisten Bewüchse lassen sich mit einer Mischung eines Teiles Haushaltsbleichmittels mit acht Teilen Wasser beseitigen. Innenraumfarben begünstigen den Bewuchs, weshalb im Freien nur Außenfarben mit antifungiziden Wirkstoffen verwendet werden sollten.

Übermalen alter Farbe Trägt man neue Farbe auf alte auf, so wird die neue Schicht beim Trocknen schrumpfen und dabei möglicherweise die alte Farbe vom Untergrund lösen. Hier schafft ein Isolier- oder Versiegelungsmittel oft Abhilfe, kann aber nicht mehrere Schichten alter Farbe durchdringen. Wo sich Farbe ablöst, muß sie bis zur festsitzenden Farbschicht entfernt werden. Die Hersteller können gegebenenfalls mit Spezialversiegelungen für schwierige Altfarben helfen.

Farbentfernung Große Flächen von Emulsionsfarbe kann man mit Dampf ablösen; für andere Farben gibt es flüssige Lösemittel (Methylendichlorid). Alle Farbarten lassen sich mechanisch durch Schleifen oder mit dem Sandstrahlgebläse entfernen. Ein Spezialprodukt namens „Graffitiklens" entfernt auch eingeritzte Farbe. Nach dem Ablösen muß die Wand mit neutralem Reinigungsmittel gesäubert werden.

Verputzen Verputzte Wände sind gute Untergründe. Ist der Putz jedoch krümelig oder fleckig, müssen lose Teile entfernt und der umgebende Putz eingeritzt und aufgerauht werden, bis ein sicherer, haftfähiger Untergrund entsteht. Zum Verputzen wird eine ausreichende Menge poröser Zement mit Kalk und Sand gemischt. Der Kalk macht die Mischung geschmeidiger und leichter zu verarbeiten. Bei Frostgefahr dürfen Außenwände nicht verputzt werden.

Für dichte Untergründe – Hartziegel oder glatte, wenig saugfähige Betonflächen – muß die Wand mit Hammer und Meißel leicht aufgerauht werden. Ein mit einem Holzreibebrett aufgetragener Putz aus einem Teil Zement auf drei Teile Sand ergibt eine glatte Oberfläche. Für leichtere Wände – ältere Leichtziegel oder Gasbeton – muß der Putz schwächer als der Untergrund sein, da dieser sonst beim Trocknen des Putzes reißen kann. Man verwendet in diesem Fall eine Mischung aus je einem Teil Portland-Zement und Kalk und fünf Teilen Sand.

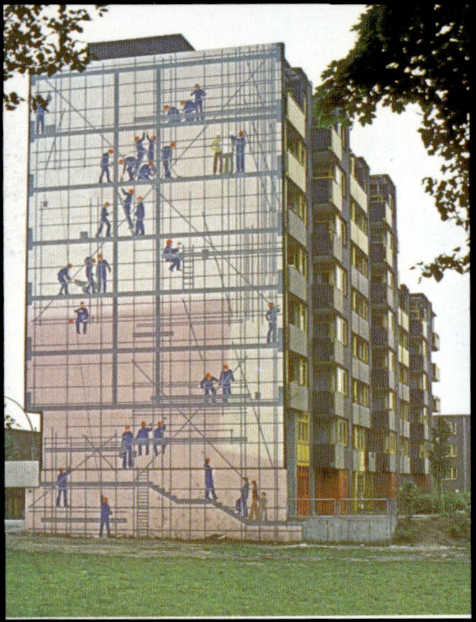

1△

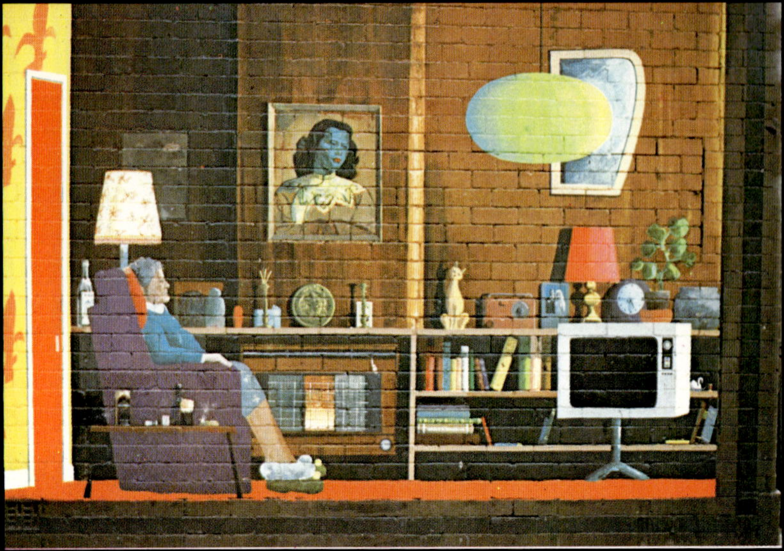

2△

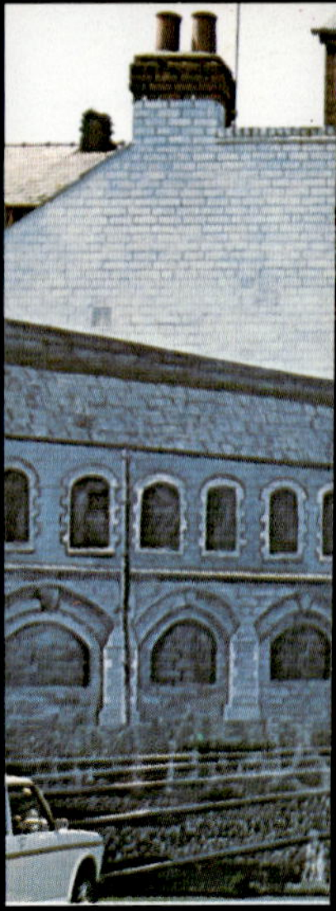

3△

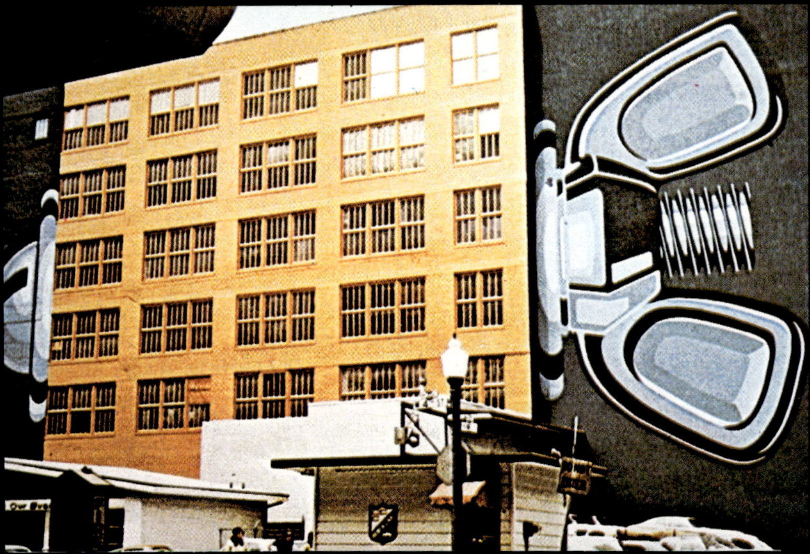

5△

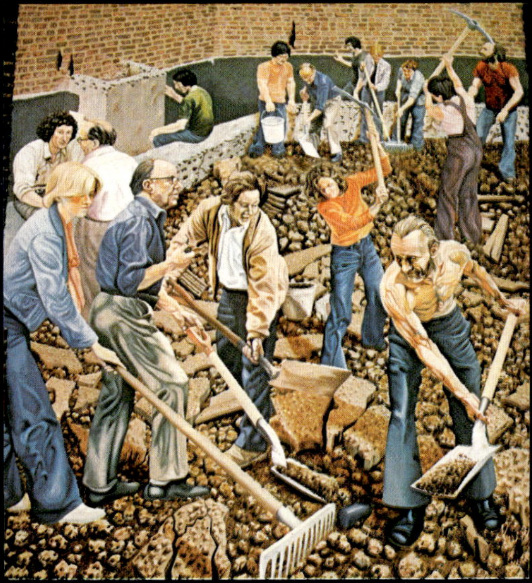

6△

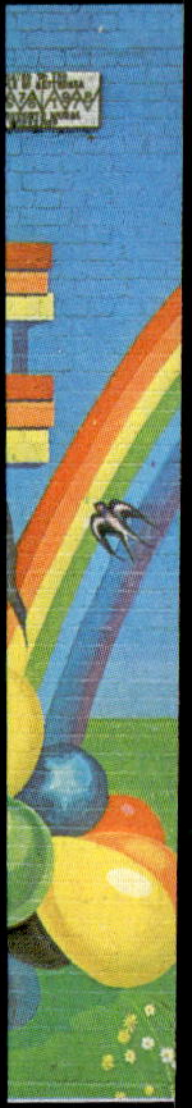

7△

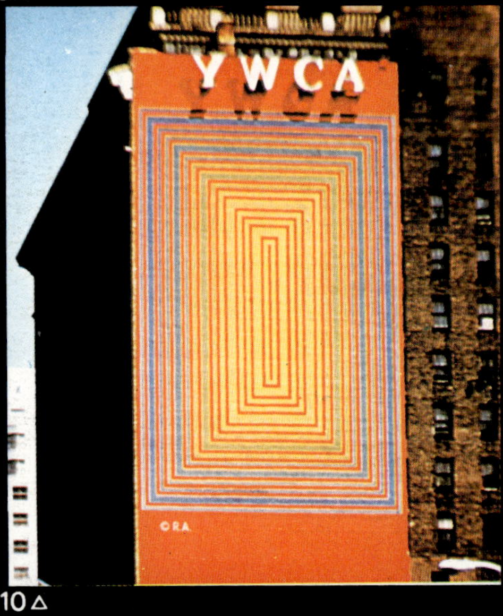

10△

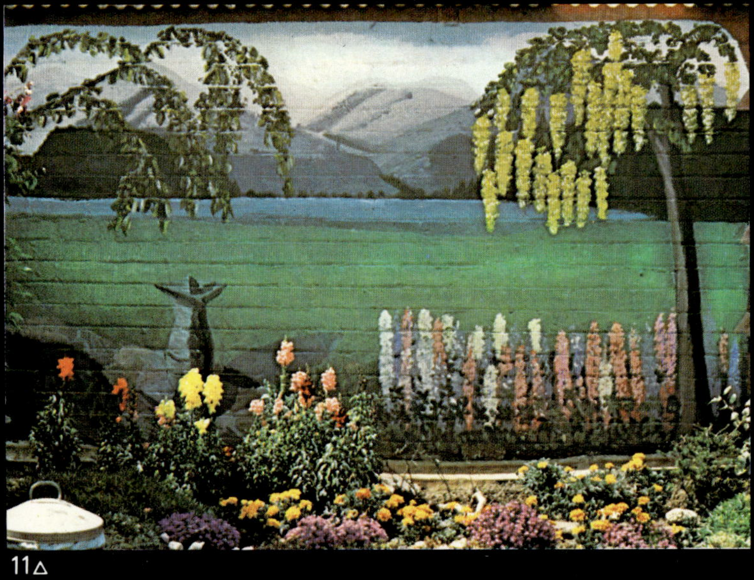

11△

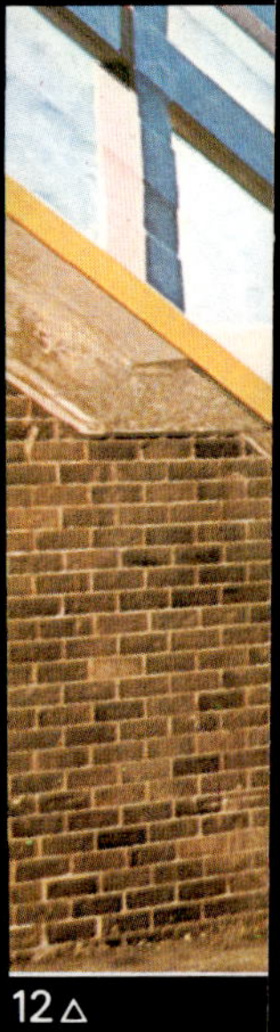

12△

1. Horizontgruppe Wandgemälde – Hamburg *Ein sorgfältig geplantes und von mehreren Malern ausgeführtes Gemälde; gute Organisation ist erforderlich.*
2. Walter Kershaw und Olive Frith: Rochdale interior (Ausschnitt), Lancashire, England *Mit handelsüblicher Maleremulsionsfarbe auf die Begrenzungsmauer einer Terrasse gemalt. Perspektivisch auf die Fußgänger der angrenzenden Straße ausgerichtet.*
3. Thamesdown Community Centre: Great Western Works 1843 – Swindon, England *Ein mit Außenwand-Emulsionsfarbe nach einer Photographie gemaltes Bild.*
4. Chilenische Gruppe: Wandgemälde der Neuen Universität Bremen *Gemälde im Stil einer chilenischen Gruppe, die in Chile nachts heimlich Außenwände bemalte. Dabei kamen nur unvermischte Farben zum Einsatz, da im Dunkeln keine Tönungen angefertigt werden konnten. Jedes Mitglied trug eine Farbe auf.*
5. Paul Levy: Bolzen – Cincinnati, USA *Der Entwurf wurde teils per Dia, teils mit Raster auf die Wand übertragen.*
6. Steve Pusey: Garten-Wandgemälde – Covent Garden, London *Die natürliche Wiedergabe wurde durch Abzeichnen der Umrißlinien projizierter Photographie erzielt, die während der Anlage des Gartens gemacht worden waren.*

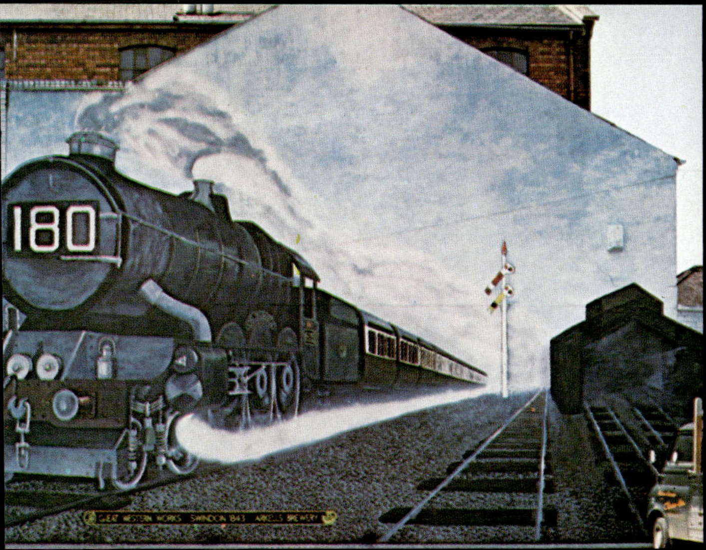

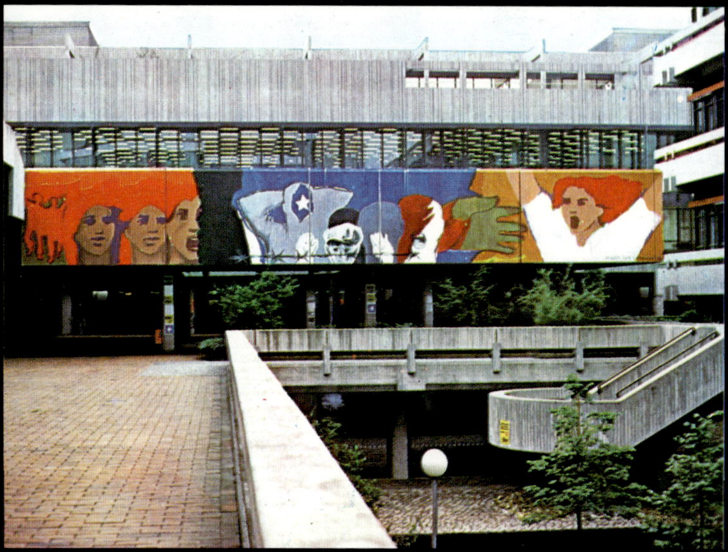

4△

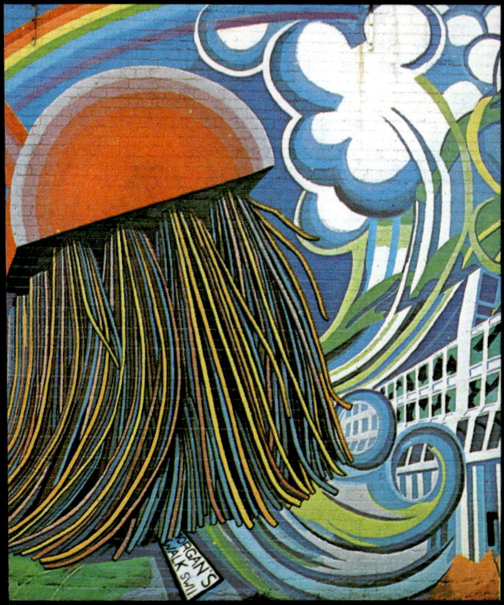

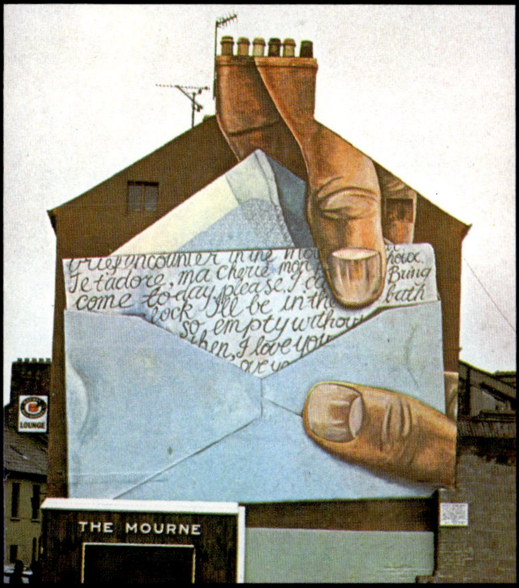

8△

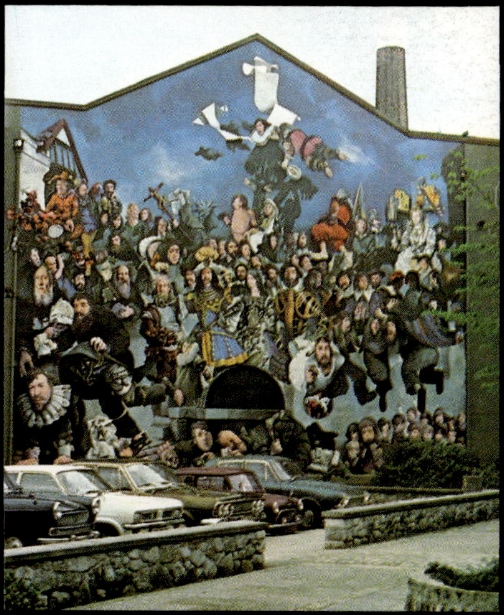

9△

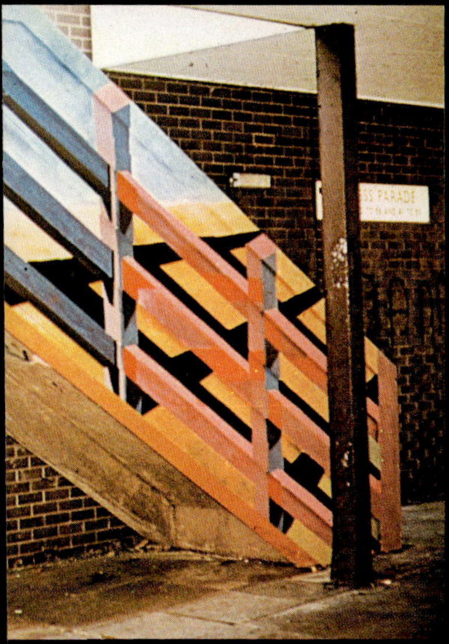

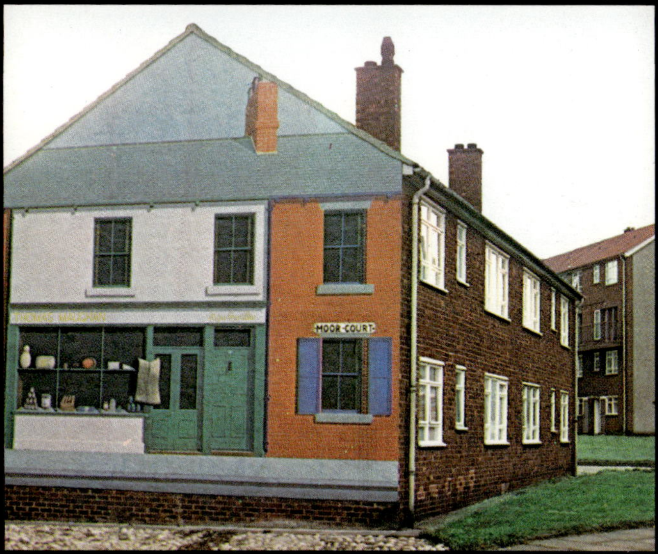

13△

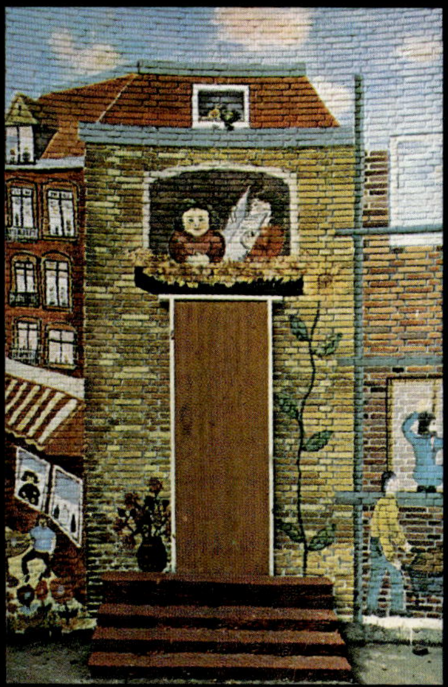

14△

7. Bryan Barnes und die Wandgemäldearbeitsgruppe Wandsworth: Morgan's Walk – Battersea, London, *Glanzfarbe auf weißem Untergrund.*
8. Noel Millar: Kurze Begegnung – Londonderry, Nordirland *Gemälde auf Putz mit brauner Umrahmung zur Hervorhebung des Untergrundes.*
9. Robert Lenkiewicz: Barbican – Plymouth, England *Fein detailliertes Gemälde mit Portraits aus der Zeit Elisabeths I. und Bildern von Kindern der heutigen Umgebung.*
10. Richard Anuszkiewics: Y. W. C. A.-Wandgemälde – New York *„City Walls Incorporated" gibt Entwürfe bei Künstlern in Auftrag und läßt sie von Plakatmalern auf die Wände übertragen.*
11. G. Naldrett: Weiter Ausblick – Cardiff, Wales *Emulsionsfarbe auf einer Garagenwand gegenüber einem Wohnzimmerfenster. Das Gemälde täuscht große Raumtiefe vor.*
12. Graham Cooper: Treppe – Bury, England *Maleremulsionsfarbe auf Stahlbeton; das schwache Relief des Betons dient als Grundlage für das gemalte Geländer.*
13. Ken Watts: Seaman's Gemischtwarenhandlung – Sunderland, England *Das Gemälde beginnt etwas über dem Boden, damit es nicht von Spritzwasser und Feuchtigkeit angegriffen wird.*
14. Wandgemälde – Amsterdam, Holland *Die vorhandene Architektonik ist in die Bildkomposition integriert.*

Farben

Außenwandfarben müssen dauerhaft, lichtbeständig und gut deckend sein; sie dürfen nicht verlaufen oder abblättern. Sie sollten chemisch gegen Alkali und Salze beständig sein; gegen Regen, UV-Strahlen, Abgase und Mikroorganismen sollten sie widerstandsfähig sein. Die Farbe muß die Mauer einerseits vor Regen schützen, andererseits aber aus ihr entweichende Feuchtigkeit durchlassen können. Schmutz sollte nicht darauf festhaften, sondern vom Regen abgewaschen werden.

Außenfarben müssen mit den üblichen Werkzeugen leicht auftragbar, ungiftig und geruchsfrei sein. Gute Haftfähigkeit, auch auf schwierigen Kalkoberflächen, auf frischem Beton oder Mörtel, sowie schnelle Trocknungszeiten bei Bildung fester Farbfilme sind unabdingbar.

In dunklen Farben sind Kratzer leichter zu sehen und sie dunkeln beim Altern oft nach, während hellere Farben ausbleichen können. Die meisten Außenfarben dürfen bei Temperaturen unter 5 Grad oder bei Regen nicht verarbeitet werden.

Farbwahl nach Untergrund Die Wand bestimmt oft die Wahl der Farbart (siehe Tabelle). Auf Portland-Zementputz, Stuck und Beton können Zementfarben bald nach Fertigstellung des Untergrundes aufgetragen werden; Acrylemulsionen und andere poröse, alkalibeständige Farben dürfen erst nach etwa 4wöchiger Trocknungszeit eingesetzt werden. Bei Verwendung von Glanzfarben sollte zunächst alkalibeständiger Grund aufgetragen werden.

Farbe – speziell Glanzfarbe – verzögert das Austrocknen der Wand, wenn beide Seiten bemalt werden oder wenn eine bemalt und die andere mit Klinkern oder Platten bedeckt wird.

Neue oder erneuerte Ziegel- und Steinwände brauchen wegen des in ihnen oft enthaltenen Portland-Zements alkaliresistente Farben. Alle aus Steinen oder Ziegeln errichteten Wände weisen ungleichmäßige Porosität auf, und Ziegel und Mörtel enthalten lösliche Salze, die Ausblühungen verursachen können. Man behandelt sie daher mit Isoliergrund vor. Falls Kunststeine oder glasierte Steine bemalt werden sollen, geschieht dies am besten mit stark haftfähiger Farbe wie Chlorgummi oder Polyurethan.

Stahl, Eisenverbindungen und ähnliche nicht poröse Untergründe werden besser nur mit Lack und nicht mit wasserlöslichen Farben bemalt (einige Polyvinylacetatfarben fördern nämlich die Rostbildung).

Emulsions- und Glanzfarben Die meisten der gebräuchlichen Mehrzweck-, Emulsions- und Glanzfarben werden in breiten Farbpaletten angeboten, und bei normalen Bedingungen kann man für sie – guten Untergrund vorausgesetzt – mit einer Lebenszeit von drei bis sechs Jahren rechnen. Alle wasserlöslichen Farben absorbieren mit der Zeit Wasser, werden klebrig, dehnen sich allmählich aus und beginnen sich abzuschälen. Vinyltempera, Wasserfarben sowie matte oder billige Emulsionsfarben sind für den Außengebrauch ungeeignet.

Um Verwitterung und Verschmutzung möglichst einzudämmen, verwendet man Farben hoher Lichtbeständigkeit und mit guter Alkali- und Säureresistenz. Handelsübliche Maleremulsionen mit ihren breiten Farbpaletten eignen sich für zeitlich begrenzte Bemalungen, etwa für Anzeigen, zum Aufhellen alter Gebäude, für Reklamewände und Bauzäune sowie für Wandbilder mit aktuellem allgemeinem oder politischem Informationsgehalt.

Spezialaußenfarben Die beständigeren Außenfarben sind teuer, enthalten nur wenige Farbtöne und werden häufig nur in größeren Gebinden abgegeben. Sie trocknen matt ab und verdecken dabei die Unregelmäßigkeiten des Untergrundes besser als Glanzfarben; außerdem bleibt ihr Farbfilm poröser, so daß Feuchtigkeit aus dem Untergrund entweichen kann. Nicht poröse Farben blistern unter dem Druck der Wandfeuchtigkeit auf.

Außenfarben sind ideal für architektonische Gestaltungszwecke und für neue Gebäude, man muß sie nur u. U. mit anderen Pigmenten ergänzen, um eine ausreichende Palette zu erhalten (siehe Tabelle). Dazu verwendet man entweder hochkonzentriertes Pigment ähnlicher Zusammensetzung wie die der Farbe, oder Universalpasten, die sich mit allen Farben mischen lassen.

Das Pigment muß ebenfalls licht- und alkalibeständig sein. Organische Erdpigmente erfüllen diese Anforderungen meistens, während die anorganischen Orange-, Gelb- und Violettöne flüchtig sein können. Gute Hersteller, etwa Ciba-Geigy, S.C.C. Colour Ltd. oder Bayer, erteilen Auskunft über die Eigenschaften der verschiedenen Farben. Das Pigment wird nach und nach in die Lösung eingerührt, jedoch nicht in zu großer Menge: Das Bindemittel kann nur eine beschränkte Menge Pigment aufnehmen, danach beginnt das Pigment auszuflocken.

Silikatfarben Silikat- oder Silikonfarben – auch als Mineralfarben bekannt – haften gut auf Mörtel, Ziegeln und Portlandzement, haben aber eine poröse Farbschicht, die den Untergrund nicht vor Feuchtigkeit und Verrottung schützt. Das Silikonbindemittel härtet nach dem Verdunsten des Alkohols wie

Farbart	zu verdünnen mit	Haltbarkeit (Jahre)	Stunden bis zum nächsten Auftrag	Eigenschaften
Maleremulsion	Wasser	3	4	Geringe Alkali-, Ausblühungs- und Schimmelresistenz.
Spezial-Außenemulsion	Wasser	4–7	2–6	Porös. Hoch alkalibeständig.
Acryl	Wasser	5–10	2–6	Teuer. Besser als Emulsion.
Sandstrukturfarbe	Wasser	4–10	2–6	Dauerhafter bei dickem Auftrag.
Malerglanzfarbe, -lack	Terpentin, T.-Ersatz	3–6	16–24	Verwittert wenig; leicht zu reinigen. Wenig porös. Untergrundunebenheiten bleiben sichtbar.
Polyurethan	Terpentin, T.-Ersatz	3–4	6–8	Spröde. Wenig porös.
Spezial-Wandlack	Terpentin, T.-Ersatz	4–7	16–24	Kleine Farbenauswahl.
Gummi-Harz-Wandlack	Terpentin, T.-Ersatz	7–12	12	Gute Haftfähigkeit. Kleine Farbenauswahl.
Mineralfarbe auf Zementbasis	Dest. Wasser mit Alkohol	5–7	24	Sehr porös. Schmutzempfindlich. Kleine Farbenauswahl.
Silikatfarbe	Dest. Wasser	2–100	2	Dünn und transparent. Sollte nach Fertigstellung mit Fixierschicht überzogen werden.

Zement aus und verwächst dabei fest mit dem Untergrund.

Mischt der Maler seine Farbe selbst an, so kann er die Konsistenz nach seinen Wünschen so gestalten, daß er entweder Deckfarbe erhält oder das Bild aus Lasurschichten aufbauen kann. Eine Silikonfarbträgerlösung läßt sich aus folgenden Zutaten zusammenmischen: 80 Teile Äthylsilikat 40; 18 Teile 97%iger denaturierter Alkohol; 2 Teile 0,4%ige Salzsäure. Das Ganze bleibt mindestens 12 Stunden stehen, danach werden 5 Teile Wasser zugegeben.

Mischen und Verdünnen Verschiedene Farbmarken sollte man nicht miteinander mischen, da jeder Hersteller mit anderen Rezepturen arbeitet. Auch die Mischung verschiedener Pigmente kann unstabile Farben ergeben, die sich nach und nach zum Ton des stärkeren Pigments hin verändern.

Die meisten Farben können unmittelbar auf die Mauer aufgetragen werden, aber die erste Farbschicht dringt besser in den Untergrund ein, wenn sie verdünnt ist – mit bis zu 25% sauberem Wasser bei Emulsionsfarbe und bis zu 10% Terpentin bei Lackfarben. Versuchsweiser Auftrag zur Überprüfung der Haftbarkeit hilft teure Fehlschläge vermeiden.

Falls Schwierigkeiten auftauchen, erteilen viele Hersteller Auskünfte über ihre Haft- und Isoliergründe und Ziegelvoranstriche, die für gutes Eindringen, zum Verfestigen bröckelnder Untergründe, zur Regulierung der Saugfähigkeit und zum Ausgleich unterschiedlicher Porosität dienen.

Isolier-/Stabilisierflüssigkeiten Diese Grundierlösungen binden und neutralisieren den Untergrund; sie eignen sich nicht als Farbverdünnungsmittel. Da sie oft einen niedrigen Flammpunkt haben, müssen sie kühl und abseits von offenem Feuer gelagert werden.

Firnis Es gibt kaum Spezialfirnis für Außenfarbe; die wenigen erhältlichen sind meistens nicht porös genug, man muß damit rechnen, daß sie nach einigen Jahren Blasen bilden oder abblättern. Acryl-Emulsionslasuren mit Polyurethanfirnis haften nur für einen beschränkten Zeitraum. „Chemseal“ versiegelt Ziegelwerk und Beton und hält im Freien etwa fünf bis sieben Jahre.

Betonfärbemittel Außenflächen können mit Zementfarben, wie etwa den „Stone Tones“ gefärbt werden. Diese Färbemittel dringen in die Poren ein und verbinden sich chemisch mit den Zementteilchen. Sie eignen sich für Marmor, Kalkstein und Betonuntergrund, nicht jedoch für Schiefer, Sandstein, Ziegel oder Lehmprodukte.

Farbiger Putz Putz kann mit Pigmenten gefärbt werden (siehe unten). Aus chemischen Gründen soll das Gewicht des Pigments 10% des Zementgewichts nicht übersteigen. Heller Zement und Sand ergeben leuchtendere Farben; grauer Zement dämpft alle Farbtöne. Das Pigment verteilt sich schneller und gleichmäßiger, wenn es als Paste angemacht wird; dabei sollte nicht zu viel Wasser verwendet werden, weil dies den Putz schwächen würde.

Will man die Farbe auf der Oberfläche verstärken, kann vor dem Trocknen des Putzes noch Pigment aufgepinselt werden. Diese freskoartige Technik gelingt am besten auf glatten Oberflächen und bei Verwendung feinstverteilbarer Pigmente. Verwendet man Pigmentpulver, so läßt es sich durch Zugabe von etwas Seifenlösung besser verteilen.

Kunstharzputz Relativ neu auf dem Markt sind dekorative, farbige Kunstharzputze, die gleichzeitig den Untergrund schützen und mit der Kelle auf glatte Untergründe aufgetragen werden. Sie sind jedoch weniger deckend und vielseitig als die meisten Außenfarben.

Mit Außenfarbe mischbare Pigmente *Die Farbpalette fertig angebotener Außenfarben ist ziemlich beschränkt. Für spezielle Farbwünsche und zur Erzielung subtiler Tonabstufungen wird es in der Regel nötig sein, Pigmente mit Außenfarbträgerlösung zu mischen. Einige Pigmente, die sich für den Außengebrauch eignen, werden unten vorgestellt.*

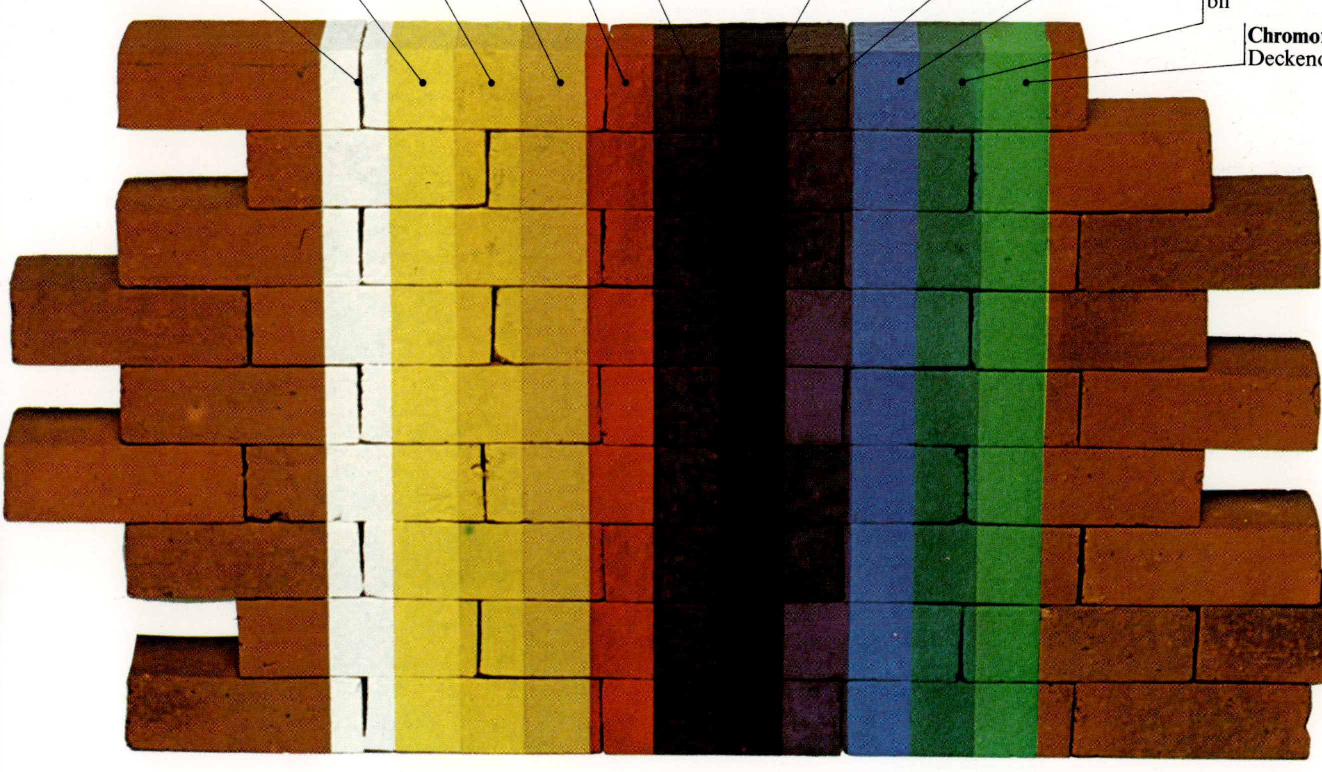

Werkzeug

Man wird mit Sicherheit einiges Werkzeug leihen, mieten oder kaufen müssen; dabei sollte man sich an einfache, aber sichere Geräte halten. Leitern sind die preisgünstigsten Hilfsmittel zum Erreichen kleinerer, hochgelegener Flächen.

Die Leiter wird immer im Winkel von etwa 70 Grad auf den Boden gestellt, und der Benutzer sollte sich an sie lehnen und sich nicht zu weit hinausbeugen. Farbeimer werden mit Haken an die Sprossen gehängt, damit der Maler beide Hände frei hat.

Gerüste sind sicherer und bequemer, speziell für Arbeitsgruppen. Man kann entweder verstellbare Scherengerüste verwenden oder sich von Fachleuten Gerüste bauen lassen. Das äußerst gefährliche Aufstellen von Leitern auf Gerüsten muß unterbleiben. Material wird mit dem Flaschenzug oder einer Seilrolle nach oben geholt. Spezialausrüstungen wie Hängegerüste sind teuer, für große Wände jedoch sehr zweckmäßig.

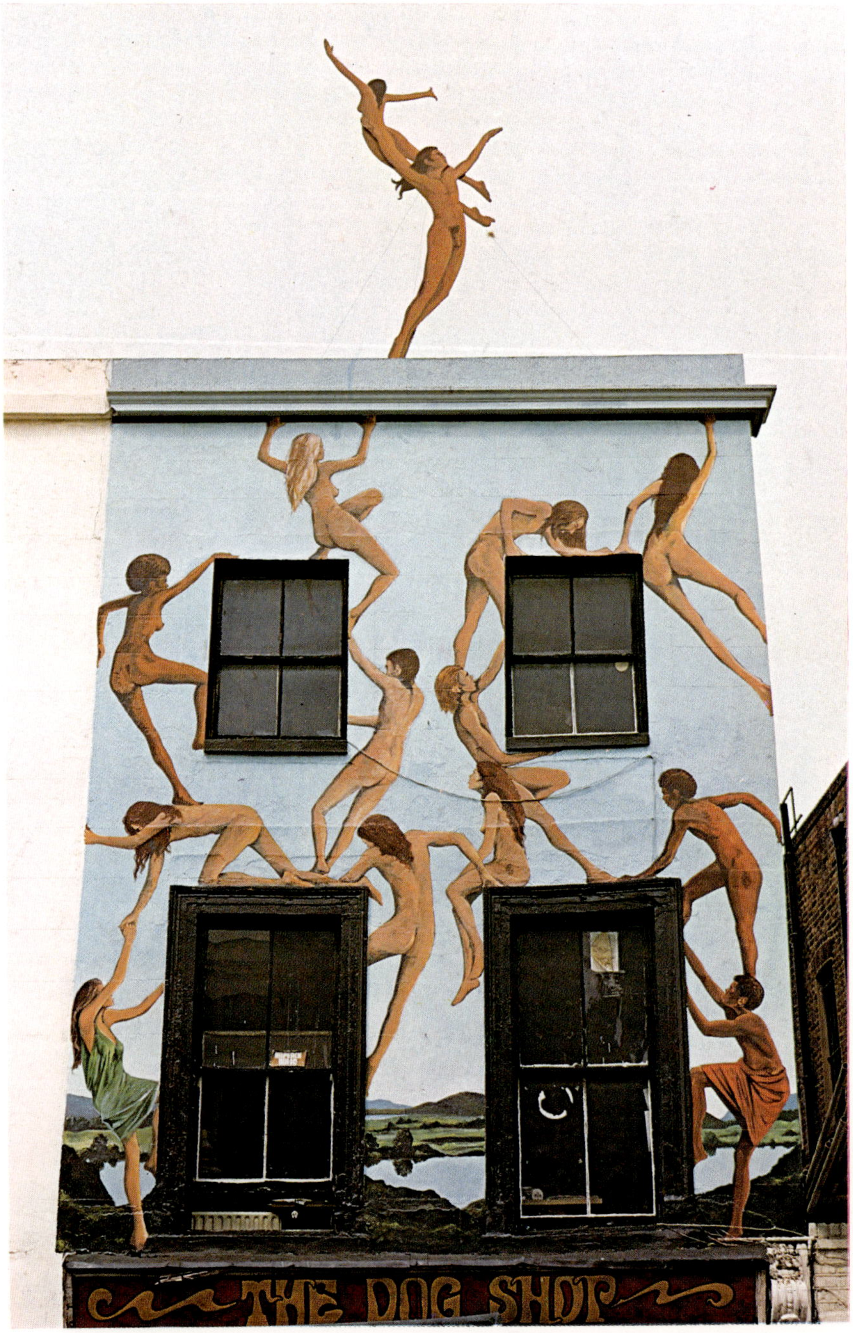

Unten links **Wandgemälde am Hundegeschäft – Notting Hill, London** *Ein Beispiel für das Herausarbeiten und Einbeziehen architektonischer Strukturen.*

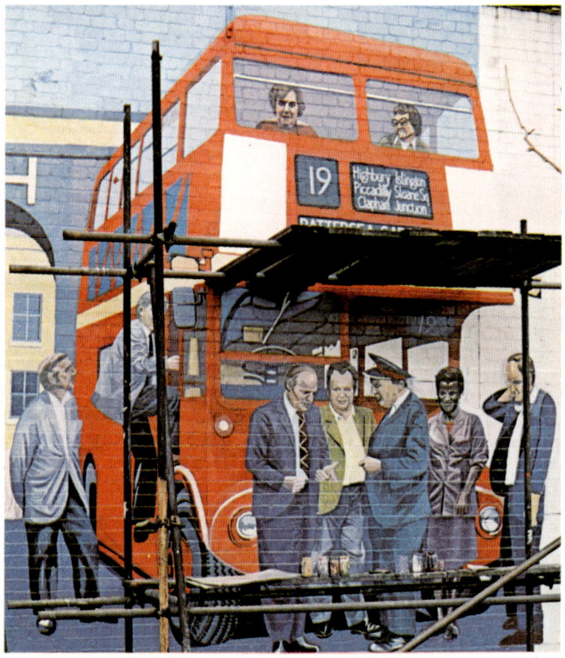

Unten rechts **Bryan Barnes: Morgan's Walk – Battersea, London** *Ausschnitt des entstehenden Bildes. Das Arbeiten auf dem Gerüst ist sicherer als auf der Leiter.*

Techniken

Entwurf ausarbeiten Die Wand und ihre Umgebung müssen sorgfältig von dem Blickwinkel aus photographisch oder zeichnerisch festgehalten werden, von dem aus sie später am häufigsten gesehen werden. Abmessungen und Form der Wand müssen beachtet, die Stimmung und die Gliederung der Umgebung einbezogen werden.

Die Wand wird bis ins Detail untersucht, insbesondere auf architektonische Gegebenheiten wie Fenster, Schornsteine, Regenrohre und die von ihnen jeweils geworfenen Schatten. Sie können dann später entweder verstärkt, einbezogen oder optisch zurückgedrängt werden. Ecken können durch um sie herumgezogene Linien abgemildert werden, die auf den aneinanderstoßenden Flächen einheitliche Gestaltungselemente bilden. Die Untergrundstruktur und die sichtbare Verarbeitung der Baumaterialien kann ebenfalls wirksam mit einbezogen werden.

Der Maßstab der Bildelemente wird gewöhnlich auf die Entfernung des Betrachters und die Größe der Wand und ihres Hintergrundes abgestimmt. Eine Reduzierung des Maßstabes bewirkt eine scheinbare Vergrößerung der Wand. Auch für Hervorhebungen können einzelne Bildelemente vergrößert oder verkleinert werden. Vom Betrachter weiter entfernte Bildteile sind manchmal zu vergrößern, damit eine einheitliche Bildwirkung entsteht.

Nützliche oder informative Elemente wie Zeichen, Sonnenuhren, Bewuchs oder Torpfosten können in das Motiv eingebunden werden. Auf Spielplätzen hat man so Maße, graphische Darstellungen, Labyrinthe, Buchstaben oder Wörter künstlerisch eingefügt.

Bereits im frühen Entwurfsstadium müssen die lieferbaren Farben und die daraus zusammenstellbare Palette berücksichtigt werden. Durch die vergrößerte Übertragung eines mit einem anderen Farbträger auf Papier gemalten Entwurfs auf die Wand kann ein völlig veränderter Gesamteindruck entstehen. Für großflächige Dekorationen können übrigens Schablonen und die Verwendung sich wiederholender Muster hilfreich sein.

Zum Gelingen einer Reihe von Wandgemälden

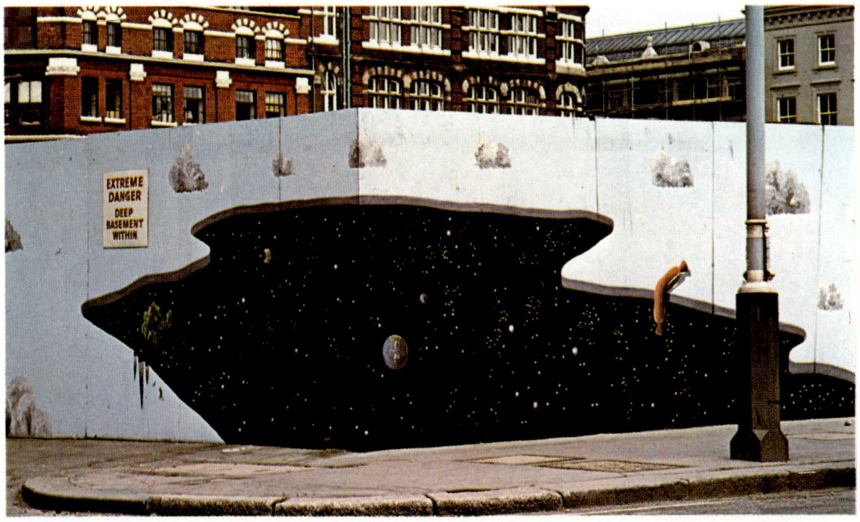

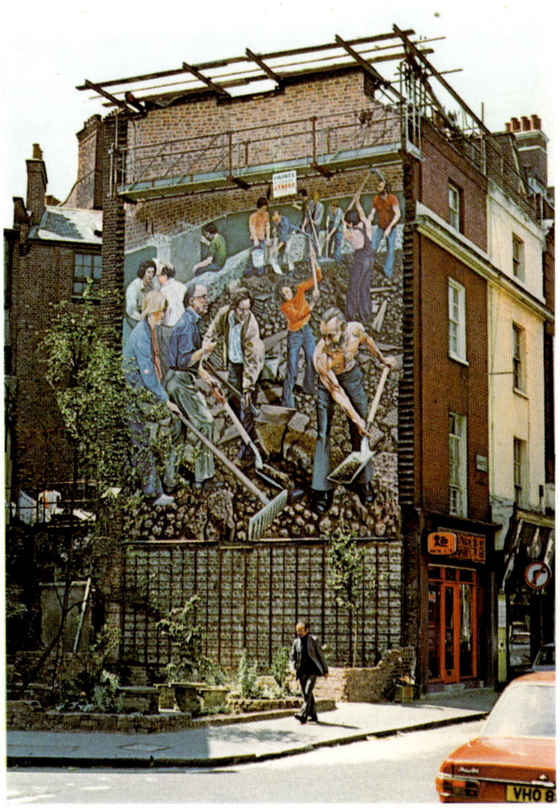

Oben **Bauzaungemälde 1 – Covent Garden. London** *Die Zaunecke wird durch ein sich auf beide Seiten herumziehendes Motiv optisch verdeckt.*

Rechts **Steve Pusey: Garten-Wandgemälde – Covent Garden, London** *Ein Hängegerüst eignet sich hervorragend für die Außenmalerei.*

hat es auch beigetragen, daß in kalten Gegenden warme, in heißen Gegenden dagegen kühle Farbtöne verwendet wurden. Ein Zuviel von einer Farbe – speziell sehr heller oder sehr dunkler – kann jedoch auf großen Bildern die in anderen Farben gemalten Details zurückdrängen. Schwarze oder dunkle Umrahmungen lassen die Farben kräftiger erscheinen.

Raster auftragen Sobald der Entwurf ausgearbeitet ist, sollte er mindestens auf einen Maßstab von 1:20 im Verhältnis zur endgültigen Bildgröße vergrößert werden. Die Vergrößerung wird dann in Quadrate aufgerastert, damit jeder Beteiligte sofort weiß, wo die einzelnen Bildbestandteile später auftauchen. Anschließend wird dieser Rasterentwurf mit Kohle, Kalk oder dünnen Farblinien vergrößert auf die Wand übertragen.

Farbauftrag Die Farben werden sorgfältig gemischt; die vom Hersteller angegebene Wartezeit bis zum Auftrag der nächsten Farbschicht sollte eingehalten werden. Man arbeitet von oben nach unten und kann so die unvermeidlichen Tropfen übermalen. Vor dem Auftrag einer neuen Farbschicht muß die erste vollständig trocken sein.

Am besten bemalt man zunächst die ganze Wand ohne die feineren Details und versucht nicht, kleinere Teilflächen komplett fertigzustellen, ohne die übrigen überhaupt begonnen zu haben. Man kann dann nämlich die Gesamtwirkung frühzeitig beurteilen und erforderlichenfalls korrigieren.

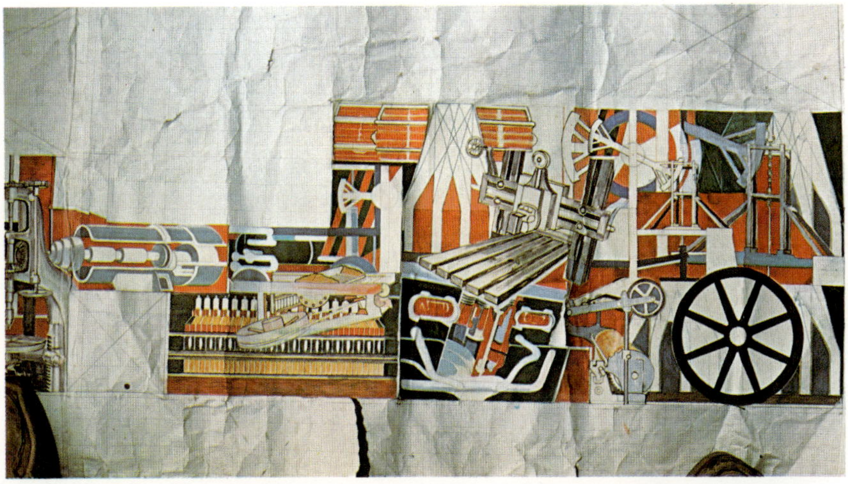

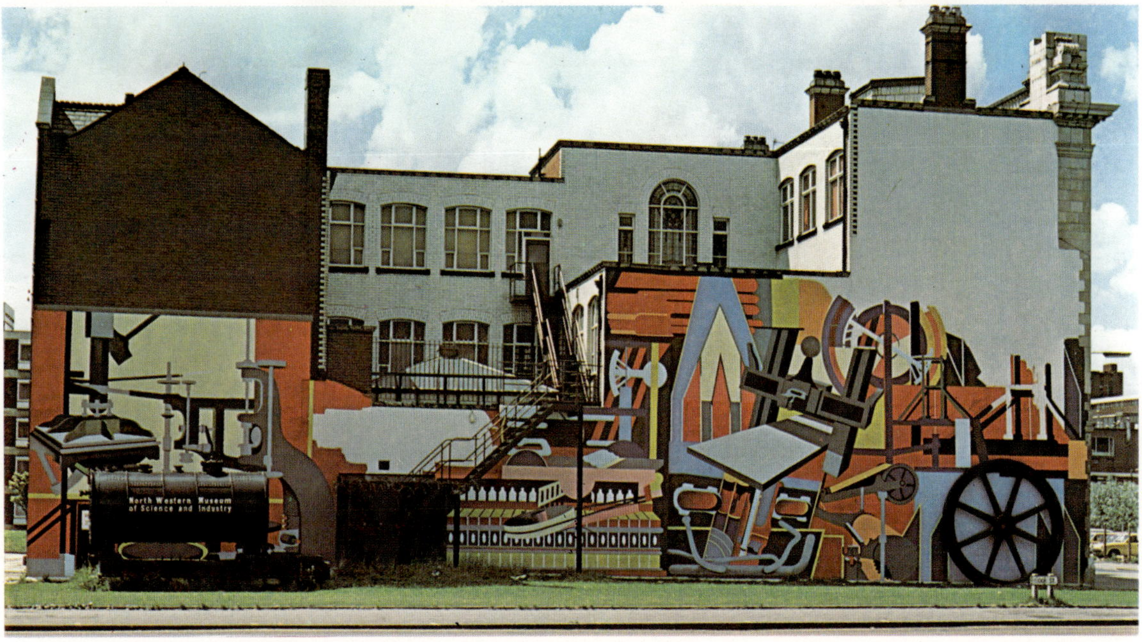

Oben rechts **Ken Billyard: Entwurf für das Wandgemälde unten** *Maßstabsgerechter Entwurf, der durch Rasterübertragung oder – wie hier – mit Hilfe der architektonischen Außenformen auf die Wand übertragen wurde.*
Rechts **Walter Kershaw: Wandgemälde – North Western Museum of Science and Industry, Manchester, England** *Das Bild ist hier gerade im Entstehen. Kershaw vollendete das Gemälde nach Billyards Entwurf, nachdem dieser verstorben war. Die Schwierigkeiten, die sich bei der Übertragung des Motivs vom Papier auf die Wand und bei dem damit verbundenen Farbwechsel ergaben, sind klar sichtbar.*

8. Kapitel

Wasserfarbe

Wasserfarben bestehen aus sehr fein in Gummiarabikum (aus Akazien gewonnen) verriebenem Pigment. Der Gummi ist leicht wasserlöslich und haftet sehr gut auf Papier. Zusätzlich wirkt er wie ein leichter, dünner Firnis, der den Farben mehr Glanz und Leuchtkraft verleiht. Früher benutzte man ausschließlich Gummiarabikum; erst später wurden Honig, Glyzerin und Sirup zugemischt, um die Trocknungszeit zu verlangsamen und um mehr Transparenz zu erzielen. Die meisten dieser Verfeinerungen entstanden zu der Zeit, als Farbhersteller wie Winsor and Newton, Reeves und Newman mit der Produktion beständiger und zuverlässiger Wasserfarben begannen. Inzwischen sind weitere Zusätze hinzugekommen, die teilweise der Farbe nicht von vornherein zugegeben werden, sondern die der Künstler für spezielle Techniken in das Wasser mischt.

Vielfach wird angenommen, daß die Aquarellmalerei eine englische Erfindung des 18. Jahrhunderts sei. In Wirklichkeit ist sie eine bereits lange vorher voll entwickelt gewesene Kunstform. Die englischen Aquarellisten des 18. Jahrhunderts erreichten je-

Rechts **Albrecht Dürer: Hohe Wiese** *Dürer war der erste bedeutende Künstler, der mit Wasserfarbe malte. Hier kombinierte er sorgfältig angelegte Transparenzfarben, Linien und Deckfarben.*

Unten **Thomas Girtin: Das weiße Haus, Chelsea** *Girtin als einer der ersten Aquarellisten beschränkte sich auf nur fünf Farbtöne. Hier liegt eine verwaschene Farbschicht über der anderen und das beim sorgfältigen Bildaufbau unbemalt belassene weiße Papier setzt schimmernde Akzente.*

Unten **John White: Das Indianerdorf Pomeiooc** *Die 1585 auf einer frühen Reise nach Amerika angefertigte exakte Darstellung ist eine Kombination aus Verwaschauftrag und Umrißlinien.*

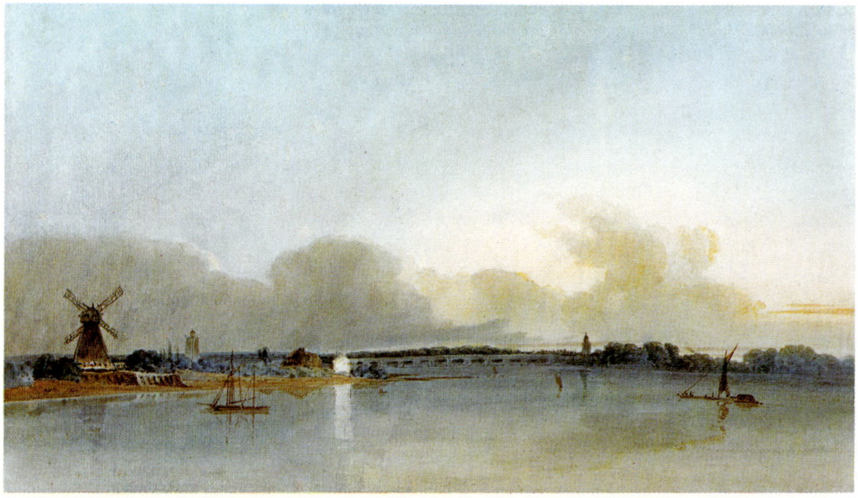

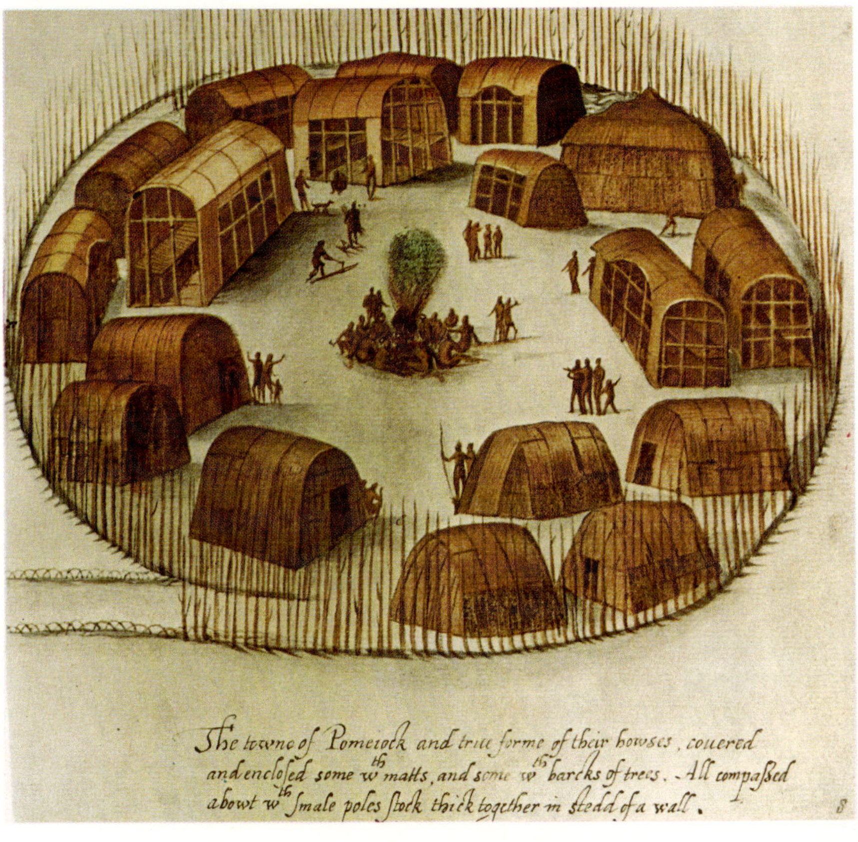

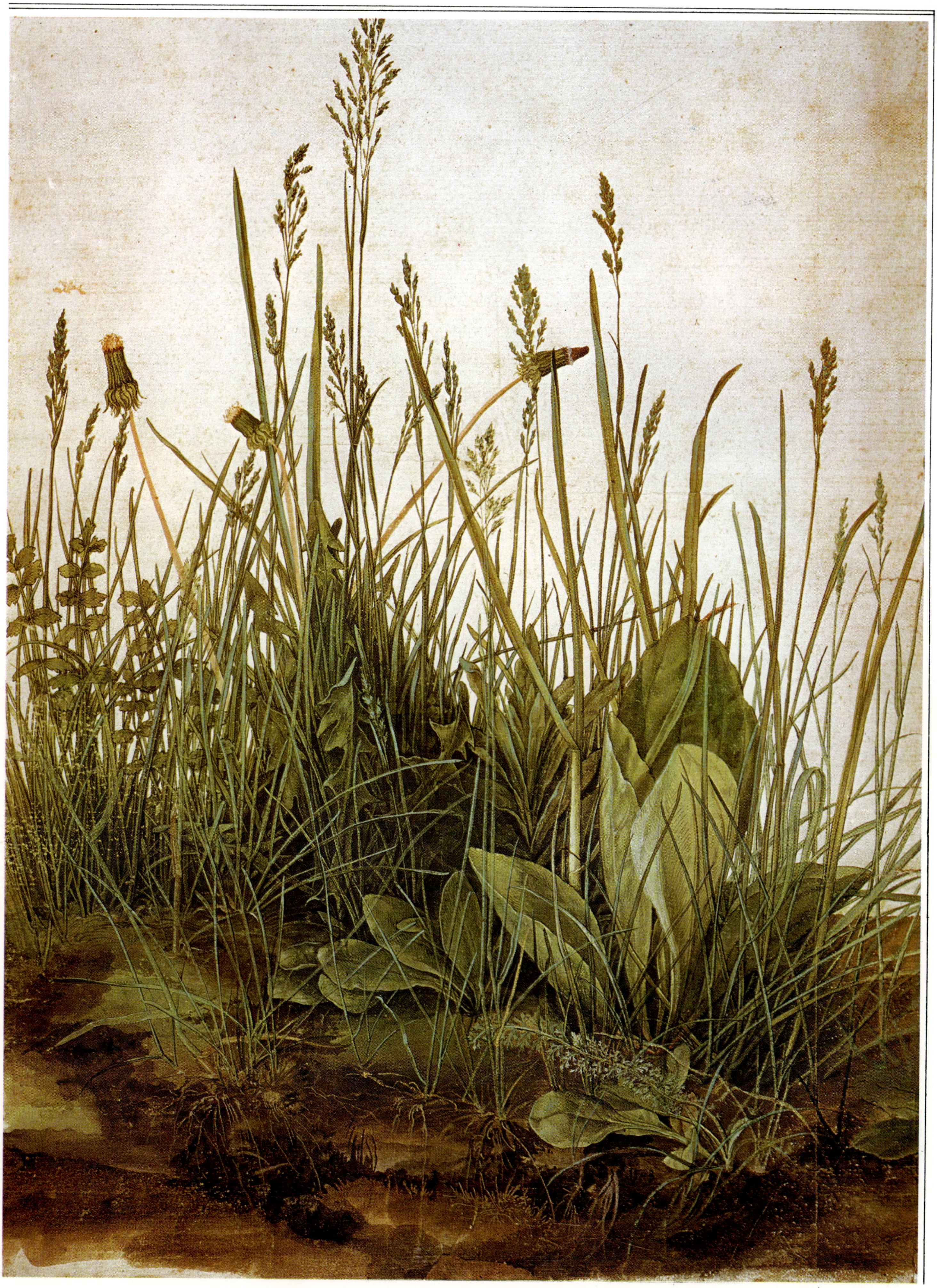

doch solche Perfektion, daß die Bezeichnung „Englische Kunst" für diese Technik allgemein gebräuchlich und Paul Sandby (1725–1809) zum „Vater der englischen Wasserfarbmalerei" erklärt wurde; die wirklichen Ursprünge der Wasserfarbe müssen wir jedoch anderswo aufspüren: Albrecht Dürer (1471–1528) darf viel eher diesen Vatertitel für sich beanspruchen, denn er hat die Wasserfarbe umfangreich verwendet und lange vor Sandby und seinen Zeitgenossen Hunderte von Aquarellen geschaffen.

Die mittelalterlichen Koloristen beherrschten die Technik in der Vollendung. Sie verwendeten zunächst reine, transparente Wasserfarbe und fügten später Deck- oder Körperfarbe hinzu (siehe Guasch), die sie teilweise als Grund für Blattgoldauflagen verwendeten.

Einige Künstler, etwa van Dyck (1599–1641), Gainsborough (1727–1788) und John Constable (1776–1837), malten mit Wasserfarben kurze Impressionen – etwa einen Regenbogen, rasch dahinziehende Wolken, wechselnde Lichtreflexe und ähnliches mehr – und verwendeten diese dann beim Entwurf größerer Gemälde. Die meisten anderen Künstler jedoch, die sich in der einen oder anderen Weise mit dieser Maltechnik befaßten, taten es um ihrer selbst willen. Künstler wie John Crome (1768–1821), John Varley (1778–1842) und John Sell Cotman (1782–1842) unterscheiden sich grundlegend in Auffassung und Ergebnissen, benutzten aber alle die Wasserfarbe als sehr ausdrucksvolles und empfindsames Gestaltungsmittel.

William Blake entwickelte eine eigene Maltechnik, indem er Farbe auf einem wasserfesten Untergrund verbreitete und das entstehende Muster auf Papier drückte. Anschließend arbeitete er das Bild mit Deckfarbe aus. Thomas Girtin (1755–1802) ver-

Unten **Paul Klee: Ansicht von Hammamet** *Klee malte seine wichtigsten Werke in Aquarelltechnik. Hier drückt sich sein Interesse an Proportion, Farbe und Design in einer Reihe locker und doch sorgfältig angelegter Transparenzfarben aus. Die Struktur des rauhen Papiers bleibt sichtbar und wirkt als verbindendes Element für das ganze Gemälde.*

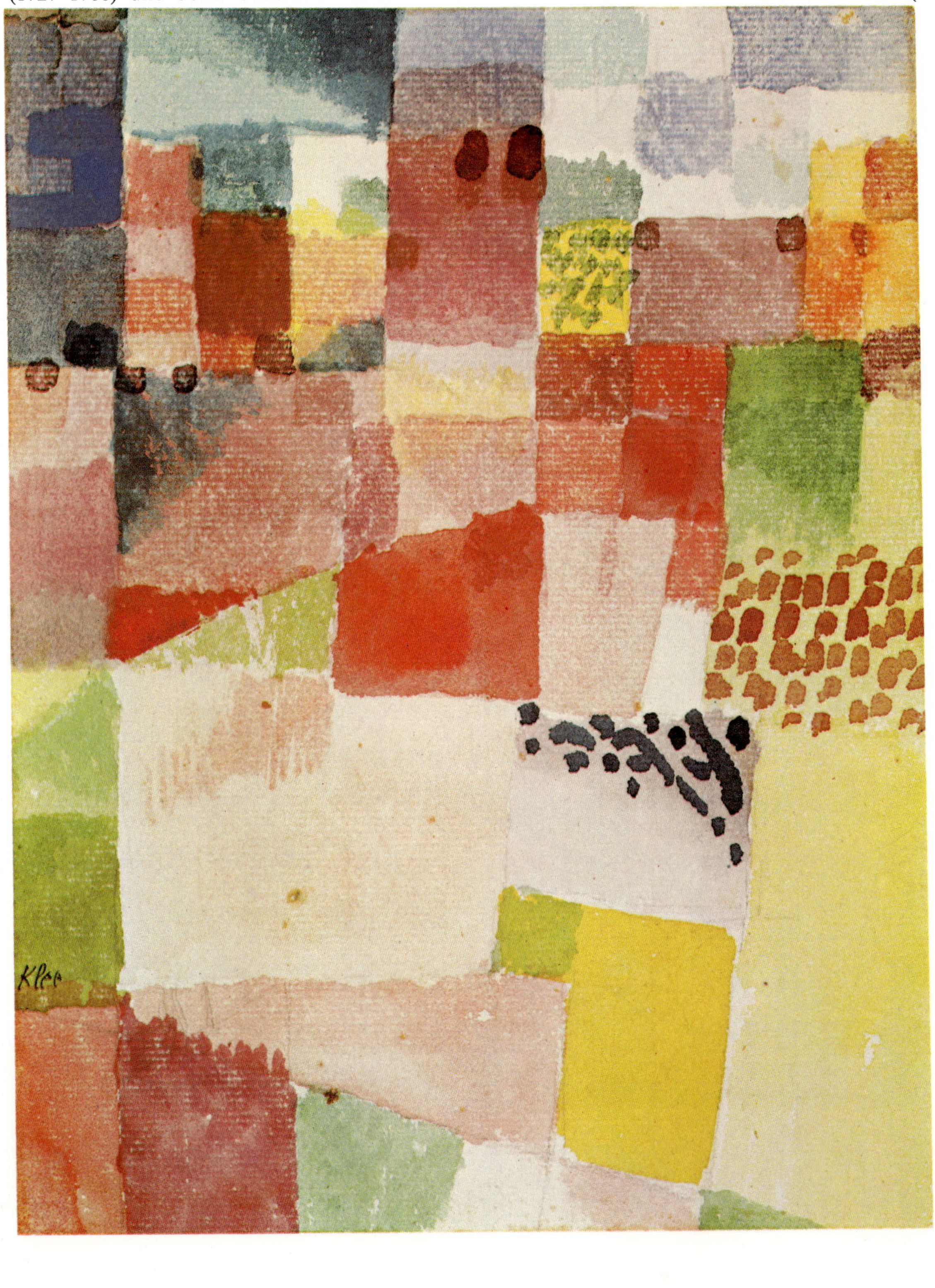

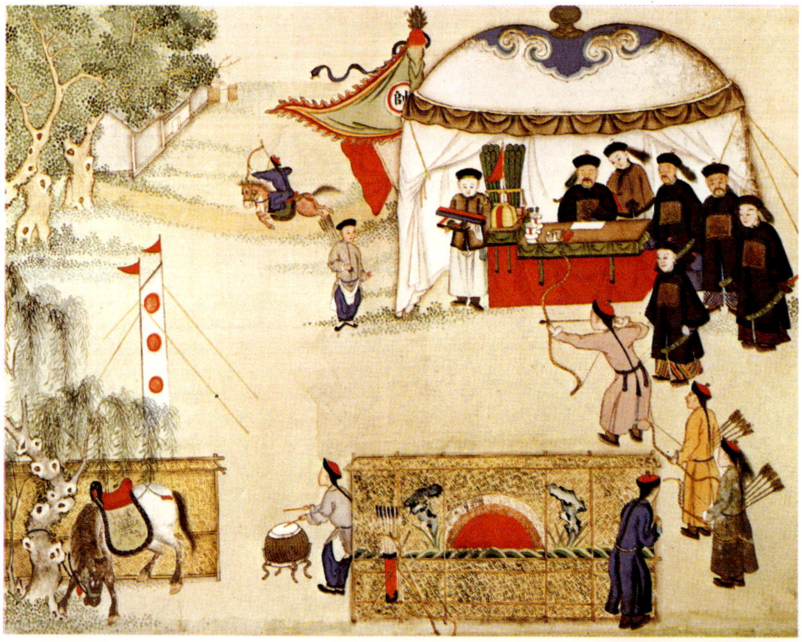

Links **Bogenschützen, China, 18. Jahrhundert** *Dieses auf Seide gemalte Bild zeigt feinste Linienführung und klugen Farbgebrauch, etwa wenn das sich wiederholende Rot ein eigenes Muster schafft. Unterschiedlicher Farbauftrag durch Punkte, Striche oder Tupfer ist deutlich erkennbar.*

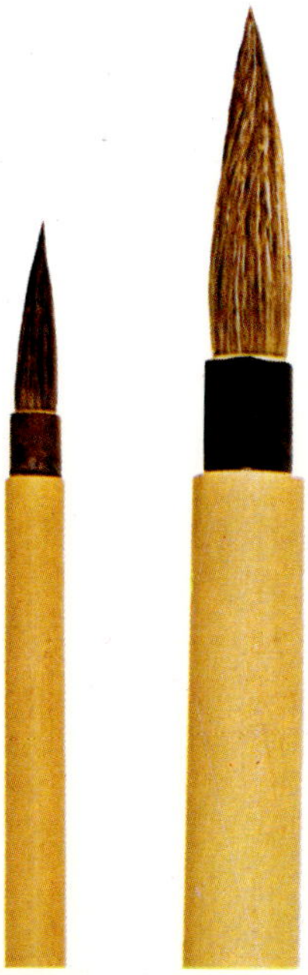

Rechts **Bambuspinsel** *Die chinesischen Aquarellisten verwenden lange, spitz zulaufende Pinsel mit sehr feinem Haar und Bambusgriffen. Diese auch im Westen hergestellten Pinsel eignen sich für den Künstler, der Farbe fein auftragen oder verwaschen will.*

wendete – ebenso wie viele seiner Zeitgenossen – eine ganz kleine Farbpalette. Er trug die Farbe in dünner Verwaschtechnik auf und legte nach dem Trocknen neue Schichten mit dem Verwaschpinsel darüber, bis er ein reich getöntes Bild geschaffen hatte. J. M. W. Turner (1775–1851) verwendete die Farbe in einer Weise, die die Farbigkeit fast zu verleugnen scheint; er blieb noch weit hinter Girtins beschränkter Farbskala zurück. Er verwusch, kratzte und bearbeitete die Farbe so lange, bis das Papier selbst das strahlende Leuchten der venezianischen oder Vesuvlandschaften spiegelte, oder bis es die ruhigen Töne von Bergen, Flüssen, Seen, Feldern und Städten ausstrahlte.

Die Aquarelltechnik hat sich über alle Epochen hinweg ihren Platz behauptet. Verschiedene viktorianische Maler, speziell Millais (1829–1896), benutzten sie, um Verkaufskopien größerer Ölgemälde herzustellen. In Amerika wurde die Technik von Winslow Homer (1830–1910), Thomas Eakins (1844–1916), Edward Hopper (1882–1967) und zuletzt von Andrew Wyeth (geb. 1917) weitergepflegt. Ihre heute vielleicht bedeutendsten englischen Repräsentanten sind Edward Burra (1905–1976), David Jones (geb. 1895) und Paul Nash (1889–1946). Paul Klee (1879–1940), ein Mitbegründer des Bauhauses, malte seine bedeutendsten Werke in dieser Technik.

Transparenz ist das Hauptcharakteristikum der Wasserfarbe, und sie wird bei der „reinen" Aquarellmalerei voll genutzt. Das meistens weiße, bisweilen aber auch vom Künstler zuvor getönte Papier gibt die hellsten Töne – Schlaglichter, hellen Himmel, weiße Details – noch voll wieder. Anders als der Ölmaler, der helle Farben auf dunkle auftragen kann, muß der Aquarellmaler erst die hellen und dann die dunklen Töne malen, da selbst eine auf einen dunklen Ton aufgetragene, sehr helle Farbe diesen noch weiter abdunkeln wird, weil sie eben das darunterliegende weiße Papier noch etwas mehr verdeckt. Das Durchschimmern des Papiers durch transparente Farbschichten verleiht Aquarellen eine eigene Intensität und einen Glanz, der sie von anderen Techniken unterscheidet.

Wasserfarbe und Guasch können sehr wirkungsvoll kombiniert werden. Guaschfarben und ihre Verwendung werden im 9. Kapitel (s. S. 142) näher beschrieben.

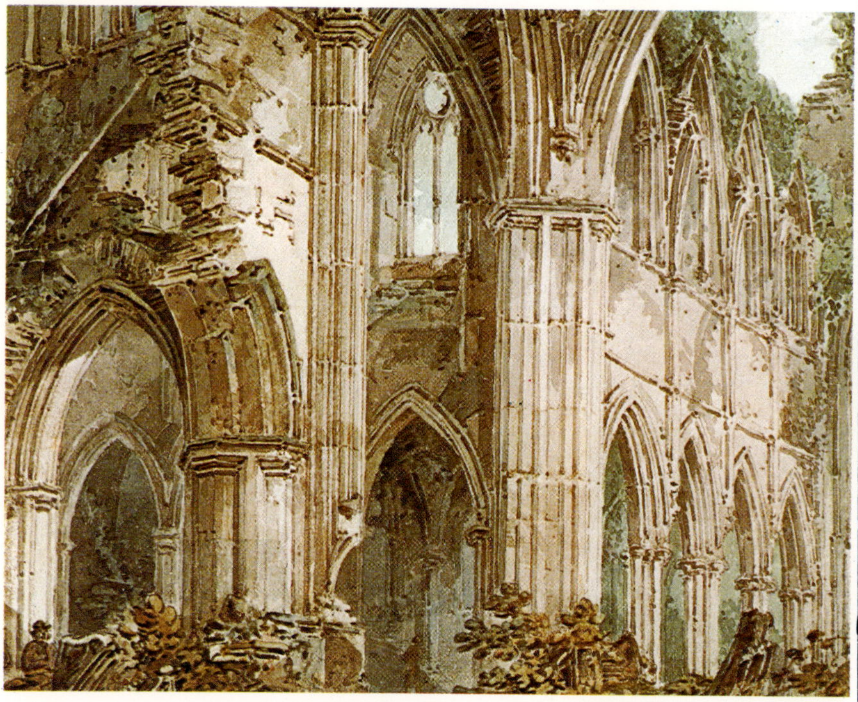

Oben **J. M. W. Turner: Tintern Abbey (Ausschnitt)** *Ein schönes Beispiel dafür, wie mit unbemaltem, weißem Papier Schlaglichter gesetzt werden. Turner schuf mit wenigen, ineinander verwaschenen Farbtönen ein Gemälde mit ausgeprägten Tonkontrasten.*

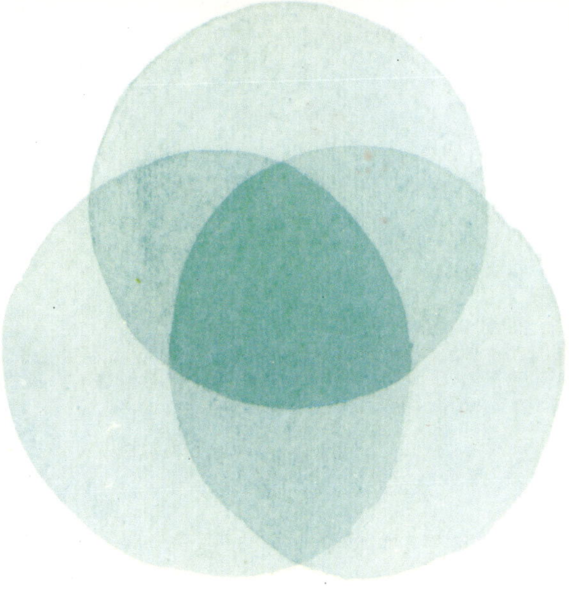

Links **Übereinander angelegter Verwaschauftrag** *Tonabstufungen lassen sich durch Übereinanderlegen von verwaschener Farbe in jeweils gleicher Stärke aufbauen. Die nächste Schicht darf immer erst nach dem Abtrocknen der vorangegangenen aufgetragen werden. Legt man verschieden starke Farbschichten nebeneinander an, so läßt sich ein ähnlicher Effekt erzielen; dies ist jedoch schwieriger.*

Untergründe

Papier Die Oberfläche, auf die der Künstler sein Bild malt, nennt man Untergrund. Für Wasserfarben ist Papier der gebräuchlichste Untergrund. Relative Preiswürdigkeit, leichtes Gewicht und ein Angebot in vielen Farben, Stärken und Strukturen sind seine Hauptvorzüge. Die Auswahl des Papiers bestimmt sich nach dem persönlichen Geschmack und Malstil sowie nach dem gewählten Motiv. Grundsätzlich gibt es drei Papierarten.

Heißgewalztes Papier Dieses Papier mit harter, glatter Oberfläche eignet sich zum Zeichnen mit Bleistift, Feder und Tusche, zum Linien- und Verwaschauftrag. Den meisten Künstlern ist dieses Papier zu glatt und zu rutschig für reines Wasserfarbenmalen, nur manche schätzen es für bestimmte Techniken.

Kaltgewalztes Papier Diese Papierart wird beim Walzen nicht erhitzt. Es entsteht ein strukturiertes, halbrauhes Papier, welches sich gut sowohl für große, glatte Verwaschflächen wie auch für feine Detailarbeiten eignet. Dies ist der gebräuchlichste Untergrund und ideal für den weniger erfahrenen Maler.

Rauhes Papier Die Oberfläche ist hier fühlbar rauh. Beim Farbauftrag bildet sich Struktur dadurch heraus, daß sich das Pigment in einigen der deutlichen Vertiefungen stark ablagert, während es andere unberührt läßt. So bleiben kleine weiße Flecken frei, die die Farbe aufhellen. Erfahrene Künstler nutzen diese Eigenschaft, während sie für den weniger Erfahrenen entmutigend sein kann, weil sie nur schwer kontrolliert einsetzbar ist.

Papiergewicht Das Gewicht ist der zweite wichtige Gesichtspunkt bei der Papierauswahl. Das Papiergewicht wird in Gramm pro Quadratmeter (g/m^2) angegeben. Wiegt zum Beispiel ein Bogen im Format DIN A 0 ($= 1\ m^2$) 400 g, dann wiegt er im Format A 2 200 g. Das Gewicht ist von großer Bedeutung: Schweres Papier verwellt sich weniger als leichtes. Verwellungen treten auf, wenn dünnes Papier naß wird und die Fasern sich ausdehnen, wodurch die Oberfläche stumpf wird und sich verzieht. Man sollte leichtere Papiere deshalb vor dem Bemalen aufziehen. Bei schwereren Papiergewichten von etwa 250 g/m^2 an aufwärts entfällt diese Erfordernis, es sei denn, man arbeitet mit sehr nasser Auftragsweise.

Papier aufziehen Das Papier kann entweder mit Gummierband oder mit Heftnadeln aufgezogen werden. Nadeln sind etwas ungünstiger als Klebeband, weil das mit ihnen befestigte Papier beim Trocknen einreißen kann. Es gibt auch Papierspannrahmen, die denen für Leinwand ähneln. Sie eignen sich gut für robuste Papiere, nicht jedoch für leichtgewichtige, weil das aufgezogene Papier rückseitig nicht abgestützt ist. Auf Rahmen gespanntes Papier kann ein sehr angenehmer Untergrund sein, weil es – wie Leinwand – etwas elastisch ist; ist es aber erst einmal feucht, kann man es leicht versehentlich mit dem Pinsel durchbohren.

Tafeln zum Aufziehen von Papier müssen nicht besonders stark sein. Papier kann auf Hartfaserplatten oder sogar auf Karton aufgezogen werden; aber die Gefahr, daß sich schwache Tafeln beim Trocknen des Papiers verziehen, ist doch beträchtlich.

Wenn die Aufziehtafel bequem transportierbar und daher leicht sein soll, empfiehlt es sich, auf ihrer Rückseite ein zweites Blatt Papier aufzuziehen. Dadurch biegt sie sich nicht mehr durch, und wenn man diese Rückseite zusätzlich mit starkem Papier

Heißgewalztes Papier *Glattes, hartes Papier, gut für Bleistift-, Feder- und Tuschzeichnungen, aber auch für einige Aquarelltechniken brauchbar. Für Verwaschtechnik kaum geeignet. Linien trocknen scharf und ohne zu verlaufen ab.*

Kaltgewalztes Papier *Keine Erhitzung beim Walzen. Gebräuchlichstes Aquarellpapier. Auf der strukturierten, leicht rauhen Oberfläche kommen wäßriger Auftrag und abgegrenzte Linienmalerei gleich gut zur Geltung.*

Rauhes Papier *Stark strukturiert und für Aquarelle sehr gut geeignet. Bei dosiertem Verwaschauftrag bleibt das Pigment nur teilweise in den Vertiefungen haften, und es entstehen Lichteffekte durch unberührt gebliebenes weißes Papier.*

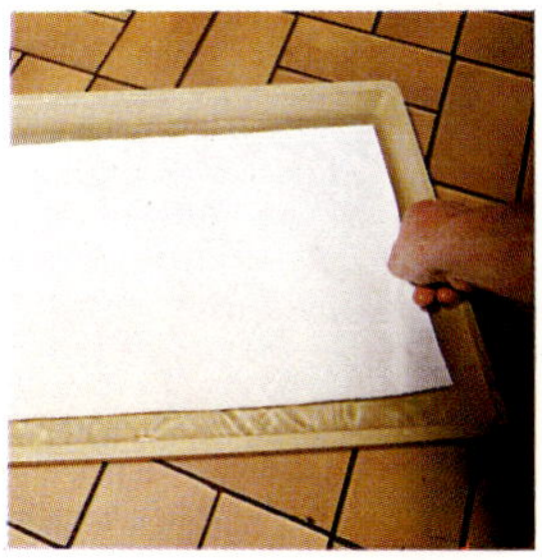

Papier aufziehen 1. *Einen Bogen leichtes Papier einige Minuten lang vollständig in Wasser tauchen.*

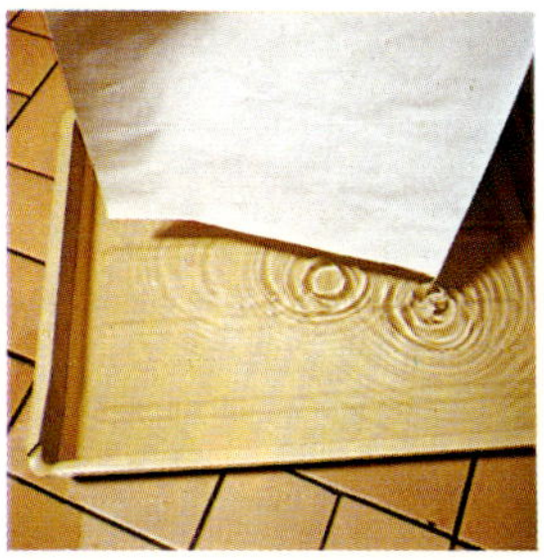

2. *Das gut vollgesogene Papier an einer Ecke herausziehen und überschüssiges Wasser abtropfen lassen.*

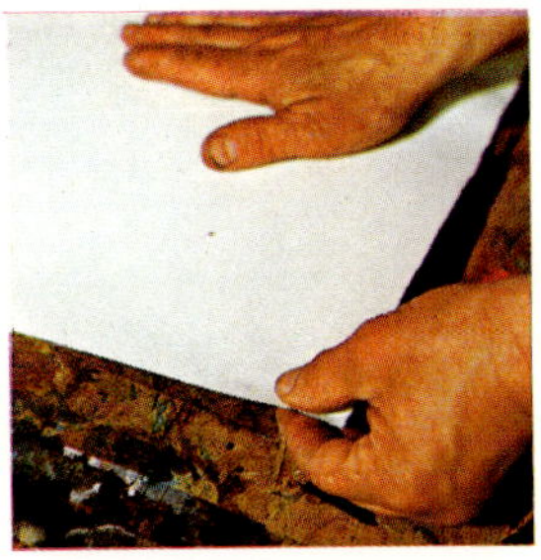

3. *Nasses Papier auf die Tafel auflegen, die ringsum mindestens je 5 cm überstehen sollte.*

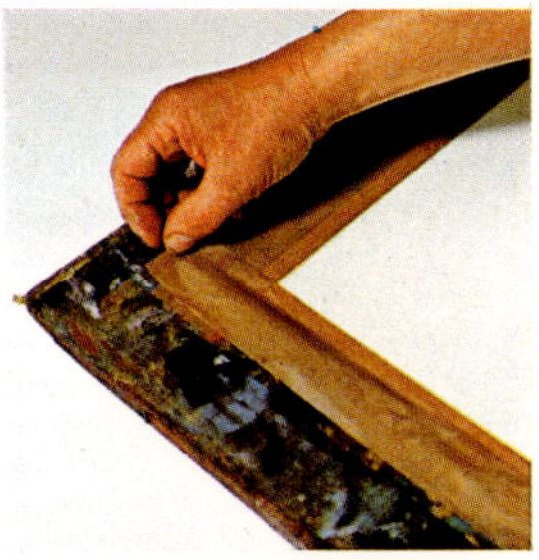

4. *Papierkanten an den jeweils gegenüberliegenden Seiten mit Gummiklebeband auf der Tafel festkleben. Das Papier muß ganz eben aufliegen.*

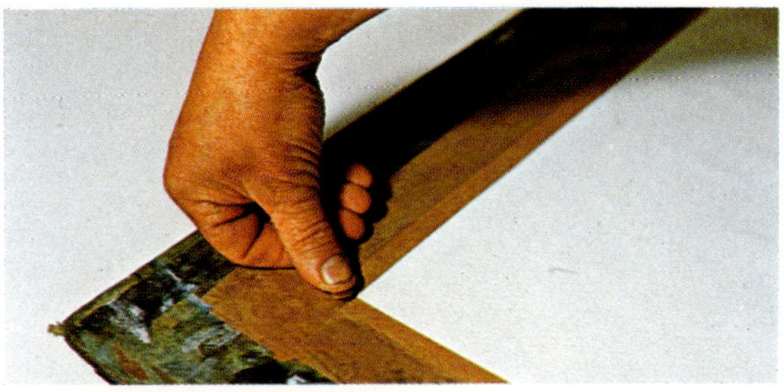

5. *Reißzwecken als zusätzlichen Halt und zum Verhindern von Verwellungen beim Trocknen in die aufgeklebten Ecken eindrücken.*

schützt, kann sie später ebenfalls als Untergrund verwendet werden.

Handgeschöpfte Papiere Die besten Papiere werden mit einem hohen Leinenanteil von Hand hergestellt – eine Arbeit für qualifizierte Fachhandwerker. Alle Verunreinigungen werden sorgfältig entfernt und das Papier enthält einen speziell auf die Bedürfnisse des Aquarellisten abgestimmten Leimgrund. Spezielle Wasserzeichen der verschiedenen Hersteller kennzeichnen diese meist sehr teuren Papiere und zeigen gleichzeitig an, welches die Vorderseite ist. Bei allen diesen Papieren muß nämlich auf Vorder- und Rückseite geachtet werden, nicht nur, weil lediglich die Vorderseite grundiert ist, sondern auch, weil nur bei ihr die Oberflächenstruktur sorgfältig kontrolliert wird.

Japanpapier Die hervorragenden japanischen Reispapiere sollten nicht unberücksichtigt bleiben, obwohl sie viel empfindlicher sind als die nachstehend aufgeführten Papiersorten. Sie werden handwerklich aus Pflanzenfasern hergestellt und mit Reis und veni-Wurzeln als Bindemittel zu Papierbrei gekocht. Kozo, Mitsumata und Gambi – alle aus Gemüsepflanzenfasern – sind die gebräuchlichsten Reispapierarten. Die für den Aquarellisten beste Sorte ist Kozo, weil es insgesamt robuster und widerstandsfähiger ist, ohne daß es dabei die allen diesen Papieren eigentümliche hohe Absorptionsfähigkeit verlieren würde. Wird die Malweise auf diese Eigenschaft eingestellt, so lassen sich sehr feine und delikate Bildwirkungen erzielen.

Papierhersteller Es gibt viele Papierfabriken, deren Erzeugnisse weithin erhältlich sind. Die nachstehend aufgeführten Marken sind alle gut geeignet und meistens im Angebot der Künstlerbedarfshändler enthalten:

Arches, Arnold (mehr als 200 Pfund schwere Papiere), R. W. S. Bockingford (mehr als 240 Pfund schwere und daher ohne vorheriges Aufziehen verwendbare Papiere), Creswick (gefärbt), Crisbrook, David Cox (drei Farbstufen: rauh hell, mittel und dunkel), De Wint (rauh, wenig saugfähig, strukturiert, grau gefärbt), Fabriano (handgeschöpftes italienisches Papier), Green (ohne Aufstrich, muß nicht aufgezogen werden), Michallet (schwach ge-

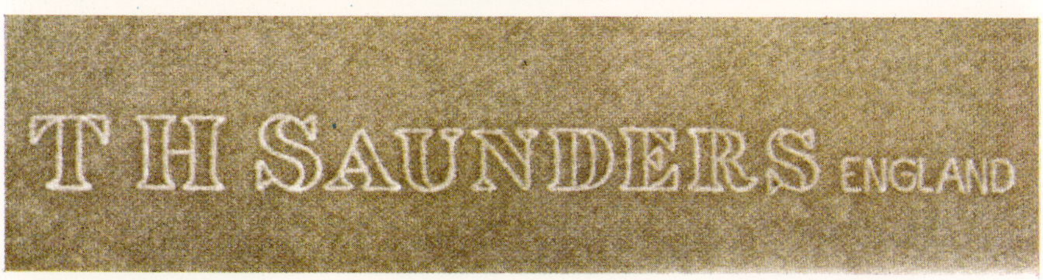

Handgeschöpftes Papier *Stark leinenhaltige Papiere sind das Beste, was es für Aquarellmalerei gibt. Sie werden handwerklich hergestellt und enthalten in der Regel keine Verunreinigungen. Die Vorderseite wird mit einem Leimgrund aus Knochenleim eingelassen, der Wasserfarbe hervorragend annimmt. Viele dieser Papiere sind am Wasserzeichen des Herstellers erkennbar, welches in Spiegelschrift erscheint, wenn das Papier verkehrt herum liegt. Zwei der bekanntesten Papiere kommen von Saunders und Fabriano (s. o.).*

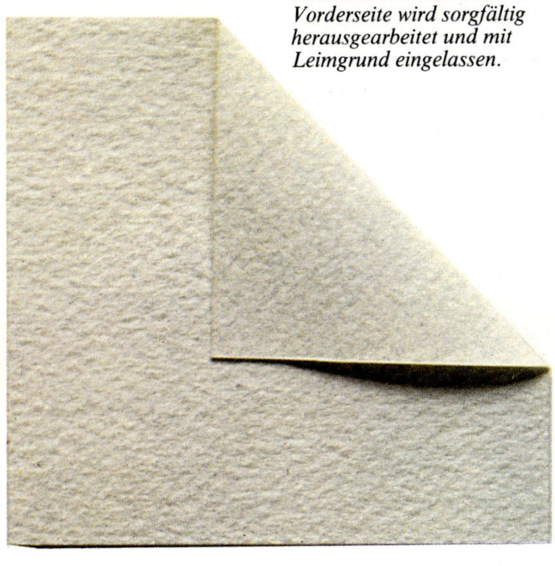

Die zwei Seiten des Papiers *Alle guten Papiere haben unterschiedliche Vorder- und Rückseiten. Die Struktur der Vorderseite wird sorgfältig herausgearbeitet und mit Leimgrund eingelassen.*

Papiere für Wasserfarben *Es gibt ungezählte für die Aquarellmalerei geeignete Papiere. Eine repräsentative Auswahl meist leicht erhältlicher Papiere ist unten abgebildet. Gewicht, Struktur und Färbung sind die wichtigsten Auswahlkriterien. Schwere Papiere, wie die von Arches (5), verwellen sich in feuchtem Zustand weniger leicht. Leichte Papiere, wie de Wint (7), Crisbrook (8) und alle Japanpapiere (11) sollten vor dem Malen aufgezogen werden (s. S. 121). Stark strukturierte, handgeschöpfte Papiere, wie de Wint (4), Arches (5) und Fabriano (6) eignen sich gut für Verwaschauftrag mit nur lose eingestreuten Details. Will man genaue Details mit feinen Linien herausarbeiten, so verwendet man am besten ein glattes, wenig strukturiertes Papier, wie Schöllershammer (2), Crisbrook (8) oder Saunders (12). Wegen der Transparenz der Wasserfarbe wird gefärbtes Papier immer durchscheinen. Deshalb wird meistens weißes Papier benutzt; Schlaglichter erzielt man, indem man Teilflächen unbemalt läßt. Gefärbte Papiere, wie Ingres (1), de Wint (4 und 7) und die von Canson und Montgolfier (3, 9, 10 und 13), geben der Wasserfarbe immer eine sichtbare Tönung. Sie kann als verbindendes Element durchaus erwünscht sein und wird insbesondere bei Mit- oder Alleinverwendung von Guaschfarben eingesetzt.*

ribbelt, leicht, gut für Bleistift und Pastell geeignet), R. W. S. van Gelder, Kent Turkey Mill (feines, starkes, weißes Papier), Ingres (weich strukturiertes Papier in verschiedenen Farbtönen), Saunders (breites Angebot für Aquarellmalerei).

Es gibt noch viele andere Marken, und zusätzlich zu den speziell für Künstler hergestellten Papieren sollte man durchaus auch mit anderen, nicht für diesen Bereich konzipierten Papieren experimentieren.

Aufgezogenes Papier Neben dem bloßen Papier gibt es eine Reihe für die Aquarellmalerei fertig vorbereiteter Untergründe. Sie bestehen einfach aus dünnem, auf starkem Karton befestigtem Aquarellpapier und sind sehr bequem zu handhaben. Die Kartons können auch leicht selbst mit Papier eigener Wahl bestückt werden, wobei das Papier fest auf den Karton aufgeklebt wird. Sofern die Verklebung nicht gut genug durchgeführt wurde, löst sich das Papier ab, wenn es feucht wird. Ein auf der Rückseite gegengeklebtes Papier verhindert das Verwellen.

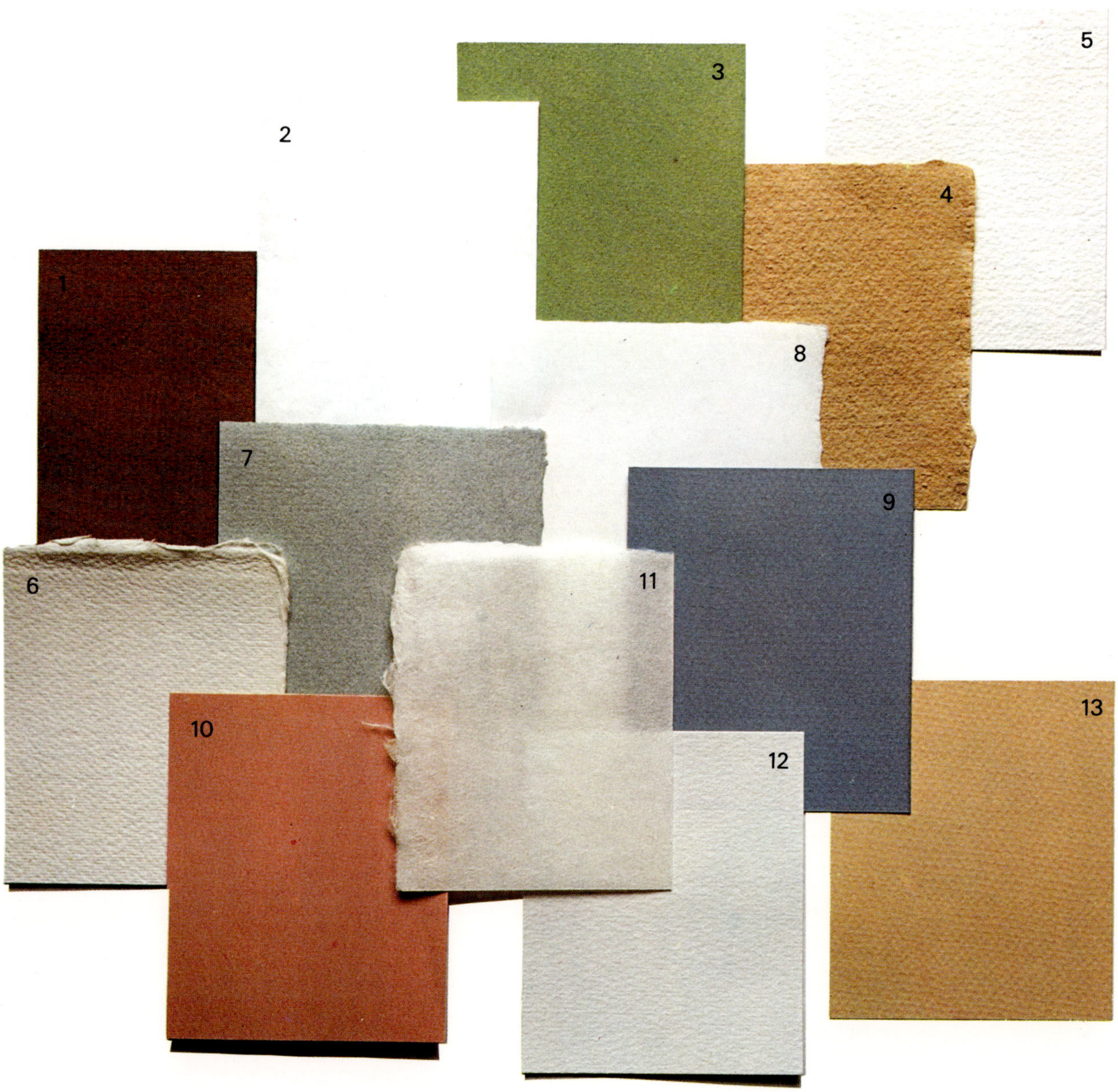

Farben

Der Aquarellmaler kann zwischen Wasserfarben in vielen Qualitäten wählen. Eine Schachtel Wasserfarben braucht nicht viel zu kosten. Zwischen Preis und Qualität besteht aber leider meistens ein direkter Zusammenhang. Nur Künstlerwasserfarbe, die sehr teuer sein kann, ist wirklich zuverlässig gut. Farben, die ihre Originalfarbwerte nicht beibehalten und die leicht verblassen, nennt man „nicht lichtbeständig". Die billigeren Farben neigen am ehesten dazu, nicht lichtbeständig zu sein. Wasserfarben werden immer blasser werden, wenn sie der Bleichwirkung des Sonnenlichtes zu lange ausgesetzt sind, aber die von angesehenen Herstellern wie Winsor and Newton, Reeves, Rowney oder Schmincke angebotenen Markenfarben verlieren bei sachgemäßer Behandlung nichts von ihrer Qualität.

Farbherstellung Der Künstler kann sich seine Farben selbst herstellen, braucht dafür aber viel Zeit. Er benötigt dazu nur fein zermahlene Pigmente in guter Qualität, Gummiarabikum, eine Glasplatte und einen Reibstein.

Handelsformen der Wasserfarbe *Wasserfarben werden als trockene Tabletten, angetrocknete Feuchtpaste in Tuben oder vergossen in Näpfchen angeboten. Tabletten wie die Pelikan-Skala (4), Näpfchen wie die Künstlerfarben von Winsor and Newton (3) und die Taschenfarbkästen des gleichen Herstellers (6) sind sparsamer, da es bei ihnen weniger Rückstände gibt. Tabletten und Näpfchen müssen in Schachteln untergebracht werden, die aber gleichzeitig als Palette dienen. Näpfchen oder Halbnäpfchen sind einzeln erhältlich. Wasserfarben in Flaschen, wie die Luna-Skala (1) und die von Dr. Martin (2), enthalten gewöhnlich Pipetten zum Aufbringen der Farbe auf die Palette. Tubenfarben, wie die Cotman Skala von Winsor and Newton (5) werden nur auf die Palette gedrückt. Es sollte nur wenig Farbe auf die Palette gedrückt oder getropft werden; zusätzliche Farbe kann man sich jederzeit nehmen.*

2

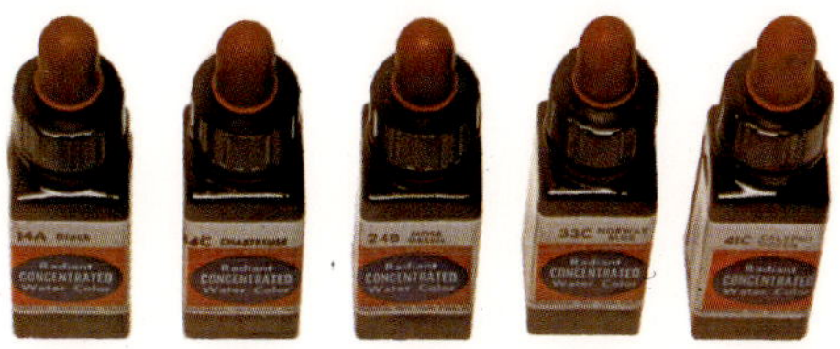

1

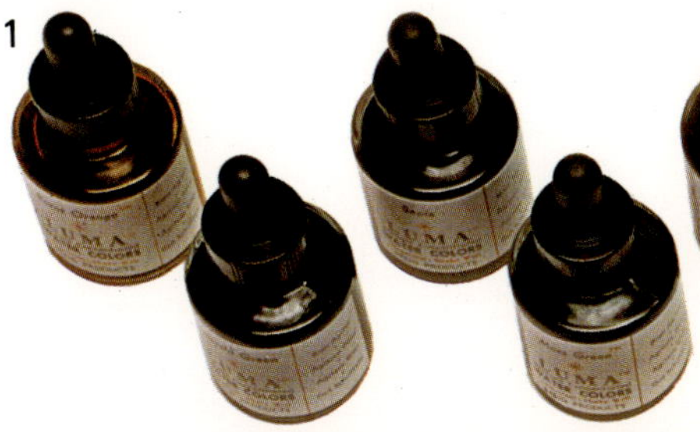

3

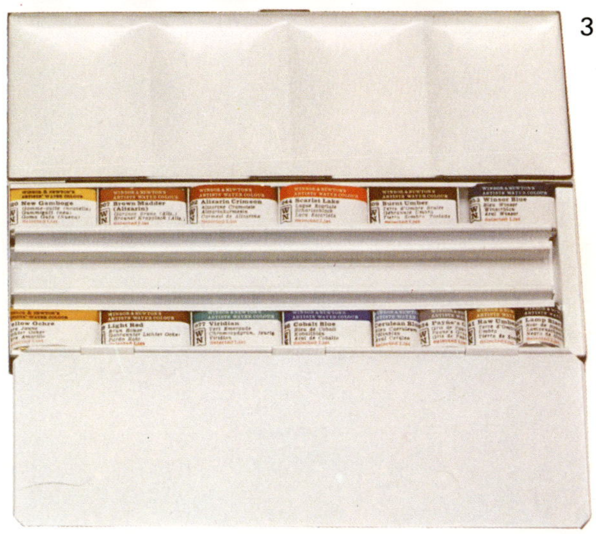

4

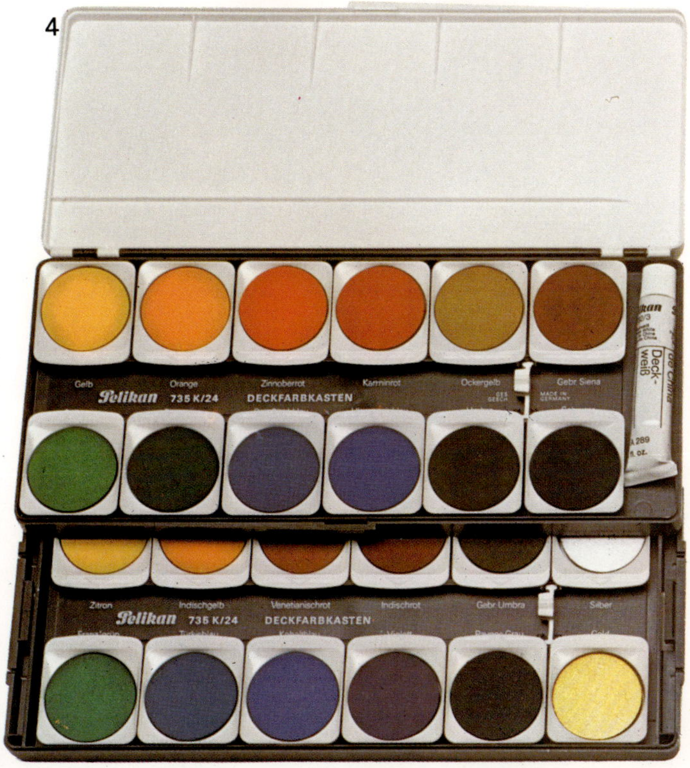

6

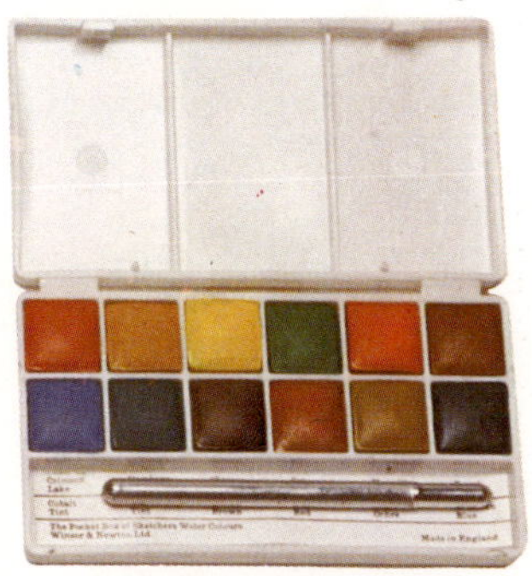

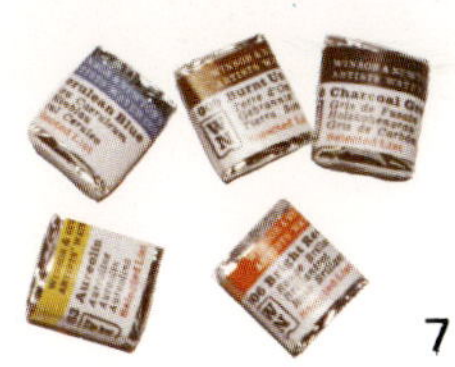

7

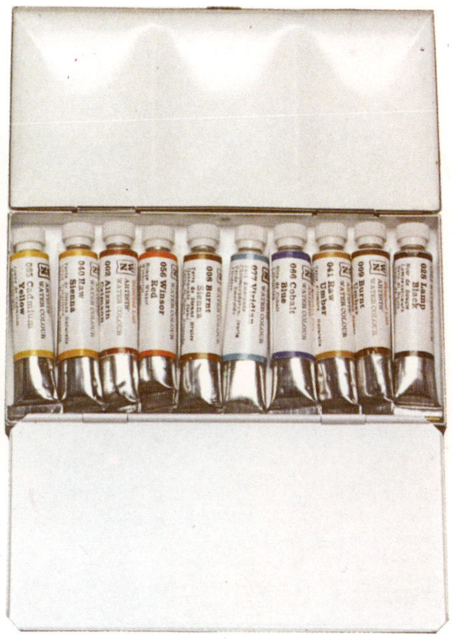

5

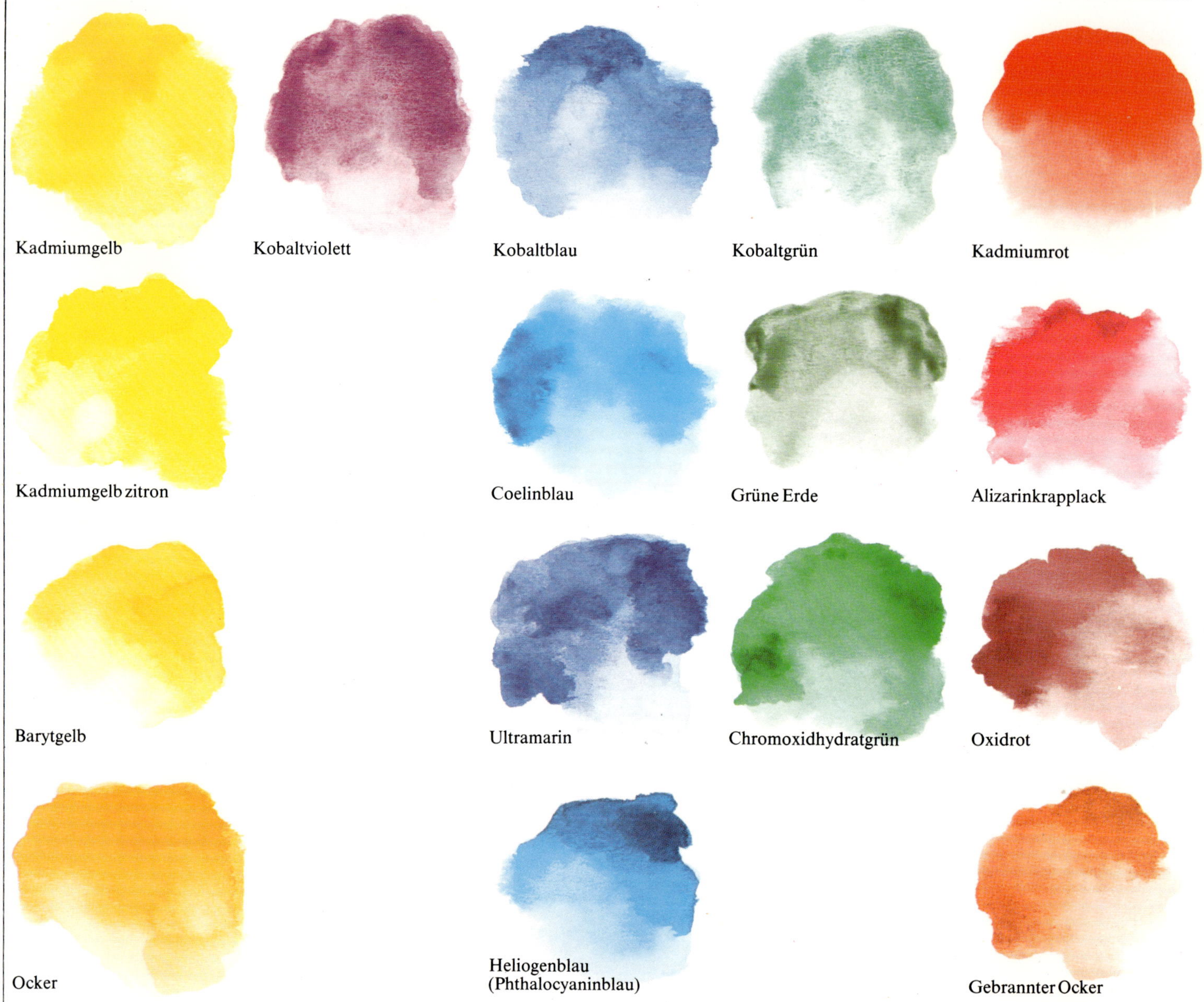

Vorschlag für eine Farbskala
Mit den elf hier vorgeschlagenen Farben lassen sich die meisten Vorlagen und Stilwünsche bewältigen. Das Kennenlernen der Farben und ihrer Mischeigenschaften wird durch die Verwendung stets gleicher Farbskalen erleichtert.

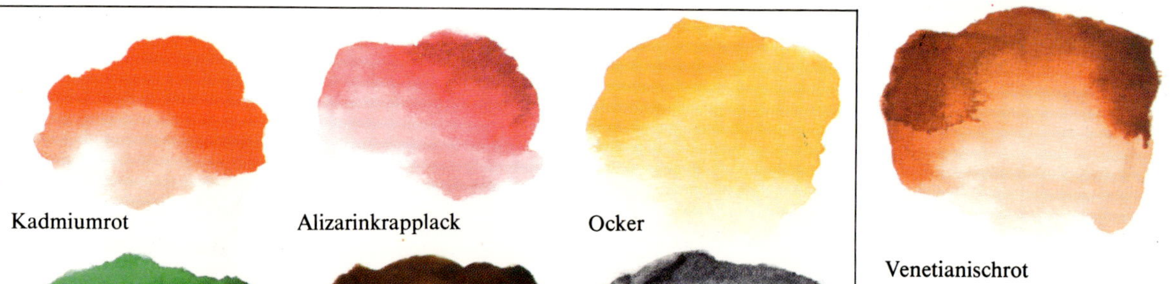

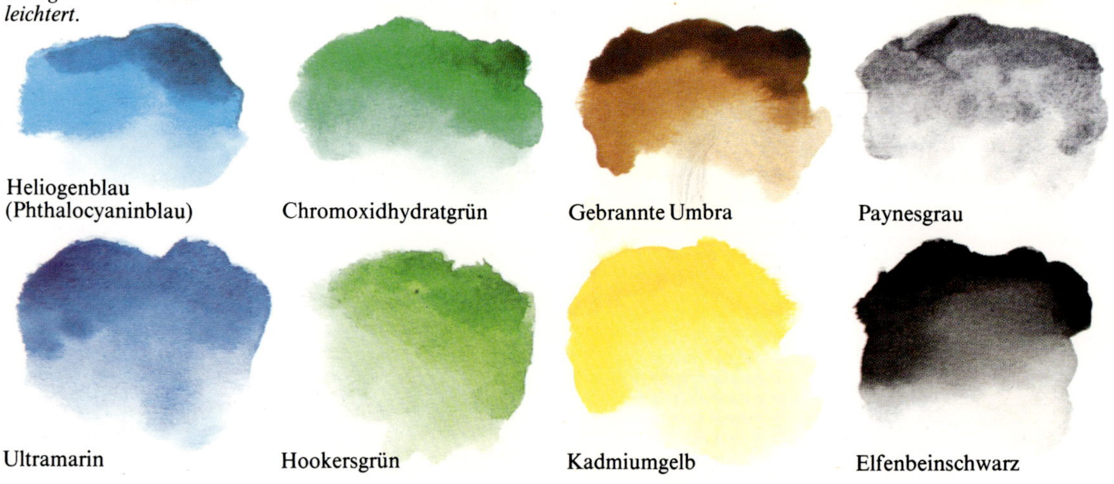

Gebrannte Siena

Elfenbeinschwarz

Zinkweiß

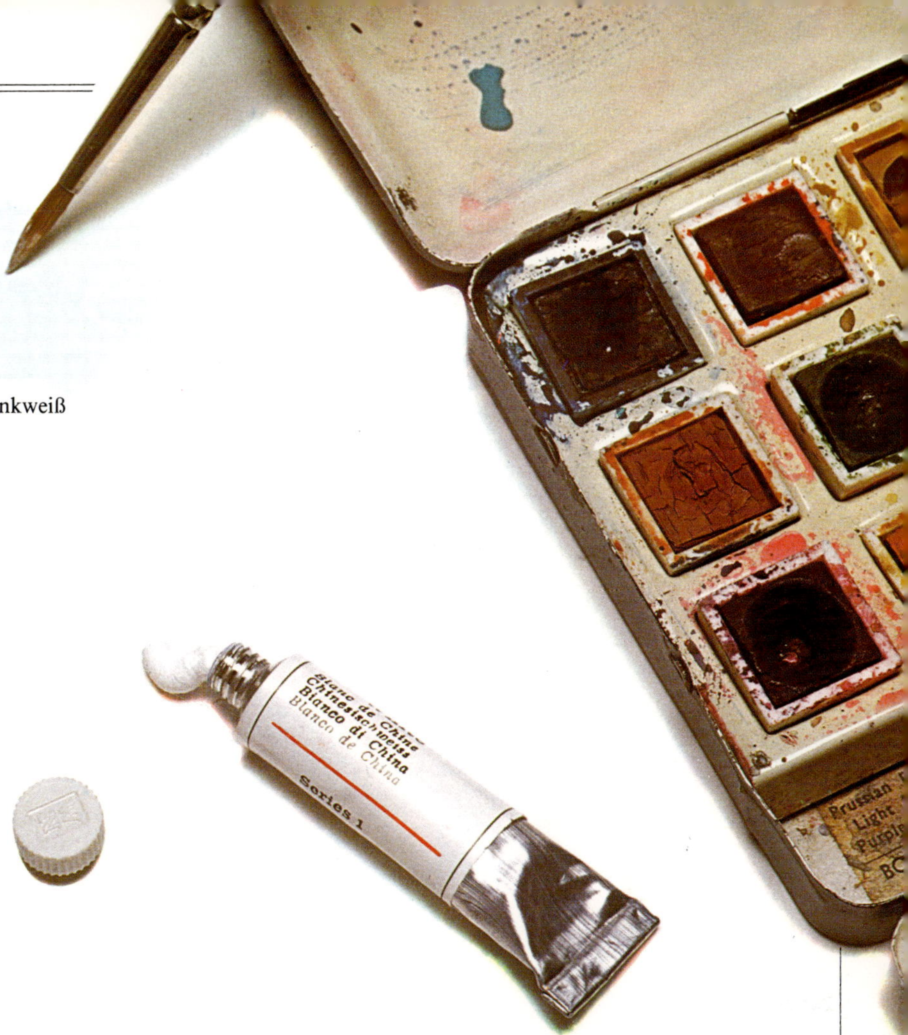

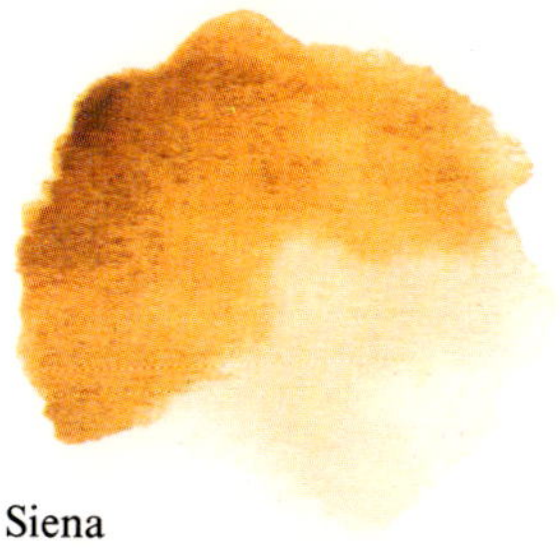

Siena

Lampenschwarz

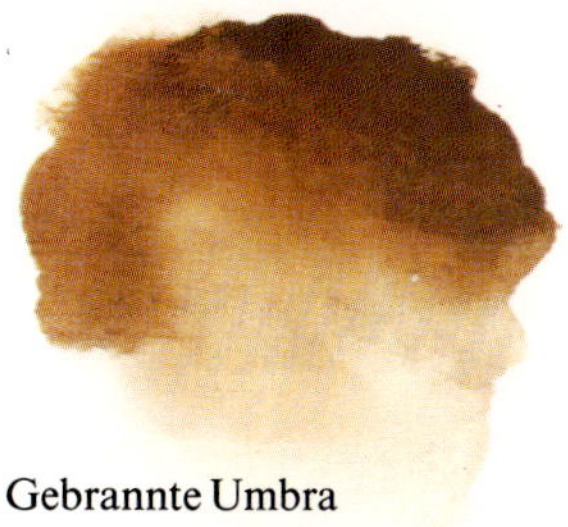

Gebrannte Umbra

Allgemein erhältliche Farben
Die hier gezeigten Farben sind überall lieferbar und ausreichend lichtbeständig. Sie stellen eine gute Grundlage für jede individuelle Farbskala dar. Erfahrungsgemäß erleichtert eine begrenzte Farbskala das Arbeiten und führt zu ausgezeichneten Ergebnissen. Aquarelle mit wenigen Farben zeichnen sich durch innere Harmonie aus. Oft ist das Zusammenmischen zweier bereits benutzter Farben der Verwendung eines völlig neuen Farbtones vorzuziehen.

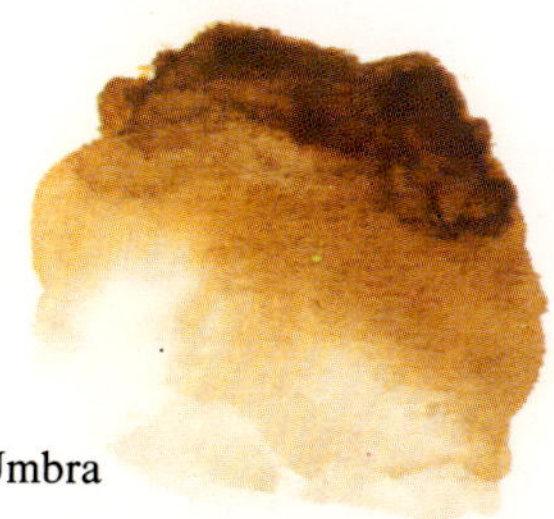

Umbra

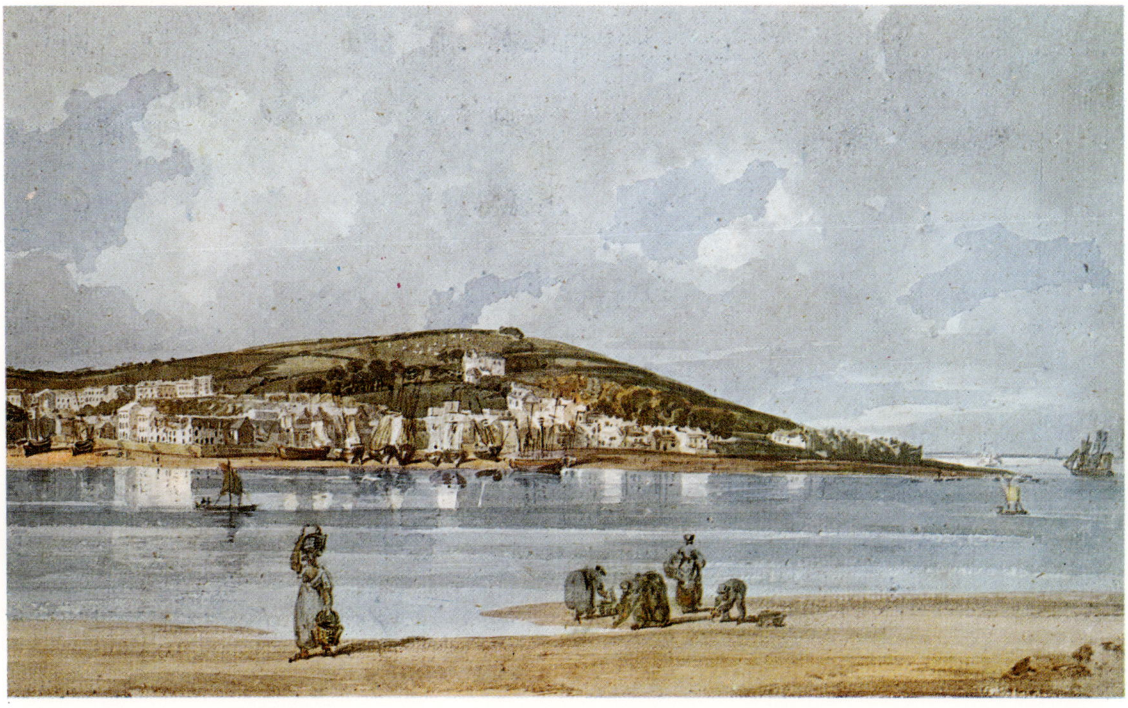

Thomas Girtin: Appledore
Girtin arbeitete ausschließlich mit diesen fünf Farben. Die Bildwirkung wird durch übereinanderliegenden, dünnen Farbauftrag – einschließlich der Deckfarbe für die Hausfassaden – und durch unbemalt belassenes Papier erzielt.

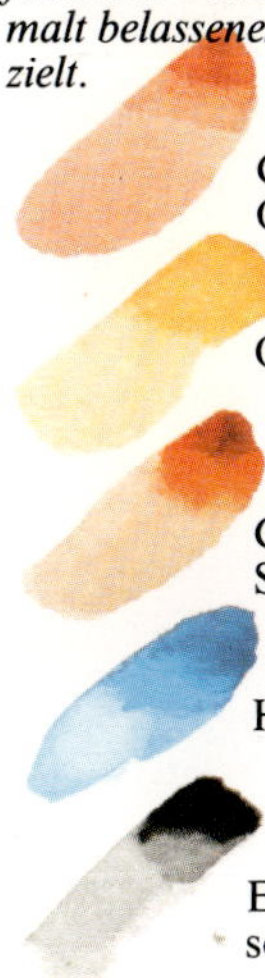

Gebrannter Ocker

Ocker

Gebrannte Siena

Heliogenblau

Elfenbeinschwarz

Fertigfarben Handelsfarben gibt es als trockene Farbtabletten, leicht feuchtigkeitshaltig in Näpfchen oder Halbnäpfchen und wäßrig in Tuben und Flaschen. Am weitesten verbreitet sind Halbnäpfchen; sie haben den Vorzug, daß man sie leicht in größerer Zahl mitführen kann und daß sie billiger sind als ganze Näpfchen. Das Näpfchen besteht aus einem festen Farbblock in einer Umhüllung. Die Näpfchen sind untereinander getrennt und können so ohne unfreiwilligen Kontakt mit anderen Farben verwendet werden. Der nasse Pinsel nimmt die Farbe bei schnellem Darüberhinwegstreichen auf; je nasser der Pinsel ist, desto transparenter wird die Farbe, da sie sich dann in mehr Flüssigkeit verteilt.

Für Wasserfarben in Tuben braucht man eine saubere Palette in angemessener Größe, auf die die Farbe ausgedrückt wird, bevor sie der Pinsel aufnimmt. Zu Beginn sollte man etwas Rückstand einkalkulieren, da das richtige Einschätzen der benötigten Menge sehr schwierig ist. Wenn auf der Palette verschiedene Farben aus zwei oder mehr Näpfchen zusammengemischt werden, ist es immer besser, zuviel als zuwenig vorzubereiten; dagegen kann man unvermischte Farbe aus der Tube jederzeit ergänzen.

Die Auswahl unter den angebotenen Handelsformen ist eine Frage des persönlichen Geschmacks. Das Näpfchen – oder die noch härtere Farbtablette, die heute eher in den Hintergrund gedrängt ist – verursacht weniger Rückstände. Für die Näpfchen benötigt man einen speziellen Wasserfarbenkasten mit passenden Einsätzen. Die Farbaufnahme in größeren Mengen dauert bei Näpfchen vielleicht etwas länger als bei Tuben, aber dafür bilden die Näpfchen im Kasten bereits eine Art fester Palette. Demgegenüber neigen auf die Palette ausgedrückte Tubenfarben dazu, ineinander zu verlaufen.

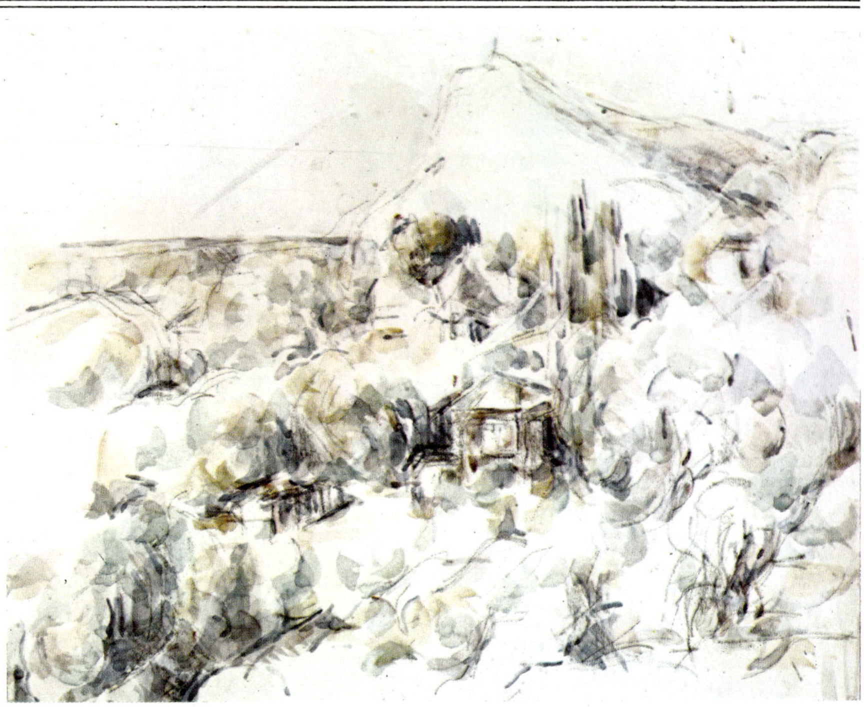

Unten **Ausgangsmaterial für Wasserfarbenherstellung** *(von links nach rechts) Glyzerin, dest. Wasser, Ochsengalle, Gummiarabikum, Karbolsäure-, Zuckerlösung, Trockenpigment.*

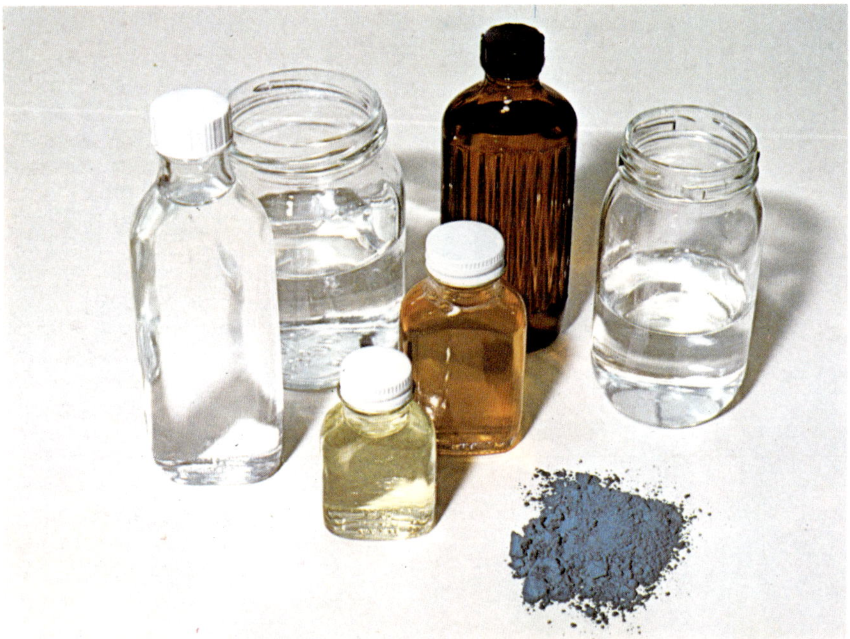

Wenn Napffarben zu sehr aushärten, können sie mit dem Pinsel wieder angelöst oder mit einigen Tropfen Wasser wieder aufgefrischt werden. Wenn Tubenfarben trocknen – und einige Farbpigmente trocknen schneller aus als andere – können sie nur durch Aufschlitzen und Verwendung der Tuben als Behelfsnäpfchen weiterbenutzt werden, und dann gibt es Klecksereien. Andererseits sind Tuben für den Künstler viel leichter zu transportieren, wenn er nicht einen ganzen Wasserfarbenkasten, sondern nur die Palette bei sich haben will.

Farben Der Handel bietet eine Unzahl von mehr oder weniger lichtbeständigen Wasserfarben an. Während eine begrenzte Farbskala in der Regel für eine Arbeit ausreichen mag, wird der Künstler sich auf diese Skala nicht immer beschränken wollen. In diesem Fall ist die auf S. 124 vorgestellte Skala lichtbeständiger Farben mit weiteren, lichtbeständigen Farben zu einer größeren Palette zu erweitern.

Einen Großteil der Vorlagen kann man mit einer Skala von zehn oder elf Farben angehen, und Thomas Girtin und andere Aquarellmaler des 18. Jahrhunderts haben gezeigt, wie Meisterwerke aus nur fünf Grundfarben entstehen können (s. S. 125).

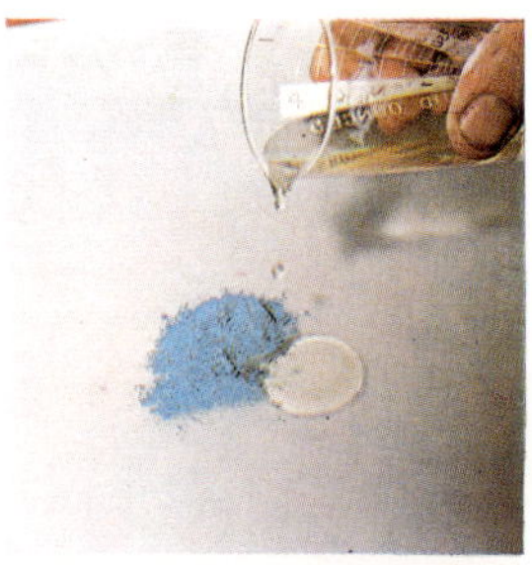

Farbherstellung 1. *Pigment auf Glasplatte geben. Daneben je 1 Teil Zuckerlösung und Glycerin, vermischt mit 2–3 Teilen Gummiarabikum und Ochsengalle.*

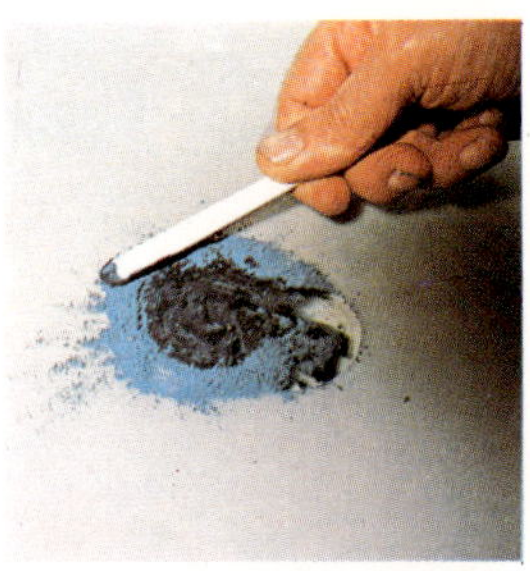

2. *Das Pigment mit Palettmesser aus Plastik unter die Gummimischung ziehen.*

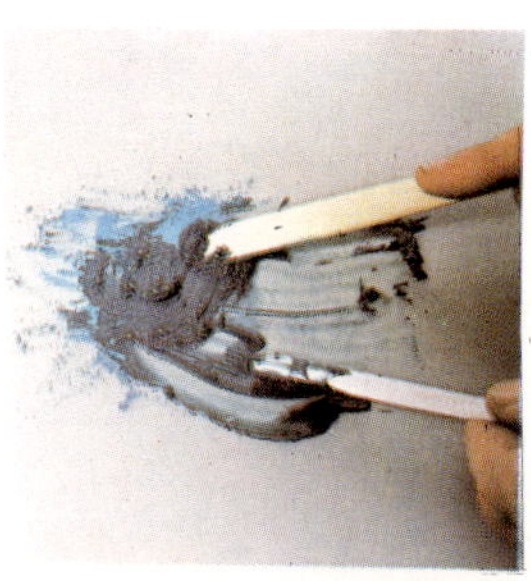

3. *Das Pigment zu Paste verarbeiten. Erforderlichenfalls einen Plastikspachtel zu Hilfe nehmen. Zu trockene Paste leicht mit destilliertem Wasser netzen.*

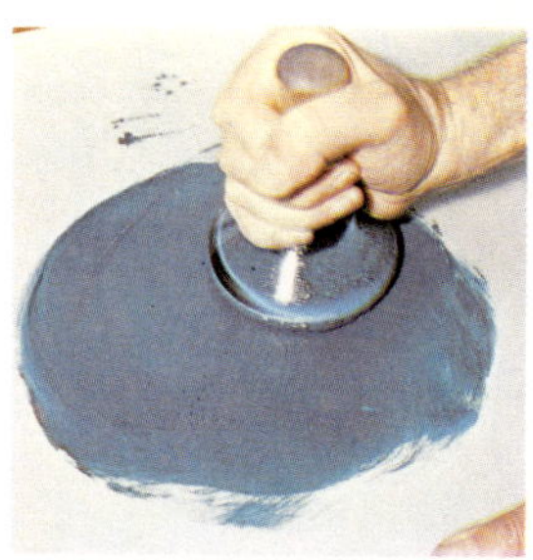

4. *Paste mit Reibstein verreiben, um die gleichmäßige Verteilung des Pigments in der Lösung zu erreichen.*

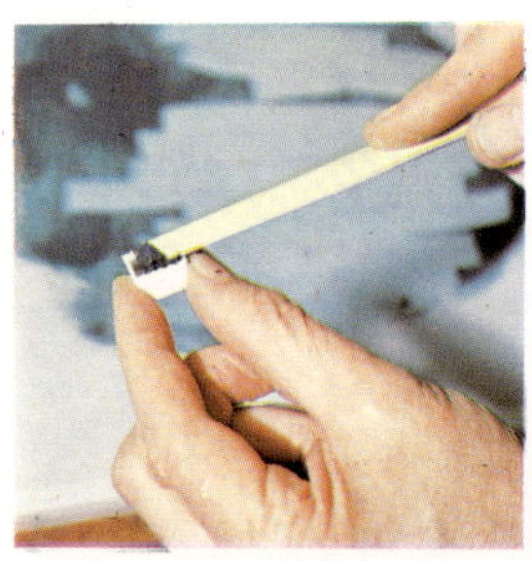

5. *Wasserfarbe mit Plastikspatel aufnehmen und in ein Näpfchen drücken. Trocknen lassen.*

Links **Paul Cézanne: La Montaigne Sainte Victoire** *Cézanne hatte ein außergewöhnliches Farben- und Farbtongefühl; beides verwendet er hier, um ein in Farbflecken aufgelöstes Bild doch zu einer Einheit zusammenzufügen. Das stark durchstrukturierte Haus steht im Gegensatz zur abstrakten Durchführung des restlichen Gemäldes.*

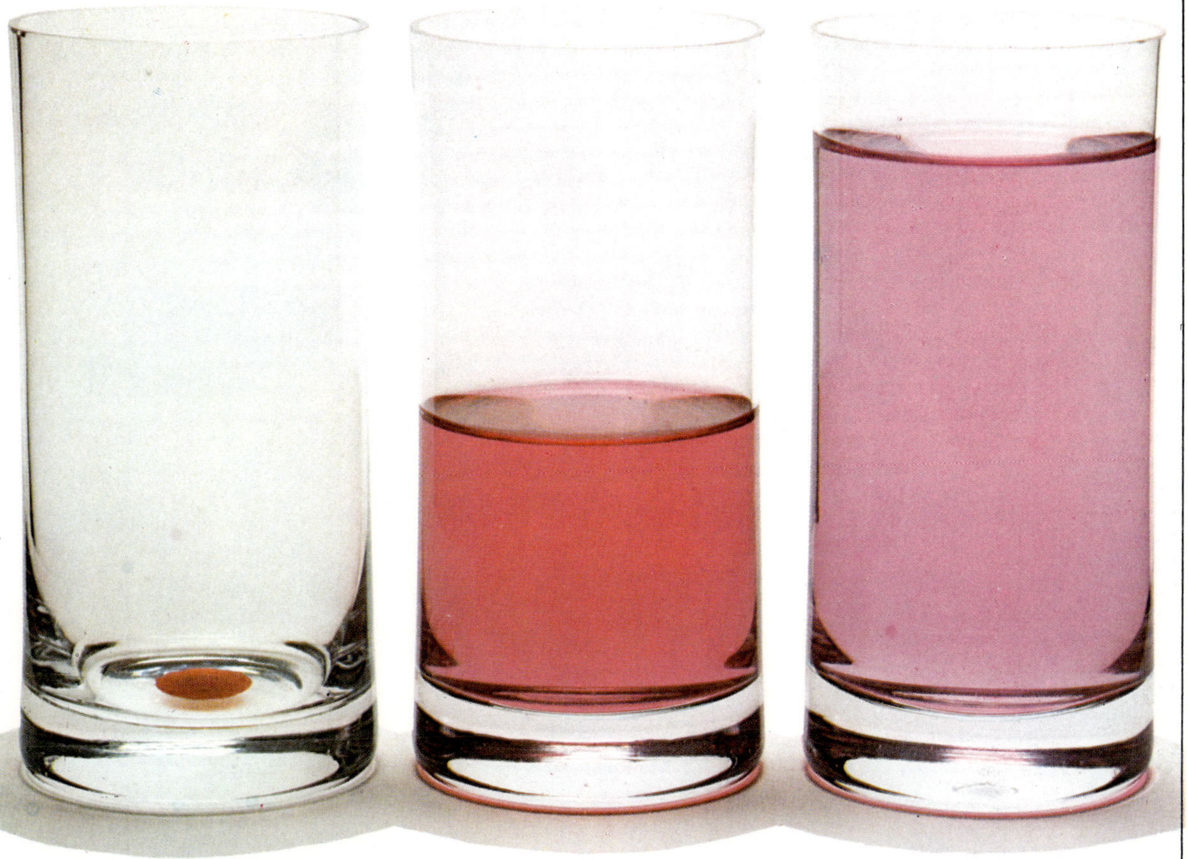

Rechts **Tonwerte der Wasserfarbe** *Bei Wasserzugabe verblaßt Wasserfarbe zusehends. Aus der Wahl der Verdünnungen ergeben sich die Tonabstufungen. Fügt man der Farbe nur ganz wenig Wasser zu, so bleibt sie dick und dicht, ist aber immer noch ganz leicht durchscheinend. Ganz dünner Verwaschauftrag, in welchem sich die Grundfarbe gerade noch leicht andeutet, ergibt sich bei höchster Verdünnung. Alle Zwischenstufen werden durch Zugabe der jeweils richtigen Wassermenge erzielt.*

Grundstoffe für Pigmente Die großen Preisunterschiede bei Wasserfarben erklären sich aus den Kosten der Pigmente. Viele Pigmente werden verwendet: die billigsten sind die zuverlässigen und beständigen Erdfarben; am obersten Ende der Preisskala rangiert echtes Ultramarin aus gemahlenem Lapislazuli, welches ein kleines Vermögen kostet. Ein weiterer Grund für hohe Preise ist das bei vielen Pigmenten noch angewandte Handmahlverfahren, mit dem ein zu starkes Zermahlen vermieden werden soll.

Die Pigmentherstellung stützt sich auf Rohmaterialien aller Art, die sich jedoch in zwei Hauptgruppen einteilen lassen: die anorganischen Pigmente umfassen die Gruppe, die nicht aus organischer Materie hergestellt wird, wie etwa die Erdfarbtöne Okker, Siena und Umbra oder die Oxidfarben; die organischen Farben bilden die zweite Gruppe, bei der Kohlenstoffe mit anderen, gewöhnlich aus pflanzlichen oder tierischen Substanzen gewonnenen Zutaten verbunden werden. Krapplack, Safrangelb und Lampenschwarz sind gebräuchliche Pflanzenfarben, andere organische Pigmente wurden früher etwa aus gebranntem Teer oder dem Urin der Kühe hergestellt. Heute werden Pigmente gleicher Farbe in komplizierten chemischen Verfahren gewonnen. Steinkohlenteere und synthetische Pigmente aller Art bilden jetzt die Grundpfeiler der organischen Farbherstellung. Sie sind im allgemeinen etwas beständiger als natürliche organische Pigmente, bleiben aber meistens doch nach wie vor flüchtig.

Einige Pigmente auf der Basis chemischer Färbemittel, die relativ beständig sind, wirken auch auf das Papier färbend: Farbe dringt in die Fasern ein und verfärbt sie, anstatt lediglich eine Farbschicht auf der Papieroberfläche zu bilden. Dadurch verringert sich die Transparenz, und das weiße Papier kann nicht mehr durchscheinen. Je nachdem, welche Effekte der Künstler erzielen will, muß er dies berücksichtigen. Er kann durch einen einfachen Versuch feststellen, welche Pigmente diese Färbeigenschaft entwickeln (siehe Abb.).

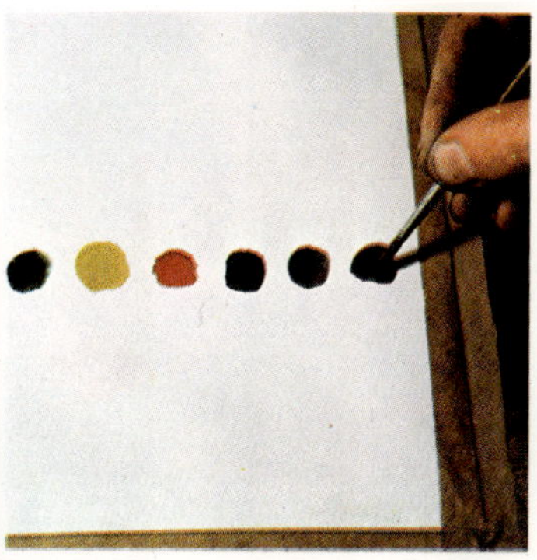

Färbetest 1. *Um herauszufinden, welche Farben das Papier färben, setzt man Tupfer jeder Farbe auf das ausgewählte Papier.*

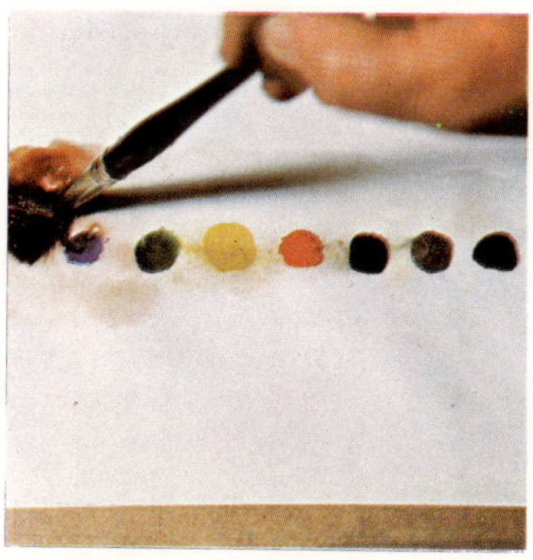

2. *Tupfer trocknen lassen und anschließend nacheinander mit nassem Pinsel darübergehen.*

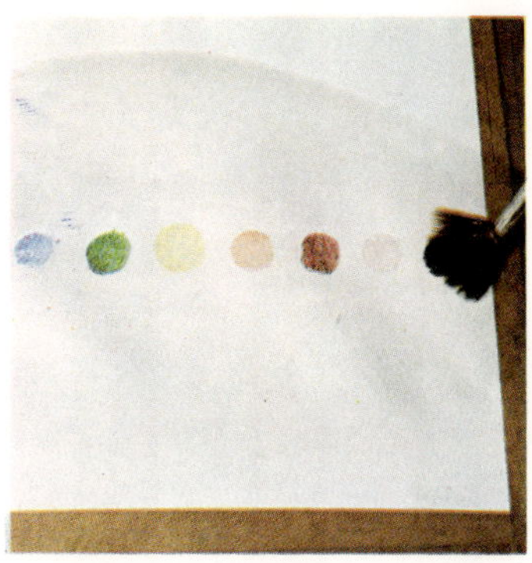

3. *Papier unter fließendem Wasser abspülen und trocknen lassen.*

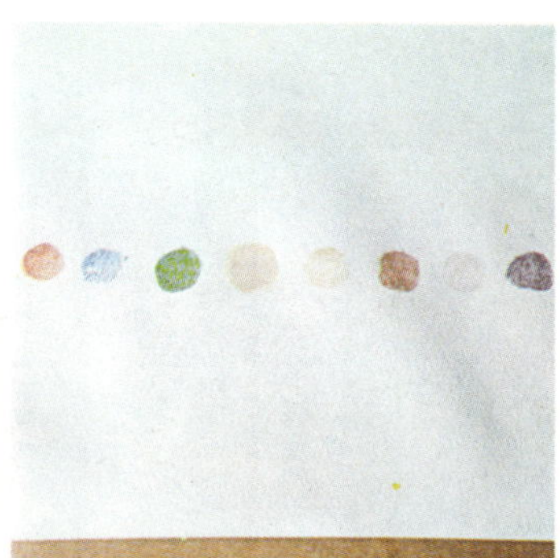

4. *Die Farben, die jetzt nicht ausgewaschen sind, färben das Papier.*

Werkzeug

Pinsel Ebenso wie die besten Farben sind auch die besten Pinsel meistens die teuersten. Gute rote Marderhaarpinsel kosten viel, sind aber haltbar und bringen wesentlich bessere Resultate als billiger Ersatz. Je feiner das Pinselhaar ist, desto mehr Pigment kann es aufnehmen. Marderhaarpinsel werden aus den Schwanzhaaren des sibirischen Nerzes hergestellt, dessen seltenes Vorkommen die Preise nicht wenig in die Höhe treibt. Die billigeren und wesentlich unelastischeren Pinsel werden mit Eichhörnchen- oder Ochsenhaaren angefertigt, halten aber keinem Vergleich mit den Marderhaarpinseln stand.

Wasserfarbenpinsel sind entweder rund oder keilförmig zulaufend, die Haare sind fest in Metallhülsen eingespannt, die ihrerseits auf polierten Holzgriffen sitzen.

Der einzelne kann nur aus Versuchen und Fehlern die für ihn passenden Pinselgrößen herausfiltern, aber gewöhnlich wird man einige größere Pinsel für flächigen Verwaschauftrag und einige kleinere für feine Detailarbeit brauchen.

Pinsel müssen sorgfältig gelagert werden. Bei täglichem Gebrauch werden sie in sauberem Wasser gereinigt, von Hand zurechtgeformt und mit den Haaren nach oben in ein Gefäß gestellt. Bei längerem Lagern sollten sie gründlich getrocknet und nach Möglichkeit in einem mottensicheren Behälter gelagert werden. Der traditionelle Pinselbehälter ist ein lakkierter Metallzylinder mit festem Verschluß, aber jede andere Schachtel oder jedes Gefäß tut es auch, so-

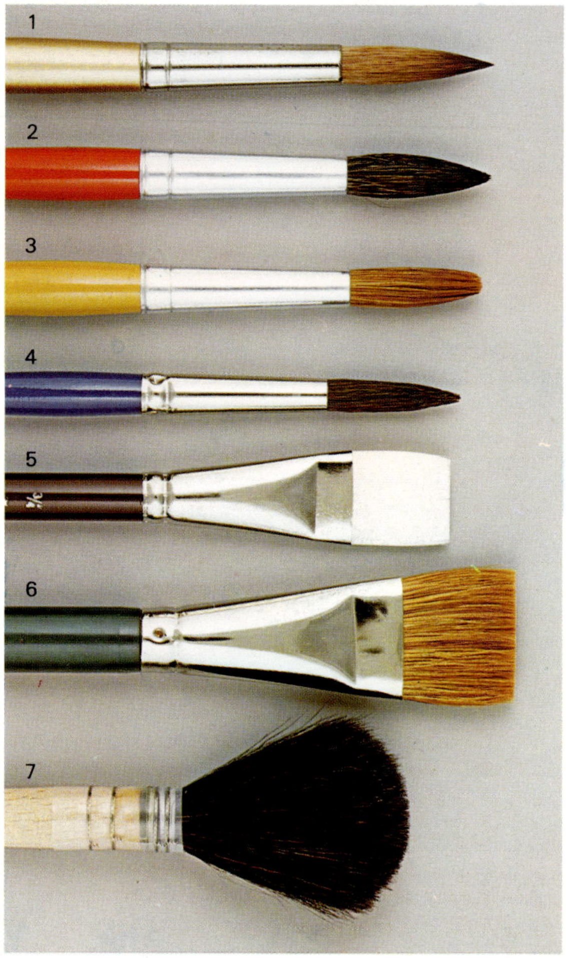

Aquarellpinsel *Zur Grundausstattung gehören keilförmige Flachpinsel und Rundpinsel. Die ersteren verwendet man hauptsächlich für den Verwaschauftrag, die letzteren schaffen kleinere Verwaschflächen und feine Details. Mit dem Verwaschpinsel (7) lassen sich Übergänge und Strukturen herausarbeiten. Marderhaarpinsel sind die besten, aber auch die teuersten Pinsel (1). Pinsel aus Ochsenhaar (4), Kamelhaar (2 und 7) und Eichhörnchenhaar sind preiswertere Ersatzlösungen. Synthetikhaarpinsel (3, 5 und 6) werden meist von Schülern und Anfängern verwendet.*

Unten **Pinselgrößen** *Für die meisten Zwecke genügen vier oder fünf Rundpinsel verschiedener Größen und je ein breiter und ein relativ schmaler Flachpinsel. Rundpinsel werden gewöhnlich in acht, zehn oder zwölf Größen angeboten. Die kleinste Größe wird normalerweise mit 0, manchmal auch mit 00 oder mit 000 bezeichnet; 8, 10 oder 12 sind gewöhnlich die obersten Größen.*

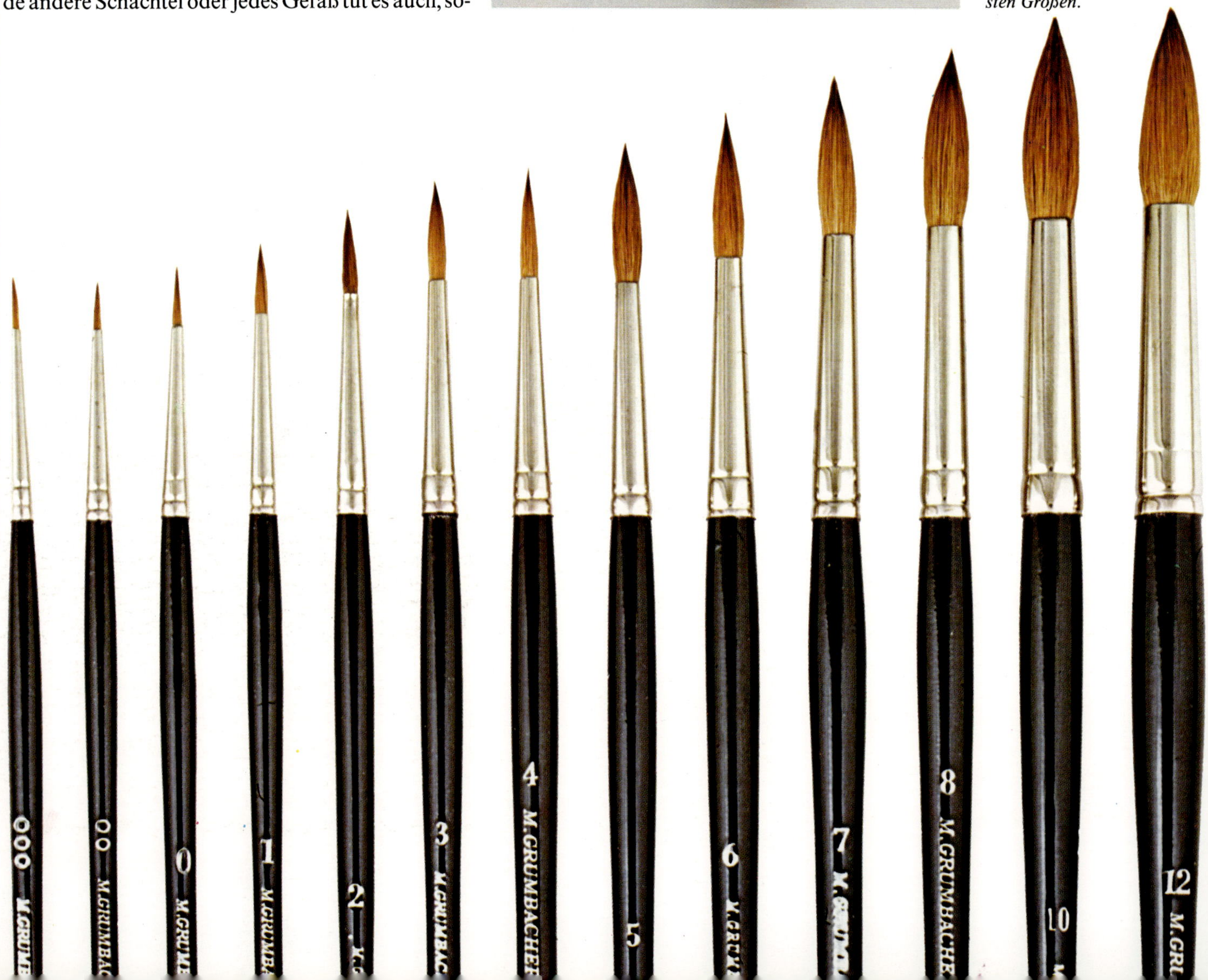

lange es nur die Pinselhaare nicht verbiegt oder verdrückt.

Natürlich muß die Farbe nicht nur mit dem Pinsel aufgetragen werden. Die meisten Künstler verwenden dazu auch die verschiedensten Schwämme und Lappen oder sogar ihre Finger. Die Vielseitigkeit des Pinsels wird jedoch so schnell nicht übertroffen werden, und auch diejenigen, die die Farbe auf andere Weise auftragen, bedienen sich meist zusätzlich des Pinsels.

Staffeleien und Malbretter Neben Papier, Farben und Pinseln gibt es eine Reihe anderer Werkzeuge – von Staffeleien und Malbrettern bis hin zu Wassertöpfen und -flaschen. Der Künstler muß selbst entscheiden, was er davon braucht.

Es gibt spezielle Leichtstaffeleien für Aquarellisten, die auf jeden gewünschten Winkel einstellbar sind. Diese Eigenschaft ist für ihn sehr nützlich. Er kann die Malfläche für Verwaschauftrag schrägstellen, danach feinere Details auf horizontaler Fläche ausführen und schließlich die Schlußpunkte auf dem fast senkrecht gestellten Papier setzen.

Die Hersteller bieten ein breites Staffeleiprogramm an, und der Künstler sollte sich daher sorgfältig überlegen, was er braucht, bevor er ein vielleicht zu teures Werkzeug anschafft (s. S. 130).

Auch ein mit einem Riemen um den Hals hängbares Malbrett, welches dem Künstler beide Hände zum Arbeiten freiläßt, ist ein erwägenswertes Hilfsmittel.

Nicht alle Künstler verwenden Feld- oder Atelierstaffeleien; manche ziehen es vor, Papier und Auflage mitzuführen und zu improvisieren, sobald sie ihr Motiv gefunden haben. Aber wie immer er arbeitet – kein Aquarellist wird ohne Malbrett auskommen, und er sollte das für seine Absichten richtige anschaffen. Malbretter gibt es in verschiedenen Größen von etwa 60 × 100 cm bis herunter zu ca. 25 × 40 cm, und natürlich sind sie um so schwerer, je größer sie sind. Wer lange auf Motivsuche durch die Landschaft streift, ist mit den leichtgewichtigen kleineren Größen besser bedient. Die großen Malbretter sind eher für großflächige, arbeitsintensive Ateliermalerei gedacht.

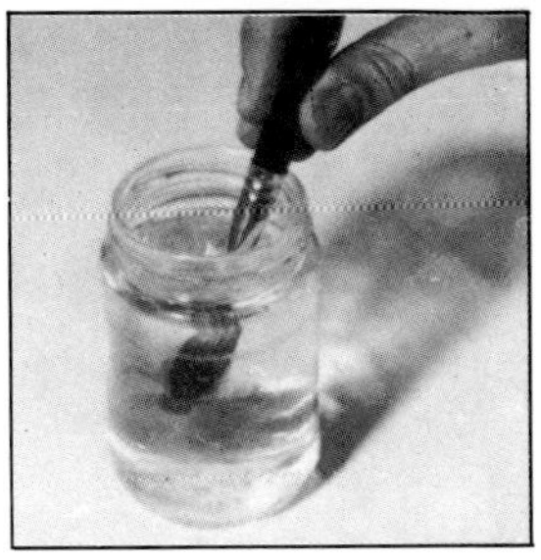

Pinsel säubern 1. *Pinsel in weithalsigem Gefäß mit reinem Wasser ausspülen.*

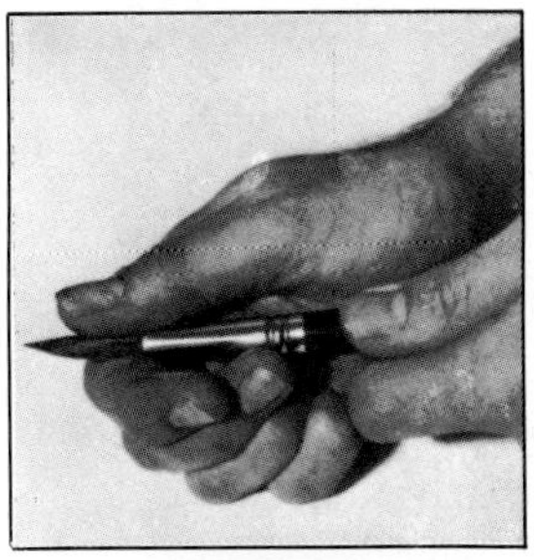

2. *Pinsel aus dem Wasser nehmen, rückwärts durch die Handinnenfläche ziehen und ihn dabei zurechtformen.*

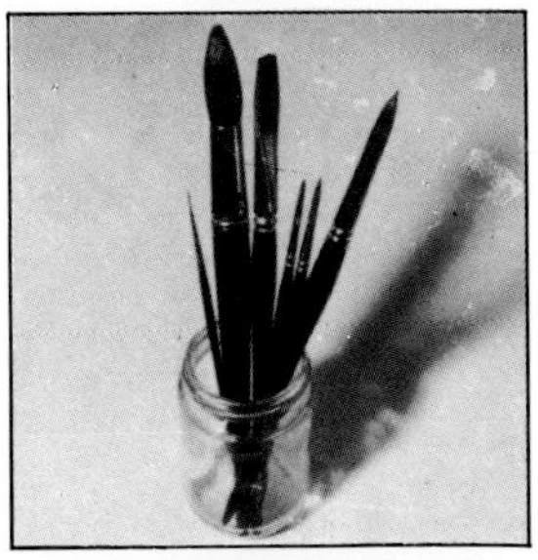

3. *Zum Trocknen umgekehrt in ein Gefäß passender Größe stellen.*

Werkzeugbehälter Wer oft außerhalb des Ateliers arbeitet, sollte einen bequemen Tragebehälter für Farbe, Pinsel und ähnliches Werkzeug besitzen (s. S. 130). Es braucht kein Spezialkoffer zu sein: Wenn es sich nicht um außergewöhnlich umfangreiches Werkzeug handelt, tun es ein kleiner Koffer, eine Aktentasche oder sogar eine Einkaufstasche vollkommen.

Malkästen Der gebräuchlichste Malkasten ist ein lackierter Metallbehälter mit zwei abgeteilten Fächern zur Aufnahme von Halbnäpfchen. Jedes Halbnäpfchen ist in ein abgeteiltes Keramikfach eingebettet, so daß die Farbe kaum von einem in ein anderes Näpfchen laufen kann. Der aufgeklappte Deckel dient gewöhnlich als Palette und weist Vertiefungen zum Farbmischen auf. Teilweise wird diese Palette noch durch ein auf der gegenüberliegenden Längsseite angebrachtes, ausklappbares Blech in der Größe des Deckels verdoppelt. Unten ist ein Daumenring in den Kasten eingelassen, damit man ihn in einer Hand als Fläche zum Mischen und Abstimmen der Farbtöne halten kann und die andere zur Arbeit mit dem Pinsel frei hat.

Wassergefäße Man braucht immer irgendein Gefäß zum Transport von Wasser (möglichst destilliertem Wasser, welches wegen seiner Reinheit keine chemischen Reaktionen auslöst). Es gibt für diesen Zweck verschiedene Spezialbehälter. Aber auch eine Plastikflasche mit Schraubverschluß, wie sie etwa für Fruchtsäfte verwendet wird, ist völlig ausreichend. Während der Arbeit benutzt man einen Plastikbehälter oder ein Marmeladenglas.

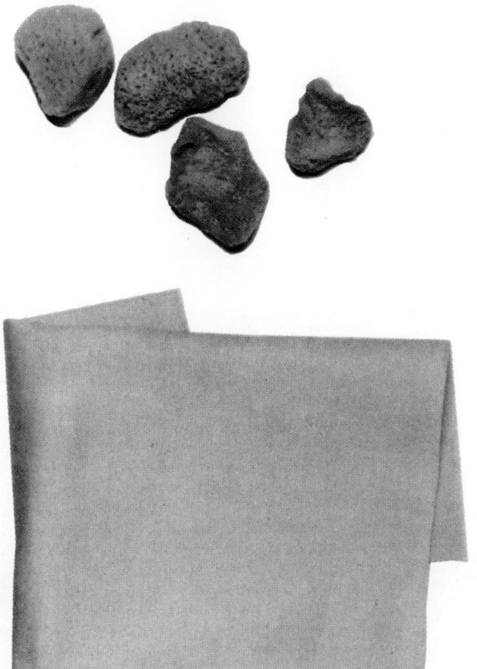

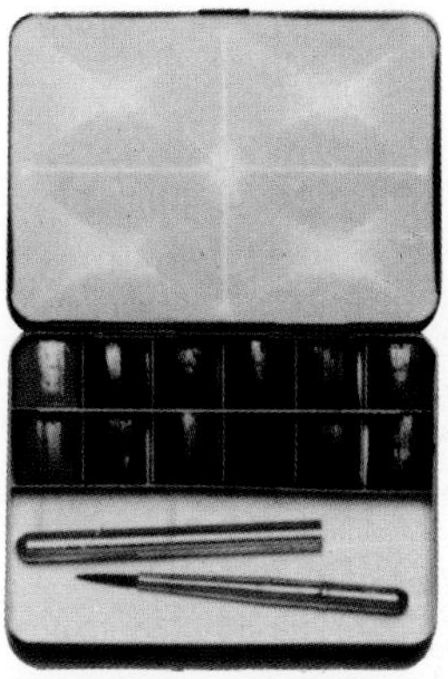

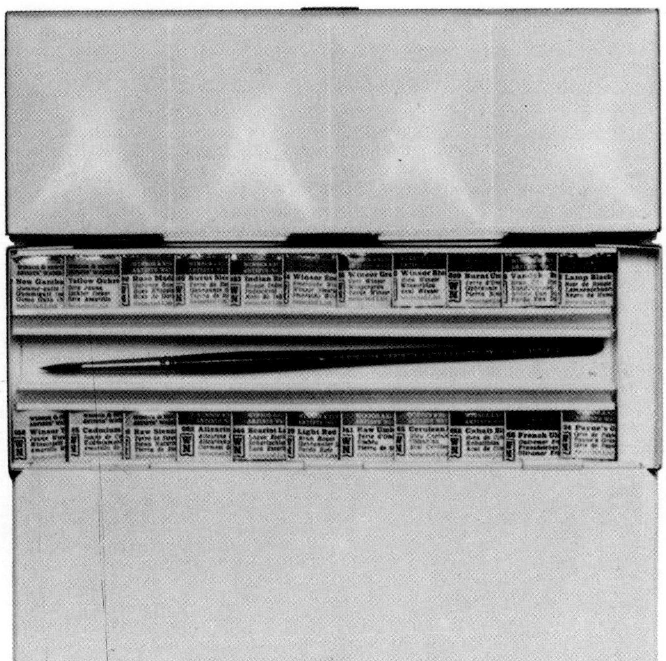

Schwämme und Lappen *Schwämme dienen zum wäßrigen Auftrag, oder, wenn sie trockenere Farbe enthalten, zur Strukturgebung. Kleine Künstlerschwämme gibt es überall. Mit Lappen kann man unregelmäßig verwaschen und Übergänge schaffen; durch Aufdrücken auf das Papier kann ihre Struktur sichtbar gemacht werden.*
Farbkästen *Es gibt sie in verschiedenen Größen. Die besten bestehen aus emailliertem Metall mit beidseitig ausschwenkbaren Farbmischflächen.*

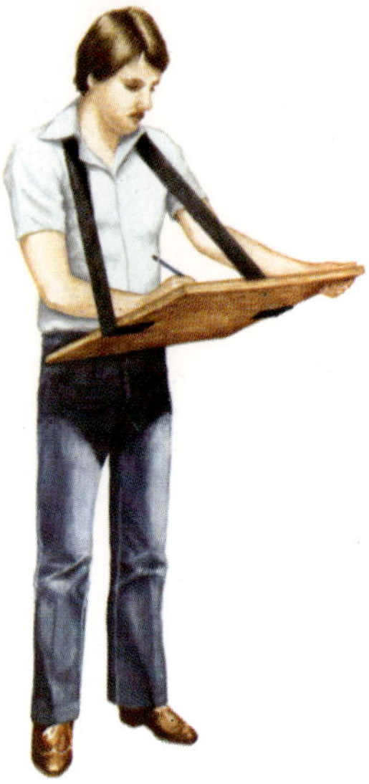

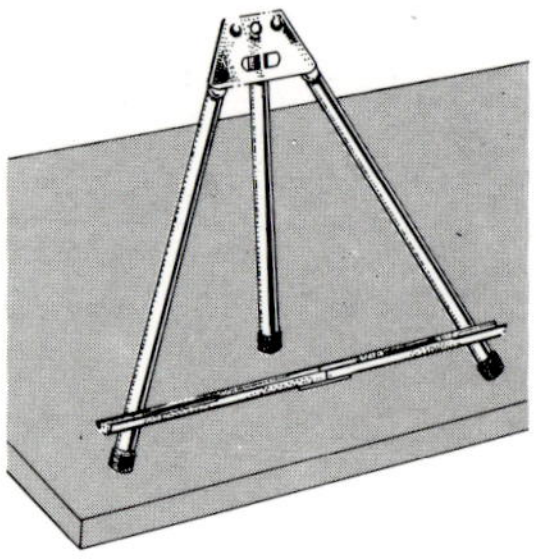

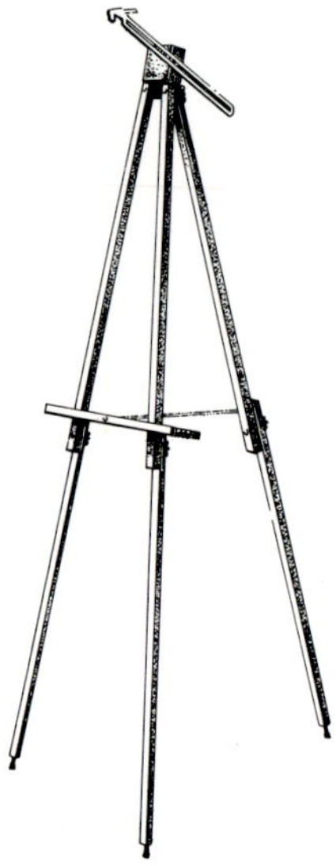

Oben **Alu-Tischstaffelei** *Sehr leicht und kompakt zusammenklappbar.* Rechts **Klappstaffelei** *Einfache, für den Transport zusammenlegbare Staffelei.*

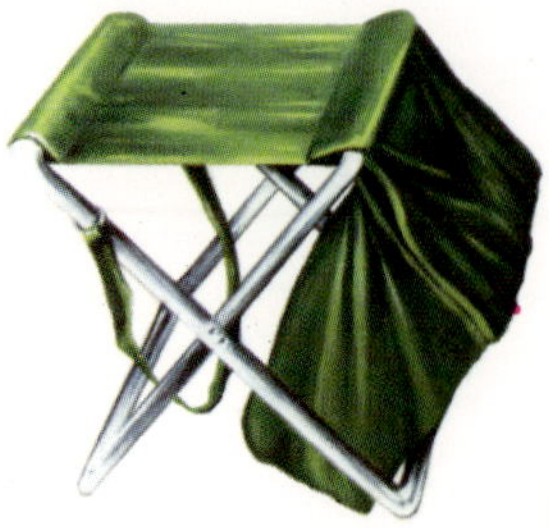

Oben **Tragsack mit Hocker** *Der zu einem Hocker aufklappbare Tragsack nimmt Farbkasten, Pinsel, Zeichenblock und Wasser auf.*

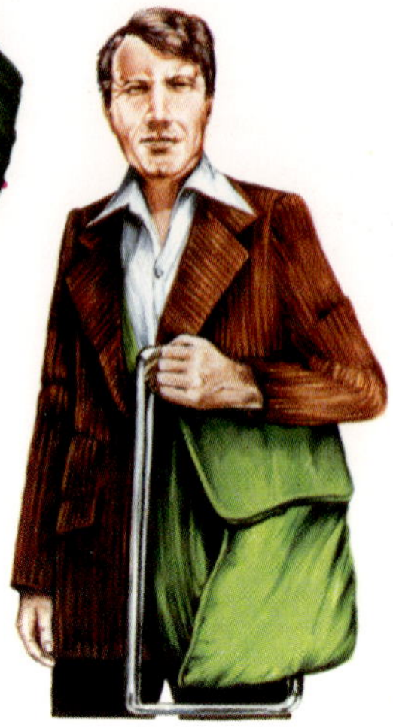

Oben **Zeichenbrett mit Umhängeriemen** *Im Sitzen und Stehen verwendbar. Sehr nützlich für Skizzen sich bewegender Figuren oder Objekte.*

Rechts und unten **Leichte Feldstaffelei** *Eine leichte, zerlegbare Staffelei, ideal für den Aquarellmaler. Durch Neigen des vertikalen Armes kann das Bild in die Horizontale gebracht werden.*

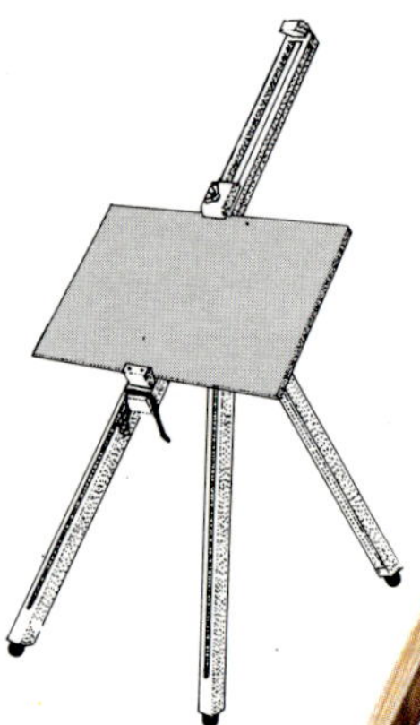

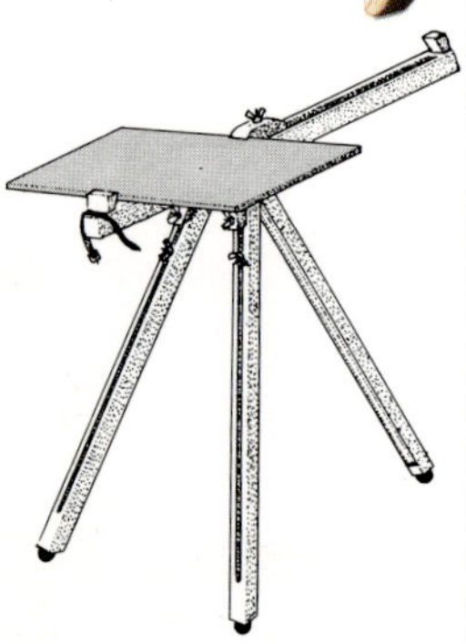

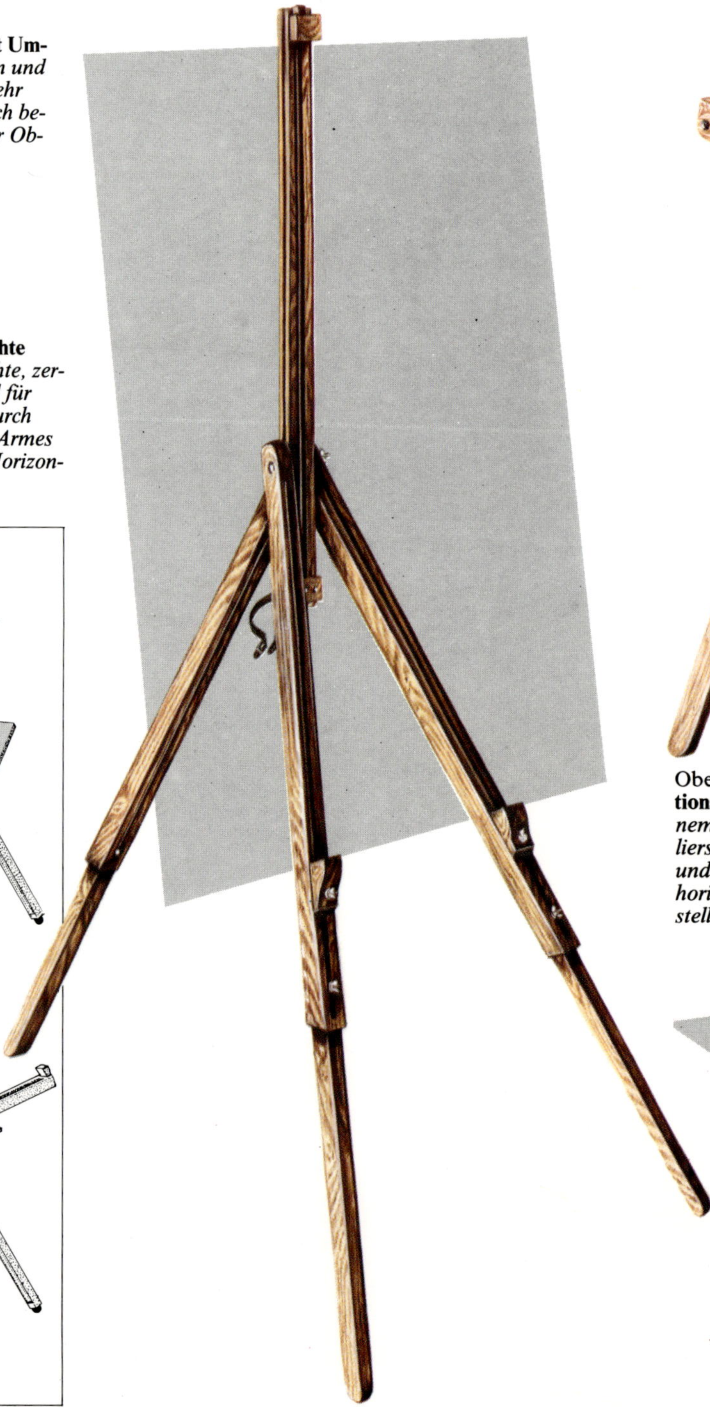

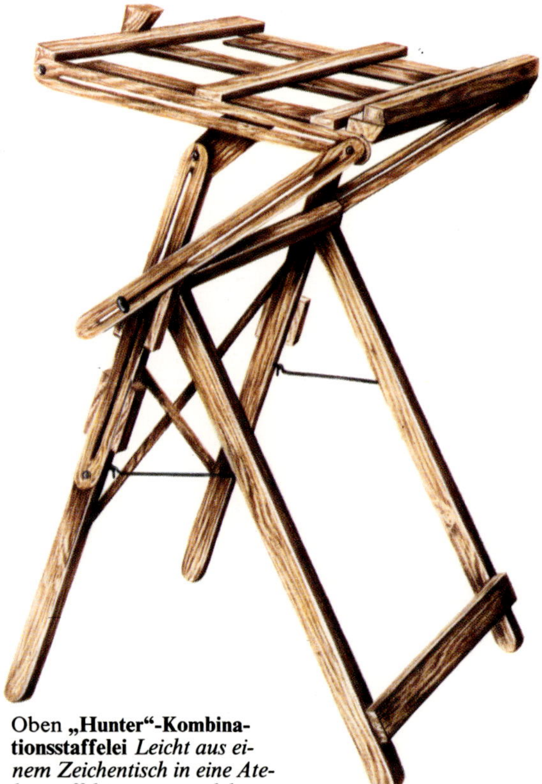

Oben **„Hunter"-Kombinationsstaffelei** *Leicht aus einem Zeichentisch in eine Atelierstaffelei zu verwandeln und in alle Neigungen von horizontal bis vertikal einstellbar.*

Links **Kingston-Staffelei** *Nützlich für viel im Freien arbeitende Aquarellisten. Eine zusammenlegbare Kombination mit Tragegriff, die Hokker und einstellbare Staffelei enthält.*

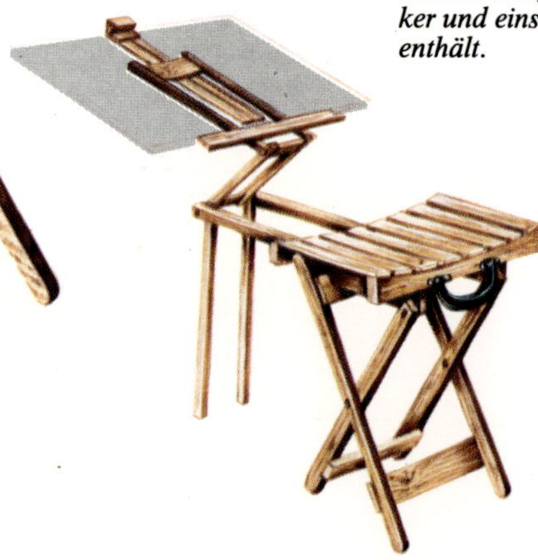

Techniken

Die reine Aquarellmalerei nutzt das Weiß des Papiers für Weißtöne und zum Anlegen von hellen Farben. Dünne Farbschichten, die sogenannten Verwaschaufträge, werden auf gutes, starkes, aufgezogenes Papier aufgetragen und können nach dem Trocknen erneut wäßrig übermalt werden, bis die gewünschte Farbwirkung erreicht ist. Die Fähigkeit, Farbtöne richtig abzuschätzen und sie dann so aufs Papier zu bringen, daß sie frisch und lebendig bleiben, ist die Grundlage erfolgreicher Aquarellmalerei. Nichts verliert mehr an Aussagekraft als unnötig stark bearbeitete Wasserfarbe. Helle Flächen sollten durch wenige, dunklere Flächen durch mehrere Verwaschaufträge gebildet werden, weiße Flächen gänzlich unberührt bleiben. Wenn der Künstler nach Fertigstellung des Bildes glaubt, noch einige Töne oder Farben aufhellen zu müssen, kann er dies mit einem wassergetränkten Schwamm, Löschpapier oder Lappen tun. Mit einem spitzen Messer oder einer Klinge können Schlaglichter herausgekratzt, mit einem feinen Pinsel oder der Feder und Tusche noch feine Details nachgetragen werden.

Die Eigenschaften der Wasserfarbe lassen einfache Farblinien, die mit anderen Farbträgern alles andere als strahlend wären, wegen des weißen Untergrundes glanzvoll leuchten, ein Effekt, der sich noch verstärken läßt, wenn solche Linien mit dunklen Kontrastfarben umgeben werden. Viele Künstler arbeiten mit sehr kleinen Paletten und erzielen dennoch diese Effekte, an denen sich jeder Künstler versuchen sollte. Eine kleine Farbpalette ist nicht nur leichter transportabel, sie ergibt auch von selbst eine einheitlichere Farbwirkung, weil immer wieder dieselben Grundfarben zusammentreffen, die dann auch entsprechend gut zusammenpassen.

Verwaschen Grundlage aller Aquarellmalerei ist der Verwaschauftrag, bei welchem in einem Arbeitsgang größere Farbflächen angelegt werden, als dies mit einem einzelnen Pinselstrich möglich wäre. Um glatte Flächen ohne unterschiedliche Tönungen anzulegen und flächige Wirkung zu erzielen, wird die zu bemalende Fläche möglichst erst angefeuchtet, ein guter, großer Pinsel ausgewählt und mehr Farbe angemischt, als voraussichtlich benötigt wird. Hat man die zu bemalende Papierfläche mit sauberem Wasser angefeuchtet, so verlaufen die einzelnen Pinselstriche ohne sichtbare Übergänge ineinander und es entsteht eine glatte Farbfläche. Das Malbrett mit dem aufgezogenen Papier wird leicht schräggestellt, um das Ineinanderlaufen zu unterstützen; danach wird der reichlich mit Farbe getränkte Pinsel über das feuchte Papier geführt (siehe Abb.).

Nach dem Auftrag muß die Farbe so belassen werden, wie sie den Pinsel verlassen hat; sie leuchtet dann ebenmäßig, transparent und frisch vom Papier.

Stößt der wäßrige Auftrag an winkelige Flächen an, wie etwa der Himmel an einen Horizont mit Häusern, Schornsteinen, Fernsehantennen, Verkehrszeichen und anderen scharf abgegrenzten Formen, sollte das Papier so gelegt werden, daß diese Flächen die Obergrenze des Verwaschauftrages bil-

Unten **Stan Smith: Linda**
Hier werden verschiedene Farbträger verwendet: Wasserfarbe, Guasch, Bleistift, Feder und Tusche. Die drei Grundtechniken der Wasserfarbe sind erkennbar: naß auf trocken, naß auf naß und trocken auf trocken. Das Fenster wurde als Schwerpunkt kräftig ausgeführt. Das Portrait wirkt eher beiläufig, der Körper ist durch die Linien des gestreiften Kleides nur angedeutet; das Gesicht ist mit Bleistift auf Verwaschfarbe gezeichnet, die seine Formen andeutet.

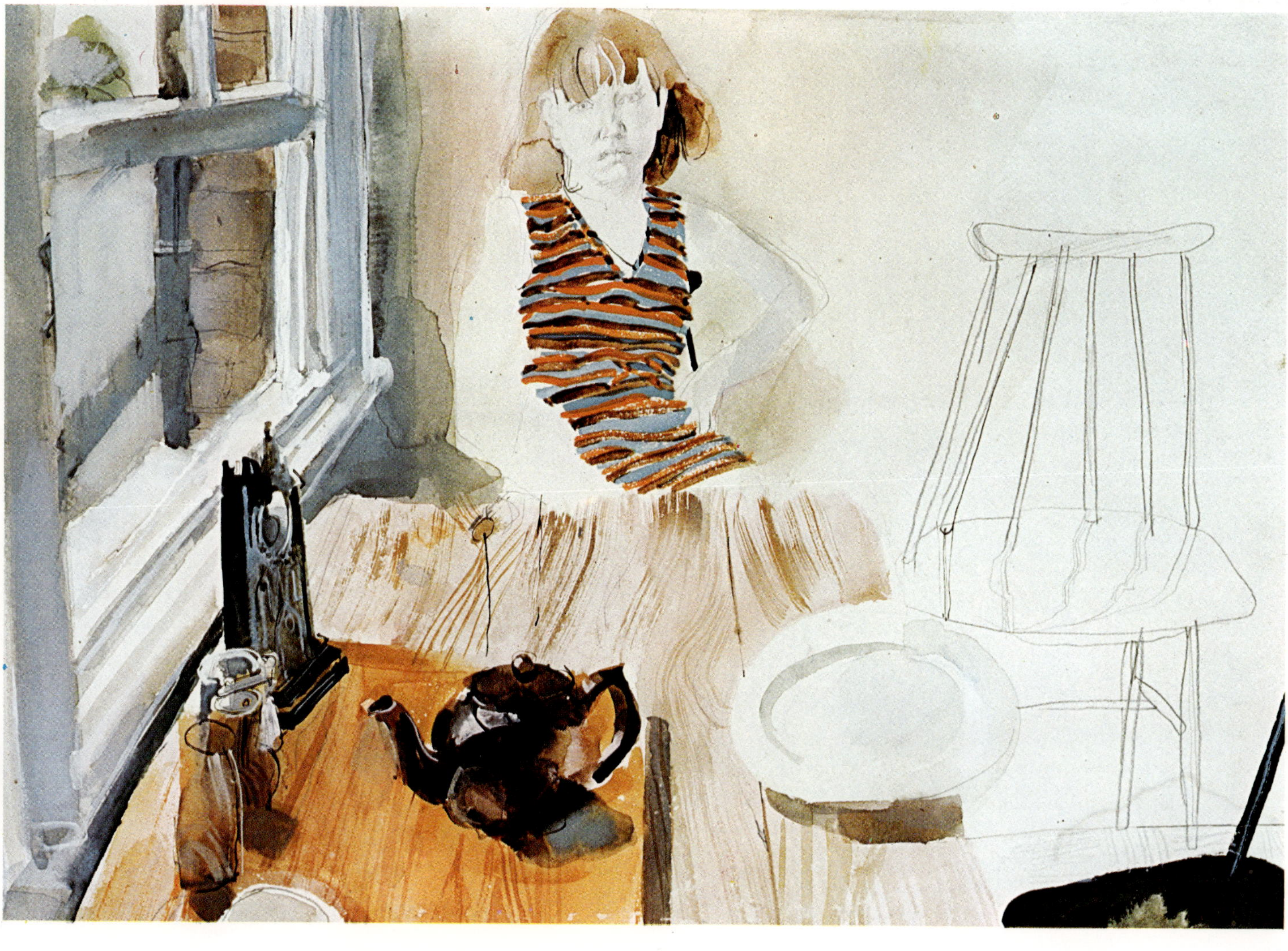

den. Gegebenenfalls dreht man also das Bild seitlich oder stellt es auf den Kopf, damit die Farbe bei den ersten Pinselstrichen ausschließlich in die richtige Richtung verläuft.

Tonabstufungen beim Verwaschen Flächiger Verwaschauftrag ist die Grundtechnik der Aquarellmalerei, keinesfalls aber die einzige wäßrige Auftragsform. Andere Methoden sind ebenso wirkungsvoll. So ist abgestuftes Verwaschen dem gleichmäßigen Auftrag technisch ähnlich, aber die Farbe wird von Pinselstrich zu Pinselstrich konzentrierter aufgetragen (siehe Abb.); dazu wird die gleiche Farbe vorab in mehreren Tonabstufungen angemischt, wobei man die Abstufungen ruhig etwas stärker betonen sollte, da sie nach dem Trocknen schwächer wirken als bei der dunkleren, nassen Farbe. Die Farbe wird genauso wie beim gleichmäßigen Verwaschauftrag auf das Papier gebracht, nur wird an den dafür vorgesehenen Stellen die jeweils nächstdunklere Farbabstufung aufgetragen.

Verwaschen mehrerer Farben Hier wird statt mit mehreren Tönen derselben Farbe mit verschiedenen Farben verwaschen. Es muß genauso sorgfältig wie beim einfarbigen Verwaschen gearbeitet werden, aber die Technik ist eine andere (siehe Abb.). Auf dem feuchten Papier werden die vorher angemischten Farben nebeneinander aufgetragen, so daß sie in weichen Übergängen von selbst ineinander verlaufen können. Sie müssen bis zum Trocknen ohne Korrekturen oder weiteres Bearbeiten unberührt belassen werden; erst dann kann erforderlichenfalls Farbe ergänzt oder entfernt werden.

Auftupfen Diese Technik ähnelt der der Pariser Impressionisten des 19. Jahrhunderts. Sie besteht aus auf den Untergrund getupften Farbpunkten und wird oft zur Strukturgebung verwendet; die Tupfer

Verwaschtechnik *Wäßriger Auftrag ist die Grundlage aller Aquarellmalerei. Es wird frei und entspannt auf feuchtes Papier aufgetragen. Im Ergebnis soll das weiße Papier durch die Farbe durchschimmern; deshalb sollte Verwaschauftrag nicht mehrfach überarbeitet werden. Erst nach dem Trocknen können noch Detailarbeiten vorgenommen werden.*

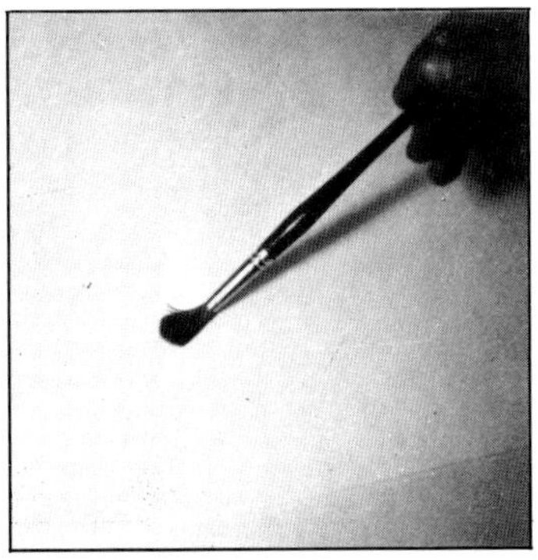

Gleichmäßiger Verwaschauftrag
1. *Die zu bemalende Fläche mit großem Pinsel und sauberem Wasser anfeuchten. Dies ist wichtig, damit die Farbe später gleichmäßig verläuft.*

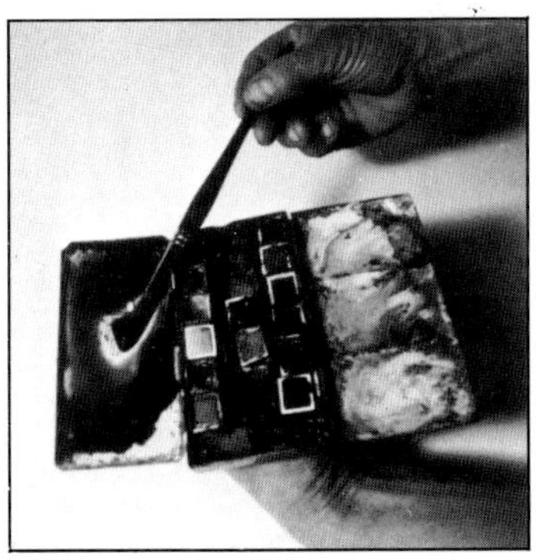

2. *Farbe auf der Palette anmischen. Lieber etwas zuviel vorbereiten, da nachträgliches Anmischen des gleichen Tones schwierig ist.*

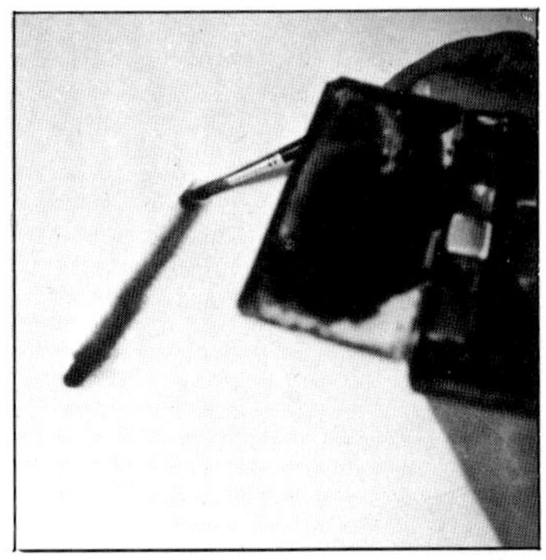

3. *Pinsel gut eintauchen und über das Papier ziehen. Brett leicht neigen, damit die Pinselstriche ineinander verlaufen können.*

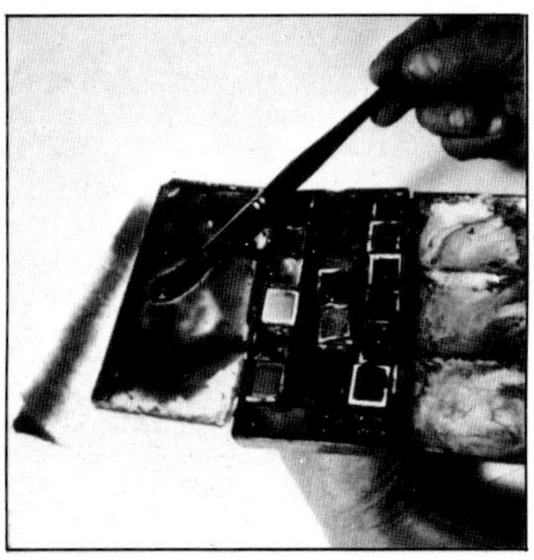

4. *Pinsel neu eintauchen. Er muß immer viel Farbe enthalten.*

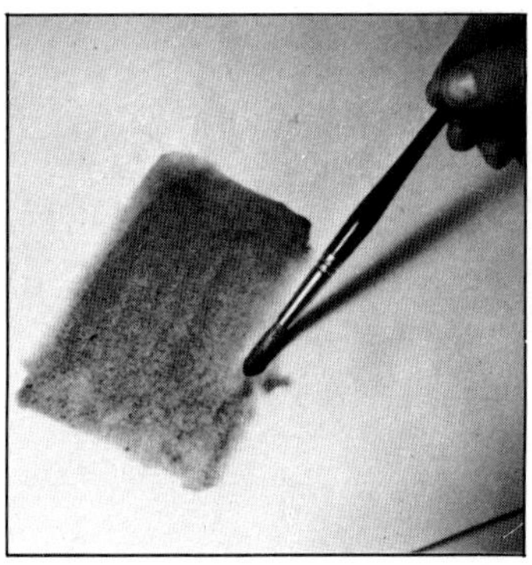

5. *Mit dem vollen Pinsel neuen Strich unter dem ersten anlegen. Einmal angelegten Auftrag unberührt lassen, sonst wird er verdorben.*

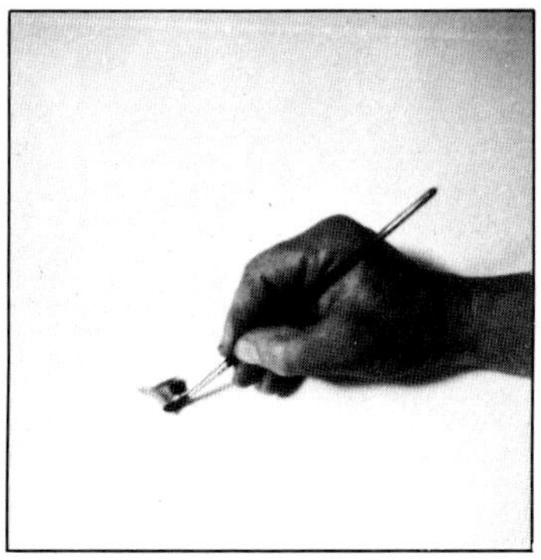

Verwaschauftrag mit scharfer Abgrenzung 1. *Fläche bis zur Grenze sorgfältig mit sauberem Pinsel anfeuchten, Pinsel in Farbe tauchen und an der Grenze zu malen beginnen.*

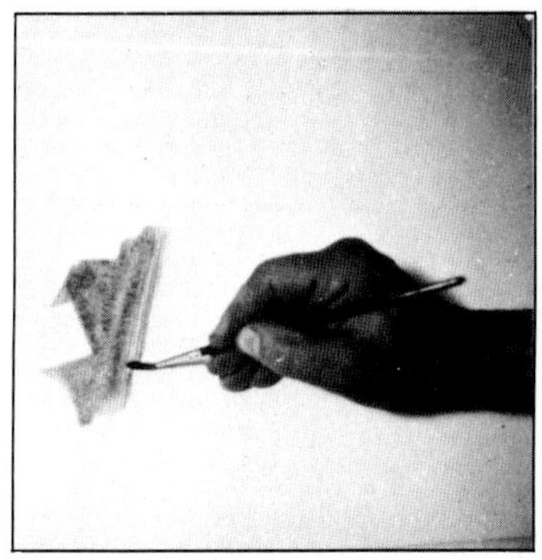

2. *Farbe von der Grenze her in die feuchte Fläche hineinverteilen.*

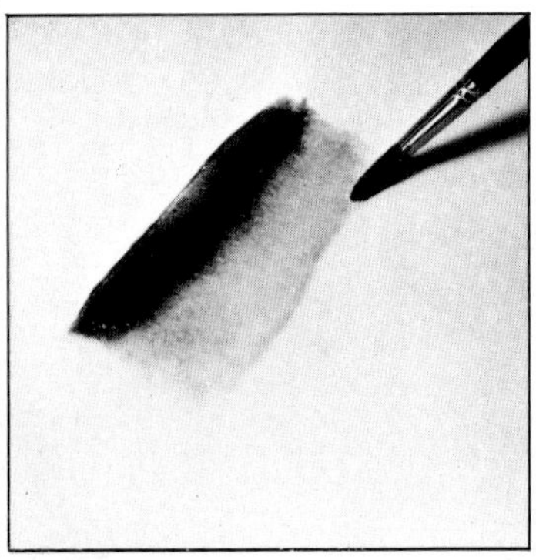

Abgestufter Verwaschauftrag *Verschiedene Töne der gleichen Farbe anmischen. Papier anfeuchten und nacheinander immer hellere oder dunklere Töne auftragen.*

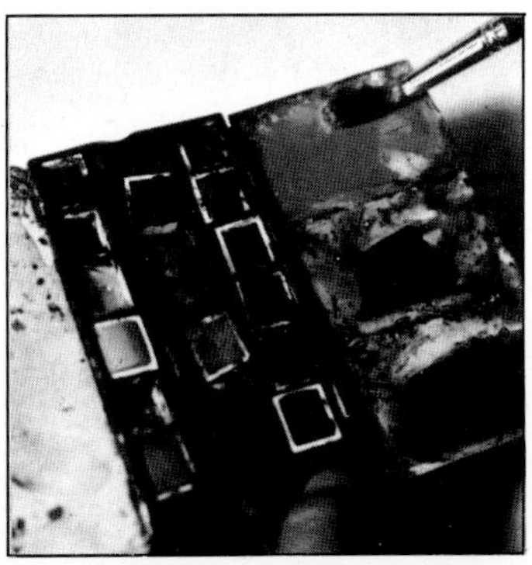

Verwaschen verschiedener Farben
1. *Verschiedene Farben in der Palette anmischen – drei sind noch leicht zu bewältigen.*

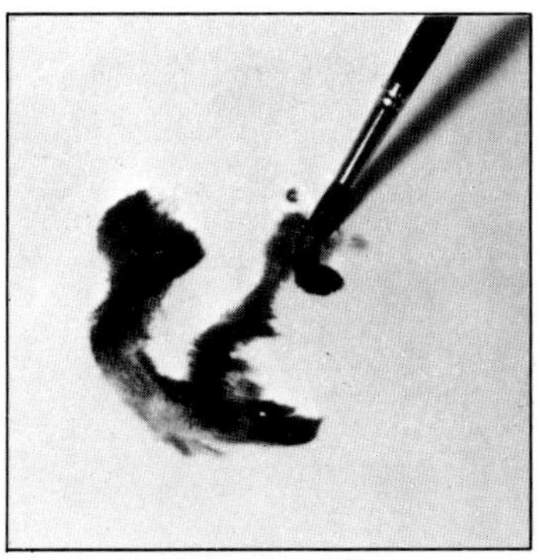

2. *Papier anfeuchten und erste Farbe locker auftragen. Die beiden anderen Farben jeweils daneben anlegen.*

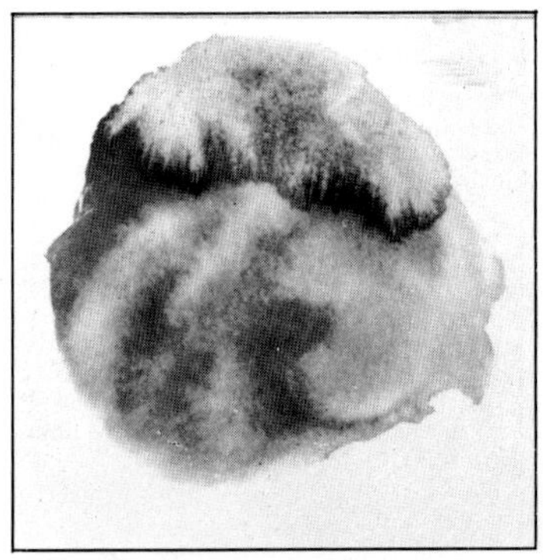

3. *Der fertige Auftrag zeigt die miteinander vermischten und ineinander verlaufenen Farben. Bild bis zum Trocknen unberührt lassen, danach können Änderungen vorgenommen werden, falls nötig.*

können dabei auch über Verwaschauftrag gesetzt werden. Auf weißem Papier ergibt diese Technik als genau kontrollierbare Auftragsweise gute Kontraste zur Verwaschtechnik.

Übertönen Bei dieser Technik wird das Pigment kreisförmig in das Papier verteilt, welches so die Farbe aus allen Richtungen annimmt. Mit dieser Technik läßt sich die Papierstruktur gut herausarbeiten.

„Trockener" Pinsel Hierfür wird Farbe mit so wenig Wasser wie möglich verwendet. Trockener Auftrag verlangt Präzision und Konzentration, weil mit ihm meistens die letzten Details in das Bild gemalt werden. Künstler wie Andrew Wyeth verwenden diese Technik, nachdem die Grundumrisse angelegt und die Töne in freiem, wäßrigem Auftrag herausgearbeitet sind. Man kann die Farbe in verschiedenen Trockenheitsstufen verwenden, wobei sich die richtigen Anmischungsverhältnisse nur durch Erfahrung erlernen lassen.

Eric Ravilious (1908–1942) arbeitete ebenfalls mit einer Trockentechnik: Er spreizte die Pinselhaare, indem er sie mit den Fingern knapp unterhalb der Metallmanschette auseinanderdrückte. Mit fast trockener Farbe konnte er dann Farblinien so über das Papier ziehen, daß sich die feinen Linien mit un-

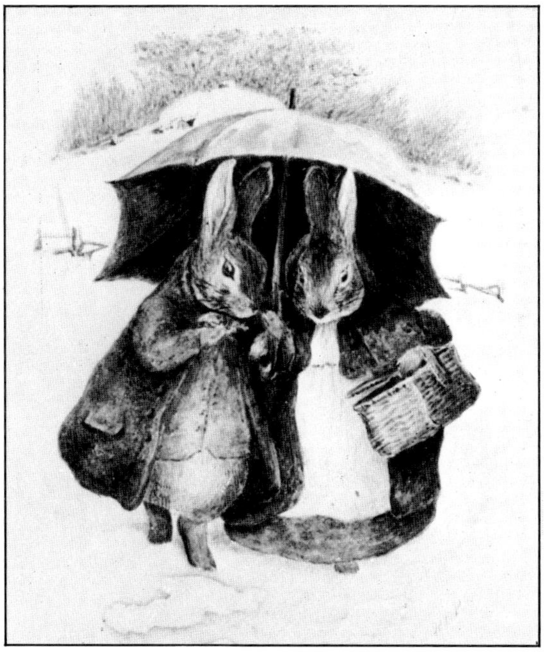

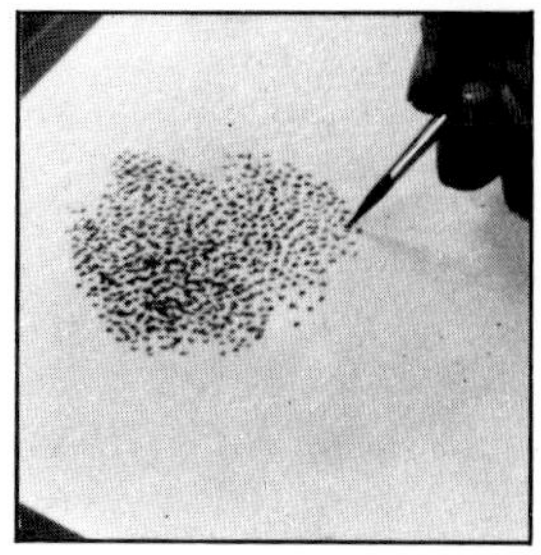

Auftupfen *Mit der Spitze eines feinen Pinsels arbeiten. Die Tupfer werden mit immer gleichem Druck von außen nach innen angelegt.*

Links **Beatrix Potter: Entwurf für Glückwunschkarten** *Tupftechnik mit dicker Wasserfarbe. Die im Regenschirm einander gegenübergestellten Farben bilden eine dichte, starke Farbfläche.*

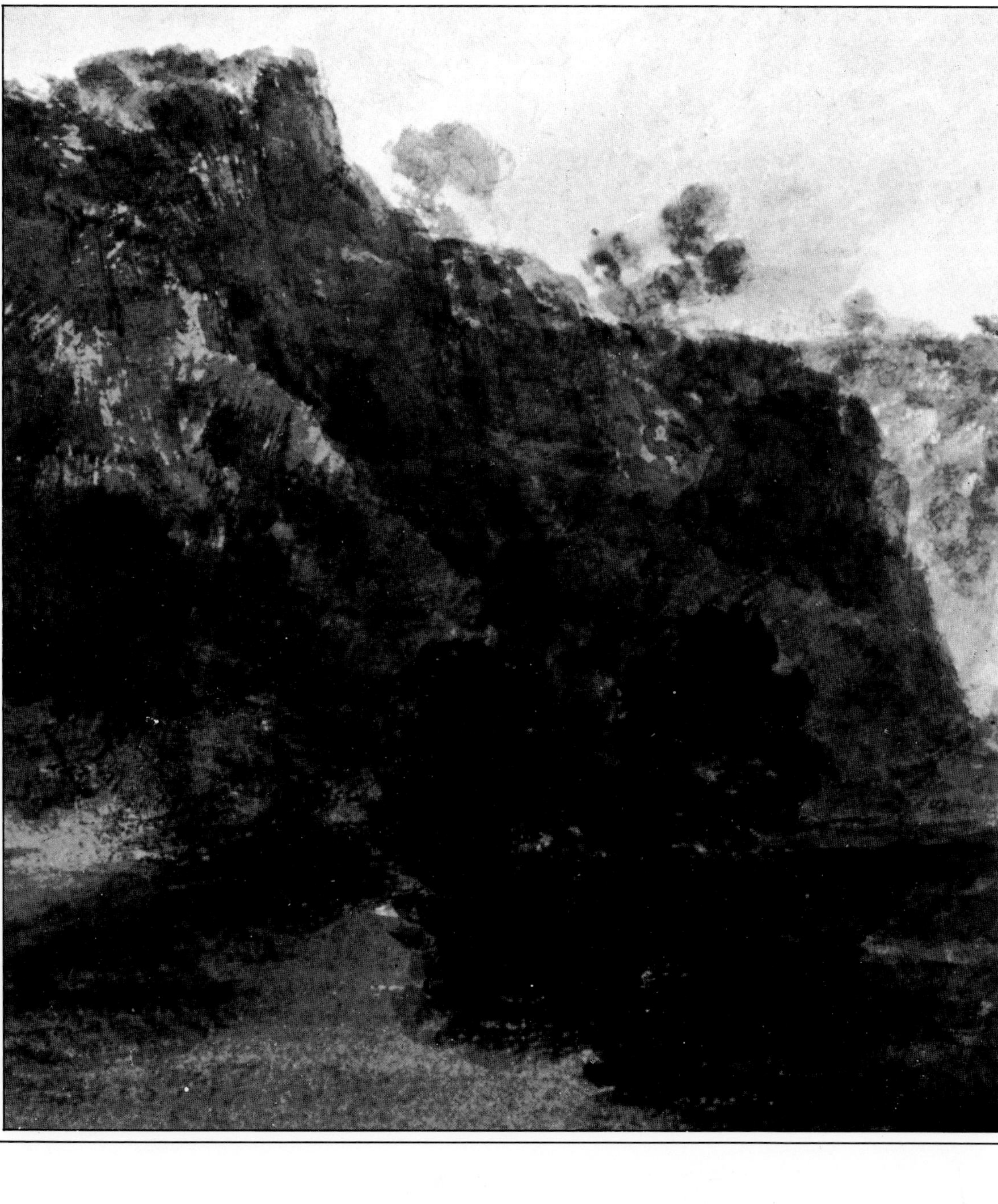

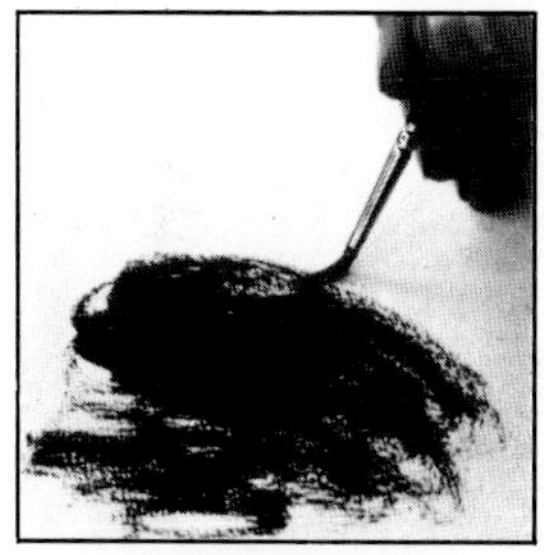

Übertönen *Der Pinsel wird voll mit nicht zu dünnflüssiger Farbe getränkt und diese dann mit kräftigen Kreisbewegungen und flach aufgedrücktem Pinsel aufgetragen.*

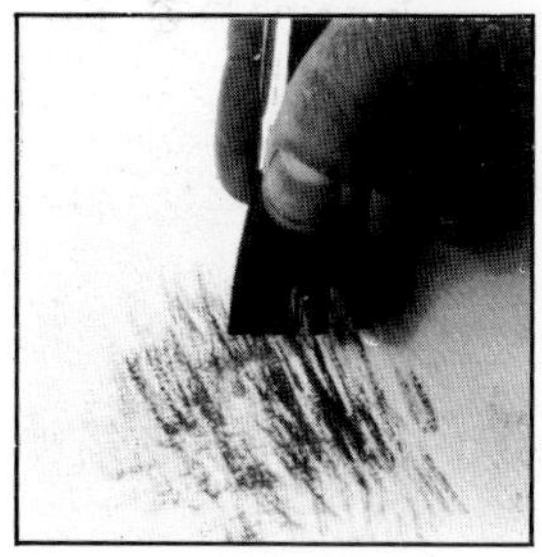

Trockener Pinsel *Mit Finger und Daumen die Borsten eines fast trockenen Flachpinsels am Ansatz zusammendrücken, damit sie sich auseinanderspreizen.*

J. M. W. Turner: Kilgerran Castle (Ausschnitt) *Turner war in solch frischen, freien Entwürfen genauso ein Meister wie im Malen sorgfältig durchdachter Gemälde. Hier verwendet er Verwaschtechnik im Naß-auf-naß-Auftrag. Im Vordergrund wurde dunkel übertönt, und die Felsabbrüche links weisen Spuren des Auftrags mit trockenem Pinsel auf.*

berührtem Papier abwechselten. Hierdurch erzielte er eine für seine englischen Landschafts- und Interieurstudien sehr geeignete Bildwirkung.

Verwaschen und Linien ziehen Die Linie allein ist nützlich zum Anlegen von abschließenden Details und zur Beigabe dunklerer Töne dort, wo diese notwendig sind. Die gemeinsame Verwendung von Verwasch- und Linienauftrag ist wieder etwas ganz anderes: Das Motiv wird zunächst mit Linien herausgearbeitet, mit dem sich anschließenden Verwaschauftrag wird dann die Bildeinheit hergestellt oder das Gemälde ausgeschmückt. Man kann dabei entweder über die Linien hinwegverwaschen oder mit Linien einen wäßrigen Auftrag eingrenzen und so Formen betonen und stärker durchzeichnen. Viele Künstler legen Skizzen mit gleichfarbigem Verwasch- und Linienauftrag an, aber gute Ergebnisse lassen sich auch mit farbigem Verwasch- und schwarzem Linienauftrag oder gar mit schwarzem Verwasch- und farbigem Linienauftrag erzielen.

Schwamm Verwaschauftrag mit Schwämmen ist möglich, und in vielen Fällen ist der Schwamm sogar ein besseres Werkzeug als der Pinsel. Man kann ihn auch zur Entfernung nicht gewünschter Verwaschaufträge vom Bild benutzen. Dazu wird der saubere Schwamm mit ebenso sauberem Wasser getränkt, halb ausgedrückt und auf die zu entfernende Fläche gebracht. Wasserspritzer auf anderen Teilen des Bildes müssen sorgfältig vermieden werden. Nachdem die Farbe durch leichtes Einreiben der Oberfläche angelöst ist, läßt man sie einige Minuten unberührt. Man muß lediglich aufpassen, daß das Wasser nicht am Bild herabläuft, da sonst helle Tropfenspuren auf den fertigen Bildteilen entstehen oder verdünnte Farbe über helle Flächen läuft. Zur richtigen Zeit – die man mit etwas Übung bald herausbekommt – wird dann Löschpapier erst leicht und danach zu-

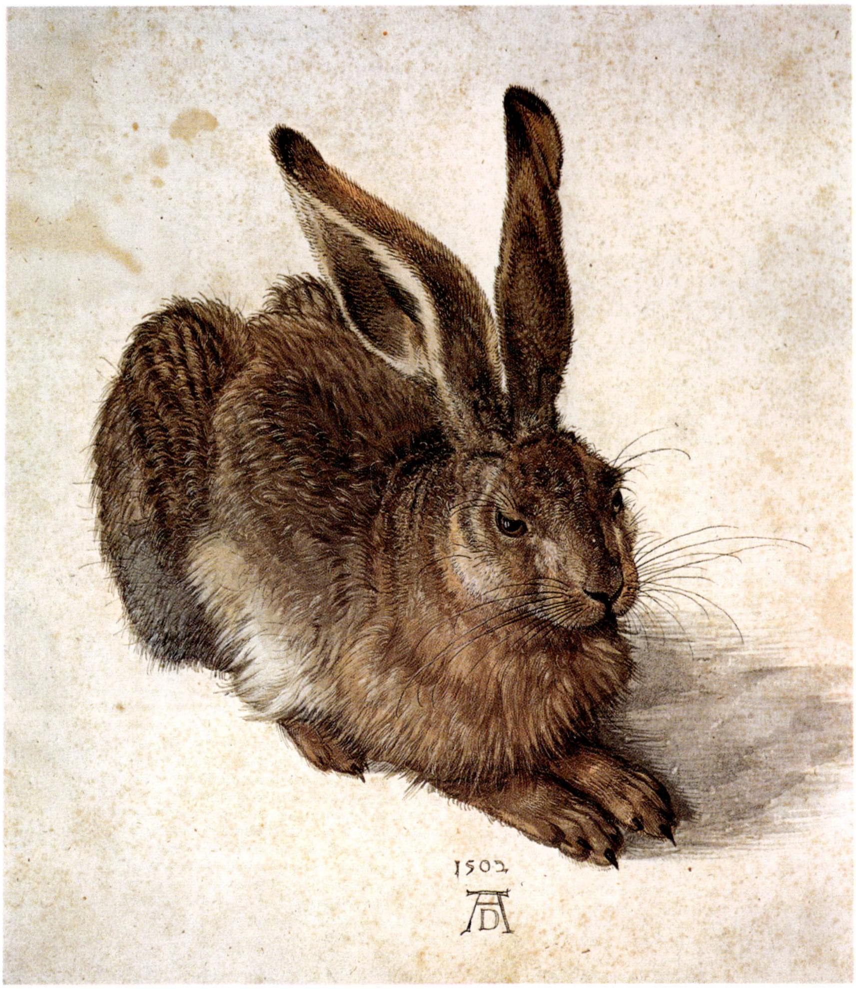

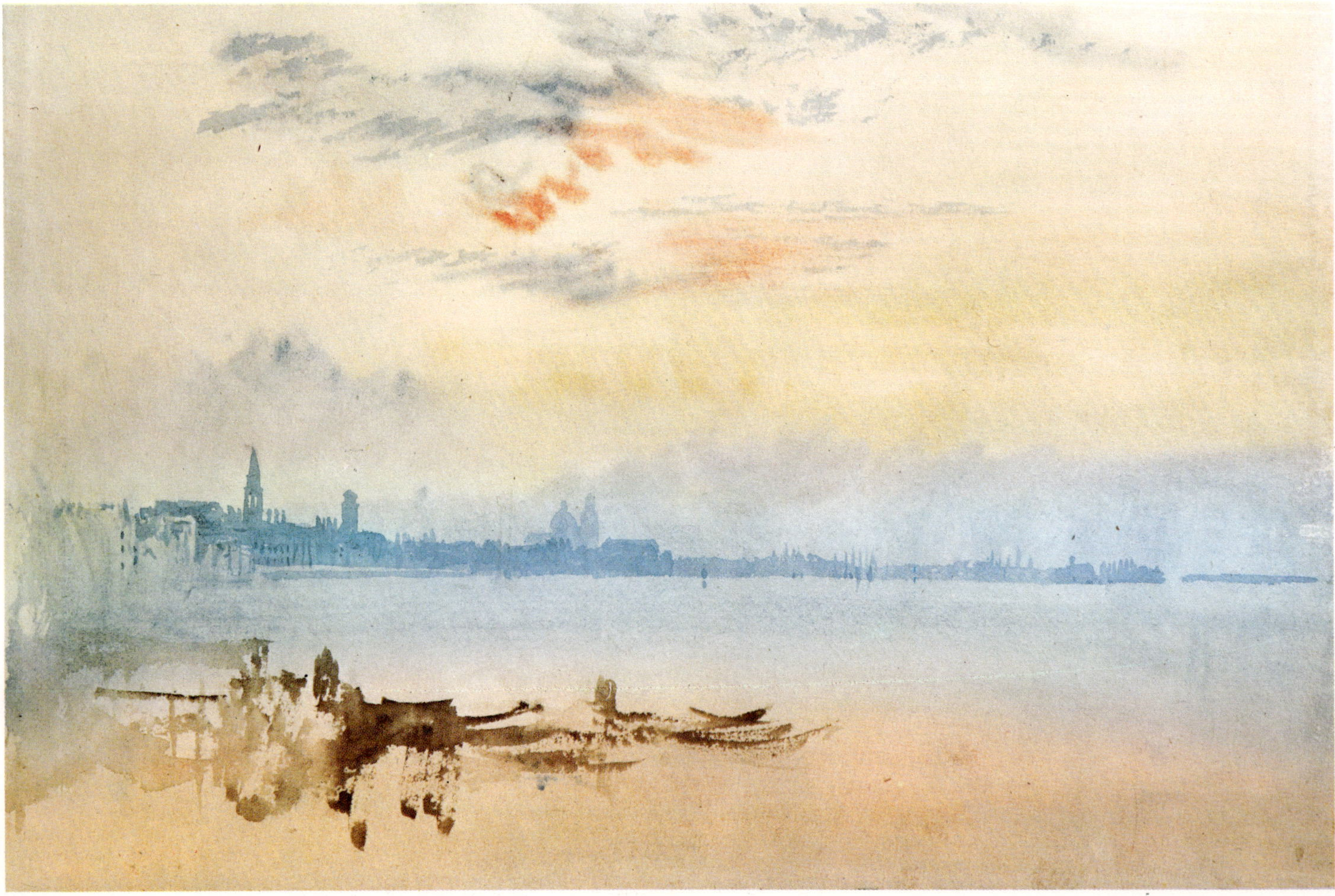

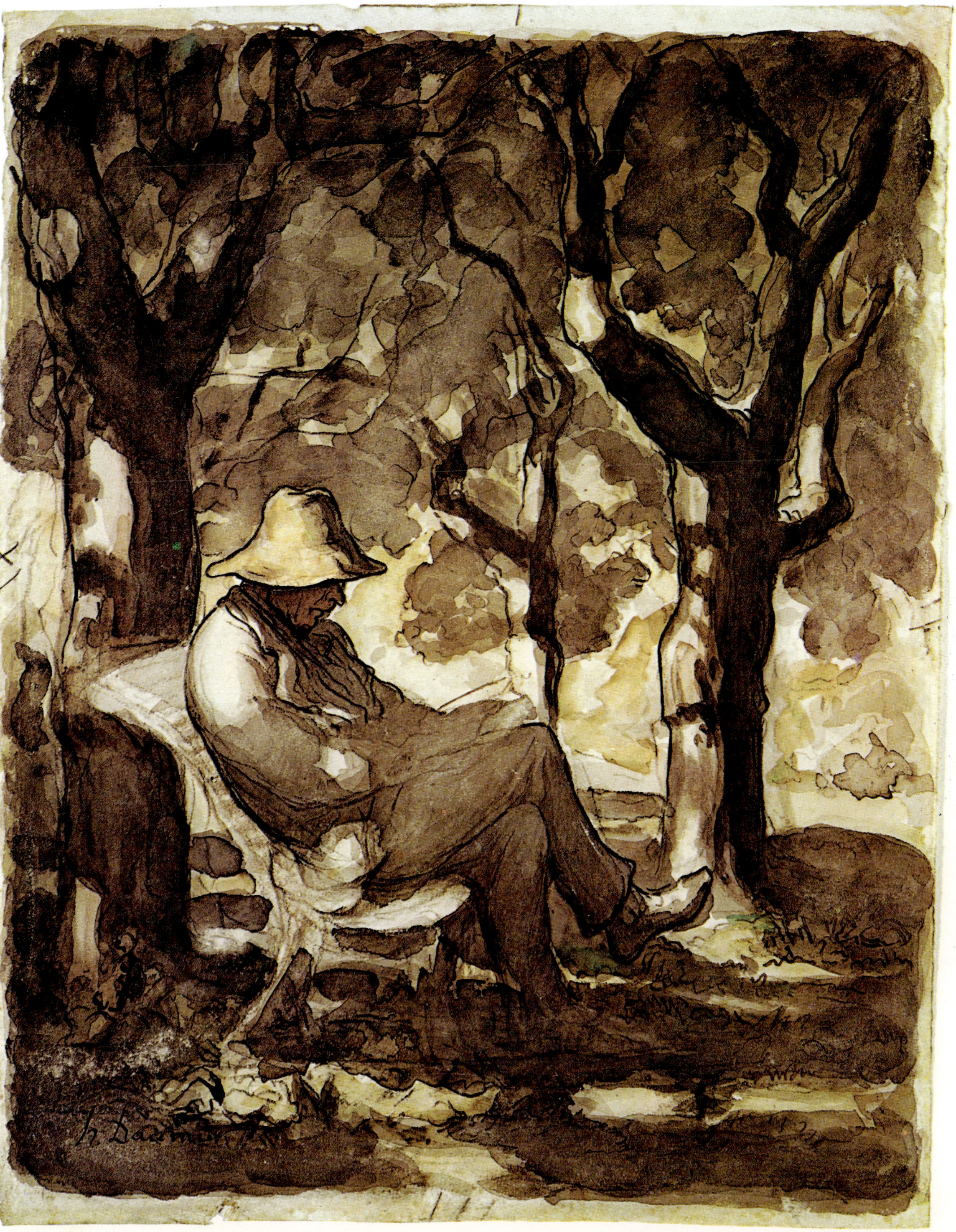

Links oben **Albrecht Dürer: Junger Hase** *Eine äußerst feine, detailreiche Studie. Vermutlich legte Dürer die Grundformen zunächst in heller und dunkler Verwaschtechnik an. Darüber kam dann Farbe in Form feiner Linien mit wohlabgestuften Tönen. Die hellsten Flächen sind in weißer Guasch ausgeführt.*
Links **J. M. W. Turner: Venedig von Guidecca aus gesehen** *Ein Musterbeispiel für sparsamste Farbverwendung. Ein sorgfältig vorgeplanter Entwurf wird mit dünnem, wäßrigem Auftrag weniger Farben verwirklicht. Mit fein dosierter Deckfarbe erhält das Bild seine Plastizität.*
Oben **Honoré Daumier: Lesender Mann im Garten** *Erstaunliche Bildwirkung trotz rigoros beschränkter Palette. Zunächst wurden unterschiedlich starke Kohleentwurfslinien angelegt. Es folgt wäßriger Auftrag, in welchem das Bild durch den Aufbau tonaler Gegensätze zwischen Licht, Schatten und Figur weiter ausgeführt wird. Teilweise liegen mehrere Verwaschaufträge übereinander.*

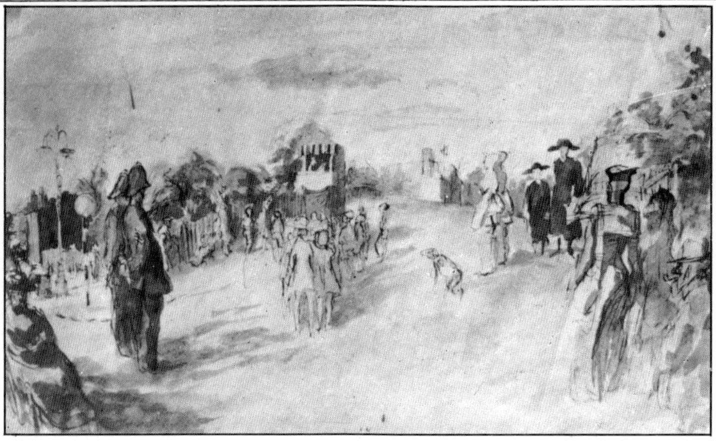

Feliks Topolski: Hampstead Heath 1940 *Verwaschtöne bilden die Grundlage des Bildes; auf sie sind die Umrißlinien in Tusche gezeichnet und ausgeführt.*

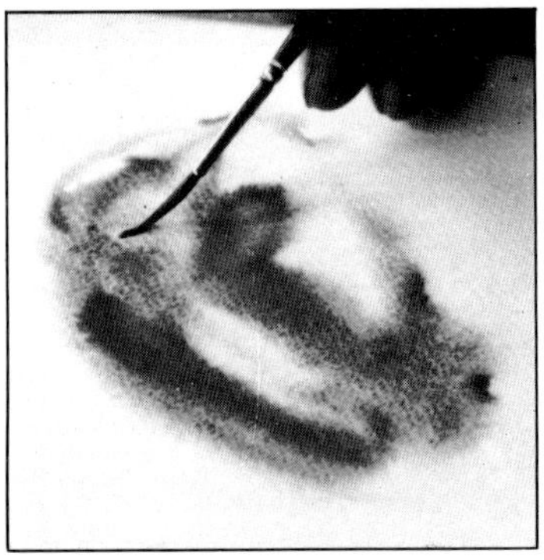

Wäßriger und Linienauftrag 1. *Verwaschauftrag breitflächig mit dünner Farbe anlegen*

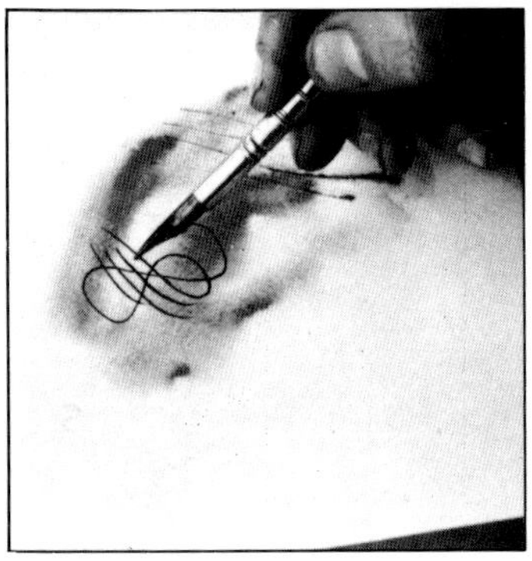

2. *Mit Feder und Tusche Linien einzeichnen. Je nach Feuchtigkeit des Untergrundes kann die Linie scharf werden oder verlaufen.*

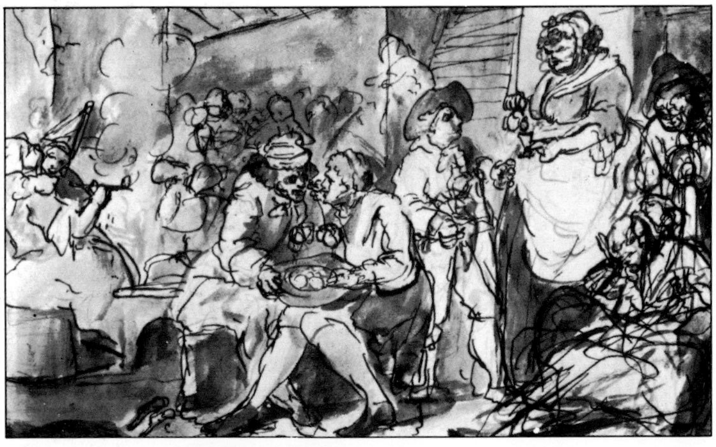

William Hogarth: Wirtshausszene *Hier wird einer Tuschezeichnung durch darübergelegten wäßrigen Auftrag Körper verliehen.*

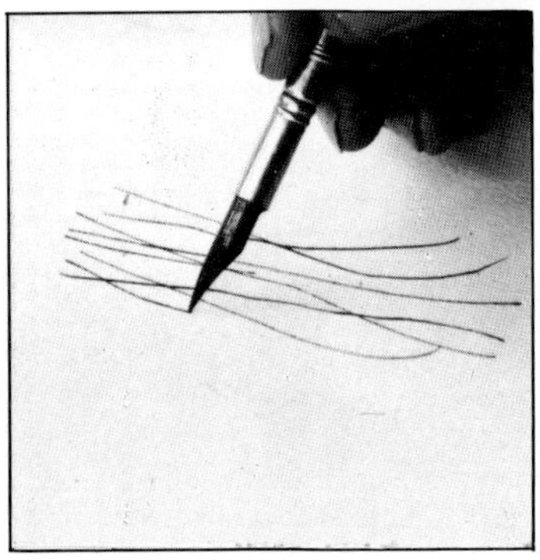

Linien und wäßriger Auftrag 1. *Mit Feder und Tusche Linien zeichnen. Wasserfeste Tusche gibt scharfe, wasserlösliche Tusche verlaufende Linien.*

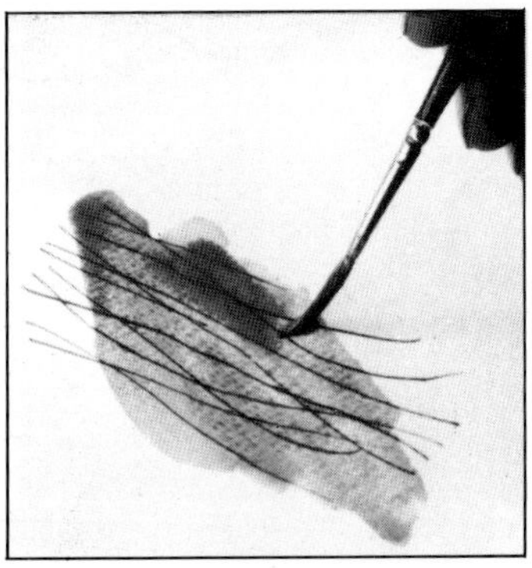

2. *Darüber wird gewöhnlich dünner Verwaschauftrag angelegt. Ist die Tusche noch feucht, so lassen sich weichere Übergänge erzielen.*

nehmend kräftiger auf das nasse Papier aufgedrückt. Ist die Farbe nach diesem ersten Arbeitsgang noch nicht genügend abgeschwächt oder entfernt, wiederholt man ihn so oft, bis das gewünschte Ergebnis erreicht ist.

Wird ein mit Farbe getränkter Schwamm auf die Gemäldeoberfläche aufgedrückt, so entsteht eine scheckige Fläche, in der sich weißes Papier und Farbe miteinander abwechseln. Wird der Schwamm mit leichtem Druck über den Untergrund gewischt, entsteht ein neuer, leichter und beeinflußbarer Effekt: Nur die erhabenen Teile des Schwammes geben ihre Farbe ab; die Löcher hinterlassen farbfreie Papierstreifen.

Radiergummi Hält man einen Verwasch- oder sonstigen Auftrag für zu dunkel, so läßt er sich auch mit Hilfe eines Radiergummis aufhellen. Hierzu muß die Farbfläche völlig trocken und der Radiergummi sauber sein. Reibt man ihn gleichmäßig und beständig über die Oberfläche, so hellt sich der Farbton auf. Bisweilen läßt sich so auch die Struktur des Papiers herausarbeiten und verdeutlichen; damit läßt sich also eine weitere erwägenswerte Technik erschließen.

Klinge Mit einer Klinge können weiße Linien oder Zeichen in trockene Gemälde eingeritzt werden. Sie kann auch – ähnlich einem Radiergummi – zum Aufhellen von Farbtönen und zum Sichtbarmachen der Papierstruktur verwendet werden. Hierzu streicht man mit der Breitseite der Klinge über das Bild. Auch zum Farbauftrag kann die Klinge dienen, ähnlich wie das Palettmesser bei der Ölmalerei. Am besten geht dies mit Deckfarben, es läßt sich aber auch mit nasser, transparenter Farbe bewältigen.

Aufspritzen Die Aufspritztechnik darf im Reigen der Arbeiten zur Bildherstellung nicht fehlen. Man benötigt dazu eine saubere, alte Zahnbürste und ein Küchenmesser. Es ist nicht ganz einfach, die dafür benötigte Farbe in der richtigen Konsistenz anzumischen; meistens sollte sie halbsteif-cremig werden. Man taucht die Zahnbürste in die Farbe, hält sie in etwa 5–10 cm Höhe über dem Untergrund fest und streicht mit der Messerklinge rasch und fest über die Borsten. Dadurch wird die Farbe in Form zahlreicher Pünktchen auf das Papier gespritzt und bildet dort eine feingesprenkelte Fläche. Bei sorgfältiger Verwendung von Schablonen kann man mit dieser Aufspritztechnik ganze Bilder herstellen, die entweder unbearbeitet bleiben oder in anderen Malweisen noch weiter ausgeführt werden können.

Zusätze und ihre Verwendung J. M. W. Turner arbeitete zeitweise mit Wasser, welchem er weiße Farbe zugegeben hatte; hierdurch ergab sich ein geändertes Farberscheinungsbild, welches sich für manche Motive besonders eignete. Durch den leicht wolkigen Verwaschauftrag verlieh er dem normalen Verwaschauftrag zusätzlichen Reiz. Auch Gummiarabikum kann der Farbe beigegeben werden, und dies ist besonders wirkungsvoll, wenn man es Tuschen beimischt. So vorbehandelte Farbe läßt sich vor dem Abtrocknen besonders gut einritzen; die Farbe läßt sich leicht abheben und gibt das weiße Papier frei.

Durch Seifenzugabe zur Farbe lassen sich auch Flächen bemalen, die normalerweise farbabstoßend sind, etwa fett- oder ölhaltige Untergründe, einige Kunststoffe oder sogar Glas. Seife läßt sich auch wie Gummiarabikum für leicht abkratzbare Farbe verwenden. Die vielleicht interessanteste Verwendungsmöglichkeit für die Seife ist jedoch folgende: Gegenstände wie Blätter, Blumen, Federn oder Gräser werden einseitig mit Seife und anschließend mit nicht zu flüssiger Farbe bestrichen und dann so auf

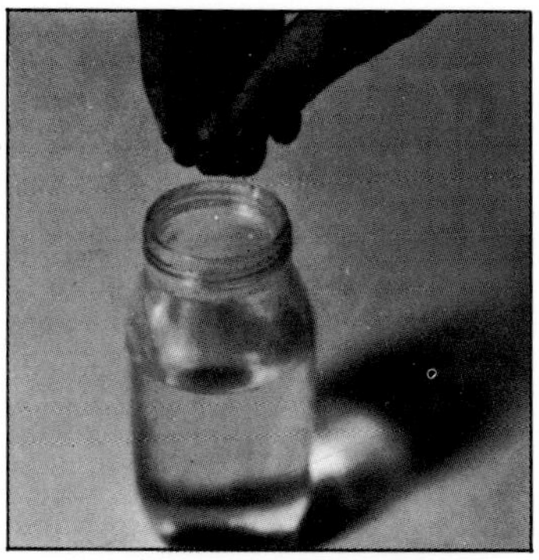

Verwaschauftrag mit Schwamm entfernen 1. *Schwamm mit klarem Wasser tränken und leicht ausdrükken.*

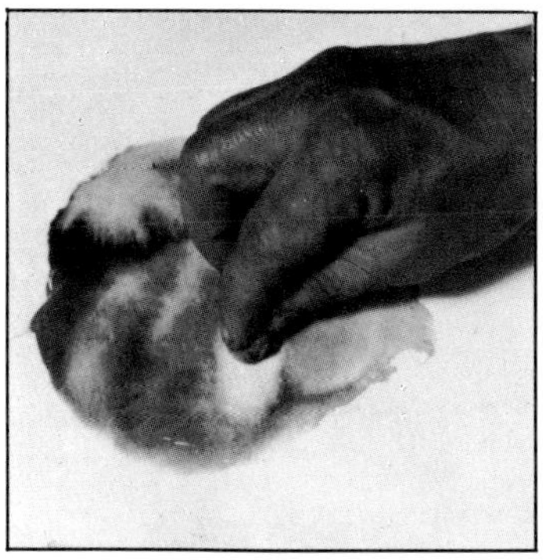

2. *Die zu entfernende Farbe – hier ein Teil eines mehrfarbigen Verwaschauftrages – leicht einreiben und die so behandelte Fläche einige Minuten unberührt lassen.*

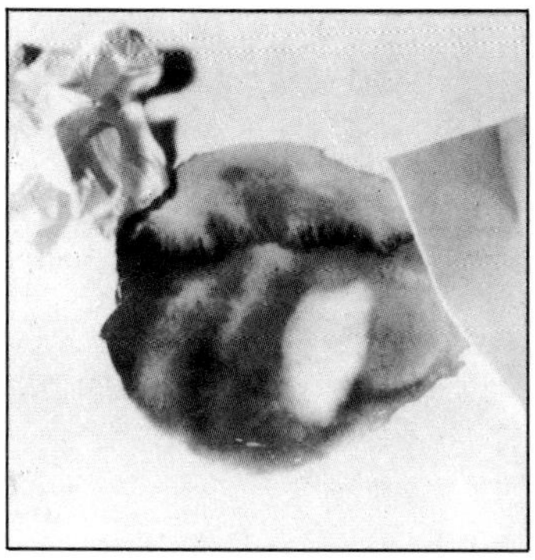

3. *Löschpapier erst leicht und dann fester auf die feuchte Fläche aufdrükken. Arbeitsgang erforderlichenfalls so oft wiederholen, bis die gewünschte Farbabschwächung erreicht ist.*

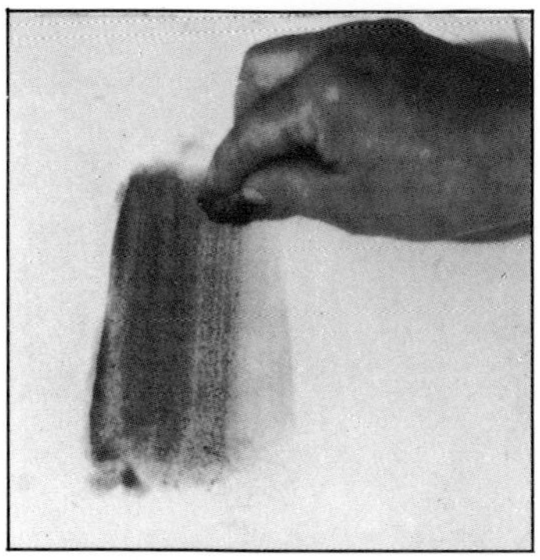

Verwaschauftrag mit Schwamm *Gleiche Technik wie beim Pinsel anwenden (s. S. 132). Der Schwamm darf nicht zu naß, die Farbe nicht zu dünnflüssig sein.*

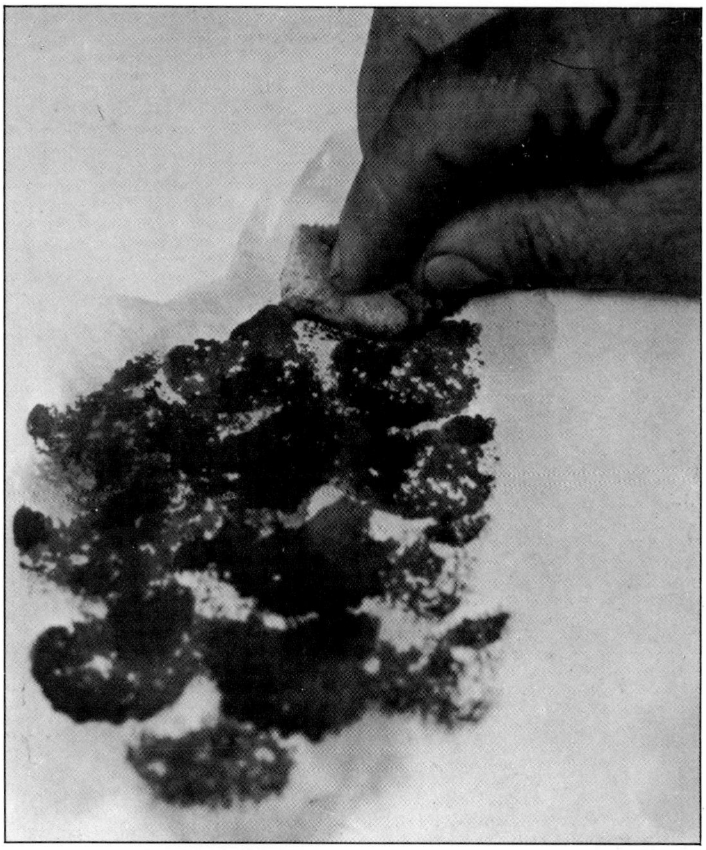

Strukturgebung mit dem Schwamm *Schwamm mit Farbe tränken und auf die Papieroberfläche drücken. Die Farbe wird nur von den erhabenen Teilen des Schwammes an das Papier abgegeben.*

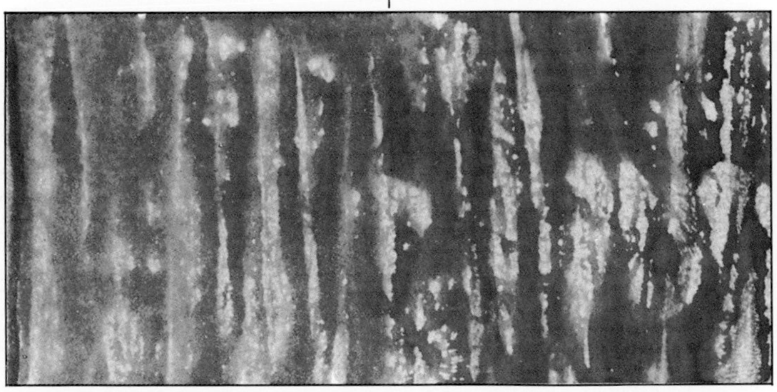

Fettentfernung durch Seifenzusatz *Fett kann durch Zusatz von Seife zur Farbe vom Papier gelöst werden. Seife ermöglicht das Malen mit Wasser- oder Guaschfarben auf Kunststoffuntergründen. Auch Ochsengalle kann hierfür verwendet werden.*

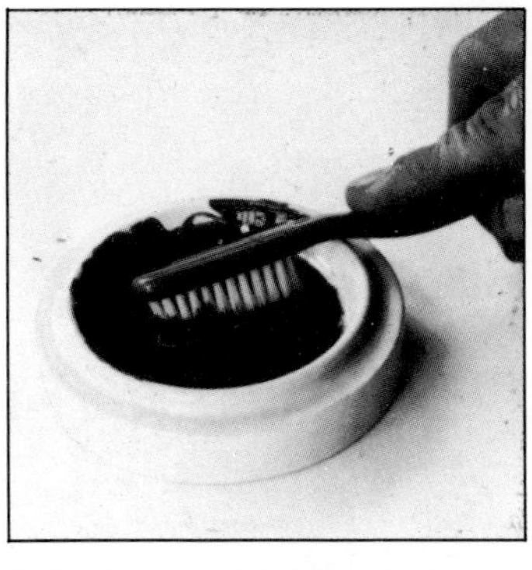

Aufspritzen 1. *Zahnbürste in der Farbe umrühren, um sie gut zu tränken.*

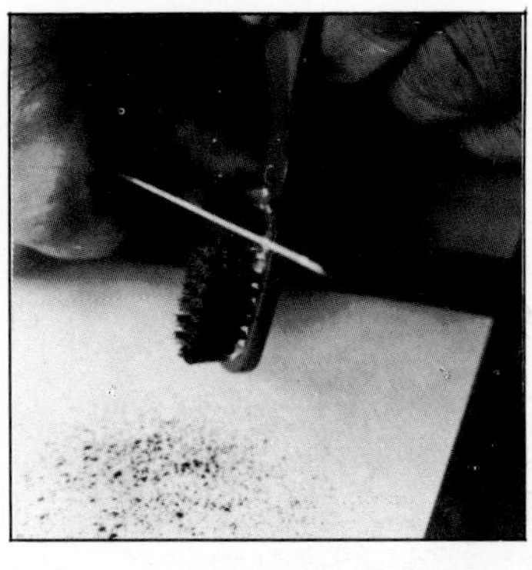

2. *Bürste im Winkel über dem Papier festhalten und mit dem Daumen der messerführenden Hand abstützen. Mit dem Messer nach oben über die Borsten streichen.*

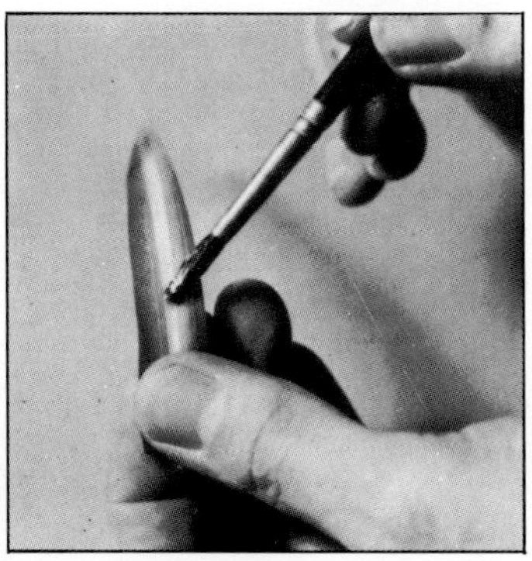

Seifendruck 1. *Eine Seite eines Blattes mit Seifenlösung überziehen – auch Spülmittel eignet sich.*

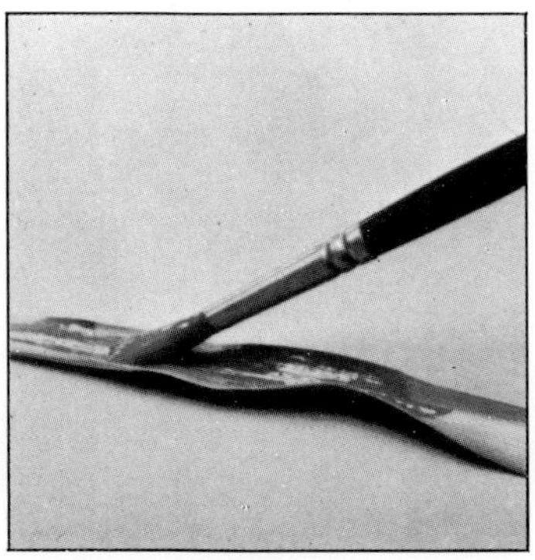

2. *Farbe gleichmäßig über die Seife streichen. Sie haftet auf der leicht klebrigen Oberfläche.*

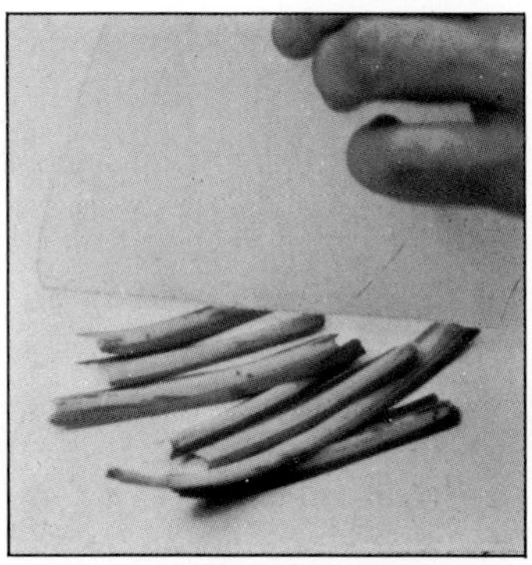

3. *Das so vorbehandelte Blatt (auch mehrere) mit der Farbseite auf den Untergrund legen und mit darübergelegtem Seidenpapier leicht andrükken.*

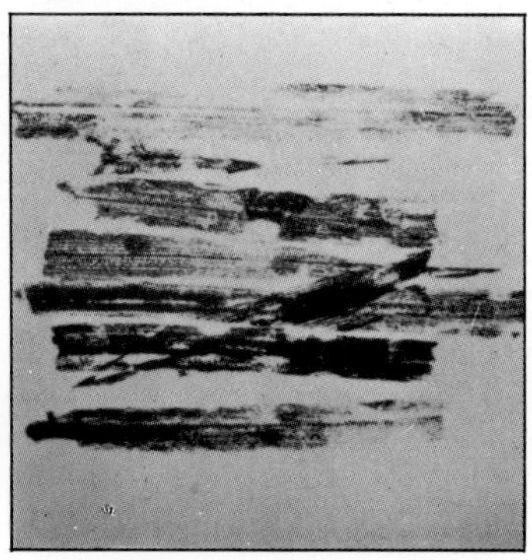

4. *Seidenpapier abnehmen und Blätter vorsichtig vom Untergrund abziehen.*

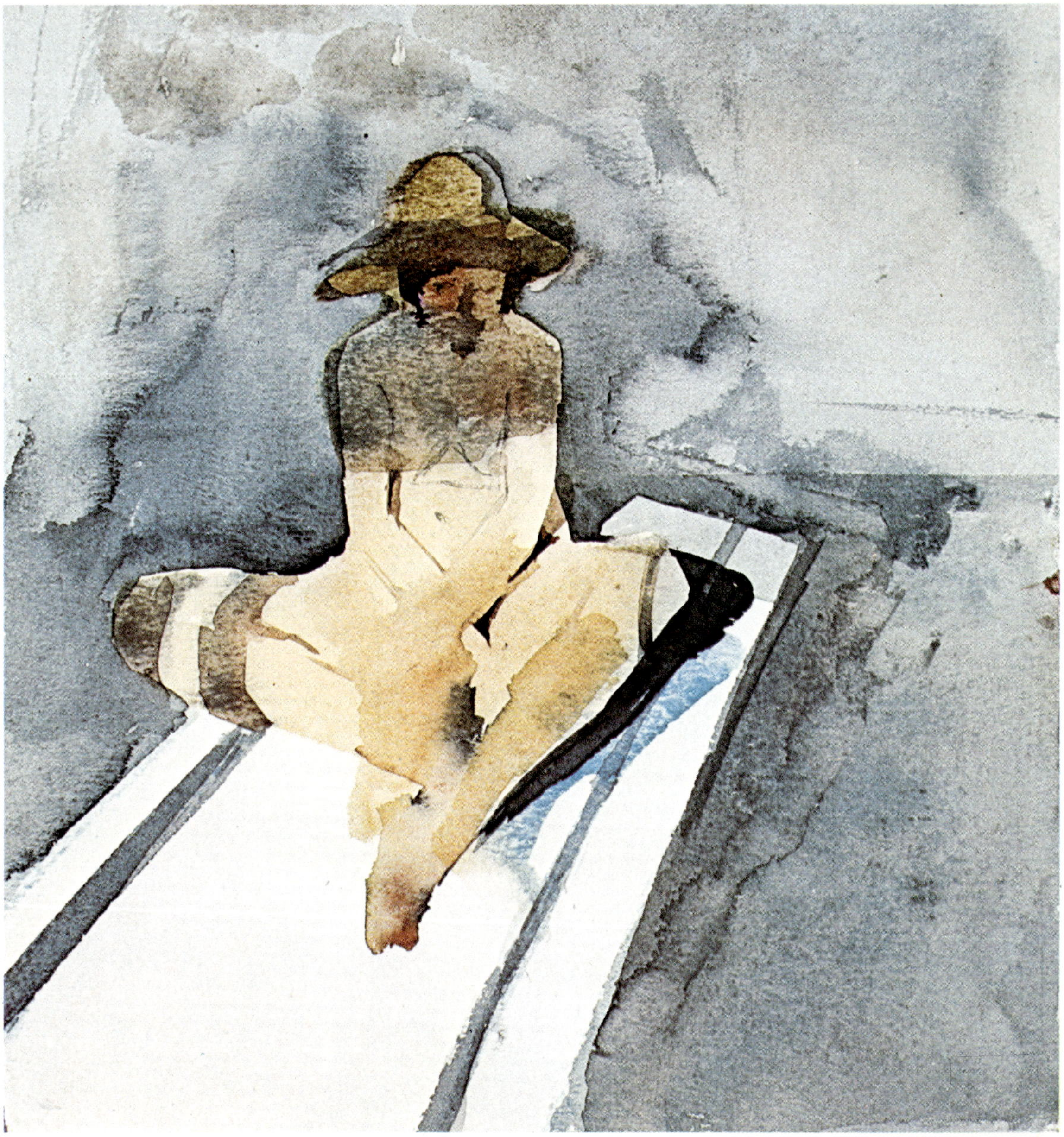

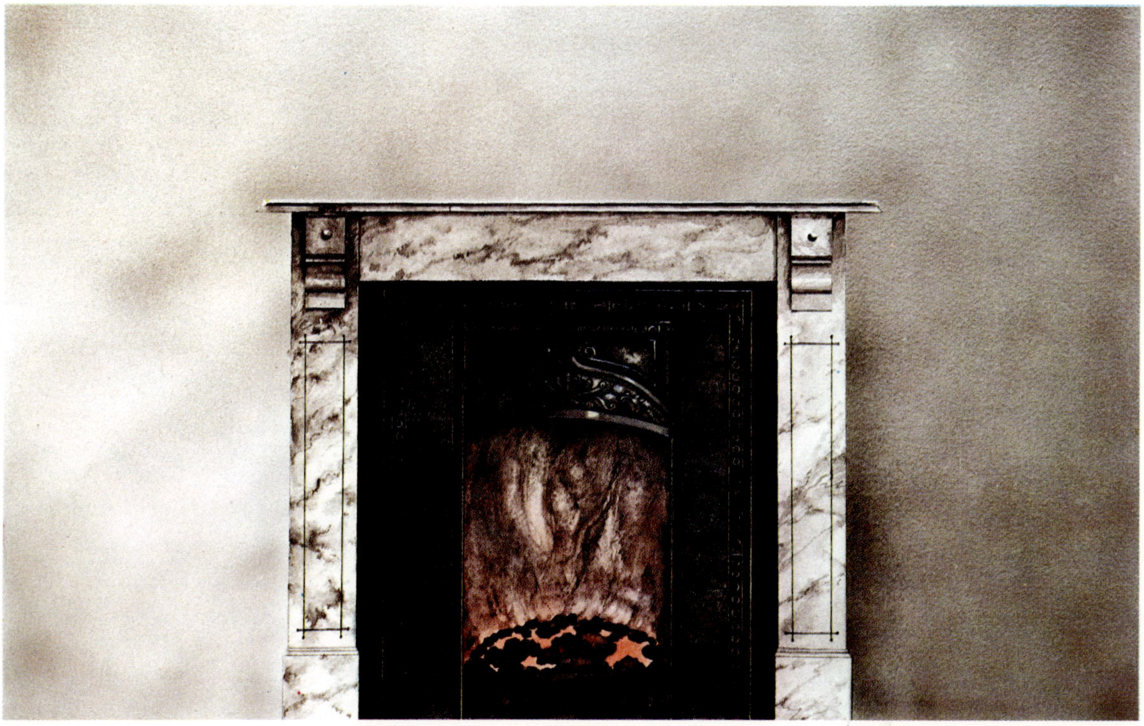

Links **Stan Smith: Italienische Sonne** *Das Mädchen saß in der durch ein Fenster einfallenden Sonne, das Gemälde zeigt sie jedoch so, als säße sie im Freien. Schatten wurden in kühlem und (etwa im Hintergrund) wärmerem Verwaschblau angelegt.*

Unten links **Terence Millington: Kamin** *Der Hintergrund besteht aus mit der Spritzpistole aufgetragener Wasserfarbe. Die Marmorstruktur wurde durch Auftragen feiner Linien auf das angefeuchtete Papier erzielt. Kohle und Asche wurden in transparenten Verwaschtönen gemalt. Der Kamin enthält viele mit Feder und Tusche eingezeichnete Details, das Schmiedeeisen ist in Guasch ausgeführt.*

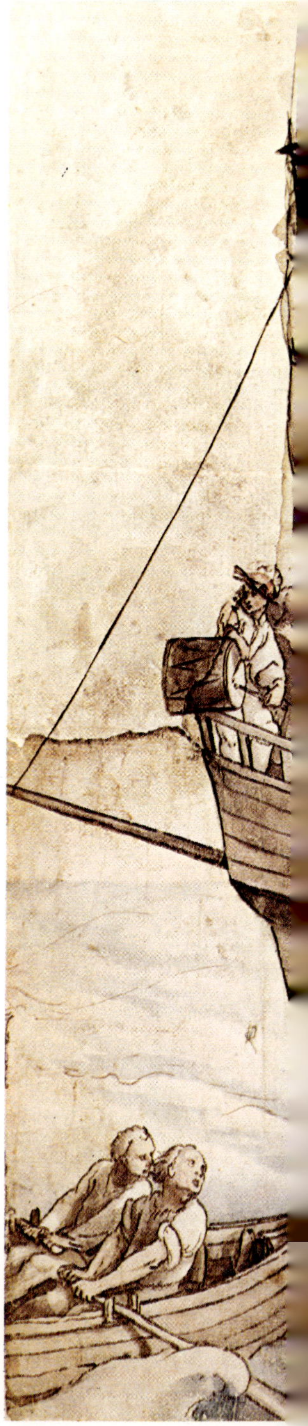

das Papier aufgedrückt, daß ein Abdruck auf ihm entsteht. In Kombination mit anderen Aquarelltechniken können so attraktive und ungewöhnliche Resultate erzielt werden. Wie bei vielen der hier beschriebenen Techniken lassen sich dabei durch Wiederholung und Erfahrung immer bessere Ergebnisse erzielen.

Arbeitet man bei Frost im Freien, so kann man das Wasser durch Spirituszugabe am Einfrieren hindern. Paul Sandby verwendete dazu Gin. Mit Glyzerin läßt sich die Trockenzeit der Farbe hinauszögern, und die Zugabe von Stärke, Salz oder Sand zur Farbe ergibt interessante Effekte, an denen man sich durchaus versuchen sollte.

Schablonen und wasserabstoßende Mittel Auch der erfahrene Praktiker spürt erfreute Befriedigung, wenn er eine sorgfältig aufgelegte Schablone entfernt, über die er Verwaschauftrag angelegt hat. Ziel ist es dabei, Flächen unberührten weißen Papiers inmitten von Farbflächen freizulassen. Bis vor kurzem mußten die Maler für diesen Zweck Gummilösung verwenden. Diese war schwer zu verarbeiten, so daß viele Künstler mit dieser Technik nicht zurechtkamen. Die Entwicklung der neuen Abdecktechniken wurde daher lebhaft begrüßt. Maskierlösung ist eine mit Pinsel oder Feder auftragbare Substanz auf Latexbasis. Sobald sie gut durchgetrocknet ist, stößt sie die Wasserfarbe ab, und sie läßt sich nach dem Trocknen der Farbe durch leichtes Abreiben der Oberfläche wieder entfernen.

Maskierband ist ein kräftiges Selbstklebeband, welches fest auf Papier, Karton oder ähnlichen Untergründen haftet, sich aber mit etwas Geduld leicht wieder abziehen läßt. Maskierband gibt es in stark und schwach haftender Ausführung; die letztere enthält weniger Klebstoff und ist die für den Aquarellmaler geeignetere. Transparentklebeband kann ebenfalls zum Abdecken von Bildteilen verwendet werden; es kann aber Probleme aufwerfen, weil es äußerst fest haftet und daher das Papier oder den

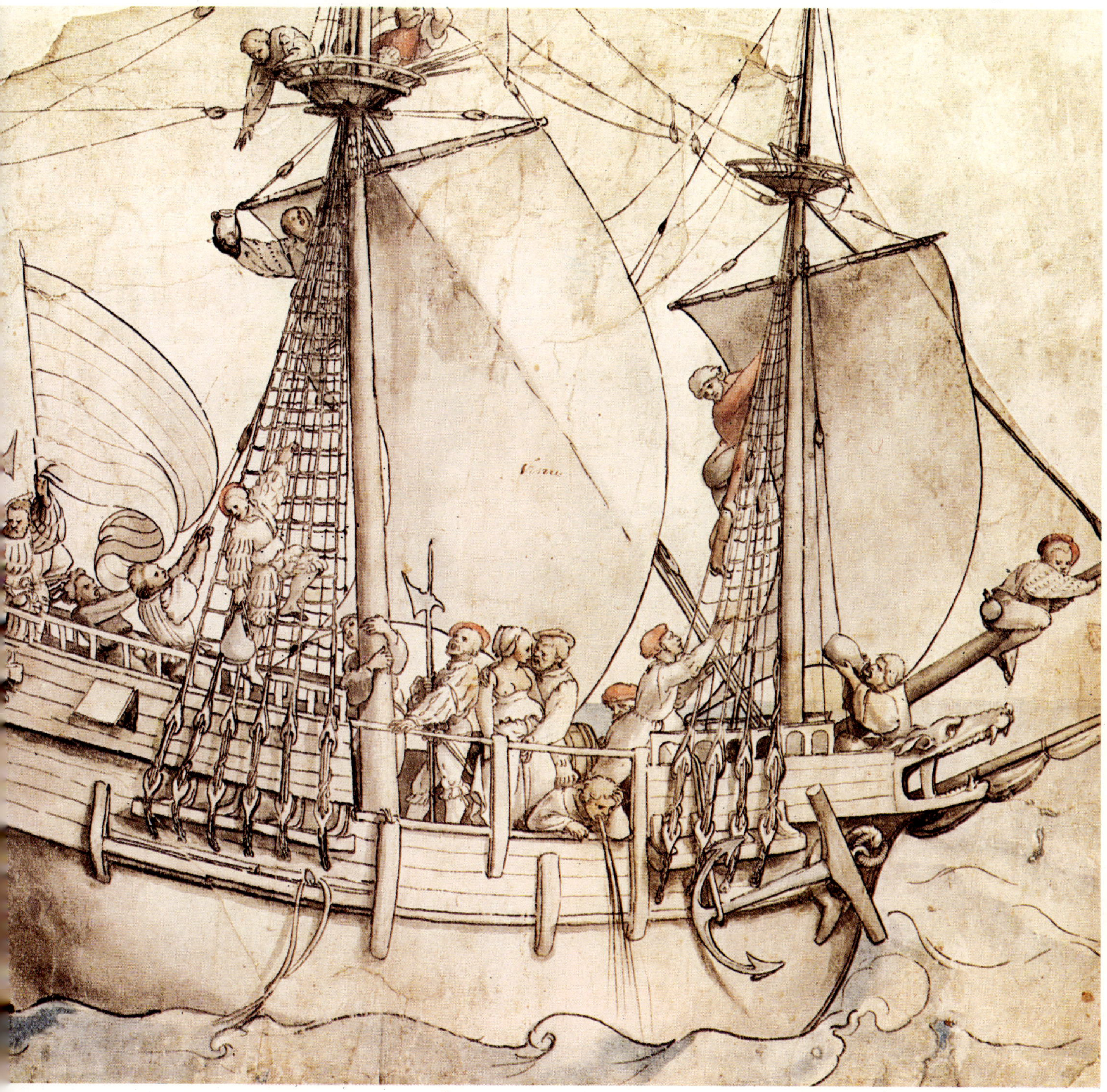

Unten **Hans Holbein: Schiff mit Bewaffneten** *Ein äußerst detailreiches Aquarell des frühen 16. Jahrhunderts. Farben und Töne sind in Verwaschtechnik angelegt; fein gemalte Linien bringen die Bildeinzelheiten heraus.*

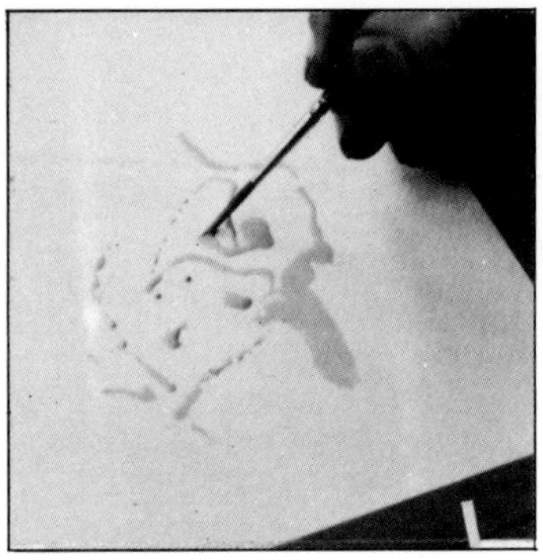

Maskierflüssigkeit 1. *Flüssigkeit mit Pinsel auf die gewünschten Stellen verteilen. Pinsel sofort auswaschen und Flüssigkeit trocknen lassen.*

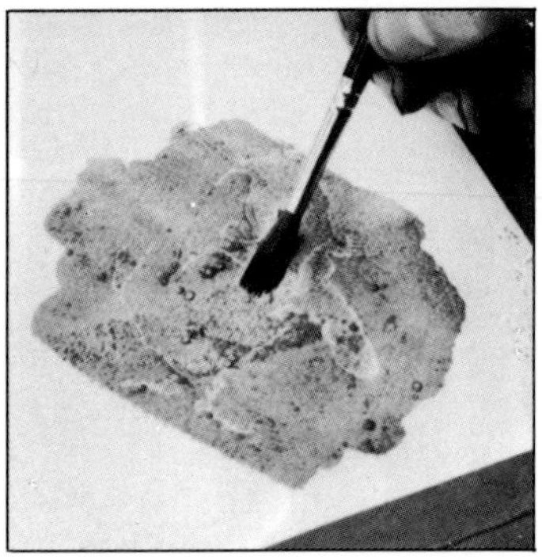

2. *Verwaschfarbe bis in die Maskierung hinein auftragen und trocknen lassen.*

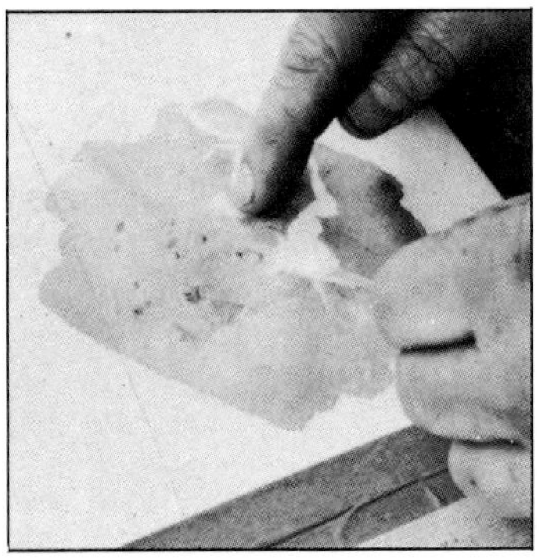

3. *Trockene Maskierflüssigkeit mit der Fingerspitze losreiben und dann abziehen. Beachten, daß zu alte oder zu lange auf dem Papier verbleibende Flüssigkeit dieses verfärben kann.*

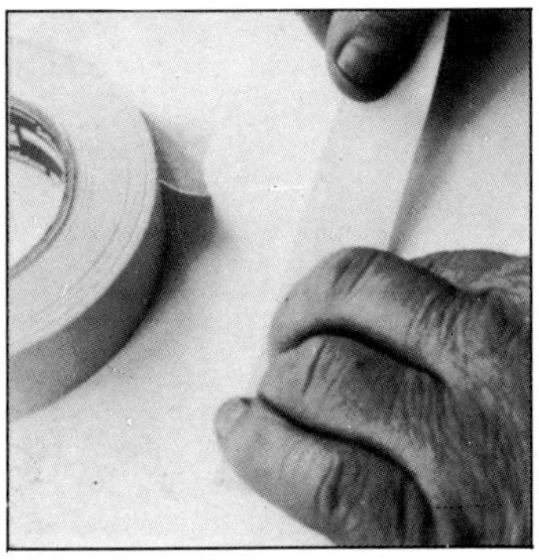

Maskierband 1. *Band an der gewünschten Stelle festkleben.*

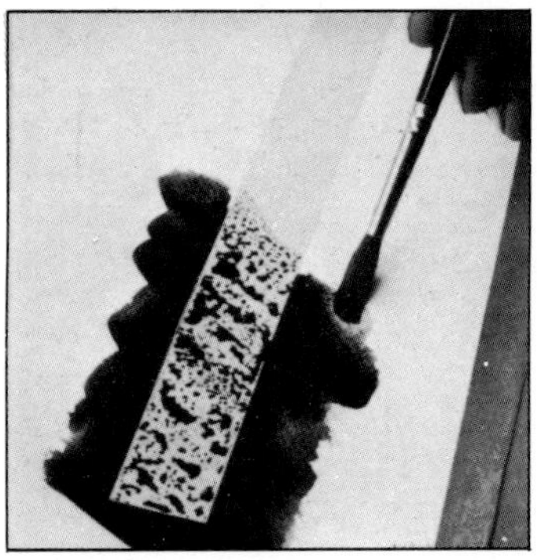

2. *Mit Verwaschfarbe bis in das Band hineinmalen. Trocknen lassen.*

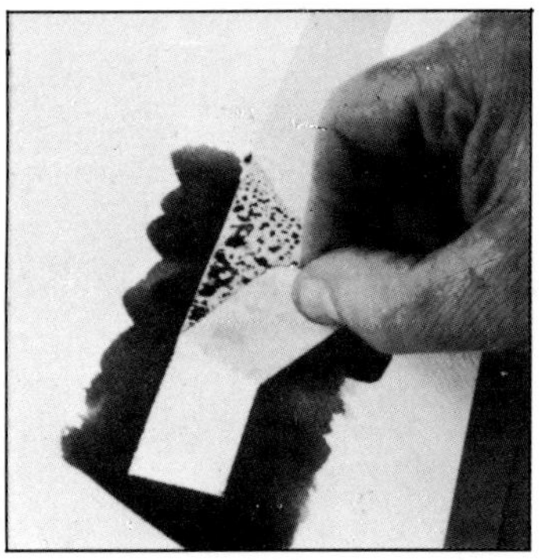

3. *Band an einer Ecke beginnend abziehen. Dabei das Band immer dicht über den Untergrund zurückziehen, damit das Papier nicht mit weggerissen wird.*

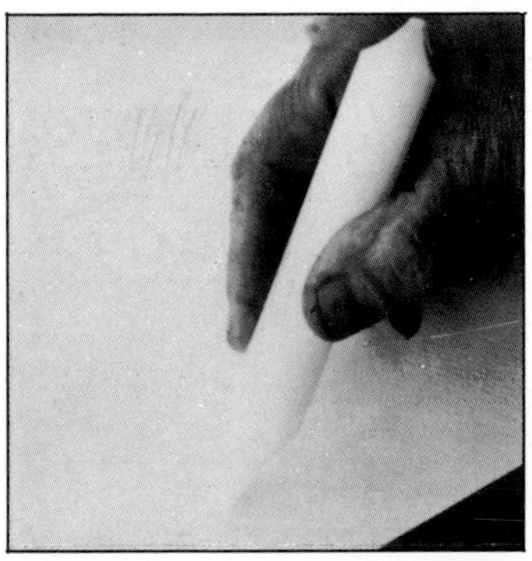

Maskieren mit Kerzenwachs 1. *Die abzudeckenden Stellen mit trockener Wachskerze einreiben.*

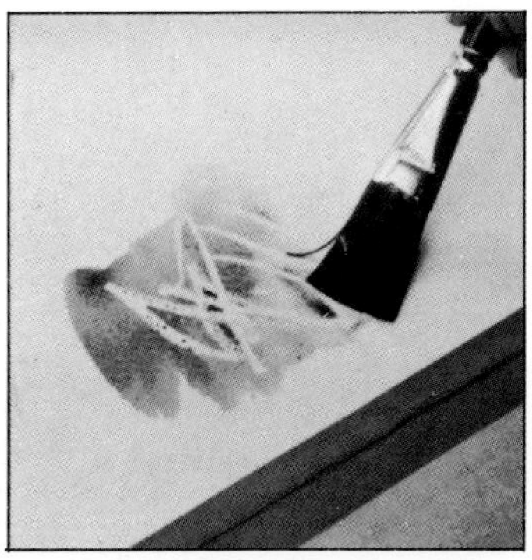

2. *Über die Wachsstellen und ihre Umgebung malen. Das Wachs nimmt die Wasserfarbe nicht an.*

Karton beim Abziehen leicht aufreißt. Um die Klebekraft zu verringern, kann das Band abgerollt und leicht über eine Kante des Malbretts hin- und hergezogen werden. Maskierbänder verursachen in der Regel harte Farbkanten, die jedoch durch Einreißen, Einschneiden oder mehrfaches Überkreuzen verschiedener Bandstücke gemildert werden können.

Auch Kerzenwachs kann als wasserabstoßendes Mittel verwendet werden. Es sollte aber sparsam eingesetzt werden, z. B. um helle Blüten in buntgefleckten Wiesen anzudeuten oder um Strukturen zu schaffen. Wird darüber mit transparenter Farbe gemalt, so bleiben diese Stellen papierfarbig mit unregelmäßig strukturierten Kanten. Das Wachs läßt sich nicht entfernen, es wird zum Bestandteil des Gemäldes. Eine Warnung sei aber nochmals ausgesprochen: Wachs ist ein guter Helfer, es kann jedoch leicht aufdringlich werden, wenn es überall und endlos erscheint.

Eine weniger gebräuchliche Erweiterung dieser Technik ist der Auftrag mit Ölpastellstiften (s. S. 156), über den mit Tusche, Wasserfarbe oder Guasch gemalt wird und über den man dann mit einer flachen Klinge so hinwegstreicht, daß die Oberfläche nicht beschädigt wird.

Das „Wegwaschen" ist ein hübscher Effekt, den zu beherrschen man durchaus lernen sollte (siehe Abb.). Man legt dazu einen Entwurf in Ölpastell an und übermalt ihn mit weißer Guasch. Anschließend wird das Ganze mit wasserunlöslicher Tusche überzogen und das Bild so lange mit Wasser gespült, bis die beiden oberen Schichten teilweise abgelöst sind.

Offsetdruck Offsetdruck, wie ihn etwa William Blake praktiziert, kann eine nützliche Technik sein. Farbe wird auf eine undurchlässige Fläche wie Glas, Plastik oder beschichtetes Papier oder Pappe aufgetragen und diese wird dann auf den Untergrund aufgedrückt. Die daraus entstehenden Abdrucke können noch weiter ausgearbeitet werden.

Dies führt weiter zu einem von Francis Towne (1740–1816) und seinen Schülern eingeführten Hilfsmittel bei der Schaffung von Motiven: Farbflecke werden wahllos auf einen Untergrund gespritzt und dann auf einen neuen Untergrund aufgedrückt, wo sie auf Möglichkeiten zur Motivbildung hin untersucht werden. Die entstandenen Flecke können durch die Hinzufügung von Zeichen, Verwaschauftrag, Linien, Tupfern usw., in magische und geheimnisvolle Landschaften oder in feine Bilddarstellungen verwandelt werden.

Abreißen, Abschneiden, Überkreuzen *Bandstücke abreißen oder abschneiden und im gewünschten Muster aufkleben. Darüber Verwaschfarbe auftragen; Bandstücke vorsichtig abziehen, sobald die Farbe trocken ist.*

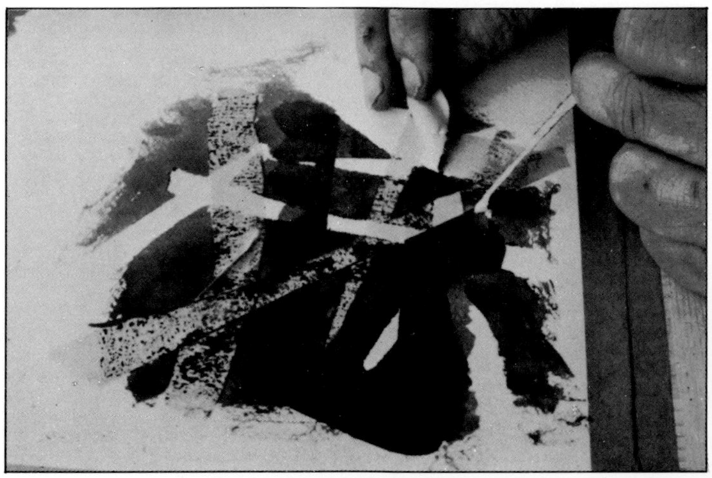

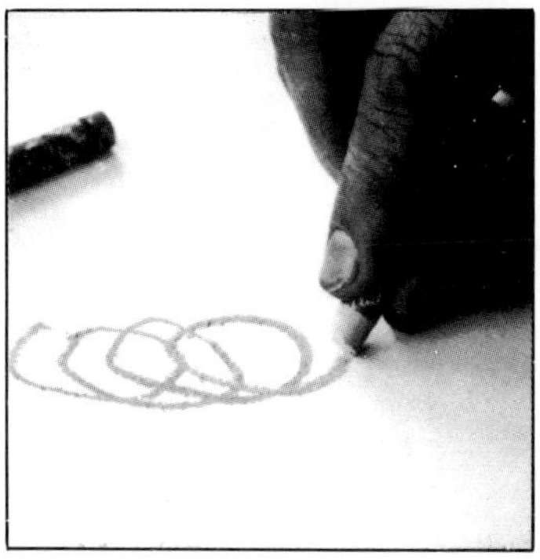

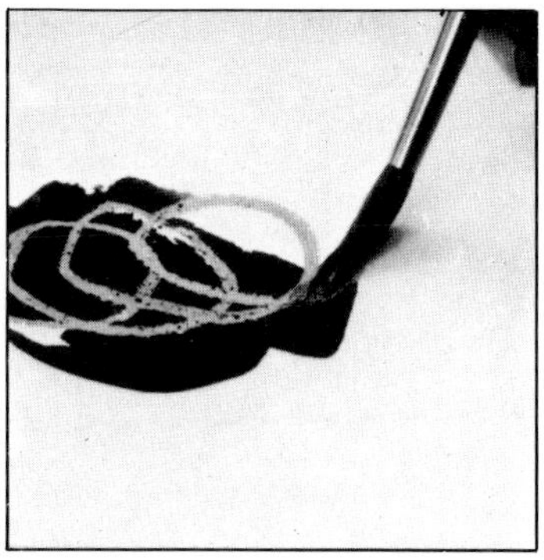

Maskieren mit Ölpastell 1. *Motiv mit Ölpastellstift anlegen. Die darauf aufgetragene Wasserfarbe wird von der Pastellschicht abgestoßen.*

2. *Ergebnis. Eventuell doch auf den Pastellflächen haftende Farbe kann mit flacher Klinge abgeschabt werden.*

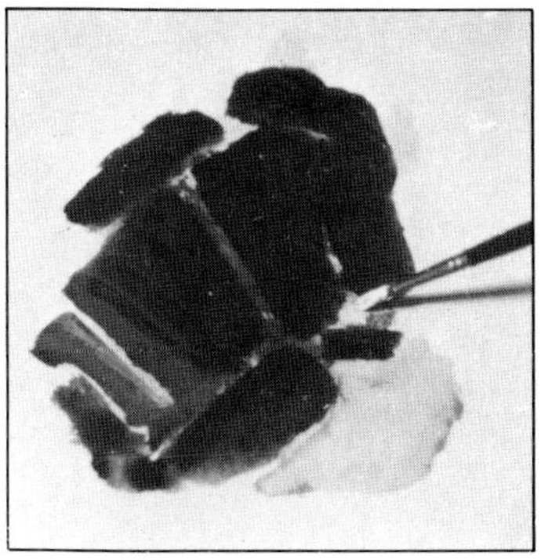

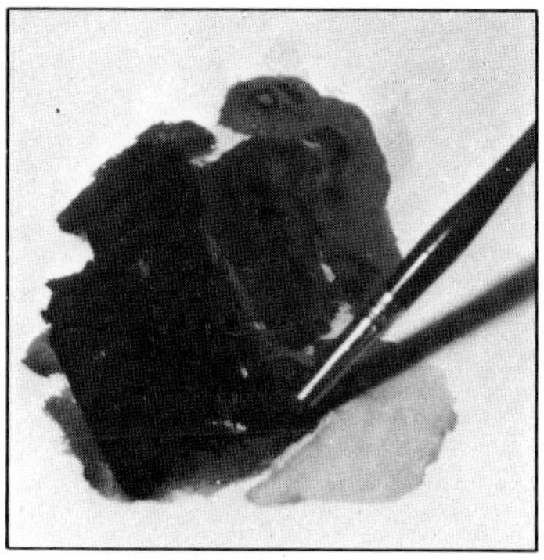

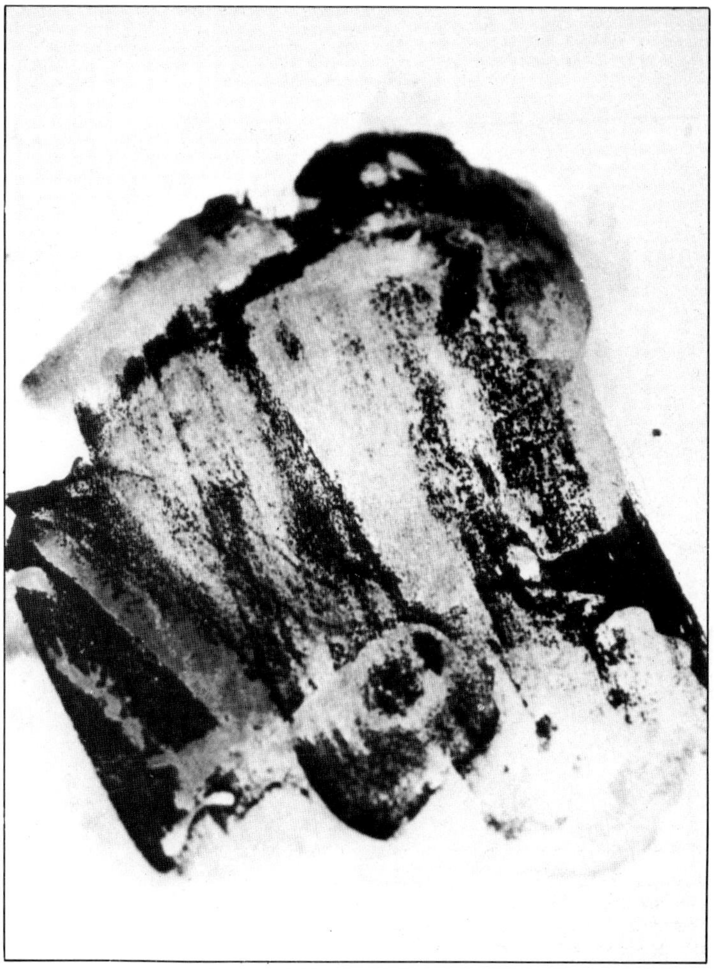

„Wegwaschen" 1. *Mit Guasch abgegrenzte Farbflächen über einem Pastell- oder Wasserfarbenentwurf anlegen. Zwischenräume frei lassen.*

2. *Gesamtes Motiv mit wasserunlöslicher Tusche übermalen.* **3.** *(rechts) Warmes Wasser über die Tusche laufen lassen. Es spült beide Unterschichten teilweise weg.*

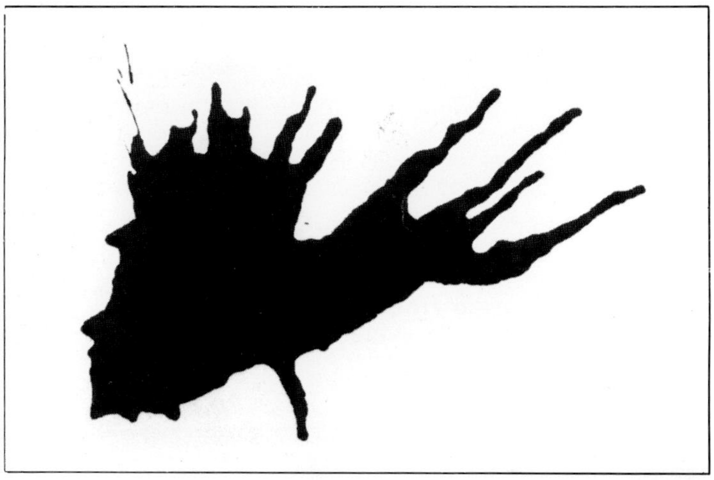

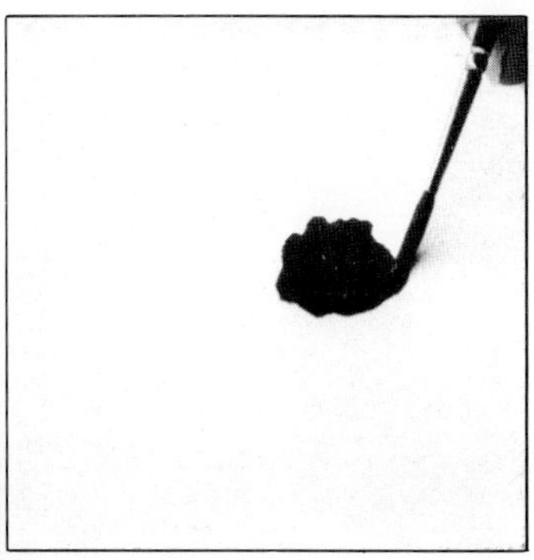

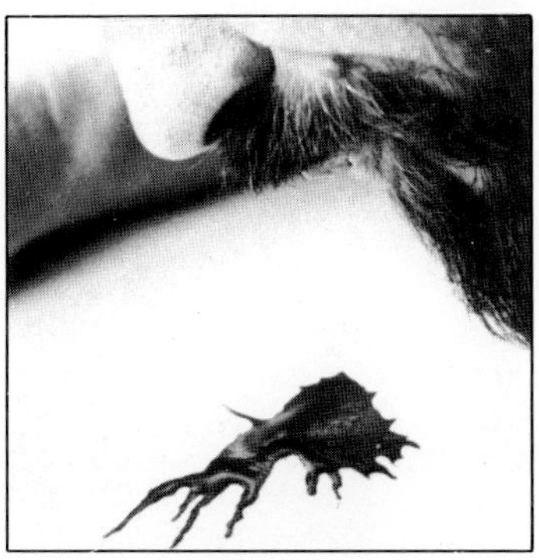

Farbtropfen verblasen 1. *Mit gut gefülltem Pinsel Farbflecke auftragen.*

2. *Flecke verblasen. Bläst man durch einen Strohhalm, so läßt sich die gewünschte Richtung besser einhalten. Richtung und Stärke des Blasens bestimmen das Ergebnis.*

Farbe verblasen Bläst man von oben kräftig in Farbflecken, so schießt die Farbe in wilden Schlangenlinien in alle Richtungen auseinander, und auch die daraus entstehenden Zufallsmuster können weiter ausgearbeitet werden.

Mischtechniken Die Mischung verschiedener Auftragstechniken kann – ebenso wie die zeitweilige Außerachtlassung üblicher Lehrsätze – oft lohnend sein und dem Künstler die überraschendsten Ergebnisse bescheren. So können etwa unerwartete Resultate erzielt werden, wenn farbige Tuschen auf dem Papier verteilt und in sie hinein dann Entwürfe gezeichnet werden; anschließend trägt man Deckfarbe auf, hellt diese aber gleich wieder mit Löschpapier so auf, daß das Papier und die transparente Farbe wieder durchschimmern. Ein anderes interessantes Beispiel für Mischtechniken ist die Arbeit mit Durchschlagpapier auf Verwaschfarben.

Das Aussehen der Farboberfläche hängt weitgehend vom Untergrund ab, und es kann überraschend und erstaunlich sein, die gleiche Farbe auf rauhe, heiß- oder kaltgewalzte Papiere aufzutragen. Die streifig-blasige Farbe auf glatten Untergründen unterscheidet sich markant von den trockenen, bukkeligen Verwaschaufträgen auf rauhem Papier. Auch die Verwendung unterschiedlicher Papiersorten in einem Gemälde kann sehr gut wirken.

Interessantes geschieht auch bei Zugabe von anderen Farbträgern – etwa Terpentin – zu Wasserfarbe. Dieses Öl wirkt auf der Malfläche als wasserabstoßendes Mittel, allerdings mit nicht vorhersehbaren Resultaten. Die Wasserfarbe haftet, gerinnt oder wird abgestoßen, je nachdem, wie stark das Terpentin ins Papier eingedrungen ist. Verwendet man Terpentin zu intensiv gemeinsam mit Maskierband, muß man vorsichtig sein, weil es dessen Klebefläche auflösen kann.

9. Kapitel

Guasch

Die „Guasch" genannte Wasserfarbe ist eine Körperfarbe. Ihr Pigment ist weniger fein gemahlen als das der transparenten Wasserfarbe und es wirkt dekkend. Ihr Bindemittel ist – wie bei der „reinen" Wasserfarbe – Gummiarabikum; es gibt heute jedoch auch schon viele Guaschfarben auf Kunstharzbasis. Das Bindemittel wird mit weißem Pigment versetzt, wodurch die Farbe deckend wird. Damit entfällt ein Teil der bei der transparenten Wasserfarbe vorgegebenen Beschränkungen; man kann mit heller Farbe über dunkle malen oder ein Gemälde mit vollständig deckenden Farben aufbauen.

Guaschfarben entfalten weniger Leuchtkraft als reine Aquarellfarben, eignen sich aber hervorragend für Motive, die viel Detailarbeit verlangen, weil der Künstler mit den dunklen Tönen beginnen und dann die helleren Details hinzufügen kann, eine Arbeitsweise, die für Aquarellfarben kaum in Betracht kommt.

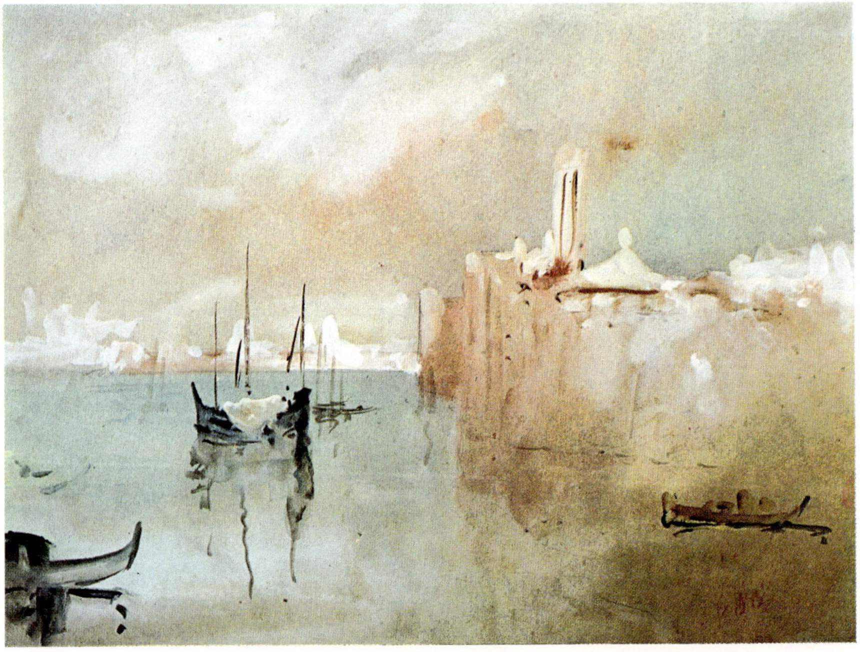

Oben **Hercules Brabazon: Mondschein über Venedig**
Freie Verwendung der Guasch mit in feuchten und abgetrockneten Verwaschauftrag eingearbeiteter Deckfarbe; es entsteht eine ebenso sorgfältig wie lebhaft wirkende Gesamttönung.

Körperfarben finden sich in den Handschriftenillustrationen des Mittelalters und bei einer Reihe von Künstlern des 17. Jahrhunderts, speziell bei van Dyck (1599–1641), Gaspard Poussin (1615–1675) und van Huysum (1682–1749). Nach England wurden sie vermutlich von dem französischen Maler Joseph Goupy (1689–1763) gebracht.

Der Venezianer Marco Ricci (1679–1729) und der Florentiner Zuccarelli (1702–1788) lebten beide lange in London und verwendeten Guasch für schöne Landschaftsgemälde. Zuccarelli übte großen Einfluß auf Paul Sandby (1725–1809) aus, der nicht nur die Aquarellfarbe eingeführt hatte, sondern auch der erste wichtigere Vertreter der Guaschmalerei wurde. Gegen Ende des 18. Jahrhunderts erfreute sich Guasch ebenso wie Aquarellfarbe großer Beliebtheit.

Auch viele der modernen Maler haben mit Guasch gearbeitet, so etwa Picasso (1881–1973), Henry Moore (geb. 1898), Graham Sutherland (geb. 1903) und Peter Blake (geb. 1932).

Guasch wird heute auch verbreitet für kommerzielle Illustrationen verwendet, die für Reproduktionen in Büchern und Zeitschriften vorgesehen sind, und es gibt verschiedene als „Designerfarben" angebotene Marken. Die Deckkraft von Guasch ermöglicht den Aufbau glatter, sauberer Farbflächen, die sich hervorragend für die modernen Druckmethoden eignen. Vielfach wird Guasch auch aufgespritzt.

Untergründe

Papier Während sich alle für reine Aquarellfarbe empfohlenen Papiere (s. S. 120) auch für Guasch eignen, gilt dies keinesfalls auch umgekehrt. Die Deckkraft dieser Körperfarbe ermöglicht es nämlich, auch auf dunkel getöntem Papier zu arbeiten, wie dies Ingres und Michallet taten.

Guasch eignet sich auch gut für gefärbtes Plakatpapier und für Packpapier. Leichtere Papiere sollten – wie bei der Aquarellmalerei – aufgezogen werden.

Karton Für das Malen vorbehandelte Kartons, wie sie bei der Wasserfarbe beschrieben sind (s. S. 120), eignen sich auch für Guasch, und auch hier kann man mit dunkel getöntem Material arbeiten. Grobe, nicht grundierte Pappe ermöglicht gute Ergebnisse; falls die Farbe zu sehr einzieht, hilft eine dünne Schicht Gummilösung.

Unten **Graham Sutherland: Pflanzen- und Baumformen vor Hügeln I** *Hier wurden Guasch und Kreide, Linienauftrag sowie wäßrige und trockenere Farbe gemeinsam verwendet; die Landschaft wird in Primär- und Sekundärfarben romantisch interpretiert.*

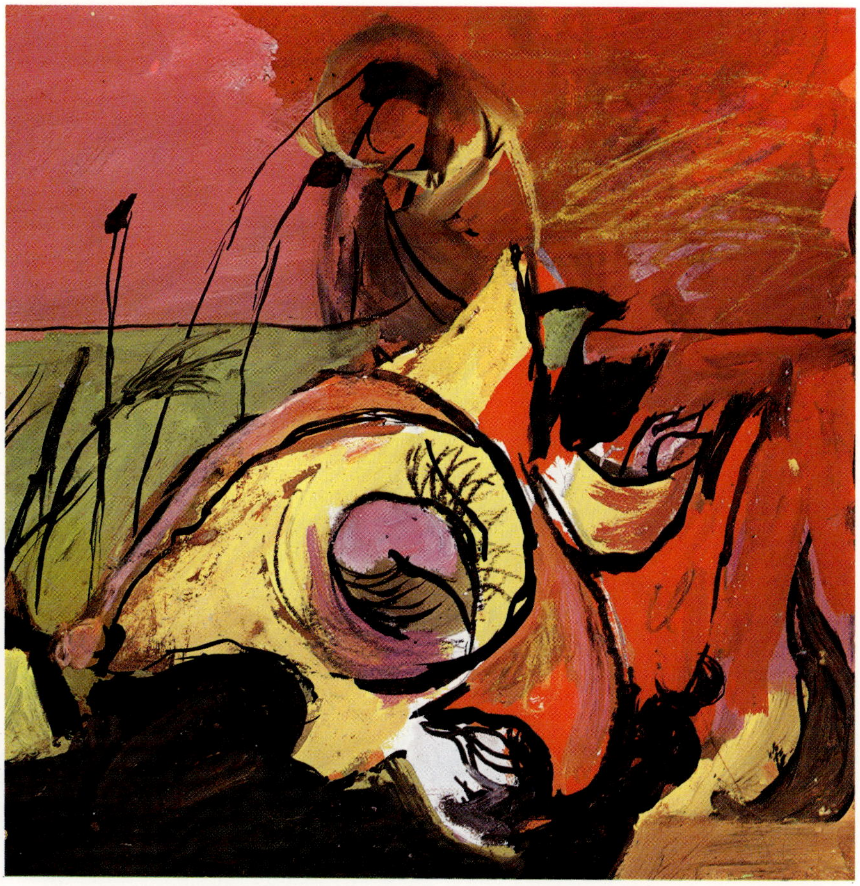

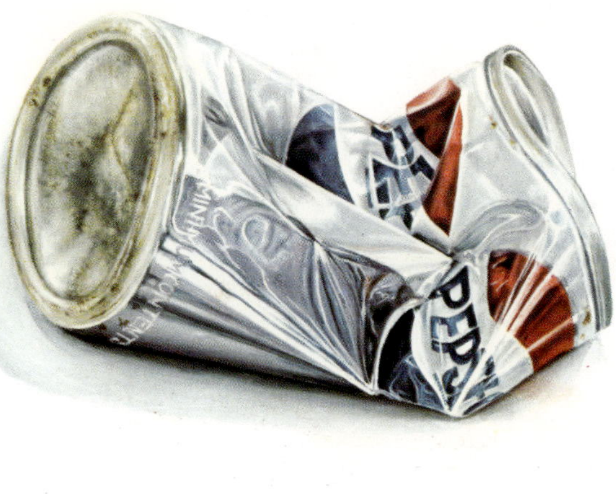

Farben und Werkzeug

„Echte" Guasch Guaschfarbe gibt es in Tuben und Flaschen; die Flaschenfarben werden oft auch als Designerfarben angeboten. Während eine Riesenauswahl von Farben lieferbar ist, genügt für viele Malweisen eine beschränkte Farbpalette. Eine Palette mit den folgenden Farben wird den meisten Motiven und Malweisen gerecht werden: Weiß; lichter Ocker oder Neapelgelb; Kadmiumgelb; Schweinfurter Grün; Kadmiumrot; gebrannte Siena; natürliche Umbra; Kobaltblau; Schwarz. Kadmium- und Kobaltfarben sind teuer; viele Hersteller bieten jedoch preisgünstigere und ebenfalls zuverlässige Ersatzfarben an.

Poster- und pulverförmige Farben Posterfarben werden wie Guasch mit weißem Pigment angemischt und sind dadurch deckend. Sie sind aber weniger zuverlässig als Künstler- oder Designerguasch und empfehlen sich nicht für gute, dauerhafte Gemälde. Das vielfach in Schulen verwendete Farbpulver ist ebenfalls deckend, aber wenig beständig und zuverlässig.

Pinsel und Staffeleien Die für Wasserfarben verwendeten Pinsel, Malbretter und Staffeleien (s. S. 128) eignen sich auch für Guasch. Runde Borstenpinsel sind nützlich für den dicken Farbauftrag.

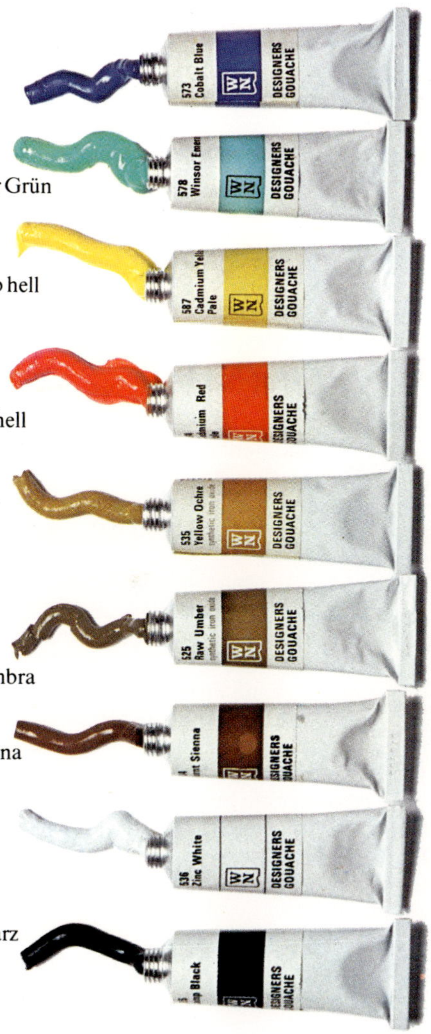

Links **Elaine Keenan: Kommerzielle Illustration** *Guasch wird häufig für kommerzielle Illustrationen verwendet, da es sich gut für die modernen Drucktechniken eignet.*

Guaschfarben *Diese Farben eignen sich für die meisten Zwecke. Eine beschränkte Palette gibt dem Bild von selbst Zusammenhalt.*

Techniken

Das Hauptcharakteristikum von Guasch ist ihr Deckvermögen, und aus ihm ergibt sich großteils auch bereits die anzuwendende Technik. Sie ermöglicht Übermalungen und die Ausarbeitung feinster Töne. Helle Farben können auf dunkle aufgetragen werden, deshalb sind auch getönte oder farbige Papiere gut verwendbar. Bereits im Entwurfsstadium können Farbe und Tönung als Bindeklammer der einzelnen Motivteile wirken und den Künstler beim weiteren Bildaufbau unterstützen.

Guaschfarbe ist in ihren Akzenten und Wirkungen ganz anders als Wasserfarbe. Anfängern ist zu empfehlen, erst einmal Versuchsflächen mit verschiedenen Pinseln zu bemalen, bevor sie sich an das eigentliche Bild heranwagen.

Die Farbe läßt sich in verschiedenen Konsistenzen verarbeiten: flüssig wie Wasserfarbe; zähflüssig, etwa wie Ölfarbe; ziemlich trocken; vollständig trocken und fest.

Man könnte versucht sein, Guasch als eine Art schnelltrocknende Ölfarbe anzusehen, aber damit würde man ihr nicht gerecht. Sie hat zwar einiges mit Ölfarbe gemeinsam, man kann sie aber nicht in einen Topf mit ihr werfen. Guasch hat ihren ganz eigenen Charakter und nur für sie typische Eigenschaften. Dies sollte man sich so weit wie möglich zunutze machen.

Gleichmäßig starker Farbauftrag Die ebenmäßige, dick bemalte Fläche, die mit einer dauerhaften Farbschicht bedeckt ist, ist ein Charakteristikum von Guaschgemälden. Dieser Effekt läßt sich mit Wasserfarben nicht erzielen. Die Voraussetzung dafür ist Farbe von genau richtiger Konsistenz, die sich nur mit Sorgfalt und Erfahrung herstellen läßt; sie muß dicker sein, als die unten für den Verwaschauftrag empfohlene.

Trocknende Guaschfarbe kann unerwartete Unregelmäßigkeiten aufweisen: die Farben neigen dazu, heller zu werden, und dickere Farbflecke sind anders getönt als ihre Umgebung. Oft entstehen Flekke, wenn trockene Farbe neu übermalt wird, und jedes Korrigieren an einer glatten, aber vielleicht noch nicht perfekten Farbfläche wird sie wahrscheinlich verderben.

Es ist daher am besten, solche Flächen ganz unberührt zu lassen. Selbst eine Stelle, die zunächst stark mißlungen scheint, wird auch nach noch so sorgfältigen Korrekturversuchen nicht besser aussehen als zuvor. Außerdem werden zunächst auffallende Fehler häufig später durch die weiteren Bildteile völlig überdeckt.

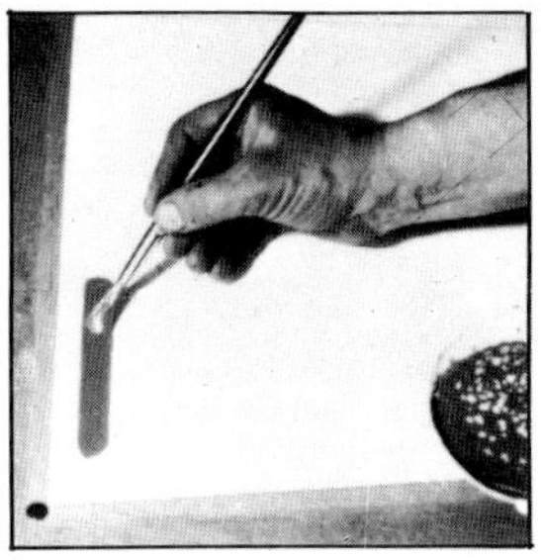

Gleichmäßiger Flächenauftrag 1. *Viel Farbe anmischen, Pinsel eintauchen und an einer Seite der Fläche ersten Pinselstrich anlegen.*

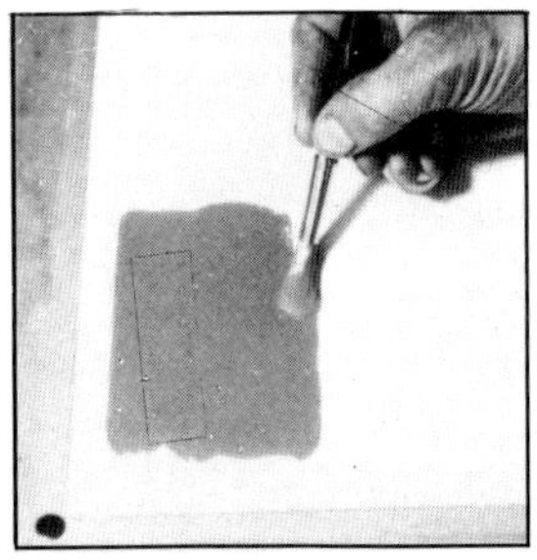

2. *Weitere Striche parallel zum ersten malen. Bei richtiger Konsistenz der Farbe verlaufen die Striche ineinander, wenn sie vor dem Abtrocknen der Farbe angelegt werden.*

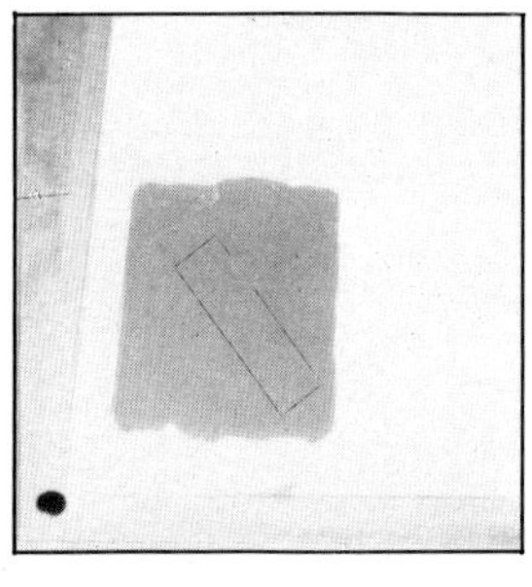

3. *Fertige Deckfarbenfläche. Meist ist es falsch, Tonunterschiede korrigieren zu wollen, da hierdurch oft die Frische verlorengeht.*

Verwaschen Der gleichmäßige wäßrige Auftrag wird mit Guasch im wesentlichen nach den von der Aquarellfarbe her bekannten Regeln aufgetragen (s. S. 132). Der Unterschied besteht nur darin, daß hier die Konsistenz der Farbe genau richtig sein muß, und dies in den Griff zu bekommen ist schwierig. Sie muß so stark sein, daß sie den Untergrund gut abdeckt, und zugleich doch so leichtflüssig, daß die einzelnen Pinselstriche glatt ineinander verlaufen können.

Abgestufter und verschiedenfarbiger Verwaschauftrag ist mit Guasch ebenso möglich wie mit Wasserfarbe, aber auch hier muß wieder der genau richtige Flüssigkeitsgrad hergestellt werden.

Übermalen Es gibt verschiedene Techniken des Übermalens mit mehreren Farben, die man beherrschen muß, um erfolgreich mit Guasch arbeiten zu können. Die Gemälde werden dabei oft mit dicker, nicht verlaufender Farbe auf trockenem Deck- und transparentem Verwaschauftrag angelegt.

Gewöhnlich beginnt man das Gemälde mit gleichmäßigen Mitteltönen im Verwaschauftrag. Aus ihnen heraus kann der Künstler, die Flexibilität von Guasch nutzend, sowohl die hellen wie die dunklen Töne seines Bildes anlegen. Die Hauptschatten können in entsprechend dunklerer Farbe auf den Mittelton aufgemalt werden. Es folgen immer hellere Töne, bis hinauf zu den hellsten Partien; dies kann natürlich in jeder beliebigen Farbe geschehen. Mit heller, trockener Farbe läßt sich eine dunklere Farbschicht gut übertönen.

Eine ganz andere Art, die Deckkraft von Guasch auszunutzen, ist es, dicke, fast trockene Farbe in ein- und mehrfarbigen Verwaschauftrag einzuarbeiten, solange dieser noch naß ist. Die Farbe verbindet sich dann mit dem trocknenden Verwaschauftrag zu weichen Übergängen. Guasch trocknet sehr schnell, und es empfiehlt sich, bei dieser Technik die Rückseite des Papiers mit Wasser zu tränken, damit die Verwaschfarbe nicht vorzeitig trocknet.

Aufspritzen Eine Fläche mit feinen Punkten läßt sich mit Guasch ebenso wie mit Wasserfarbe durch Aufspritzen erreichen (s. S. 137), bei welchem man eine Messerklinge über eine farbgefüllte Zahnbürste zieht.

Schabtechniken Detailarbeiten oder Strukturierung können beim Guaschgemälde durch Einritzen der Farbe mit einem Universalmesser, einer einseitig scharfen Rasierklinge oder einem Skalpell bewältigt werden.

Struktur Gibt man dem Guaschbild pastose Farbe zu, durch die man dann einen Kamm oder ein ähnliches Gerät zieht, so entsteht eine markante, dreidimensionale Struktur.

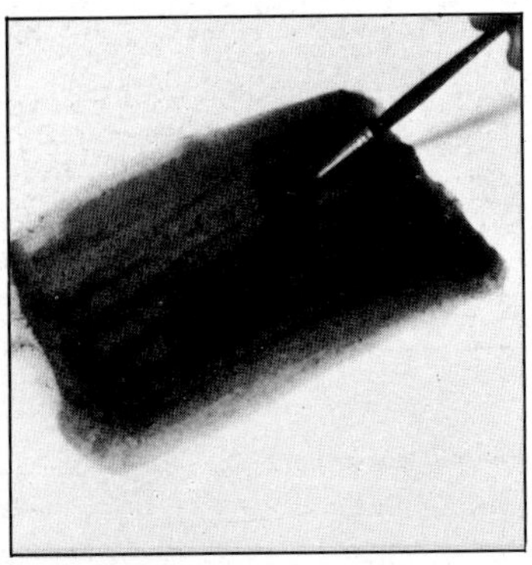

Verwendung dunkler, mittlerer und heller Töne 1. *Zunächst die Grundformen in mittleren Tönen anlegen, dann die Schatten in dunklerem Ton.*

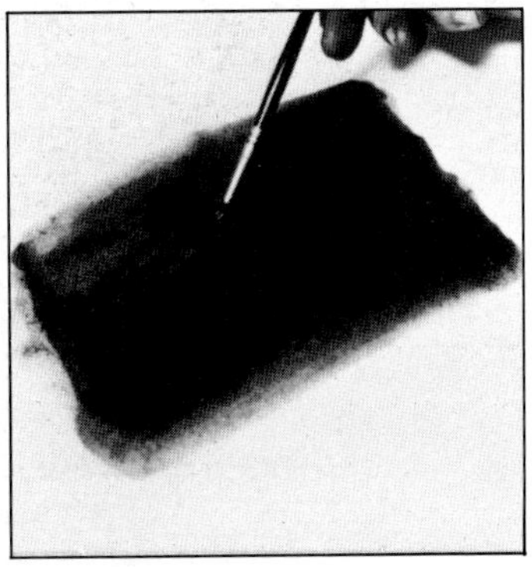

2. *Jetzt die Details in mittleren Tönen malen.*

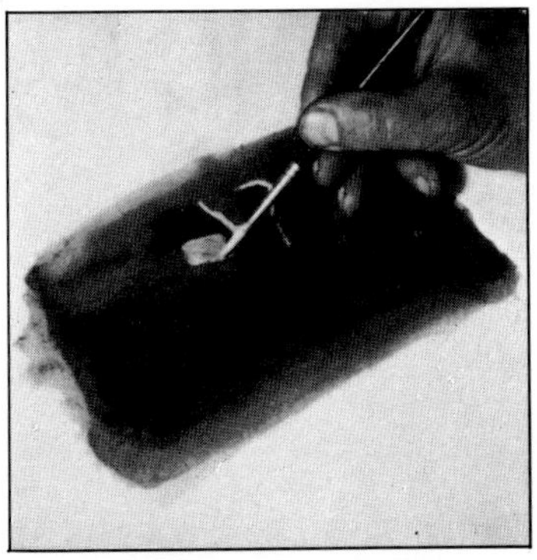

3. *Helle Partien auf die Grundformen und zwischen dunklere und mittlere Details anlegen.*

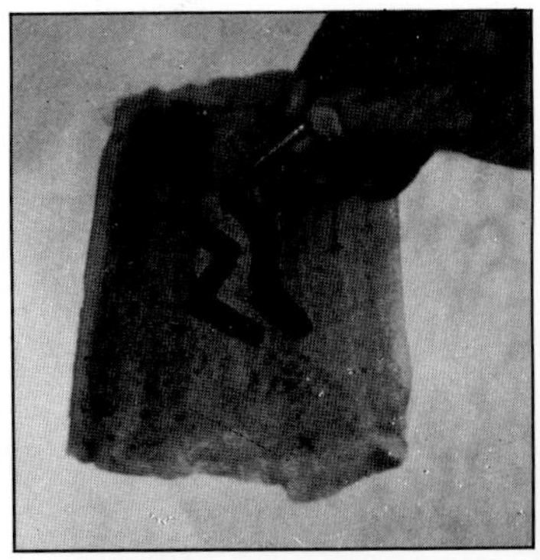

Feste Farbe in wäßrigen Auftrag einarbeiten *Verwaschauftrag gleichmäßig ausführen und trocknen lassen. Dicke, trockene Farbe mit dem Pinsel in ihn einfügen.*

Schnüre oder Seilstücke können in Farbe getaucht und dann auf das Papier gedrückt werden, auf dem sie so interessante Formen und Strukturen hinterlassen. Dünnes Papier oder Cellophan kann zu einem Ball geknüllt in dicker Farbe gerollt werden, entweder, um zusätzliche Struktur beizufügen, oder um ein Motiv daraus zu entwickeln.

Glanzwirkung Fügt man zu Guasch, Wasserfarbe oder Farbtusche Gummiarabikum hinzu, so trocknet die Farbe mit lebhaftem Glanz. Die Farbwirkung wird insgesamt stärker. Dennoch sollte dieser Effekt zurückhaltend verwendet werden, da übermäßiger Glanz ein an sich gelungenes Bild verderben kann.

Abdecken Scharfkantig abgegrenzte Farbflächen erhält man durch Umkleben der gewünschten Fläche mit Maskierband mit anschließendem Farbauftrag auf diesem Feld.

Wirkungsvoll kann es auch sein, unregelmäßige Formen oder feine Details mit unberührtem Papier darzustellen. Man übermalt diese Stellen zunächst mit Maskierflüssigkeit. Sobald diese abgetrocknet ist, kann die Farbe über sie hinweg auf das freigebliebene Papier aufgetragen werden. Danach wird die Maskierflüssigkeit abgezogen und das unberührte Papier freigelegt.

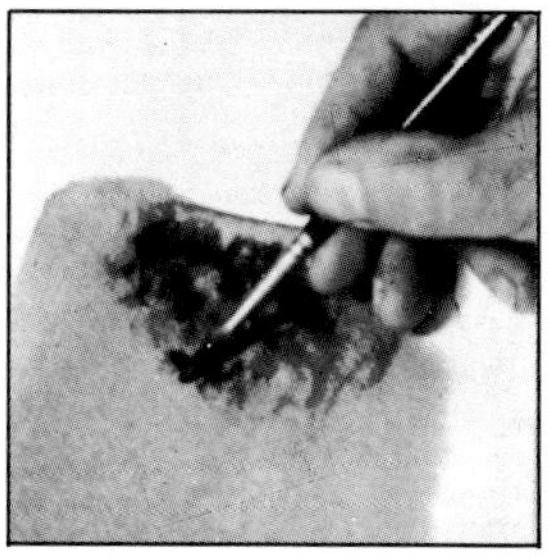

Übertönen *Grundfarbe auftragen und trocknen lassen. Trockenen Pinsel in Farbe tauchen und mit schnellen Bewegungen flach über die Grundfarbe malen.*

Guasch und andere Farbträger Seit langem ist die gemeinsame Verwendung von Guasch und Wasserfarbe gang und gäbe. Viele Künstler malen Aquarelle und fügen lichte Partien und Details in Guasch hinzu.

Mit Bleistift lassen sich Konturen und Formen gut auf ebener Deckfarbe und Verwaschfarbe auftragen. Bleistiftlinien zwischen Verwasch- und Deckfarbe geben dem Bild Zusammenhalt und wirken gleichzeitig als Kontrast; auf der Deckfarbe erscheinen sie weich und dunkel.

Mit Tuschfedern kann man auf dicker Guasch weniger gut arbeiten als auf Wasserfarbe. Dagegen lassen sich mit farbiger Tusche gut die Hauptumrißlinien anlegen, die dann mit flüssiger Guasch übermalt werden. Hierdurch bleibt das Bild länger korrigierbar und man kann vor der endgültigen Lösung noch manches ausprobieren.

Guasch läßt sich ebensogut wie Wasserfarbe wegwaschen (s. S. 141).

Fehler verbessern Fehler kann man mit einem Universalmesser, einer einseitig scharfen Rasierklinge oder einem Skalpell wegkratzen. Es ist auch möglich, sauberes – am besten destilliertes – Wasser mit dem Schwamm aufzutragen und die Farbe dann mit sauberem Löschpapier wegzusaugen. Auf diese Weise können auch Farbtöne abgeschwächt werden; man nimmt dann entsprechend weniger Farbe mit dem Löschpapier weg.

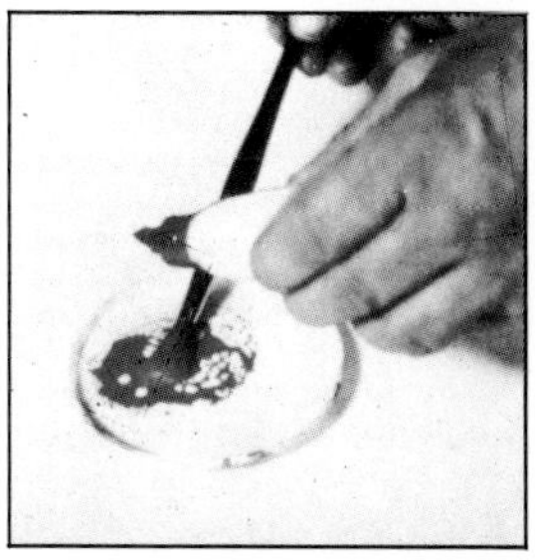

Struktur mit Farbpaste und Kamm 1. *Etwas Paste in der Palette mit Farbe anmischen.*

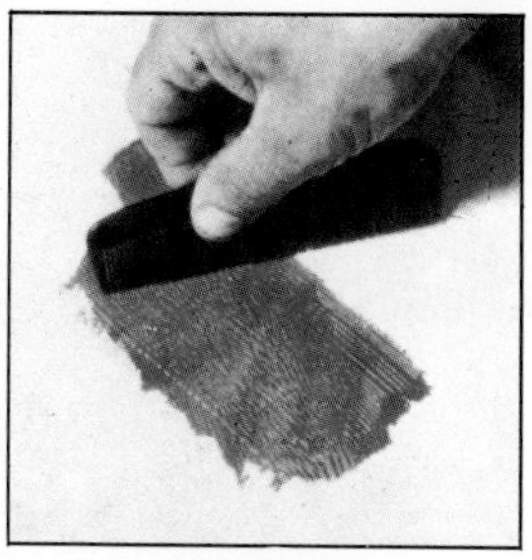

2. *Farbe auftragen und Kamm durchziehen, solange sie noch feucht ist.*

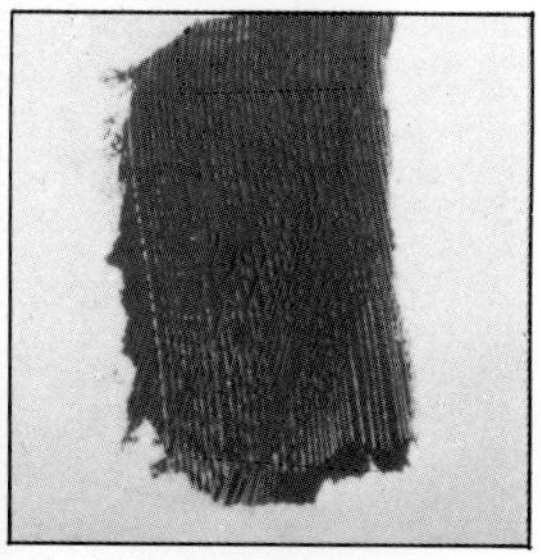

3. *Ergebnis mit der endgültigen, dreidimensionalen Struktur dieser Technik.*

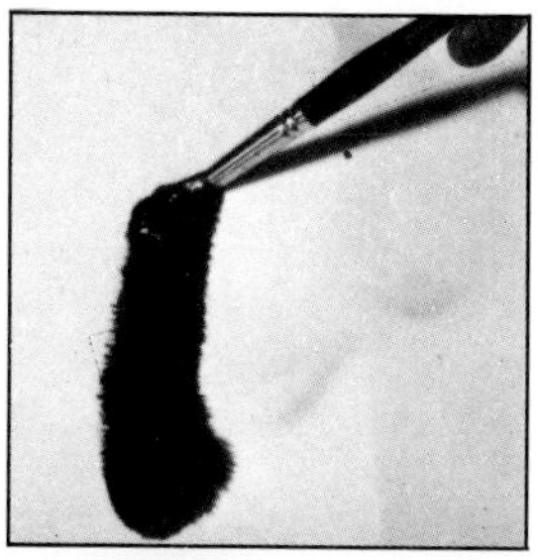

Farbe in feuchten Verwaschauftrag einarbeiten 1. *Papierrückseite benetzen, damit der wäßrige Auftrag nicht trocknet; Grundformen in Mitteltönen anlegen.*

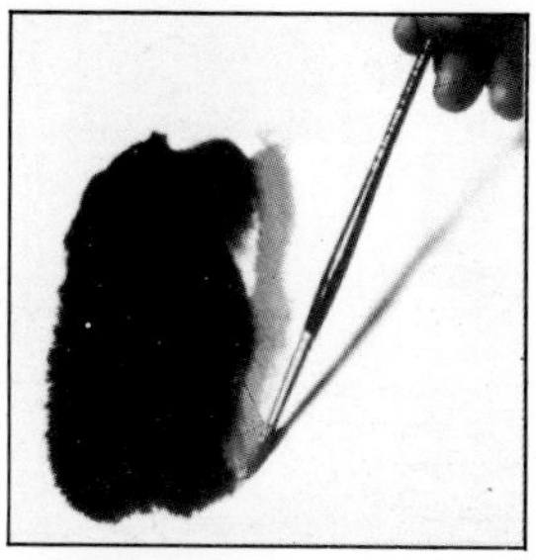

2. *Während die Grundfarbe noch feucht ist, wird die zweite Farbe so aufgetragen, daß sie weich in die erste verlaufen kann.*

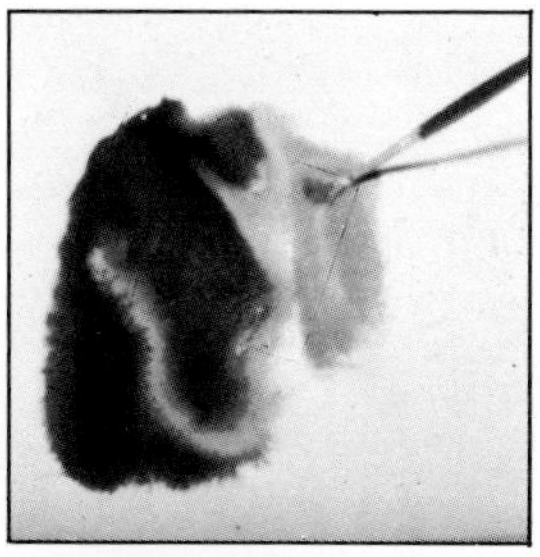

3. *Dritte Farbe auftragen. Die Deckkraft der Guasch ermöglicht es dem Künstler, wahlweise helle oder dunkle Töne zuerst aufzutragen.*

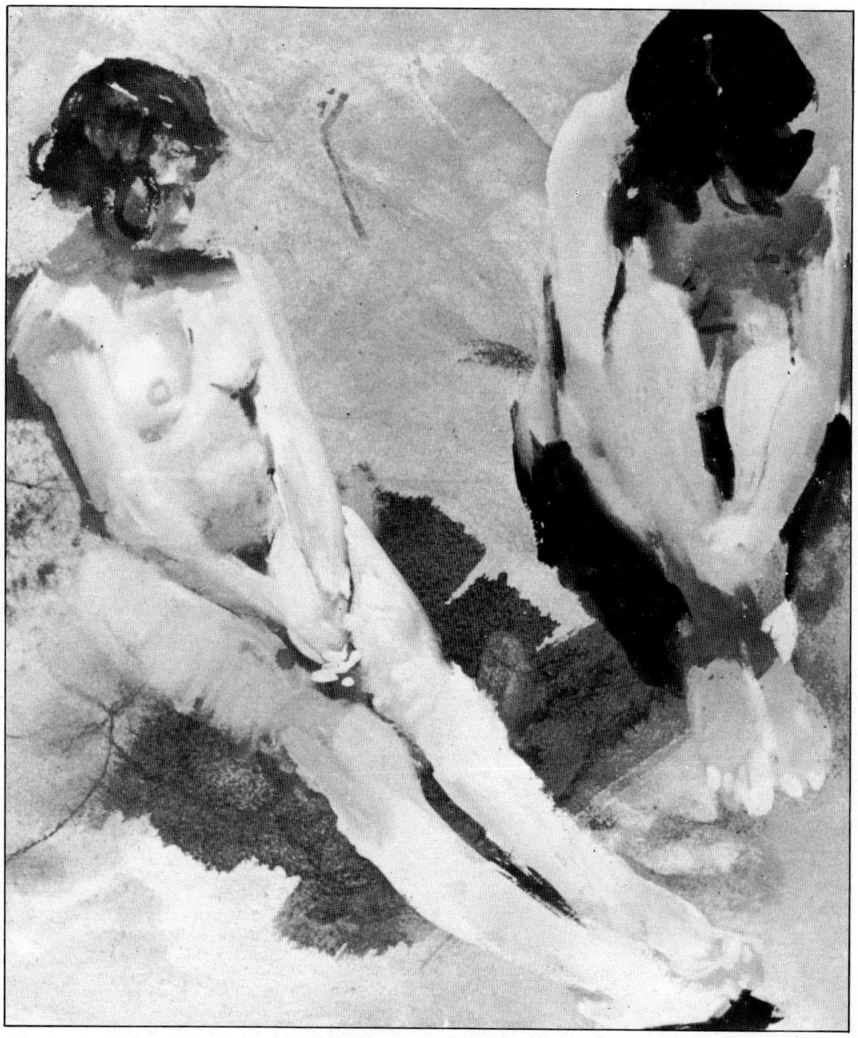

Oben **Stan Smith: Mädchenstudie** *Hier wurde das Papier mit Paynesgrau getönt und dann die Figuren auf diesem mittleren Grundton in wenigen Farben ausgeführt, nämlich in Neapelgelb, Kobaltblau, Hookersgrün und Weiß.*

10. Kapitel

Pastell

Pastellfarben sind pulverförmige Pigmente, die gerade mit so viel Gummi- oder Öllösung gemischt sind, daß sie sich miteinander verkleben. Ihre Bezeichnung geht auf die Paste zurück, aus der die bekannten Pastellstifte der verschiedenen Hersteller geformt werden oder aus der sie der Künstler sich selbst formt. Der Charme und die Frische von Pastellbildern, ihre Farbeinheit und ihre unmittelbare „fertige“ Wiedergabe auf dem Papier sind charakteristisch für diesen Farbträger und unterscheiden ihn von der Ölfarbe.

Der Künstler kann mit Pastell malen oder zeichnen, weil dieser Farbträger die Eigenschaften beider Techniken in sich vereint. So gibt es die Pastelle von Degas (1834–1917), der fortwährend mit diesen Farben experimentierte, und die zu den Meisterleistungen graphischer Darstellung zu rechnen sind, während andere Pastellwerke der Ölmalerei viel näher kommen. Die besten Pastelle vereinen oft beide Möglichkeiten in sich; demgegenüber verlieren Pastelle, die unter Überforderung dieses Farbträgers zu Imitationen von Ölbildern geraten, häufig an Ausstrahlung.

Pastellfarben werden oft mit den härteren Farbkreiden verwechselt, bei denen das Pigment mit Wachs oder Öl gemischt wird; so sind Pastelle aus dem 18. Jahrhundert häufig als Kreidezeichnungen angesehen worden. Farbige Kreidezeichnungen auf getöntem Papier, mit Weiß gehöht, wie die von Fragonard (1732–1806) und Watteau (1684–1721), verwenden pastellähnliche Techniken. Mit Kreidestiften kann man Entwürfe und Vorzeichnungen anlegen, die später als Pastelle ausgeführt werden.

Die Geschichte der Pastellfarben ist noch relativ jung und datiert hauptsächlich ins Frankreich des 18. Jahrhunderts zurück, in welchem einige ihrer frühesten und besten Vertreter zu finden sind. Die wirkliche Pionierin dieses Farbträgers war jedoch die Venezianerin Rosalba Carriera (1674–1757), eine der wenigen Künstlerinnen, denen vor dem 19. Jahrhundert der Durchbruch zum Ruhm gelang. Sie arbeitete in Frankreich unter Ludwig XV. und hatte dort ihre größten Erfolge. Zur gleichen Zeit zeigte Quentin de la Tour (1704–1788), der größte Pastellzeichner seiner Zeit, die Welt des Rokoko mit all ihrem Glanz von Samt und Seide, wie sie in Madame de Pompadour, der Mätresse Ludwigs XV., ihren Kulminationspunkt findet.

In Frankreich entwickelte sich die Pastellzeichnerei zu einer Modekrankheit, die allein in Paris um 1780 etwa 2500 Künstler angesteckt hatte. Die dem Pastell eigene Frische und Spontaneität brachte in Verbindung mit gallischem Witz die besten Werke jener Epoche bereits in die Nähe des französischen Impressionismus, der sich erst ein Jahrhundert später entwickeln sollte. Degas sammelte als Hauptvertreter des Pastells im Impressionismus die Werke von de la Tour und entwickelte die Möglichkeiten der Technik weit über jene Grenzen hinaus, die die Tradition den Malern des 18. Jahrhunderts noch gesetzt hatte. Jeder Künstler, der sich ernsthaft mit Pastell auseinandersetzen will, sollte die Arbeiten von de la Tour und seinem Zeitgenossen Perroneau (1715–1783), die wichtigeren Werke von Chardin (1699–1779) und die unzähligen Techniken von Degas studieren.

Aus den Werken dieser Meister geht hervor, daß mit den manchmal als Kunst zweiter Klasse abgewerteten Pastellen sehr wohl hochrangige künstlerische Aussagen gemacht werden können. Die Schuld an der Vernachlässigung des Pastells in jüngerer Zeit trägt zweifellos die Flut süßlicher Kinderportraits, die den Ruf dieses Farbträgers verdorben hat. Obwohl Mary Cassatt (1845–1926) auch in diesem The-

Unten **Edgar Degas: In der Badewanne** *Degas verwendete hier vermutlich ausschließlich Pastellfarben ohne jeden anderen Farbträger, und es gibt auch kaum Spuren einer Entwurfszeichnung in Kohle. Die unvermischten Striche laufen den Figurenumrissen teils entgegen, teils an ihnen entlang; die Zeichnung erhält so Leben und Vielfalt.*

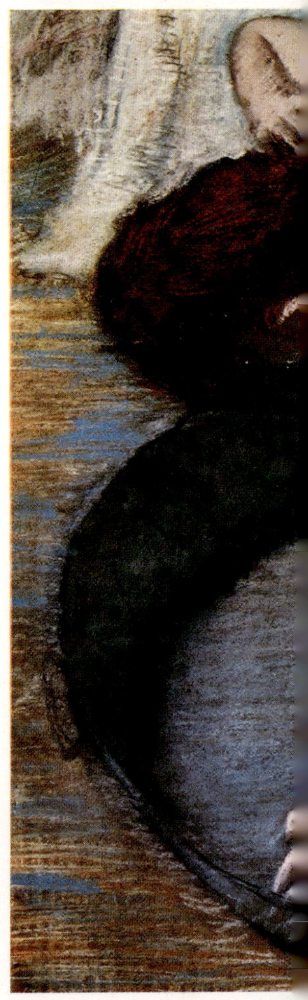

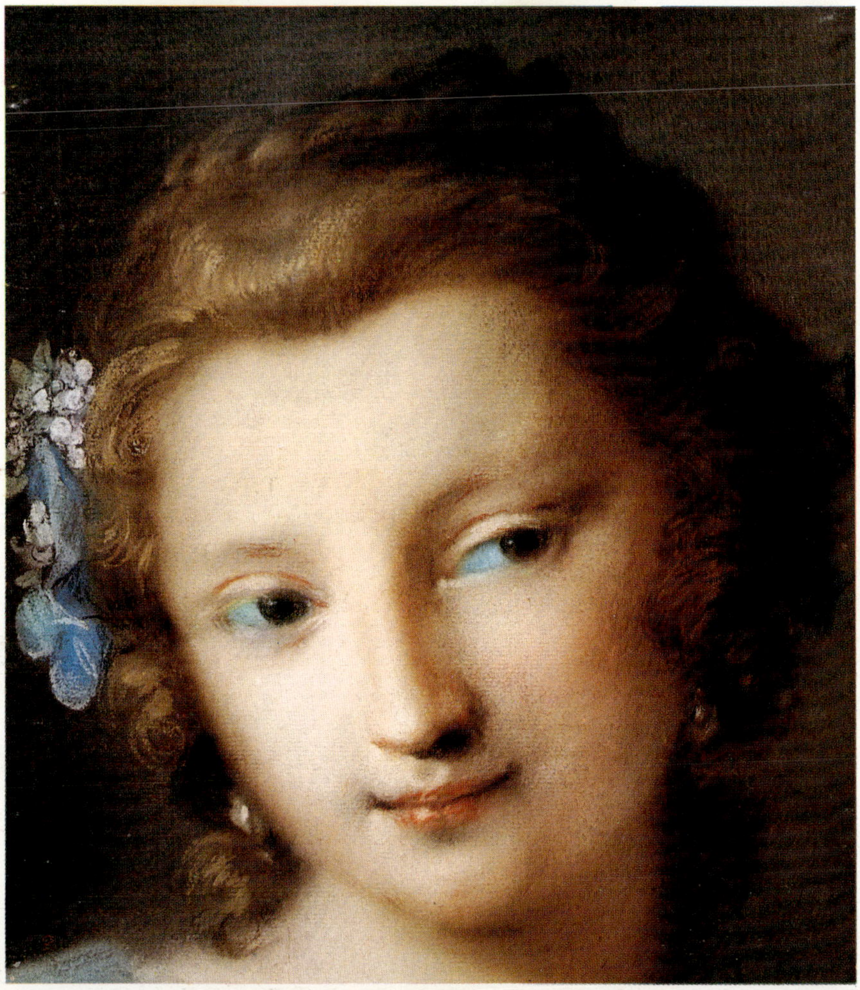

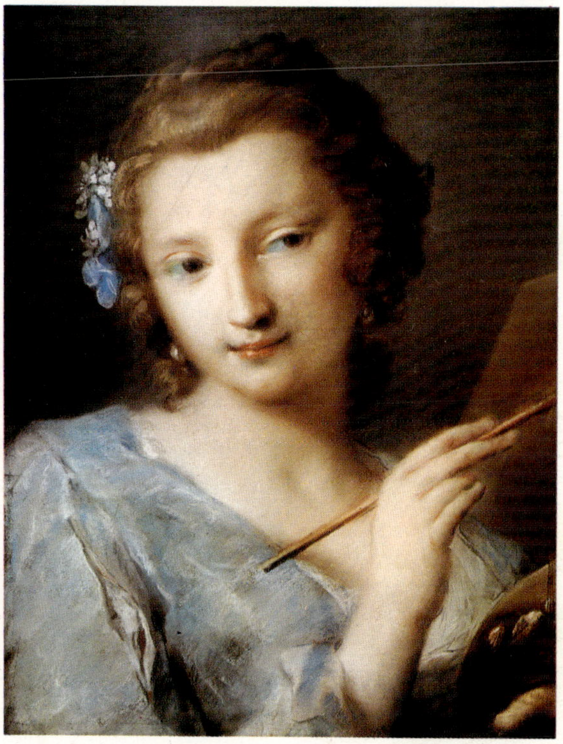

Oben und links **Rosalba Carriera: Allegorie der Malerei**
Carriera, die Pionierin dieser Technik, arbeitete in sehr einfacher, verschmelzender Technik, die den Pastellfarben keineswegs zuviel abverlangte. Nur in der Vergrößerung lassen sich die einzelnen Striche noch erkennen.

Unten **Leonardo da Vinci: Bildnis der heiligen Anna**
Leonardo arbeitete viel mit Rötelkreide, einer nahen Verwandten der Pastellfarbe. Die Art, in der er weiche Übergänge und Einzellinien nebeneinander verwendet, ist für jeden Künstler beispielhaft.

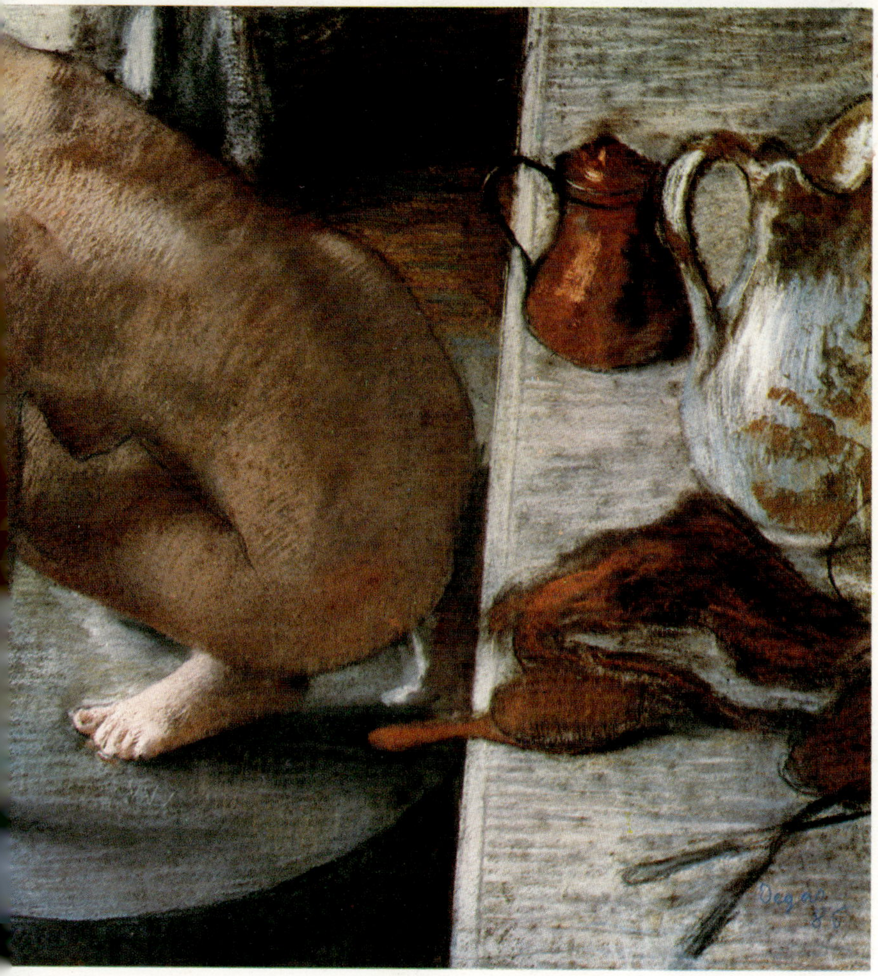

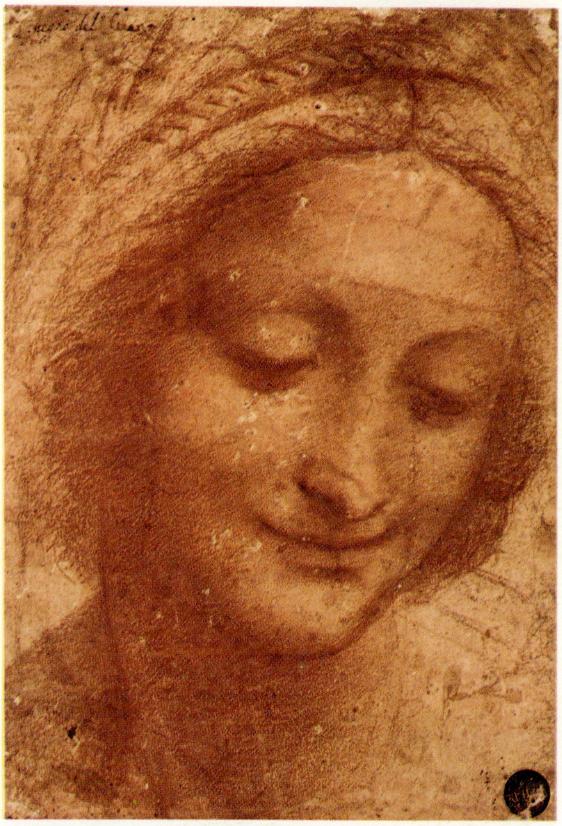

menkreis Beachtliches geleistet hat, gehen die Möglichkeiten des Pastells doch weit über solch eine beschränkte Thematik hinaus. Der Pastellzeichner sollte sich auch mit Landschaften, Stilleben und Phantasiemotiven befassen und sich dabei etwa von den Pastellen Redons (1840–1916) inspirieren lassen.

Pastellfarben ermöglichen das Zeichnen und Malen in allen Farben, ohne daß man sich mit den Nachteilen der Ölfarbe – wie etwa unterschiedlich schnelles Abtrocknen oder Trockenrisse – herumschlagen muß. Andererseits lassen sich Fehler in der Ölmalerei mit einem terpentingetränkten Lappen entfernen und der Künstler kann die verunglückte Stelle dann neu bemalen. Bei Pastellbildern bedingen Änderungen demgegenüber kompliziertere Eingriffe. Fehler können entweder mit einem Borstenpinsel abgebürstet oder mit einem Radiergummi vorsichtig entfernt werden; dabei kann jedoch der Untergrund einiges an Körnung und damit von der Fähigkeit verlieren, das Pigment an sich zu binden. Hier zeigt sich der Hauptnachteil des Pastells: bessere Einfälle können nachträglich nur noch schwer zu Papier gebracht werden.

Gutes handwerkliches Können ist daher die wichtigste Voraussetzung für jeden, der sich mit diesem nicht unproblematischen Farbträger auseinandersetzen will. Kern dieses Könnens muß es sein, sich auf das Wichtige zu beschränken und Nebensächliches wegzulassen. Pastelle wirken am besten, wenn sie nicht mehrfach überarbeitet oder mit Details überfrachtet werden; ihr Charme liegt gerade in den feinen Strukturen und in der Spontaneität, die auch die meisten graphischen Werke ausstrahlen können.

Sehr lehrreich für den Pastellzeichner sind auch jene Kreide- und Buntstiftzeichnungen, die oft auf lederartig getöntem Papier entstehen, und bei denen die Werke von Watteau besonders hervorstechen. Erste künstlerische Darstellungen von Menschen oder Tieren sollten in diesen Techniken entstehen. Rote oder schwarze Kreide mit weißen Zusätzen auf getöntem Papier können der erste Schritt auf eine kleine Farbpalette hin sein, ohne daß hierbei ernsthafte Schwierigkeiten zu befürchten sind.

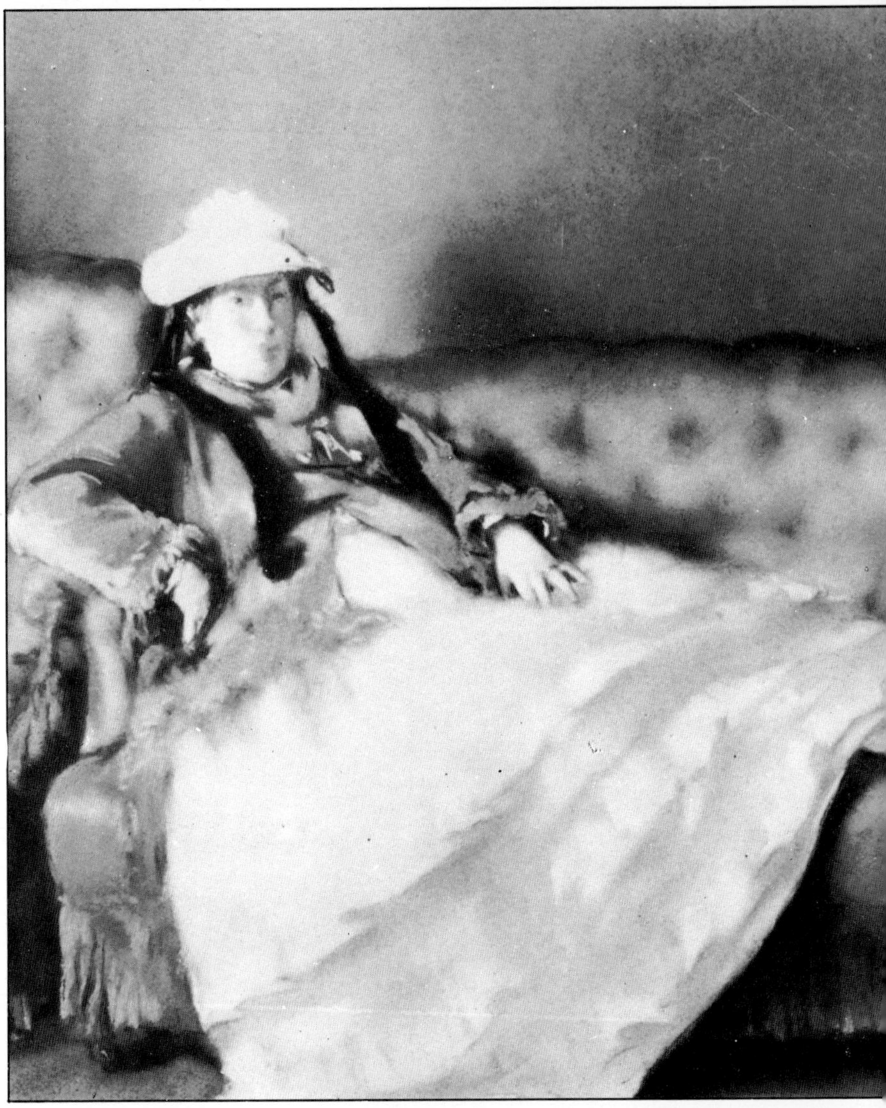

Oben **Edouard Manet: Madame Manet** *Manet verschmilzt hier die Töne äußerst kunstvoll und verreibt sie in vielen Bildteilen weich ineinander.*

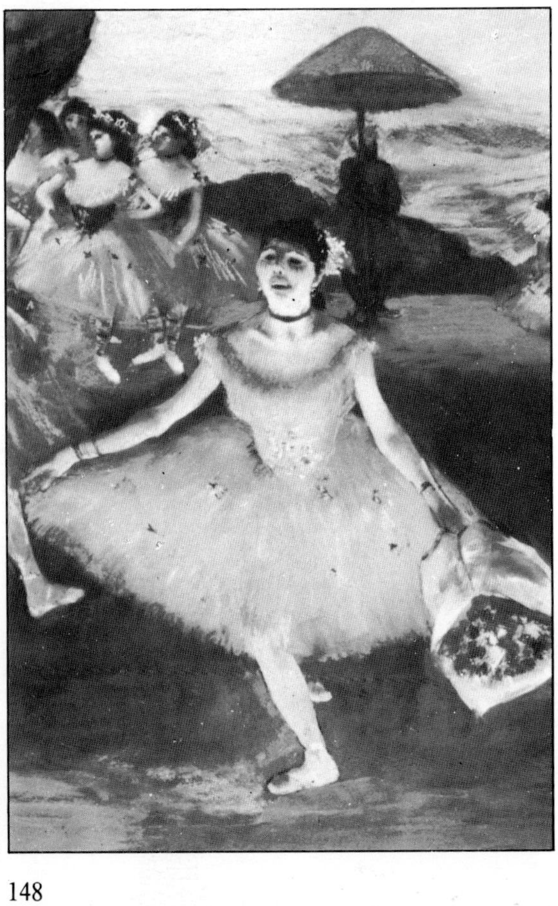

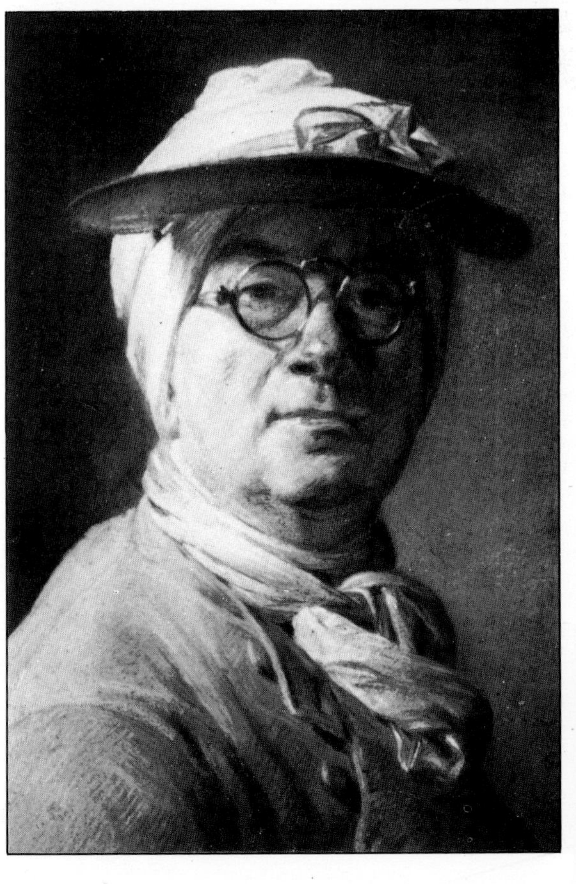

Links **Edgar Degas: Ballettänzerinnen auf der Bühne (Ausschnitt)** *Dieses Bild ist mehr ein Gemälde als eine Zeichnung; besonders im Vordergrund sind Pinselstriche erkennbar. Es ist schwer zu sagen, ob Degas hier Tempera für die Grundformen verwendete, oder ob er heißen Wasser- oder Milchdampf über die Zeichnung sprühte, um ihr den Anschein eines Gemäldes zu verleihen. In der obersten Farbschicht, speziell in den Röcken der Tänzerinnen links, sind reine Pastellstriche erkennbar.*

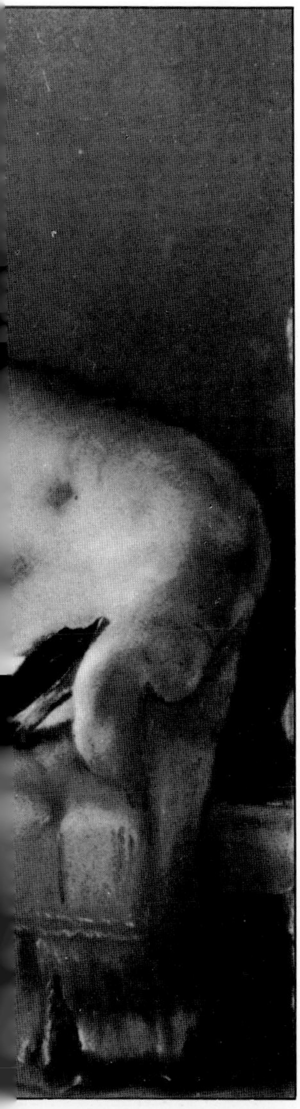

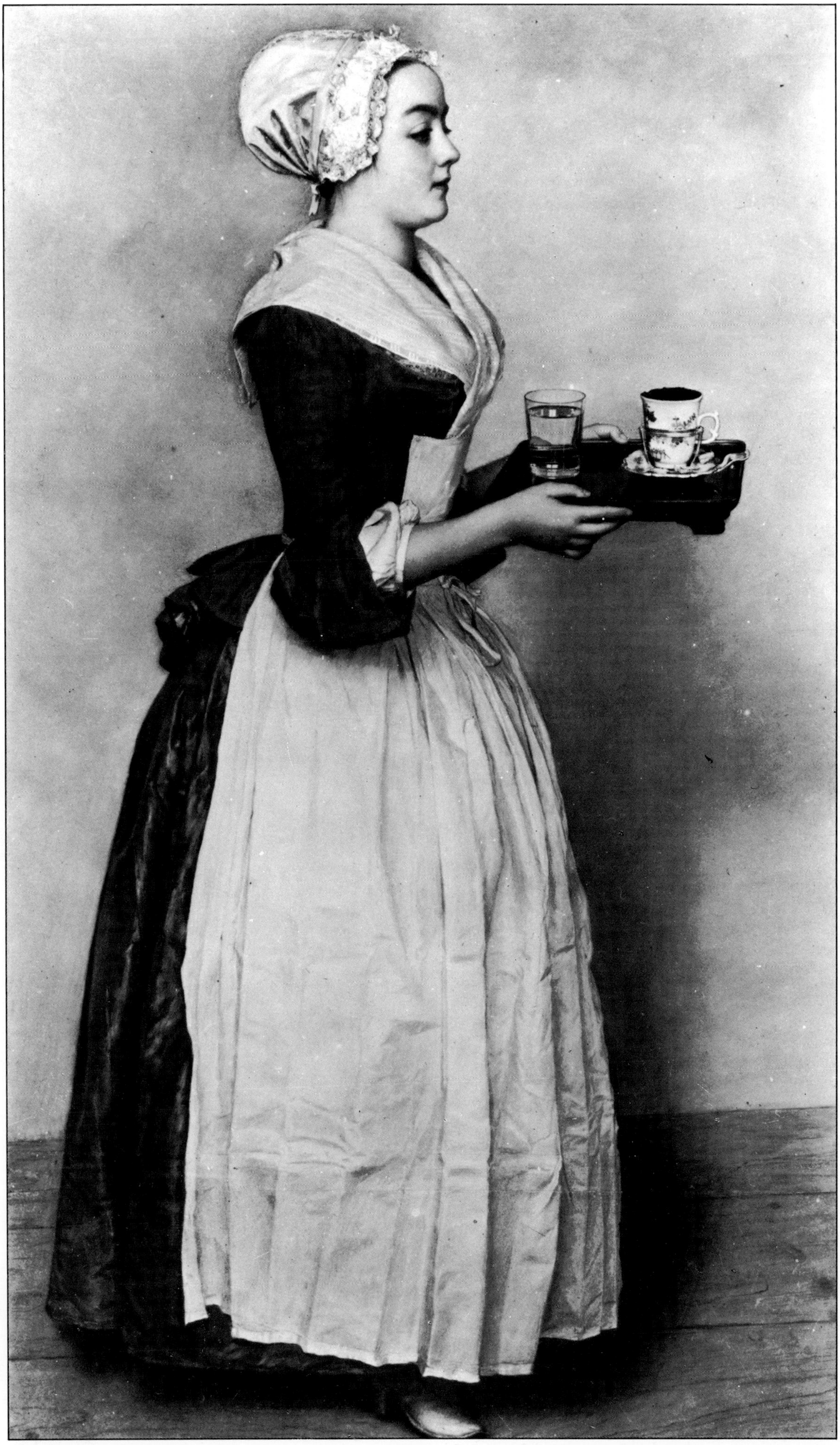

Links **Jean Baptiste Chardin: Selbstbildnis mit Lichtschutz**
Chardins Arbeiten unterscheiden sich von denen seiner „modischeren“ Zeitgenossen de la Tour und Perroneau durch solide Arbeit und das Streben nach realistischer Darstellung. Cézanne schrieb über dieses Bild: „Dieser Maler war ein schlauer Kerl! Haben Sie bemerkt, wie er Lichtschatten quer über die Nase anlegt und so die Formen plastisch klarer herausarbeitet?“ Das Gesicht ist mit sichtbaren Strichen herausmodelliert, während Verschmelzungen und Vermischungen dem Hintergrund vorbehalten bleiben.

Rechts **Jean Etienne Liotard: Mädchen mit Schokolade**
Das klassische Beispiel einer Gemäldeimitation mit Pastell. Liotards Technik war in ihrer strengen und genauen Wiedergabe bewundernswert, die vielfältigen Möglichkeiten dieses Farbträgers nützt sie jedoch nicht aus.

Untergründe

Die Farbe und die Struktur sind die für den Bildentwurf wichtigsten Faktoren jedes Untergrundes – sei es Papier, Karton oder Leinwand –, und man wird sie dort durchschimmern lassen, wo dies im Aufbau der Farben passend wirkt. Im übrigen sollte der Untergrund nicht allein nach der Farbe, sondern auch nach Gewicht, Stabilität und vor allem nach der Struktur ausgewählt werden, da er in der Lage sein muß, die Pigmentpartikel an sich zu binden.

Papiere Der Pastellzeichner sollte sich mit den verschiedenen Papieroberflächen und -untergründen ebenso vertraut machen wie mit den Farbmusterkarten. Die Papierhersteller bieten Proben an und der Künstler kann mit ihnen experimentieren, um herauszufinden, ob Farbe und Struktur sich für das spezielle Motiv eignen, welches er gerade angehen will.

Ingrespapier hat eine für den Auftrag angenehme Körnung und ist in vielen Farben lieferbar. Ingres Fabriano gibt es in den Gewichten 90 und 160 g; die Farben Steingrau 604, Rehbraun 607 und Mittelgrau 617 sind die gebräuchlichsten für den Pastellzeichner. Ingres Swedish Tumba und Ingres Canson werden in 15 bis 20 verschiedenen Farbtönen und mit sehr ausgeprägten Strukturen angeboten, die besonders dann schön zur Geltung kommen, wenn sie nur leicht übermalt werden und daher noch durchschimmern können.

Die mittleren Töne der Tumba-Papiere – z. B. Blaugrau, Purpurgrau, Mittelgrün und jadefarben hell – ermöglichen subtile Farbharmonien. Die dunkleren Töne – etwa die Braun- und Rosttöne – verlangen demgegenüber die Verwendung starker Kontraste und benötigen kräftige Umrisse mit Kohlestift. Whistler (1834–1903) verwendete, wie seine Pastellzeichnungen von Venedig zeigen, oft braunes Papier und er wählte sehr sorgfältig die dazu passenden Farbtonwerte aus. Auch viele der Figuren von Degas sind auf stark getöntes Papier gezeichnet, und Eric Kennington (1888–1960) zeichnete seine Pastelle vom ersten Weltkrieg sogar regelmäßig auf schwarzes Papier und schuf so dramatische Kontraste. Velinpapier eignet sich dagegen gut als Untergrund für feine Arbeiten.

Papier tönen Manchmal ist es die beste Lösung für den Künstler, sich seinen Papieruntergrund selbst vorzubereiten. Das selbst getönte Papier ist gegenüber den käuflichen Handelsmarken mit ihrer Neigung zum Verblassen immer im Vorteil. Außerdem kann der Künstler Farben oder Farbmischungen nach eigener Wahl anfertigen (siehe Abb.). In einem 1777 geschriebenen Brief berichtet de la Tour, daß er auf blaues Papier mit Wasser und Eigelb verdünnten

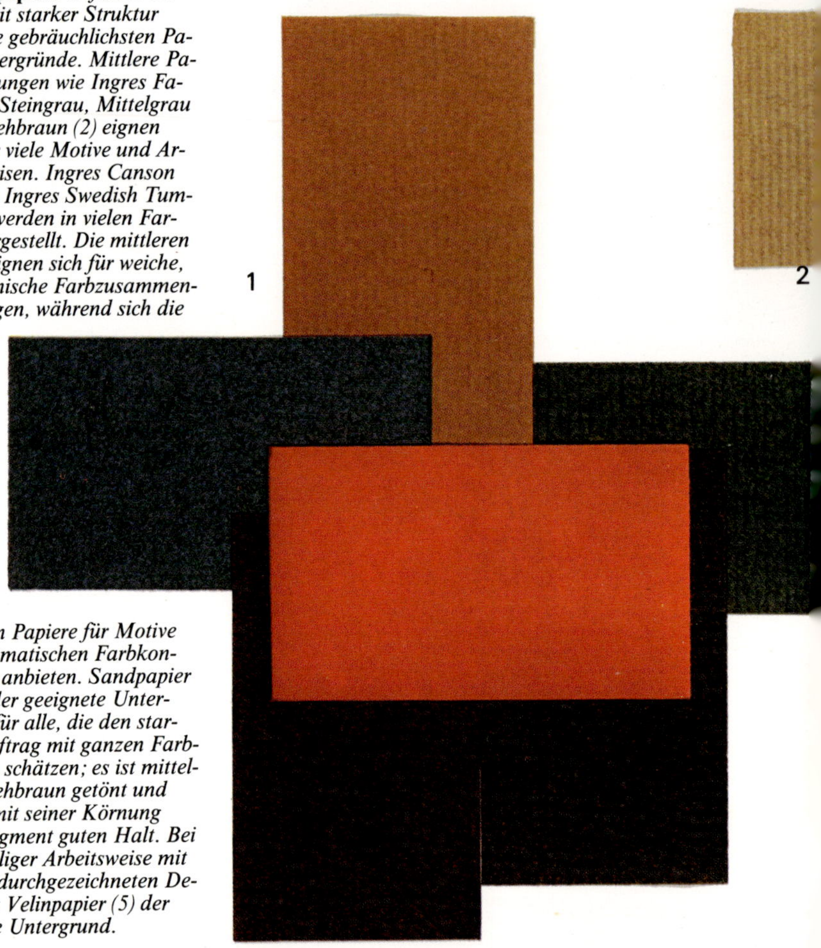

Pastellpapiere *Gefärbte Papiere mit starker Struktur sind die gebräuchlichsten Pastelluntergründe. Mittlere Papiertönungen wie Ingres Fabriano Steingrau, Mittelgrau oder Rehbraun (2) eignen sich für viele Motive und Arbeitsweisen. Ingres Canson (1) und Ingres Swedish Tumba (3) werden in vielen Farben hergestellt. Die mittleren Töne eignen sich für weiche, harmonische Farbzusammenstellungen, während sich die dunklen Papiere für Motive mit dramatischen Farbkontrasten anbieten. Sandpapier (4) ist der geeignete Untergrund für alle, die den starken Auftrag mit ganzen Farbklötzen schätzen; es ist mittelstark rehbraun getönt und bietet mit seiner Körnung dem Pigment guten Halt. Bei feinfühliger Arbeitsweise mit genau durchgezeichneten Details ist Velinpapier (5) der richtige Untergrund.*

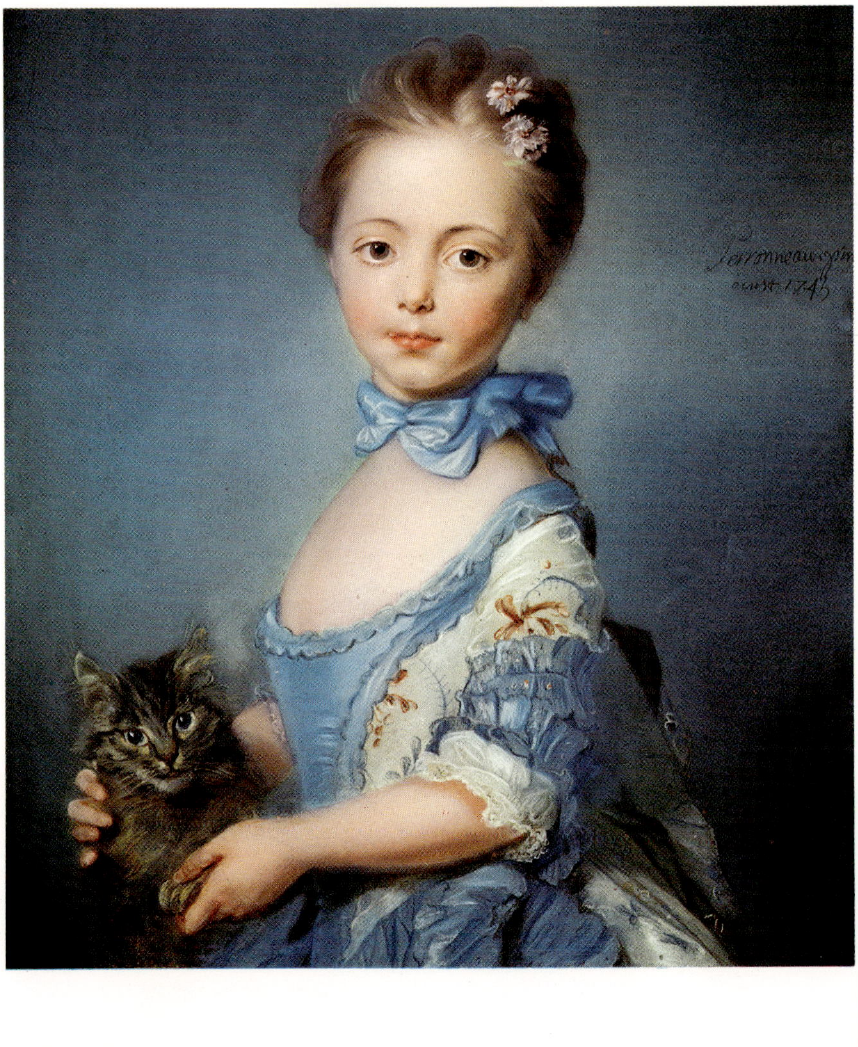

Rechts **Jean Baptiste Perroneau: Mädchen mit Katze**
Die Katze und der Ärmel des Kleides sind viel lockerer ausgeführt als das Portrait selbst. Der blaue Hintergrund wurde vermutlich durch Aufstreuen von Kobaltglaspartikeln auf das zuvor mit wäßriger Leimlösung eingelassene Papier erzielt. Das Papier wurde dadurch gefärbt und gleichzeitig wurde seine Bindekraft erhöht.

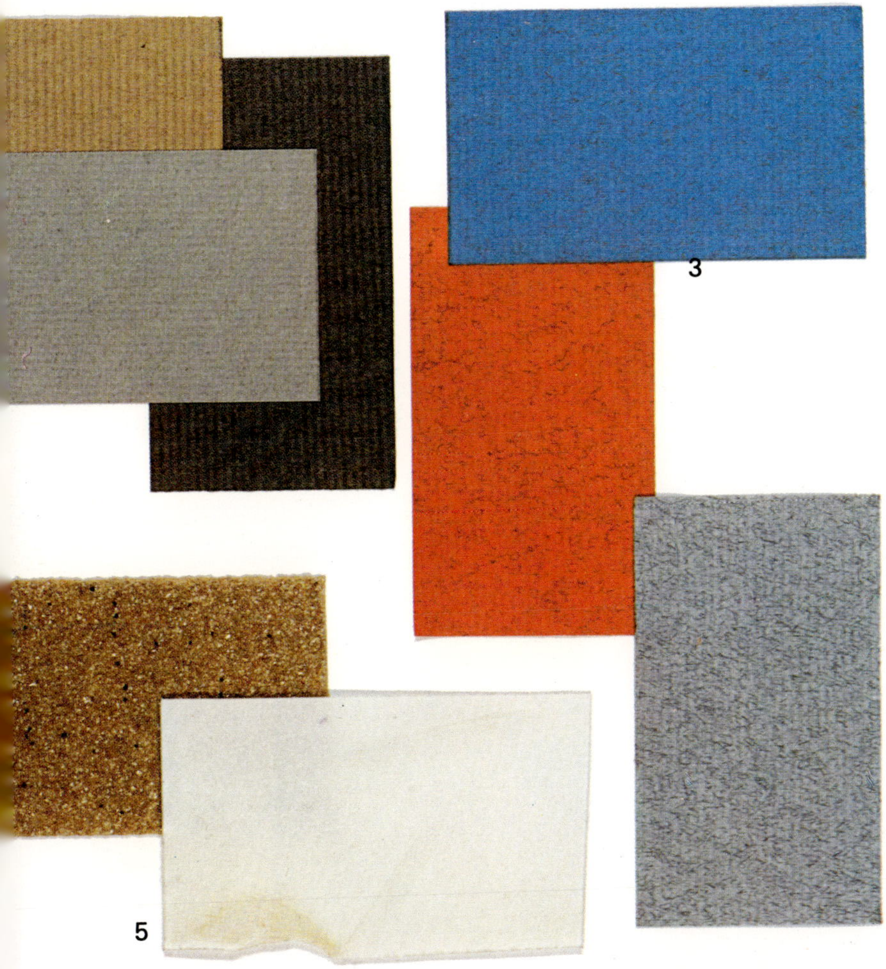

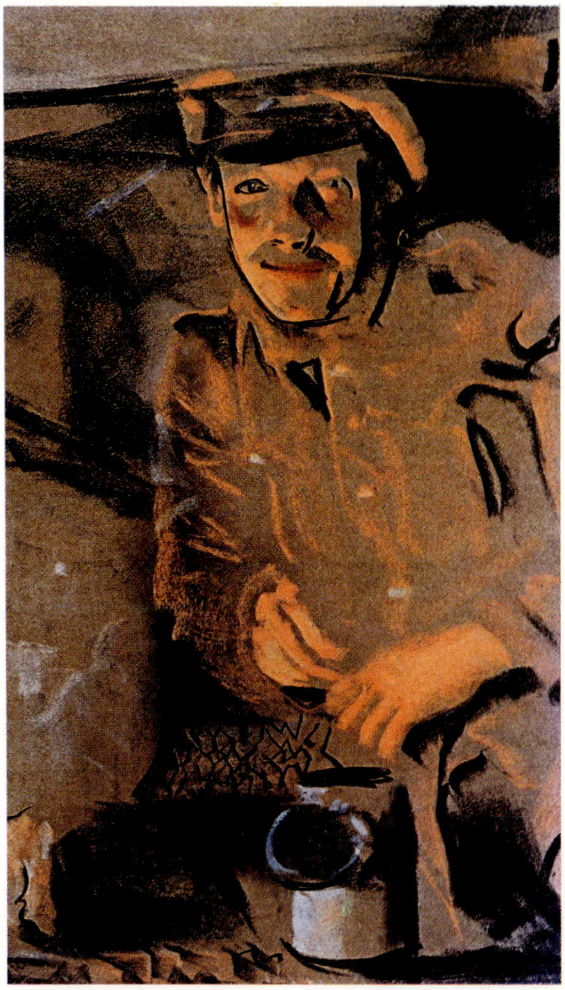

Oben **Eric Kennington: Die Zähen (Ausschnitt)** *Kennington verwendet Pastell viel mehr zeichnerisch als malerisch. In dieser Zeichnung aus dem ersten Weltkrieg legte er die Umrisse in Kohle an und schuf mit dem breitseits aufgelegten Stift kräftige Schatten. Er arbeitet mit der Gegenüberstellung von Licht und Schatten, wobei entweder die Farbe oder unberührtes Papier zur Darstellung der Lichter verwendet wird.*

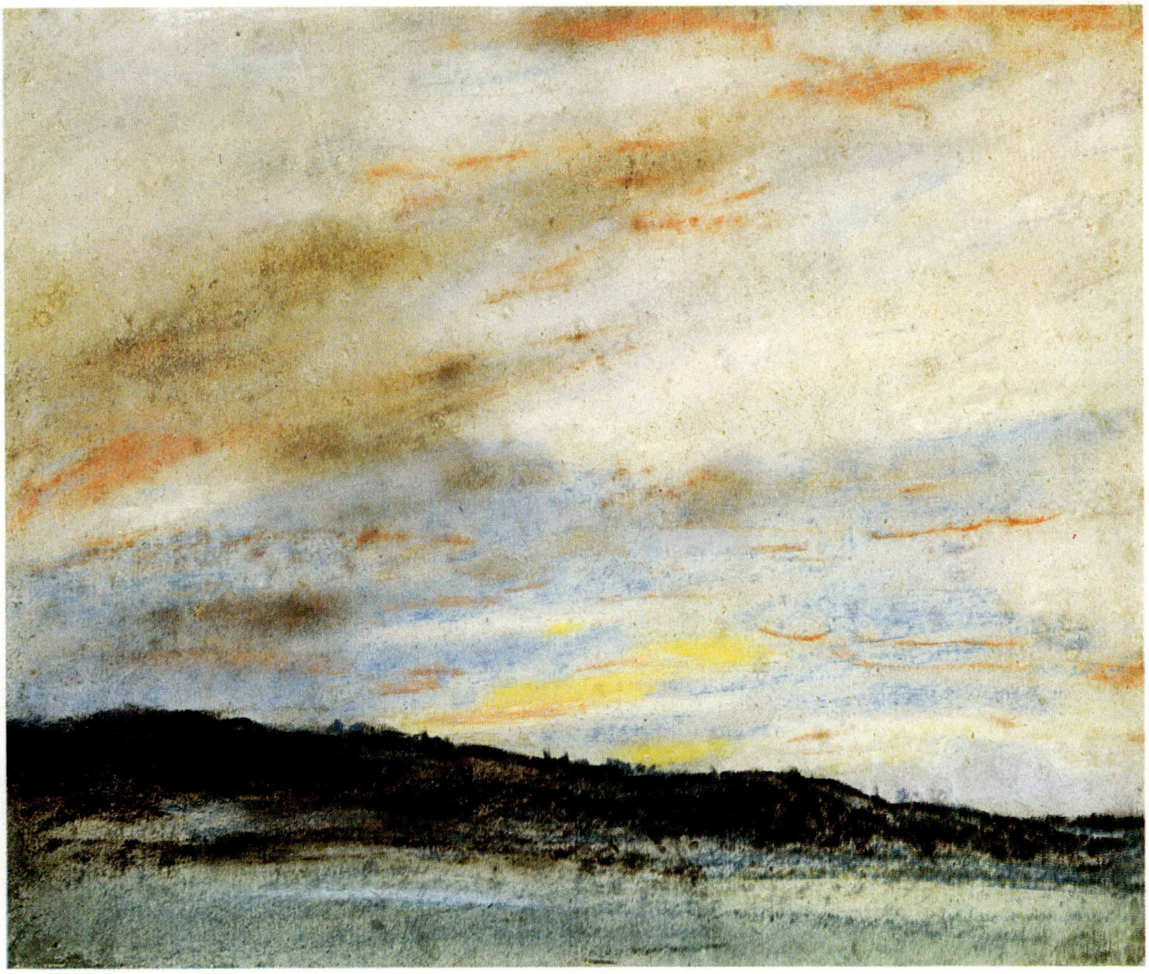

Links **J. M. W. Turner: Studie aus dem Skizzierbuch** *Diese Küstenlandschaft zeigt die für Turners Skizzen charakteristische Verwendung kräftiger Linien und Farbflächen auf dunklem Papier. Turner arbeitete im Freien vermutlich immer dann mit Pastellen, wenn es zum Malen mit Wasserfarben bereits zu dunkel war.*

lichten Ocker wäßrig aufgetragen habe. Der Farbton eines getönten Papiers kann auch durch mit einer Handspraydose aufgesprühte Wasserfarbe so verändert werden, daß die ursprüngliche Farbe des Untergrundes teilweise verdeckt wird.

Quentin de la Tour versetzte seine Papiere mit einer Gummilösung und streute darüber gemahlenes Kobaltglas, welches die Farbe besser haften ließ und gleichzeitig als blaugefärbter Untergrund wirkte. Eine ähnliche Wirkung läßt sich mit fein pulverisiertem Bimsstein erzielen (siehe Abb.). Auch auf gewöhnlichem Sandpapier kann man mit Pastell gut zeichnen; es hat einen guten, lederfarbigen Mittelton und bietet dem Pigment beste Verankerungsmöglichkeiten. Allerdings muß man beim Zeichnen aufpassen, daß man sich die Hände nicht aufschürft.

Leinwand Auch aufgespannte Leinwand gibt einen guten Untergrund für Pastelle ab. Das gleiche gilt für auf Karton geleimtes Musselin. Leinwände sollte man nicht mit Primgrund einlassen, der Knochenleim enthält; dieser kann den Pastellfarben schaden und Stockflecken verursachen. Gründe auf Kasein-, Glyzerin- oder Gelatinebasis eignen sich besser. Die Leinwand sollte rückseitig gegen Stoß und Vibration gesichert sein, da sonst das Pigment leicht von ihr abfällt.

Delacroix (1798–1863) experimentierte mit Pastell auf feiner Leinwand, die er zuvor mit wäßrigem Leimgrund überzogen und dann hatte trocknen lassen. Das fertige Bild besprühte er mit heißem Dampf, um den Leimgrund wieder anzufeuchten; anschließend ließ er es trocknen. Man kann den heißen Dampf auch von der Rückseite der waagrecht gestellten Leinwand her aufsprühen, damit er nicht mit der Bildoberfläche in Berührung kommt.

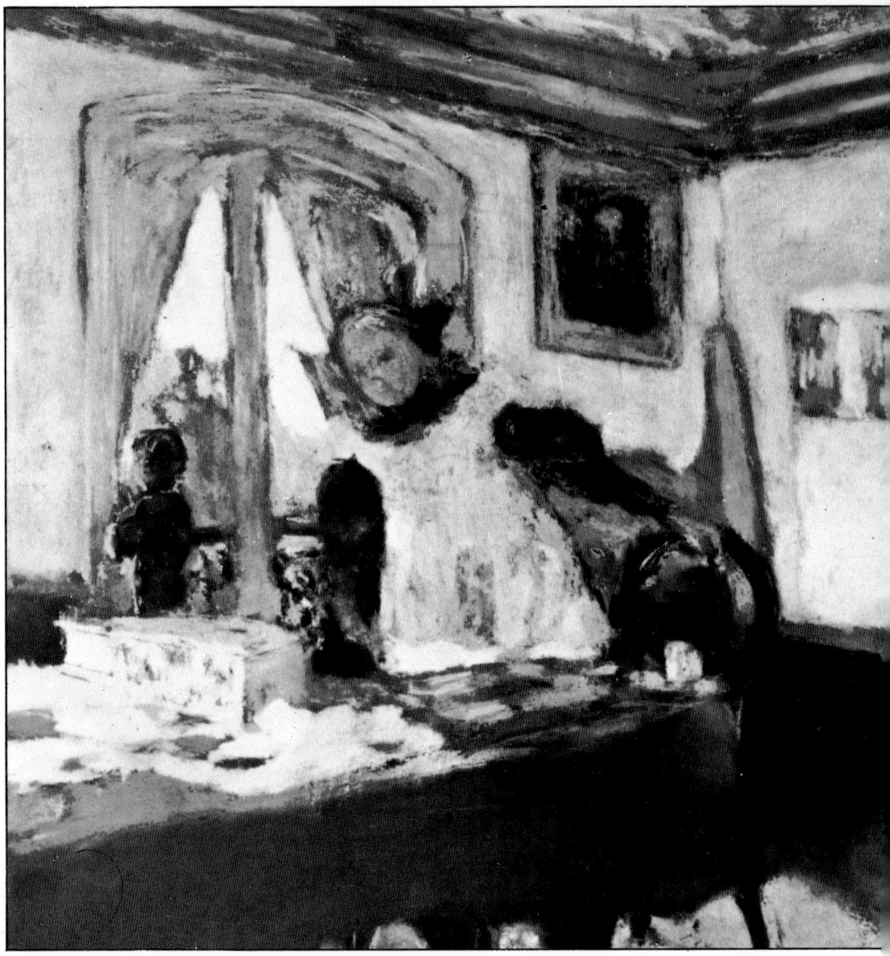

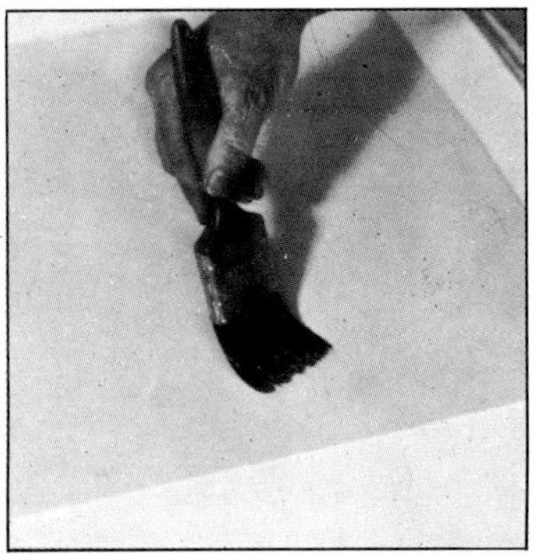

Bimssteinpulver auftragen 1. *Stärkekleister mit dem Pinsel von der Mitte des Papiers aus nach außen hin verteilen.*

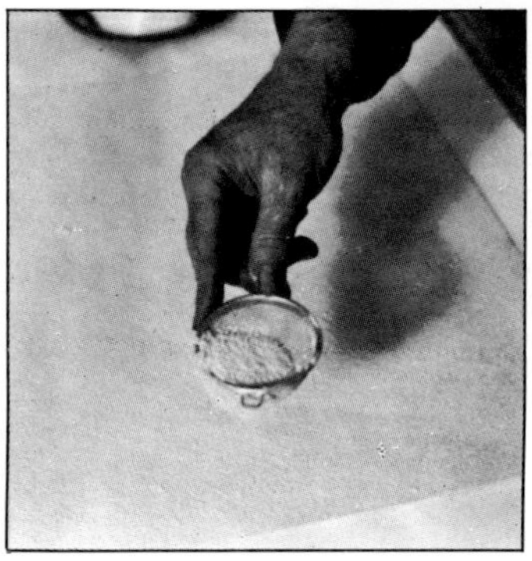

2. *Auf die noch feuchte Schicht wird das Bimssteinpulver gleichmäßig durch ein feines Haushaltssieb aufgestreut.*

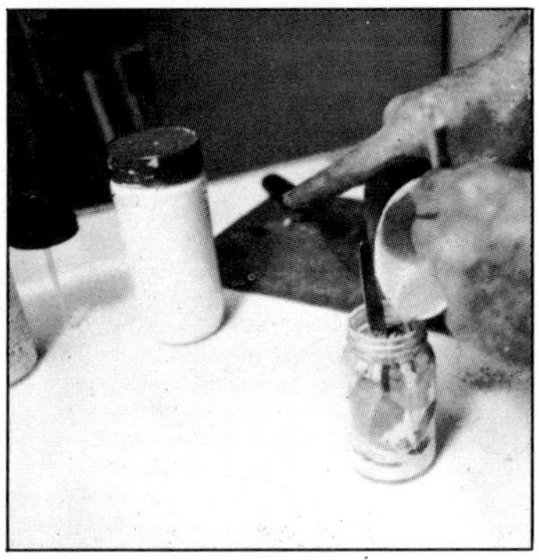

Pigment aufsprühen 1. *Man gibt pulverförmige Pastellfarbe in den Sprühbehälter und fügt etwas Trägerlösung und Wasser als Binde- und Verdünnungsmittel zu.*

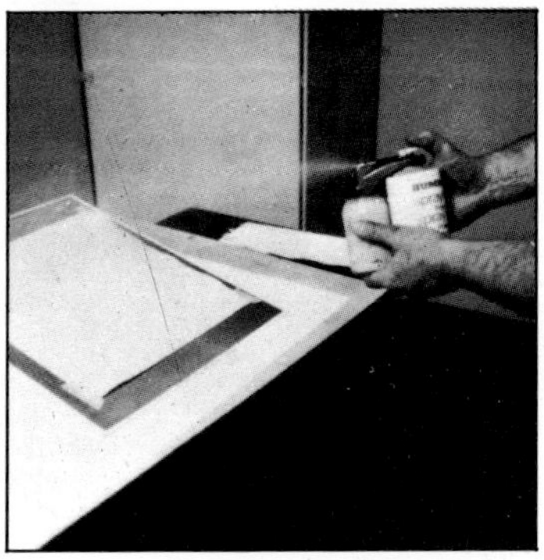

2. *Behälter ins Sprühgerät einsetzen und aus einigem Abstand einen leichten Farbnebel auf das schräggestellte Papier sprühen. Hierdurch entsteht eine Strukturwirkung.*

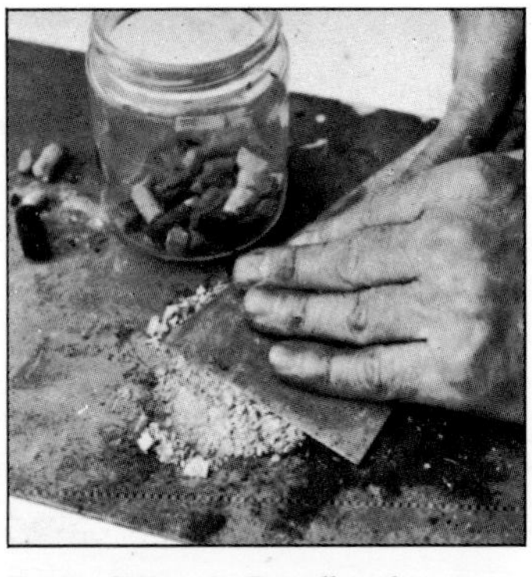

Papier färben 1. *Pastellstücke mit dem Palettmesser zu Pulver zerdrükken. Nur alte Pastellstücke zum Färben verwenden, keine neuen dafür verschwenden.*

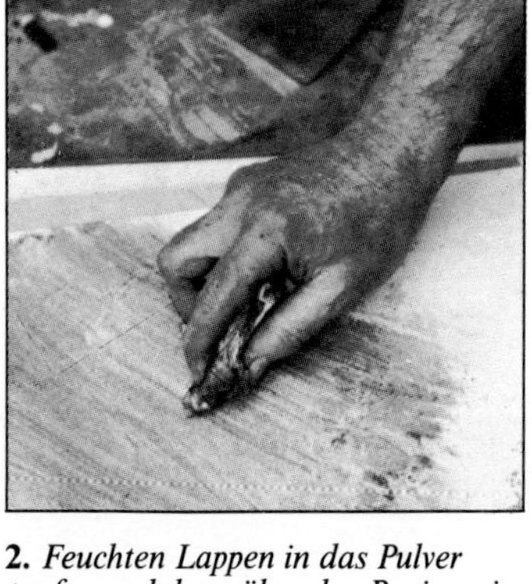

2. *Feuchten Lappen in das Pulver tupfen und dann über das Papier reiben. Trocknen lassen.*

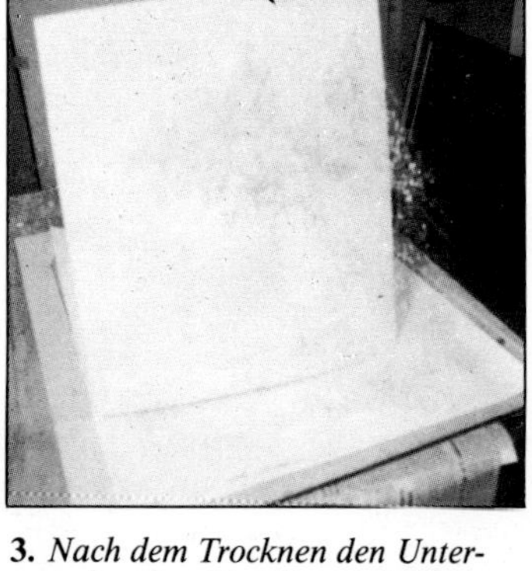

3. *Nach dem Trocknen den Untergrund senkrecht stellen und überschüssige Farbe abklopfen.*

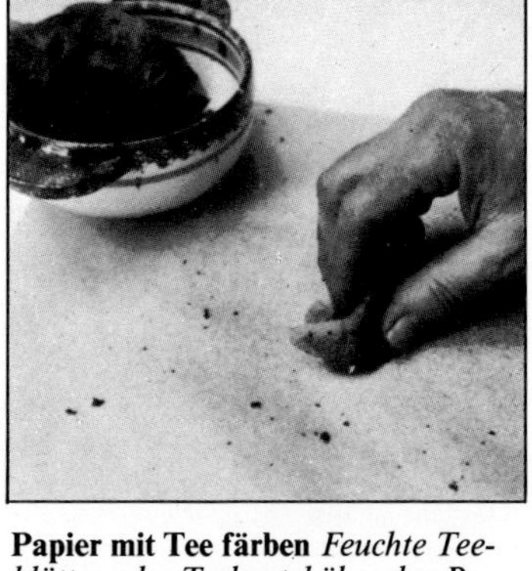

Papier mit Tee färben *Feuchte Teeblätter oder Teebeutel über das Papier reiben. Es entsteht ein warmer Farbton. Nach dem Trocknen Blattreste abbürsten.*

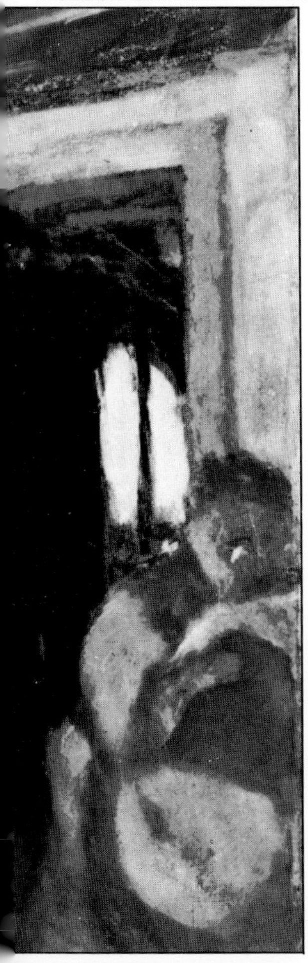

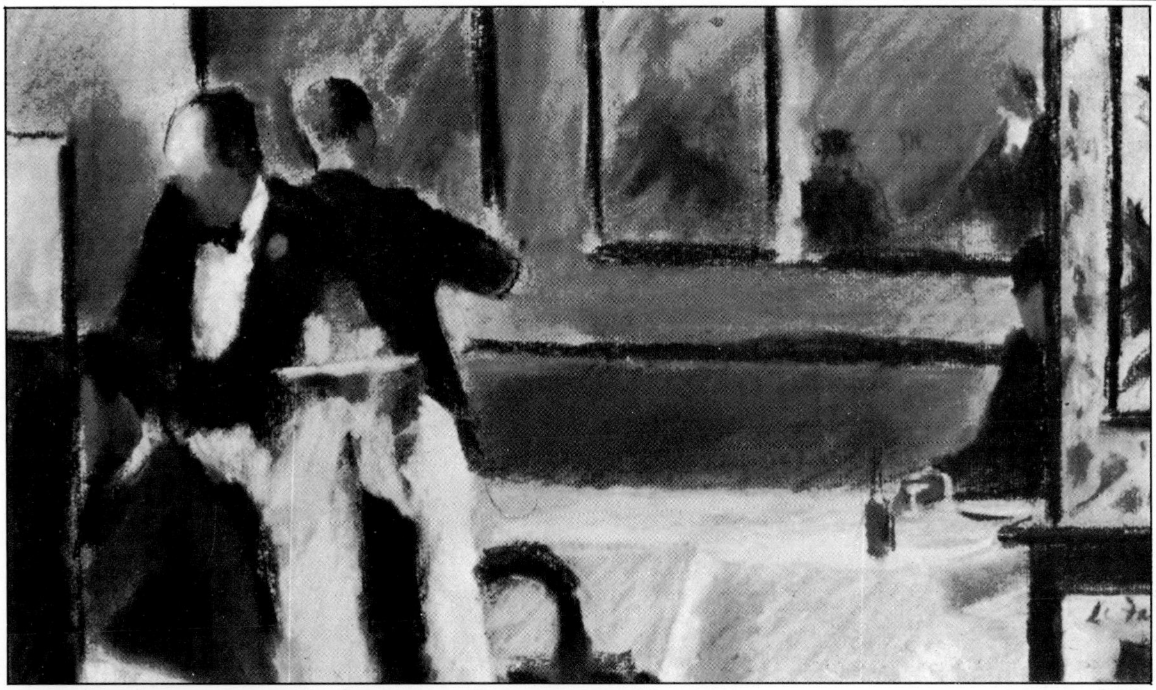

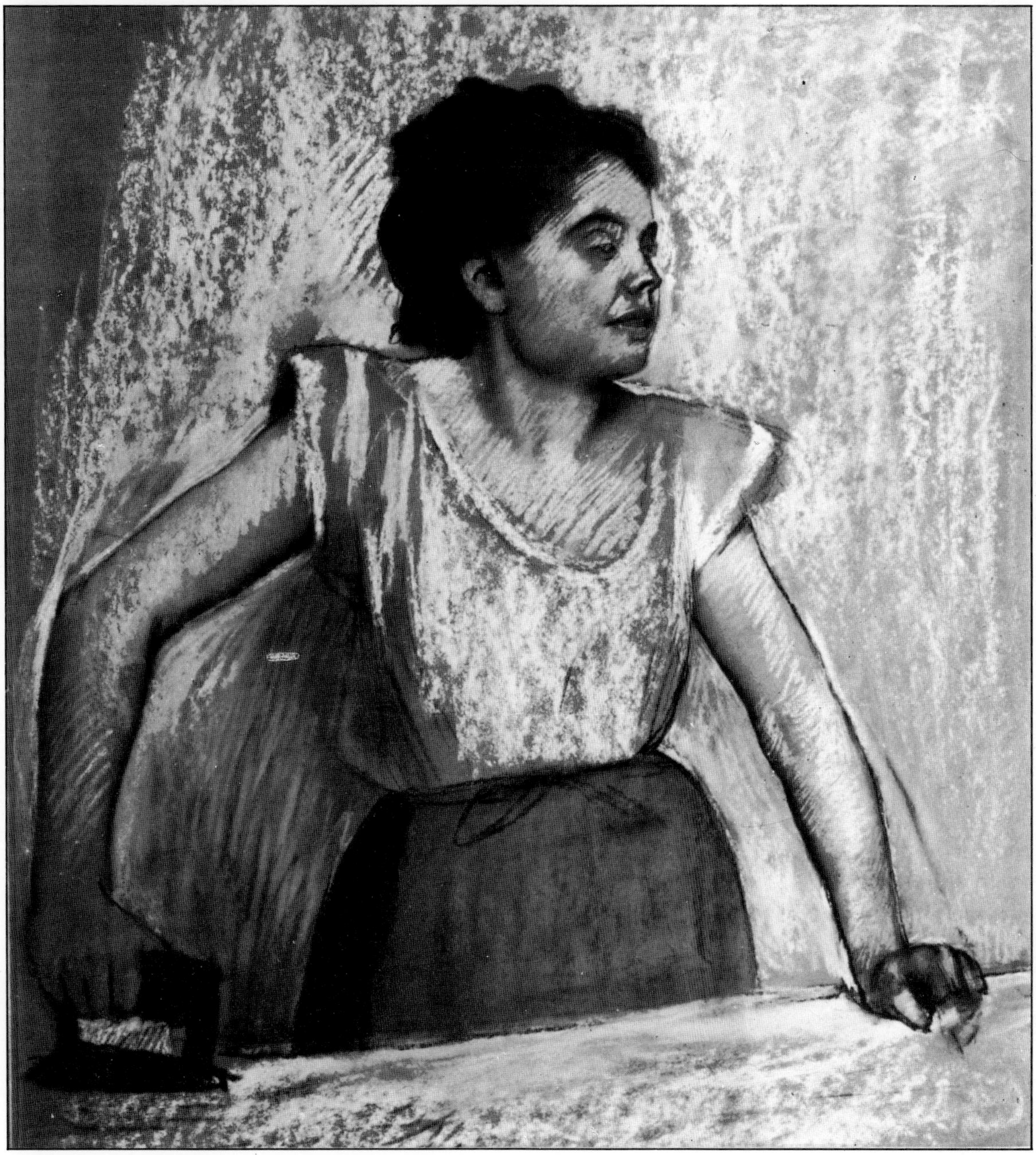

Oben links **Edouard Vuillard: Der gedeckte Tisch** *Im Katalog der Tate Gallery in London wird das Werk als Guaschpastell bezeichnet, weil sich das Pastell in Farbpaste verwandelt hat. Dies geschah vermutlich, weil Vuillard die Pastellfarbe auf einen zuvor mit Temperafarbe bemalten Karton auftrug.*
Oben rechts **Guy Roddon: Pariser Restaurant** *Die Silhouetten entstanden großteils durch miteinander vermischte und ineinander verlaufende Pastellstriche. Bei der Tischdecke gibt es dagegen keine fließenden Übergänge. Ein Ingres-Canson-Papier wurde benutzt.*

Rechts **Edgar Degas: Frau beim Bügeln** *Diese vornehmlich in Kohle und weißer Kreide ausgeführte Zeichnung entstand auf einem warm getönten Papier. Haar und Hemd sind in leicht verwischter Pastellfarbe ausgeführt.*

Pigmente

Je nach dem Anteil des in der Paste enthaltenen Gummis gibt es weiche, mittlere oder harte Pastellstifte. Erhöht man den Anteil, so wird der Stift härter, aber die Brillanz der Farben läßt nach. Die weichsten und zerbrechlichsten Stifte liefern die leuchtendsten Farben. Sollte ein Pastellstift brechen (bedingt durch den geringen Bindemittelanteil, durchaus normal), ist dies nicht schlimm, da der erfahrene Pastellmaler nur mit abgebrochenen kleinen Stücken arbeitet. Ein fachgerecht gezeichnetes und behandeltes Pastell bleibt über Jahrzehnte, ja über Jahrhunderte farbfrisch. Die charakteristischen, weichen Pastellschattentöne – speziell die hautfarbenen Töne – verdanken ihre Qualität den Ton- und Kreidezusätzen, die dem Pigment zur Erhöhung der Deckkraft beigemischt werden.

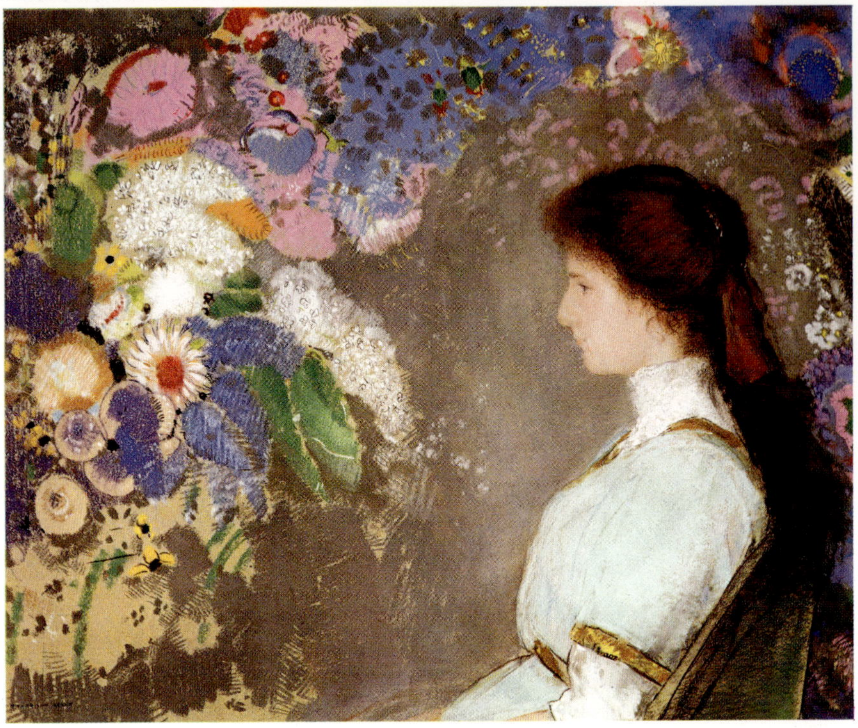

Rechts **Odilon Redon: Bildnis von Mademoiselle Violette Heyman** *Redon verwendete hier verschiedene Pastelltechniken von der sorgfältigen Ausführung des Gesichts bis hin zu einer Vielfalt von vermischten, überkreuzten und schraffierten Linien bei den Blumen.*

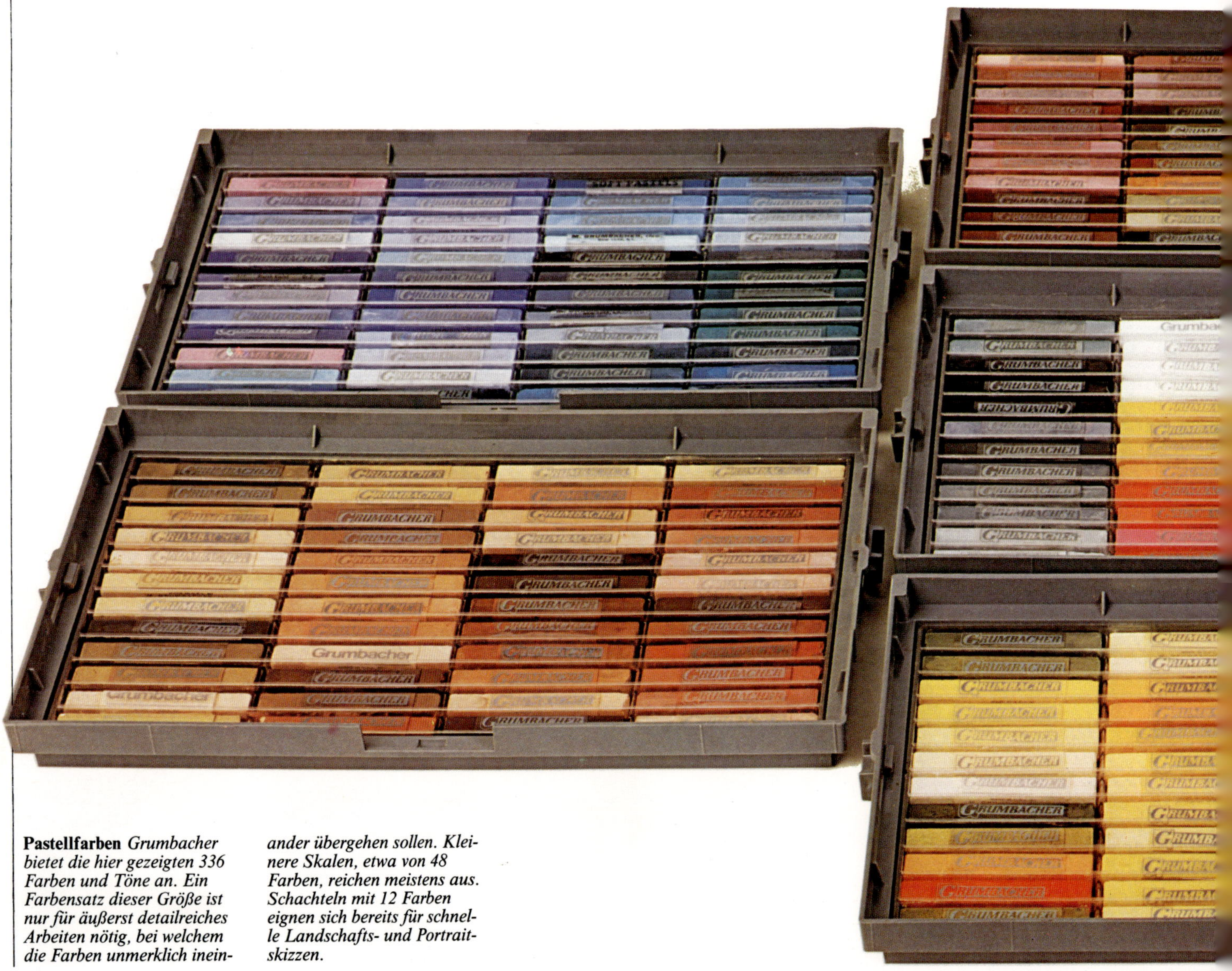

Pastellfarben *Grumbacher bietet die hier gezeigten 336 Farben und Töne an. Ein Farbensatz dieser Größe ist nur für äußerst detailreiches Arbeiten nötig, bei welchem die Farben unmerklich ineinander übergehen sollen. Kleinere Skalen, etwa von 48 Farben, reichen meistens aus. Schachteln mit 12 Farben eignen sich bereits für schnelle Landschafts- und Portraitskizzen.*

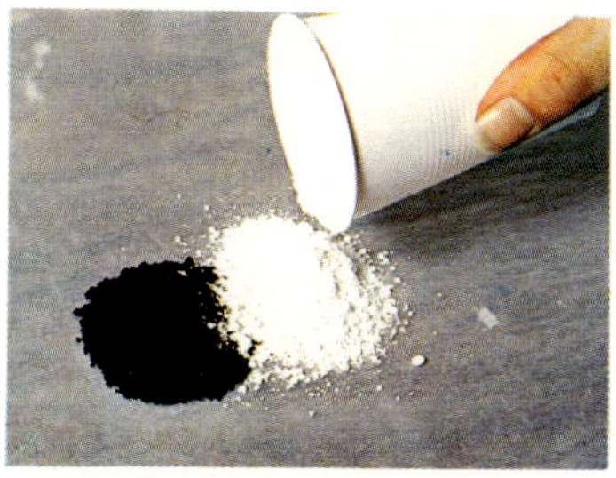

Pastellfarben herstellen 1. *Zwei gleich große Häufchen Pigment und Zinkweiß auf ein Papierblatt schütten.*

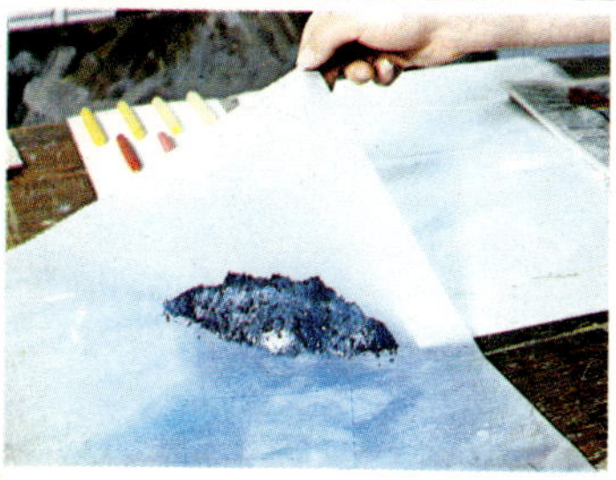

2. *Pigment und Zinkweiß durch Hin- und Herrollen auf dem Papier mischen.*

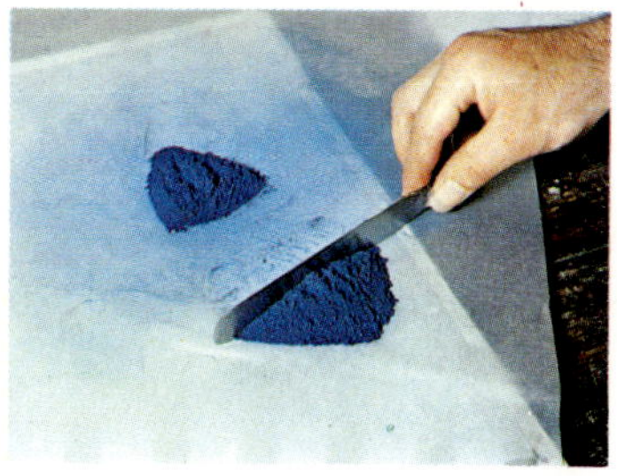

3. *Mischung teilen und eine Hälfte beiseiteschieben. Sie wird später mit der gleichen Menge Zinkweiß zu einem helleren Ton angemischt.*

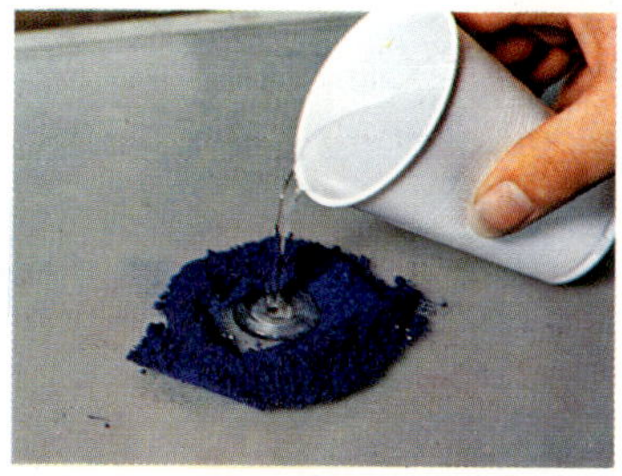

4. *Die andere Hälfte auf eine Glasscheibe geben und sie unter Zugabe von destilliertem Wasser in eine dicke Paste verarbeiten.*

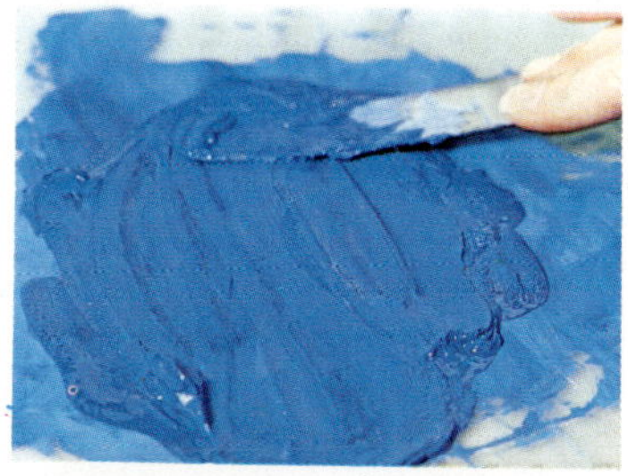

5. *Pulver mit dem Palettmesser gut zu Paste verarbeiten und anschließend gelöste Blattgelatine als Bindemittel zugeben.*

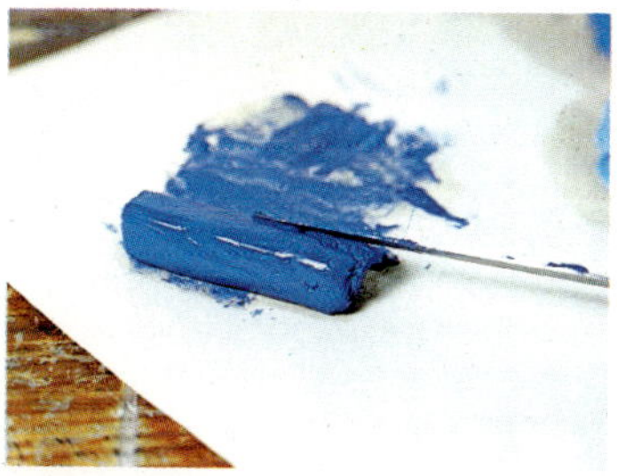

6. *Paste mit dem Palettmesser aufnehmen und auf einen Bogen Druckpapier legen, damit überschüssige Feuchtigkeit abgesaugt wird.*

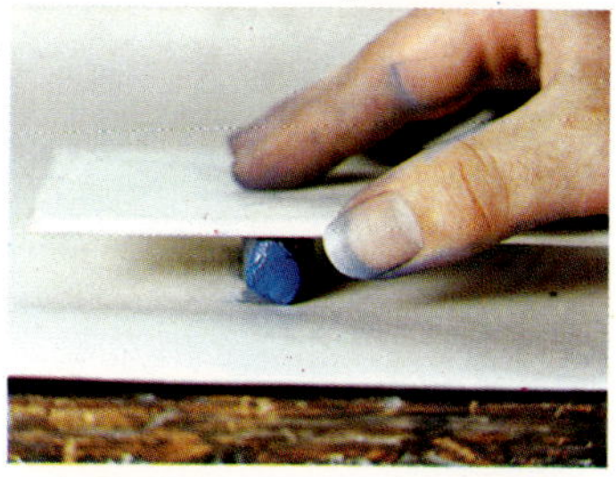

7. *Starken Karton mit Druckpapier umschlagen und die Farbe damit zylinderförmig zurollen. 24 Stunden lang trocknen lassen.*

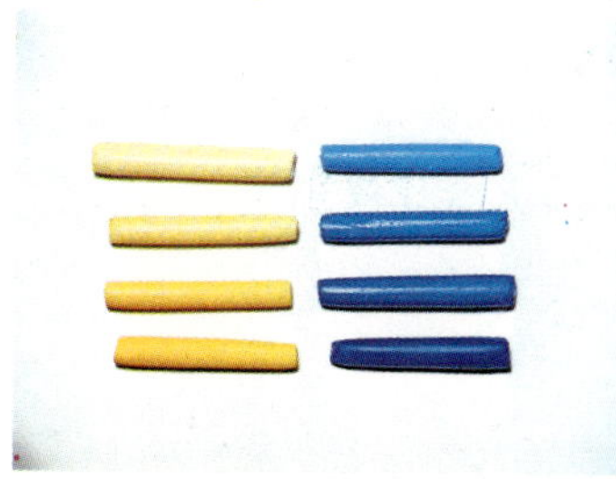

8. *Durch Zugabe des jeweils gleichen Mengenanteils Zinkweiß zum bereits vorhandenen Pastell- und Weißpulver werden immer heller werdende Töne der gleichen Farbe erzeugt.*

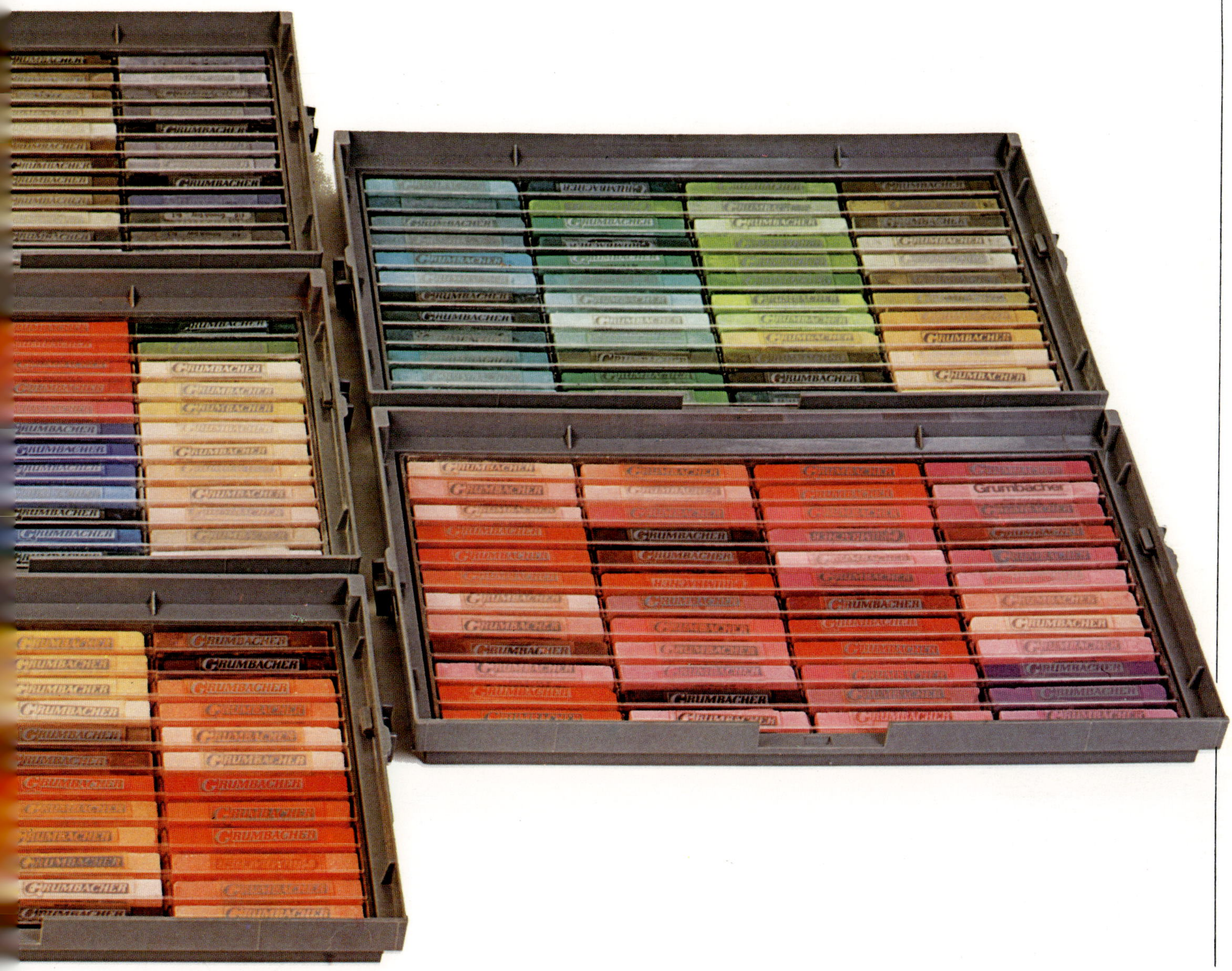

Farbskala auswählen Die Auswahl einer Arbeitsfarbenpalette aus dem riesigen Farbenangebot mag demjenigen unmöglich erscheinen, der es gewohnt ist, sich seine Farben aus vielleicht 12 Öl- oder Wasserfarben zusammenzustellen. Bei diesen beiden Farbträgern können auch aus einer kleinen Grundfarbenpalette die verschiedensten Farben und Töne hergestellt werden. Der Pastellzeichner ist da mit einer ganz anderen Ausgangslage konfrontiert: Er kann sich seine Farben nicht während der Arbeit zusammenmischen, sondern er muß alle Farben und Töne von Anfang an bereithalten. Dazu muß er sich aus den verschiedenen, bis zu 600 Tönen umfassenden Farbskalen der Hersteller eine für seine Bedürfnisse überschaubare Menge passender Farben auswählen.

Für den Anfang ist es das beste, sich für eine Herstellerauswahl zu entscheiden. Rowney als größter englischer Hersteller bietet eine Schachtel mit 72 Pastellstiften an und verringert die Zahl auf je 12 für Portrait- und Landschaftsskizzen. Das Sortiment der Firma H. Schmincke bietet beispielsweise über 280 Farbtöne, darunter 54 Bunttöne, und Kästen mit einer Füllung zwischen 20 und 99 Pastellstiften.

Farbmusterkarten Sobald der Künstler sich eine, seinen Wünschen entsprechende, Farbpalette zusammengestellt hat, sollte er sich mit ihr durch Anlegen einer eigenen Farbmusterkarte vertraut machen, oder die den fertigen Farbsätzen beigegebenen Musterkarten studieren. Die Hersteller kennzeichnen ihre Farben unterschiedlich; ein Standardsystem gibt es nicht. Gewöhnlich werden die Farbnamen in die Musterspalten eingedruckt, innerhalb derer dann Ziffern alle Tönungen von Hell bis Dunkel angeben (meist von 0–8). Die holländische Firma Talens gibt in den Farbnummern zusätzlich beigefügten Prozentzahlen den jeweiligen Zinkweißgehalt an.

Die Musterkarten sind grob nach dem Farbspektrum aufgegliedert, so daß der Künstler seine Farben entsprechend einordnen kann, wenn er dies wünscht. Selbstverständlich benötigt er nicht überall dort alle neun Farbtöne, wo diese angeboten werden. Meist genügt ein heller, ein mittlerer und ein dunkler Ton. Er muß dabei lediglich beachten, daß die Farbmuster auf weißes Papier gedruckt sind, und er sollte die Farben deshalb auch auf farbigen Papieren ausprobieren.

Pastellfarben herstellen Es ist gut möglich, daß der Künstler feststellt, daß manche Markenfarben – speziell Grau- und Grüntönungen sowie Hauttöne – nicht exakt dem entsprechen, was er sich vorgestellt hat; er kann dann ohne weiteres versuchen, diese Farben selbst herzustellen (siehe Abb.).

Ölpastellfarben Ölpastellfarben unterscheiden sich deutlich von den normalen Pastellfarben. Sie sind den Ölfarben eng verwandt und eignen sich daher auch gut für Vorstudien zu Ölgemälden. Mit diesen Stiften wird der Künstler häufig sein Bild in einem Arbeitsgang ausführen und nicht – wie oft bei normalen Pastellfarben – zunächst die Umrisse in Kohle vorzeichnen. Ölpastell ist weniger brüchig und krümelig als das weiche Normalpastell; es wird damit leichter transportabel und eignet sich gut für Skizzen und Gebrauch im Freien.

Empfehlenswert kann es auch sein, Ölpastell mit einem terpentingetränkten Pinsel zu verwaschen. Genausogut ist präzises Zeichnen mit festen Stiften möglich. Interessante Ergebnisse bringt auch die gemeinsame Verwendung von Ölpastellen und Wasserfarben-Verwaschauftrag hervor (s. S. 141).

Techniken

Pastelle haben eine solch unmittelbare und ursprüngliche Wirkung, daß viele Leute meinen, sie seien nur eben schnell auf das Papier geworfen worden. Das ist eine irrige Vorstellung, wie jeder Künstler weiß, der sich einmal in dieser Technik versucht hat. Schon ein Brief von de la Tour an den Marquis de Marigny, den Bruder von Mme. Pompadour, zeigt die Probleme auf, mit denen sich jeder Künstler auch heute noch herumschlagen muß. Er schrieb: „Bei Pastellen, mein Herr Marquis, gibt es eine Anzahl weiterer Probleme, etwa den Staub, die schlechte Qualität mancher Pigmente, der nie ganz richtige Farbton, der Zwang, die Töne erst auf dem Papier anlegen zu können und dazu statt einer Farbe eine Reihe verschiedener Stifte verwenden zu müssen, die Gefahr, bereits fertige Arbeitsteile zu verderben, und schließlich, daß es keine Abhilfe gibt, wenn der Ausdruck des Bildes verlorengegangen ist...“

Die Tatsache, daß Farbflächen und -töne mit verschiedenen Stiften angelegt werden müssen, wirkt in der Tat erschwerend. Gerade auch deshalb ist es wichtig, sich die Stifte auf Wellpappe statt in der Schachtel zurechtzulegen und sie stets wieder an der gleichen Stelle abzulegen. Es gibt nichts Irritierenderes, als wenn der Künstler sein Bild mitten in der Arbeit nur deshalb abbrechen muß, weil er gezwungen ist, nach einer fehlenden Farbe zu suchen.

Umrißzeichnung Die meisten Pastellzeichner – speziell die, die die graphischen Elemente von Pastell schätzen – fertigen eine Umrißzeichnung in Kohle an, bevor sie mit dem Farbauftrag beginnen. Aber auch diejenigen, die mit Pastell mehr malen als zeichnen, stützen sich oft auf eine derartige Vorzeichnung.

Pastellstrich Der Anfänger kann sich nur durch Übung mit den verschiedenen Winkeln und Handgriffen vertraut machen, mit denen die Pastellstifte zum Erzielen unterschiedlicher Zeichnungen eingesetzt werden können. Der Auftrag sollte immer frei und locker sein, da übervorsichtig-ängstliche Strichführung nicht zu aussagekräftigen Ergebnissen führen kann. Zu starkes Verreiben und Vermischen der Farben mit dem Finger, einem Pastellstumpf oder fest zusammengerolltem Papier ergibt eine zu glatte Oberfläche und das Resultat ist dann oft wenig befriedigend.

Der Pastellzeichner sollte sich mit dem Erscheinungsbild vertraut machen, welches er jeweils durch die folgenden Techniken erzielen kann: dicke und dünne Striche im Wechsel; spitzer Pastellstift; flach aufgelegter Stift; Auftrag mit dem in verschiedenen Winkeln zum Papier gehaltenen Stift. Wichtig für das Ergebnis ist auch, wie stark man den Stift aufdrückt. Bei hohem Druck preßt sich das Pigment zwischen die Papierfasern und füllt sie aus; dazu können dann nur leicht über das Papier gezogene Striche einen guten Kontrast abgeben.

Es empfiehlt sich, die ersten Striche zwar fest, aber nicht zu stark aufzutragen; zu starker Druck gleich zu Beginn kann nämlich zu Pigmentanhäufungen auf dem Papier führen, die schmierig sind und sich mit späterem Farbauftrag verklumpen können. Kreuzschraffuren und freier Auftrag sind die geeignetsten Mittel zur Darstellung von Tönungen und Schattenwirkungen. Pastellminenstifte, wie etwa die von Othello, können scharf gespitzt und dort verwendet werden, wo genau gearbeitet werden muß – etwa beim Zeichnen eines Augenlides oder bei den feinen Lichtspiegelungen in einer Pupille.

Arbeiten mit Pastellstiften
1. *Mit der Kante eines harten Pastellstiftes lassen sich scharf abgegrenzte Linien ziehen.* **2.** *Mit dem vorderen Ende des Stiftes werden rasche, freie Striche angelegt.* **3.** *Breitseits aufgelegte Pastellstifte ergeben glatte Farbflächen.* **4.** *Mit senkrecht gehaltenem Stift gezeichnet.* **5.** *Schnelle, kräftig beginnende und leicht auslaufende Striche.* **6.** *Kreuzschraffur ergibt mit Pastellfarben die besten Möglichkeiten, Toneffekte und Schattierungen zu erzielen.*

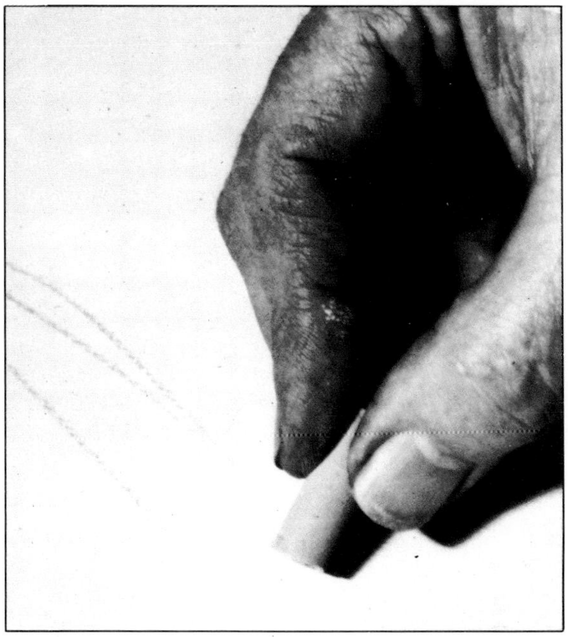

1△

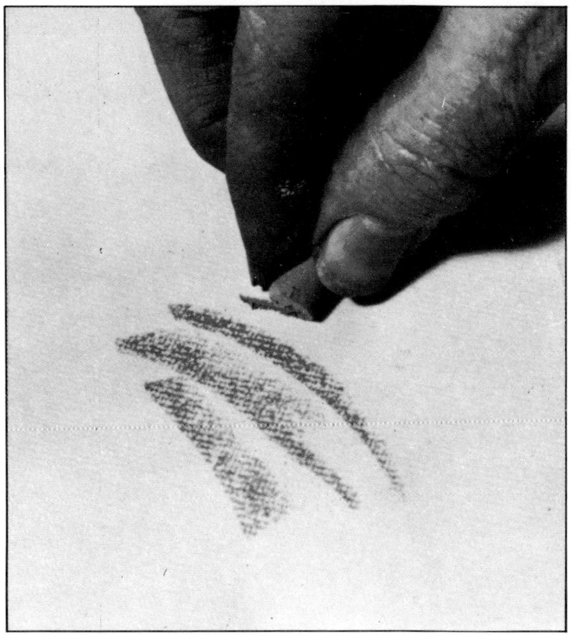

2△

3▽

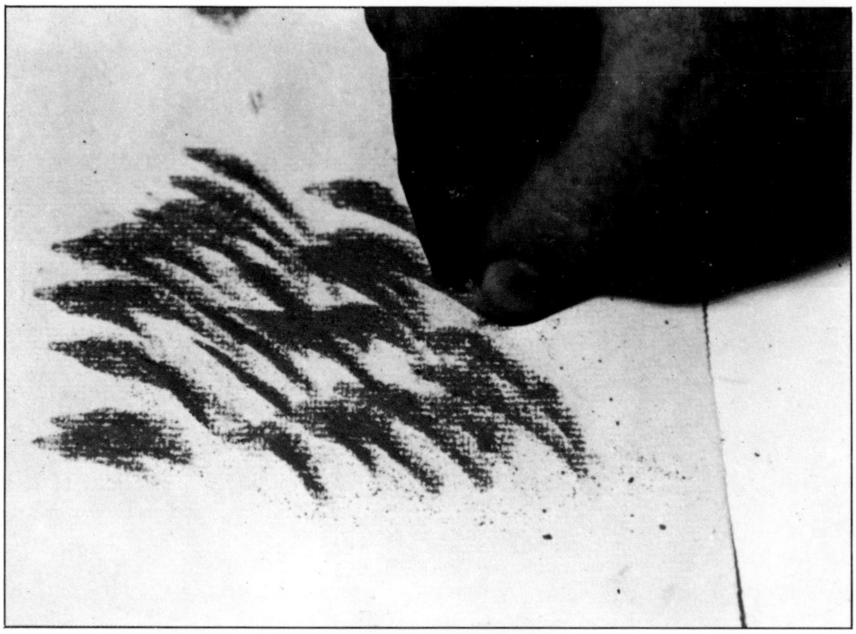

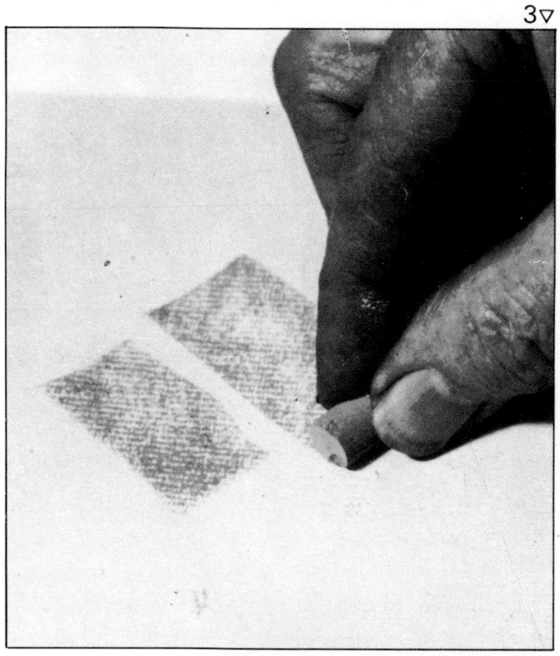

5▽

4△

6▽

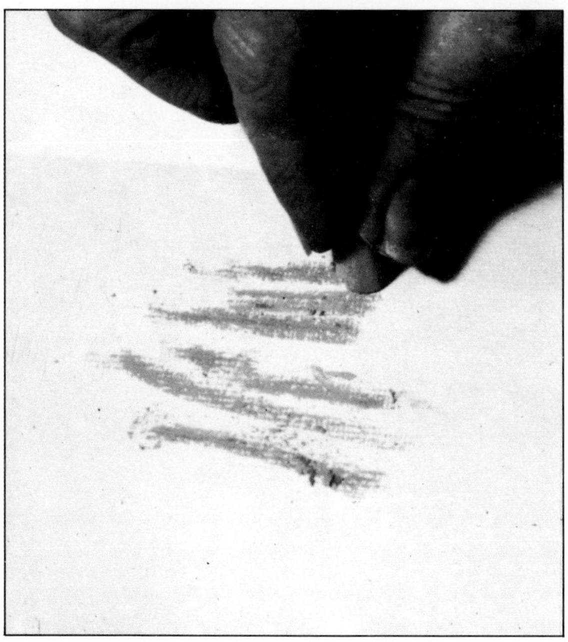

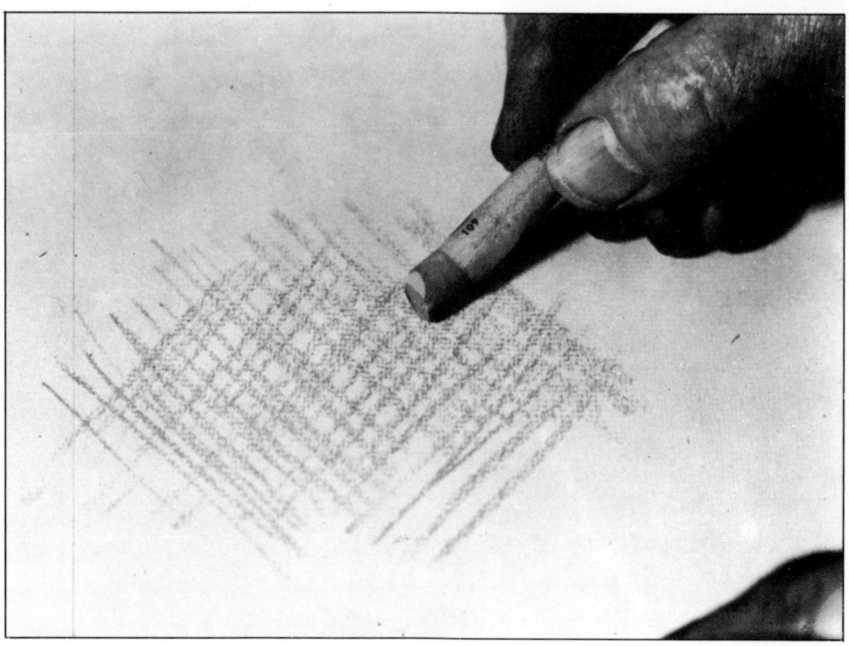

Impastoauftrag Für diese Sondertechnik braucht man viel Gefühl und Erfahrung. Sie stammt von Degas, der zugleich auch ihr Hauptvertreter war. Er begann mit den in starken Farben gezeichneten Umrißlinien, fixierte diese auf die übliche Weise, übermalte die Fixativschicht erneut mit Pastell, fixierte wieder und begann mit der dritten Pastellschicht. So ging es Schicht um Schicht weiter, bis er den gewünschten Effekt erzielt hatte. Das Endergebnis war dann ein Impasto von beträchtlicher Dicke. Damit die unteren Schichten noch durchscheinen konnten, legte er die oberen meist nicht massiv an. Hieraus ergeben sich die sehr unebenen Oberflächen seiner späteren Pastelle, die wesentlich zum künstlerischen Gesamteindruck beitragen. Obwohl er jede Schicht fixierte, beließ er in der letzten Schicht unfixiertes Pigmentpulver, von welchem sich dann häufig im Rahmen Spuren wiederfinden. Degas trug die Farbe in freier Kreuzschraffur auf und fügte in das schon vollendete Bild nochmals kleine Farbtupfer ein.

Pastell und andere Farbträger Bei gemeinsamer Verwendung mit Wasserfarbe oder Guasch können Pastellfarben besonders lebhaft und wirkungsvoll sein. Sie können entweder auf die Wasserfarbe aufgetragen werden oder diese kann auf Pastellfarben aufgemalt werden, die ja die Aufnahmefähigkeit des Papiers für die Wasserfarbe nicht beeinträchtigen.

Degas, der zunächst nur konventionell mit Pastellfarben gearbeitet hatte, experimentierte später mit ihnen und kam zu sehr effektvollen Kombinationen mit anderen Farbträgern. Seine Entdeckungen sind heute noch ein fast unerschöpfliches Ideenreservoir. Die einfachste ist die Kohlezeichnung mit Pastellzusätzen auf getöntem Papier. Etwas komplizierter wird seine Technik bereits dort, wo er Kohle und Pastell in fast gleichem Verhältnis für seine Zeichnungen verwendet.

Degas kombinierte auch Pastell- und Distemperfarbe (welche aus einer Mischung von Pigmentpulver und Knochenleim hergestellt wird). Er erhitzte Leim und Pigment während des Mischens und trug die noch heiße Farbe auf die Leinwand auf. Die Farbe drang dadurch tief in die Leinwand ein und gab einen guten Grund für die Pastellfarben ab.

Eine weitere, sowohl von Degas wie von Vuillard (1868–1940) angewandte Technik bestand darin, zunächst mit terpentinverdünnter Ölfarbe auf feinen Zeichenkarton zu malen. Darüber zeichneten sie dann mit Pastellfarben. Degas verwendete Pastell auch auf bedruckten Untergründen; er trug Ölfarbe auf eine glatte Fläche – wie etwa Kupfer – auf und übertrug das Bild mit einer Druckpresse auf das Papier. Die Möglichkeiten, Pastelle mit anderen Farbträgern gemeinsam zu verwenden, sind fast unbegrenzt. So kombinierte Millet in einer Vorstudie zu „Ruhende Erntearbeiter" Pastell, Ölfarbe, Wasserfarbe und Kohle.

Dampf und Pinsel Dies ist eine ebenfalls von Degas entwickelte, sehr reizvolle Technik. Degas zeichnete sein Motiv mit Pastellfarben und sprühte dann kochendes Wasser über das Bild. Die Pastellfarben wurden weich und konnten mit dem Pinsel bearbeitet werden. Degas verwendete dieses Verfahren nur für Teile des Bildes, so daß der ursprüngliche Pastellstrich stellenweise sichtbar blieb und dem Bild zusätzliche Abwechslung verlieh.

Das Pastell wird in diesen Fällen natürlich schon mehr ein Gemälde als eine Zeichnung. Durch die Kombination beider Möglichkeiten dieses Farbträgers zeigt Degas auf den Ursprung des Begriffes „pastello" oder „kleine Paste" hin, aus welchem das Wort „Pastell" entstanden ist.

Degas verwendete seine verschiedenen Techniken teils für sich allein, teils miteinander vermischt. Seine Rezepturen lesen sich – ebenso wie die vieler anderer Künstler – wie Kochbuchrezepte, und sie mögen den Puristen unter den Pastellzeichnern ein Greuel sein. Dennoch sollte sich jedermann mit ihnen vertraut machen, damit er die Möglichkeiten dieses Farbträgers voll ausnützen kann.

Pastelle fixieren Bevor das Bild vom Malbrett weggenommen wird, klopft man leicht auf das Brett, damit die losen Pigmentteilchen abfallen. Wird ein Pastellbild unter Druck gelagert, was eine gute Alternative zum Fixieren der Farbteilchen ist, so könnten sich sonst lose Pigmentteile über das Bild verstreuen und es ruinieren. Es gibt verschiedene Fixiermittel, die alle die pulverigen Pigmentbestandteile fest auf den Untergrund binden, so daß man das Bild danach auch einmal weniger vorsichtig behandeln kann. Viele Maler lassen ihre Pastelle jedoch unfixiert, weil das Fixativ die Leuchtkraft der Farben beeinträchtigt. Unfixierte Pastelle müssen mit äußerster Vorsicht aufgezogen, gerahmt und behandelt werden.

Zusammengefaßt ergeben sich folgende Einwände gegen das Fixieren: Die Bildwirkung ändert sich, die Farben verlieren an Leuchtkraft und dunkeln nach, speziell wenn sie mit Fixativ übersättigt wer-

Edgar Degas: Frau beim Haarekämmen *Degas hat hier durch seinen Zeichenstil die vertikalen Bildelemente betont. So hat er mit Kohle schwarze, senkrechte Linien über den Körper und in die rechte untere Bildecke gemalt.*

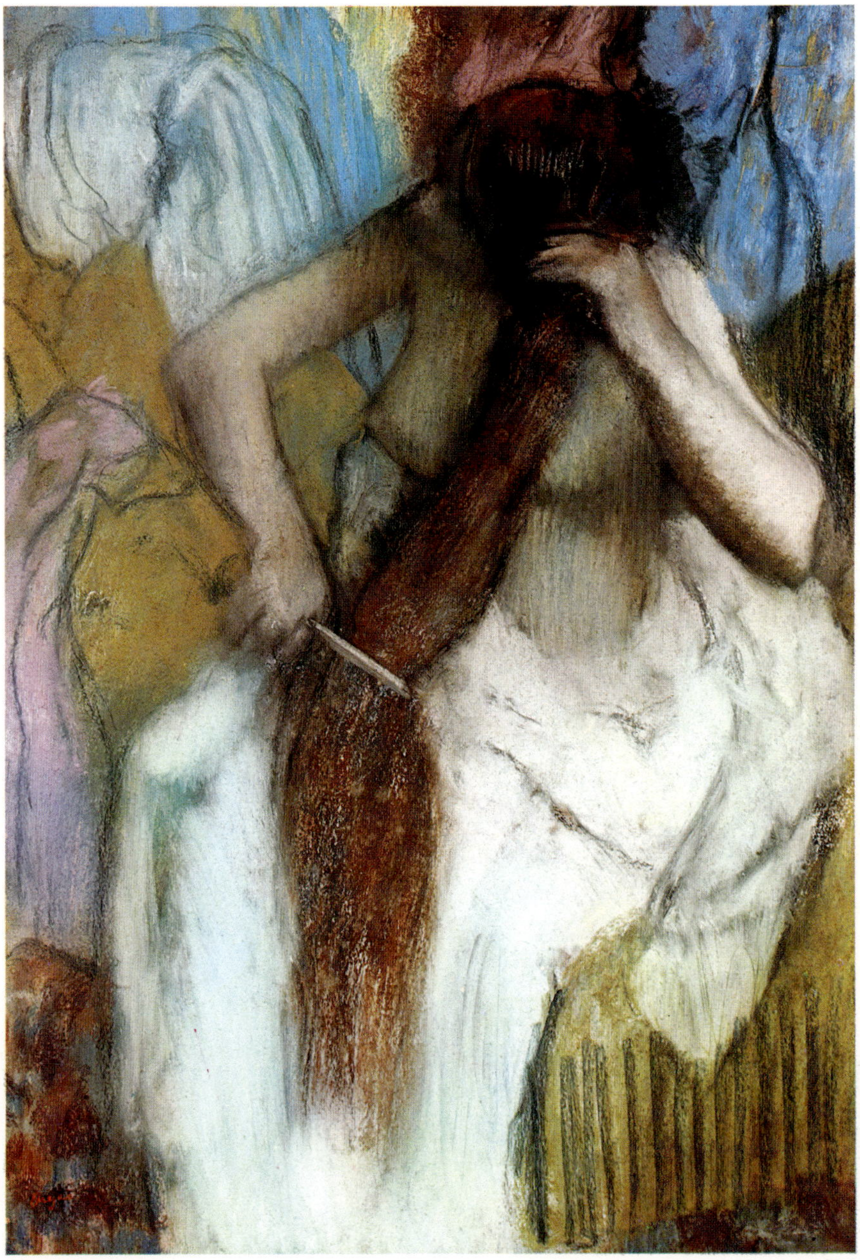

den; das Pastell wird gröber und schwerer, weil die Farbpartikel sich unter dem Fixativ zusammenballen; das Pastell verändert sich optisch in Richtung eines Gemäldes, speziell wenn es zu sehr befeuchtet wird. Einige Fixative auf Schellack- oder Mastixbasis wirken fleckig und sind teilweise wenig transparent. Arbeitet der Künstler mit Fixiermitteln, so sollte er sie sich am besten selbst zubereiten: ein sich schnell verflüchtigendes Fixativ ist am besten; die Ideallösung für die meisten Pastelle ist daher eine Mischung aus in Benzin gelöstem Dammarfirnis.

Der Künstler muß also zwischen Farbe und Beständigkeit wählen. Es kann ihm durchaus mehr daran liegen, die Natürlichkeit des Bildes zu bewahren, als sicherzustellen, daß das Bild mit weniger idealer Wirkung jahrhundertelang hält. Es wird behauptet, daß das Pastell sich im Laufe der Zeit gewissermaßen von selbst dadurch fixiert, daß es Feuchtigkeit aus der Atmosphäre aufnimmt und daß daher das Bild um so unempfindlicher wird, je älter es ist. Eine gewisse Fixierung läßt sich auch erzielen, indem man ein oder mehrere Pastelle unter ein Brett legt und dieses gut beschwert. Jedes Pastell muß dabei mit glattem Papier, Leinwand, Cellophan oder Butterbrotpapier abgedeckt werden. Dadurch wird das Pastell dann fester in den Papieruntergrund hineingedrückt, ohne seine Oberfläche zu beschädigen

Entscheidet der Künstler sich für das Fixieren, kann er zwischen verschiedenen Techniken wählen: Er kann das fertige Pastell, nur die erste Farbschicht oder – wie Degas – jede einzelne Farbschicht mit Ausnahme der obersten fixieren. Er trägt in diesen Fällen das Fixativ mit den Blassprühröhrchen oder der Handspraydose auf. Dabei wird nur ein ganz feiner Sprühnebel verblasen, da das Fixativ sonst unter Rinnenbildung sichtbar vom Papier herunterläuft. Der Sprühstrahl wird von links außerhalb des Bildes begonnen und endet rechts ebenfalls erst wieder außerhalb.

Auch von der Rückseite her können Pastelle fixiert werden. Dabei verbindet man das Aufleimen des Pastells auf Karton in der Weise mit dem Fixieren, daß etwas Leim in das Papier eindringt und so das Farbpulver von hinten her festhält. Der französische Chemiker Loriot entwickelte in Zusammenarbeit mit der Akademie der Wissenschaften für de la Tour eine Methode, nach der eine mit Wein verdünnte Mischung aus Fischleim und Weingeist auf die Rückseite des Untergrundes aufgetragen wurde.

Gegen die Bildung von Stockflecken auf Pastellen hilft eine 10%ige Formalinlösung, die vor Arbeitsbeginn auf den Untergrund aufgepinselt wird.

Unten **Zeichnen mit Papierröllchen** *Feine Detaileffekte lassen sich durch Zeichnen mit einem in Pastellpulver getauchten Papierröllchen erzielen, wie es hier auf gefärbtem Papier vorgeführt wird.* Ganz unten **Pastell auf verschiedenen Untergrundstrukturen** *Von links nach rechts: Samtpapier, Sandpapier, Leinwand und Ingres-Papier.*

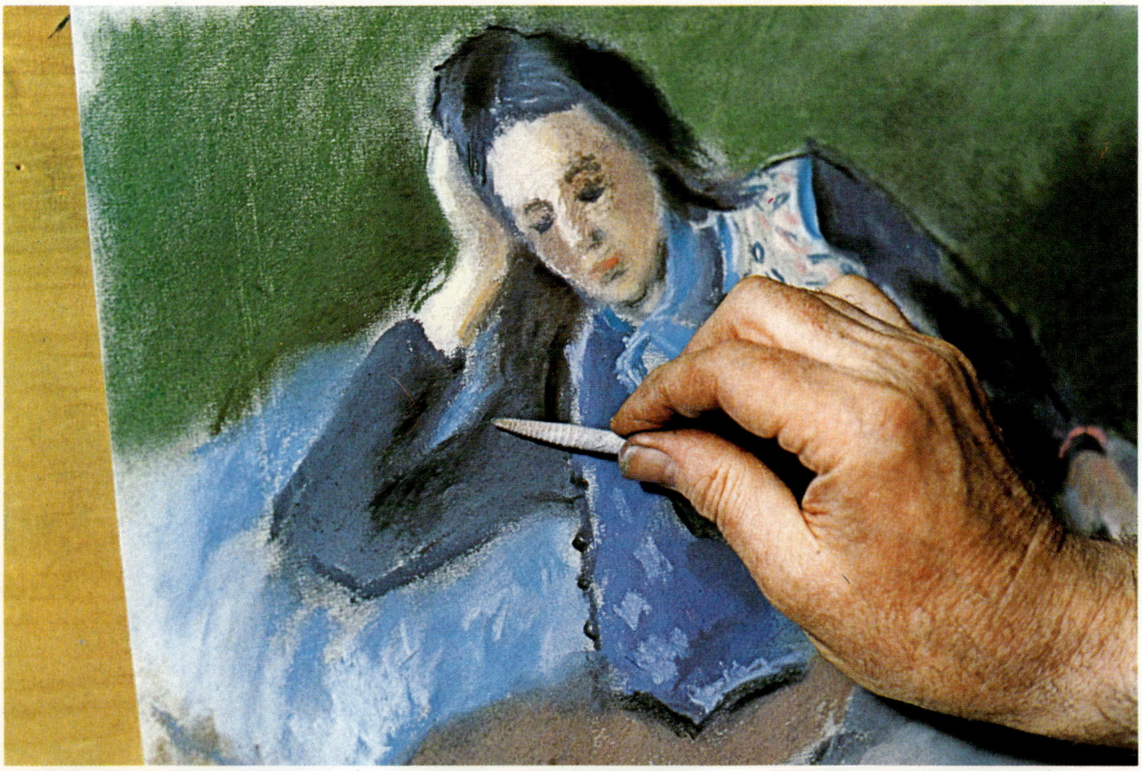

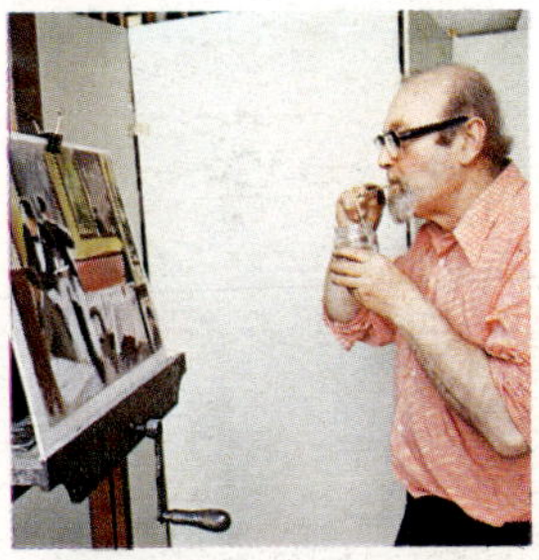

Fixativ von vorn aufsprühen *Aus einiger Entfernung leicht aus einem Blassprühröhrchen sprühen.*

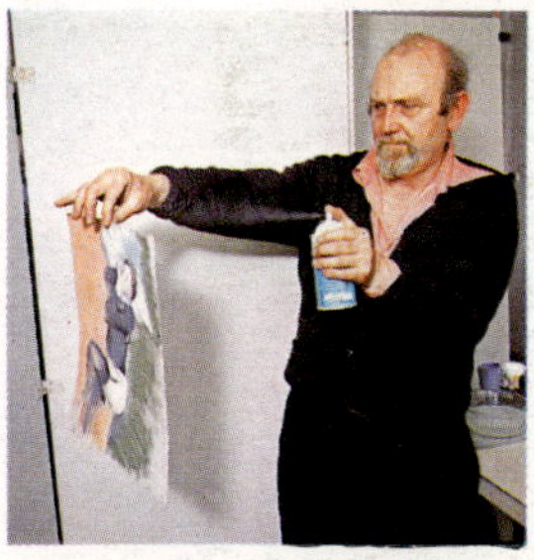

Fixativ rückseitig aufsprühen *Bild mit einer Hand halten und leichten Nebel auf die Rückseite aufsprühen.*

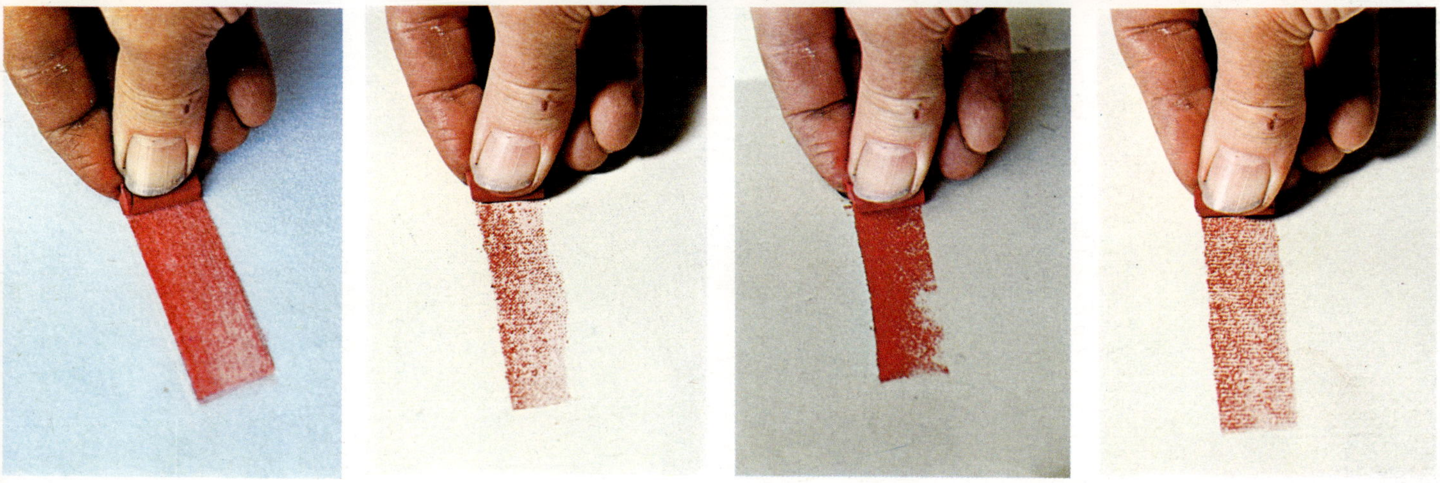

11. Kapitel

Kohle

Zeichenkohle wird heute in komplizierten Verfahren hergestellt, ist aber im Grunde nichts anderes als Holzkohle, also das älteste Zeichenmittel überhaupt. Sie wird seit den Zeiten der Höhlenmenschen verwendet, die die Wände ihrer Höhlen mit den Tieren bemalten, die sie jagten. Indem sie angebrannte Stöcke, Ruß und verkohlte Knochen benutzten, entdeckten die Höhlenmenschen die Technik, die verkohlten Stöcke mit weitausschwingender Bewegung über den Untergrund zu führen. Daß sich Kohle hervorragend zum Bemalen großer Flächen eignet, wurde auch von den Malern der Renaissance schnell wieder entdeckt.

Künstlerkohle muß in besonderen Verfahren so zubereitet werden, daß das Holz durch und durch verkohlt, damit dann gleichmäßig schwarze Linien mit ihm gezeichnet werden können. Dies geschieht durch Erhitzen von Holz unter Luftausschluß. Alte Anleitungen beschreiben, wie man Bündel dürrer Zweige in Tontöpfe mit luftdichtem Verschluß gibt und sie dann erhitzt, bis sie verkohlen. Heute werden Wein- oder Weidenruten in Trockenöfen verkohlt.

Bis vor nicht allzu langer Zeit brachten Kunstschulen und Akademien der ganzen westlichen Welt den Studenten das Zeichnen fein detaillierter Kohlebilder bei. Für Schlaglichter wurde die Farbe mit Brotstückchen weggetupft, oder sie wurden mit weißer Kalkkreide eingezeichnet. Der zeitgenössische Künstler Jim Dine (geb. 1935) ist mit seinen Bildern, an denen er bis zu sechs Monate lang arbeitet, ein moderner Vertreter dieser Richtung.

Daumier (1808–1879) schuf sehr viel freiere Kohlezeichnungen, die sich die graphischen Qualitäten der Kohle zunutze machten. Die Kohlezeichnungen von Degas (1834–1917) – seien sie als Vorzeichnungen für späteren Pastellauftrag oder als eigene Motive gedacht – zeigen, wie wichtig das richtige Anlegen von Linien und Formen in Kohlezeichnungen ist. Die schnell hingeworfenen Zeichnungen von Rodin (1840–1917) und Matisse (1869–1954) spiegeln das ausgezeichnete Erfassen bewegter Motive wider, für die sich dieser Farbträger so gut eignet.

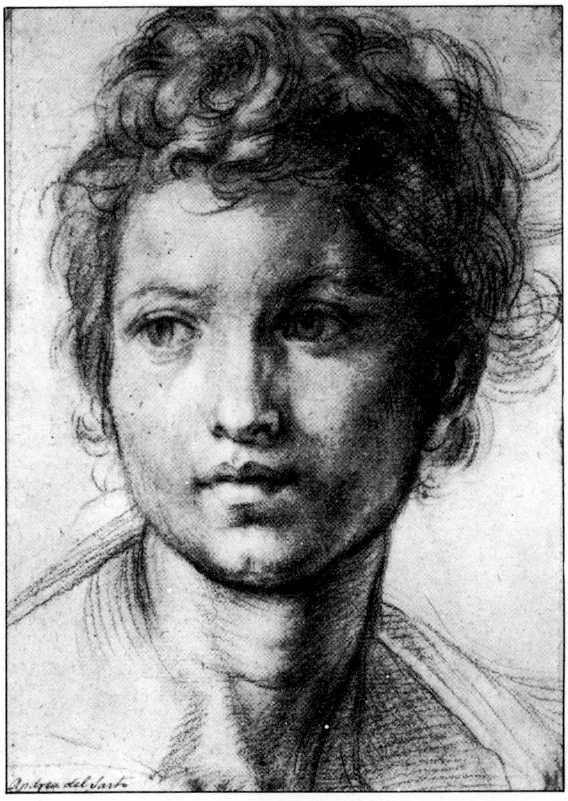

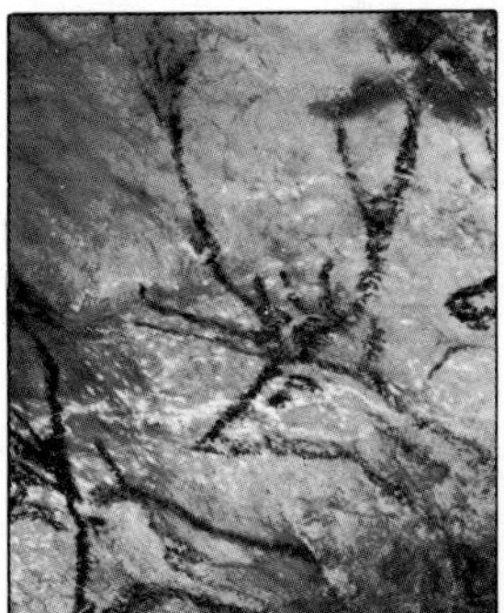

Links **Andrea del Sarto: Knabenkopf** *Del Sarto arbeitete mit Kreuzschraffur, feinen Linien und Schattierungen, die er möglicherweise mit Hilfe des Fingers schuf.*
Oben **Höhlenzeichnung aus Lascaux** *Die vermutlich mit verkohlten Holzstücken gemalten rauhen Linien enthüllen die Struktur des Felsuntergrundes.*
Rechts **James McNeill Whistler: Maude beim Lesen** *Bei dieser Zeichnung auf braunem Papier benutzte Whistler weiße Kalkkreide, um Schlaglichter auf die feine Kohleschattierung aufzusetzen.*

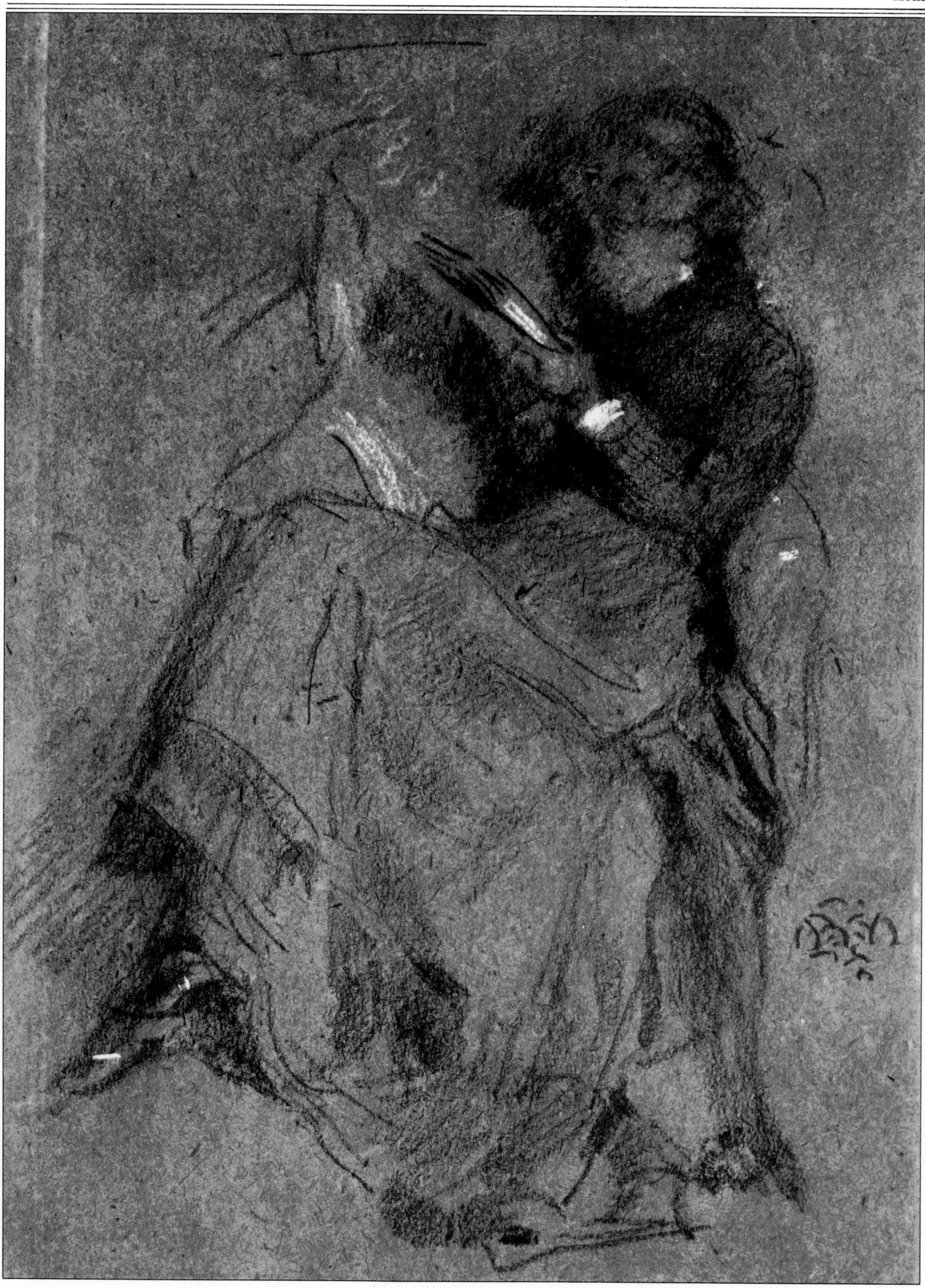

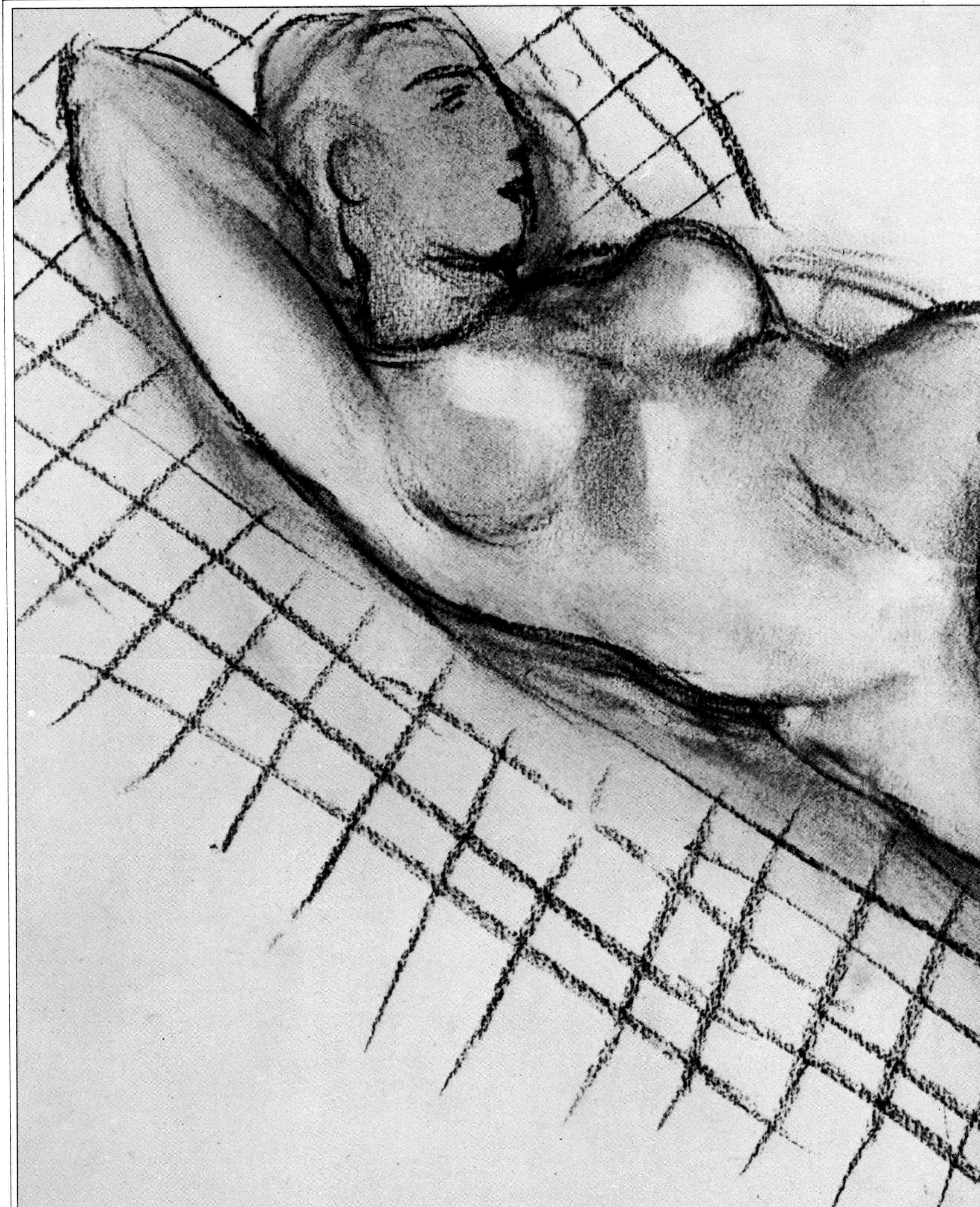
Henri-Matisse
23 mai 35

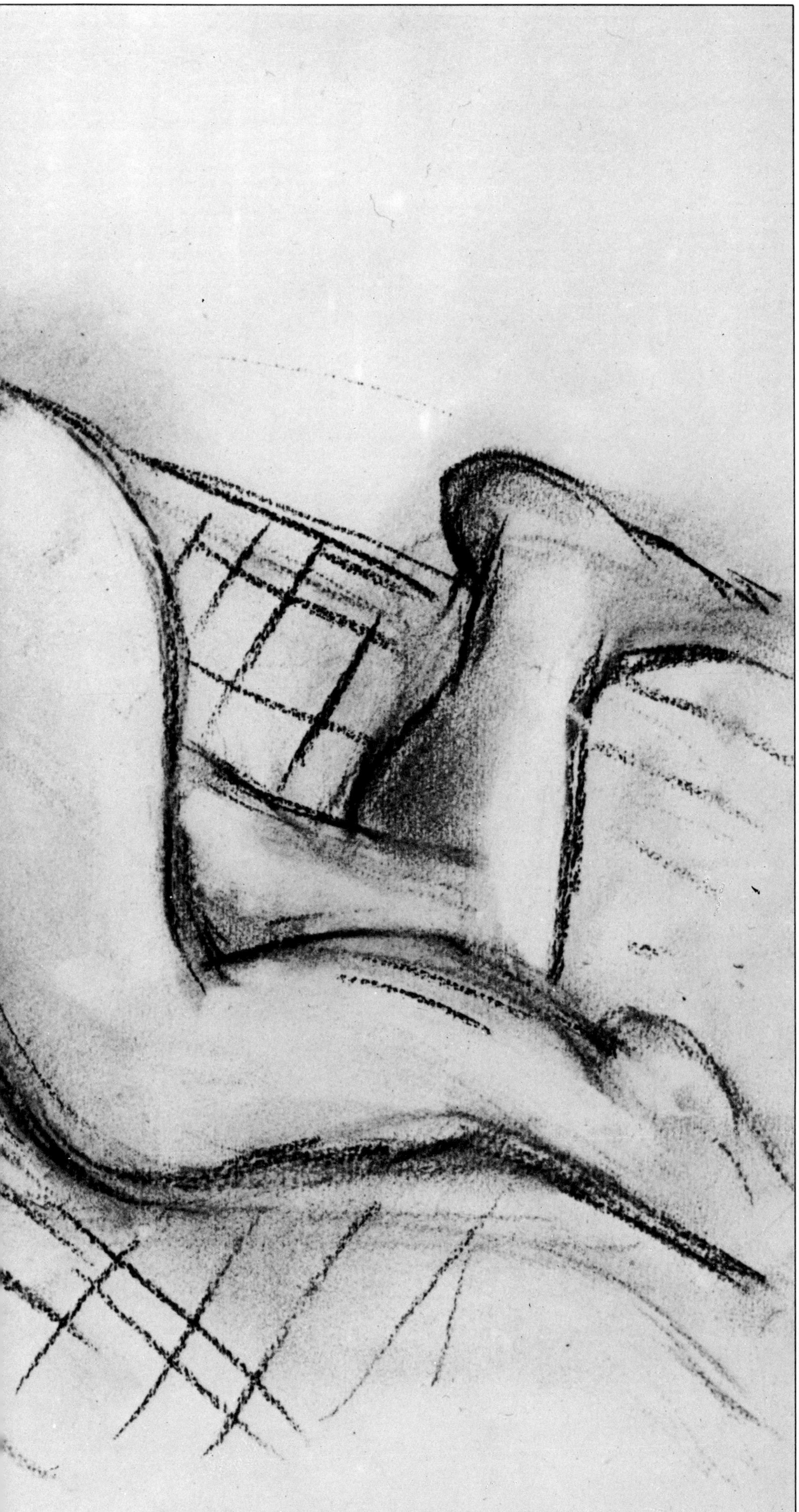

Henri Matisse: Studie für Akt in Rosa
Matisse gibt die Konturen des Körpers stellenweise verwischt wieder, um die ruhige Grundstimmung des Motivs zu betonen. Der Körper ist in einem hellen Mittelton ausgeführt und die Schlaglichter sind mit Brot oder Knetgummi freigelegt.

Papier

Kohle zeigt die Struktur von Papier so deutlich auf, daß man diese Eigenschaft besser für sich nutzt, anstatt sie zu unterdrücken. Gutes Papier für Kohle hat daher eine rauhe Oberfläche, die auch beim Radieren oder Verreiben nicht verlorengeht und die die Farbe gut an sich bindet.

Auch auf farbigen Papieren kommt das tiefe und intensive Schwarz gut zur Geltung. Glattere Papiere eignen sich gut für Sibirische Reißkohle.

Papiere für Kohle *Kohle macht die Struktur auch feinen Papiers sichtbar, eine nutzenswerte Eigenschaft. Gezeigt werden (von oben nach unten) ein glattes Fabrianopapier, ein mittleres Saunderspapier und ein grobes Archespapier.*

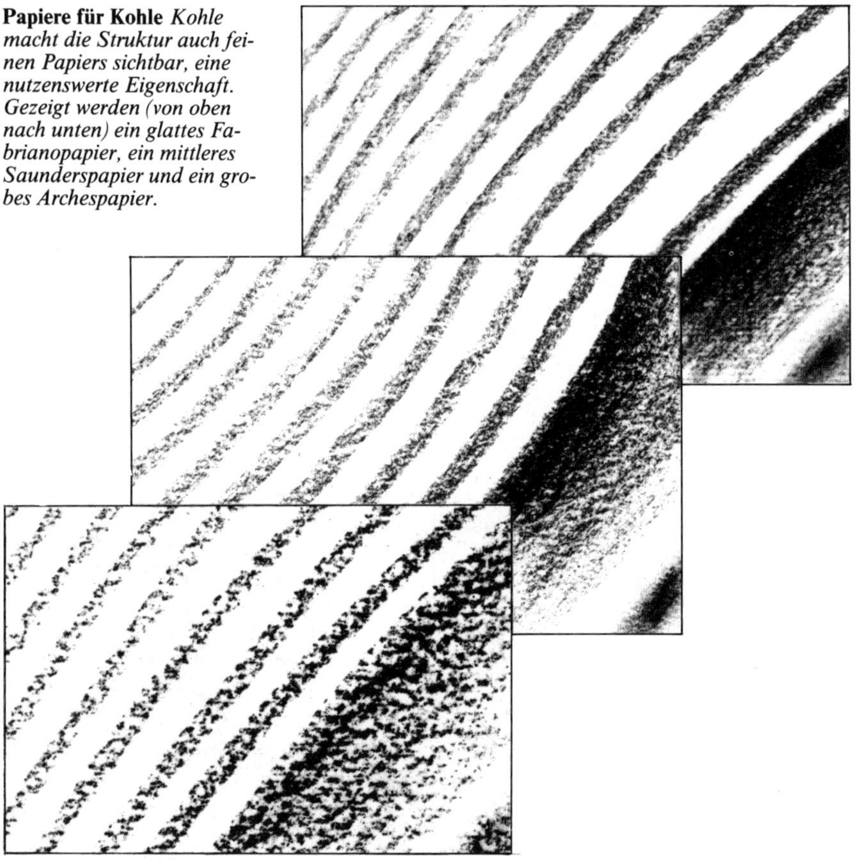

Kohlearten

Kohlestangen Diese gebräuchlichste Form der Zeichenkohle wird in verschiedenen Stärken und Härtegraden aus verkohlten Zweigen hergestellt. Die weichste Sorte wird von Weinruten gewonnen; bei ihr lassen sich Fehler durch einfaches Wegwischen vom Papier beseitigen.

Die Kohlestücke sind gewöhnlich etwa 15 cm lang und bis zu etwa 6 mm stark. Man kann sie mit einer Klinge vorsichtig zuspitzen. Die dünneren Formate müssen mit Sandpapier gespitzt werden.

Kohlestangen werden auch von dünnen Holzbrettchen gewonnen, die man in einzelne Späne aufspaltet und in Trockenöfen verkohlt. Diese Stangen sind kantig, härter und damit leichter zu spitzen.

Sibirische Reißkohle Kohle wird auch als Retortenkohle in kleinen, etwa 8–10 cm langen und 6 mm starken Stücken angeboten. Sie wird aus gemahlener Holzkohle hergestellt, die mit einem Bindemittel in Stücke gepreßt wird. Sie bricht weniger leicht als Zweigkohle, läßt sich aber schlecht vom Untergrund ablösen. Sie wird häufig unter der Bezeichnung „Sibirische Reißkohle" angeboten.

Kohlestifte Komprimierte Retortenkohle kann mit Holz ummantelt und damit in Stiftform gebracht werden. Statt mit Holz kann man sie auch mit Papierröllchen umgeben. Diese Stifte verursachen weniger Schmutz und sind leichter zu handhaben, können aber nicht breitseitig aufgelegt werden; gezeichnet werden kann nur mit der Spitze. Sie werden in den Härtegraden extraweich 6B, weich 4B, mittel 2B und hart HB angeboten. Diese Art der Zeichenkohle eignet sich am besten für kleinformatige, detailreiche Zeichnungen.

Kohlearten *Wein- und Weidenruten werden in den Stärken dick, mittel und dünn (1, 2 und 3) zu Kohle verarbeitet. Für kleine Detailarbeiten verwendet man Stifte mit Retortenkohleminen (4). Es gibt sie in verschiedenen Härten, und sie lassen sich leicht spitzen. Kohlepulver (5) kann mit einem Wischer aufgetragen werden und sibirische Reißkohle (6) eignet sich besonders gut für breitflächigen Auftrag.*

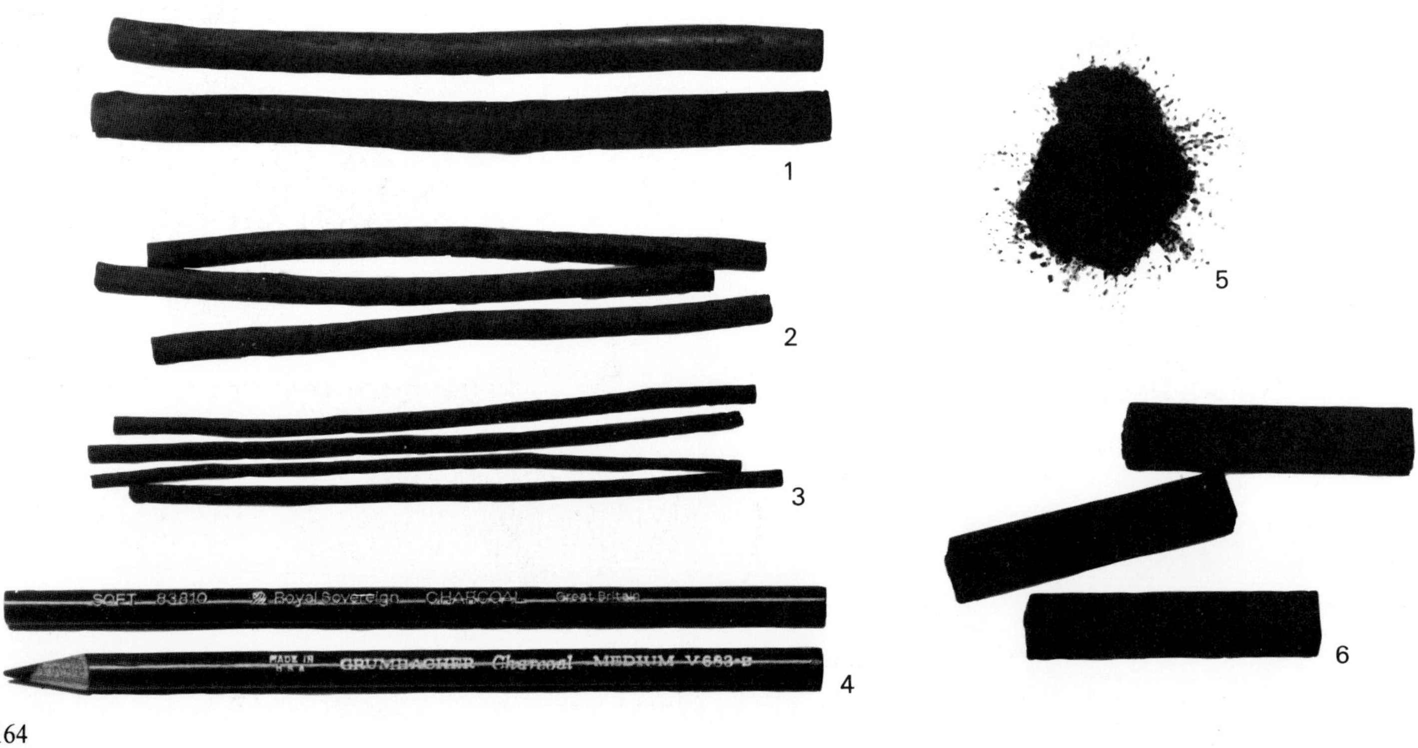

Techniken

Kohle eignet sich für Linien- und Flächenzeichnung gleichermaßen. Für großflächige Arbeiten eignet sie sich ebenso hervorragend wie als Hilfsmittel zur Anfertigung von Entwurfszeichnungen, für Wandbilder oder für Vorstudien zu Öl- und Acrylbildern. Wegen ihrer geringen Haftfähigkeit läßt sie sich leicht mit Wildleder abwischen oder sogar einfach wegblasen; Schlaglichter legt man mit Knetgummi oder in der überlieferten Weise mit einem Klümpchen Brot frei.

Kohle läßt sich in jedem Arbeitsstadium gemeinsam mit Pastell verwenden, etwa als erste Umrißzeichnung, zum Abdunkeln der Pastelltöne oder zum letzten Herausarbeiten feiner Bilddetails.

Allerdings hat Kohle oft etwas Schmeichelhaftes an sich und läßt dadurch auch mittelmäßige Bilder als gelungen erscheinen. Sie stärkt damit zwar das Selbstvertrauen des Anfängers, aber er sollte sich darüber im klaren sein, daß gute Ergebnisse mit Bleistift oder Tusche nicht so leicht zu erzielen sind.

Arbeiten mit Kohle verursacht natürlich Schmutz und es besteht die Gefahr, daß man versehentlich mit dem Arm über das Bild wischt; deshalb sollte man nicht zu sparsam mit Fixiermitteln umgehen. Ebenso wie Pastellfarben kann man Kohle großflächig auftragen und Töne und Übergänge durch Verwischen mit der Hand oder mit Papierröllchen schaffen. Graue Übergangstöne können mit härteren Stiften oder dadurch erzielt werden, daß die Kohle leicht und mit nur wenig Druck über die strukturierte Papieroberfläche geführt wird. Töne kann man auch in der von Daumier entwickelten und perfektionierten Verwaschtechnik ausführen.

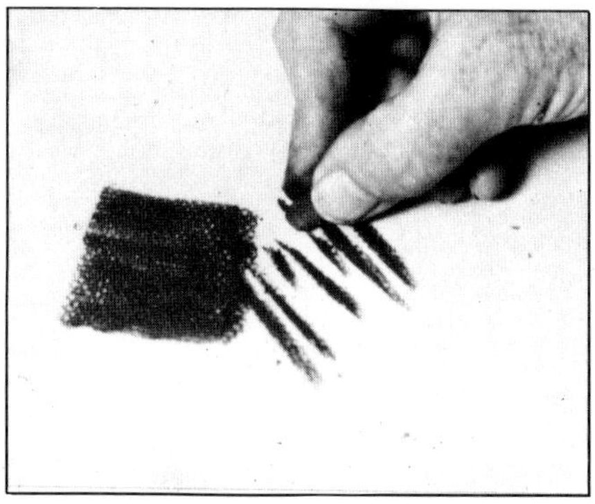

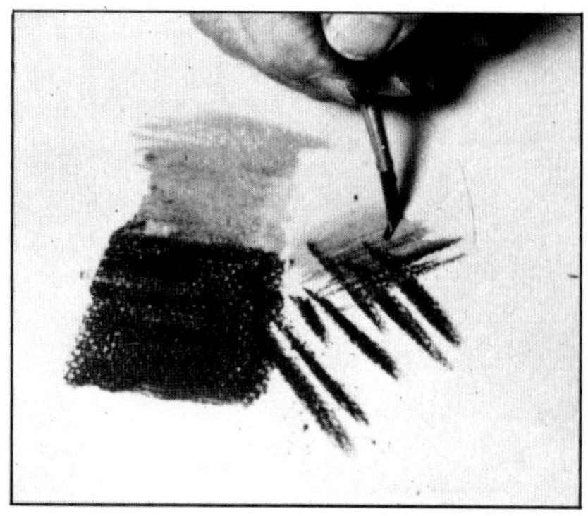

Kohle verwaschen 1. *Hier wird Kohle flächenförmig mit der Breitseite der Stange und anschließend linienförmig aufgetragen.*

2. *Das Motiv wird mit einem in klares Wasser getauchten Pinsel übermalt. Der entstehende Verwaschton mildert das Schwarz der Linien.*

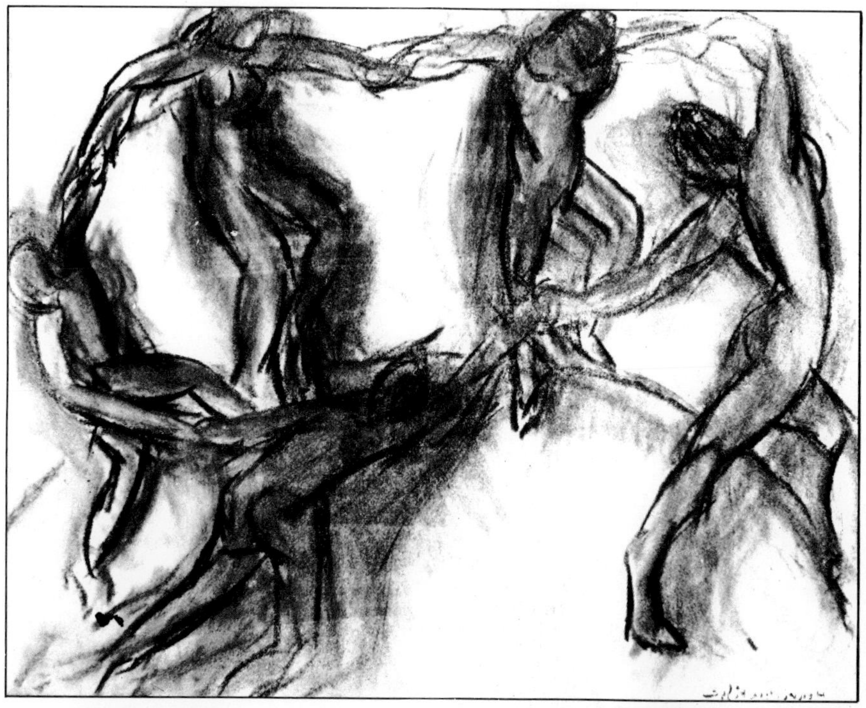

Henri Matisse: Der Tanz
Um die wilden, kreisenden Bewegungen des Tanzes und die Einheit der Tanzenden zu verdeutlichen, trug Matisse zunächst Kohle auf und verrieb sie zu formlosen Schemen. Danach zeichnete er die Figuren mit raschen, kräftigen Strichen in die Schattierungen hinein und legte die hellen Partien mit Brot oder Knetgummi frei.

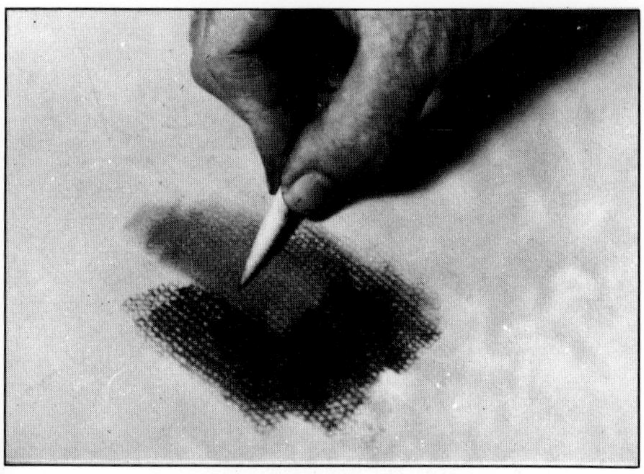

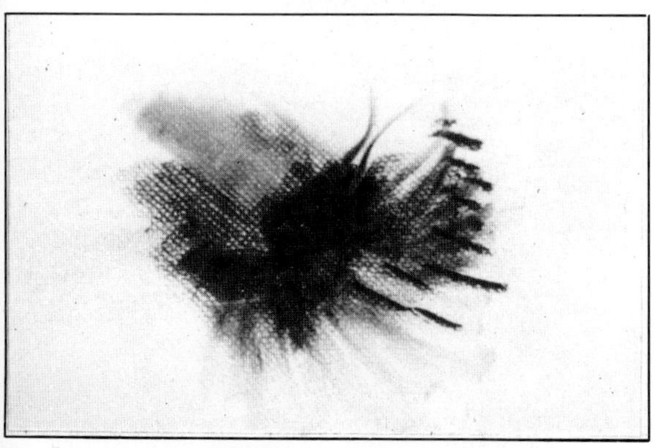

Kohle mit Wischstumpf verteilen *Entwurf anlegen (ganz oben). Anschließend die Kohleteilchen mit dem Wischer verteilen (oben), um dadurch subtile Tonabstufungen zu erzielen. Der Wischer kann auch zum Zeichnen mit pulverförmiger Kohle verwendet werden.*

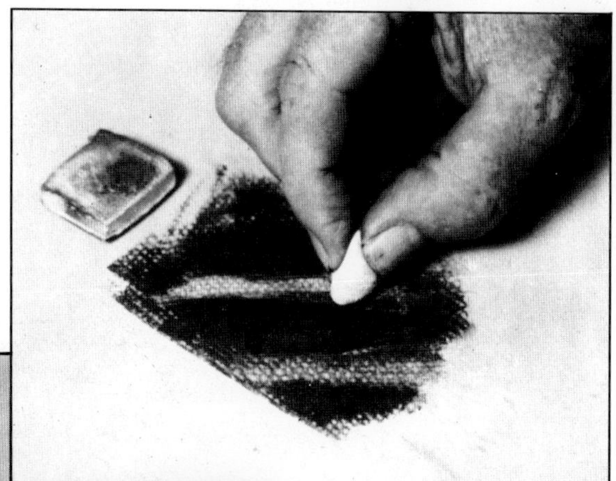

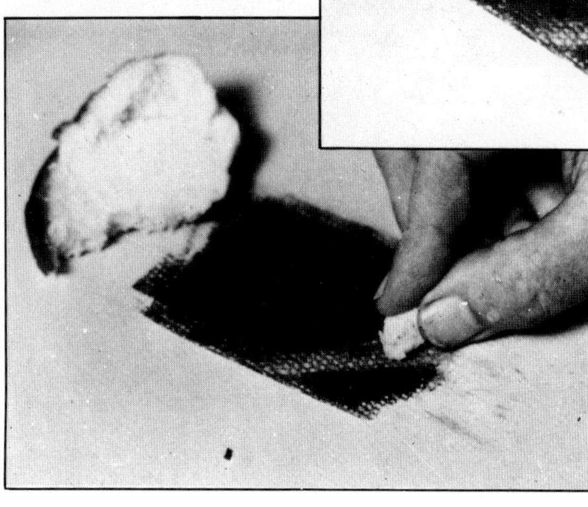

Oben **Aufhellen mit Gummi**
Dazu verwendet man Knetgummi, von dem man ein kleines Stück ablöst und dieses dort in die Kohle reibt, wo Schlaglichter entstehen sollen.

Links **Aufhellen mit Brot**
Entwurf zeichnen. Ein Stückchen Brot zurechtkneten und mit ihm die Kohle wegradieren.

12. Kapitel

Feder und Tusche

Zeichentusche wird in weiten Teilen der Welt seit mehr als zweitausend Jahren verwendet. Die alten Ägypter, Griechen und Römer benutzten Rohrfedern, um auf Pergament und Papyrus zu zeichnen und zu schreiben. Die Römer stellten bereits Federhalter aus Bronze her, bei denen manche Federn den heute gebräuchlichen bereits sehr nahe kommen. Federkiele kamen in Europa im 7. Jahrhundert in Gebrauch und blieben das am meisten verwendete Zeichenmittel, bis sie im frühen 19. Jahrhundert durch die Stahlfeder abgelöst wurden. In der Mitte des 19. Jahrhunderts begann die Produktion guter Papiere in großem Maßstab; die Künstler konnten daraufhin mehr experimentieren, was zur Entwicklung der unterschiedlichsten Zeichenfedern führte. Heute hat der Tuschefüller weitgehend den traditionellen Federhalter abgelöst; er wird seinerseits bereits wieder durch die neuen Tuschezeichner mit Reservoir und auswechselbaren Federn oder Spitzen teilweise verdrängt.

Viele große Meister zeichneten mit Federkiel und Tusche. Leonardo (1452–1519) füllte unzählige Skizzenblöcke mit Tuschezeichnungen und -notizen. Rembrandt begleitete die Ausarbeitung seiner Ölgemälde mit rasch hingeworfenen Tuscheskizzen. Von den alten Meistern sind Dürer (1471–1528), Holbein (1497–1543), Watteau (1684–1721) und Hogarth (1697–1764) wohl die bedeutendsten Vertreter dieser Kunst. Tusche eignet sich ganz besonders gut für graphische Techniken, wofür Aubrey Beardsley (1872–1898) mit seinen Buchillustrationen die schönsten Beispiele geliefert hat.

Rechts **Aubrey Beardsley: Der geheimnisvolle Rosengarten** *Eine äußerst sorgfältig mit dem Federhalter ausgeführte schwarze Tuschzeichnung und ein typisches Beispiel der Beardsley'schen Gegenüberstellung glatter schwarzer Flächen und zarter Linien.*

Ganz rechts **Vincent van Gogh: Ansicht von Arles** *Obwohl die ganze Zeichnung ein Zusammenspiel von Tonwerten und Linien ist, wird dies nur bei den Weiden sichtbar. Die schärferen Linien der weit entfernten Gebäude wurden vermutlich mit Schilfrohr gezeichnet. Die kurzen Striche im Vordergrund wurden mit Rohrfedern leicht angedeutet, um dem Bild Tiefe zu verleihen.*

Unten **Rembrandt van Rijn: Sitzender weiblicher Rückenakt** *Rembrandts meisterhafte Technik und sein bedächtiges, handwerkliches Arbeiten sind bei dieser scheinbar einfachen Zeichnung auf bräunlichem Papier nicht sofort erkennbar. Er arbeitete hier mit Schilfrohr, Verwaschtechnik und Pinselauftrag. Die Schlaglichter werden mit unberührtem Papier dargestellt.*

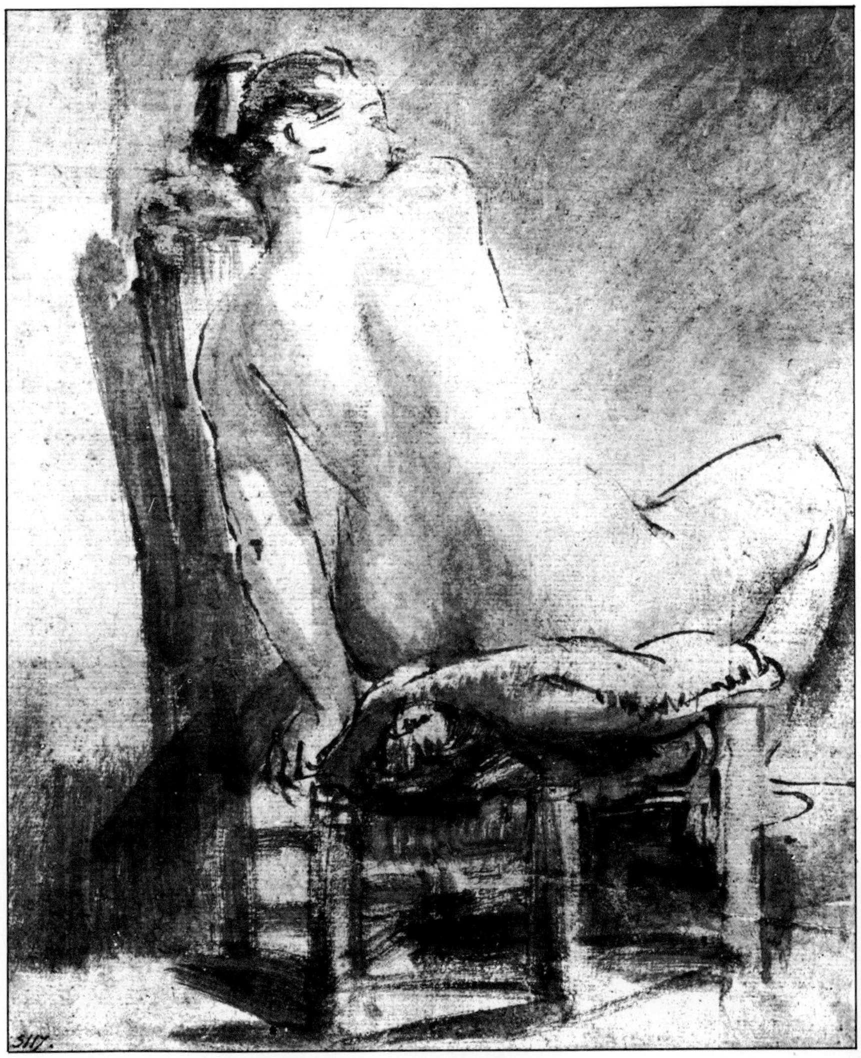

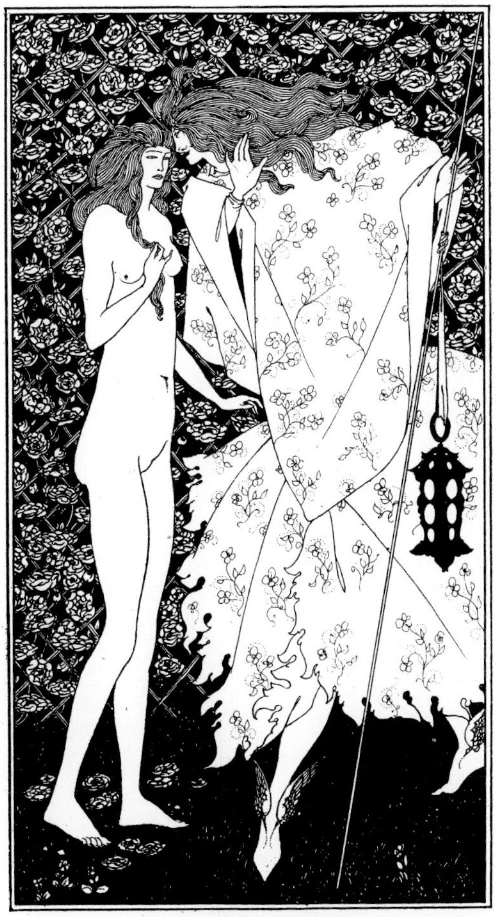

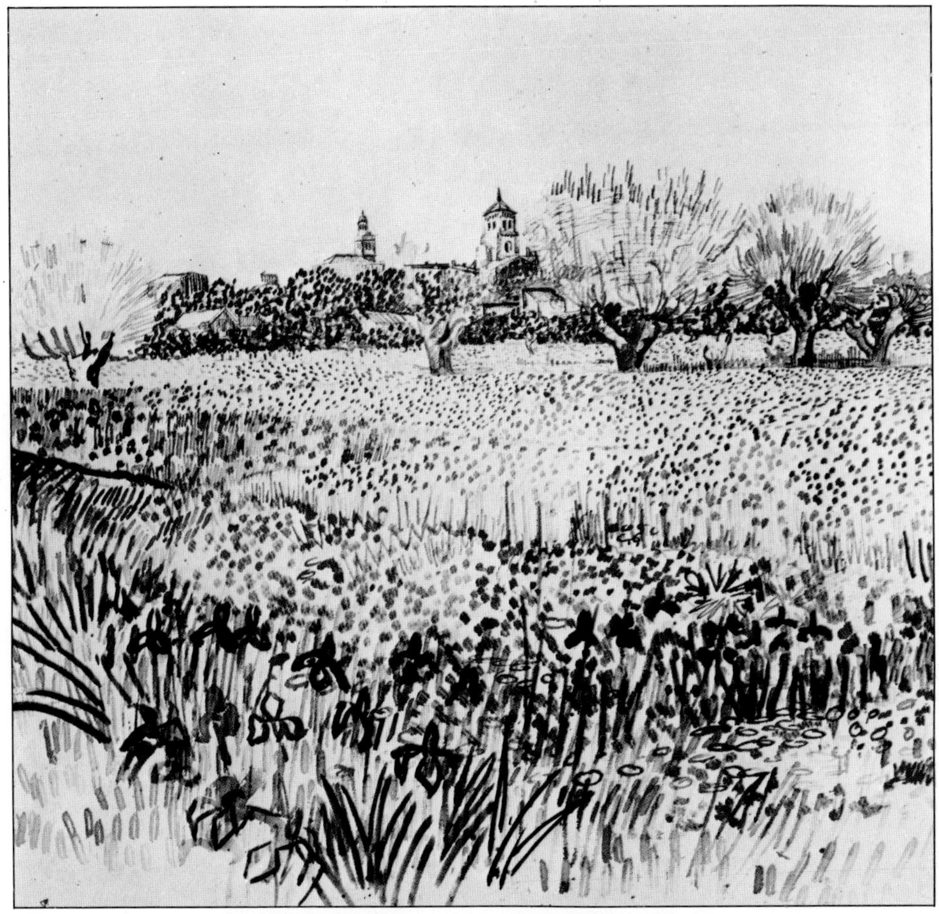

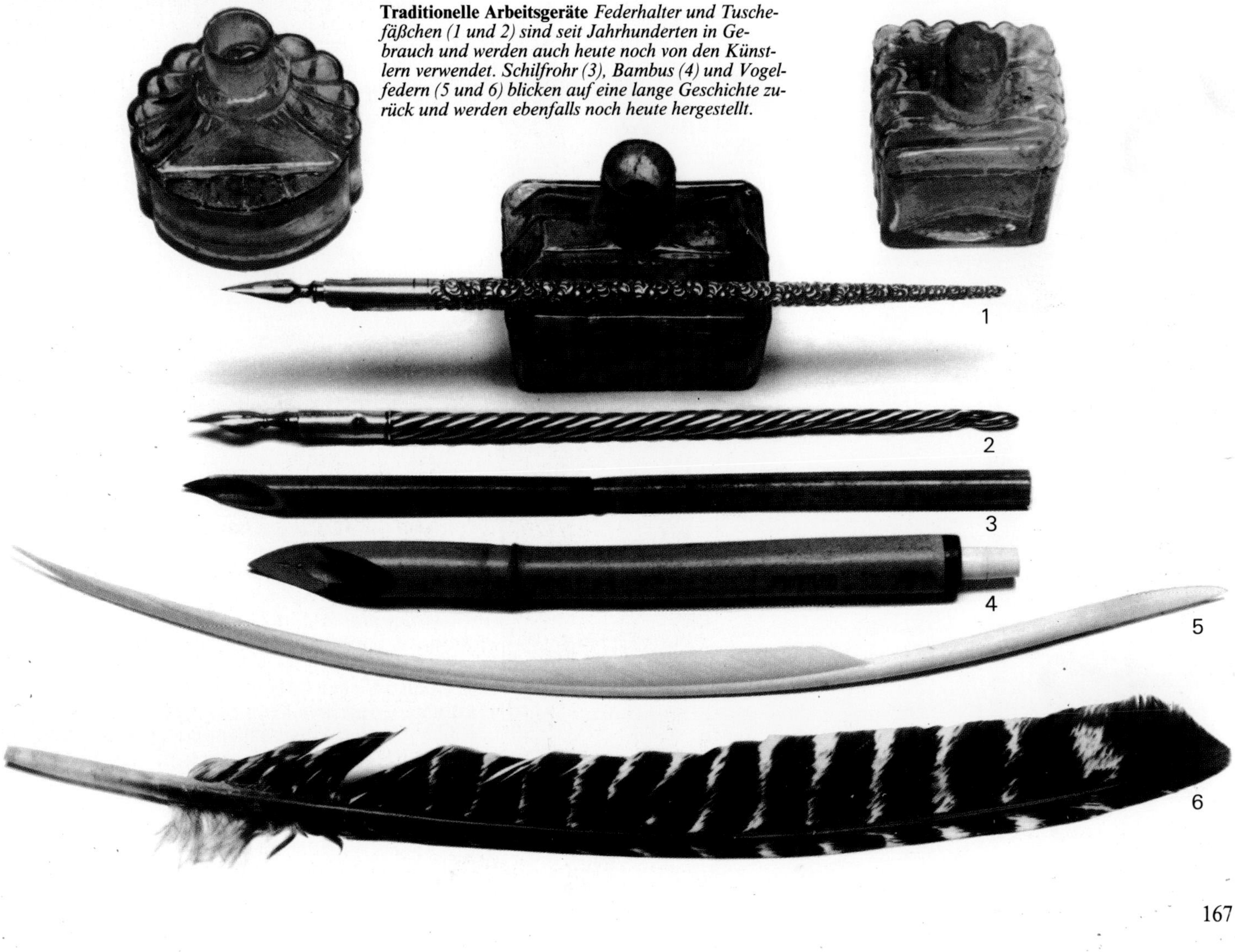

Traditionelle Arbeitsgeräte *Federhalter und Tuschefäßchen (1 und 2) sind seit Jahrhunderten in Gebrauch und werden auch heute noch von den Künstlern verwendet. Schilfrohr (3), Bambus (4) und Vogelfedern (5 und 6) blicken auf eine lange Geschichte zurück und werden ebenfalls noch heute hergestellt.*

Federhalter und Federn

Federhalter Einfache Federhalter sind billig, lassen sich mit allen möglichen Federn bestücken und mit jeder Art von Tusche verwenden. Normale Federn sind auf der Unterseite ovalförmig offen, Reißfedern und feine graphische Federn sind schmaler, zeichnen feiner und sind kreisförmig geschlossen.

Man kann auf die Federn kleine „Tintenhalter" aufschieben, die aber natürlich immer noch wesentlich weniger Tusche aufnehmen können, als ein Füller oder ein Tuschezeichner mit Reservoir. Die Federn müssen regelmäßig – mindestens nach Fertigstellung jeder Zeichnung – gereinigt werden, damit sie nicht verstopfen.

Füllfederhalter Die meisten Füller funktionieren nur mit Tinte oder wasserlöslicher Tusche, nur einige, wie etwa der Osmiroid, lassen sich auch mit nicht wasserlöslicher Tusche verwenden. Es gibt eine ganze Anzahl verschiedener Federeinsätze für sie, aber doch bei weitem nicht so viele wie für die einfachen Federhalter.

Tuschefüller Tuschefüller mit Reservoir unterscheiden sich vom Füllfederhalter dadurch, daß die Tusche nicht durch die Feder aufgesaugt, sondern in das Reservoir gefüllt wird. Für diese Füller gibt es Tuschen in vielen Farben. Sie sind ebenso wasserfest wie normale Zeichentuschen, aber leichtflüssiger.

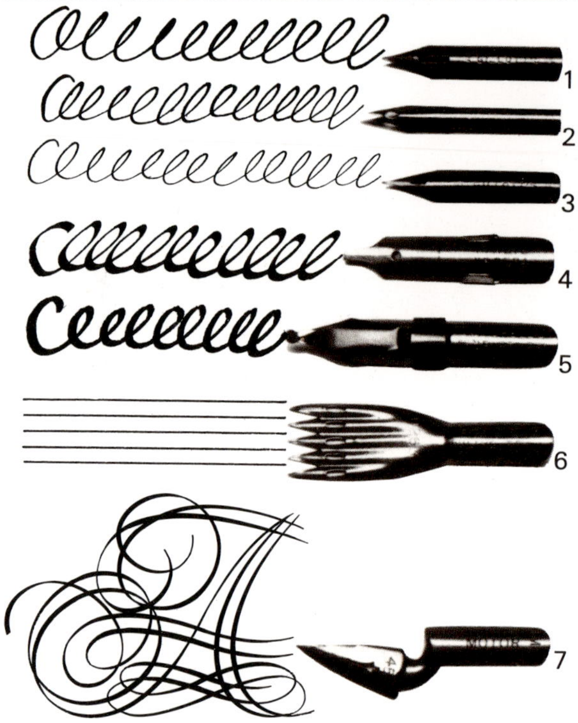

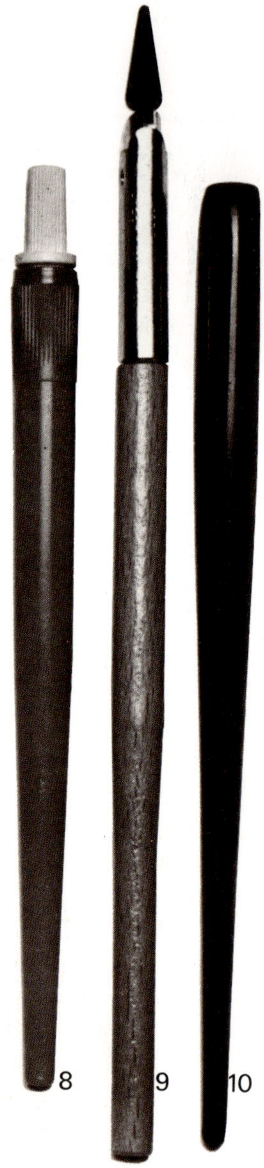

Oben **Federn und Federstriche** *(von oben) Linien gezogen mit: einer Normalfeder; einer Reißfeder; einer feinen Stahlfeder; einer Kursivschriftfeder; einer Schreibschriftfeder; einer Fünflinienfeder; einer Kupferstichfeder.*
Rechts **Federhalter** *Der kleine Federhalter links nimmt Reiß- und feine Stahlfedern auf, der Normalhalter rechts die meisten übrigen Federn. Kleine „Tintenhalter" aus Messing können auf viele Federhalter aufgeschoben werden (Mitte).*

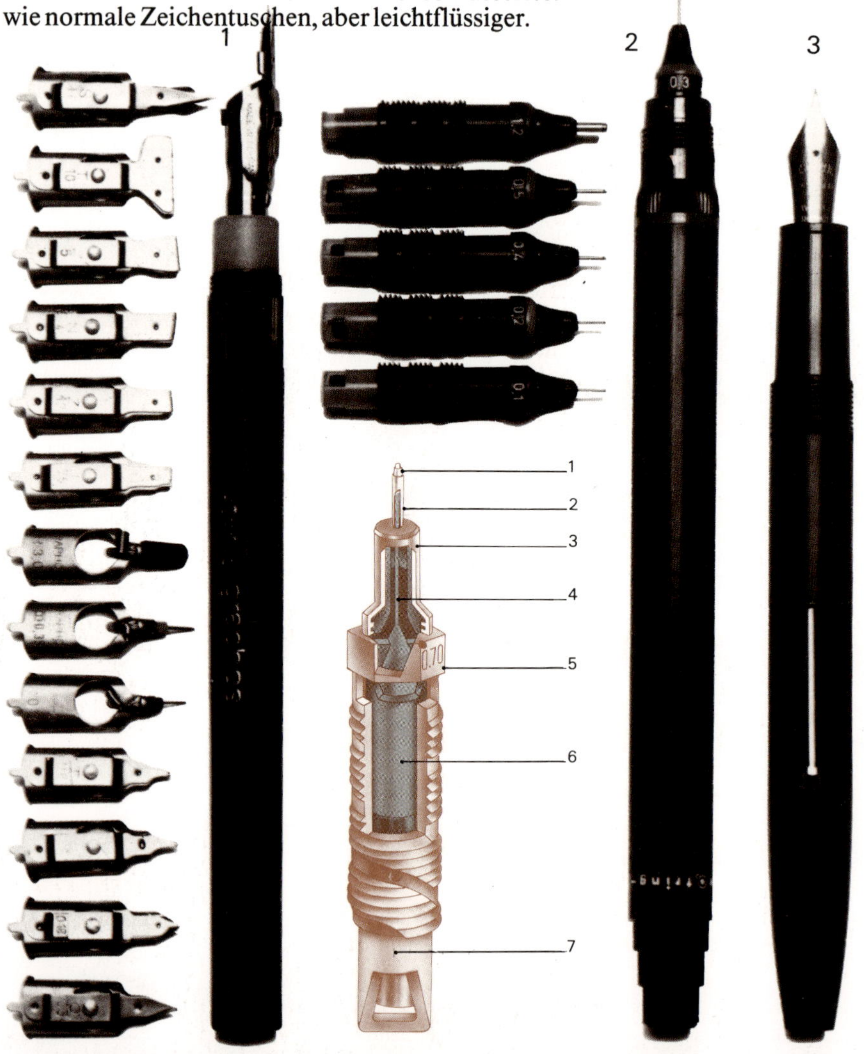

Reservoir- und Tuschefüller *Graphos-Reservoirfüller (1). Osmiroid-Füllfederhalter (3), auch für nicht wasserlösliche Tusche. Reservoir-Tuschezeichner (2), für verschiedene Zeichenspitzen. Diese bestehen aus: Röhrchenspitze (1); Stahlröhrchen (2); verchromter Halterung (3); Reinigungsdraht (4); Farbcode mit Strichstärkenangabe (5); Schubgewicht (6); Befestigungsclip (7).*

Der „Graphos"-Reservoirfüller ist für den Gebrauch mit einer Vielzahl leicht auswechselbarer Federn vorgesehen. Andere Reservoirfüller sind für die Aufnahme feiner Metall-Malröhrchen vorbereitet, die in jeder Stellung des Füllers gleichmäßig starke und dichte Striche erzeugen. Ursprünglich wurden sie für technische Zeichnungen entwickelt, heute werden sie jedoch mit gutem Erfolg auch in der Gebrauchsgraphik verwendet.

Reservoirfüller müssen regelmäßig mit warmem Wasser gereinigt werden. Federn oder Zeichenröhrchen sollten immer zugeschraubt werden, sonst trocknet die Tusche an ihnen ein. Werden sie länger nicht verwendet, müssen sie entleert und gesäubert werden.

Federhalter für Übungszwecke Anfänger werden meist mit einem Federhalter und einer guten Auswahl von Federn am besten zurechtkommen. Mit zunehmender Praxis stellt sich heraus, welche Federn der persönlichen Arbeits- und Malweise entgegenkommen, und man kann dann auf einen Reservoirfüller mit den entsprechenden Federn überwechseln. Viele Künstler bleiben von vornherein beim Federhalter: Das ständige Federwechseln entfällt, weil er so billig ist, daß für jede Feder ein eigener Halter gekauft werden kann; Federn verstopfen weniger leicht, und der Tuschefluß kann an der Federspitze variiert werden.

Tuschen und Papiere

Zeichentuschen Die speziell für den Künstler gefertigten Zeichentuschen sind nicht wasserlöslich. Sie bilden beim Trocknen einen harten, mattglänzenden Film, der mit andersfarbiger Tusche übermalt werden kann. Die mit ihnen angefertigten Zeichnungen erhalten ein klares, einem Druck ähnliches Bild. Zeichentuschen gibt es in verschiedenen Farben; so bietet Grumbacher 17, Winsor and Newton 22 Farben an. Für Reservoirfüller gibt es Spezialzeichentuschen in vielen Farben.

Wasserlösliche Tuschen Auch von den wasserlöslichen Tuschen gibt es eine Anzahl von speziell für Zeichnungen vorgesehenen Farben, die teilweise verdünnter Wasserfarbe ähneln. Sie werden vom Papier stärker aufgesogen und trocknen matter ab als reine Zeichentuschen. Schreibtinten und -tuschen können ebenfalls zum Zeichnen verwendet werden, aber es gibt sie nur in wenigen Farben.

Tuscheflaschen, die längere Zeit gestanden haben, sollte man vor Gebrauch schütteln, da sich das Pigment am Boden abgesetzt haben kann. Bei warmem Wetter verdunstet die Flüssigkeit im Gefäß schon dann merklich, wenn man es nur einen Tag offen stehen läßt. Die Tusche wird dann dichter und schwerflüssiger. Man gibt ein wenig destilliertes Wasser zu und schüttelt die Tusche vor Gebrauch; zuviel Wasser kann das Pigment schwächen.

Papiere Für Tuschezeichnungen braucht man geeignetes Papier. Ein mittelschweres Zeichenpapier – etwa 200 g – ist für die meisten Themen und Techniken am geeignetsten. Es erlaubt Korrekturen ohne Beschädigung des Papiers und verträgt Verwasch- und Wasserfarbenauftrag. Dünneres Papier ist nicht so gut verleimt und es besteht die Gefahr, daß die Tuschelinien auf ihm verlaufen.

Weichfaserige, absorbierende Papiere sollte man meiden, da sich Feder und Malröhrchen speziell bei schnellen und kräftigen Strichen in ihnen verfangen können. Außerdem neigt die Tusche bei ihnen dazu, auf die Rückseite durchzuschlagen, und sie vergilben und reißen leicht ein. Die Absorption der Farbe durch das Papier kann bis zu einem gewissen Grad erwünscht sein; möchte man aber sehr scharfe Linien erzielen, so wählt man am besten einen harten Papieruntergrund, wie etwa Kalligraphie- (Kunstschrift-) oder das allerdings teure harte Zeichenpapier.

Will man Tusche verwaschen oder zusätzlich Wasserfarbe auftragen, so sollte man das Papier, ähnlich wie beim Aquarell (s. S. 121), auf ein Malbrett aufziehen.

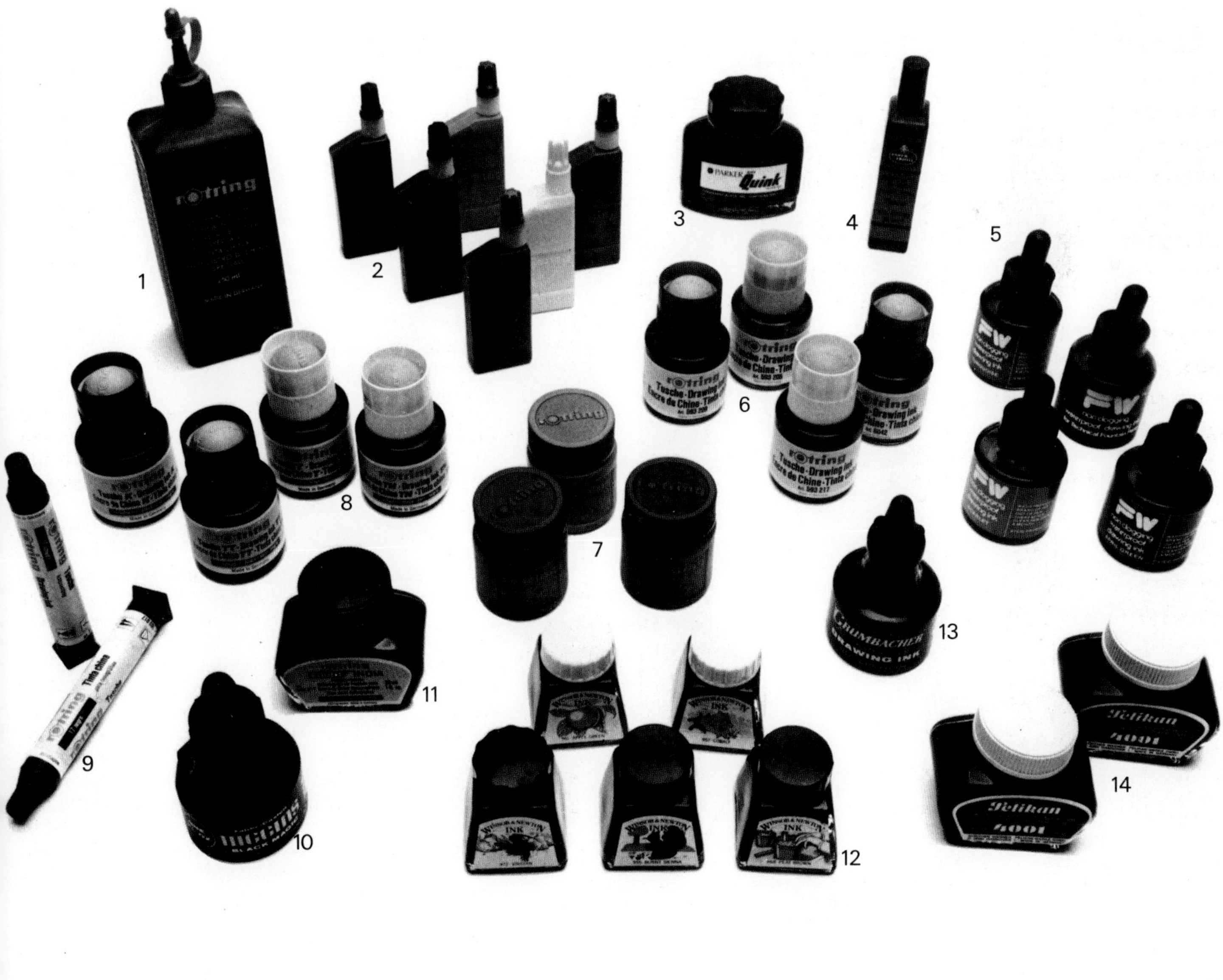

Unten **Tuschearten** *Der Markt bietet eine Vielfalt von Tuschen an, darunter:* **1.** *und* **2.** *Nachfüllflaschen farbiger Rotringtusche für Reservoir-Tuschezeichner;* **3.** *Quink Füllertusche;* **4.** *Faber-Castell-Füllertusche;* **5.** *farbige FW-Zeichentuschen mit Pipettenverschluß;* **6.** *farbige Rotringtuschen mit Gummiball- und Pipettenverschluß;* **7.** *Rotring-Zeichentuschen für Reservoir-Tuschezeichner;* **8.** *Rotring-Retuschiertusche, Typ K (nur für Foliograph- oder Graphosfüller mit Stahlfedern), Typen T, TT und TN (für Reservoir-Tuschezeichner);* **9.** *Nachfüllfläschchen für Zeichentusche, geeignet für Graphos-Füller;* **10.** *Higgins-Tusche schwarz;* **11.** *Rotring Füllertinte;* **12.** *farbige Zeichentuschen von Winsor and Newton;* **13.** *Grumbacher-Tusche schwarz;* **14.** *Pelikan Füllertinte.*

Techniken

Tuschezeichnen lernt man am besten, indem man die Werke einiger namhafter Künstler dieser Kunstart studiert oder sogar kopiert. Zu den bereits weiter oben genannten Meistern sind auch die Werke der folgenden Künstler lehrreich: Cruikshank (1792–1878); Doré (1832–1883); van Gogh (1853–1890); May (1864–1903); Klee (1879–1940); Picasso (1881–1973); Bawden (geb. 1903); Ardizzone (geb. 1900); Steinberg (geb. 1914).

Tuscheauftrag Anfänger – auch solche, die mit Bleistift und Pinsel bereits Erfahrung haben – tun gut daran, erst einmal auf glattem Papier zu üben und zu experimentieren, bevor sie sich an ein größeres Werk heranwagen. Eine Feder fühlt sich auf dem Papier doch ganz anders an als ein Bleistift. Man muß lernen, die Tusche gleichmäßig von der Feder auf das Papier fließen zu lassen, ohne dabei zu stark aufzudrücken. Verwendet man einen Federhalter, so sollte man jeweils etwa die gleiche Menge Tusche verarbeiten und wissen, wie weit eine Federfüllung reicht.

Für Künstler, die zuvor noch nicht mit Tusche gearbeitet haben, kann ein leichtes Vorzeichnen der Umrißlinien des Motivs mit weichem Bleistift empfehlenswert sein. Selbst erfahrene Künstler zeichnen vor, wenn sie nicht lediglich Skizzen, sondern exakt durchgearbeitete Tuschezeichnungen anfertigen wollen. Tuschfederskizzen zeichnet man dagegen besser frei und mit Selbstvertrauen auf das Papier und hält sich nicht etwa ängstlich an eine sorgfältig vorbereitete Bleistiftzeichnung.

Tonabstufungen und Schattierungen Tusche wird linienförmig aufgetragen. Sofern man sie nicht laviert (verwäscht), bedarf es zum Herausarbeiten von Tönungen und Schattierungen spezieller Techniken, wie die des Schraffierens, Auftupfens oder Einritzens (siehe Abb.). Farben kann man dämpfen, indem man der Zeichentusche destilliertes Wasser und der wasserlöslichen Tusche Leitungswasser zugibt. Unverdünnte wie verdünnte Tuschen können mit feinen Designerpinseln aufgetragen werden. Man kann vielerlei Linien damit malen, benötigt aber viel Erfahrung, um den feinen, biegsamen Pinsel richtig einsetzen zu können. Dabei wird jeweils der gesamte Unterarm und nicht nur das Handgelenk bewegt.

Spezialeffekte Interessante Motive und Strukturen kann man schaffen, indem man Tuschetropfen verbläst oder verlaufen läßt, auf Terpentin zeichnet oder mit Tusche Abdrucke von Geweben, Holzmaserungen, Schwämmen oder Haut herstellt.

Trocknungszeiten Eine fertige Tuschezeichnung muß man mindestens einen halben Tag lang trocknen lassen. Dicke oder auf hartes Papier aufgetragene Tusche braucht sogar noch länger. Man sollte vor dem völligen Trocknen weder Bleistiftlinien wegradieren, noch Wasserfarbe auftragen, sonst wird beispielsweise wäßrig aufgetragene gelbe Wasserfarbe grünlich, weil sie die schwarzen Tuschepartikel aufnimmt.

Fleckentfernung und Radieren Flecken müssen sofort beseitigt werden (siehe Abb.). Dazu sollte immer Löschpapier griffbereit liegen. Trockene Tusche kann mit einem Tintenradierer oder einer scharfen Klinge gelöscht werden. Die umgebenden Bildteile kann man dabei mit einer Maske schützen. Restliche Grauschleier entfernt man mit einem weichen Radiergummi. Sobald die radierte Stelle sauber ist, wird sie wieder geglättet.

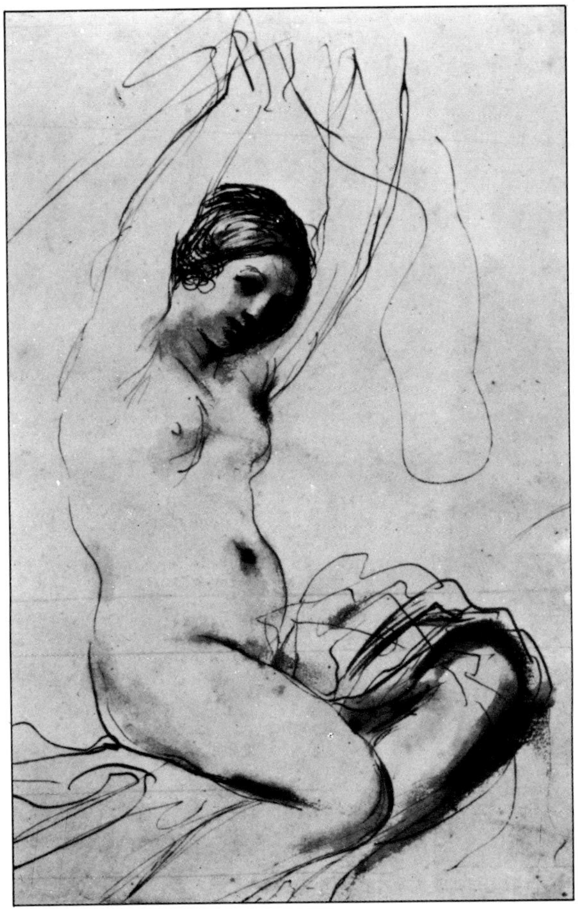

Links **Guercino (Giovanni Barbieri): Studie einer Badenden** *Ein Federhalter mit Stahlfeder erlaubte es Guercino, seine Linien frei und flüssig in alle Richtungen zu ziehen. Teilweise wurden die Linien vor dem Trocknen durch Verwaschen abgeschwächt, an anderen Stellen gibt zusätzlicher Tuscheauftrag dem Bild Spannung und Leben.*

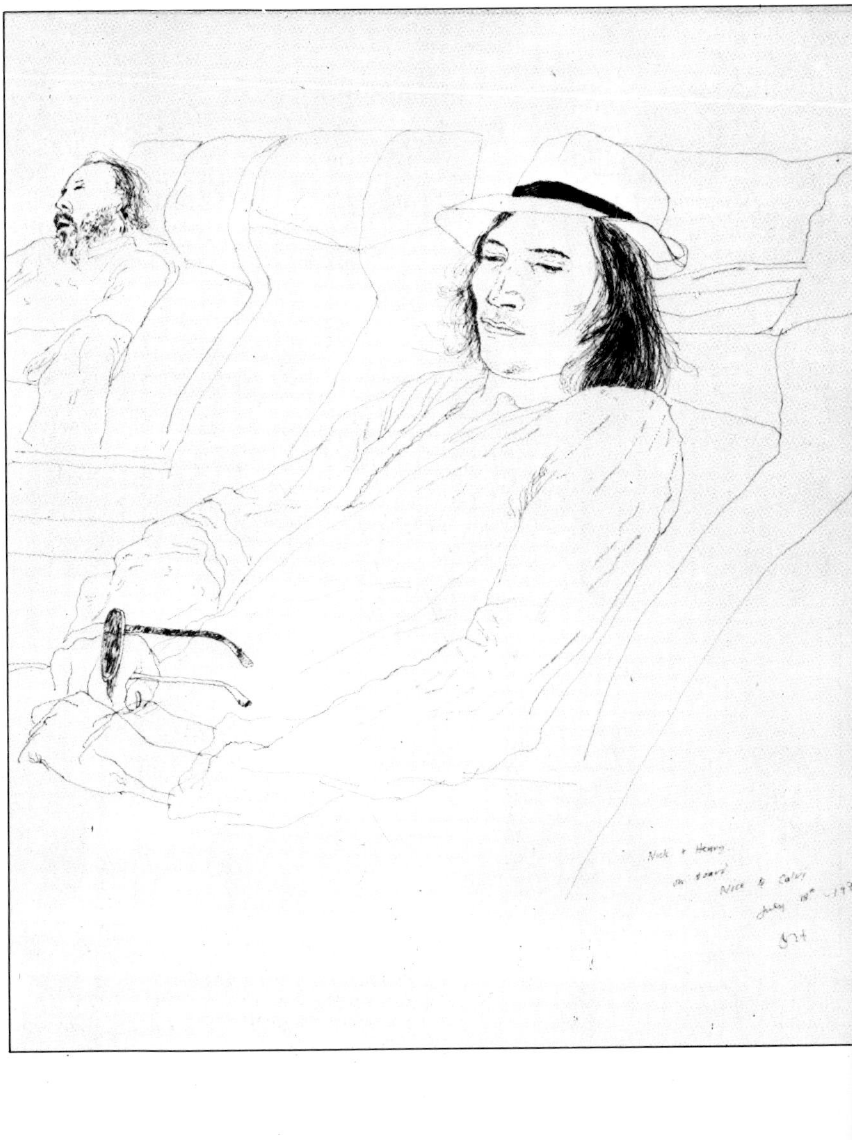

Unten **David Hockney: Nick und Henry an Bord von Nizza nach Calvi** *Hockney schuf die feinen, präzisen Linien in freiem Auftrag mit dem Tuschezeichner. Die zurückhaltend eingesetzten dunklen Akzente bei Hut, Haaren und Brille beleben die sonst gleichförmig durchgezeichnete Studie.*

Techniken und Effekte *Bei Verwendung von Federhalter oder Pinsel lassen sich mit Tusche eine Reihe von Toneffekten darstellen, so etwa:* **1.** *Kritzeln* **2.** *Schraffur und Kreuzschraffur* **3.** *Kurze Striche* **4.** *Tupfer* **5.** *Tonabstufung mit Parallelen* **6.** *Tusche und Wasserfarben-Verwaschauftrag* **7.** *Tusche auf feuchtem Papier* **8.** *Tusche auf nassem Papier* **9.** *Verwasch- und Federauftrag* **10.** *Tusche über feuchten und trockenen Streifen* **11.** *Tropfen verblasen* **12.** *Strukturdruck mit Schwamm* **13.** *Strukturdruck mit Holz* **14.** *Fingerabdruck* **15.** *Mit feinem Schwamm aufgetragene Tusche* **16.** *Aufspritzen mit Zahnbürste* **17.** *Druck mit Strukturband* **18.** *Tusche und Verwaschauftrag auf Kerzenwachs* **19.** *Mit Füllerreinigungslösung vermischte Tusche* **20.** *Tusche und Spiritus* **21.** *Tusche und Maskierflüssigkeit* **22.** *Papierfaltdruck.*

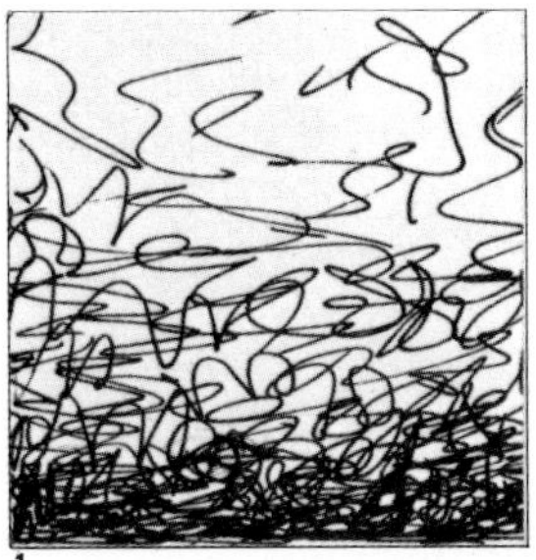
1
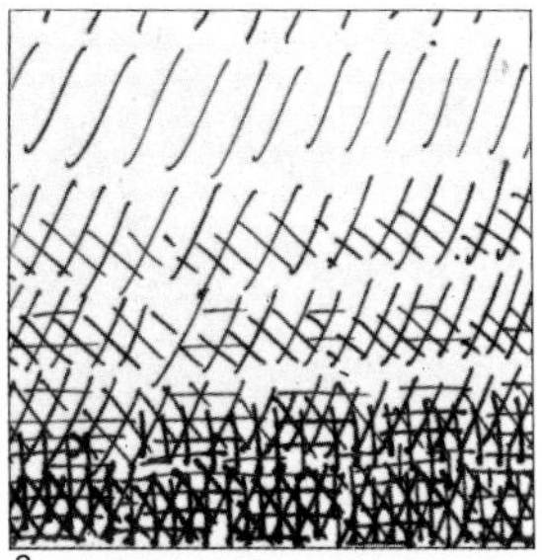
2
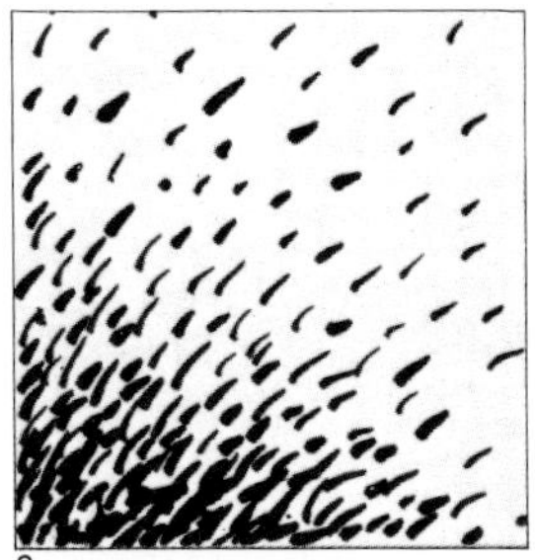
3
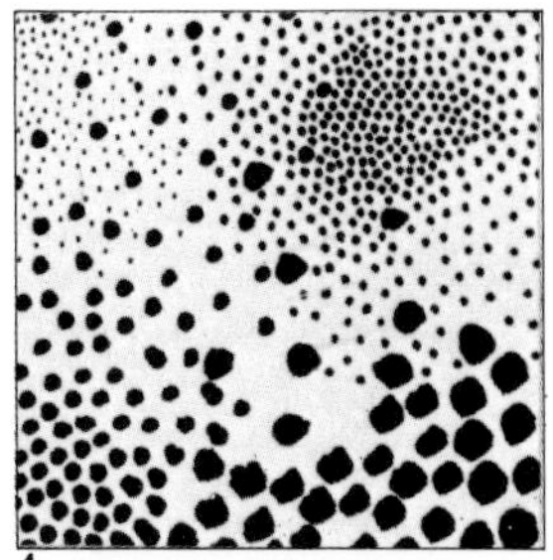
4
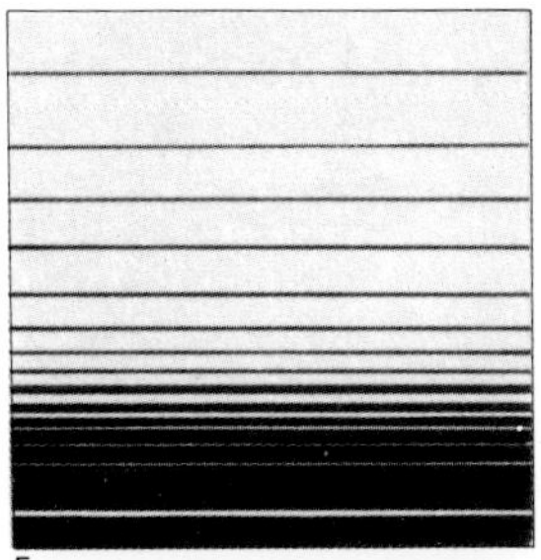
5
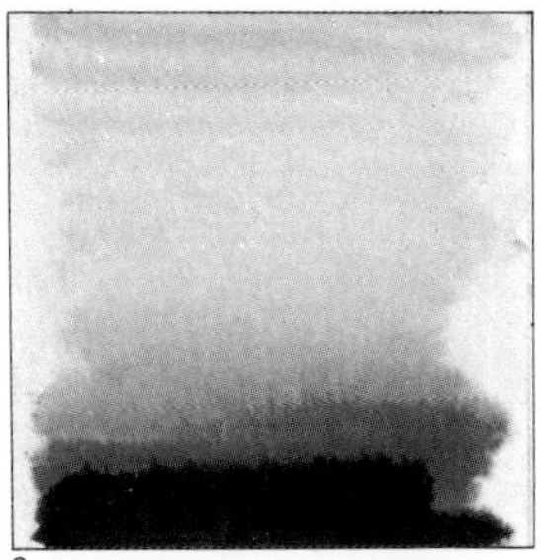
6
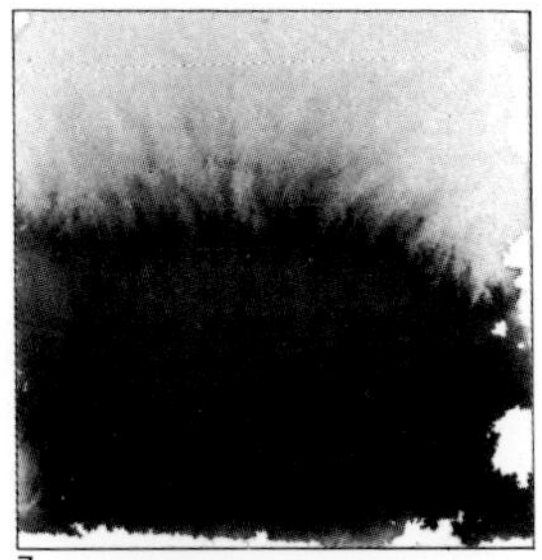
7
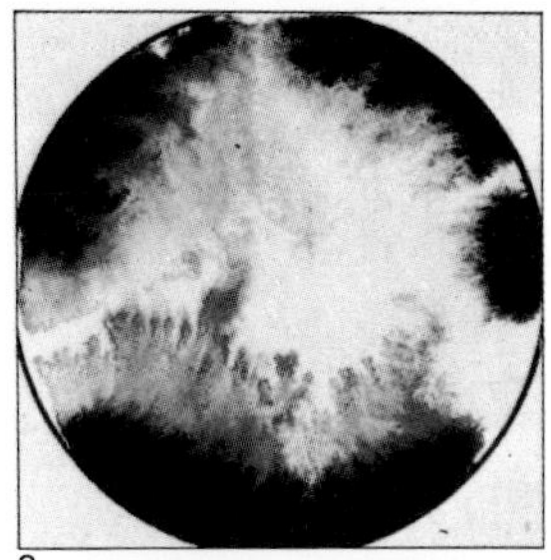
8
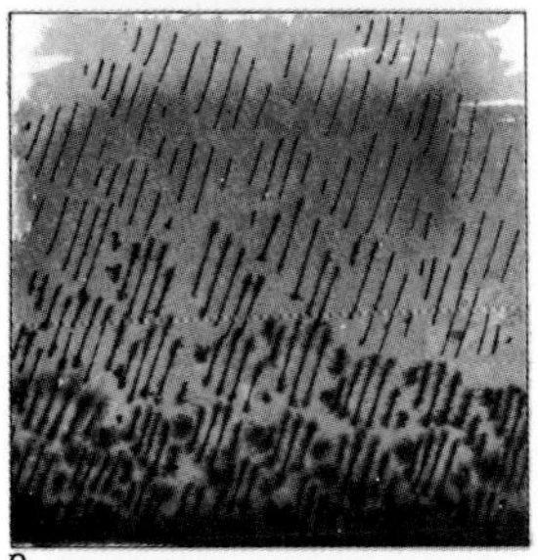
9
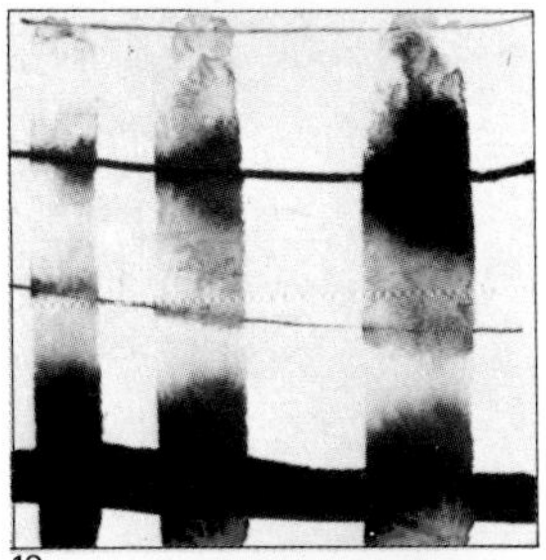
10
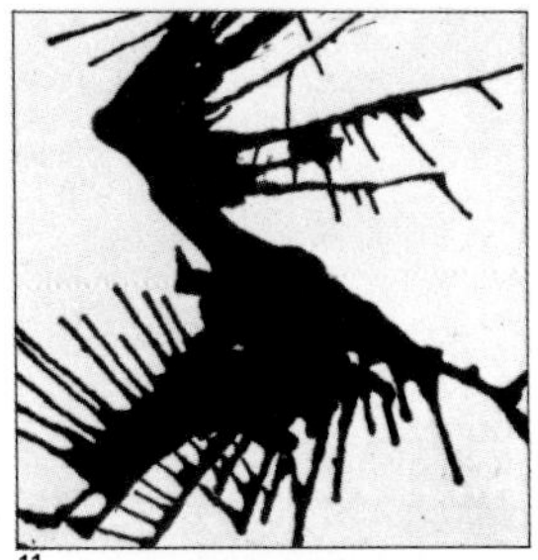
11
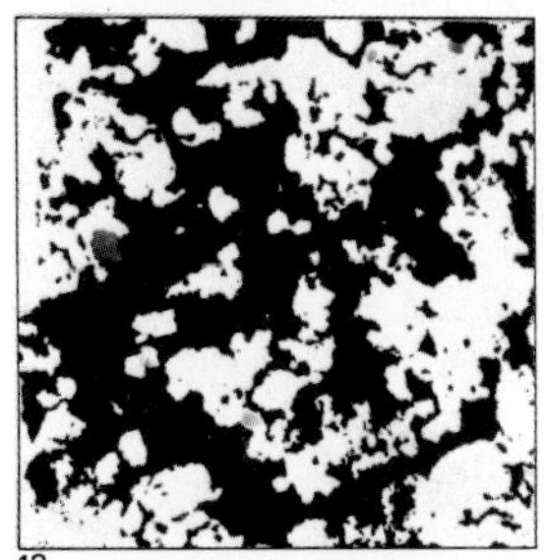
12
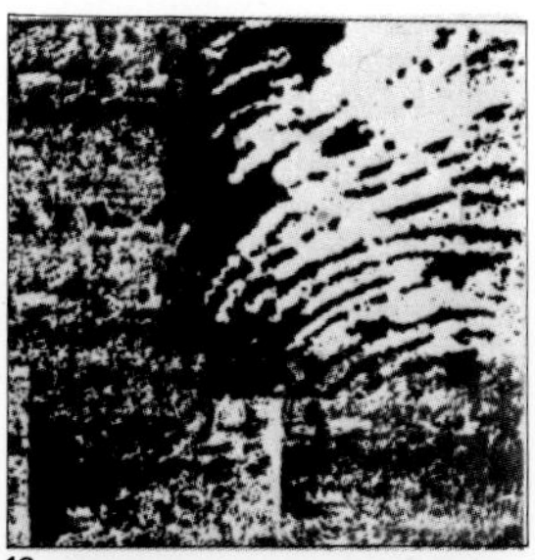
13
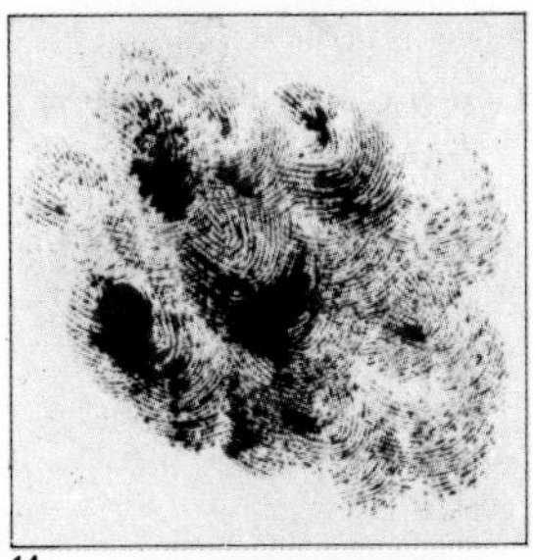
14
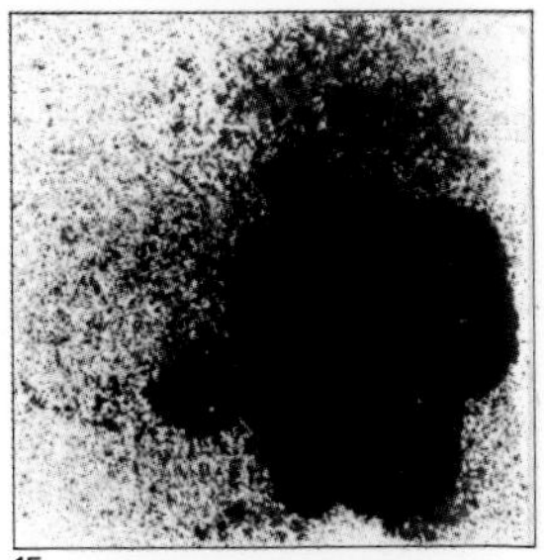
15
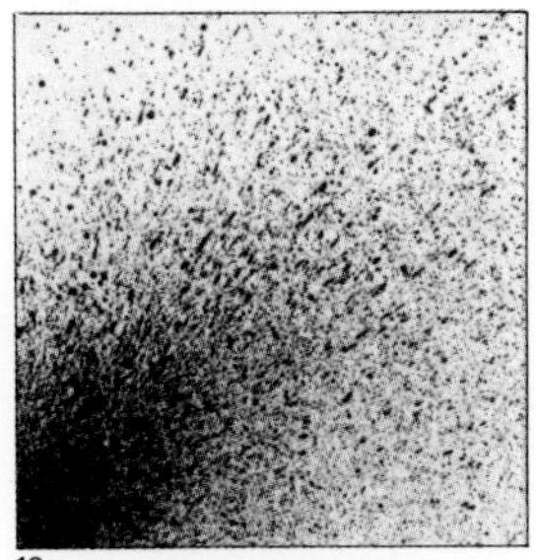
16
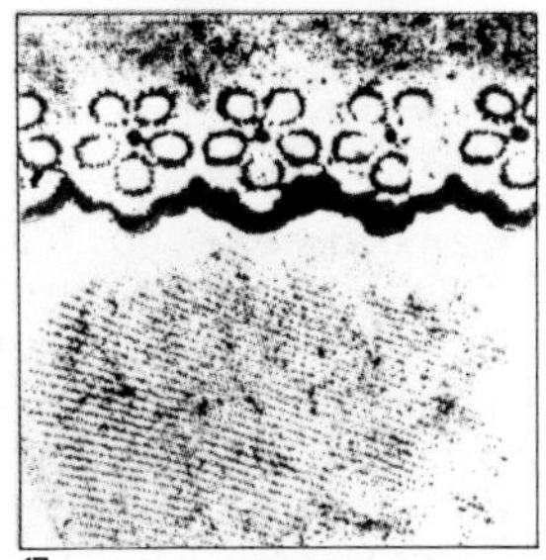
17
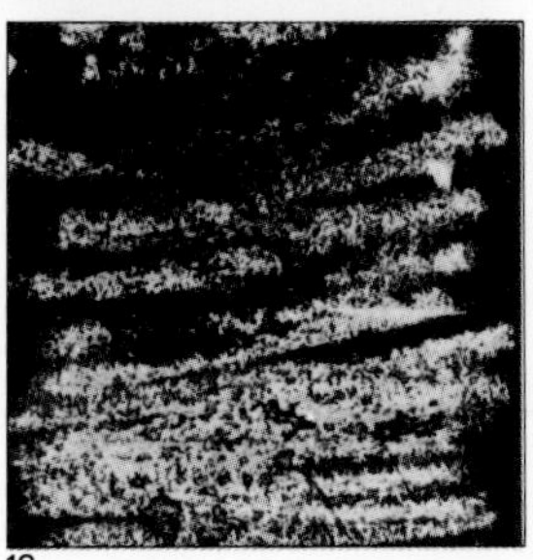
18
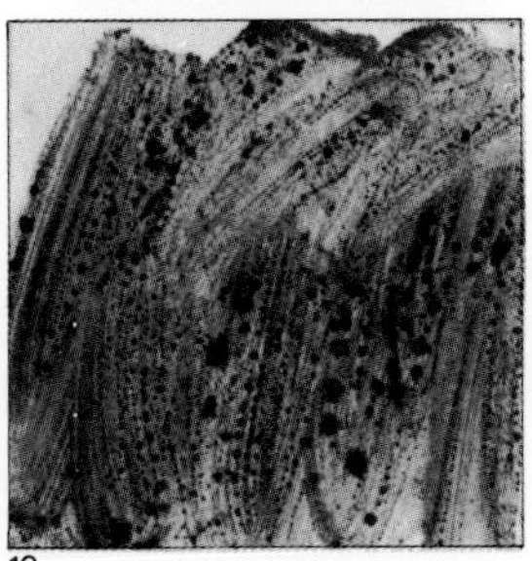
19
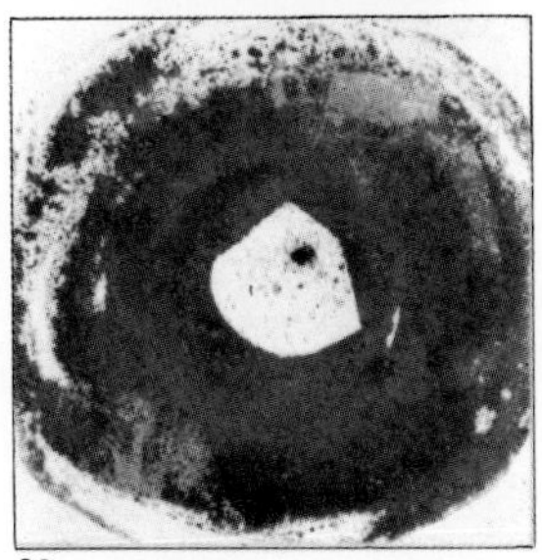
20
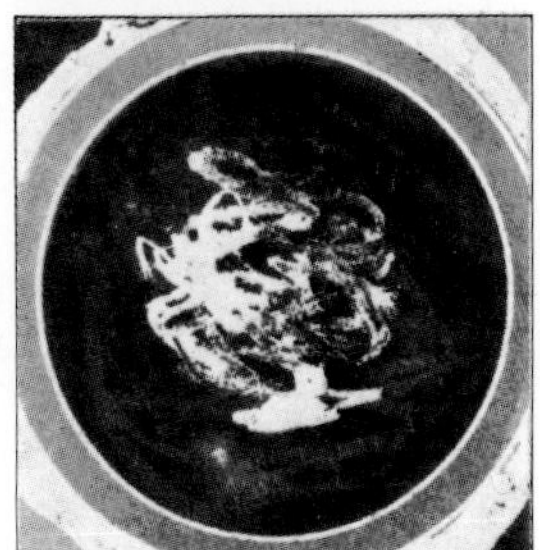
21
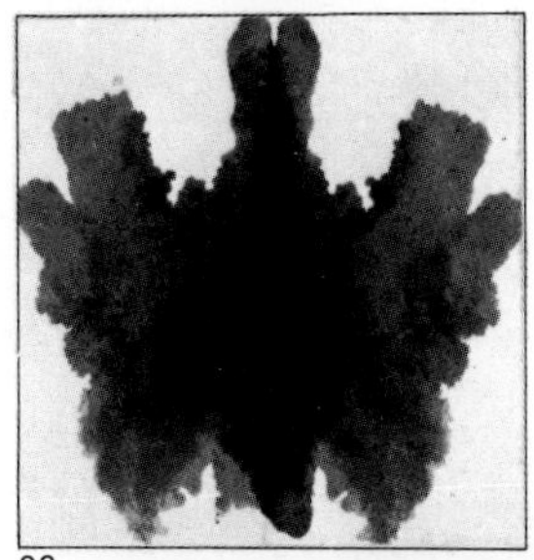
22

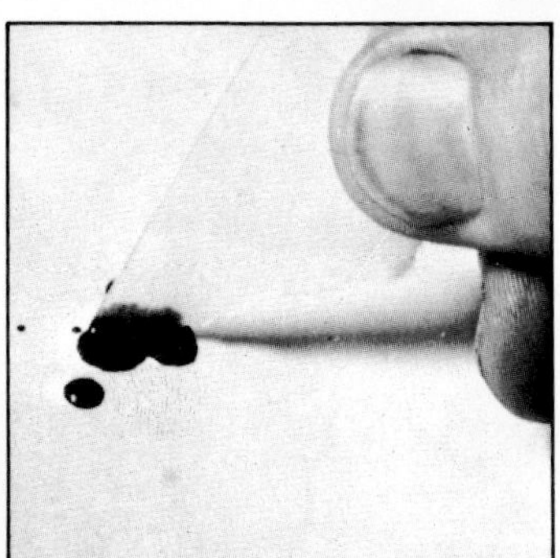
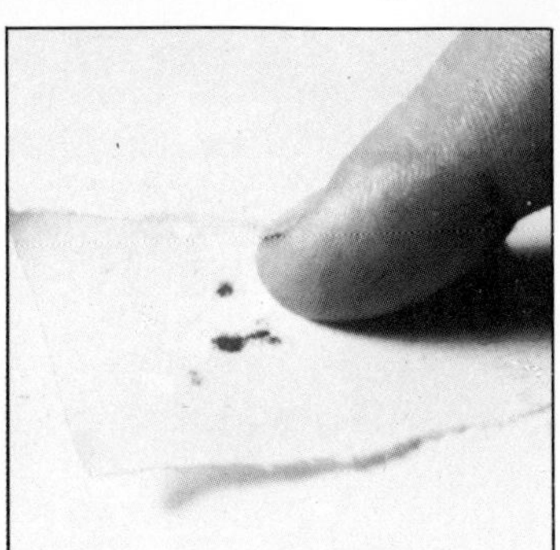
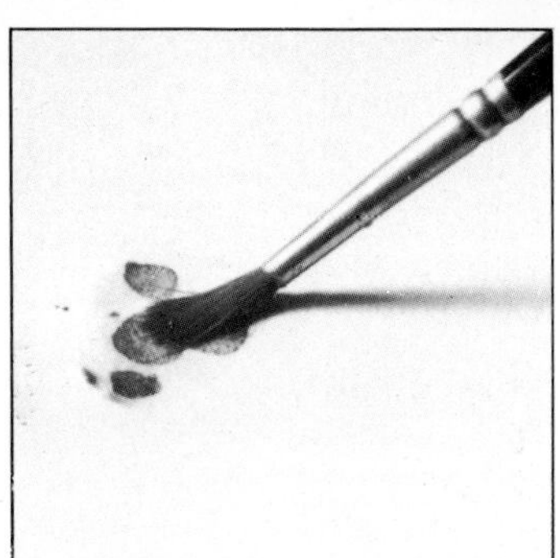
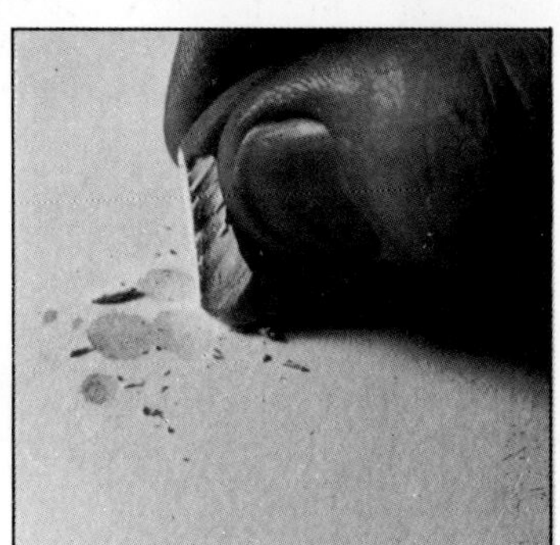

Fleckentfernung 1. *Sauberes Löschpapier mit den Lippen anfeuchten und in die Mitte des Tropfens halten. Mit neuem Papier wiederholen.*

2. *Löschpapier vorsichtig so auf den verbleibenden Flecken auflegen, daß es ihn gerade berührt. Dies mit mehr Druck wiederholen.*

3. *Bei genügend starkem Papier etwas sauberes Wasser aufpinseln und dieses samt der sich darin auflösenden Tusche aufsaugen.*

4. *Den noch verbleibenden Fleckenrest mit weichem Radiergummi entfernen und Papier glätten.*

13. Kapitel

Bleistift

Die Beherrschung der Bleistifttechnik ist nicht nur für den wichtig, der ausschließlich mit ihm arbeiten will, sie kann auch für das Malen mit jedem anderen Farbträger, für Druckarbeiten und für die Bildhauerei von Bedeutung sein. Der Bleistift ist ein ebenso angenehmes wie ausdrucksstarkes Arbeitsmittel zum Anlegen von Bildmotiven und zum Festhalten von visuellen Eindrücken, die später in einem anderen Farbträger ausgeführt werden sollen.

Die Künstler haben schon immer nach Werkzeugen gesucht, mit denen es sich nicht nur bequem arbeiten läßt, sondern die sich auch ausdrucksstark und variationsreich vom weiten Umrißstrich bis hin zu genauen Detailarbeiten verwenden lassen. Albrecht Dürer (1471–1528) verwendete dazu den aus einer Legierung von Blei und Zinn hergestellten Silberstift und zeichnete mit ihm wunderbar subtile Bilder. Die Silberstifttechnik hatte jedoch verschiedene Nachteile, darunter insbesondere den, daß man für sie eine nicht einfach herzustellende Spezialgrundierung benötigte.

So setzte man die Suche nach einer problemloseren und vielseitigeren Zeichentechnik fort. Bereits um 1400 hatte man in Bayern das Graphit entdeckt, erkannte jedoch seine Eignung für das Zeichnen noch nicht. 1504 legte man in Borrowdale in Cumberland, England, ein reines Graphitvorkommen frei. Zunächst hielt man es für Blei, und da man Stükke davon als Markiersteine benutzte, überliefern die frühesten Hinweise auf seine Eignung als Zeichenmittel auch die irreführende Bezeichnung „Bleistift". Obwohl man bald entdeckte, daß es sich um ein eigenes Mineral handelte, kam die Bezeichnung „Graphit" erst 1789 auf.

Der erste Graphitstift entstand 1662; wegen der geringen Vorkommen des Minerals „verlängerte" man es durch Zugabe von Gummi-, Harz- und Leimbestandteilen. Hieraus ergab sich auch die Möglichkeit, die entstehende Mischung in ausgehöhlte Holzstäbchen – gewöhnlich aus Zedernholz – zu pressen. Außerdem gab es früher Graphitmischungen auch bandförmig – man schnitt sich die benötigte Menge jeweils ab – oder in Metallhaltern, die unseren heutigen Druckstiften nicht unähnlich waren.

Faber gründete 1761 in England eine Bleistiftfabrik und stellte seine Stifte aus einer Mischung von einem Teil Schwefel und zwei Teilen Graphit her. Da Frankreich bei den bis dahin bekannten Rezepturen vom Import der Zutaten abhängig war, forderte Napoleon um 1800 Conte auf, eine Ersatzrezeptur zu entwickeln. Das Ergebnis war eine Mischung aus Ton, Graphit, Wasser und Paste, welche in Trockenöfen gehärtet und anschließend in Holzstifte gepreßt wurde. So entstand der Vorläufer unserer heutigen Bleistifte. Farbstifte stellt man aus Mischungen von Kaolin, Wachs und Färbemitteln her.

Frühe Bleistiftzeichnungen lehnen sich noch an die Silberstifttechnik an. Man zeichnete nach der Natur und schuf dabei tonstufenreiche Motive, indem man Reihen feiner Linien aneinanderlegte. Van Eyck (tätig ab 1422, gest. 1441), Botticelli (1445–1510), Leonardo (1452–1519) und Dürer verwendeten ihre Silberstifte in dieser Technik, manchmal auf leicht farbigem oder getöntem Untergrund, der den Auftrag von weißer Kalkkreide bei lichten Partien und in Details ermöglichte. Diese Zeichnungen wurden dann oft noch mit Feder und Tusche oder mit dem Pinsel nachgearbeitet.

Bald nachdem der eigentliche Bleistift eingeführt worden war, erwies sich seine ungleich größere Vielseitigkeit. Im Verlauf der Jahrhunderte haben die Künstler ihn auf die mannigfachste Weise verwen-

Unten **Leonardo da Vinci: Antiker Krieger** *Diese auf cremefarbenes Papier gemalte Zeichnung ist ein schönes Beispiel feinster Linienführung und Detailgetreue, wie sie die italienischen Meister des Silberstiftes beherrschten.* Ganz unten **Hans Holbein d. J.: Jane Seymour** *Holbein verstärkte die sensiblen Striche und Tonwerte seiner Silberstiftzeichnung mit farbiger Kreide und Tusche.*

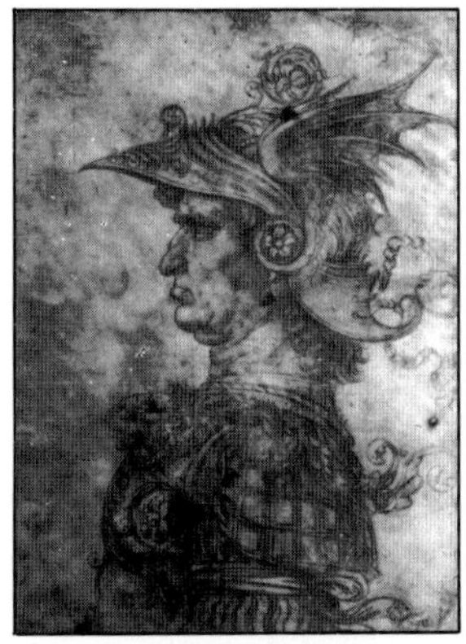

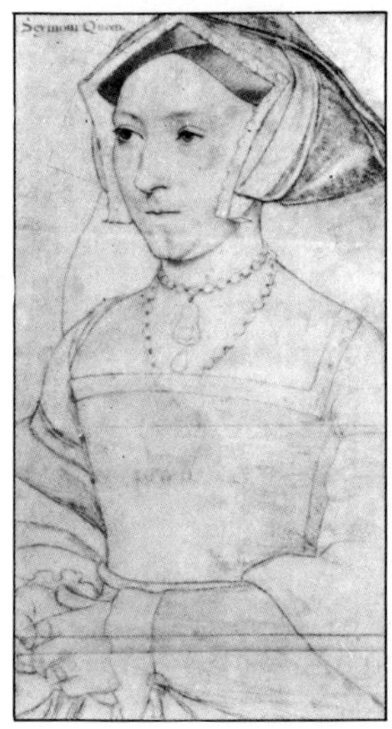

det. Man sehe sich nur die Unterschiede in den Bleistiftarbeiten von Schiele (1890–1918), Ingres (1780–1867) und Augustus John (1878–1961) an oder vergleiche die sparsamen Skizzen von Degas (1834–1917), die spannungsreichen Arbeiten von Paul Hogarth (geb. 1917), die reflektierenden Studien der Vorraphaeliten oder die einfühlsame Linienführung von David Hockney (geb.1937).

Eine allgemeingültige Definition der Bleistiftzeichnung kann es nicht geben, da sie zu viele unterschiedliche Darstellungsweisen umfassen müßte; die fein durchgearbeitete, tonwertreiche Abbildung eines genau umrissenen Motivs müßte in ihr ebenso enthalten sein wie der im flüchtigen Umriß hingeworfene Einfall. Zwischen diesen beiden Extremen gibt es ein breites Feld der verschiedensten Techniken, als da sind: Linien, Tönungen, freie oder exakte Darstellung, Bleistift allein oder mit Lavierung, Tusch- oder Farbauftrag.

Die reine Strichzeichnung ist die schwierigste Darstellungsweise: Der Künstler muß alle Farben, Tonwerte und Strukturen seines Motivs allein durch Linien ausdrücken. Die Meister dieser Technik – darunter Matisse (1869–1954), Gaudier-Brzeska (1891–1915) und Hockney – haben Werke voll vibrierenden Lebens geschaffen, mit denen sich jeder befassen sollte, der gut zeichnen lernen möchte.

Der Maßstab ist ein wichtiges Element der Bleistiftzeichnung; die Strichstärke ist durch die Dicke der Mine beschränkt.

Unten **J. A. Ingres: Damenbildnis** *Während der Körper mit einem Minimum an Strichen dargestellt ist, zeigt das Gesicht Ingres' meisterliche Beherrschung von Linien- und Tonwertdarstellung.*
Rechts Mitte **Edgar Degas: Tänzerin beim Ordnen ihres Schuhs** *Degas ließ Zeichenfehler beim Fuß stehen und bewahrte dem Bild so seine unmittelbare Wirkung.*
Rechts unten **David Hockney: Strandschirm** *Die klaren Linien des Motivs sind einem schattierten Hintergrund gegenübergestellt.*

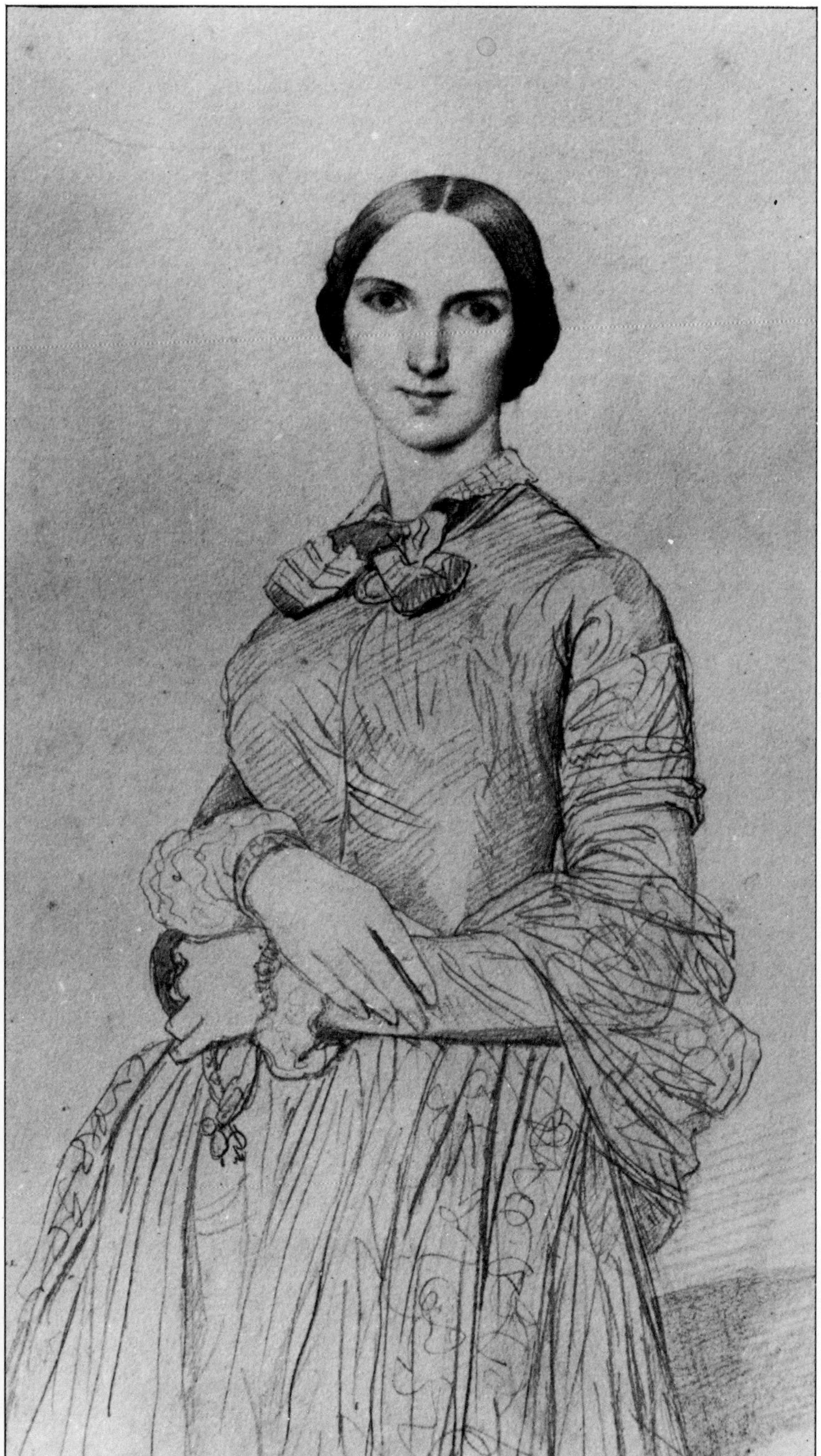

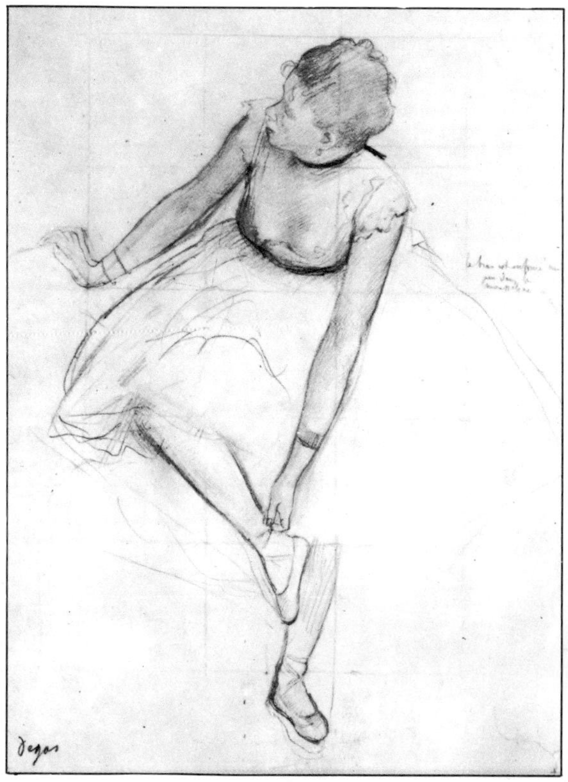

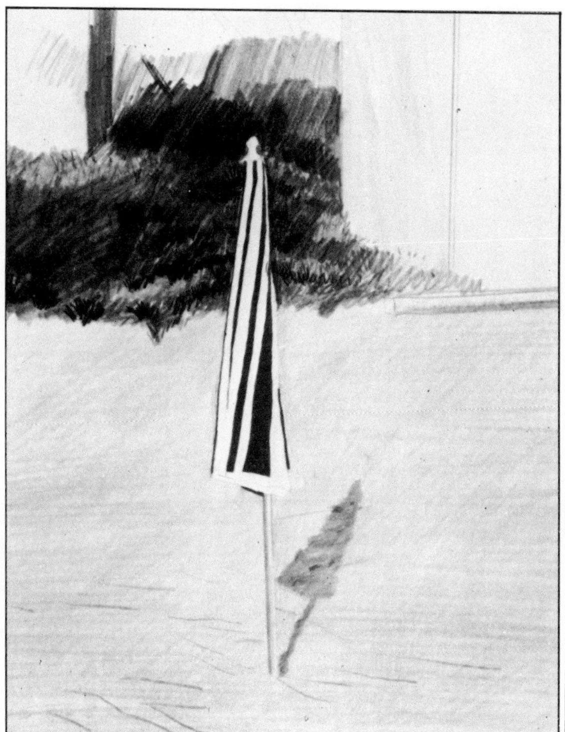

Stiftarten

Graphit „Blei-“ oder richtiger Graphitstifte gibt es in verschiedenen Härtegraden von extraweich bis extrahart. Die härtesten Stifte zeichnen feine, schwachgraue, die weichsten dicke, schwarze Linien. Die Härtegrade werden gewöhnlich wie folgt angegeben (von hart nach weich): 8H, 7H, 6H, 5H, 4H, 3H, 2H, H, HB, F, B, 2B, 3B, 4B, 5B, 6B, 7B, 8B. Einige Hersteller verwenden auch numerische Systeme von 1–4, wobei 1 jeweils für die weichsten Grade steht.
Holzkohle und Kohle Holzkohlestifte (s. S. 164) erzeugen kräftige schwarze Striche. Kohlestifte – etwa die von Wolff – gibt es in verschiedenen Härtegraden, bei denen aber auch die härtesten noch schwarze Linien zeichnen.
Farbstifte Farbstifte gibt es in vielen Tönen. Derwent bietet 72, Eagle 60 Farben an. Die Minen sind meistens verhältnismäßig weich und die Striche lassen sich nur mit einer Klinge wegradieren. Venus bietet jedoch eine kleine Palette von Stiften an, deren Farbe sich normal radieren läßt.

Rechts **Bleistifte** *Mit dem Feinminendruckstift (1) lassen sich stets gleichstarke Linien ziehen. Der Standarddruckstift (2) nimmt eine Reihe verschiedener Minen auf, die die gleichen Schriftbilder abgeben wie die verschiedenen Härtegrade des normalen Bleistifts (3).*
Rechts außen **Harter und weicher Bleistift** *Der linke Teil des Bildes wurde mit einem sehr weichen 6B-Stift, der rechte mit einem sehr harten 6H-Stift gezeichnet.*

Unten **Bleistifthärtegrade** *Die Härtegrade der Minen reichen von 8H (extrahart) bis 8B (extraweich). Jeder der abgebildeten Stifte ist mit dem auf ihm genannten Härtegrad gezeichnet.*

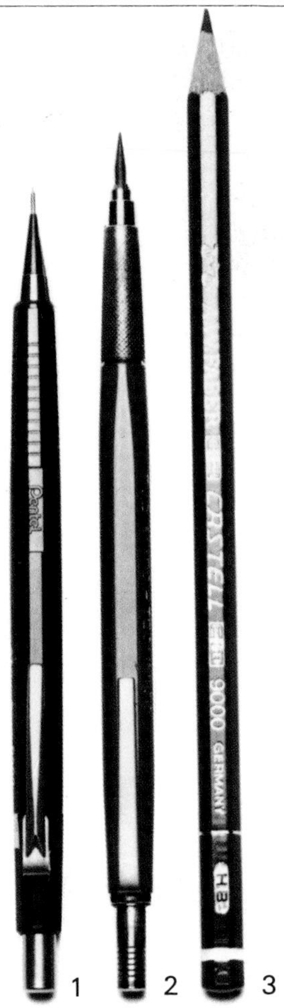

Papiere

Häufig sind bestimmte Bleistiftarten für einzelne Papiersorten besonders geeignet. Glattes Papier, Elfenbeinkarton und Bristolkarton eignen sich für weiche Minen, während strukturiertes Papier, rauhes Zeichenpapier, Wasserfarben- und Ingrespapier besser auf die harten Minen anspricht.

Bleistift kann auf farbigem Papier gut wirken. Findet man den gewünschten Farbton nicht, so kann

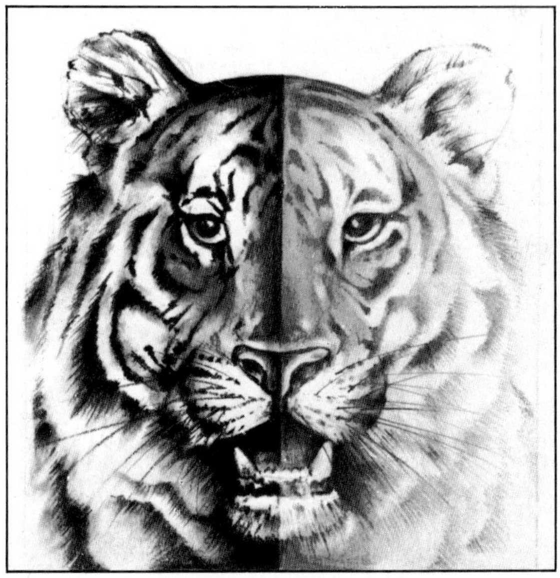

man ihn mit Wasserfarbe im Verwaschauftrag selbst herstellen (s. S. 132).

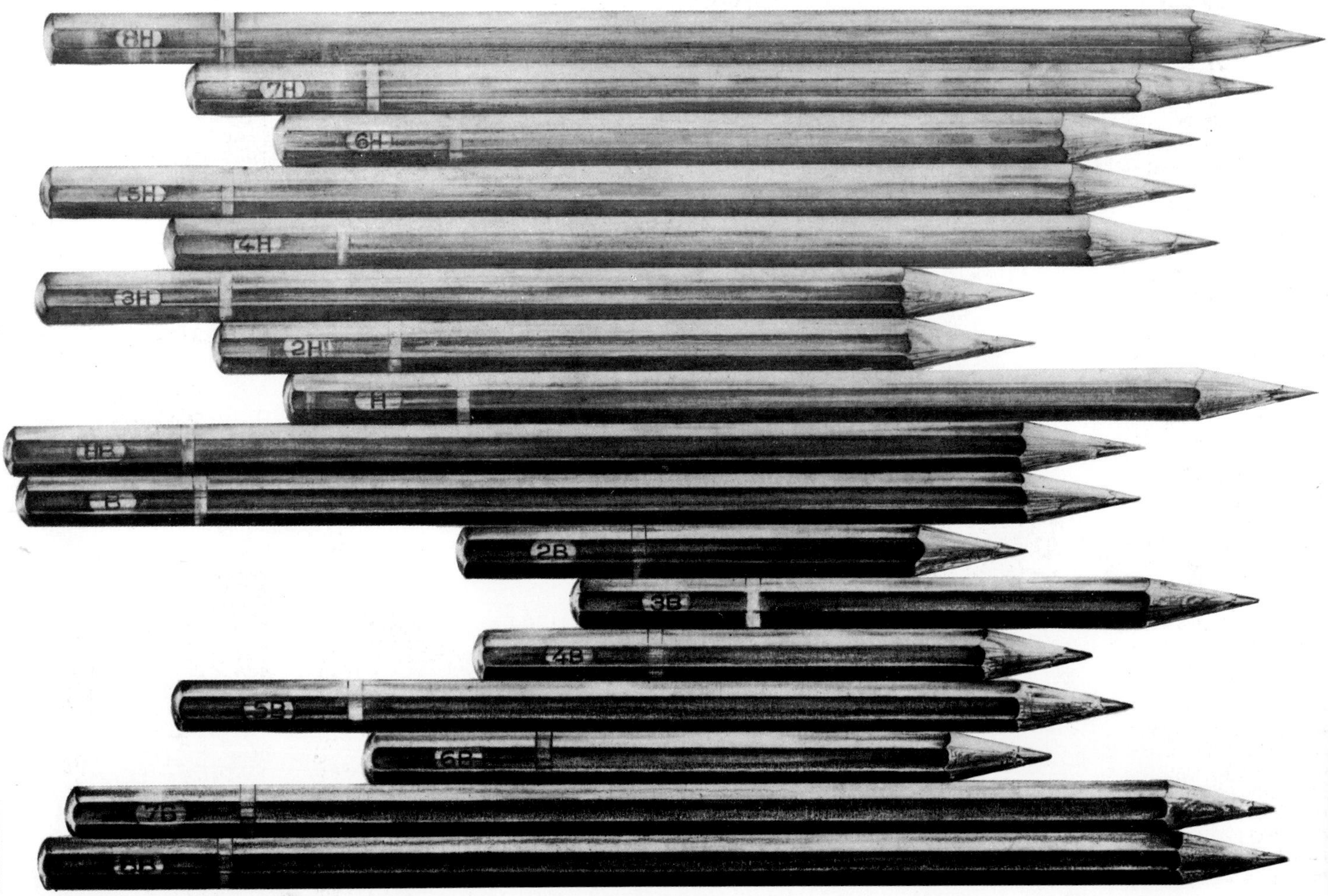

Unten **Papiere** *Links wurde jeweils mit weichem (6B), rechts mit hartem (6H) Stift gezeichnet auf: Strukturpapier (1), rauhes Zeichenpapier (2), Aquarellpapier (3), gefärbtes Ingrespapier (4).*

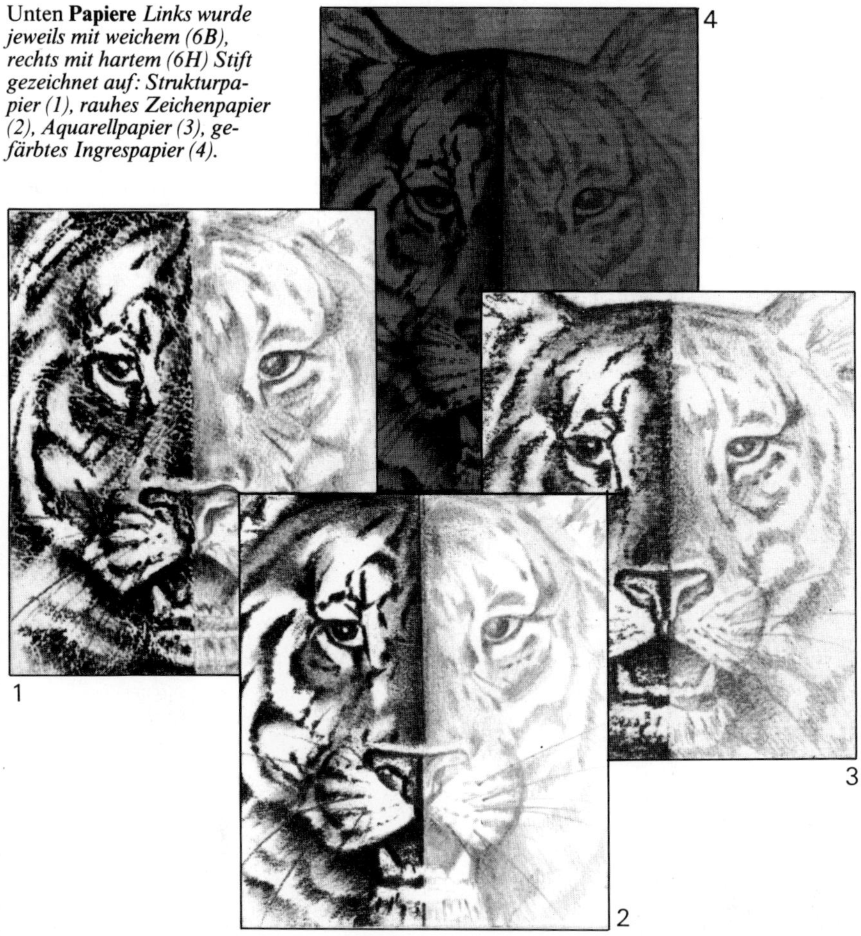

Werkzeug

Radiergummi Silberstiftzeichnungen korrigierte man mit Brotkügelchen, welche den Untergrund nicht beschädigten. Heute leistet der Radiergummi diese Arbeit. Der gebräuchliche Radiergummi reicht dafür zwar aus, er neigt aber dazu, Pigmentpartikel an sich zu binden und dann zu schmieren. Die heutigen Plastik- und Kunstgummiradierer vermeiden diesen Nachteil zumindest teilweise.

Knetgummi kann man in jede gewünschte Form zurechtdrücken; er eignet sich daher gut für präzises Radieren – speziell, wenn man auf weißem Papier Schlaglichter durch Herausradieren darstellen will.

Messer, Klingen und Spitzer Einseitig scharfe Rasierklingen sind wirksame Zuspitzmittel; sie sind jedoch weniger sicher als die ebenso wirkungsvollen Skalpell- und Bastelmesser. Bleistiftspitzer sind nützliche Geräte, aber die sorgfältig mit dem Messer geschärfte Spitze hält länger als eine mit dem Spitzer angefertigte.

Fixiermittel Am besten kauft man eines der handelsüblichen Fixative, entweder in Flaschenform zum Gebrauch mit Sprühgeräten oder in der Spraydose.

Verlängerer Zu kurz gewordene Stifte kann man mit speziell für diesen Zweck erhältlichen Metallhülsen verlängern. Häufig läßt es sich aber mit einem kurzen Bleistiftstummel sogar noch besser arbeiten als mit einem Stift in voller Länge, insbesondere dann, wenn kreisförmige oder weich fließende Linien gezeichnet werden sollen.

Rechts **Zeichenwerkzeug** *Fixativ kann man mit der Spraydose (1) oder dem besser regulierbaren Zerstäuberröhrchen (2) aufsprühen. Beim gewöhnlichen Bleistiftspitzer (5) kann der Künstler die Bleistiftspitze beim Schärfen beobachten, was beim Reservoirspitzer (3) nicht möglich ist. Für Druckminenstifte gibt es Spezialspitzer (4). Für zu kurz gewordene Bleistifte benutzt man Verlängerer (6). Ein Universalmesser (7) oder ein Skalpellmesser (8) können zum Wegradieren starker Linien verwendet werden, bei denen Radiergummi schmieren würde. Es gibt verschiedene allgemein gebräuchliche Radiergummis. Vom Knetgummi (9) kann man ein Stück abbrechen und so zurechtformen, daß sich Schlaglichter aus Zeichnungen herausradieren lassen. Plastikgummis (10 und 11) und Kunstgummi (12) radieren die meisten Linien weg, ohne zu schmieren. Der traditionelle Radiergummi (13) ist zwar biegsamer als die heutigen Plastikgummis, gilt aber heute weithin als weniger geeignet.*

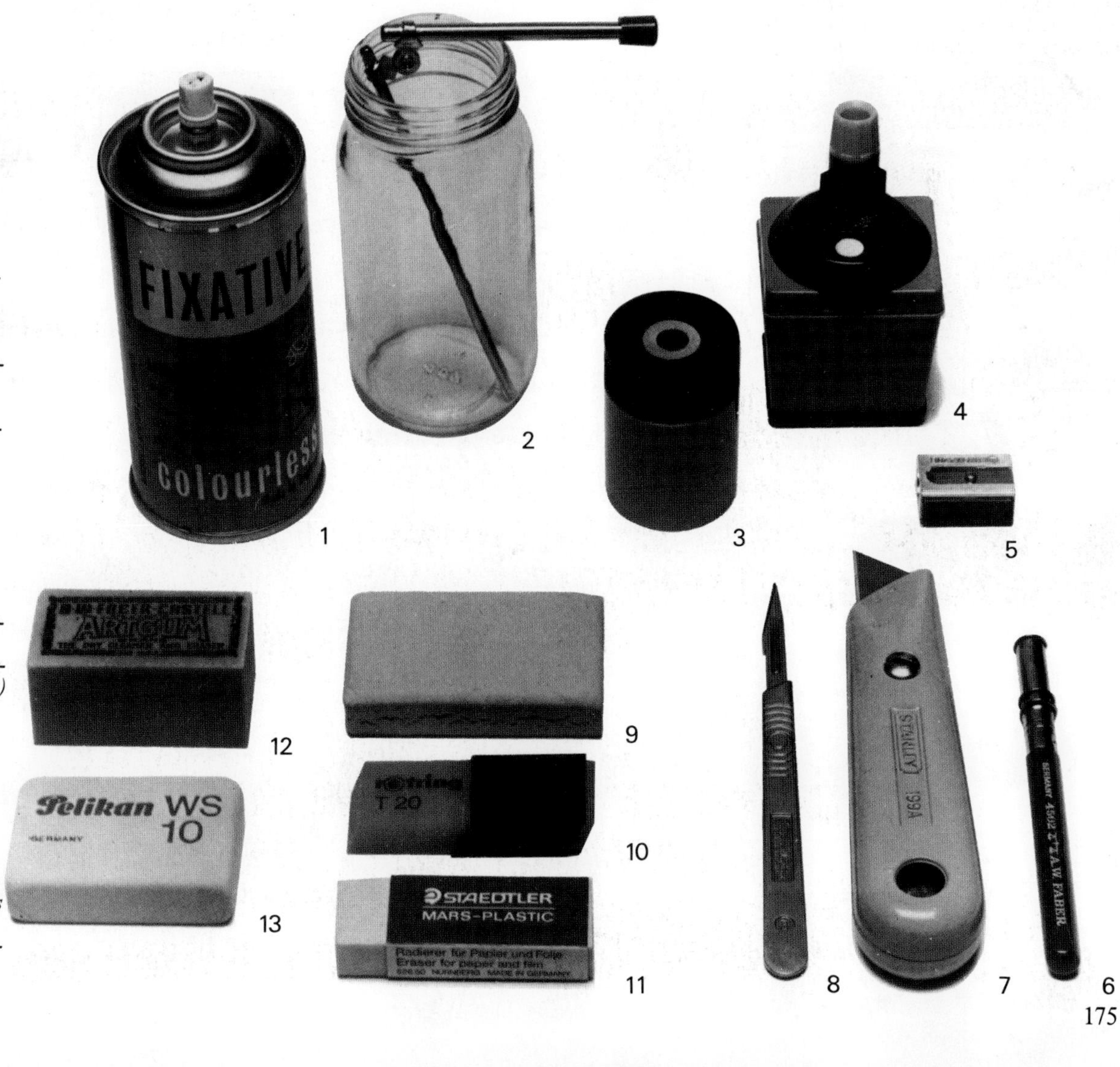

Techniken

Die weicheren Stifte eignen sich meist gut für rasch Hingeworfenes und schnelle Skizzen, besonders von sich bewegenden Motiven; härtere Stifte werden dagegen oft für das sorgfältige, beherrschte Zeichnen in repräsentativer Darstellungsform gewählt. Eine feste Regel ist dies jedoch keineswegs und es kann oft angebracht sein, eine Zeichnung mit verschiedenen Stiften auszuführen.

Der für das Zeichnen verwendete Bleistift sollte immer gut gespitzt sein. Dies gilt insbesondere für die weicheren Stifte der Härtegrade von 2B an aufwärts sowie für die dicken schwarzen Holzkohle- und Kohlestifte. Mit stumpfen Stiften macht man sich nur unnötige und ärgerliche Arbeit. Man sollte sich daher zwischendurch immer wieder die Zeit zum Nachschärfen des Stiftes nehmen. Frische, scharfe Striche sehen meistens besser aus als verschmierte, rauhe Linien, wenn dies auch nicht immer und ausnahmslos gilt.

Linien Das Erscheinungsbild einer Bleistiftlinie wird von drei Faktoren bestimmt: dem Härtegrad des Bleistifts, dem Druck beim Zeichnen und der Geschwindigkeit, mit der sie gezogen wird (siehe Abb.).

Tonabstufungen Die klassische Methode der Tonwertdarstellung stammt von den Silberstiftmalern des 15. Jahrhunderts; sie arbeiteten mit zunächst dicht aneinandergelegten Linien, deren Abstände immer größer wurden, je mehr sie sich von den Schatten weg und zu den lichten Partien des Motivs hin bewegten.

Tonwerte lassen sich auch durch Tupfen, kurze Strichfolgen, Schraffur und Kreuzschraffur – also sich in mehreren Winkeln überkreuzenden Linien – schaffen. Weiche Tonübergänge gelingen bei Verwendung verschieden harter Stifte für das gleiche Bild. Auch das Arbeiten mit unterschiedlichen Einzelzeichen gehört hierher: So kann ein Kontrast sich lang hinziehender Linien mit kurzen, dicken Schraffurstrichen oder mit punktierten Strukturen in hartem, silbrigem Ton sehr aussagestark sein.

Auch durch freies Verwischen oder Radieren kann man Übergänge schaffen. Schließlich kann

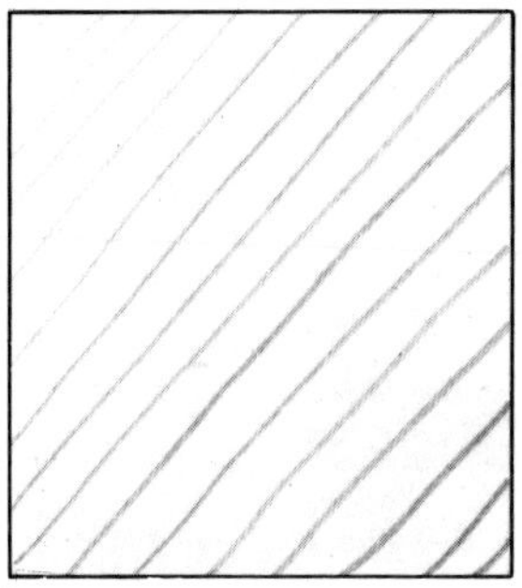
1
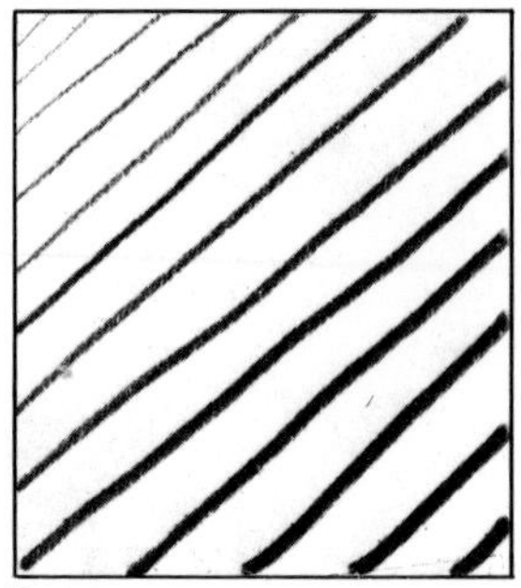
2

Links und unten **Strichbilder 1.** *6H-Stift* **2.** *6B-Stift* **3.** *Rowney Black Beauty* **4.** *Royal Sovereign chinagraph* **5.** *Holzkohle* **6.** *Radierte Holzkohle* **7.** *Verschiedene Stiftarten* **8.** *Verschiedene Strukturen* **9.** *Kreuzschraffur* **10.** *Linien auf breitflächigem Auftrag* **11.** *Überkritzeln* **12.** *Linien auf Holzabriebbild* **13.** *Holzabriebbild* **14.** *Zementabriebbild.*

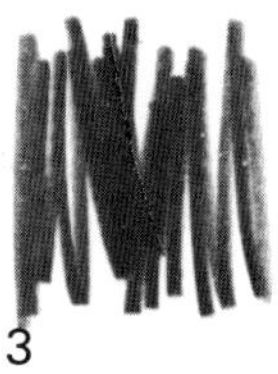
3
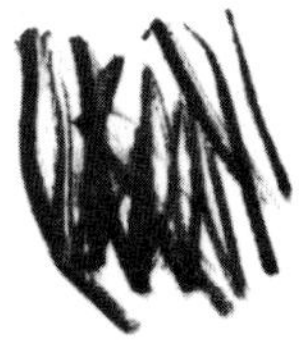
4
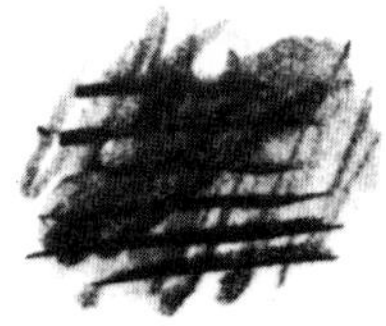
5
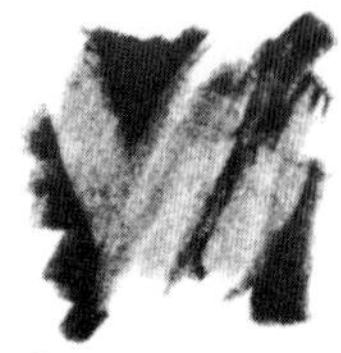
6
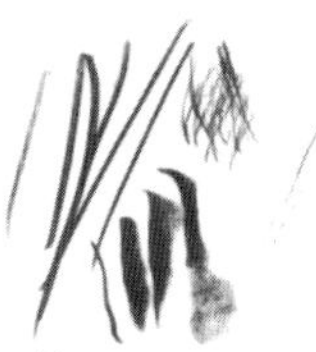
7
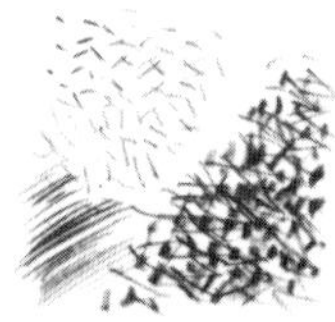
8
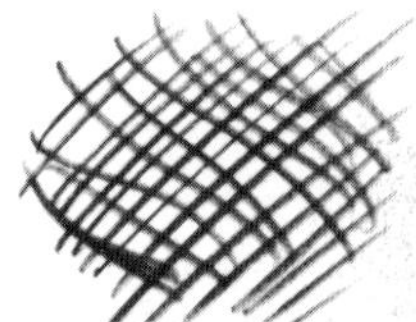
9

10

11

12
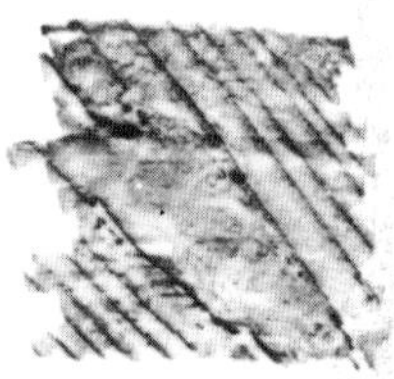
13

14

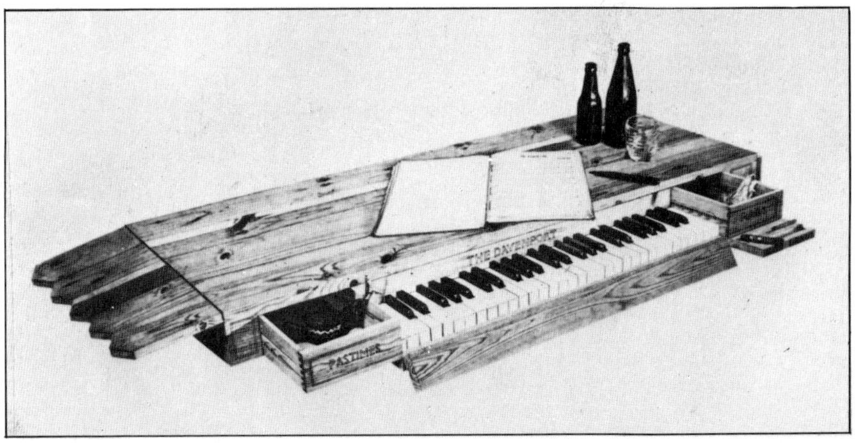

Rechts **Nick Cudworth: Davenport** *Der Künstler verwendete bei dieser großformatigen Bleistiftzeichnung alle Härtegrade von 6H bis 6B. Für die Flaschen benutzte er die weichsten, für die feine Holzmaserung die härtesten Stifte, die übrigen dienten für die Zwischenwerte. Gezeichnet wurde auf ein leicht glänzendes 200 g-Maschinenpapier von Kent. Die Umrisse wurden auf Pauspapier gezeichnet und dann auf das Zeichenpapier durchgedruckt, indem ein mit Bleistiftfarbe bedecktes Papier zwischengelegt wurde.*

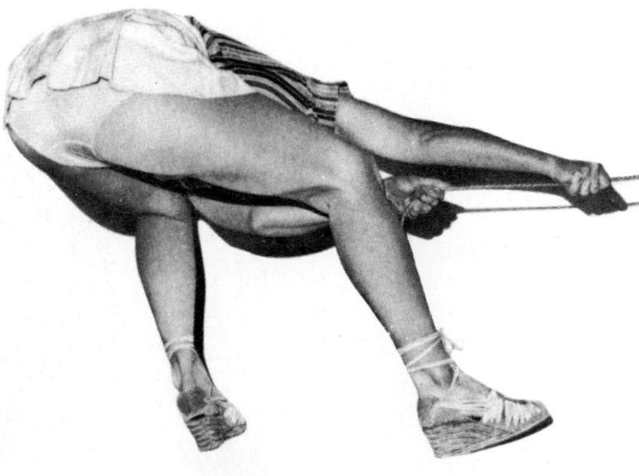
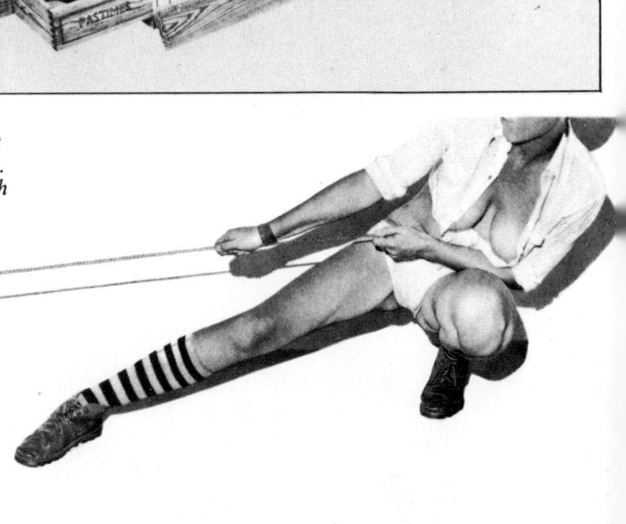

Unten **Celestino Valenti: Seilziehen** *Eine exakte, fast photographische Zeichnung. Dieser Effekt läßt sich durch genaue Tonabstufung und Verwendung verschiedener Härtegrade erzielen.*

Unten **Pablo Picasso: Frauenkopf** Rechts **L. S. Lowry: Männerkopf** Rechts unten **Colin Hayes: Kopfstudie** *Drei Profil- oder Halbprofilstudien in verschiedenen Techniken. Lowry gibt mit scharfen, glatten Linien gerade die Silhouette wieder. Picasso fügt der Silhouette sparsame Töne hinzu und läßt sie durch eine dunklere Schattierung des Hintergrundes plastisch hervortreten. Hayes macht freieren Gebrauch von Tonabstufungen und baut sie in sein offenes Linienwerk ein.*

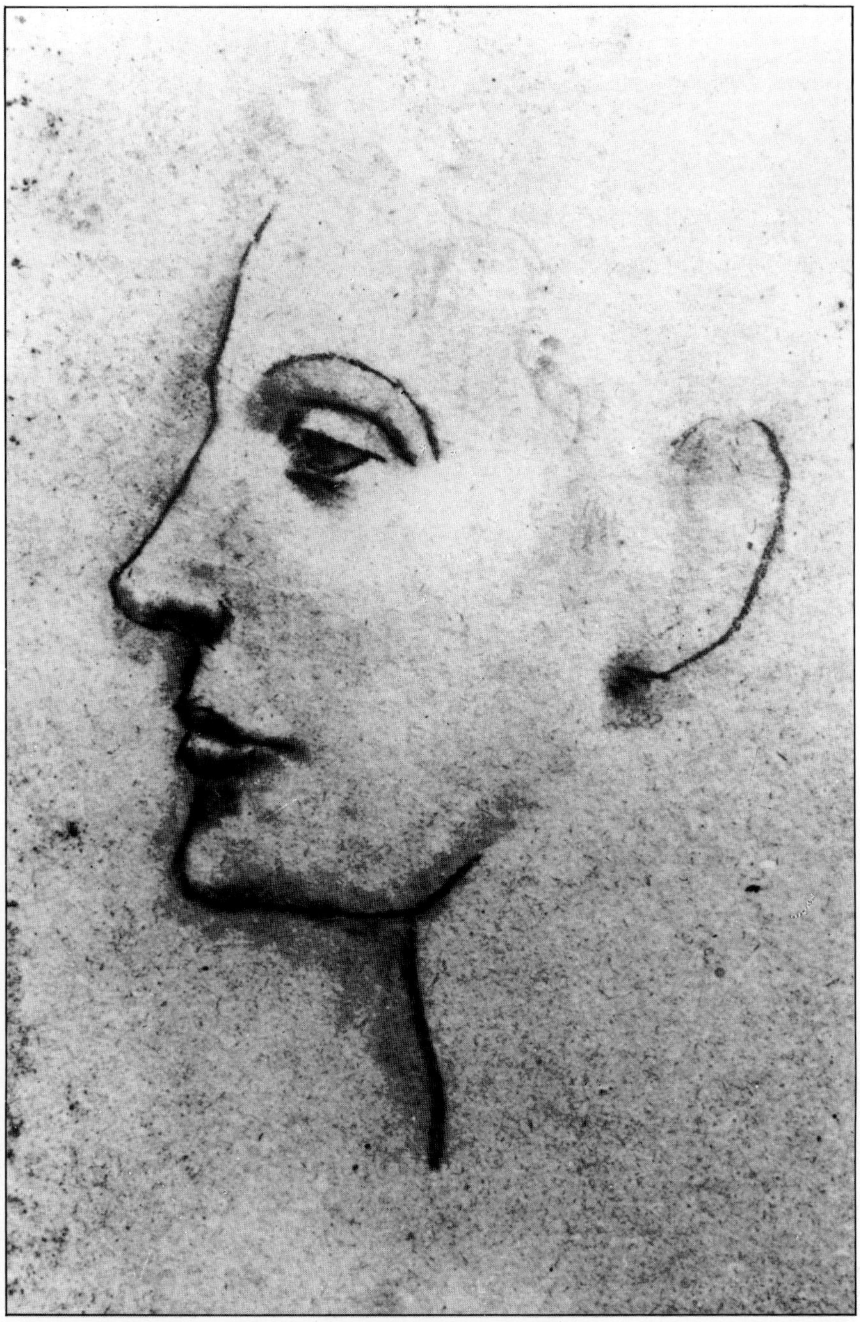

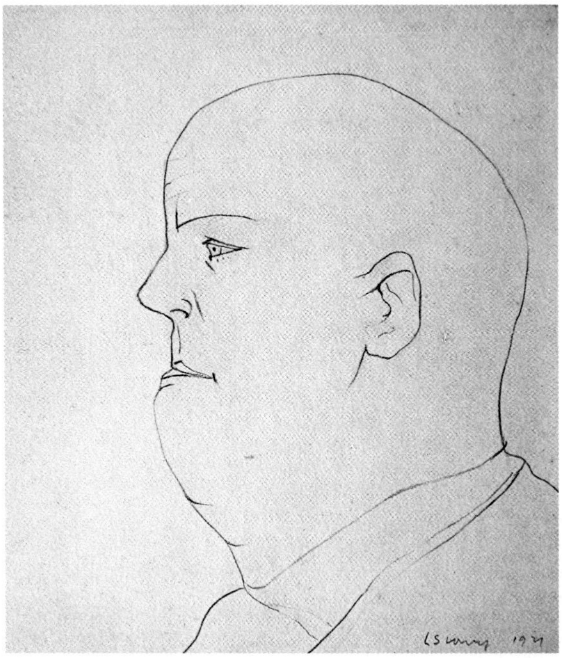

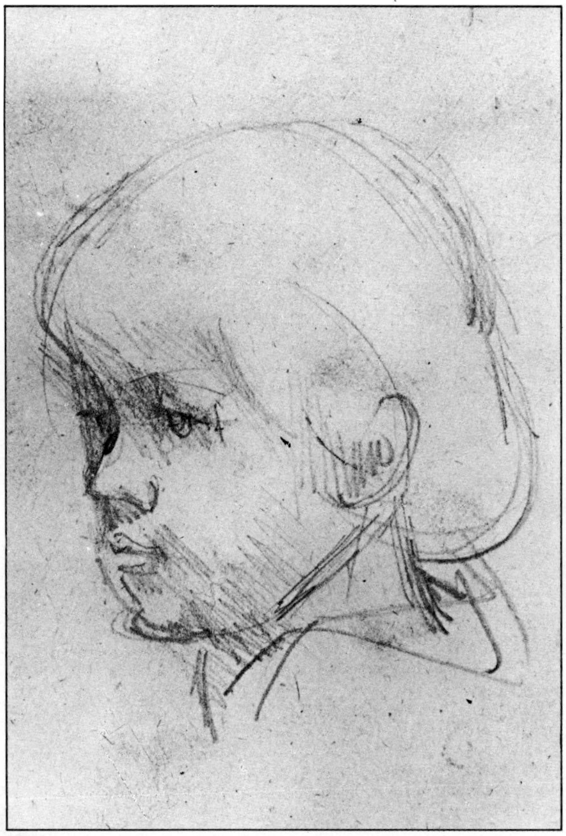

man zunächst die Umrißlinien der gesamten Zeichnung grob anlegen und dann daraus die Schlaglichter wieder herausradieren – am besten mit Knetgummi; anschließend zeichnet man die Einzelheiten in dunklerem Ton ein.

Strukturen Reibt man einen Bleistift schräg über ein auf einen strukturierten Untergrund – Stein, Holz usw. – gelegtes Papier, so wird die jeweilige Struktur sichtbar. Diesen Effekt sollte man mit der gebotenen Zurückhaltung und in Verbindung mit „echter" Zeichenarbeit durchaus nutzen.

Eine gleichmäßig graue, leicht glänzende Bleistiftfläche läßt sich mit nichts sonst in Malerei und Zeichnung vergleichen, und sie kann ebenfalls wieder sehr wirksam scharfen Bleistiftstrichen gegenübergestellt werden. Eine solche Fläche sollte man mit weicheren Stiften zeichnen und sofort fixieren, sonst schmiert sie ab und verdirbt die übrige Zeichnung.

Radieren Den Radierer braucht man überall da, wo die genaue Motivdarstellung das Stehenlassen fehlerhafter Striche nicht zuläßt. Gerade Zeichenlehrer meinen jedoch häufig, daß man fehlerhafte Striche stehenlassen und die richtigen danebensetzen sollte, weil dies eine gute Hilfe zur Verbesserung des handwerklichen Könnens sei. Der Anfänger sollte beides probieren und sich dann entscheiden.

Arbeiten mit Farbstiften Farbstifte haben die gleichen graphischen Eigenschaften wie Pastellfarben, aber ihre Farbskala und damit ihr Verwendungsbereich ist kleiner. Sie lassen sich gemeinsam mit Bleistiften verwenden, aber besonders wertvoll sind sie für das Einarbeiten feiner Details in Aquarelle und als Kontrast in farbigen Tuschezeichnungen.

14. Kapitel

Spritzverfahren

Der englische Künstler Charles Burdick entwickelte das erste Farbspritzgerät und ließ es sich 1893 patentieren. Die Idee, einen Farbnebel auf einen Untergrund aufzusprühen, ist jedoch schon mehr als 35 000 Jahre alt: Die Aurignac-Menschen schufen bei ihren Höhlengemälden glatte Flächen, indem sie Farbe durch ausgehöhlte Tierknochen bliesen. In den vergangenen Jahrhunderten wurden die in Drogerien und Apotheken angebotenen Sprühgeräte von den Künstlern in gleicher Weise verwendet.

Spritzapparate sind demgegenüber Präzisionsinstrumente, die feinste Linien und Tonabstufungen ebensogut bewältigen wie größere Flächen glatter Farbe. Zunächst wurden sie von Photographen und Künstlern nur zum Retuschieren eingesetzt, aber bald erkannte man ihre ganzen Möglichkeiten und heute werden sie verbreitet – besonders von Graphikern – zur Herstellung von Gemälden und Illustrationen eingesetzt.

Unten **Ben Johnson: Torwart**
Hier wurde Acrylfarbe mit der Spritzpistole auf eine mit Gessogrund eingelassene Leinwand gesprüht. Durch Arbeiten mit geringem Luftdruck entstanden Flächen feiner Farbtröpfchen, die sich im Auge des Beobachters ineinander vermischen. Stellenweise wurde auch über anschließend entferntes Maskiermittel gespritzt. Zum Maskieren wurden Maskierband und Schablonen benutzt. Das Bild wurde wiederholt gereinigt, um ölige Bestandteile zu entfernen, und das Trocknen wurde durch Abfönen beschleunigt.

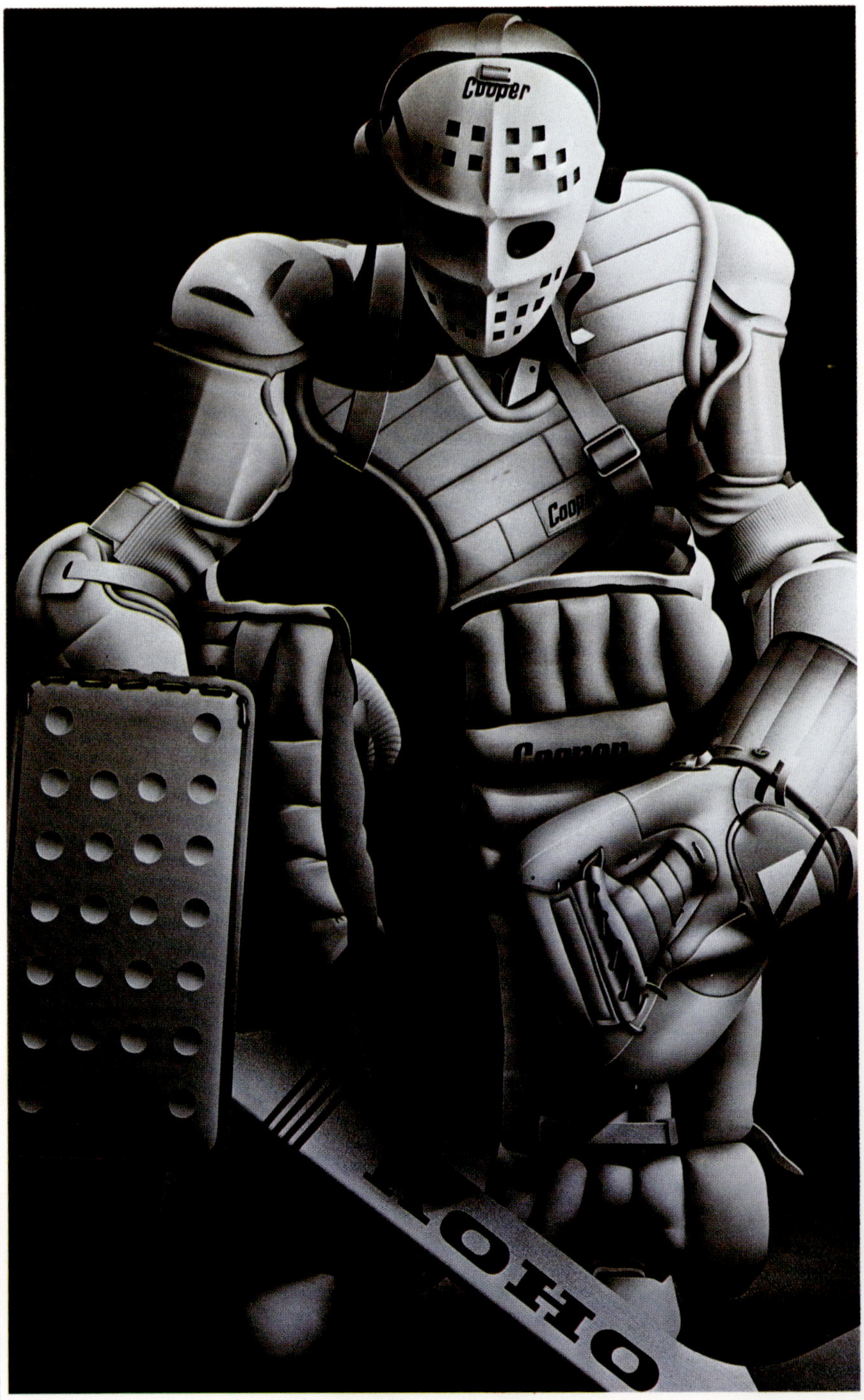

Im Spritzverfahren hergestellte Portraits, Figuren und Landschaften sind leicht an den weichen, fast unmerklichen Ton- und Farbübergängen erkennbar, die so nur mit dem Spritzgerät erzielt werden können. So kann man etwa den Himmel mit einer einzigen Farbe von Weiß allmählich in ein tiefes Blau übergehen lassen.

Ein fähiger Künstler kann mit dem Spritzapparat Tonwerte in fast photographischer Exaktheit herstellen; aus diesem Grund wird die Spritztechnik oft bei Schnittbildern von Maschinen und Präzisionsgeräten angewendet, um deren Innenleben zu zeigen, welches der Photoapparat nicht erreicht.

Ein Spritzapparat sieht aus wie ein dicker, über einen Schlauch mit einem Preßluftbehälter verbundener Füller. Innen besteht er aus Präzisionswerkteilen. Er ist dementsprechend fast so teuer wie ein Flugticket von New York nach London.

Spritzgeräte

Alle Spritzgeräte arbeiten nach dem gleichen Prinzip und enthalten dieselben Grundbestandteile (siehe Abb.). Sie unterscheiden sich nur nach dem Arbeitszweck, für den sie bestimmt sind. Die für feine Arbeiten bestimmten haben kleine Düsen und offene, teils in den Apparat eingelassene Farbbehälter. Die Farbe wird mit einer Pipette oder einem Pinsel eingefüllt. Spritzapparate für größere Illustrationen haben größere Düsen und größere Farbbehälter, in welche die Farbe hineingegossen werden kann. Der Luftausstoß ist bei den einzelnen Geräten jeweils auf die Düsengröße abgestimmt.

Eine Spritzpistole ist lediglich ein Spritzapparat mit vergrößerter Düse und aufschraubbarem Farb-

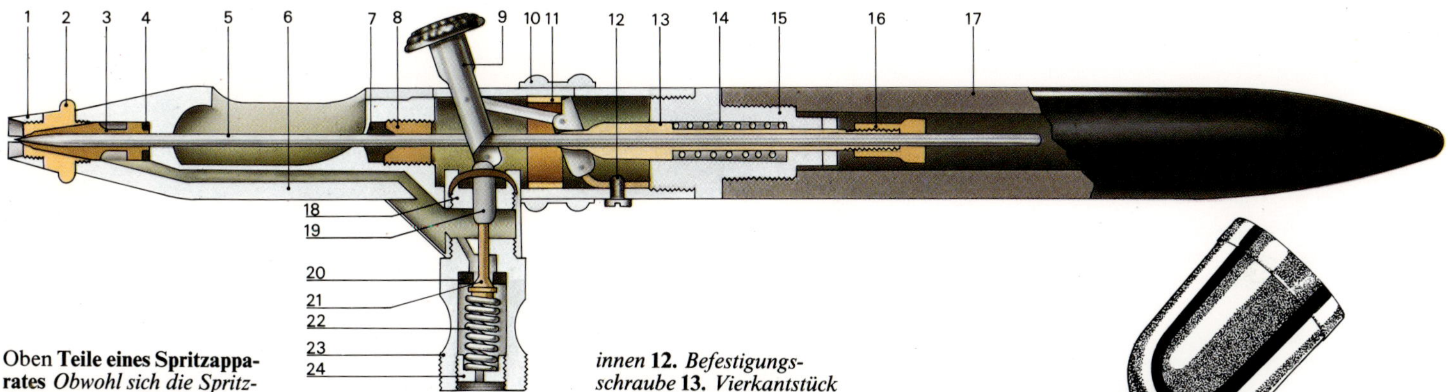

Oben **Teile eines Spritzapparates** *Obwohl sich die Spritzgeräte in Einzelheiten unterscheiden, haben sie gemeinsame Grundbestandteile. Diese sind hier in einer Schnittzeichnung durch einen Aerograph „super 63", Modell A-504, dargestellt.* **1.** *Schutzkappe* **2.** *Druckluftverschluß* **3.** *Düse* **4.** *Düsenwascher* **5.** *Flüssigkeitsnadel* **6.** *Gehäuse* **7.** *Stopfbuchsenreiniger* **8.** *Lagerbuchse* **9.** *Bedienungsknopf* **10.** *Nockenring außen* **11.** *Nockenring innen* **12.** *Befestigungsschraube* **13.** *Vierkantstück* **14.** *Nadeltransportfeder* **15.** *Federhalterung* **16.** *Verschlußbolzen* **17.** *Griff* **18.** *Membranbuchse* **19.** *Membrangruppe* **20.** *Druckluftventilreiniger* **21.** *Ventilschaft* **22.** *Ventilfeder* **23.** *Ventilgehäuse* **24.** *Ventilfederhalterung.*

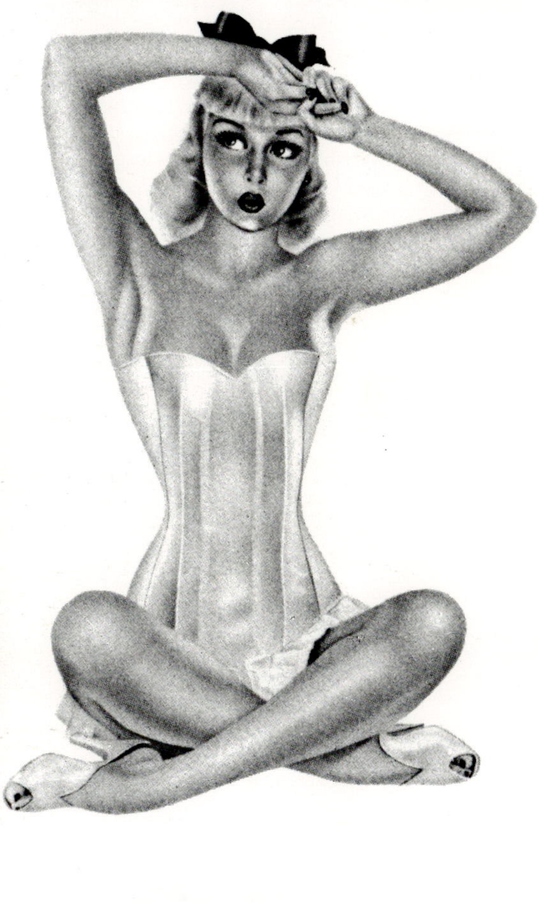

Links **Varga: Illustration für Zeitschrift „Esquire"** *Spritztechniken eignen sich wegen ihrer feinen Tonübergänge und Schattierungen für photoähnliche Darstellungen.*

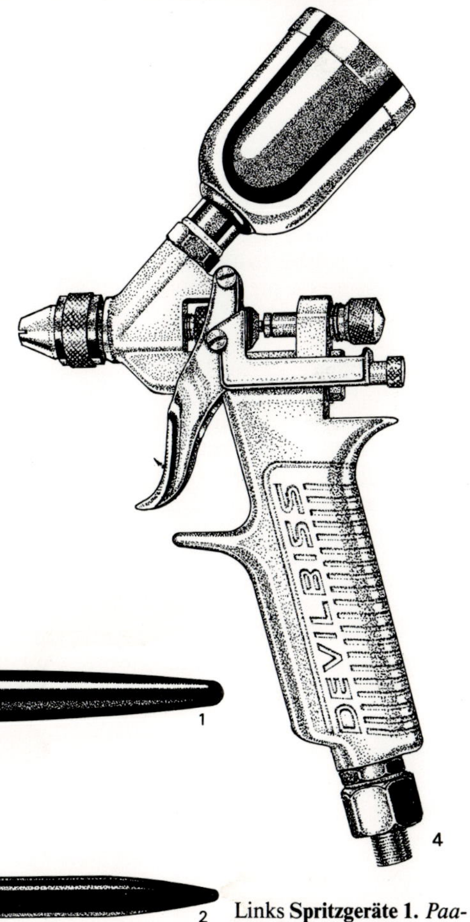

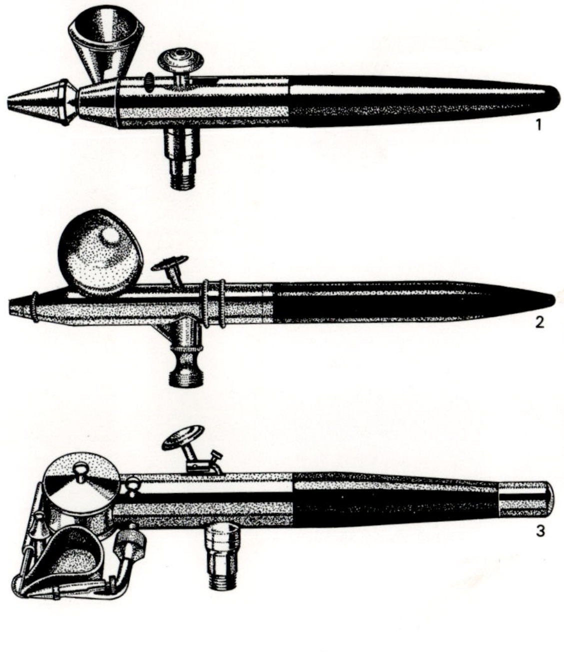

Links **Spritzgeräte 1.** *Paasche Modell V, ein Vielzweckgerät, vorwiegend in graphischen Ateliers eingesetzt* **2.** *Aerograph „super 63"-Spritzapparat, Modell E-504, eignet sich für schnelles Spritzen großer Flächen.* **3.** *Paasche Modell „AB"-Spritzpistole, speziell für Photoretuschearbeiten, mit sehr feinem Spritzstrahl.* **4.** *DeVilbiss MP-Spritzpistole zum Spritzen großer Flächen.*

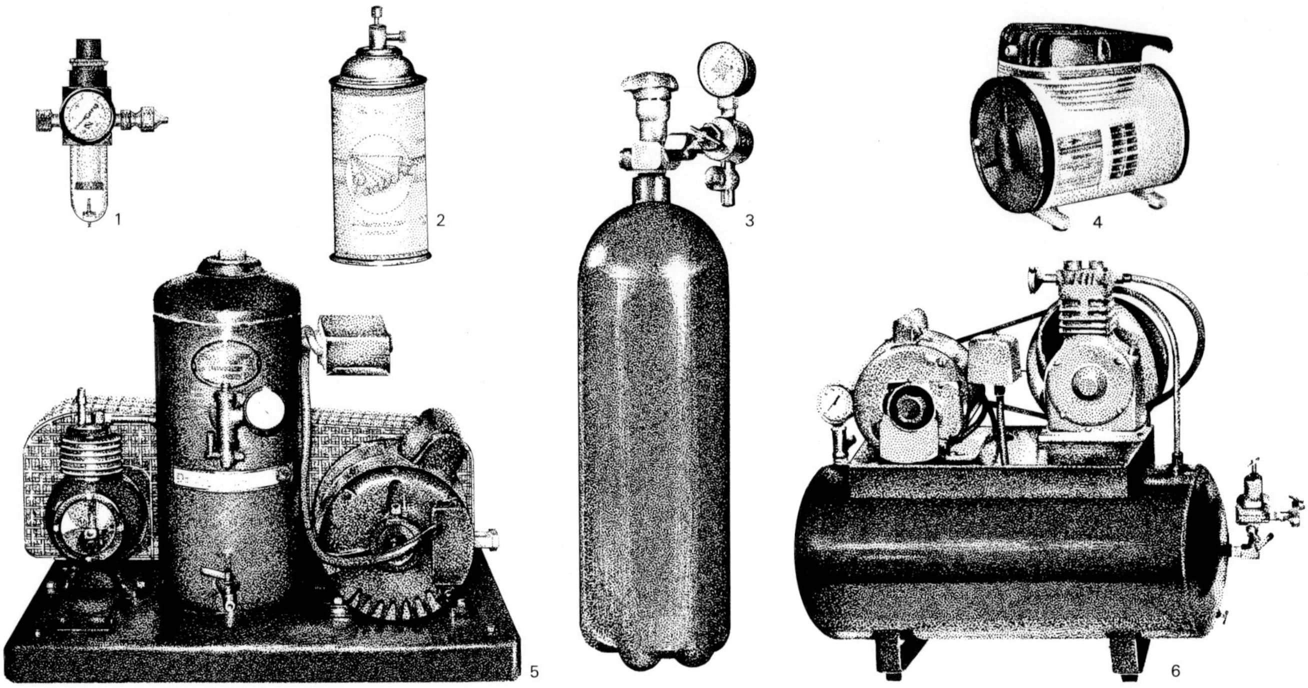

behälter, der mit einem Pistolengriff anstatt mit einem Regulierknopf betätigt wird. Mit ihm bemalt man große Flächen wie Plakate, Paneele und Wände.

Reinigung und Wartung Sowie man ein Spritzgerät – auch nur für kurze Zeit – nicht mehr braucht, muß man es gründlich reinigen (siehe Abb.).

Die Teile müssen ab und zu daraufhin untersucht werden, ob sie sich durch Vibration gelockert haben; gegebenenfalls sind sie vorsichtig wieder zu befestigen. Die Düse sollte nie abgenommen oder ersetzt werden, ohne daß vorher die Nadel zurückgezogen wird.

Drucklufterzeugung Druckluft erhält man durch eine Fußpumpe, eine Spraydose, aus der Druckluftflasche oder von einem elektrischen Kompressor. Fußpumpen sind heute kaum noch gebräuchlich, weil es für die meisten Künstler zu schwierig ist, gleichzeitig zu pumpen und sauber zu arbeiten. Spraydosen und Druckluftflaschen sind gut geeignet, aber teuer, und sie können gerade im unpassenden Moment leer werden.

Kompressoren sind zunächst teuer, bleiben aber für den Künstler, der ernsthaft mit Spritztechniken arbeiten will, eine lohnende Investition. Am besten schafft man sich ein Gerät mit Druckluftbehälter an, den der Kompressor ständig gefüllt hält. Man hat dann stets genug Luft im richtigen Druck zur Verfügung. Der Motor schaltet sich automatisch ein, sobald der Druck im Behälter abfällt. Sowie der richtige Druck erreicht ist, schaltet er sich von selbst wieder ab.

Oben **Kompressionsgeräte** *Alle Farbspritzgeräte sind auf gleichmäßige Druckluftzufuhr angewiesen; in Ateliers wird sie meist durch Kolben- oder Membrankompressoren (5 und 6) erzeugt. Diese bauen automatisch einen gleichmäßigen Überdruck in den Druckbehältern auf. Sie sollten mit Kondensationsgefäßen (1) ausgerüstet sein. Kompressoren, die die Druckluft gleichzeitig herstellen und transportieren (4), haben keine Druckluftbehälter. Sie sind kleiner und billiger, bringen aber häufig keinen gleichmäßigen Druck zustande. Eine mit Kohlensäuregas gefüllte Zylinderflasche mit Manometer und Regulierventil (3) ist leise, tragbar und leicht nachzufüllen. Für kleine Flächen reicht eine Spraydose mit Spezialventil (2).*

Kompressoren ohne Reservoir bringen den Druck sofort auf das Spritzgerät; die Luftzufuhr ist bei ihnen jedoch häufig ungleichmäßig und es entstehen unsaubere Linien oder Farbflecken. Die Motoren arbeiten entweder nach dem Kolben- oder nach dem Membranpumpenprinzip. Beide Systeme sind gut, Membranpumpen sind aber meist leiser.

Es gibt auch große Kompressoren zum gleichzeitigen Antrieb mehrerer Spritzgeräte. Sie sind lauter, eignen sich aber bestens für graphische Ateliers, in denen mehrere Personen spritzen.

Die Druckluftbehälter müssen regelmäßig entleert werden, da sich in ihnen Kondenswasser sammelt, welches anderenfalls in das Spritzgerät laufen würde. Noch besser ist ein dem Behälter vorgeschaltetes Kondensationsgefäß (siehe Abb.). Kompressoren muß man regelmäßig warten und auf ihre Sicherheit hin überprüfen. Kolbenkompressoren müssen entsprechend der Bedienungsanleitung geschmiert werden.

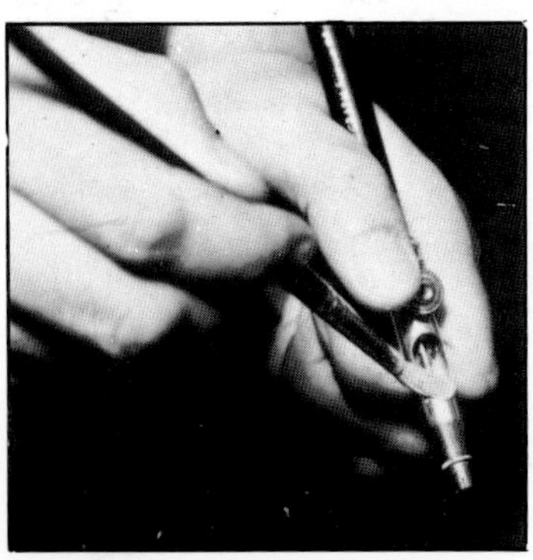

Spritzapparat reinigen 1. *Farbe mit Pinsel oder Pipette entfernen. Farbrest aussprühen.*

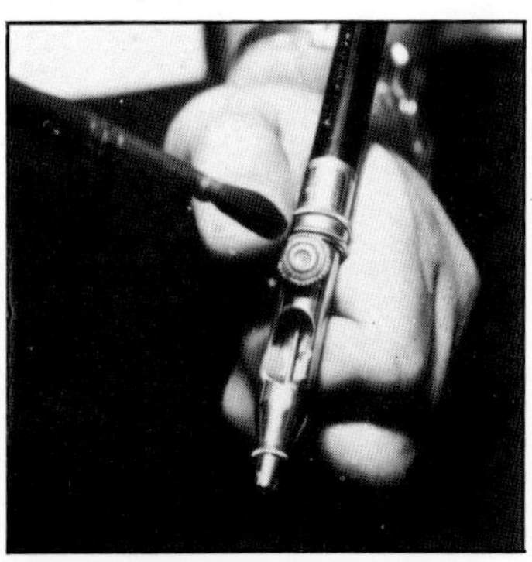

2. *Mit Pinsel oder Pipette sauberes Wasser ins Reservoir füllen. Farbreste auf der Außenseite mit dem Pinsel entfernen.*

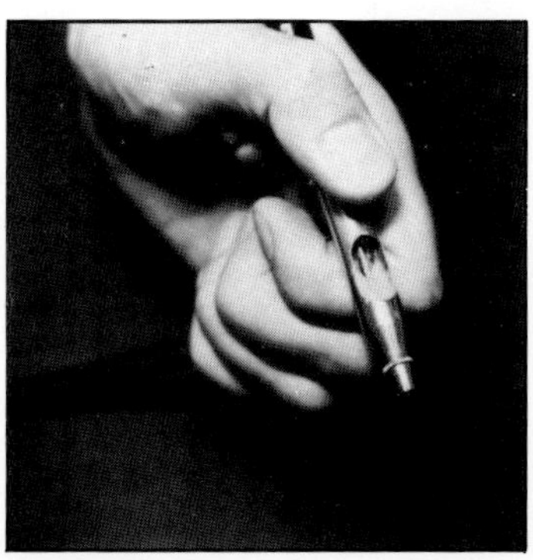

3. *Sauberes Wasser versprühen. Diesen Arbeitsgang so oft wiederholen, bis alle Farbe versprüht ist.*

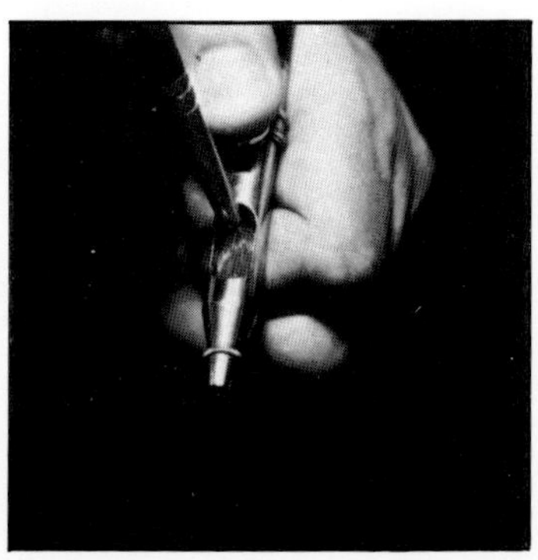

4. *Gerät mit sauberem, trockenem Pinsel trockenpinseln.*

Farbträger und Untergründe

Guasch- und Wasserfarben In Spritzgeräten verwendet man überwiegend konzentrierte Guasch- und Wasserfarben. Dabei sollte man sich auf die Marken beschränken, deren Pigmente fein gemahlen sind. Dies ist der Fall bei den Wasserfarben von Dr. Martin und Luma und bei Schmincke feinster Künstler- und Designers-Gouache. Zu grobes Pigment führt zur Klecksbildung.

Manche Pigmente lassen sich nicht fein genug mahlen. Dazu gehören etwa helles Rosa, Violett, dunkles Blau und dunkles Braun; diese Töne muß man sich daher erforderlichenfalls aus anderen Farben zusammenmischen. So ergeben zum Beispiel Türkis und Rot ein Violett mit genügend feinem Pigment.

Öl- und Acrylfarben Die Pigmente in Künstlerölfarben sind so fein, daß sie sich für Spritzgeräte eignen. Man gibt wenig Farbe in ein Schälchen und gibt Terpentinersatz zu, bis sie so dünnflüssig wie Milch ist. Das Ergebnis ist eine Art farbiger Terpentinersatz. Ähnlich verfährt man mit Acrylfarbe, die allerdings mit Wasser zu verdünnen ist.

Photo-Retuschierfarben Die Spritzgeräte wurden ursprünglich für photographische Retuschierarbeiten entwickelt und sie sind deshalb für Retuschefarben besonders geeignet, von denen es ein breites Angebot verschiedener Farbtöne gibt. In den Ateliers werden sie dazu verwendet, um Schwarzweiß- und Farbphotos zu kolorieren und auszuarbeiten.

Tuschen Alle Tuschearten (s. S. 168) sind für das Spritzen geeignet, solange man sehr sorgfältig arbeitet und das Spritzgerät regelmäßig reinigt, damit die Farbe innen nicht antrocknet.

Guasch- und Wasserfarbe kommt am besten auf glattem Papier oder Karton zur Geltung – Schoellershammer-Zeichenkarton ist ideal, aber teuer. Dünnes Papier sollte man – ähnlich wie beim Aquarell beschrieben (s. S. 121) – aufspannen. Brauchbare Ergebnisse kann man auf allen Papieren erzielen, ausgenommen auf sehr schwach verleimten, deren Fasern sich lösen oder aufrichten können.

Öl- und Acrylfarben können auf Karton, Leinwand, Metall und entsprechend vorbereitete Wände aufgespritzt werden. Man kann mit ihnen auch Autos oder Kutschen dekorieren.

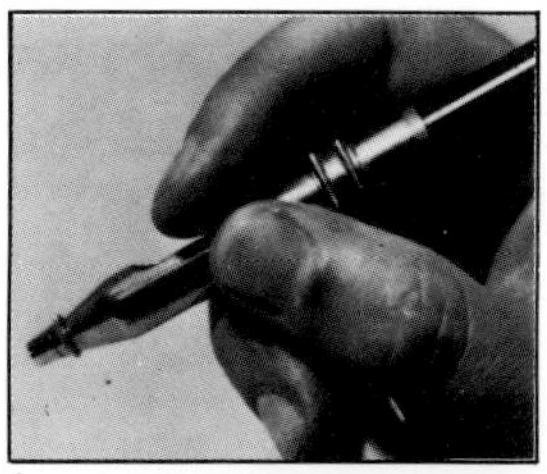

1

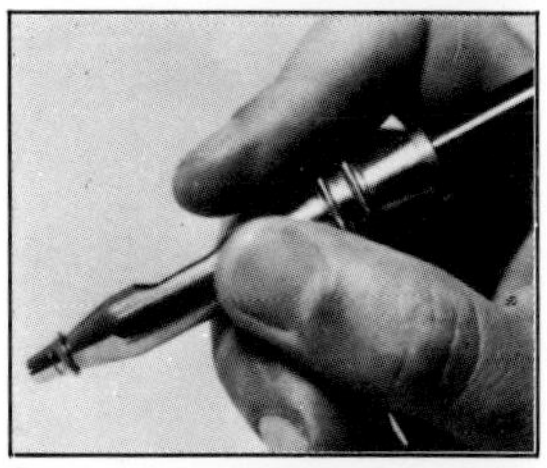

2

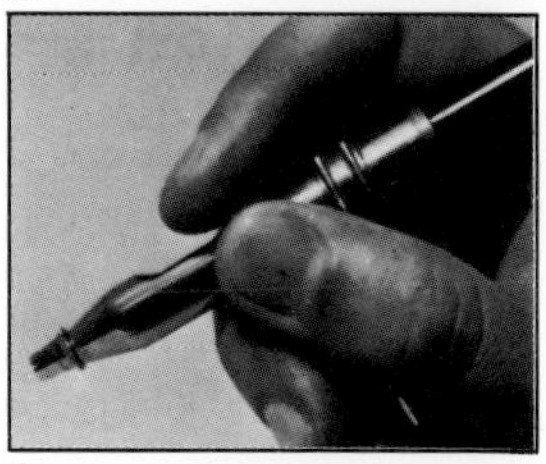

3

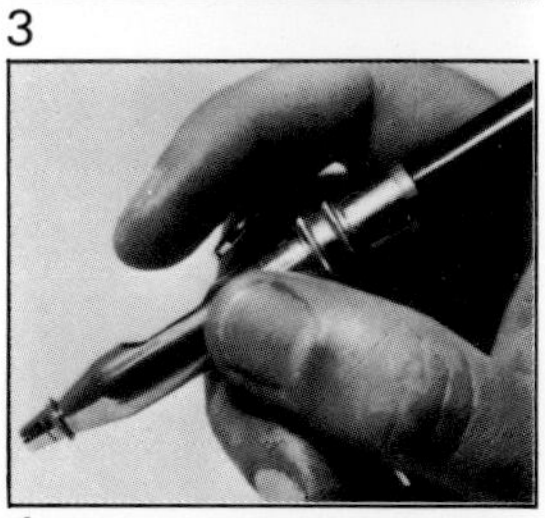

4

Führen des Spritzapparates *Zur Freigabe der Druckluft wird der Schaltknopf mit dem Zeigefinger niedergedrückt (1). Durch Zurückschieben des Knopfes wird die Farbe freigegeben (2). Zum Aufhören schiebt man den Knopf wieder vor (3) und läßt ihn los (4).*

Techniken

Um gute Ergebnisse zu erzielen, muß man mit dem Spritzapparat umgehen und Schablonen zuschneiden können und ein gutes Gedächtnis für Farben und Töne haben. Die ersten beiden Voraussetzungen kann man durch geduldiges Üben erlernen. Auch ein gutes Farbengedächtnis bekommt man im Laufe der Zeit, sofern man es nicht bereits von vornherein mitbringt. Man braucht es, denn vor jedem Spritzgang muß die zuvor aufgetragene Farbe abgedeckt werden. Der Künstler kann sie also nicht sehen, weshalb er sich sowohl die Farben wie deren Tonwerte genau einprägen muß.

Vorbereitung: Sauberkeit – speziell saubere Hände – ist oberstes Gebot beim Spritzen, weil der Künstler den Untergrund ständig berührt, wenn er Schablonen zuschneidet, auflegt oder verschiebt. Da Farbe über den Bildrand hinausspritzen kann, legt man ein entsprechend überstehendes weißes Papier unter den Untergrund.

Bevor man Farbe in das Reservoir einfüllt, schaltet man den Kompressor ein und vergewissert sich durch kurzes Auslösen des Spritzapparates, daß er nicht verstopft oder verschmutzt ist.

Bedienung der Spritzgeräte Man hält den Apparat bequem im Winkel von etwa 45° bis 80° über dem Papier – die Erfahrung lehrt dann, wie sich aus verschiedenen Sprühwinkeln heraus ganz unterschiedliche Effekte erzielen lassen.

Der Bedienungsknopf wird mit dem Zeigefinger gesteuert und ist in zwei Richtungen zu bewegen: durch Drücken wird der Luftstrom, durch Zurückschieben der Farbfluß reguliert (siehe Abb.). Bei einigen Geräten kann man mit einem Justierring den Farbfluß fest einstellen.

Farbwechsel Die Farbe im Gerät läßt sich sehr schnell durch eine andere ersetzen. Man gießt oder pinselt die alte Farbe aus. Anschließend füllt man das Gerät mit Wasser (bei wasserlöslichen Farben), Terpentinersatz (bei Ölfarben) oder denaturiertem Spiritus (für Retuschefarben) und sprüht so lange, bis ein sauberer Strahl austritt. Danach kann die nächste Farbe eingefüllt werden.

Feine Linien Für feine Linien wird die Düse dicht ans Papier gehalten und der Bedienungsknopf nur leicht zurückgeschoben.

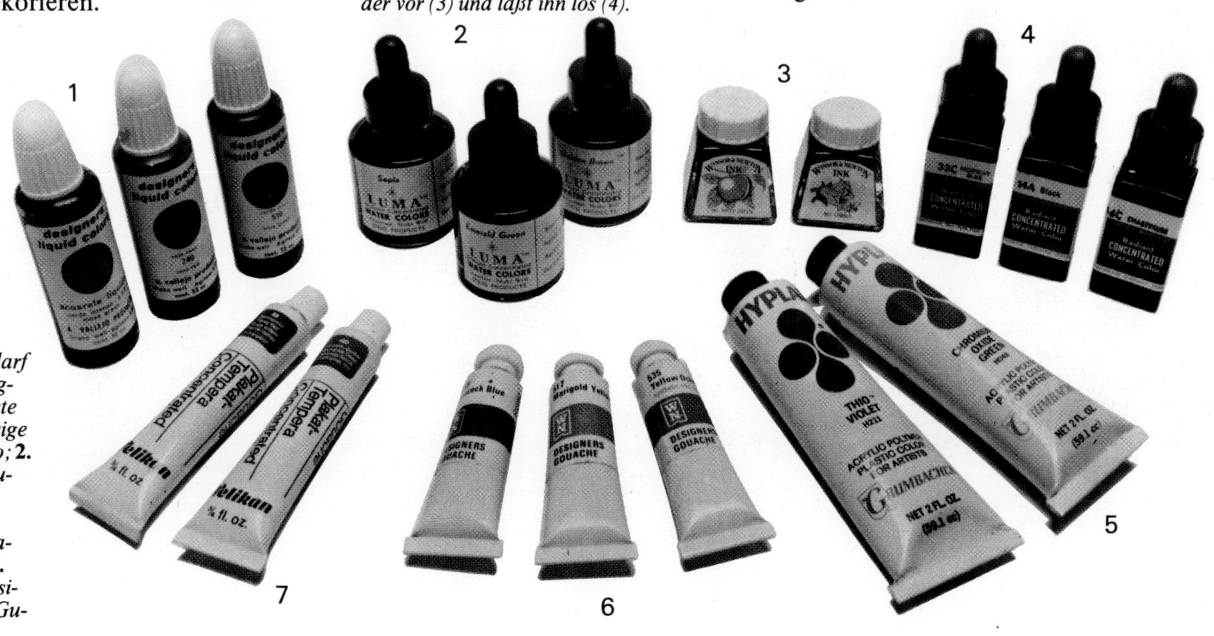

Rechts **Farbträger** *Man darf nur Farben mit feinem Pigment verwenden. Geeignete Farben sind u. a.:* **1.** *Flüssige Designerfarbe von Vallejo;* **2.** *Luma-Wasserfarbe;* **3.** *Tuschen von Winsor and Newton;* **4.** *Dr. Martin's Wasserfarben;* **5.** *Grumbacher Hyplar-Acrylfarbe;* **6.** *Winsor and Newton's Designer-Guasch;* **7.** *Pelikan Guasch.*

Gleichmäßiger Farbauftrag Um gleichmäßige Flächen glatter Farbe zu erzielen, hält man die Düse etwa 10 cm über den Untergrund und bewegt sie Stufe um Stufe so über ihn horizontal hinweg, daß jeder neue Farbstreifen sich mit dem vorangegangenen überlappt. Am Ende jedes Streifens wird die Düse mit Luft freigeblasen, damit sich in ihr keine Farbe sammelt, die beim nächsten Streifen Kleckse bildet.

Muß ein Farbton noch intensiviert werden, so spritzt man nochmals parallele Horizontalstreifen auf ihn auf. Arbeitet man dann mit Vertikalstreifen, so ergibt sich – speziell bei Deckfarbe – ein schachbrettähnlicher Effekt.

Tonstufen Tonstufen werden durch paralleles Aufspritzen verschieden dichten Sprühnebels erzielt. Man beginnt mit dem hellen Ton, indem man den Bedienungsknopf nur ganz leicht zurückzieht. Mit jedem neuen Farbstreifen wird der Knopf dann etwas weiter zurückgezogen. Die richtige Steigerung des Farbausstoßes bei jedem neuen Streifen ist Übungssache. Zu geringes oder zu starkes Zurückziehen ergibt schwächere oder stärkere als die gewünschten Streifenfarben.

Großflächige Tonabstufungen erzielt man mit Deckfarben, indem man zunächst den hellsten Ton anmischt und aufsprüht und dann nach und nach mit immer dunkleren Tönen weiterarbeitet, bis alle gewünschten Tonwerte erreicht sind.

Farbübergänge Farbübergänge kann man ähnlich wie Tonstufen durch parallel angelegte Farbstreifen schaffen. Der Himmel kann beispielsweise mit einem türkisen Farbstreifen begonnen werden, dem immer dunkleres Blau bis hin zum Ultramarin folgt.

Spritzpunkte Spritzeffekte der Art, wie sie bei Wasserfarbe mit Hilfe der Zahnbürste erzielt werden, kann man hier auf dreierlei Weise erhalten. Man setzt entweder eine Spezialdüse auf oder man arbeitet mit niedrigem Luftdruck oder man zieht den Bedienungsknopf zurück, drückt ihn aber kaum durch.

Abdecken Das Maskieren ist ein Grundelement der Spritztechnik. Mit ihm müssen immer alle Teile des Untergrundes geschützt werden, die gerade nicht bemalt werden sollen. Außerdem benötigt man für alle scharf oder auch weniger scharf abgegrenzten Formen Schablonen.

Scharfe Kanten erzielt man gewöhnlich mit transparentem Maskierklebeband (siehe Abb.). Für weiche oder verschwommene Kanten schneidet man sich Kartonmasken zu (siehe Abb.).

Aufgemalte Maskierflüssigkeit ist ebenfalls verwendbar. Sie erstarrt zu einer dünnen Latexschicht, die später abgezogen oder wegradiert werden kann. Für komplizierte Formen eignet sich die Maskierflüssigkeit besonders gut. Man kann feine Linien oder Punkte in sie einritzen, so daß die darübergespritzte Farbe in diesen Bereichen auf dem Untergrund haftet. Auf diese Weise kann man auch in der Spritztechnik schraffieren oder tupfen.

Der Handel bietet Schablonen in den verschiedensten geometrischen Formen an. Unregelmäßige Formen schafft man sich selbst, in dem man mit Stoffresten oder Baumwollstücken maskiert.

Schwierigkeiten mit Spritzgeräten Ein Spritzgerät ist ein empfindliches Instrument. Auch bei sorgfältiger Behandlung können Dinge wie Schmutz, Staub, Feuchtigkeit oder zu grobes Pigment Funktionsstörungen verursachen.

Kleckse Störungen entstehen wohl am häufigsten dadurch, daß die Nadel durch grobe Pigmentteilchen verstopft wird. Diese Verstopfungen lassen sich gewöhnlich durch Hin- und Herdrehen der Nadel lösen. Auch eine zu dickflüssige Farbe kann zu Klecksbildung führen. Kann man dann den Luft-

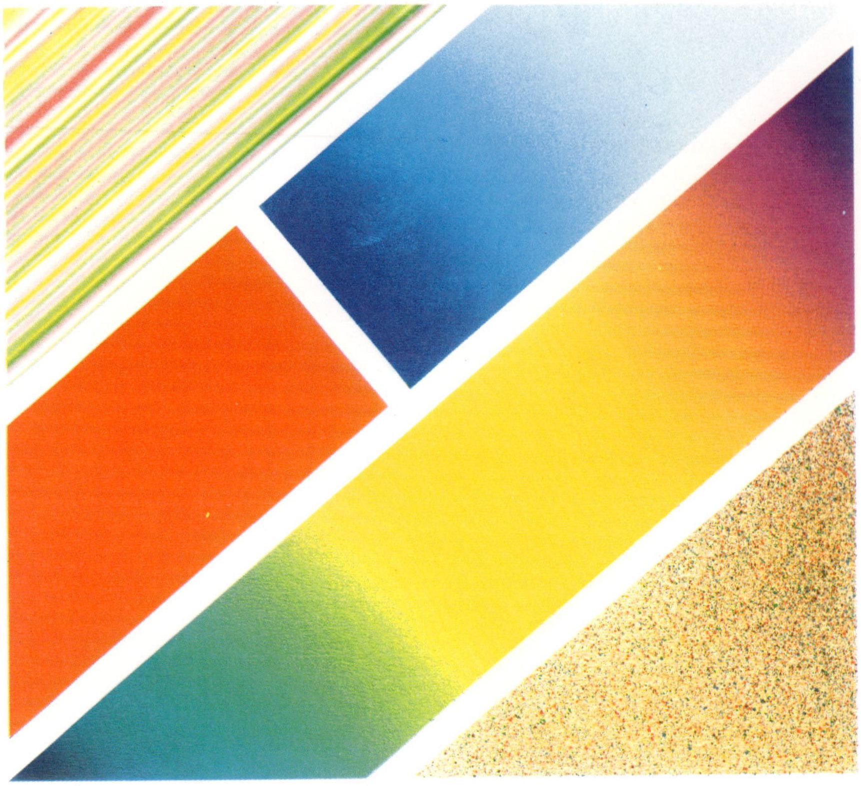

Spezialeffekte *Von links oben nach rechts unten: Feine Linien; gleichmäßige Farbe; Farbtonstufen; ineinander verschmelzende Farbübergänge; Spritzpunkte. Für Flächen gleicher Farbe spritzt man Deckfarbe in parallelen Streifen auf. Bei Farbtonstufen beginnt man am besten mit dem hellsten Ton und schließt mit dem dunkelsten ab. Transparente Farben eignen sich gut für ineinander verschmelzende Farbübergänge. Spritzpunkte lassen sich auf dreierlei Art erzielen: durch einen Spezialvorsatz auf dem Spritzgerät; durch Verringern des Luftdrucks; durch Zurückschieben des Bedienungsknopfes vor dem Niederdrücken.*

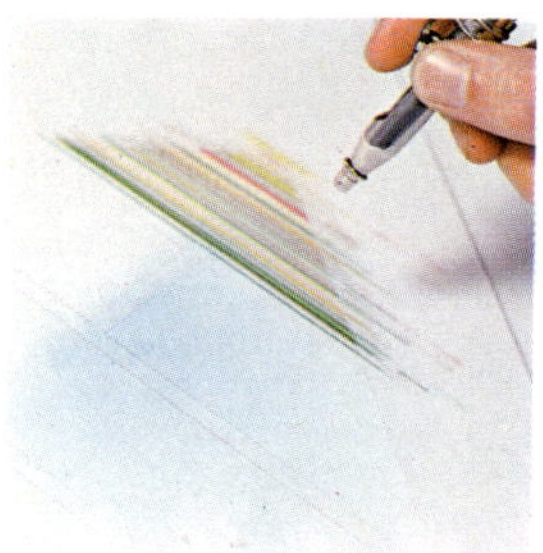

Farbtonstufen 1. *Weiß und Farbe auf der Palette mischen. Spritzapparat füllen und ganze Fläche im hellsten Ton spritzen. Trocknen lassen.*

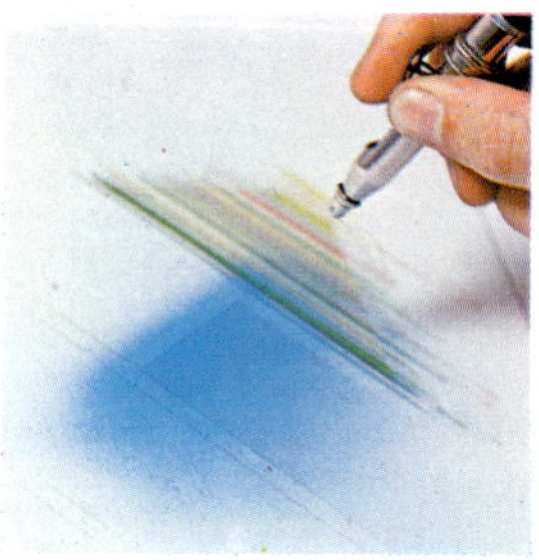

2. *Farbton auf der Palette verstärken, Farbe einfüllen und eine Teilfläche so spritzen, daß eine erste Tonstufe entsteht. Bei Transparentfarbe vermehrt man einfach den Farbauftrag.*

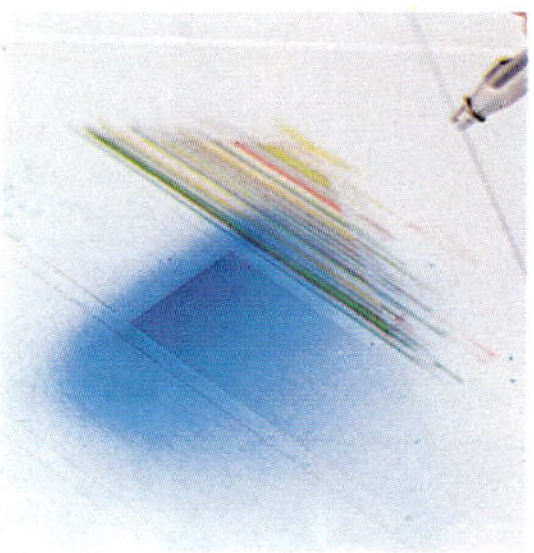

3. *Dunkelsten Ton mit der unvermischten Originalfarbe oder einer anderen, dunkleren Farbe spritzen. So kann man etwa Ultramarinblau als dunkelsten Ton von Türkis verwenden.*

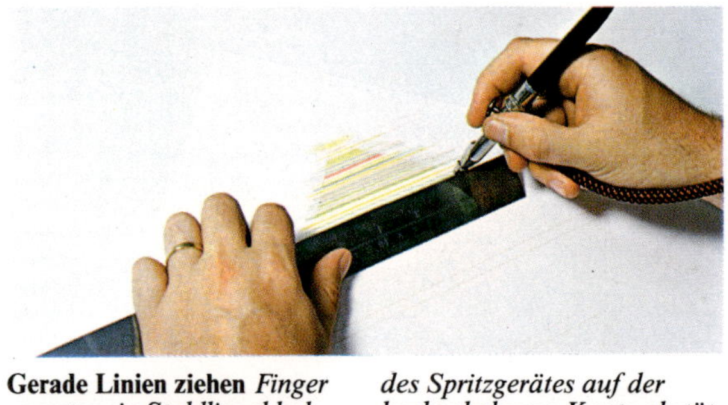

Gerade Linien ziehen *Finger so unter ein Stahllineal halten, daß eine Kante flach aufliegt. Lineal mit dem Daumen festdrücken. Düse des Spritzgerätes auf der hochgehobenen Kante abstützen und beim Spritzen an ihr entlangfahren.*

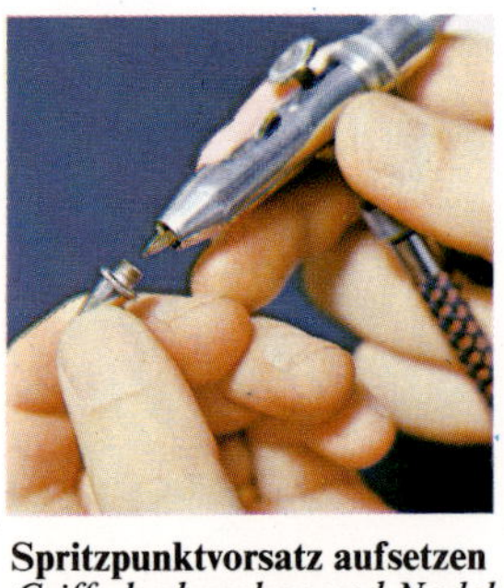

Spritzpunktvorsatz aufsetzen *Griff abschrauben und Nadel lockern. Normalen Vorsatz ab- und Spritzpunktvorsatz aufschrauben, ohne die Düse zu verändern. Nadel wieder befestigen.*

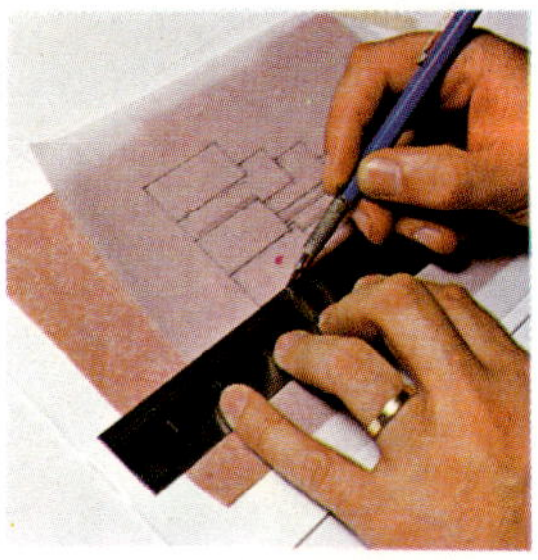

Maskierfilm verwenden 1. *Film so auf das Zeichenbrett legen, daß er glatt und ohne Luftblasen aufliegt. Bild mit rotem Künstlerpauspapier von der Vorlage auf den Film übertragen.*

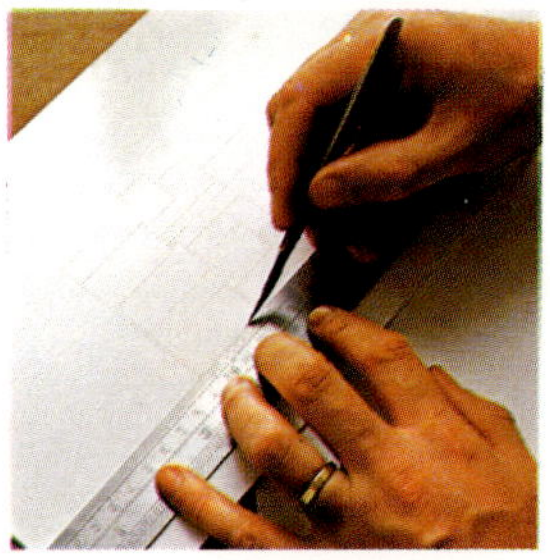

2. *Maskierfilm mit Skalpellmesser zuschneiden. Nicht zu tief schneiden, damit der Untergrund nicht beschädigt wird.*

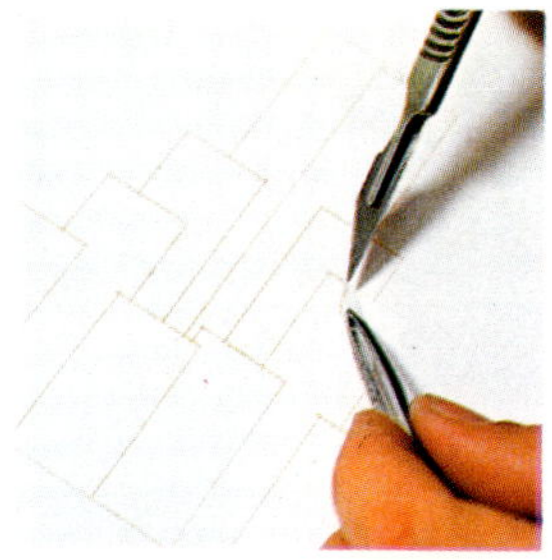

3. *Eines der so ausgeschnittenen Maskenteile herausheben und diese Fläche besprühen. Maskenteil zurücklegen, bevor der gleiche Arbeitsgang mit dem nächsten Maskenteil begonnen wird.*

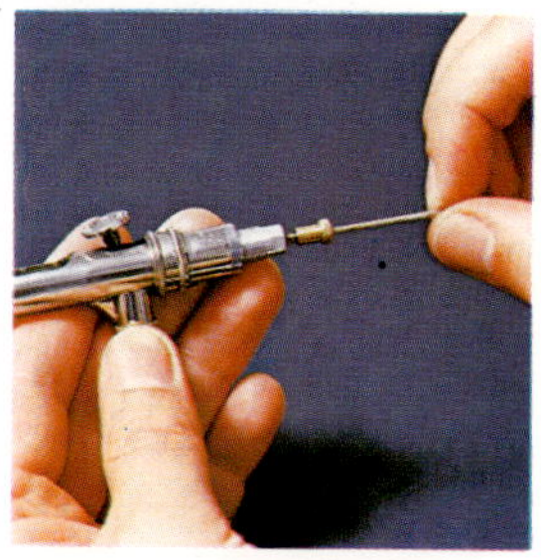

Druckluftverschluß abnehmen 1. *Griff abschrauben, Nadelverschlußbolzen lockern und Nadel etwa 2,5 cm zurückziehen.*

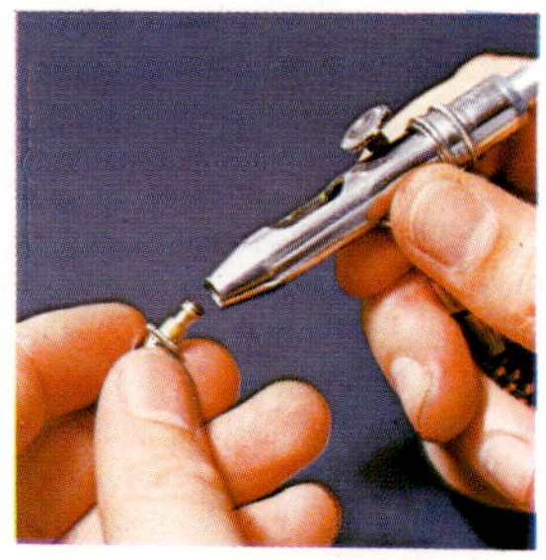

2. *Druckluftverschluß abschrauben und Düse herausnehmen. Wird eine neue Düse eingesetzt, so muß die Nadel weit genug zurückgezogen sein, und der Druckluftverschluß darf nicht zu fest aufgeschraubt werden.*

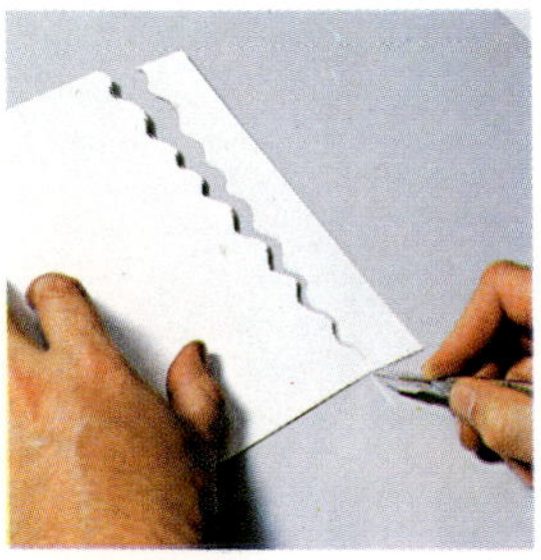

Pappmaske verwenden 1. *Gewünschte Form auf der Pappe zuschneiden.*

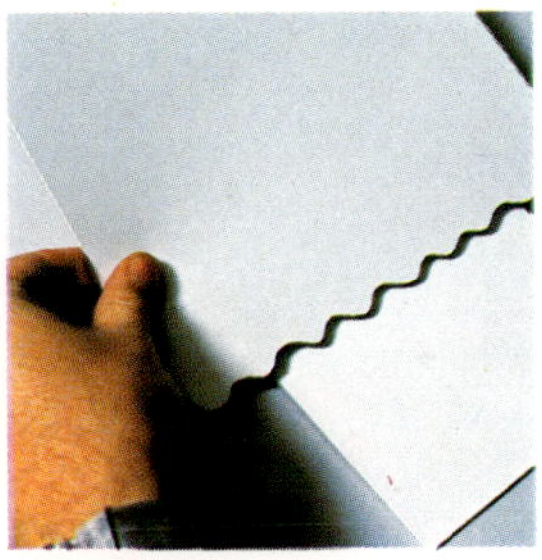

2. *Pappe knapp über die zu bearbeitende Fläche halten. Der Abstand bestimmt die Schärfe der Farbbegrenzung: je näher man mit der Pappe an den Untergrund herangeht, desto schärfer wird die Begrenzungslinie.*

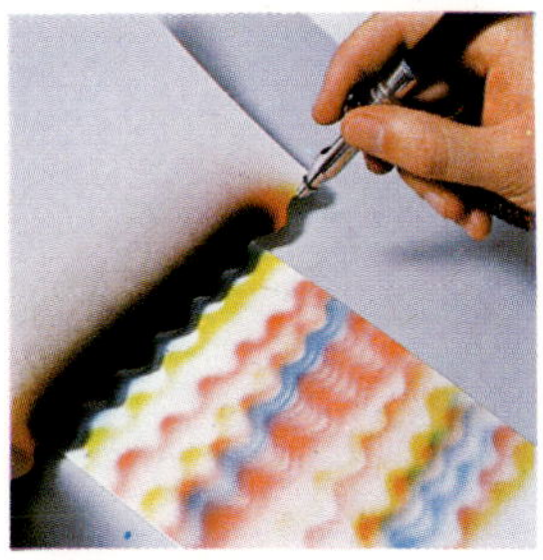

3. *Spritzapparat im gewünschten Winkel halten und spritzen. Je nach dem Winkel des Apparates zum Untergrund kann die Farbgrenze weicher oder härter werden.*

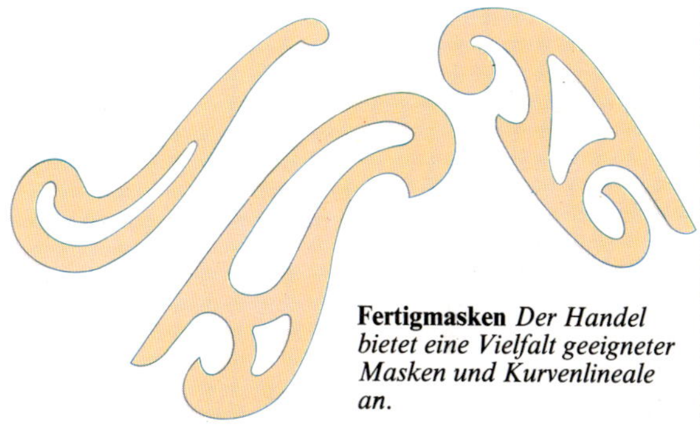

Fertigmasken *Der Handel bietet eine Vielfalt geeigneter Masken und Kurvenlineale an.*

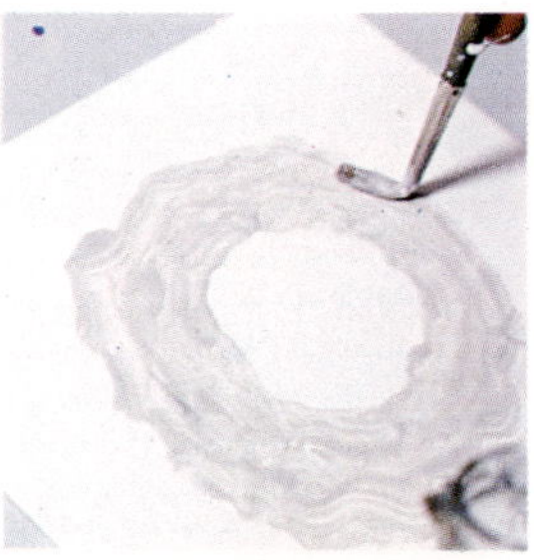

Maskierflüssigkeit verwenden 1. *Flüssigkeit auf die abzudeckende Fläche auftragen. Falls erwünscht, können feine Muster in die Maske eingeritzt werden.*

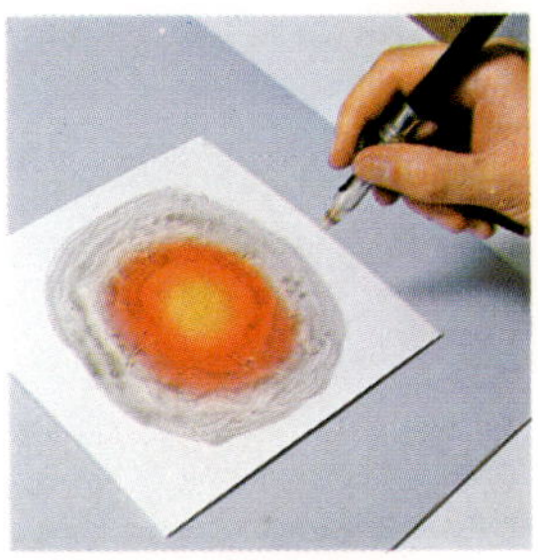

2. *Freie Fläche bis in die Maske hinein besprühen.*

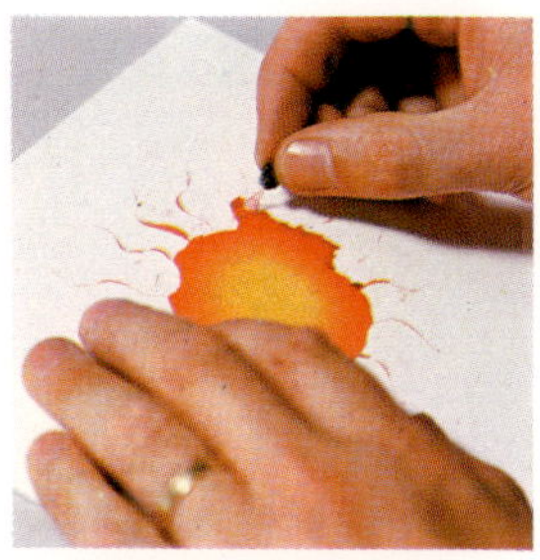

3. *Nach völligem Trocknen der Farbe wird die Maske durch leichtes Reiben angelöst und dann abgezogen.*

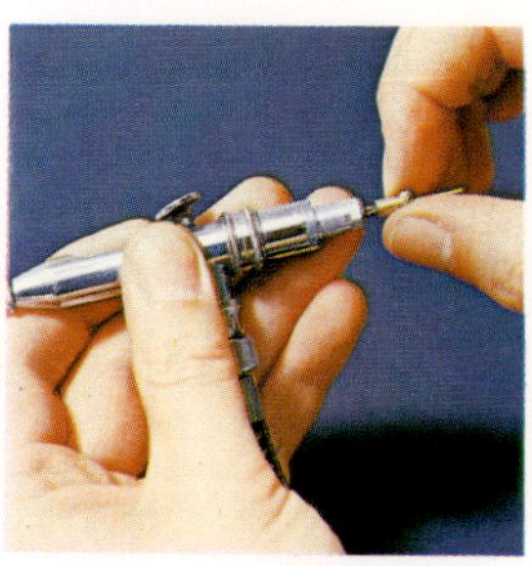

Nadel drehen 1. *Griff aufschrauben und Nadelverschlußbolzen lösen.*

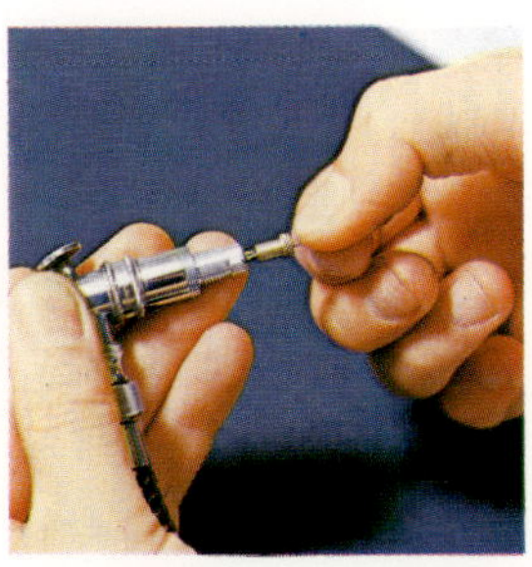

2. *Nadel zum Säubern der Düse hin- und herdrehen. Anschließend Verschlußbolzen wieder befestigen.*

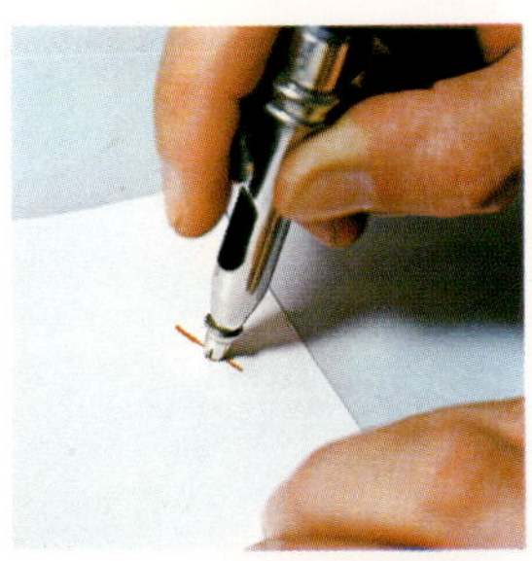

Vorderteil ausblasen *Falls sich beim Spritzen größerer Flächen Farbe in der Schutz- und in der Druckluftverschlußkappe angesammelt hat, stellt man den Apparat senkrecht auf einen flachen Untergrund und bläst kurz und kräftig durch.*

druck nicht verstärken, muß die Farbe ausgeleert und verdünnt werden.

Treten Kleckse nur zu Beginn und am Ende des Spritzens auf, so liegt dies fast immer daran, daß der Künstler den Bedienungsknopf zuerst vertikal und dann erst horizontal betätigt. Der Farbfluß muß immer vor der Luftzufuhr unterbrochen werden, sonst drückt die Restluft noch Farbspritzer heraus oder die Farbe sammelt sich in der Düse und bildet zu Beginn des nächsten Arbeitsganges Kleckse.

Unregelmäßiger Farbausstoß Falls die Nadel klemmt und sich nicht ohne weiteres lockern läßt, ist sie wahrscheinlich zu fest eingeschraubt; falls plötzlich zuviel Farbe ausströmt, hat sie sich vermutlich aus der Halterung gelöst. In beiden Fällen öffnet man den Verschlußbolzen und befestigt die Nadel wieder richtig.

Vermehrt sich der Farbfluß, ohne daß der Druck auf den Bedienungsknopf geändert wird, so ist die Düse ausgeleiert.

Leckt die Farbe bei geschlossenem Ventil aus der Düse, so ist vermutlich im Farbzufuhrkanal der Düse Pigment eingetrocknet. Hier hilft nur langwieriges Auflösen und Säubern, wobei nur die Düse ins Lösemittel getaucht werden darf; in den Schaltbereich darf keine Flüssigkeit eindringen.

Schiefer Spritzstrahl Eine verbogene Nadel kann die Ursache für einen schiefen Sprühnebel sein. Es ist aber auch möglich, daß eine Verunreinigung in der Schutzkappe daran schuld ist; die Kappe muß dann abgeschraubt und gereinigt werden.

Farbverstopfung Wenn sich Farbe an den Innenseiten des Düsengehäuses ansetzt, hält man den Apparat senkrecht über ein Stück Papier und bläst ihn kräftig mit Druckluft durch. Ist der Verschluß stark verstopft, schraubt man ihn ab und reinigt ihn innen und außen mit einem steifen Pinsel, einem feuchten, nicht fasernden Tuch oder, falls nötig, mit einem hölzernen Zahnstocher.

15. Kapitel

Zeichenhilfen

Graphiker müssen äußerst präzise Zeichnungen anfertigen. Sie arbeiten deshalb mit verschiedenen Instrumenten und Hilfsmitteln. Viele davon eignen sich auch für Maler und Pastellzeichner zum Entwerfen und Vorzeichnen, oder auch für die Künstler, die frei mit Feder und Tusche, Kohle, Blei- oder Farbstiften zeichnen

So läßt sich eine Tuschelinie von gleichmäßiger Stärke am besten mit einer Reißfeder zeichnen; einen Entwurf kann man mit Pauspapier auf den Untergrund übertragen; mit einer Schablone kann eine Form mehrfach in einem Bild wiederholt werden.

1. Pantograph *Mit diesem einfachen, verstellbaren Instrument kann man vergrößerte oder verkleinerte Abbilder herstellen. Die Bewegung der über das Original geführten Spitze wird durch eine Bleistiftmine auf der Kopieunterlage nachvollzogen.*
2. Zirkelkasten *Dieser Kasten enthält alle für die meisten Arten genauen Zeichnens erforderlichen Geräte: großer und kleiner Zirkel; Stechzirkel; Stangenzirkelzu-*

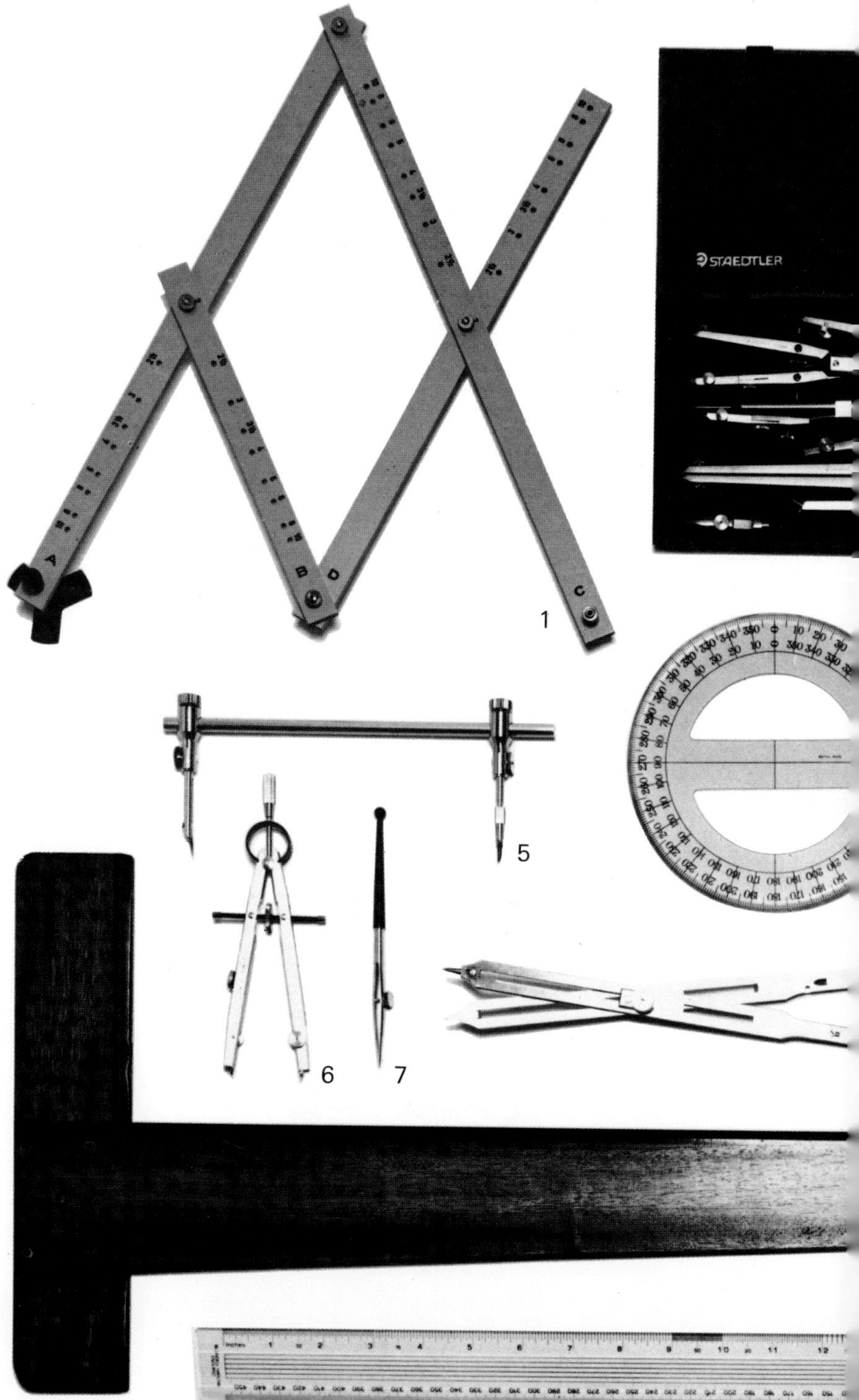

satz; Reißfederzusatz; Reißfeder; Schachtel mit Minen und Spitzen.

3. Leuchtschirm *Zeichnungen, Dias oder Negative können auf die Mattscheibe oder das Kunstglas eines Leuchtschirmes gelegt werden. Sie werden dann von hinten mit der im Schirm eingebauten Leuchtstoffröhre durchleuchtet.*

4. Ellipsograph *Mit diesem Gerät kann man Ellipsengrößen mit Hilfe der kleinen Kreisscheibe in der Mitte beliebig einstellen und sie dann zeichnen, indem man die Außenscheibe um 360° dreht.*

5. Stangenzirkel *Zeichnet Kreise und Bögen, für die der normale Zirkel zu klein ist.*

6. Schraubzirkel *Setzt man zwei Spitzen in ihn ein, so läßt er sich als Stechzirkel zum Übertragen von Maßen verwenden.*

7. Reißfederhalter *Zum Zeichnen gleichmäßig starker Tuschelinien. Es gibt ihn auch mit Doppelfeder zum Zeichnen von Parallelen.*

8. Reduktionszirkel *Hilfsmittel zur Übertragung von Zeichnungen in vergrößertem oder verkleinertem Maßstab. Der Maßstab wira auf dem Gleitstück in der Mitte eingestellt.*

9. Winkelmesser *Auf einer großen Winkelscheibe lassen sich Winkel bis auf ein Viertelgrad genau abmessen.*

10. Rostfreies Stahllineal *Eigentlich als Messeranlage zum Schneiden von Pappe für Rahmen gedacht, kann dieses Gerät auch als Lineal verwendet werden.*

11. Parallelenlineal *Zwei miteinander verbundene Lineale zum Ziehen von Parallelen.*

12. Reißschiene *Der Anschlag wird an die Ecke des Zeichenbrettes angelegt; durch Hinauf- oder Herunterschieben können dann Parallelen gezeichnet werden.*

13. Lineal *Gewöhnliches Plastiklineal für das Messen und Zeichnen gerader Linien.*

14. Speedliner *Ein weiteres Hilfsmittel zum Zeichnen von Parallelen. Er kann auf dem Papier auf- und abgerollt werden. Eine weiße Markierung auf der Rolle wandert an einer Skala entlang, die die Länge des gerade gezogenen Strichs angibt.*

15. Dreieck *Dient zum Zeichnen der in ihm enthaltenen Winkel und in Verbindung mit Linealen oder Reißschienen als Hilfsmittel zum Zeichnen von Parallelen.*

16. Verstellbares Dreieck *Auf ihm läßt sich jeder Winkel von 0° bis 90° einstellen und zeichnen.*

2

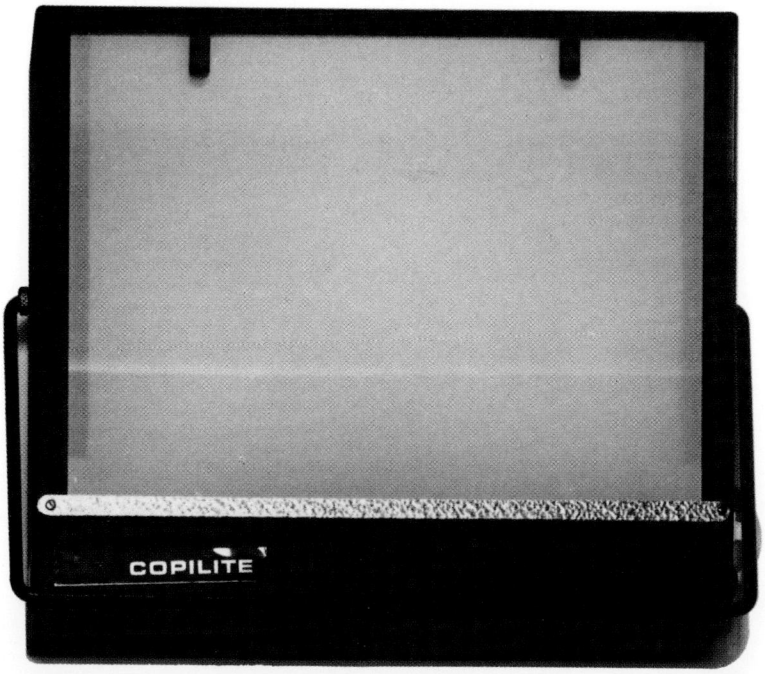

3

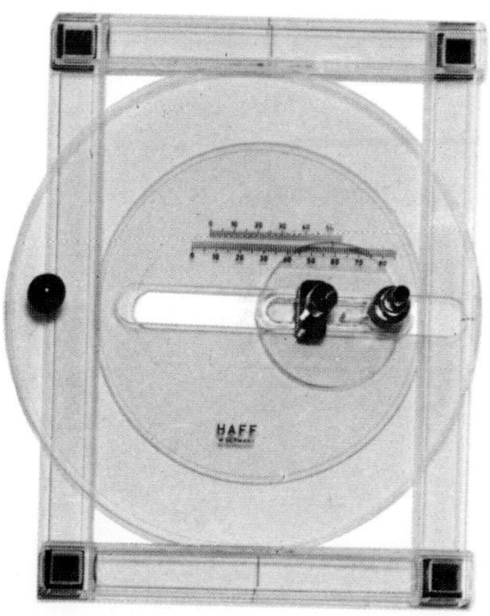

4

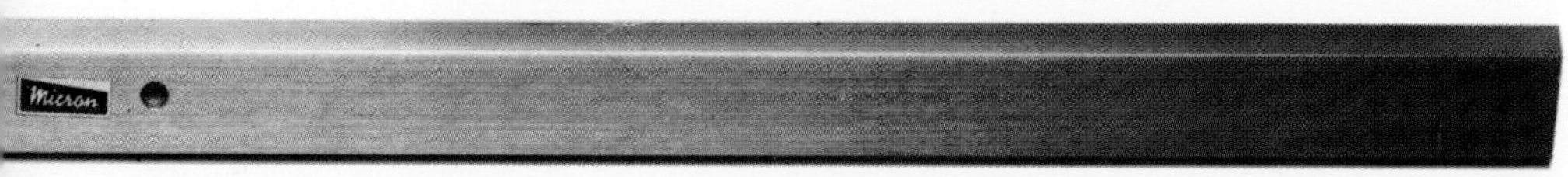

10

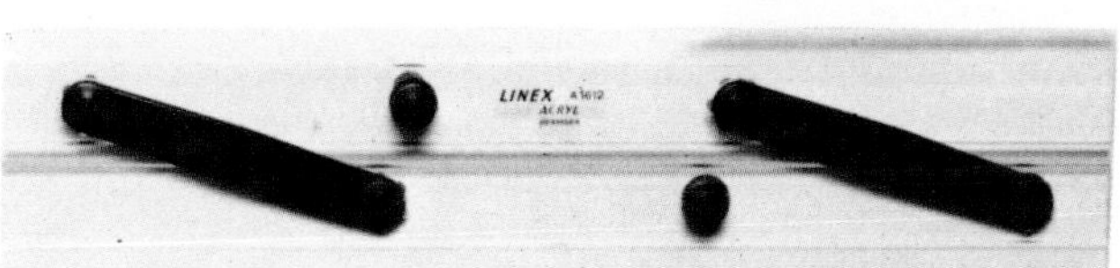

11

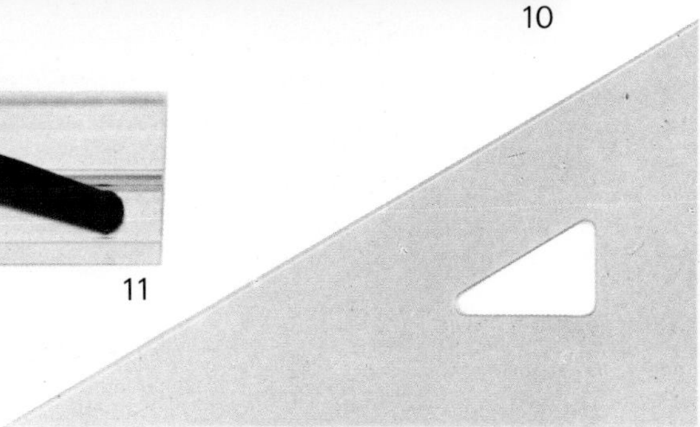
15

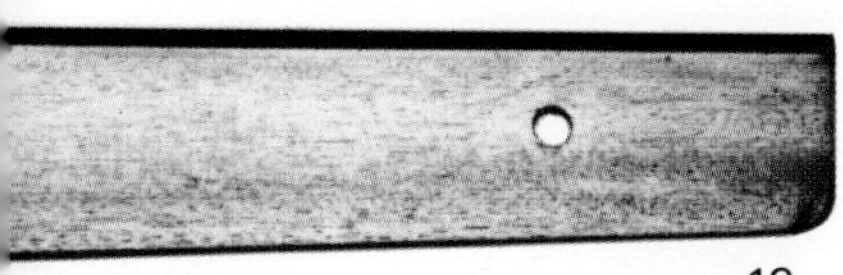
12

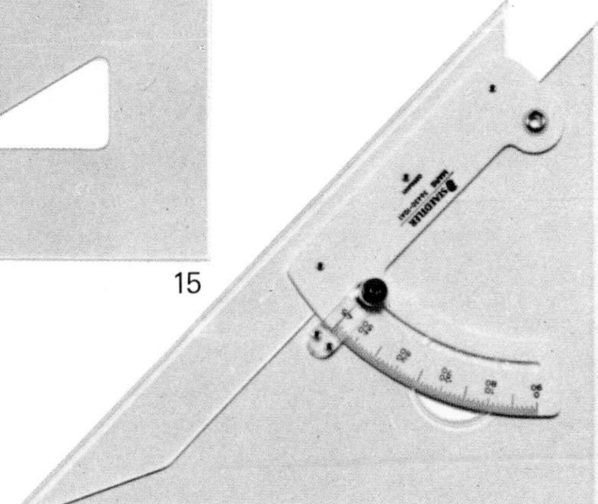
16

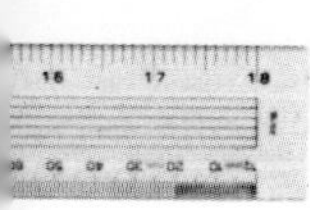
13

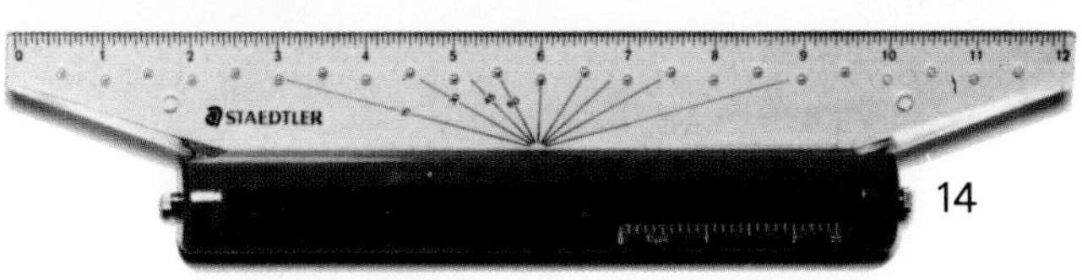

14

1. *und* **2. Ellipsenschablonen** *Plastikschablonen gibt es in unzähligen Formen – Kreise, Rechtecke, Dreiecke, Sechsecke usw. Für Gebrauchsgraphiker sind Ellipsenschablonen wohl am nützlichsten, weil sich mit ihnen Kreisformen wie Gefäßdeckel, Räder oder Rohrenden am besten perspektivisch richtig darstellen lassen. Die Ellipsen werden auf den Schablonen nach zwei Maßen angeordnet, nämlich nach Achsenlänge und Winkel (Gradzahl, um die ein Kreis um den Durchmesser – Achse – gedreht werden muß, um die Ellipse zu bilden).*

3. Ellipsenrad *Die Künstler schätzen meist nach Augenmaß, welche Ellipse zu zeichnen ist, um eine bestimmte Kreisform aus einem bestimmten Winkel wiederzugeben. Mißt man die Winkel jedoch mit Hilfe des Ellipsenrades aus, so kann man den richtigen Ellipsenwinkel von ihm ablesen.*

4. Schablonenpapier *Ein ölhaltiges Manilapapier zum Ausschneiden von Formen; es ist undurchlässig und weist Tusche und wasserhaltige Farben ab. Meist wird es zur Wiedergabe sich wiederholender Formen verwendet.*

5. Kunststoffolie *Ebenfalls zum Herstellen von Schablonen. Man kann mit Tusche oder Wachsstift darauf zeichnen. So kann man Formen vorzeichnen und sie dann ausschneiden. Mit den Folienblättern kann man auch fertige Zeichnungen schützen.*

6. Kurvenlineale *Sie werden aus durchsichtigem Plastik mit möglichst vielen verschiedenen Kurvenformen hergestellt. Sie sind hilfreich für das Zeichnen nach Photographien oder vorhandenen Zeichnungen. Man legt sie auf die Vorlage und bewegt sie solange darüber, bis man die gesuchte Kurve gefunden hat.*

7. Flexibles Kurvenlineal *Für den gleichen Verwendungszweck wie das normale Kurvenlineal. Man biegt die zu übertragende Kurve auf ihm nach. Es hat eine abgeschrägte Kante, an der entlang man Tuschelinien ziehen kann.*

8. Schriftschablonen aus Plastik *Gleichmäßige Schriften*

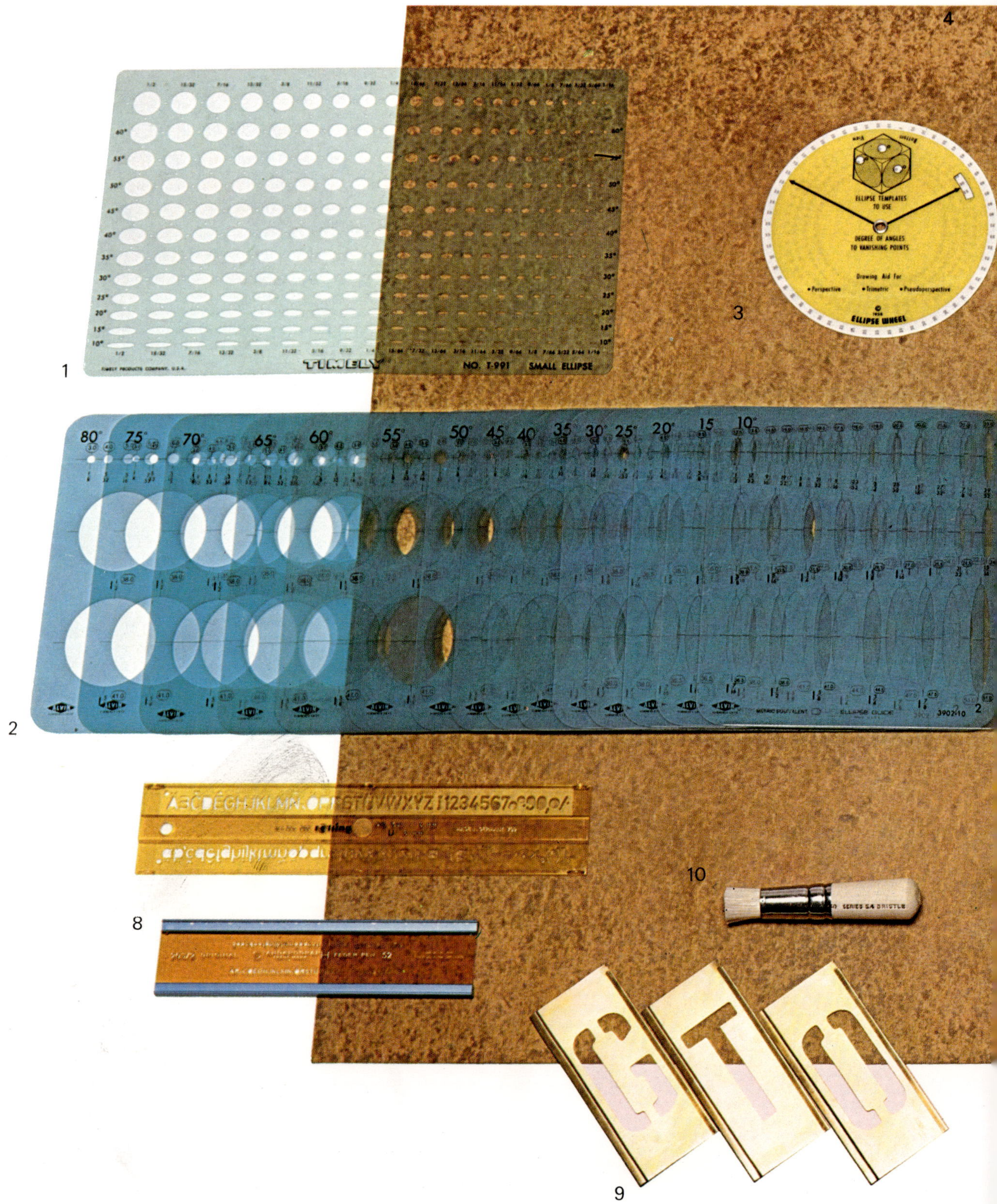

aller Arten lassen sich mit vielen Schablonen zeichnen.
9. Buchstabenschablonen aus Metall *Sehr stabile Schablonen. Zur Wortbildung können die einzelnen Buchstaben fest miteinander verbunden werden.*
10. Schablonenpinsel *Meist aus Borsten hergestellt und für fast alle Farbträger verwendbar. Sie sind so geformt, daß die Farbe gleichmäßig und ohne sichtbare Pinselstruktur aufgetragen werden kann.*
11. Bastelmesser *Schablonen, Masken und Aufziehkarton müssen mit spitzen Klingen zugeschnitten werden. Bastel- oder Universalmesser eignen sich gut dazu. Das hier gezeigte enthält in einem Streifen mehrere zusammenhängende Klingen. Ist eine Klinge stumpf, schiebt man die nächste mit einem Knopf nach und bricht die erste einfach an der Einkerbung weg.*
12. *und* **13. Skalpellmesser und -klingen** *Feine Schneidarbeiten kann man mit dem in der Chirurgie verwendeten Skalpell ausführen, für welches es Ersatzklingenpackungen gibt.*
14. Radiergummi *Der traditionelle Bleistiftradierer.*
15. Plastikradierer *Zum Wegradieren von Bleistiftlinien von Papier, Kopierpapier oder Transparentpapier.*
16. Knetgummi *Kann zum Wegradieren feiner Details beliebig zurechtgeformt werden.*
17. Tinten- und Tuschradierer aus Plastik *Sein leichter Ölgehalt erleichtert das Wegradieren trockener Tusche. Er eignet sich am besten für hartes, glattes Papier.*

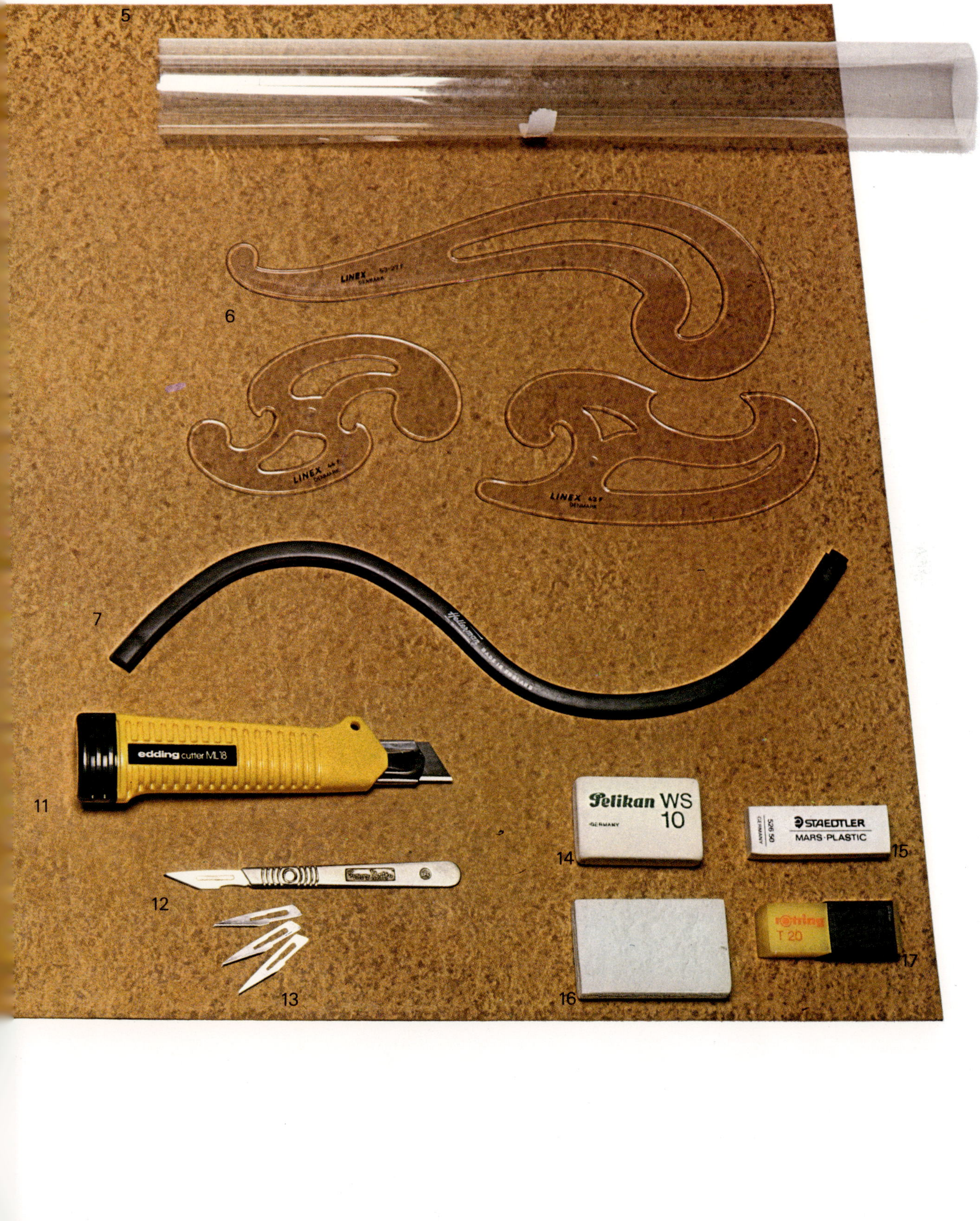

1. Gummileim *Gewöhnlich zum Verkleben von Papier auf Papier oder Karton verwendet. Klebt fest, trocknet aber sehr langsam, so daß das Papier sogar noch nach einigen Stunden zurechtgerückt werden kann. Gummileim wird vor allem zum Aufziehen von Zeichnungen und Drucken verwendet. Am besten trägt man ihn mit einem Plastikspatel auf; es geht aber auch mit einem Stück Pappe. Zur besseren Haftung bestreicht man beide zu verklebenden Flächen mit Leim.*
2. Klebespray *Hat ähnliche Eigenschaften wie Gummileim, wird aber als Aerosol aufgesprüht. Umliegende Teile werden mit Abfall- oder Zeitungspapier geschützt. Man sprüht nur eine Fläche ein und läßt den Leim vor dem Aufkleben einige Sekunden lang antrocknen.*
3. PVA-Kleber *Stärker als Gummileim; ergibt schnelle und feste Verklebungen für Papier und Karton.*
4. Gummierband *Aquarelle, Zeichnungen und Drucke werden mit Gummierband im Passepartout verklebt. Die Verklebung ist fest, aber feuchtigkeitslöslich.*
5. Flüssige Gummierlösung *Gummierlösung verwendet man zum Verkleben von Papier mit Papier, Pappe, Leinwand oder Holz. Ein nachträgliches Zurechtrücken ist hier nicht möglich. Dieser Leim wird oft für Einklebebücher und Collagen verwendet.*
6. Künstler-Maskierlösung *Wird mit dem Pinsel aufgetragen und trocknet schnell zu einem später wieder abziehbaren Film. Der Aquarellist verwendet sie zum Abdekken von Papierstellen, die er beim Verwaschauftrag unberührt lassen will, der mit dem Spritzapparat arbeitende Künstler für komplizierte Maskierformen. Sie ist sowohl großflächig wie auch – mit feinem Pinsel – für Details oder subtile Strukturen verwendbar.*
7. Papierfirnis *Wird mit dem Pinsel als Schutz für Zeichnungen und Drucke aufgetragen. Allerdings ziehen die meisten Künstler Glas- oder Kunststoffolien dem Firnis vor. Einmal aufgetragener Firnis läßt sich ohne Beschädigung des Originals nicht mehr entfernen.*
8. Modellierfirnis *Zum Schutz von Aquarell- und Guaschbildern, für den die meisten Künstler allerdings lieber auf Glas oder Kunststoffolie zurückgreifen. Wird auch für Gipsmodelle und -skulpturen verwendet.*

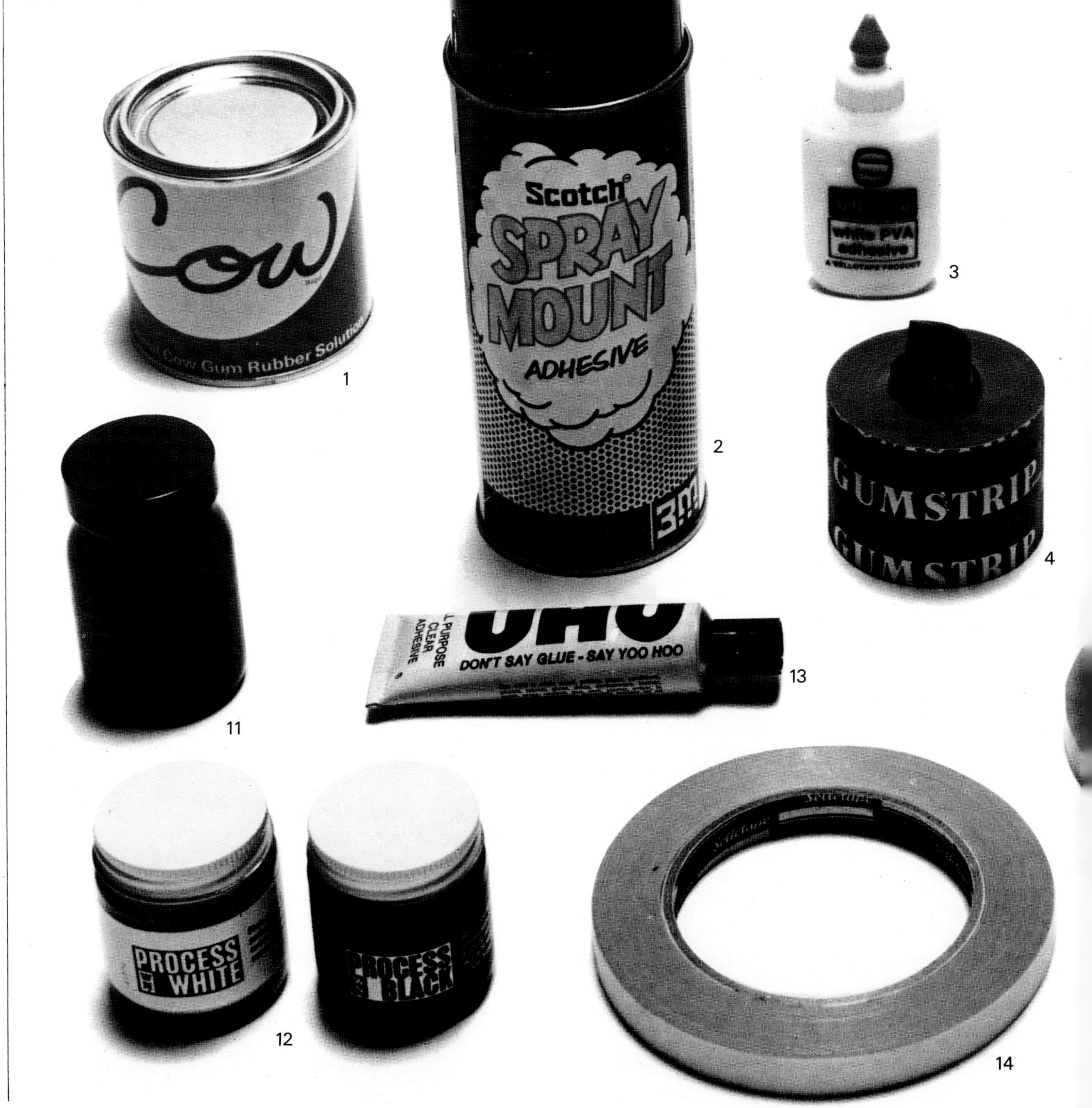

9. Fixativlösung *In Flaschenform zum Versprühen mit dem Blassprühröhrchen erhältlich, heute jedoch meistens in Spraydosen angeboten. Man verwendet sie für Kohle, Bleistift und Pastell, um die Farbpartikel auf dem Bild zu fixieren. Viele Künstler meiden Fixative, speziell im Pastellbereich, wo sie die Farben dämpfen würden.*
10. Firnispinsel *Flacher, weißer Pinsel, ideal geeignet zum dünnen Firnisauftrag ohne sichtbare Pinselstrukturen.*
11. Retuschierdeckfarbe *Stark deckende Farbe im Rostton zum Retuschieren von Photos und Dias. Lichtundurchlässig.*
12. Deckweiß und -schwarz *Sehr dichte, wasserlösliche Farben, meist für Zeichnungen und Diagramme verwendet, die photographisch reproduziert werden sollen. Das Schwarz kann flächig, punkt- oder linienförmig oder in anderen Techniken aufgetragen werden. Dabei entsteht immer strukturloses Tiefschwarz. Das Deckweiß wird zum Korrigieren von schwarzer Tusche oder Deckschwarz oder zum Abdecken von Schmutzflecken auf Kunstwerken verwendet, die photographiert werden sollen. In der Reproduktion erscheinen diese Flächen dann als reines, unberührtes Papier.*
13. Flüssiger Alleskleber *Starker Leim, auch zum Verkleben von Gegenständen. Ideal für Collagentechniken, bei denen feste Gegenstände auf Leinwände oder Paneele geklebt werden sollen. Auch zur Pinselreparatur geeignet.*
14. Doppelseitiges Klebeband *Klebt auf beiden Seiten und ist einseitig mit abziehbarem Schutzpapier abgedeckt. Einfaches Mittel zum Verkleben von Papier und Pappe, gut zum Rahmen und für Collagen.*
15. Klebeband *Gewöhnliches Klebeband kann Maskierband ersetzen, sollte dann aber zunächst über eine Kante gezogen werden, damit die Klebekraft niedriger und das Band leichter vom Untergrund lösbar wird.*
16. Maskierband *Ideal zum Anlegen von Farbflächen mit scharfen Grenzlinien. Die Farbe wird bis auf das Band aufgetragen; zieht man es dann weg, so bleibt eine harte Farbkante zurück. Man kann mit ihm auch Pauspapier auf dem Untergrund befestigen.*
17. Blassprühröhrchen *Man tropft, gewöhnlich mit Hilfe einer Pipette, Tusche, Wasserfarbe, Guasch oder Fixativ in das schmale Röhrchen. Dieses Röhrchen wird dann auf den Untergrund gerichtet, und das Blasrohr wird in die Blasstellung eingerastet. Anschließend kann die Lösung aufgesprüht werden.*

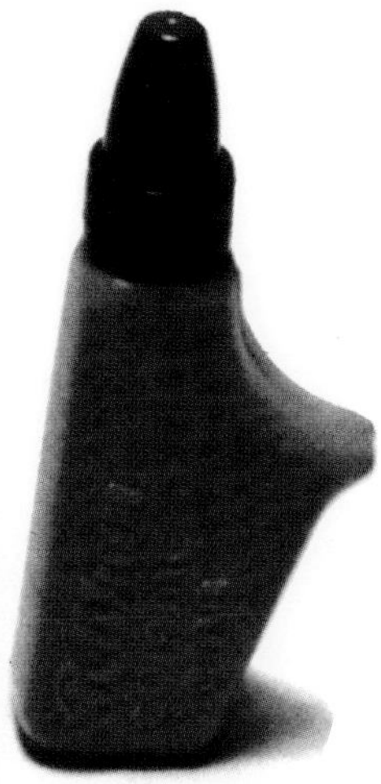

5

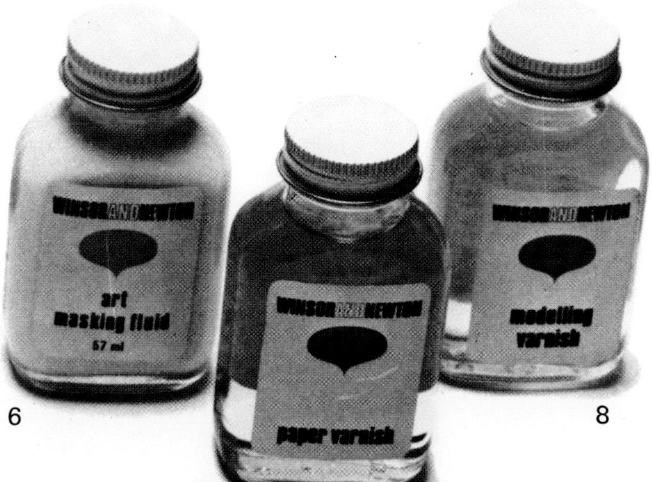

6 7 8

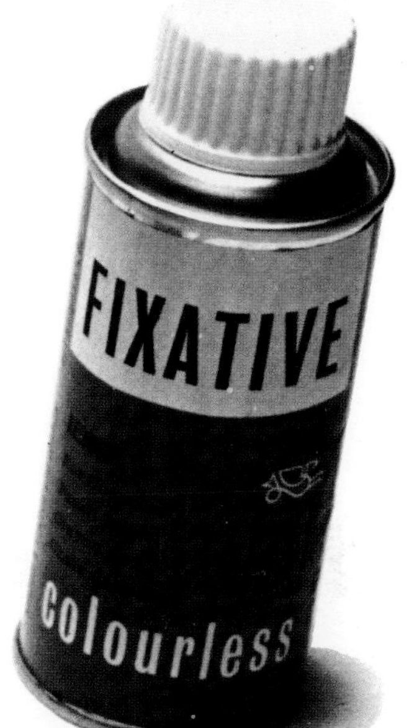

9

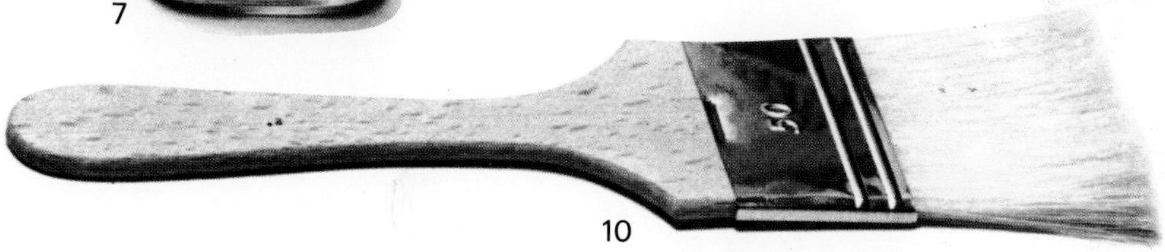

10

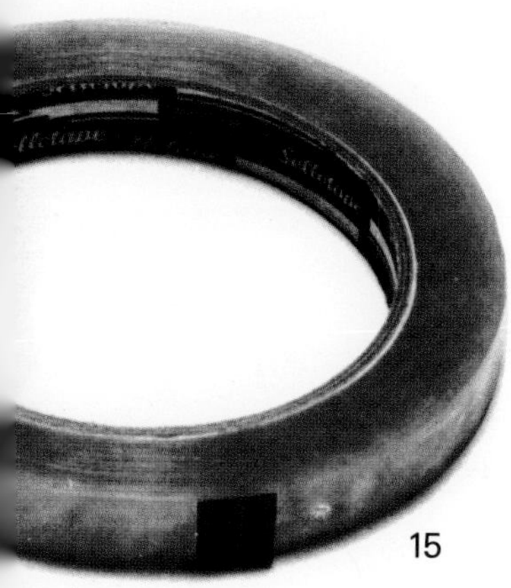

15

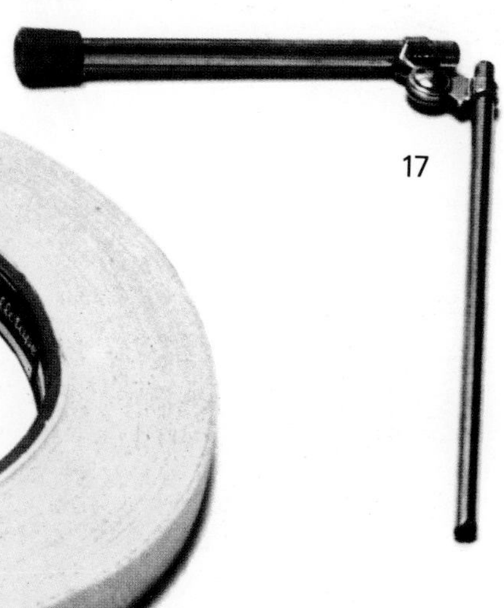

17

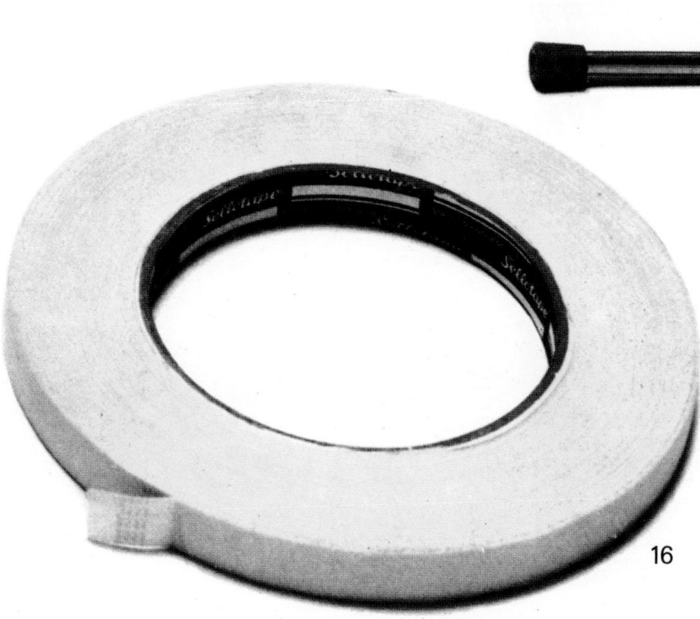

16

1. Abreibfolie *Ein einfaches und schnelles Hilfsmittel zur Übertragung von Strukturmustern auf eine Zeichnung. Wird meist für Tuschzeichnungen verwendet. Letratone bietet 240 verschiedene Strukturen an; sie reichen von einfachen Punkt- und Linienmustern in vielen Größen bis hin zu unregelmäßigen Strukturen und sogar zu Mauerwerksnachbildungen. Eine weitere Hauptmarke ist Normatone mit über 300 Strukturen. Die Struktur ist auf klare Kunststoffolie aufgedruckt, aus welcher man die gewünschte Fläche mit dem Skalpellmesser herausschneidet. Es ist empfehlenswert, diese Flächen mit Überstand herauszuschneiden; man kann sie dann so auf die zu bedruckende Fläche auflegen, daß man den Überstand ringsum mit dem Skalpell exakt wegschneiden kann. Anschließend wird das jeder Folie beiliegende Schutzpapier rückseitig aufgelegt und das Ganze mit einem speziellen Reibstift, einer Plastikkappe oder einem Pinselende verrieben. Dadurch löst sich der Strukturton und verbindet sich fest mit dem Untergrund. Man kann so auch mehrere Strukturen übereinander abreiben. Es gibt auch weiße Strukturen zum Aufreiben auf schwarzes Papier.*

2. Musterübertragungspapier *Ein ähnliches Verfahren wie bei der Abreibfolie. Man muß jedoch die zu übertragende Teilfläche nicht vorher zurechtschneiden. Man legt das Blatt lediglich auf und reibt mit einem Reibstift oder einem Pinselende darüber. Man verwendet es häufig bei leichten Bleistiftskizzen und kann mit diesem Papier sogar vollständige Bilder anfertigen. Sie eignen sich gut zum Übereinanderlegen mehrerer Strukturen. Instantex bietet 20, Normatex 30 Strukturen an.*

3. Pantone-Papier *Dieses Papier gibt es in 500 verschiedenen, durchnumerierten Farbtönen, die alle aus 10 Grundfarben zusammengestellt sind. Dazu gibt es in den gleichen Farben Filzstifte und Abreibfarben (ähnlich wie Letratone). Graphiker verwenden dieses System für die Gestaltung von Illustrationen, Buchumschlägen oder vielerlei Verpackungen. Man kann mit Bleistift, Tusche oder Filzstift auf die Papiere zeichnen oder Buchstaben von der Folie auf sie abreiben.*

4. Colour-Aid-Papier *Ein in 220 Farben lieferbares Papier, im Siebdruckverfahren mit angenehm matter Oberfläche hergestellt. Der Graphiker verwendet es ähnlich wie das Pantone-Papier. Künstler, die gerne auf farbigem Papier arbeiten, finden hier eine gute Auswahl vor. Die Papiere eignen sich für Tusche, Bleistift und wäßrige Farbträger.*

5. Skizzierbuch *Fest gebun-*

1 2 8

dene Skizzierbücher werden hauptsächlich von denjenigen Künstlern verwendet, die ihre Ateliergemälde nach Skizzen entwerfen, die sie anderswo – speziell im Freien – angefertigt haben. Sie sind stabil und können über Jahre hinweg immer wieder als Quelle für Darstellungen und Motive dienen. Die meisten Skizzierbücher enthalten Zeichenpapier, aber auch andere Papiere werden verwendet.

6. Zeichenblock *Auf das Zeichenpapier dieser Blöcke kann man, falls es ausreichend glatt und schwer ist, mit Bleistift, Feder und Tusche und mit Wasserfarbe skizzieren. Die dafür geeigneten Papiere werden ebenso in Blockform angeboten wie viele andere Papiere, darunter auch einige gute Aquarellpapiere.*

7. Pauspapier *Hilfsmittel zur Übertragung von Motiven von einem Untergrund auf einen anderen. Man legt das Papier auf das Original und fährt dessen durchscheinende Umrisse nach, legt dann Kohlepapier auf den zu bemalenden Untergrund und zeichnet die Umrisse auf dem darübergelegten Pauspapier erneut nach, so daß sie vom Kohlepapier auf den Untergrund übertragen werden. Graphiker legen exakte Zeichnungen oder Diagramme oft zunächst auf diesem Papier an und übertragen sie dann auf den Originaluntergrund. Bleistift und Tusche lassen sich vom Pauspapier leicht wegradieren oder -kratzen. Pauspapier ist in verschiedenen Größen lieferbar.*

8. Schabkarton und Schabklingen *Schabkarton besteht aus weißem Karton, der mit schwarzem Papier überzogen ist, oder umgekehrt. Die obere Schicht wird mit einem Satz in Federhalter passender Klingen – jede erzeugt ein eigenes Muster – abgeschabt. Dadurch entsteht ein weißes Bild auf schwarzem Grund oder umgekehrt. Schabkartonbilder strahlen ihre eigene, dem Linolschnitt nicht unähnliche Wirkung aus.*

9. Millimeterpapier *Ideal für maßgenaue Zeichnungen, die auch leicht vergrößert oder verkleinert auf einen anderen Untergrund übertragen werden können. Man muß dann nur ein Netz im gewünschten Maßstab auf den neuen Untergrund einzeichnen und die Zeichnung Quadrat für Quadrat übertragen.*

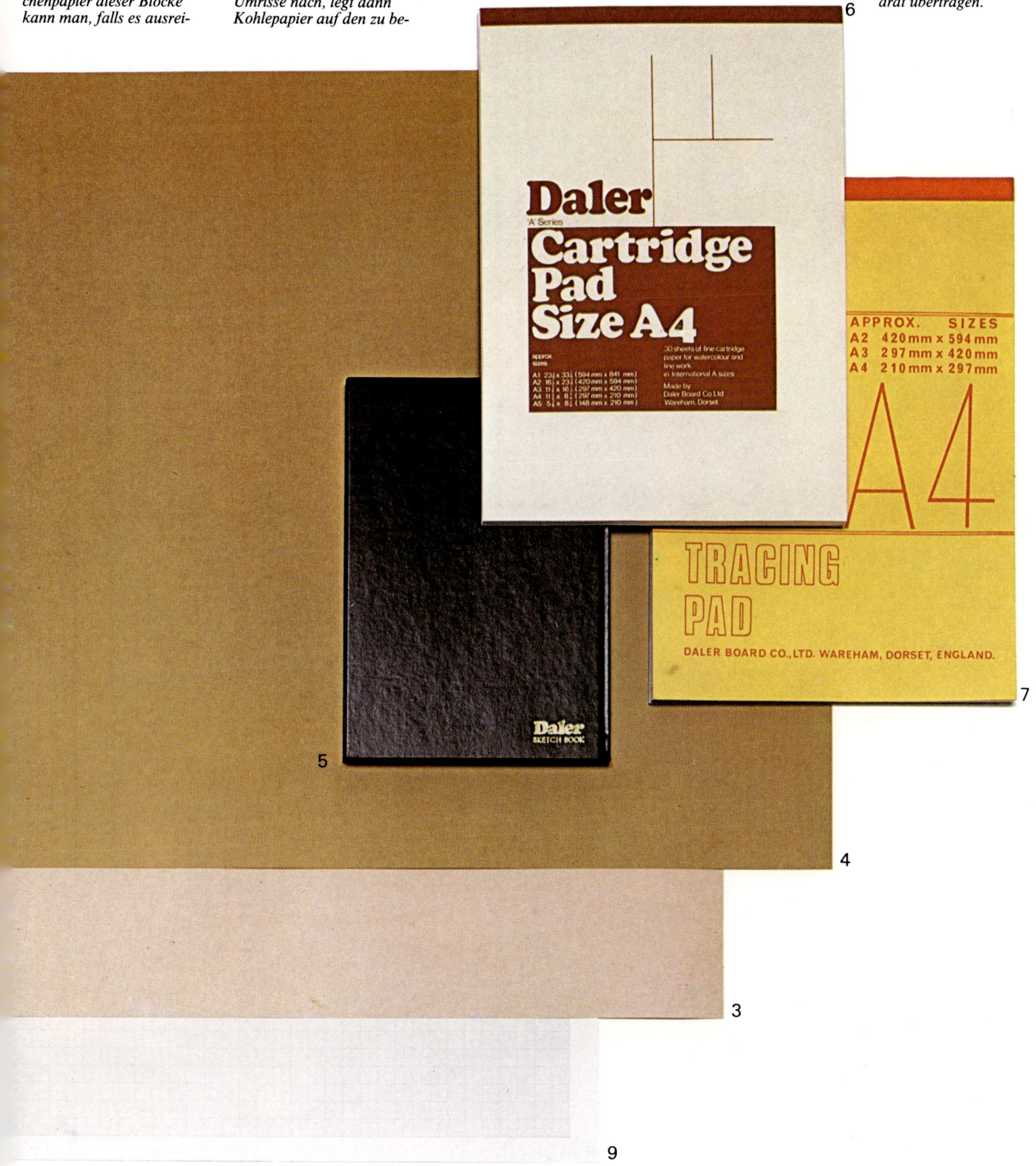

16. Kapitel

Druck

Wir kennen vier Grundtechniken zur Herstellung von Drucken: Hochdruck als Druck von einer erhabenen Oberfläche, Tiefdruck von Vertiefungen in der Oberfläche, Flachdruck von einer ebenen Fläche und Siebdruck mit Schablonen.

Hochdrucke kann man mit jedem Material anfertigen, dessen Oberfläche sich ohne größere Schwierigkeiten bearbeiten läßt. Künstler verwenden dazu meist Holz, Linoleum oder Metall, aber auch Seife, Kartoffeln und anderes Gemüse eignen sich dort, wo keine große Detailtreue erforderlich ist.

Für die beiden Grundarten des Tiefdrucks benötigt man Metallplatten: Bei der Ätztechnik wird das Motiv mit Hilfe von Säure aus der Oberfläche herausgearbeitet, in den Stich- und Gravurtechniken kerbt oder schneidet der Künstler mit geeignetem Werkzeug das Metall unmittelbar ein.

Flachdruck ist eine von der Lithographie abstammende Technik, bei welcher der Künstler sein Motiv mit farbanziehenden und wasserabstoßenden Substanzen auf Stein oder Metall zeichnet.

Schablonendrucke werden mit Hilfe von Gewebesieben angefertigt, die früher aus Seide bestanden; heute wird meist Nylon oder Terylen verwendet. Die Schablonen kann man aus Papier zuschneiden, aber Künstler, die präzise Drucke von immer gleicher Qualität erzielen wollten, verwenden Spezialmittel, die teilweise auch in flüssiger Form angeboten werden.

Werkzeug Druckräume müssen hell sein, Wasserzu- und -ablauf haben, die Temperatur muß sich ausreichend regeln lassen, und sie müssen wegen eventueller Säuredämpfe gut lüftbar sein.

Neue Druckmaschinen sind fast unerschwinglich teuer, und gebrauchte findet man kaum. Der Künstler kann jedoch seine Drucke zu vernünftigen Preisen in Kunstschulen und -akademien oder in Drukkereien herstellen, und er erhält dort zusätzlich oft noch fachkundige Ratschläge.

Die vier Druckarten *Beim Hoch- oder Buchdruck (1) wird Papier auf erhabene, mit Farbe eingewalzte Holz-, Linoleum- oder Metallflächen aufgepreßt. Beim Tiefdruck (2) preßt man das Papier so auf die eingekerbten und mit Farbe gefüllten Flächen einer Metallplatte, daß es die Farbe aufsaugt. Flachdrucke (3) werden von ebenen Druckflächen hergestellt, die auf den druckenden Stellen mit farbannehmenden Substanzen, auf den nichtdruckenden Flächen mit farbabstoßendem Wasser beschichtet werden. Schablonen für den Durchdruck werden gewöhnlich auf siebartiges Gewebe aufgeklebt oder darin eingebettet (4).*

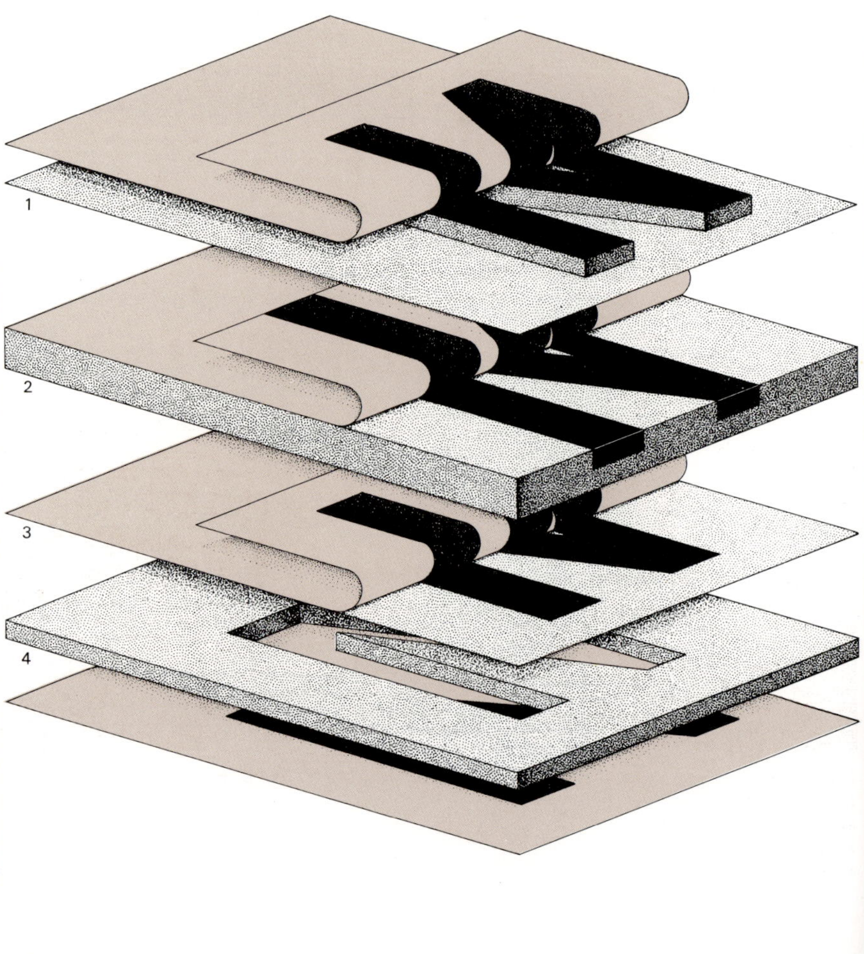

Hochdruck

Hoch- oder Reliefdruck ist die älteste Drucktechnik. Bei ihr werden diejenigen Oberflächenteile entfernt, die nicht auf dem Abdruck erscheinen sollen. Die verbleibende Fläche wird mit Farbe eingerieben und gibt diese unter Druck an das Papier ab.

Linolschnitt Mit Ausnahme des allerdings naturgemäß nicht gerade präzisen Kartoffeldrucks ist der Linolschnitt das einfachste Verfahren zur Herstellung von gedruckten Bildern. Kinder stellen oft Linolschnitte her, was aber nicht bedeutet, daß die Möglichkeiten dieses Verfahrens sehr beschränkt wären. So haben etwa Picasso (1881–1973) und die deutschen Expressionisten mit ihm gearbeitet. Mit dem nötigen Aufwand sowie Hand- und Kunstfertigkeit lassen sich komplizierte Drucke in mehreren Farben herstellen. Aber auch effektvolle Linolschnitte in nur einer Farbe sind für den künstlerisch begabten und handwerklich geschickten Drucker leicht herzustellen.

Für einen Linolschnitt zeichnet man zunächst die Umrißlinien des Motivs mit Tusche oder Bleistift auf das Linoleum. Danach wird alles weggeschnitten, was nicht auf dem Bild erscheinen soll. Große Flächen entfernt man mit einem Holzschnitt-Messer. Dabei arbeitet man beim Linolschnitt ebenso wie bei anderen Relieftechniken vom druckenden Bildteil weg statt auf ihn zu. Die herauszunehmenden Teile bleiben dann inselförmig stehen und können herausgestochen werden, ohne daß das Bild zu sehr gefährdet wird.

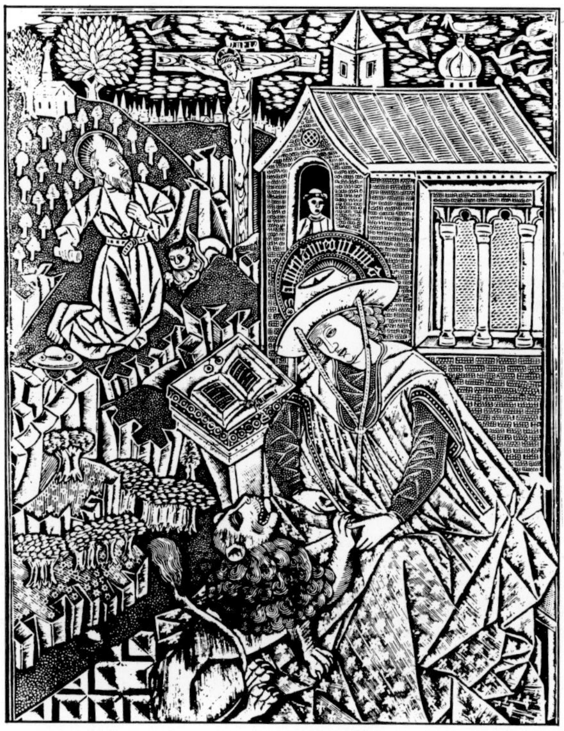

Links **Mittelalterlicher Metallschnitt (Ausschnitt)** *Hochdruck von einer Metallplatte. Zur Herausarbeitung der druckenden Fläche mußten große Teile der Oberfläche weggeschnitten werden.*

Mit kleinen Hohleisen lassen sich Kleinflächen entfernen und schmale Linien herausschneiden, die später in Weiß erscheinen sollen. Der Künstler kann jederzeit Probeabzüge anfertigen; dies ist hilfreich, weil es nicht immer ganz einfach ist, sich das Ergebnis der Schneidearbeit ohne Abdruck vorzustellen. Die weitere Arbeit wird durch die Probedrucke nicht behindert.

Zu hartes Linoleum kann man auf der Vorderseite vorsichtig erwärmen oder es leicht mit Leinsamenöl einlassen und es dann über Nacht zum Weichwerden stehenlassen.

Kartonschnitt Für einfache Farbflächen ohne feinlinige Details kann auch dicker Karton – am besten Rahmenkarton – anstelle des teureren Linoleums verwendet werden, wenn man ihn mit dem geeigneten Mittel versiegelt, zum Beispiel mit wäßriger Firnislösung. Die weißen Flächen des Motivs werden mit dem Holzschnitt-Messer weggeschnitten. Farbauftrag und Druckvorgang bleiben gleich.

Holzschnitte Die ältesten bekannten Drucke überhaupt sind Holzschnitte aus dem Japan des achten Jahrhunderts. Mit der Einführung des Buchdrucks im 15. Jahrhundert stieg der Holzschnitt zur Standardtechnik der Buchillustration auf. Man hat mit

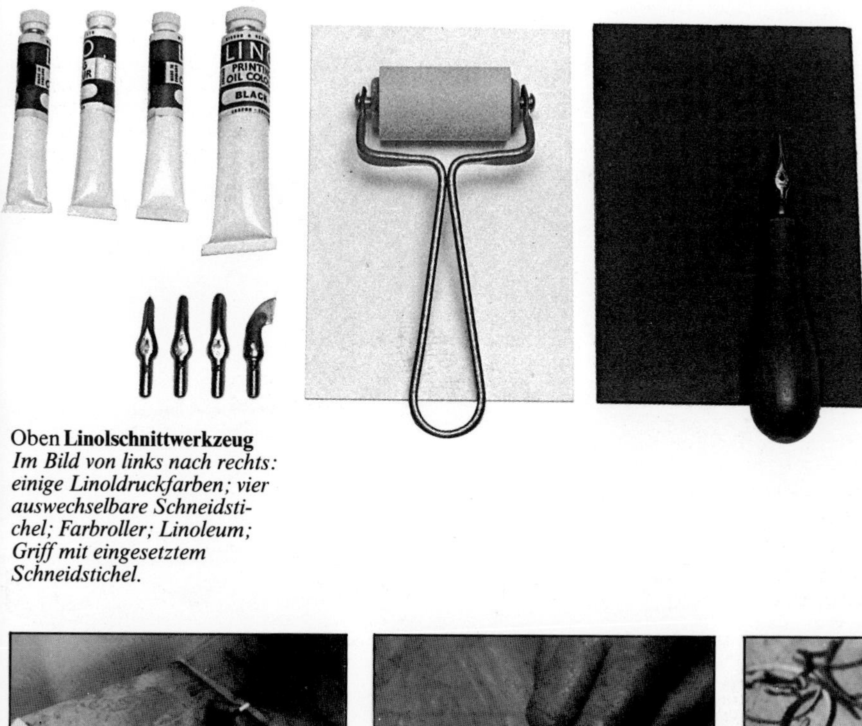

Oben **Linolschnittwerkzeug** *Im Bild von links nach rechts: einige Linoldruckfarben; vier auswechselbare Schneidstichel; Farbroller; Linoleum; Griff mit eingesetztem Schneidstichel.*

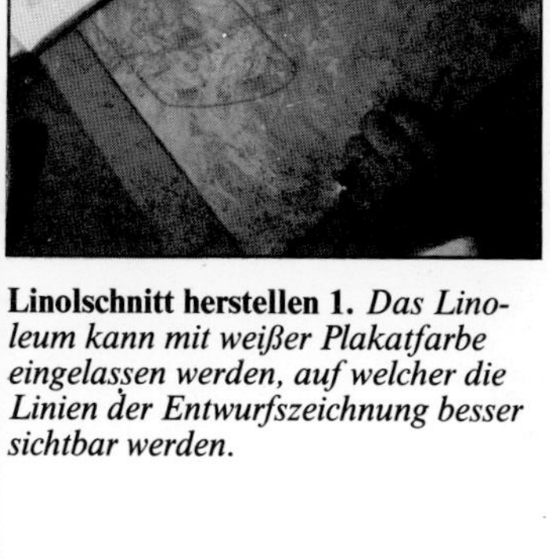

Linolschnitt herstellen 1. *Das Linoleum kann mit weißer Plakatfarbe eingelassen werden, auf welcher die Linien der Entwurfszeichnung besser sichtbar werden.*

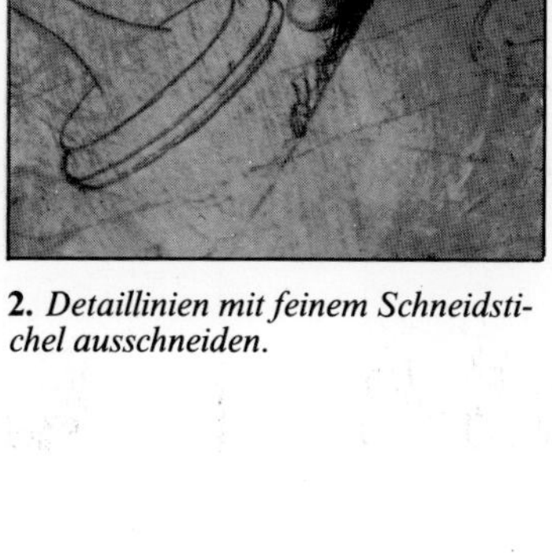

2. *Detaillinien mit feinem Schneidstichel ausschneiden.*

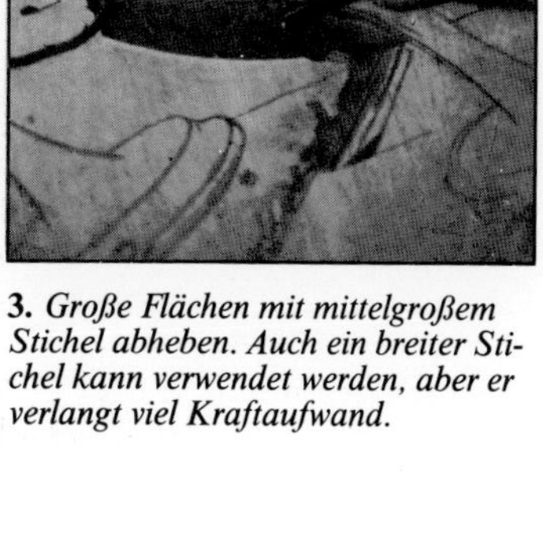

3. *Große Flächen mit mittelgroßem Stichel abheben. Auch ein breiter Stichel kann verwendet werden, aber er verlangt viel Kraftaufwand.*

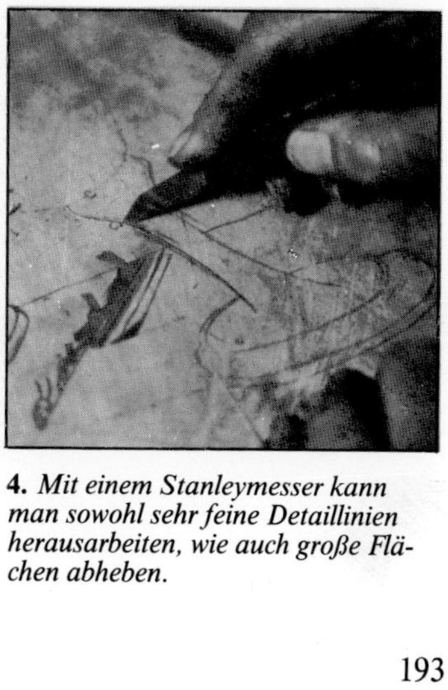

4. *Mit einem Stanleymesser kann man sowohl sehr feine Detaillinien herausarbeiten, wie auch große Flächen abheben.*

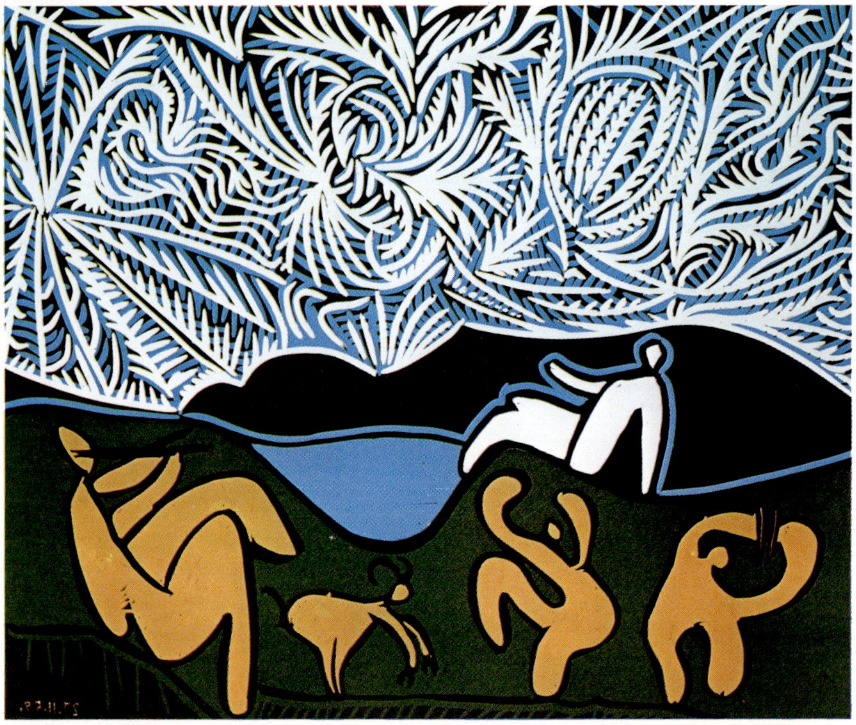

Holzdruck auch Gewebe und Tapeten eingefärbt und verwendet Holz heute noch zur Herstellung großer Druckbuchstaben.

Druckgeeignetes Holz muß hart und glatt sein und sich nach allen Richtungen bearbeiten lassen, ohne auszusplittern. Auch Furnier- und Sperrholzplatten eignen sich, sofern die Furnierschicht kräftig genug ist.

Man bearbeitet Holz mit denselben Techniken und Werkzeugen wie Linoleum. Zwischen Holz und Linoleum gibt es keine tiefgreifenden technischen und ästhetischen Unterschiede; allerdings wird bei manchen Holzarten, sofern sie noch nicht zu oft zum Druck benutzt worden sind, die Maserung auf dem Abdruck sichtbar.

Holzstich Diese Technik ist fast so alt wie die des Holzschnitts. Der Unterschied zu ihm liegt darin,

Links **Pablo Picasso: Bacchanale** *Picasso druckte zunächst die große, helle Farbfläche. Anschließend schnitt er für jede weitere Farbe immer mehr heraus.*

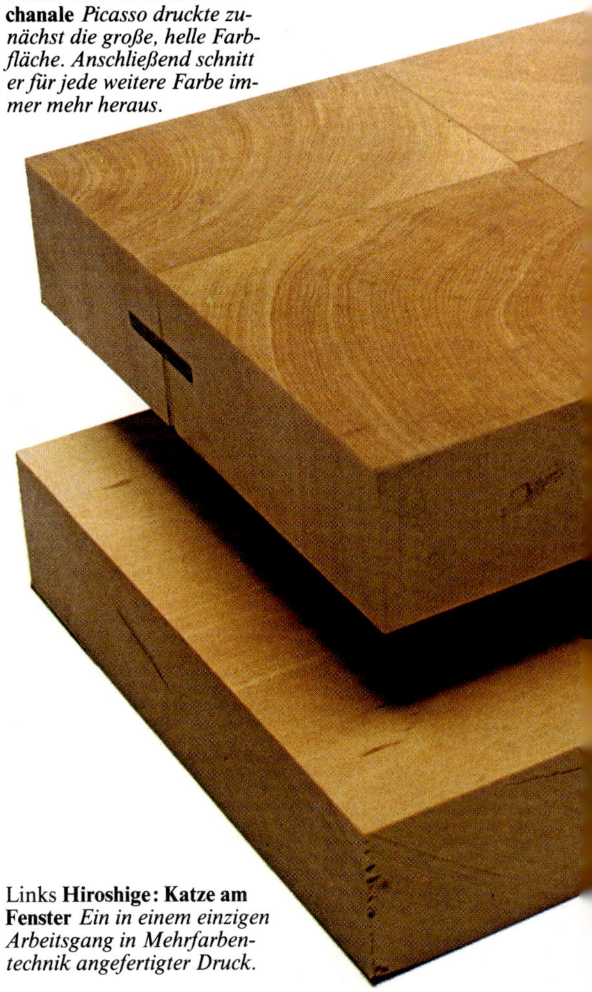

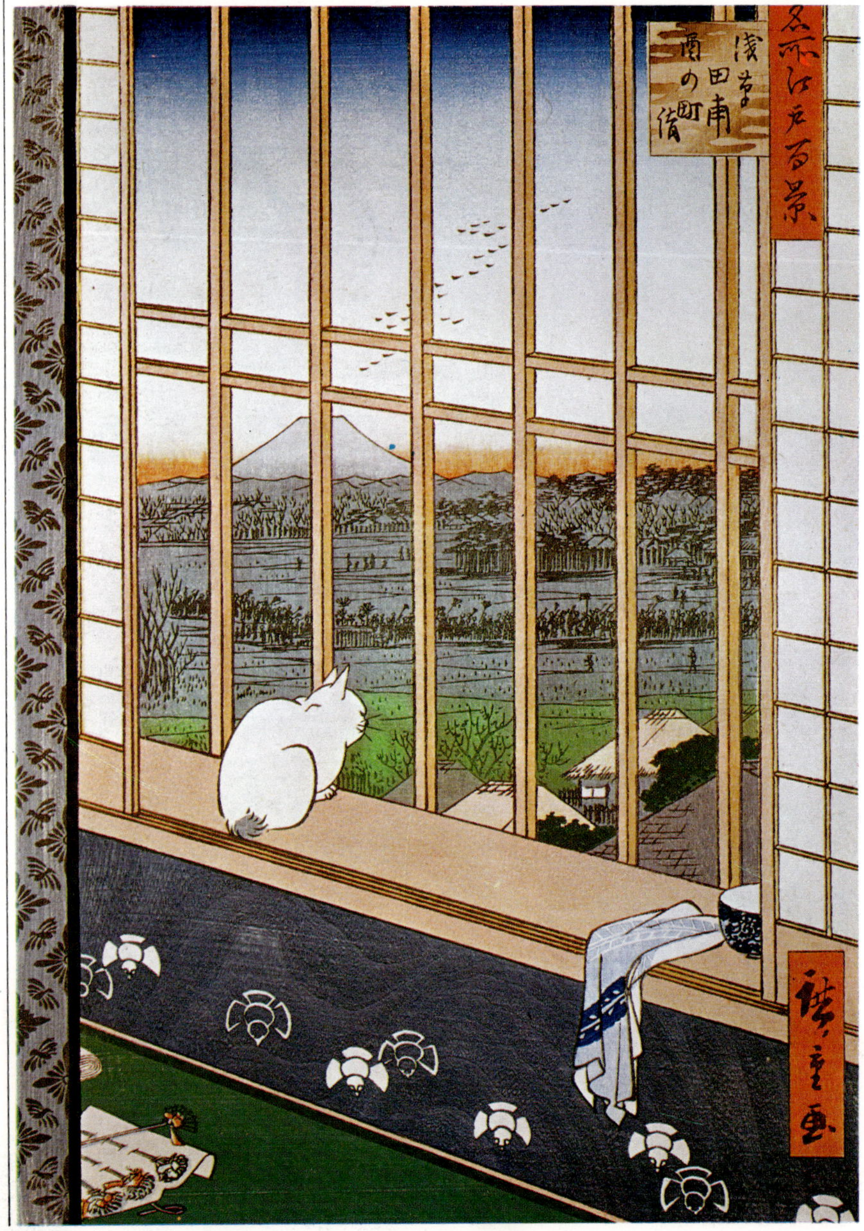

Links **Hiroshige: Katze am Fenster** *Ein in einem einzigen Arbeitsgang in Mehrfarbentechnik angefertigter Druck.*

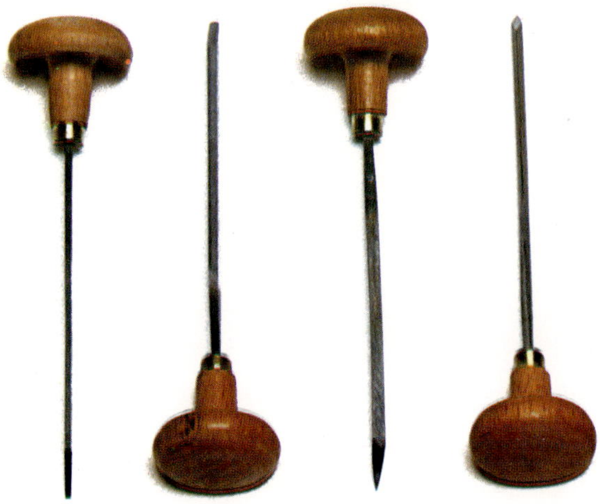

daß hier die Motive in das Hirnholz eingraviert werden und daß die Holzblöcke daher regelmäßig kleiner sind. Es handelt sich um eine echte Gravurtechnik, bei der ähnliche Werkzeuge verwendet werden, wie beim Kupfer- oder Stahlstich, und bei der ähnlich präzises und gefühlvolles Arbeiten erforderlich ist. Trotz des gerade erwähnten Wortes „Gravur" ist der Holzstich eine Hoch- und nicht eine Tiefdrucktechnik.

Der vielleicht größte Holzstecher war Thomas Bewick (1753–1828). Er illustrierte zahllose Bücher und verdankt seinen Ruf hauptsächlich seinen sensiblen Darstellungen von Flora und Landschaften. Der Holzstich war vor den Tagen der photographischen Reproduktion die Haupttechnik zur Anfertigung preiswerter Illustrationen. Die großen Zeitschriften der Viktorianischen Zeit wie der „Punch" und die „Illustrated London News", waren mit Holzstichen illustriert. Man stellte eine Anzahl von Holzblöcken zusammen und zeichnete ein Motiv darauf. Die einzelnen Blöcke wurden dann mehreren Graveuren gegeben und zum Druck wieder zu einem Bild zusammengestellt. Diese Graveure erreichten hohe handwerkliche Fähigkeiten und konnten auch feine Tonabstufungen wiedergeben. Besonders schöne Beispiele des Holzstichs als Kunsthandwerk liefert Tenniel mit seinen Illustrationen zu „Alice im Wunderland" von Lewis Caroll.

Obwohl mit weiterentwickeltem Werkzeug angefertigt, werden Holzstiche in der gleichen Weise gedruckt wie Linol- und Holzschnitte.

Unten **Thomas Bewick: Holzstich** *Sorgfältige Gravurarbeit in Hirnholz mit ähnlichen Werkzeugen, wie sie beim Metallstich verwendet werden.*
Ganz unten **Albrecht Dürer: Holzschnittdruckstock für „Die kleine Passion"** *Das Bild wurde auf den Holzblock gezeichnet und dann ausgeschnitten.*

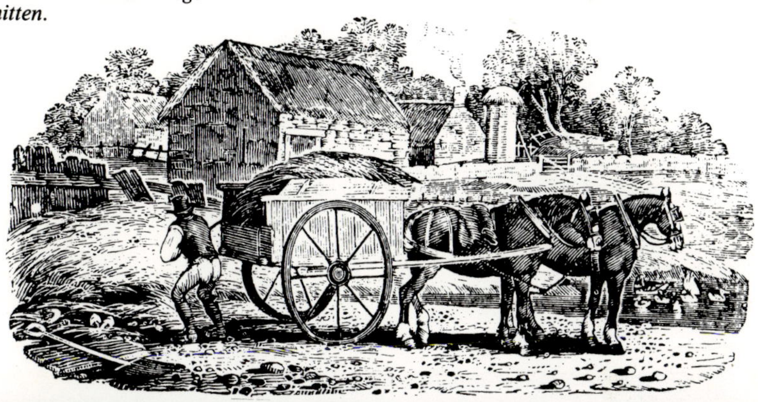

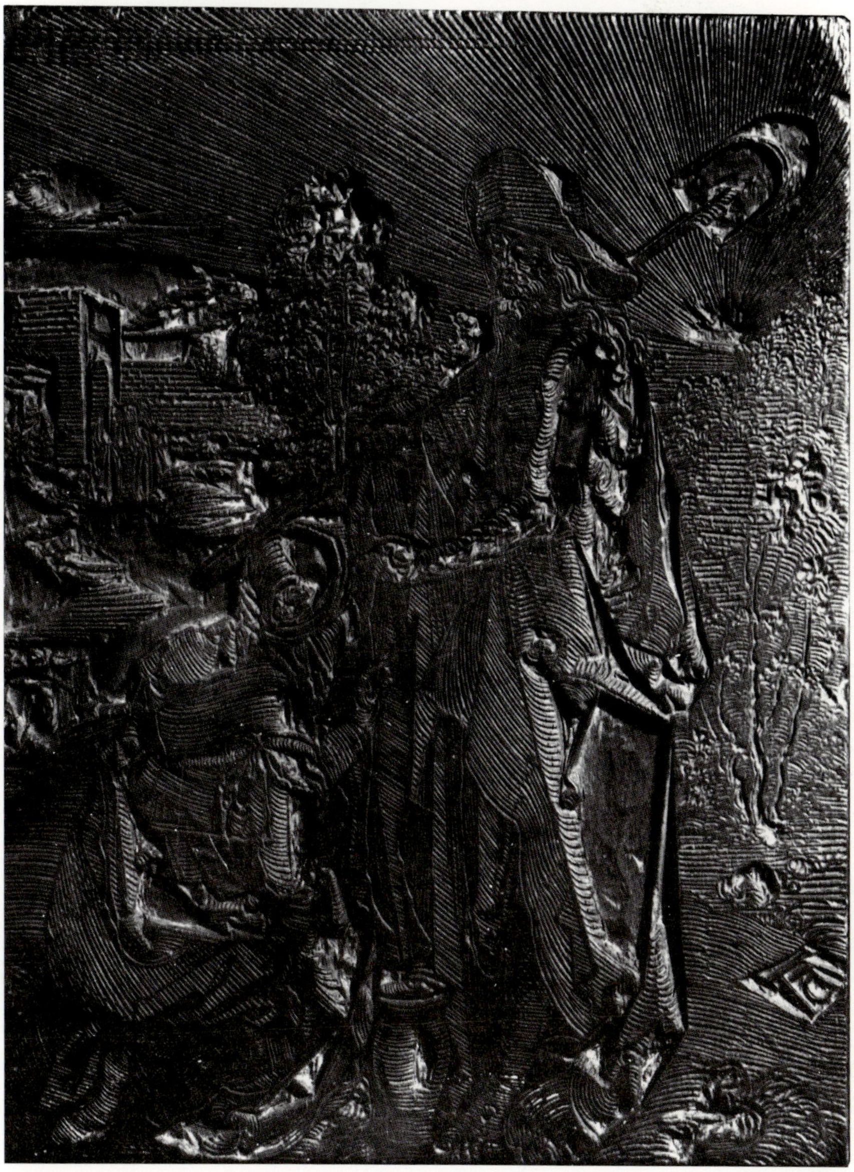

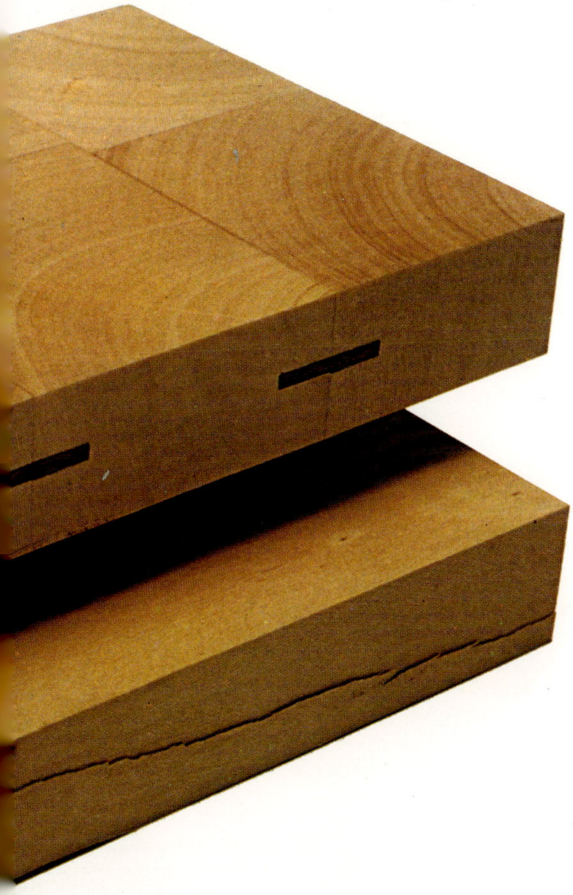

Oben **Holzblöcke** *Ein Hirnholzdruckstock für Holzstiche und ein Block mit längslaufender Maserung für Holzschnitte.*

Unten **Holzstich- und Holzschnittwerkzeuge** *(von links nach rechts) Flach-, Rund-, Dreiecks- und Grabstichel; große und kleine „U"- und „V"-Profile.*

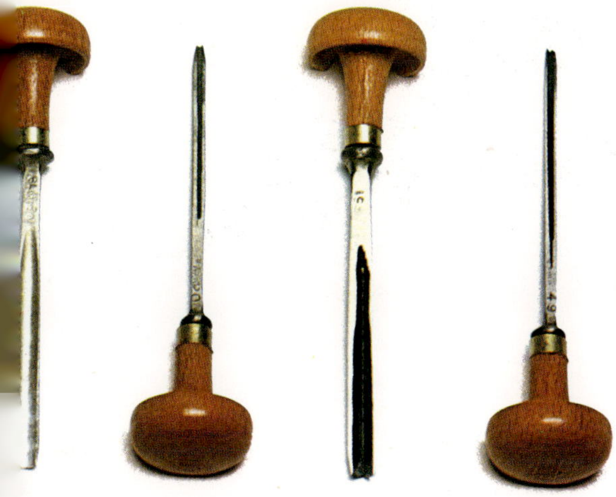

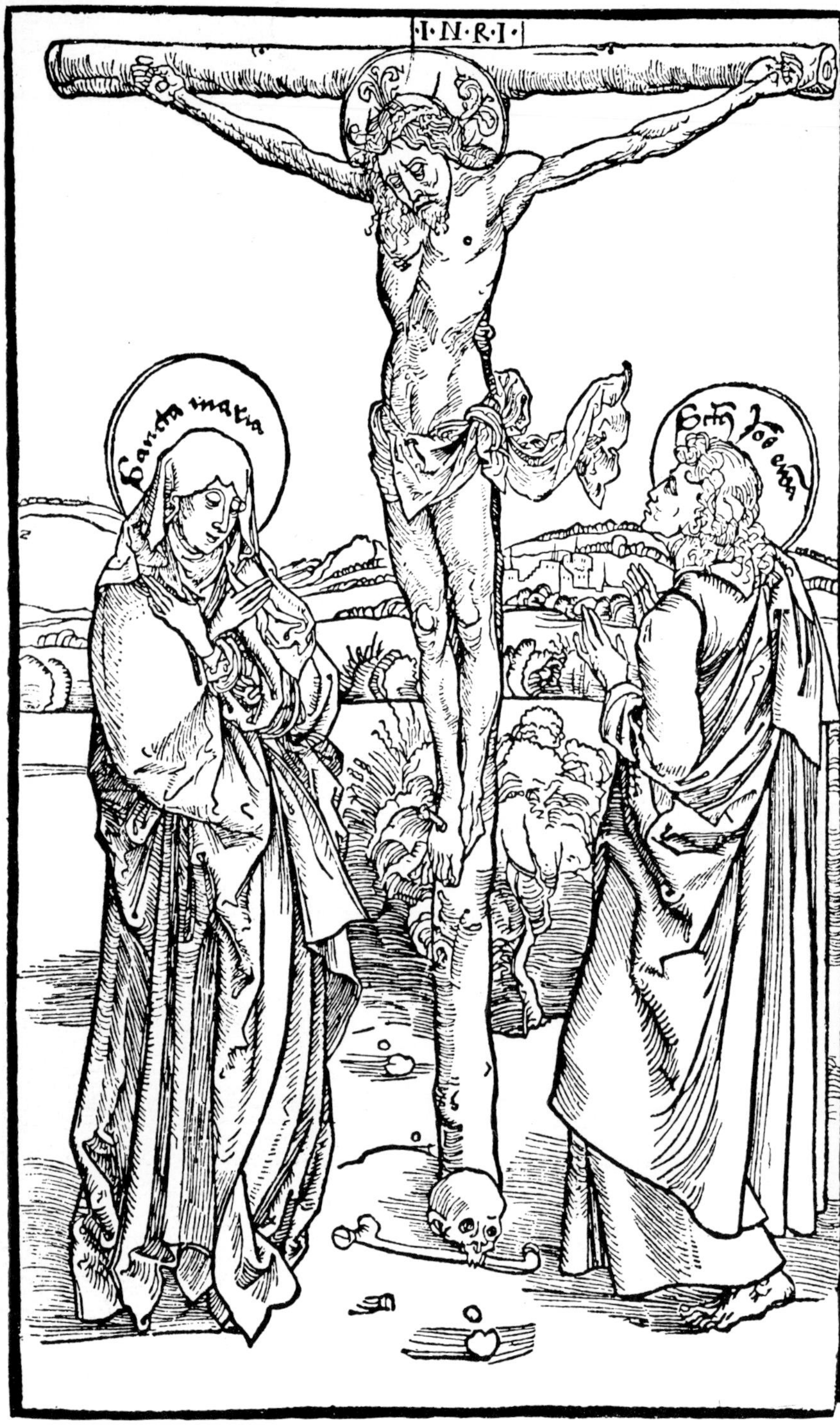

Reliefätzung Metallplatten verwendet man normalerweise für die verschiedenen Tiefdrucktechniken, sie können aber ebensogut im Hochdruck eingesetzt werden. Die Motive können – ebenso wie Holzstiche – mit Stichwerkzeugen eingraviert werden, aber üblicherweise zeichnet man das Motiv mit säurefesten Substanzen wie Asphalt oder Firnis auf, und die nichtdruckenden Teile werden dann mit Säure weggeätzt.

Das daraus entstehende Hochdruckklischee kann auch als Tiefdruck behandelt werden. Die Oberfläche wird eingefärbt und so gesäubert, daß die Farbe wie beim Tiefdruck lediglich in den Vertiefungen stehenbleibt (s. u.). Im Gegensatz zur normalen Verwendung des Klischees im Hochdruck sind bei dieser Technik druckende und nicht druckende Flächen vertauscht, es entsteht ein „negatives“ Bild.

Kombination verschiedener Hochdruckarten Die gemeinsame Verwendung von Linoleum-, Holz- und Metalldruckträgern für ein Bild ist heute durchaus üblich. Die daraus entstehende Mischung verschiedener Strukturen kann bei sorgsamem Vorgehen sehr aussagestarke Bilder erzeugen.

Hochdruckpapier Der Künstler muß das passende Papier aus einem großen Angebot nach eigenen Vorstellungen, dem gewünschten Resultat und der Zahl der Druckgänge aussuchen. Dabei empfiehlt es sich für den, der eine bestimmte Druckstockart erstmalig verwendet oder der eine neue Schneidtechnik ausprobiert hat, Probeabzüge auf mehreren Papieren anzufertigen, bevor er sich für eines entscheidet.

Auf Papieren mit harten Oberflächen trocknet die Farbe ohne Zuhilfenahme synthetischer Trocknungsmittel, die ihr eine glanzartige Wirkung geben, nicht ab. Absorbierende Papiere, etwa japanisches Reispapier, saugen die Farbe so stark auf, daß beim nächsten Druckgang Farbverfälschungen entstehen können; aber auch hier hängt vieles von der Dicke des Papieres ab. So haben einige Japanpapiere eine attraktive Faserstruktur, die der erfahrene Drucker vorteilhaft zur Geltung zu bringen weiß.

Druckstöcke Die Drucktechnik ist beim Linol- und Holzschnitt, beim Holzstich und bei der Reliefätzung gleich. Drucke können mit oder ohne Druckpresse angefertigt werden (siehe Abb.). Der Vorteil des Druckens ohne Presse besteht für den Künstler in der Möglichkeit, den Druck auf verschiedenen Teilen des Motivs zu verändern, und damit unterschiedliche Strukturwirkungen zu schaffen. Mit etwas Übung lassen sich derartige Effekte von Druck zu Druck wiederholen.

Die erforderliche Farbmenge und die Aufwalztechnik sowie der anzuwendende Druck sind reine Erfahrungssache. Zuviel Farbe kann kleine Vertiefungen ausfüllen oder über die Druckerhöhungen

Oben **Albrecht Dürer: Holzschnitt aus „opus speciale missarum“** *Die Farbe ist nur auf die erhabenen Teile des Druckstocks aufgetragen, die im Bild schwarz erscheinen. Die weggeschnittenen Teile bleiben weiß. Dürer zeigt die feinen Tonstufen, die sich durch die unterschiedliche Stärke der Linien erzielen lassen.*

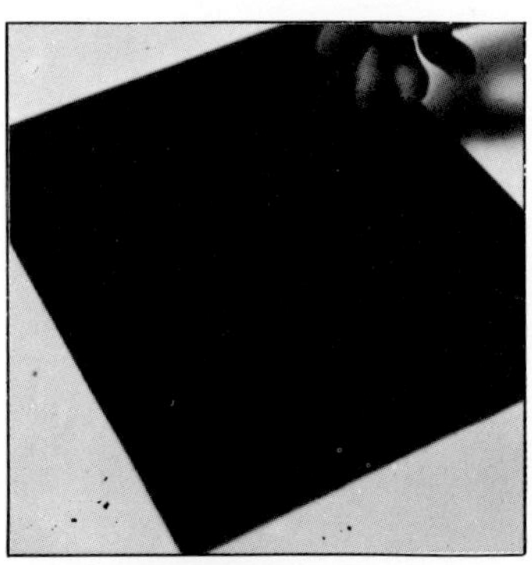

Reliefätzung 1. *Motiv mit Firnis auf die Platte aufmalen.*

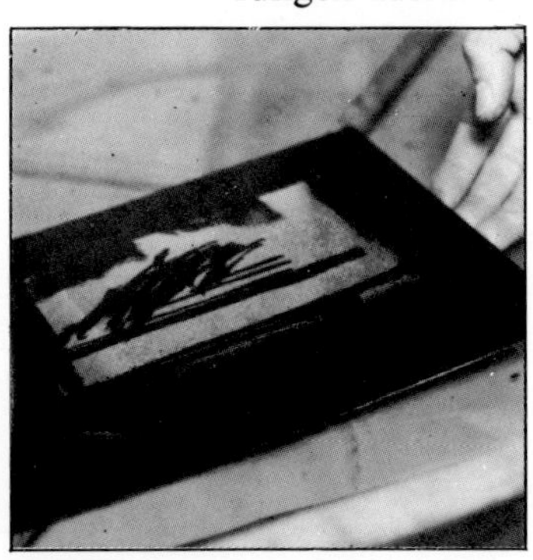

2. *Platte ins Säurebad legen. Alle nicht firnisbedeckten Flächen werden angeätzt.*

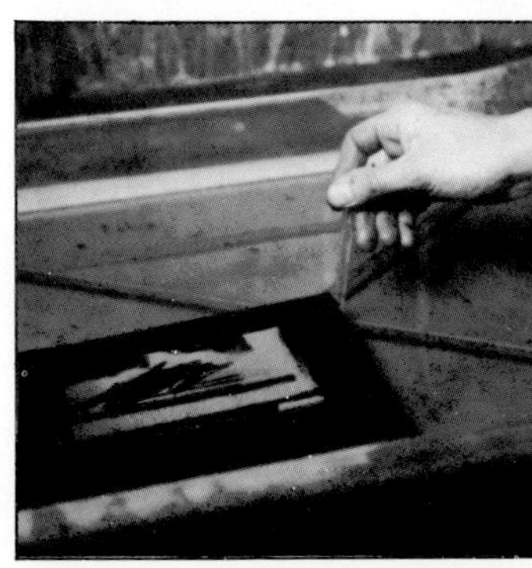

3. *Platte mit geeignetem Greifwerkzeug aus dem Bad nehmen und unter fließendem Wasser reinigen. Firnis mit Terpentin abwaschen, Platte entfetten (s. „Ätzplatte reinigen“, S. 198).*

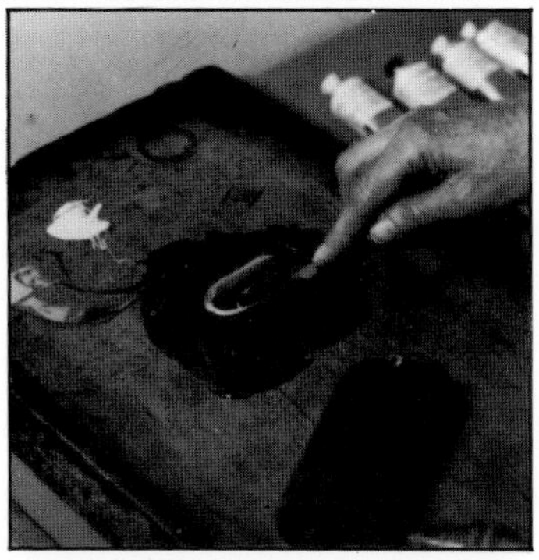

Druckstock einfärben 1. *Farbe auf harter, nicht absorbierender Unterlage, etwa einem Lithostein oder einer Glasplatte anmischen.*

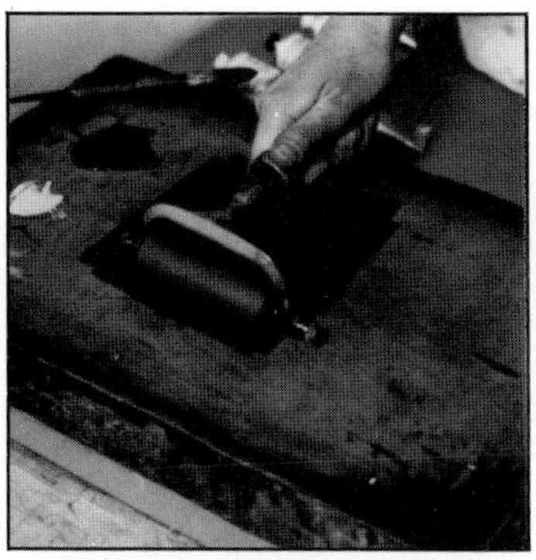

2. *Farbe mit dem Roller gleichmäßig auswalzen. Darauf achten, daß sich auf dem Walzroller keine Gewebe- oder Schmutzklümpchen festsetzen.*

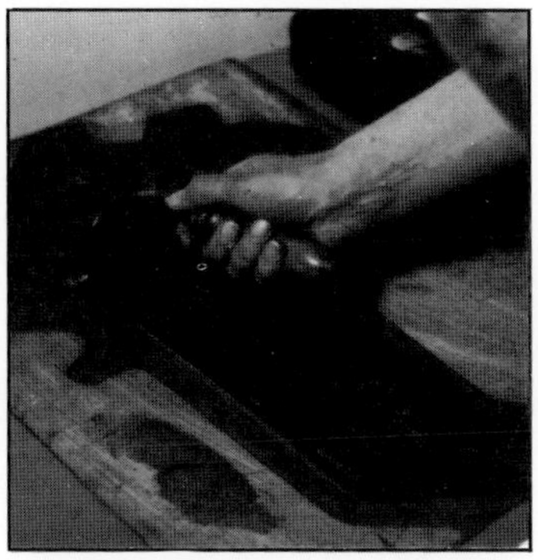

3. *Farbe in allen Richtungen so lange auf den Druckstock aufrollen, bis die druckenden Teile gleichmäßig bedeckt sind. Kleine Flächen evtl. mit Pinsel oder Bausch nacharbeiten.*

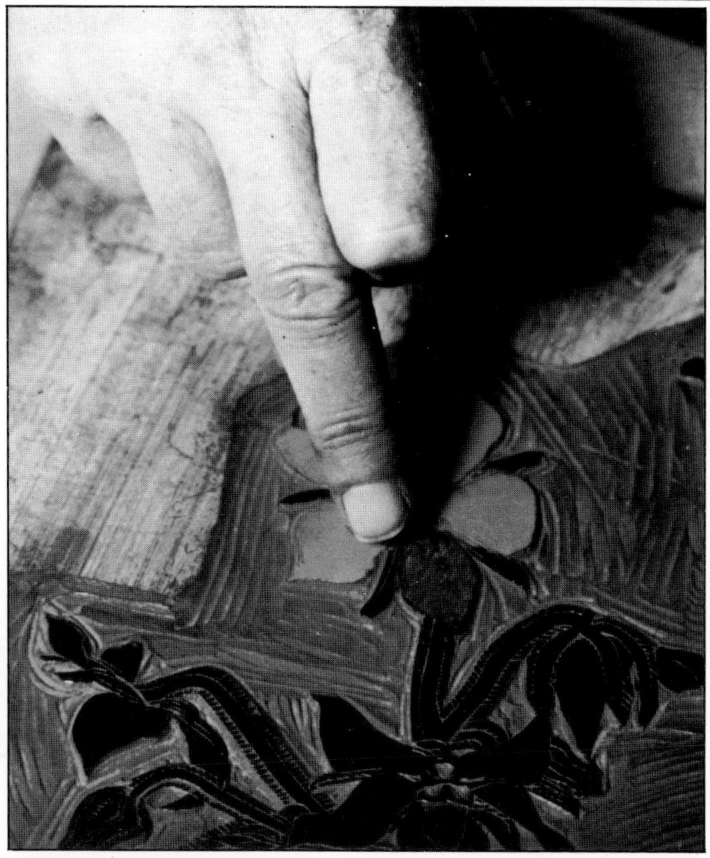

Farbe auftupfen *Ölhaltige Farbe kann mit der Handfläche oder dem Finger auf kleinere Flächen aufgetupft oder bei Fehlern von ihnen weggewischt werden. Auf feine Details kann man die Farbe mit einem kleinen Pinsel auftragen.*

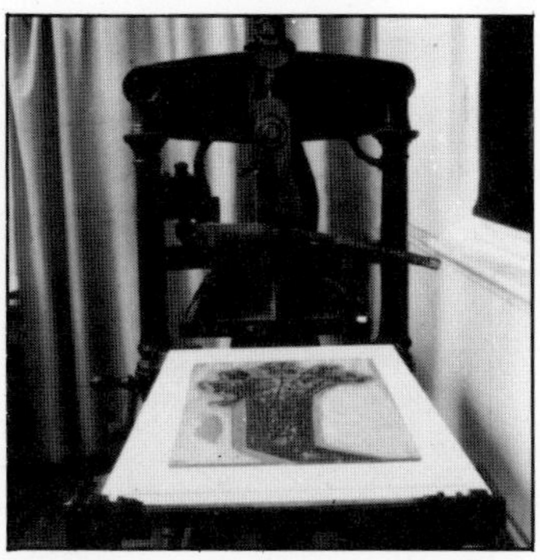

Drucken 1. *Eingefärbten Druckstock auf einen in die Presse eingelegten Bogen Papier legen und ausrichten.*

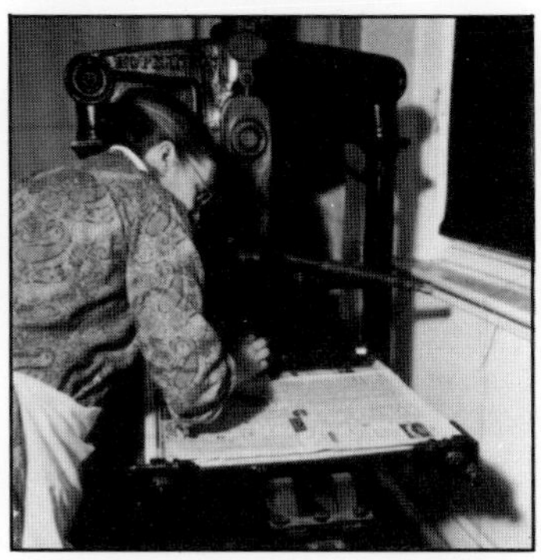

2. *Papier sorgfältig und mit Hilfe von Anschlagmarkierungen auf den Druckstock auflegen.*

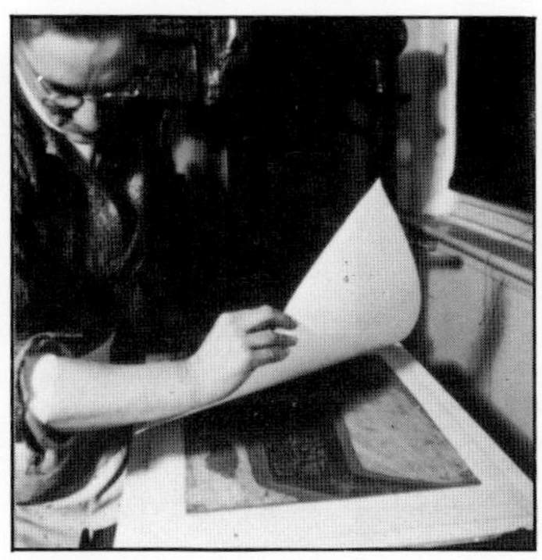

3. *Einige Zeitungsblätter als Schutzpapier auflegen.*

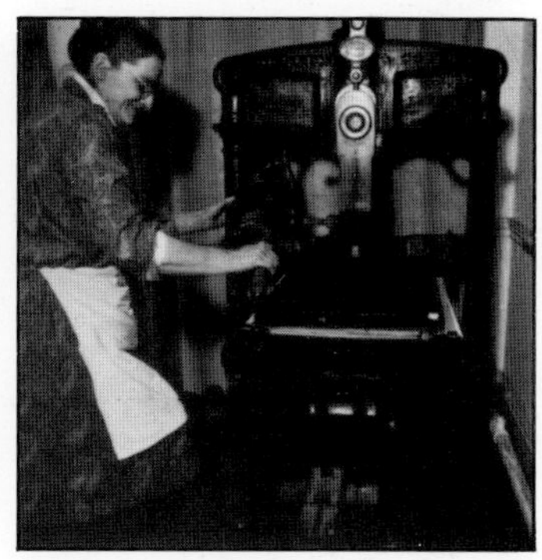

4. *Druckfundament in die Presse fahren und einen Abdruck anfertigen.*

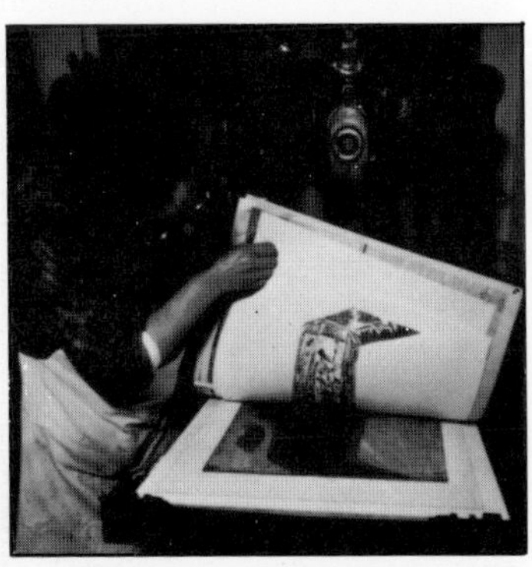

5. *Druckfundament ausfahren, Zeitungspapier abnehmen und Druck von der Platte abziehen, dabei an einer Kante niederdrücken, damit er nicht vom Druckstock weggleitet.*

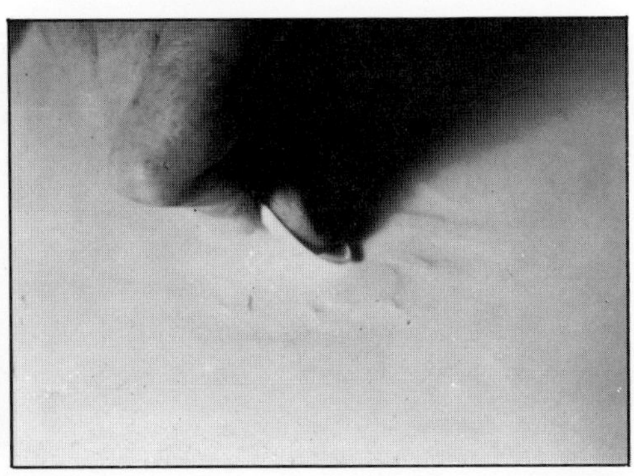

Aufreibedruck *Papier auf den eingefärbten Druckstock legen; darüber kommt ein dünnes Schutzpapier, über welches gleichmäßig mit einem Bausch gerieben wird. Das Papier darf dabei nicht auf dem Druckstock verrutschen.*

hinauslaufen; beides wird im Druck sichtbar. Zuwenig Farbe schafft blasse, ungleichmäßige Druckbilder. Man kann Farbe auch anders auftragen, zum Beispiel durch Auftupfen oder -wischen mit einem weichen Bausch. Mehrere Farben können auf den gleichen Druckstock regenbogenfarbig ineinander verlaufend aufgetragen werden, eine Technik, die etwa von den japanischen Holzdruckern viel geübt wurde. Will man diese Drucke in größerer Anzahl herstellen, so bedarf es großer Erfahrung, um solche Effekte gleichmäßig zu wiederholen.

Ein sehr harter Holzstock ist bei längerem Gebrauch dauerhafter als Linoleum. So werden heute noch Drucke von einigen japanischen Holzdruckstöcken aus der Ukiyo-e-Schule des 18. und frühen 19. Jahrhunderts hergestellt, zu der so berühmte Vertreter wie Hokusai (1760–1849) und Hiroshige (1791–1858) gehörten.

Tiefdruck

Beim Tiefdruck bestehen die druckenden Teile aus Vertiefungen in einer Metallplatte, die eingefärbt und dann abgewischt wird. Dabei bleibt die Farbe in den Vertiefungen zurück und wird beim Drucken vom Papier aufgenommen.

Die Vertiefungen werden entweder durch Ätzen oder durch Gravieren der Platte hergestellt, beides Techniken aus dem Mittelalter, wo man sie zur Dekoration von Rüstungen oder wertvollen Metallen verwendete.

Bisher war Kupfer das für diese Technik meistverwendete Metall. Es ist aber inzwischen so teuer geworden, daß vielfach Zink, Stahl und neuerdings auch Aluminium an seine Stelle getreten sind. Jedes dieser Metalle hat seine eigenen Besonderheiten.

Kupfer ist am vielseitigsten. Ätzsäure löst es sehr gleichmäßig, und es ist weich genug für Kaltnadelarbeiten und Gravuren, bei denen das Metall von Hand eingeritzt wird. Es gibt keine Schwierigkeiten bei Farbdrucken, und außer bei sehr feinen Aquatintadrucken kann man bis zu 500 Drucke ohne sichtbare Abnutzungserscheinungen der Platte herstellen. Die Platten dürfen nicht zu dünn sein, sonst verbiegen sie sich während der Bearbeitung.

Stahl ist sehr viel schwieriger zu bearbeiten als Kupfer, hält aber auch entsprechend mehr Drucke aus. Für feine Aquatintaarbeiten (s. u.) eignet er sich besonders gut. Auch beim Farbdruck gibt es mit ihm keine Schwierigkeiten.

Zink ist sehr leicht zu bearbeiten, nützt sich aber auch sehr schnell ab. Bei Farbauftrag oxidiert es, was besonders bei hellen Farben sehr nachteilig ist, weil diese dann schmutzig wirken.

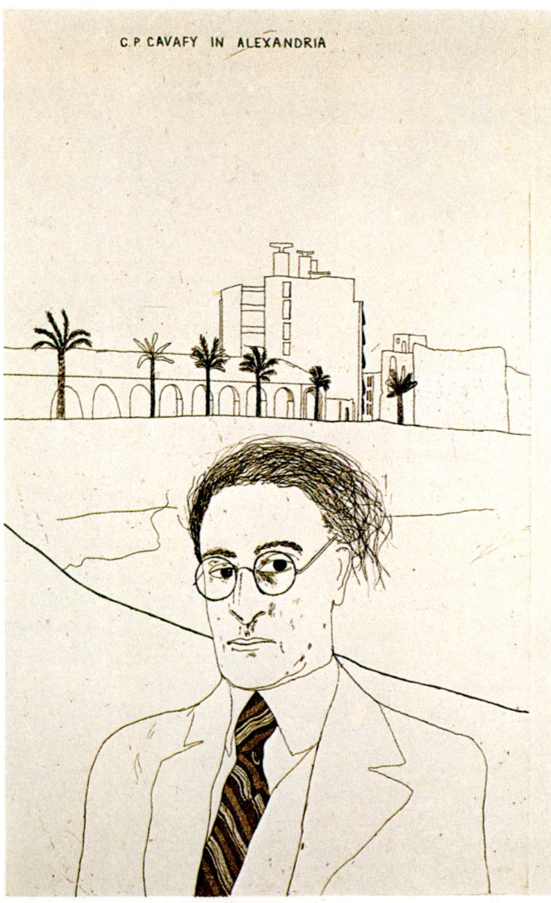

Oben **David Hockney: Portrait von Cavafy I** *Die weichen Töne des Schlipses sind im Aquatintaverfahren hergestellt und kontrastieren mit den feinen Ätzlinien des Portraits.*

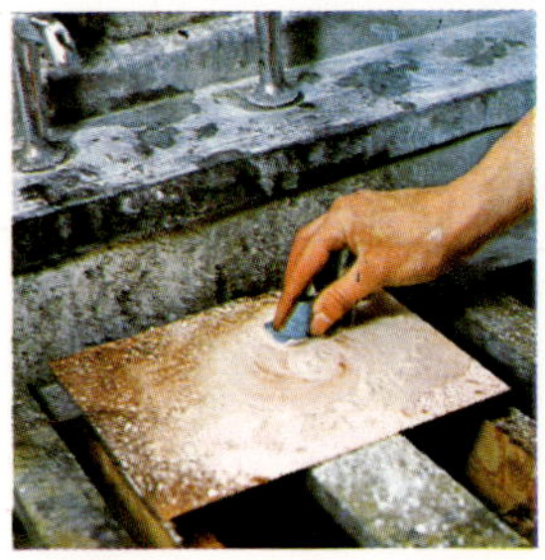

Ätzplatte reinigen 1. *Im Becken Wasser über die schmutzige Platte laufen lassen. Kreidepulver darüberstreuen und mit sauberem Lappen verreiben.*

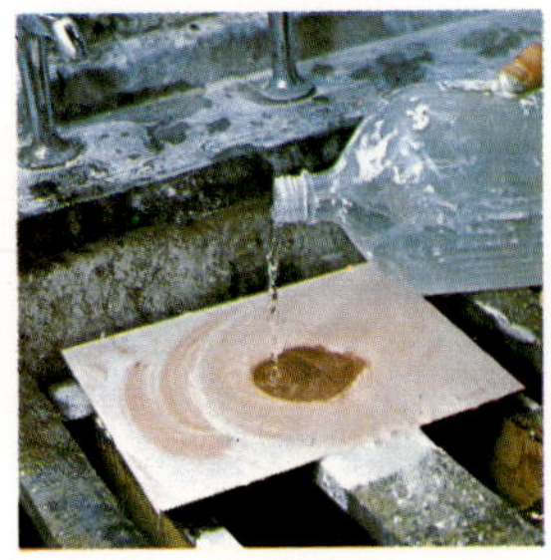

2. *Ammoniak darübergießen und mit Lappen auf der Platte verreiben.*

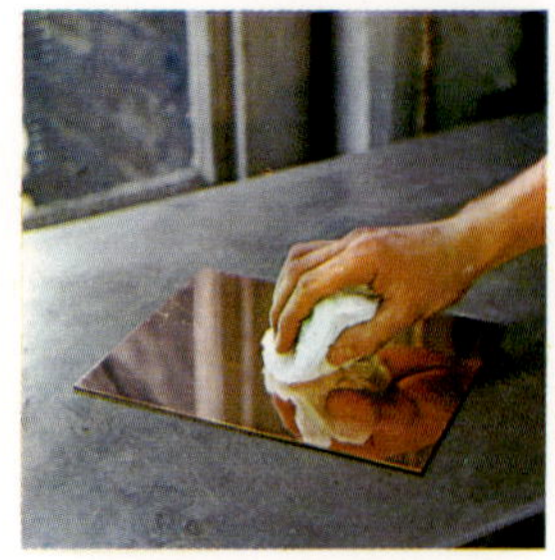

3. *Platte auf der Wärmeplatte trocknen. Oberflächenwasser und Restkreide mit weichem Faser- oder Küchenpapier abwischen.*

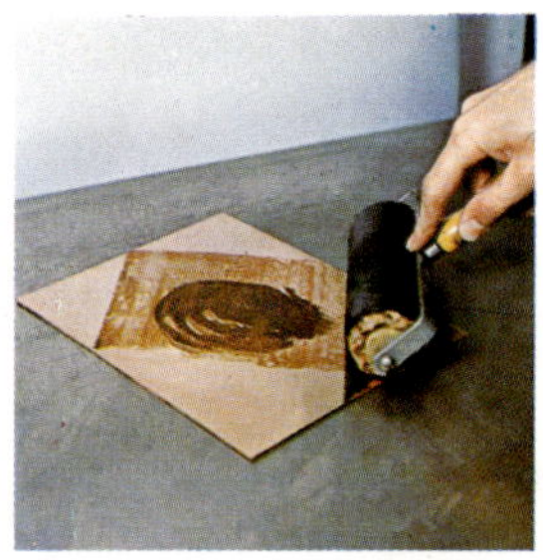

Platte ätzen 1. *Saubere Platte auf die Wärmeplatte legen. In der Mitte Wachs auftragen und es auf der Oberfläche gleichmäßig verrollen.*

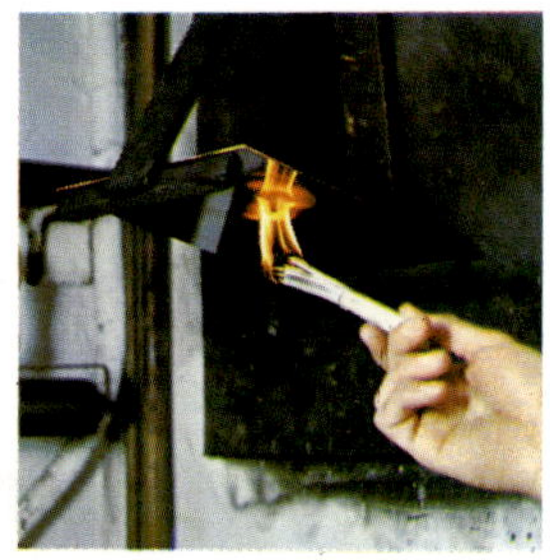

2. *Platte mit der Bildseite nach unten am Halter befestigen, diesen hochhängen und die Oberfläche mit Talgpapier einrußen. Platte dabei nicht zu stark erhitzen.*

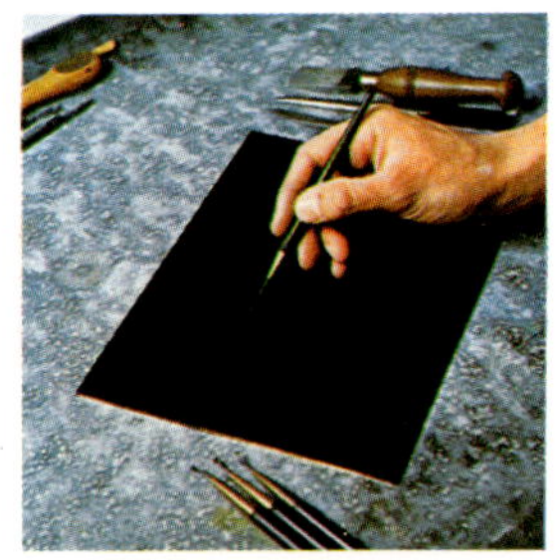

3. *Platte mit der Rußseite nach oben auf die Arbeitsfläche legen und mit einer Ätznadel das Motiv ins Wachs ritzen.*

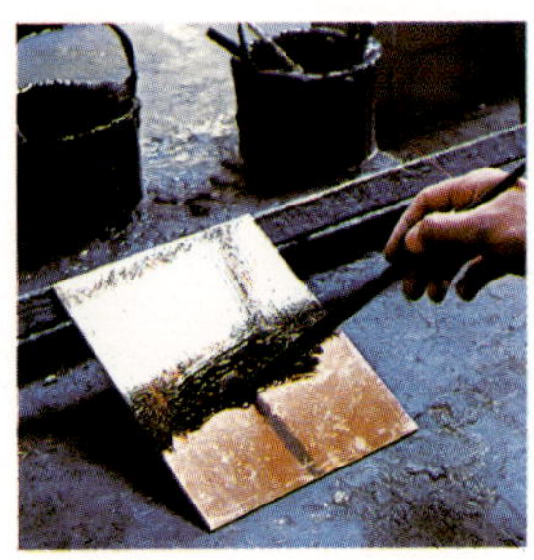

4. *Platte umdrehen und schräg abstützen, damit sie nicht verschmutzt. Rückseitig Firnis als Säureschutz auftragen.*

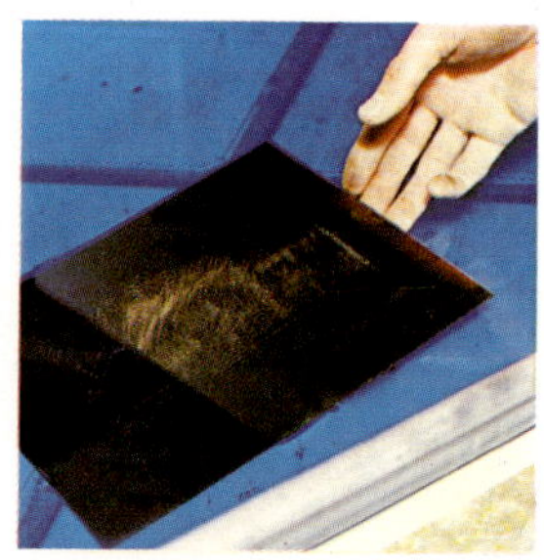

5. *Platte mit der Bildseite nach oben ins Säurebad legen.*

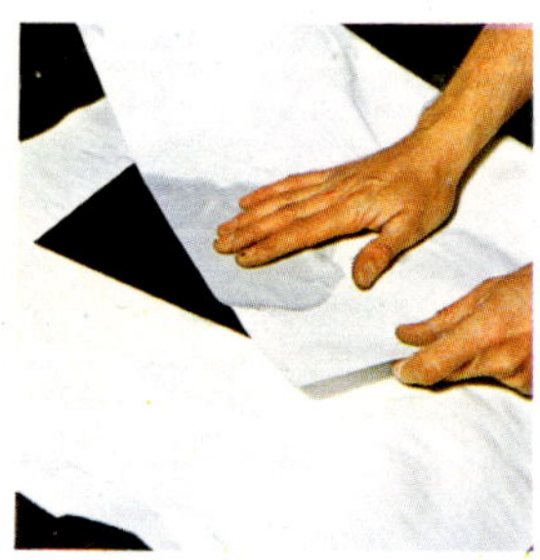

6. *Platte aus dem Säurebad nehmen, unter fließendem Wasser spülen und mit Löschpapier trocknen.*

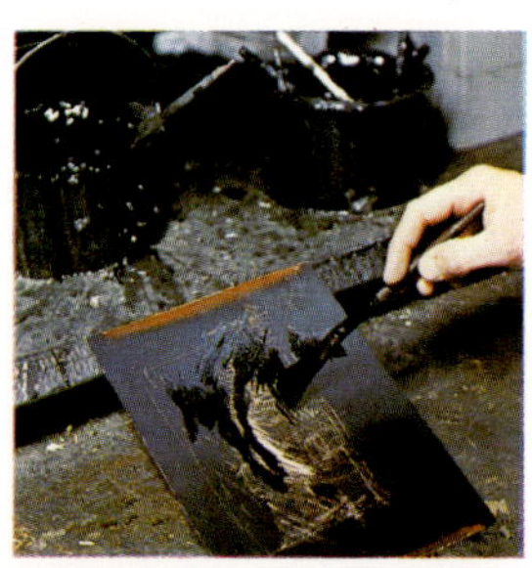

7. *Flächen, die heller bleiben sollen, mit Firnis übermalen. Firnis drei Minuten trocknen lassen.*

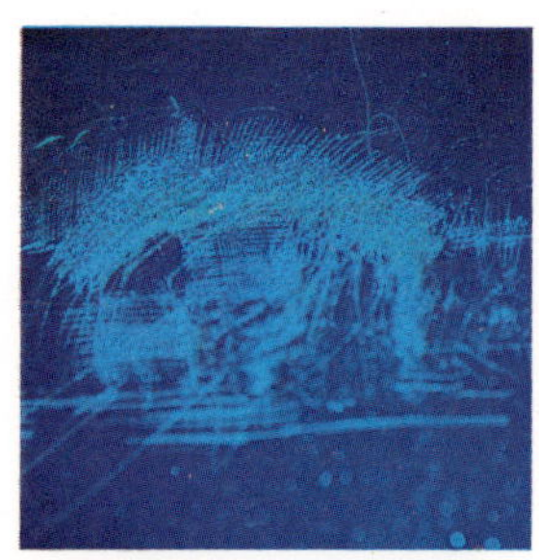

8. *Platte wieder mit der Bildseite nach oben vorsichtig ins Säurebad geben. Durch die Säureeinwirkung entstehen Blasen, die abgewischt werden müssen, damit ein gleichmäßiges Ergebnis erzielt wird.*

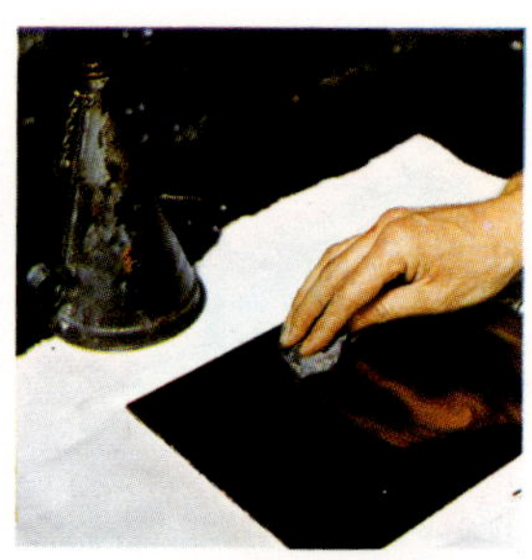

9. *Firnis und Wachs mit Terpentin von der Platte waschen. Platte entfetten (s. o., „Ätzplatte reinigen“).*

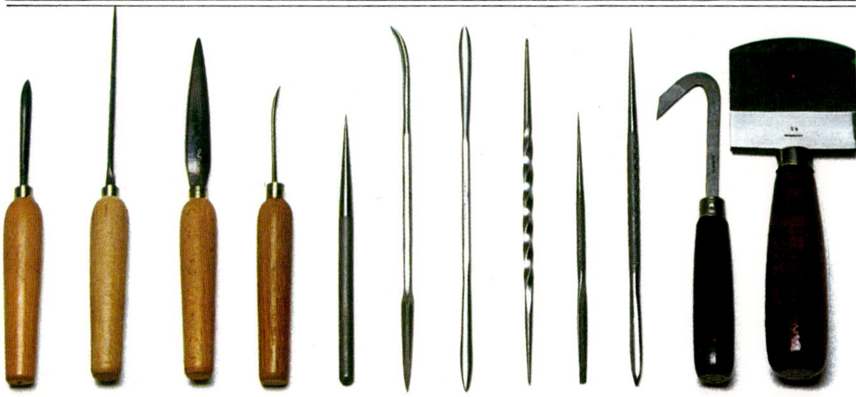

Oben **Tiefdruckwerkzeuge** *Ein kompletter Satz (von links nach rechts): kurzer und langer Stichel; flacher, gebogener und spitzer Stichel; Stichel und Ritzer; zweiseitiger Stichel; gedrehter Stichel; Stichel mit spitzem und flachem Ende; Trockennadelstichel; Ziehwerkzeug; Schaukeleisen.*

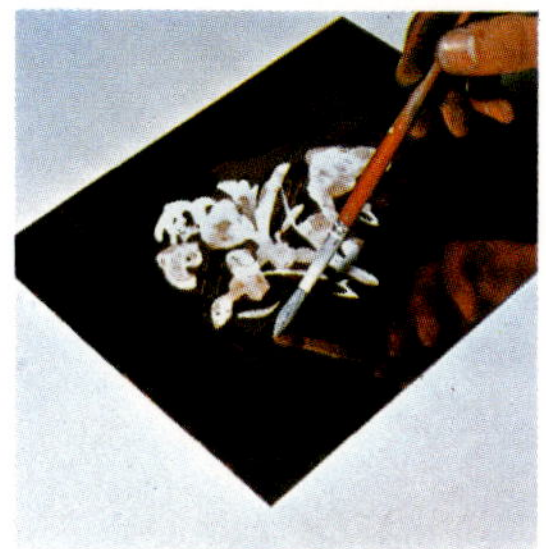

Erhabenen Grund herstellen
1. *Motiv mit einer Mischung aus Zucker, Wasser und Gummiguttgelb (oder jeder anderen wasserlöslichen Farbe) aufmalen.*

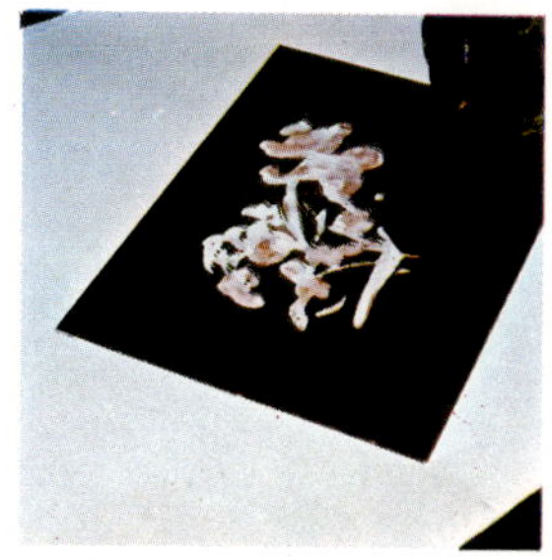

2. *Terpentinverdünnten Firnis auf die ganze Platte auftragen und trocknen lassen.*

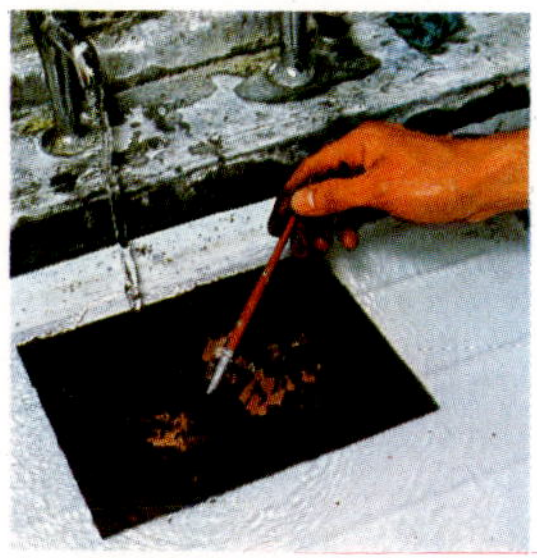

3. *Platte in warmes Wasser tauchen und so abpinseln, daß sich der Firnis über dem Motiv ablöst. Dieses wird dann im Aquatintaverfahren (s. links) behandelt.*

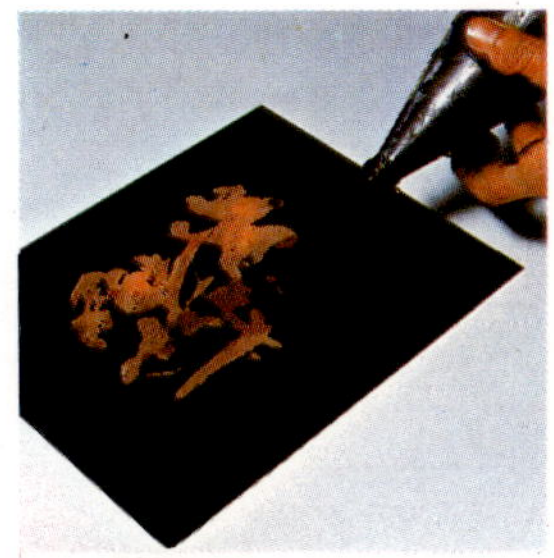

4. *Platte ins Säurebad geben, wieder herausnehmen und Firnis mit Terpentin abwaschen.*

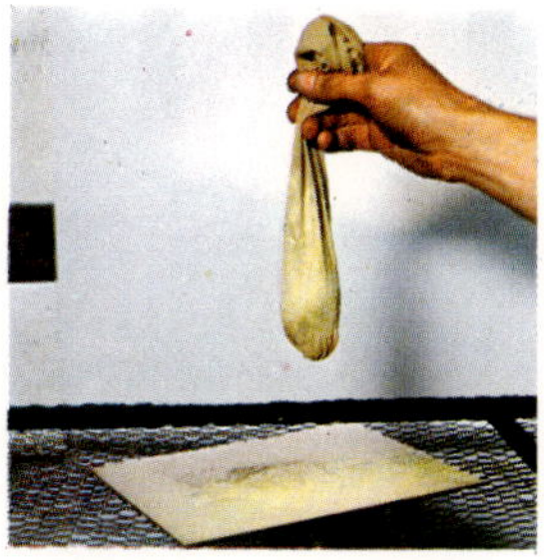

Aquatinta 1. *Pulverisiertes Harz durch Musselinbeutel oder Strumpf auf die Platte sieben. Das Harz weist die Säure ab, so daß sie das Metall nur zwischen den Pulverteilchen angreift.*

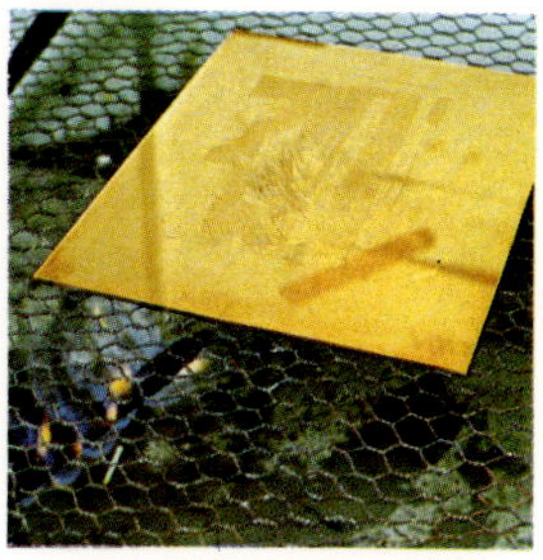

2. *Pulver bis an den Schmelzpunkt erhitzen. Nicht überhitzen, sonst verflüssigt es sich und bildet einen säureresistenten Film auf der Platte.*

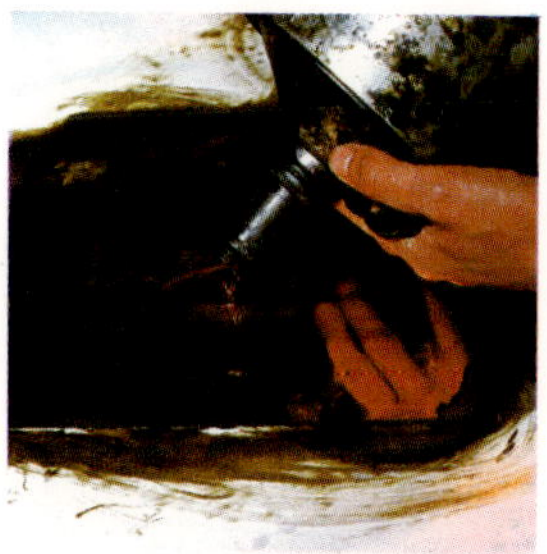

3. *Flächen, die nicht im Aquatintaverfahren behandelt werden, mit Firnis abdekken und trocknen lassen. Ins Säurebad geben, herausnehmen, waschen, trocknen, mit Terpentin und denaturiertem Spiritus reinigen.*

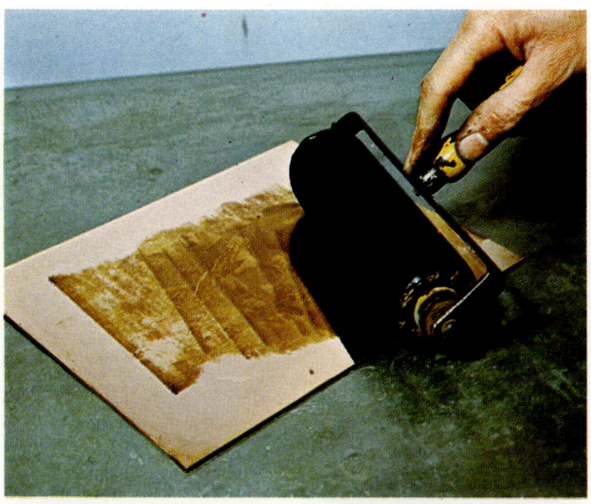

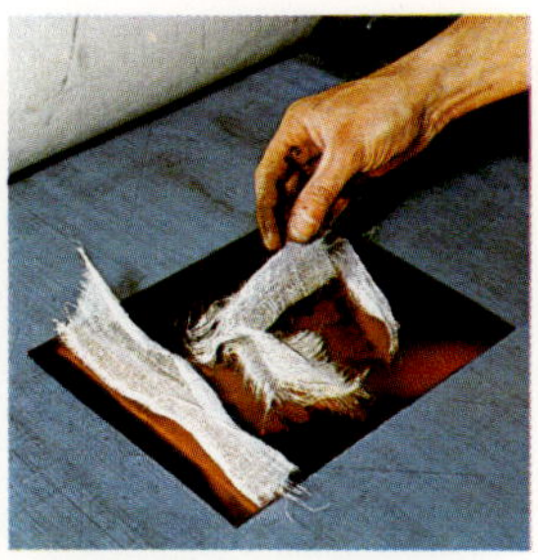

Weichgrund für Strukturen
1. *(links) Platte erwärmen und Weichgrund aufwalzen. Falls er nicht lieferbar ist, mischt man ihn aus hartem Ätzwachs und Talg selbst an.*
2. *Zur Strukturbildung Stoff auf die Platte legen.*

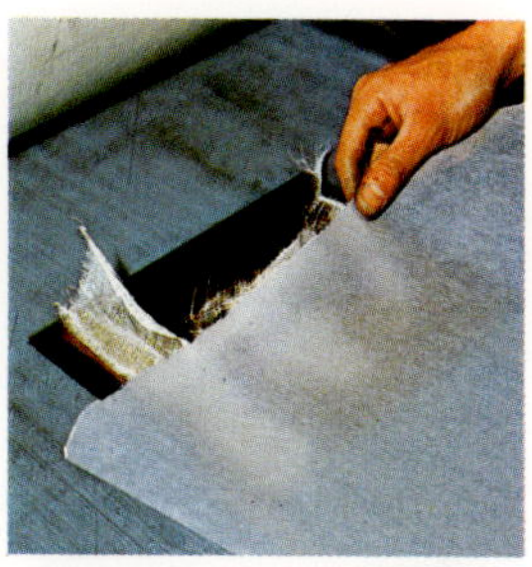

3. *Platte zum Schutz der Abdeckmatte der Presse mit Pergaminpapier bedecken.*

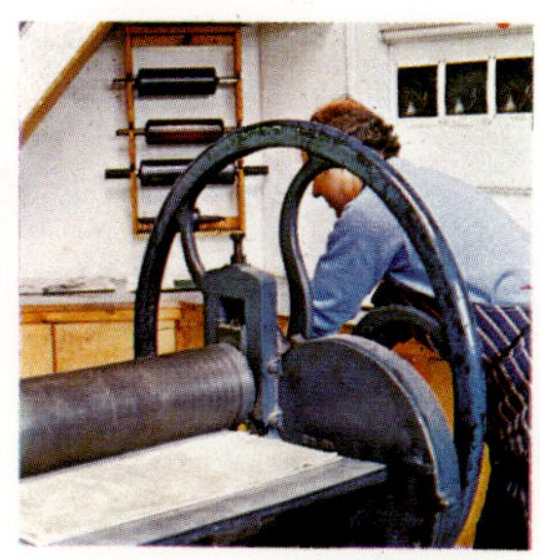

4. *Platte so durch die Presse laufen lassen, daß sich das Stoffgewebe in das Wachs eindrückt.*

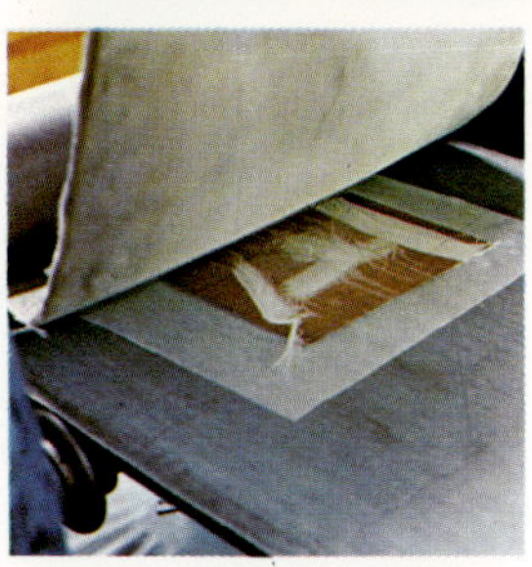

5. *Durch Anheben der Abdeckmatte prüfen, ob der Druck ausreichend war. Ist dies der Fall, wird das Pergaminpapier entfernt.*

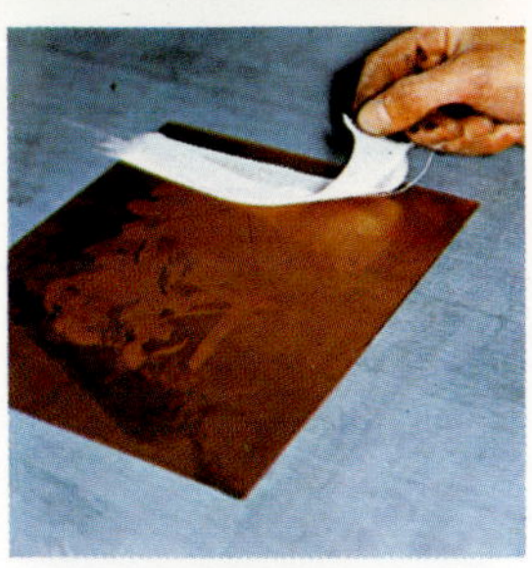

6. *Stoffstücke abheben. Kleine Reste werden mit der Ätznadel oder einer Pinzette entfernt.*

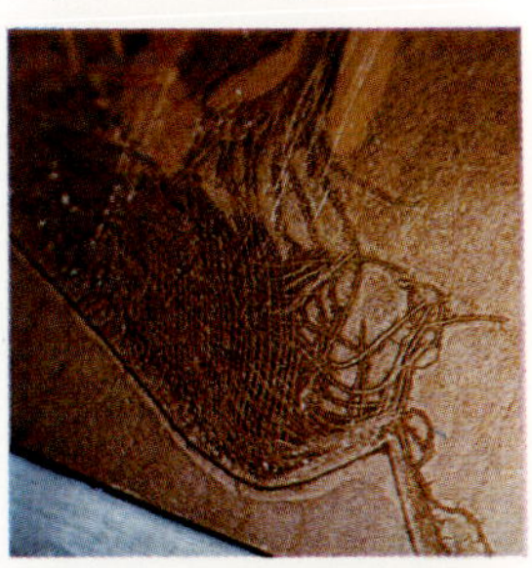

7. *Platte mit Gewebestruktur. Ein erneutes, nachträgliches Auflegen des Stoffs ist nicht möglich.*

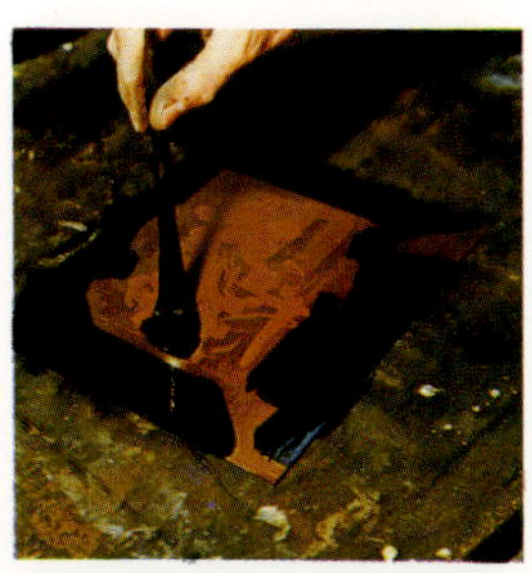

8. *Motiv durch Firnisauftrag auf die Stellen anlegen, die nicht von der Säure angegriffen werden sollen.*

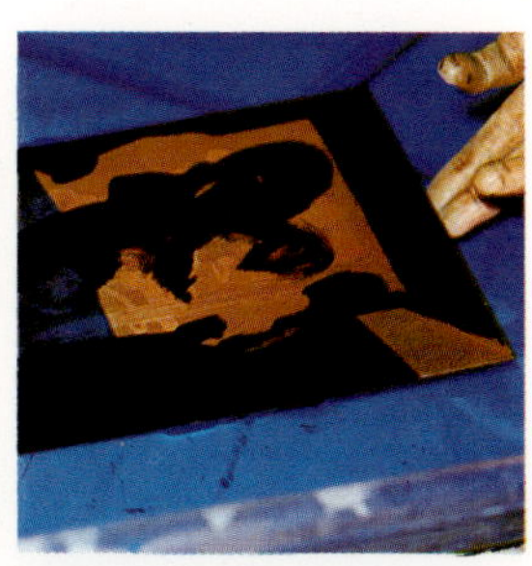

9. *Platte ins Säurebad geben. Herausnehmen und Firnis mit Terpentin abwaschen. Platte gründlich reinigen (s. „Ätzplatte reinigen“, S. 198).*

Aluminium hat ähnliche Eigenschaften wie Zink, greift aber die Farben nicht an.

Zur Lagerung sollten alle Metallplatten eingewachst oder gefettet, dann in Wachspapier gewickelt und trocken gelagert werden. Feuchtigkeit macht die Oberflächen unbrauchbar. Vor Verwendung wird die Platte mit Schlämmkreide und Ammoniak gründlich gereinigt.

Ätzen Die Ätzplatte wird auf eine Wärmeplatte gelegt, und ein vorbereiteter Wachsgrund wird aufgewalzt oder mit einem Bausch aufgewischt. Dieser Grund, in den das Motiv eingezeichnet wird, muß so dünn wie möglich sein und darf keine Löcher aufweisen, durch die hindurch die Säure das Metall an unerwünschten Stellen angreifen könnte, was dort zu Farbklecksen im Motiv führen würde.

Ist das Wachs aufgetragen, so wird es verrußt (siehe Abb.). Die dabei entstehenden kohleförmigen Ablagerungen härten die Wachsoberfläche, erhöhen ihre Säurebeständigkeit und machen die eingezeichneten Linien besser sichtbar.

Man kann das Motiv zunächst mit rotem Künstlerkohlepapier leicht auf dem Grund anzeichnen. Danach wird es mit einer Ätznadel, einem Messer oder einem anderen, zum Einritzen des Wachses geeigneten Werkzeug eingearbeitet. Die Spitze dringt bis zum Metall durch, welches dann von der Säure angegriffen wird. Die übrigen Teile werden vom Wachs geschützt. Diese Technik schafft Bilder mit kräftigen Linien. Mit anderen Techniken wie Aquatinta und Weichgrund lassen sich unterschiedliche Effekte erzielen.

Aquatinta Aquatinta ist eine Technik, mit der sich Tonabstufungen erzielen lassen. Man siebt zunächst säurebeständiges Harzpulver auf die Platte und deckt dann die Flächen mit Firnis ab, die nicht im Aquatintaverfahren behandelt werden sollen. Die Säure greift dann nur die freien Stellen zwischen dem Pulver an und schafft dort winzige Löcher, die die Farbe aufnehmen.

Unten **Wirkung der Ätzsäuren** *Die drei gebräuchlichsten Ätzsäuren greifen das Metall mit unterschiedlicher Wirkung an. Salzsäure (oben) wird am meisten verwendet. Sie ist ungefährlicher als Salpetersäure („Ätzwasser"; Mitte) und bildet keine Blasen. Salpetersäure ist am aggressivsten und bildet Blasen, die zur Erzielung gleichmäßiger Ergebnisse abgepinselt werden müssen. Perchlorsäure (unten) verwendet man für langsame, präzise Ätzungen. Sie bringt die feinsten Linien hervor.*

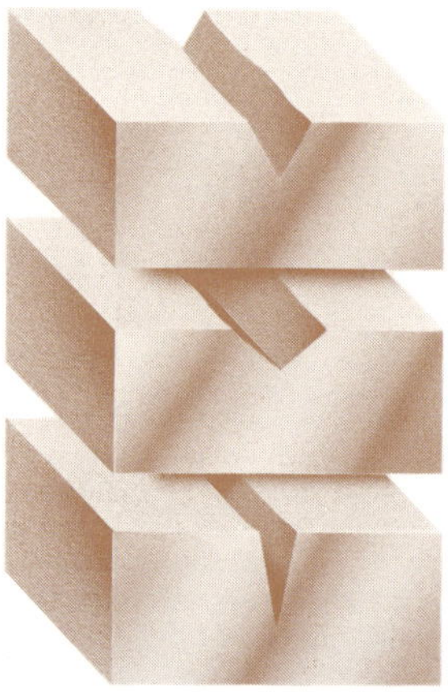

Erhabener Grund Mit dieser Methode kann Aquatinta mit einem unmittelbar auf die Platte gezeichneten Motiv verbunden werden (s. Abb.). Sie unterscheidet sich vom Aquatintaverfahren dadurch, daß der Künstler dort ein Negativ anfertigen muß, bei welchem die nicht behandelten Flächen mit Firnis abzudecken sind.

Weichgrund Ein Weichgrund wird aus nicht härtendem Wachs hergestellt. Dazu mischt man das gewöhnliche Hartwachs für Ätzzwecke mit Talg. Man verwendet diesen Grund, wenn man Strukturen in ihn hineinpressen will oder einen weichen, skizzenartigen Effekt anstelle der üblichen harten Ätzlinien anstrebt.

Säurebad Bevor die Platte in die Säure getaucht wird, muß man die Rückseite mit Firnis schützen und ihn trocknen lassen. Eine Photoentwicklungsschale ist der beste Säurebehälter. Die Tiefe und Schwärze der Ätzlinie hängt von der verwendeten Säure (s. Abb.) und ihrer Einwirkungszeit ab. Die Ätzzeit kann nur Minuten, aber auch Stunden dauern. Der Künstler lernt mit wachsender Erfahrung die für jedes gewünschte Resultat benötigte Zeit, kann diese aber auch durch Versuche mit Probestükken feststellen, die ebenso eingeritzt wurden wie das eigentliche Motiv.

Der Ätzgang kann unterbrochen und ein Teil der Bildfläche mit Ätzfirnis abgedeckt werden. Die Linien der restlichen Flächen werden dann tiefer und schwärzer.

Kaltnadelarbeit Mit schweren Sticheln können die

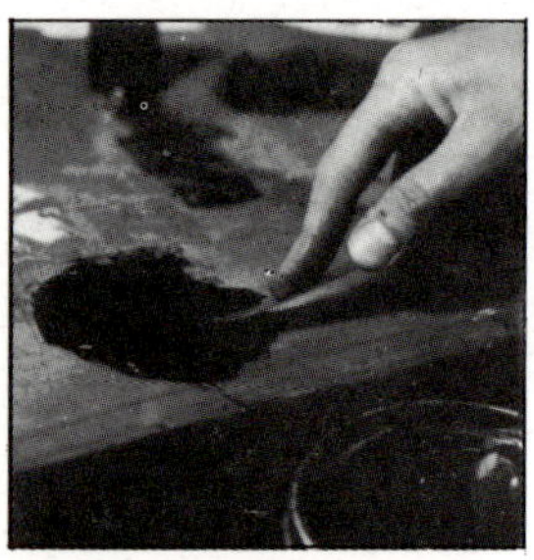

Ätzdruck herstellen 1. *Farbe mit Palettmesser weichkneten. Pulverförmige Farbe wird mit dem Reibstein unter Zugabe von Öl und Grundierung steif angemacht.*

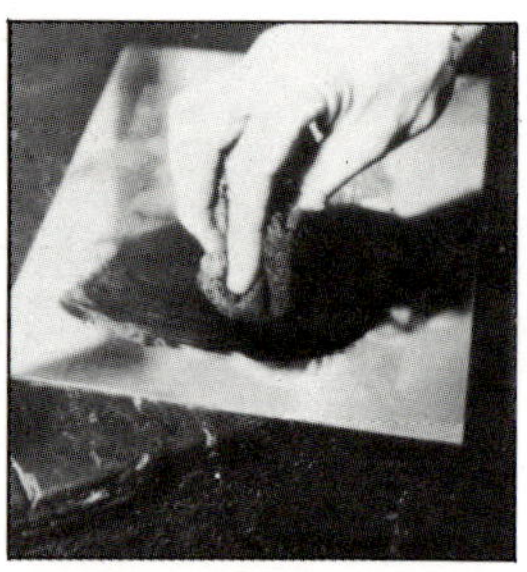

2. *Platte einfärben und auf der Wärmeplatte anwärmen, damit die Farbe weich wird. Farbe gut in die Vertiefungen einarbeiten.*

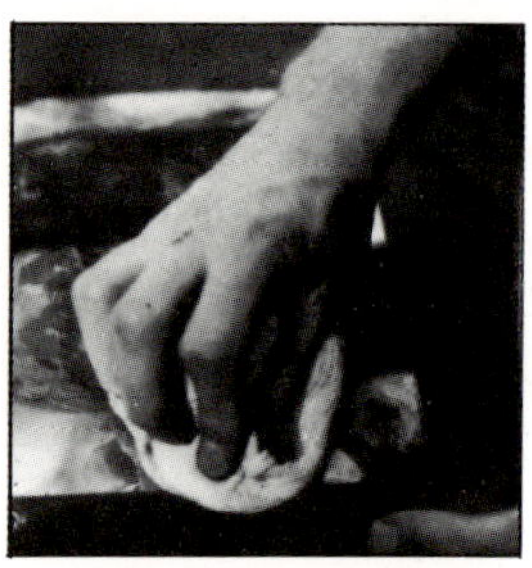

3. *Warme Platte mit Musselin kreisförmig so abwischen, daß die Oberfläche sauber wird und die Farbe in den Vertiefungen zurückbleibt.*

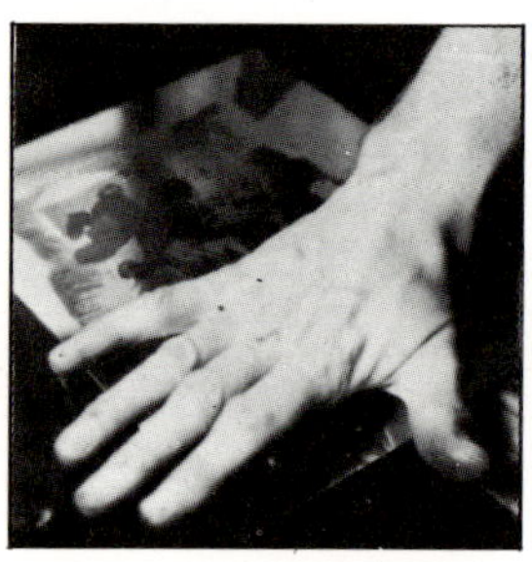

4. *Platte mit leicht kreidebestäubten Handballen abwischen und polieren.*

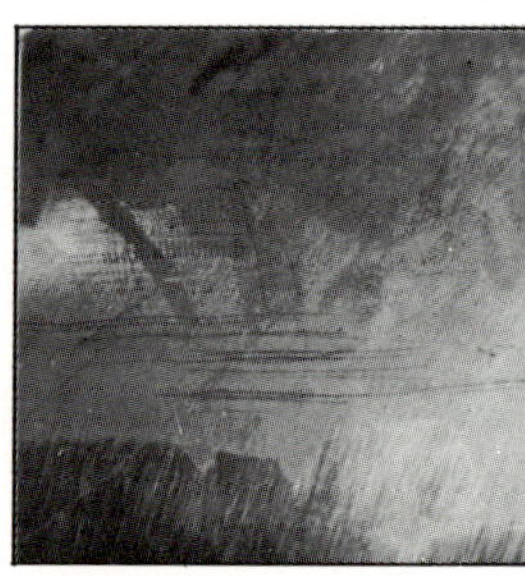

5. *Druckfertig eingefärbte Platte.*

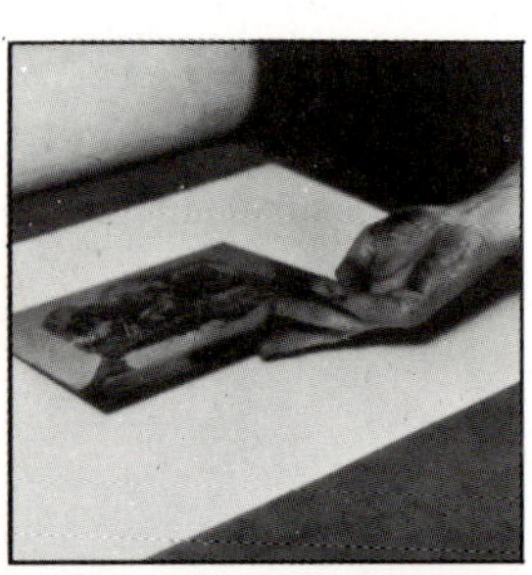

6. *Druckplatte auf einen in die Presse eingelegten und zuvor mit Anlagemarkierungen versehenen Bogen Papier legen und ausrichten.*

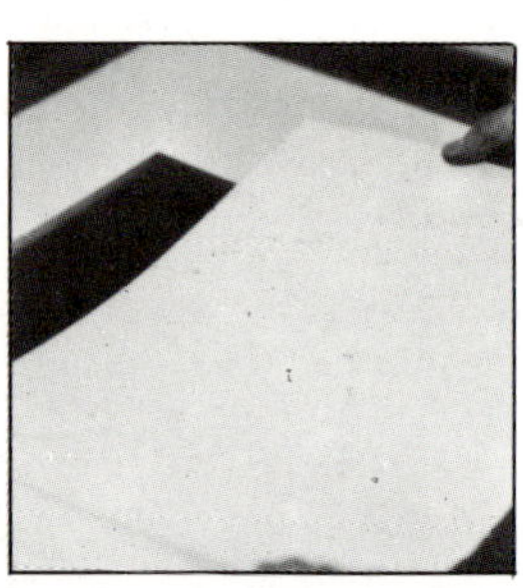

7. *Feuchtes Papier auf die Platte legen. Je nach Papierart dauert das Durchfeuchten unterschiedlich lang.*

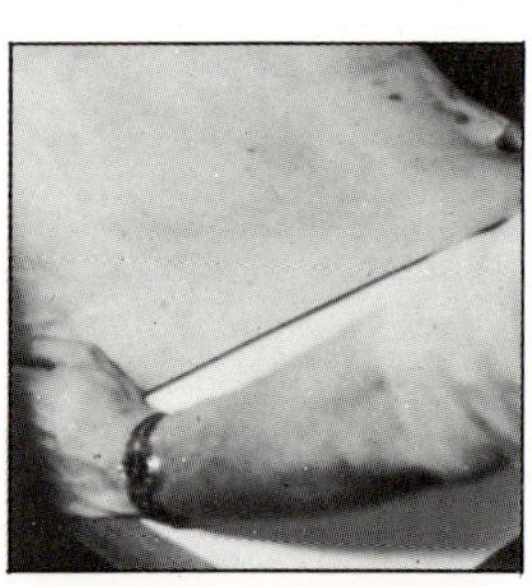

8. *Abdeckmatte der Druckpresse vorsichtig und faltenfrei auflegen, ohne das Papier zu verschieben.*

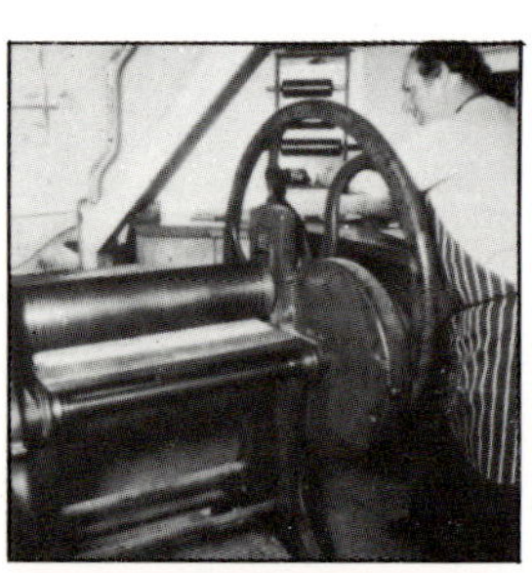

9. *Druck anfertigen.*

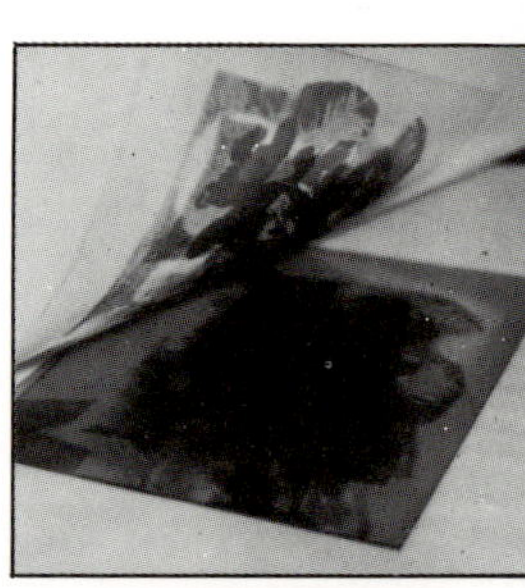

10. *Abdeckmatte entfernen und den Druck vorsichtig von der Platte abziehen. Langsam ziehen, da sonst das feuchte Papier an der Platte festhaften und einreißen kann.*

Linien direkt in die Metallplatte eingeritzt werden, ohne daß diese zuvor erwärmt und mit Wachs eingelassen wird (daher auch der Name). Die Platte wird nicht ins Säurebad gegeben. Das Ergebnis sind kräftige Linien, die die „Handschrift" zeigen, in der sie in die Platte eingekerbt oder -gekratzt wurden. Die feinen, scharfen Linien der Ätztechnik können damit allerdings nicht erzielt werden.

Gravur Bei diesem Verfahren werden Linien und Bilder in die Plattenoberfläche eingraviert oder -geschnitten und nicht weggeätzt oder wie bei der Kaltnadeltechnik eingekerbt. Die Techniken und Werkzeuge entsprechen denen des Holzstichs, aber die Härte des Untergrundes setzt größere kunsthandwerkliche Geschicklichkeit voraus.

Ätz- und Gravurpapier Viele Papiere eignen sich für Ätz-, Kaltnadel- und Gravurdruckplatten. Der Künstler sollte durch Ausprobieren feststellen, welche Papiere seinem persönlichen Stil entsprechen. Sehr gut geeignet sind: Amerikanisches Ätzpapier; Archer's (verschiedene); BFK River (verschiedene); Copperplate; Crisbrook; Fabriano (verschiedene); Deutsches Ätzpapier. Die einzelnen Blätter sollten so groß sein, daß ein breiter Rand rund um den Druck stehenbleibt.

Ätz- und Gravurdrucke herstellen Metalldrucke werden auf feuchtem Papier in der Weise angefertigt, daß schwach verleimte Papiere mit dem Schwamm abgerieben und härtere mit Wasser getränkt werden. Der benötigte Feuchtigkeitsgrad ist Erfahrungssache. Das vorbereitete Papier wird bis zum Gebrauch mit Plastikfolie als Zwischenlage gelagert. Man bereitet nicht mehr als eine Tagesmenge Papier vor.

Für Farbdrucke wird das Papier in der Druckpresse befestigt. Die Stellung der ersten Platte wird mit Richtmarken markiert, nach dem Druck wird sie herausgenommen und durch die nächste ersetzt; dabei ist darauf zu achten, daß das Motiv immer richtig herum erscheint.

Die fertigen Drucke werden mit Zwischenlagen aus Löschpapier gestapelt und leicht beschwert, damit sie sich beim Trocknen nicht werfen.

Retroussage Tiefdruckplatten eignen sich für die Retroussage. Dabei wird zylinderförmig geballtes Musselin vorsichtig nach allen Richtungen über die eingefärbte, erwärmte Platte gewischt. Die Farbe kommt dadurch „nach oben" und das Druckbild wirkt voller.

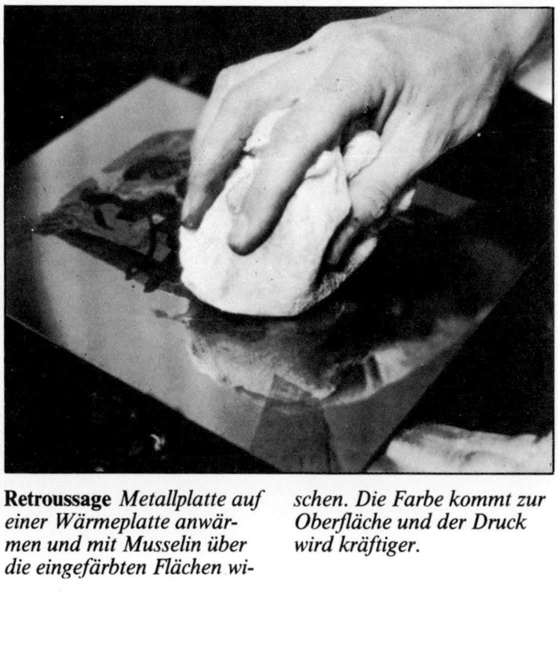

Retroussage *Metallplatte auf einer Wärmeplatte anwärmen und mit Musselin über die eingefärbten Flächen wischen. Die Farbe kommt zur Oberfläche und der Druck wird kräftiger.*

Unten **Kupferdruckplatte und zugehöriger Druck** *Das Druckpapier wird auf die Platte gepreßt und nimmt dabei Farbe aus den eingeätzten oder eingravierten Vertiefungen auf. Die tiefsten Linien geben am meisten Farbe ab und erscheinen auf dem Bild am kräftigsten.*

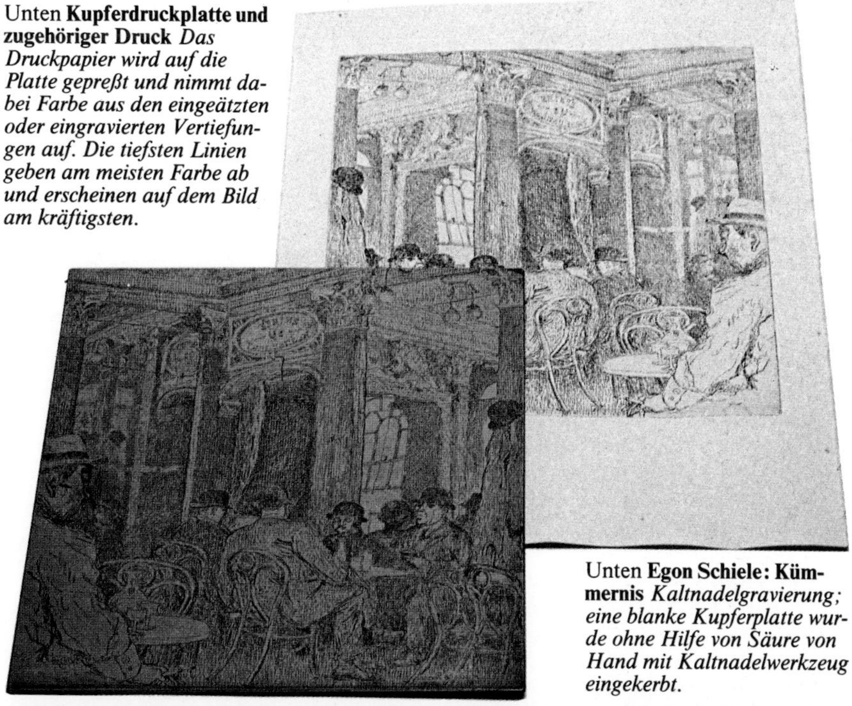

Unten **Egon Schiele: Kümmernis** *Kaltnadelgravierung; eine blanke Kupferplatte wurde ohne Hilfe von Säure von Hand mit Kaltnadelwerkzeug eingekerbt.*

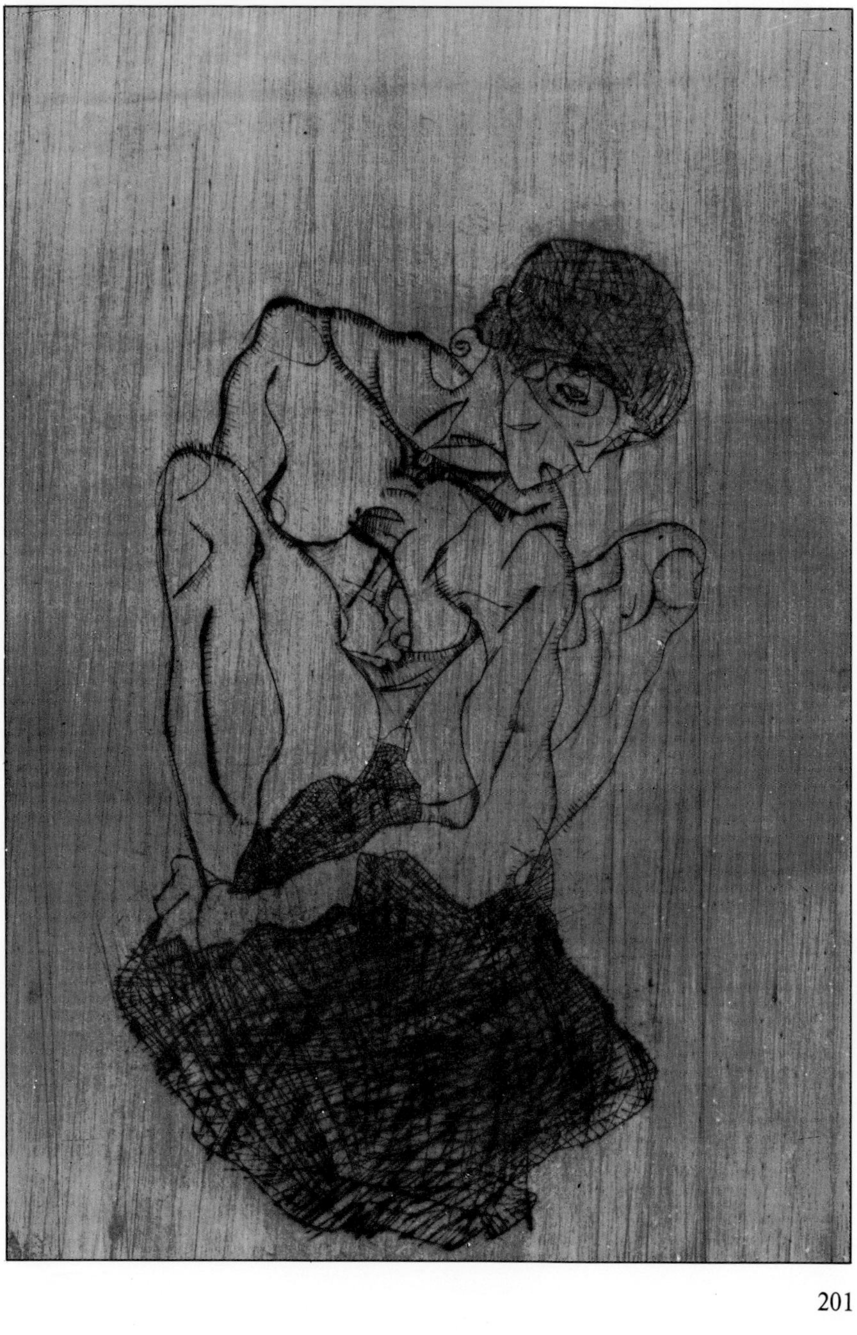

Siebdruck

Der Siebdruck ist eine weiterentwickelte Form des reinen Schablonendrucks. Die Schablonen werden dabei auf der Unterseite eines auf einen Rahmen gespannten Maschengewebes befestigt. Früher verwendete man dazu Seidengewebe, heute die noch besser geeigneten Kunstfasern, etwa Nylon und Terylen. Für den Druck wird Farbe auf die Oberseite des Gewebes gegossen und mit einer Gummirakel über sie verstrichen. Dadurch wird die Farbe durch das Gewebe und die Schablonenöffnungen auf die Papieroberfläche gedrückt.

Flüssigschablonen Siebdruckfarben sind gewöhnlich ölhaltig. Die meisten Schablonenflüssigkeiten sind daher wasserlöslich, damit sie die Farbe abstoßen. Mit Gummiarabikum oder ähnlichen, gewerblich hergestellten Füllflüssigkeiten können daher Motive unmittelbar auf das Gewebe aufgemalt werden; geeignet sind etwa auch die blauen oder roten Sericol-Füllflüssigkeiten. Sie können mit dem Pinsel deckend oder mit dem Schwamm im Fleckmuster aufgetragen werden. Mit dieser Technik schafft man Negativbilder: das auf das Gewebe aufgemalte Motiv läßt die Farbe nicht durch und erscheint daher auf dem Papier als Weiß.

Man kann die Motive auch mit ölhaltiger Farbe oder weichem Litho-Wachsstift, die beide terpentinlöslich sind, direkt auf das Gewebe auftragen. Danach wird das Gewebe mit Schablonenflüssigkeit überzogen, getrocknet, und schließlich werden die Bilder mit Terpentin herausgewaschen. Mit dieser Technik erhält man Positivbilder.

Feste Schablonen Papierschablonen sind die einfachste Form handgeschnittener Schablonen. Man verwendet dazu meist Zeitungspapier, weil sich dün-

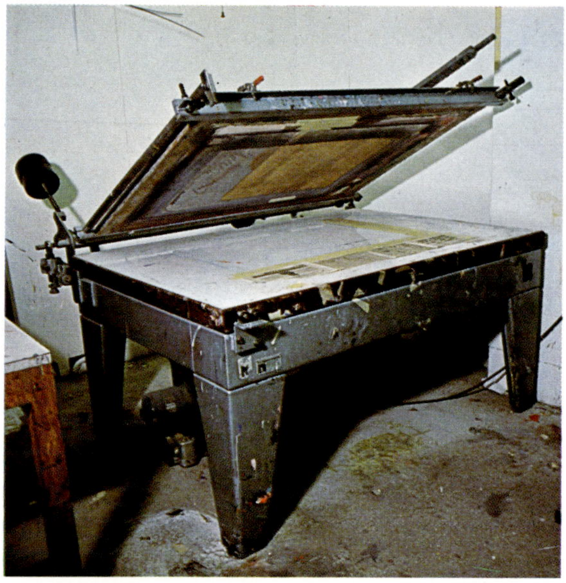

Vakuum-Siebdrucktisch *Der Tisch hat eine ebene, perforierte Fläche mit einer darunterliegenden Vakuumpumpe. Ein Klapprahmen, an welchem das Sieb befestigt wird, ist an den Tisch angeschraubt. Beim Zuklappen des Rahmens schaltet sich die Pumpe ein und saugt das Papier fest. Beim Aufklappen stoppt sie und gibt das Papier frei. Der Rahmen ist so konstruiert, daß zwischen Papier und Gewebe ein freier Zwischenraum bleibt. Das Gewebe springt daher vom Papier weg, sobald die Rakel die Farbe durchgedrückt hat.*

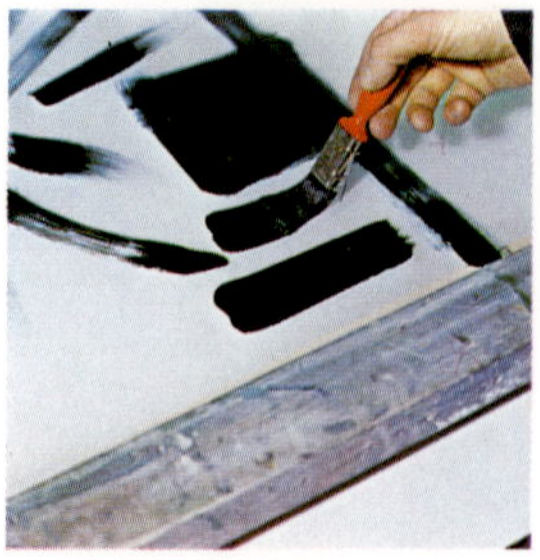

Siebdruck mit terpentinlöslicher Farbe 1. *Motiv mit ölhaltiger Farbe oder Litho-Wachsstift auf das Gewebe malen und mit Fön trocknen. Dann Siebgewebe gleichmäßig mit Füllstoff auf Wasserbasis bedecken.*

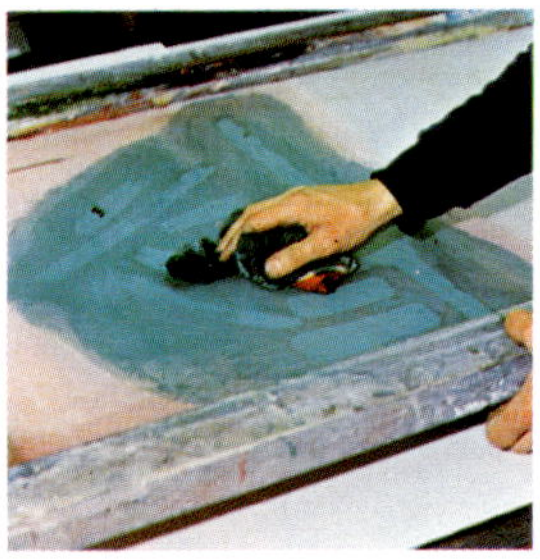

2. *Motiv mit Terpentin herauswaschen. Geweberänder vor dem Druck mit Maskierband abdecken, damit an ihnen keine Farbe herausgequetscht wird.*

Unten **Patrick Caulfield: Bonbonschüssel** *Ein Siebdruck, bei dem das gleichförmige Blau von Hintergrund, Tisch und Schüssel die Farbe der Süßigkeiten verstärkt. Jede Farbe und jeder Ton wird separat gedruckt.*

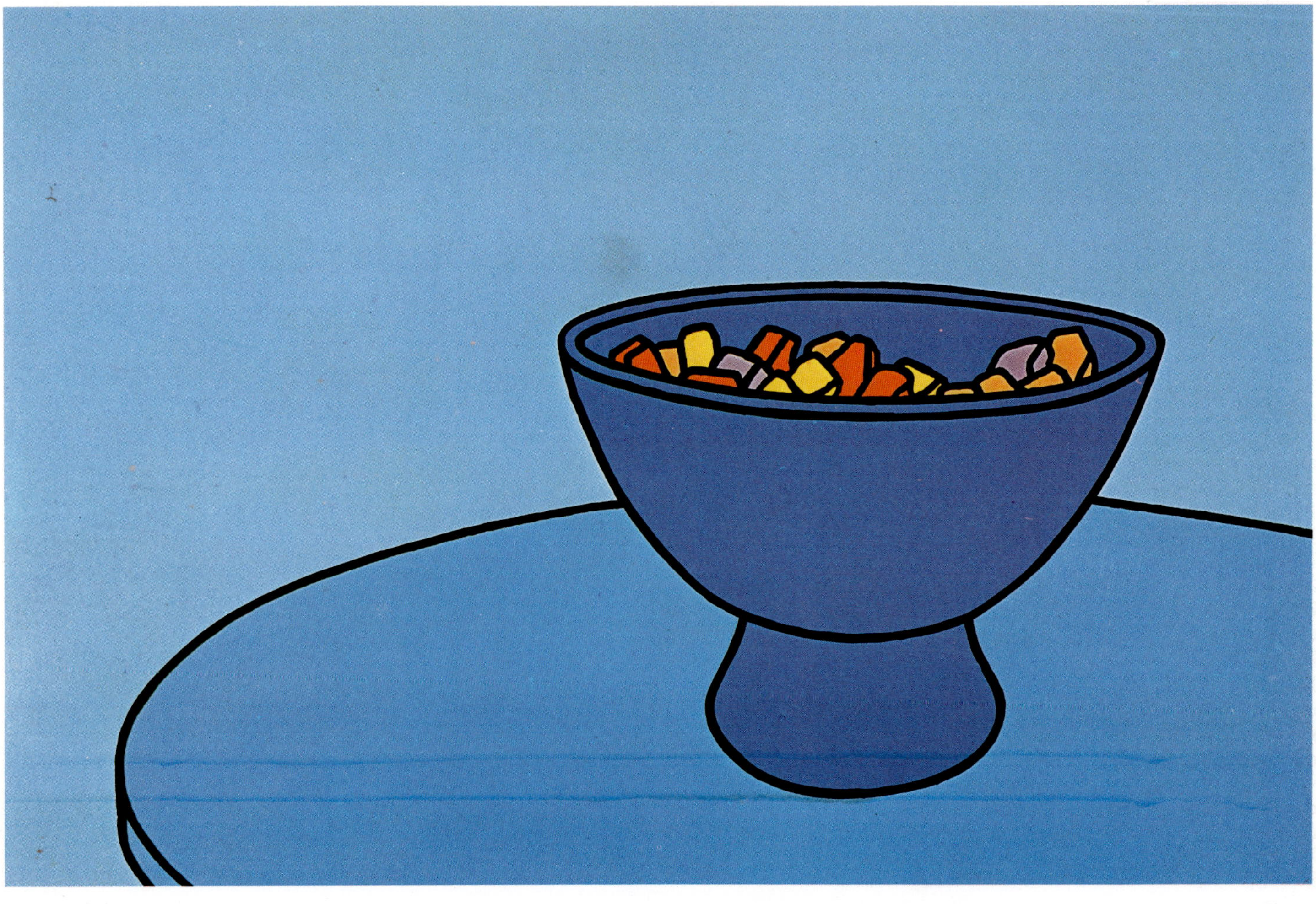

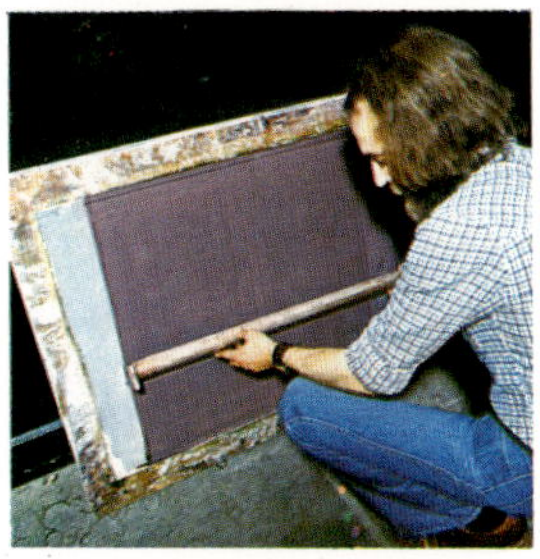

Direkte Schablone anfertigen 1. *Sieb in gedämpftem Licht mit Hilfe einer Beschichtungsrinne gleichmäßig mit der lichtempfindlichen Emulsion bestreichen und im verdunkelten Raum 20 Minuten lang trocknen lassen.*

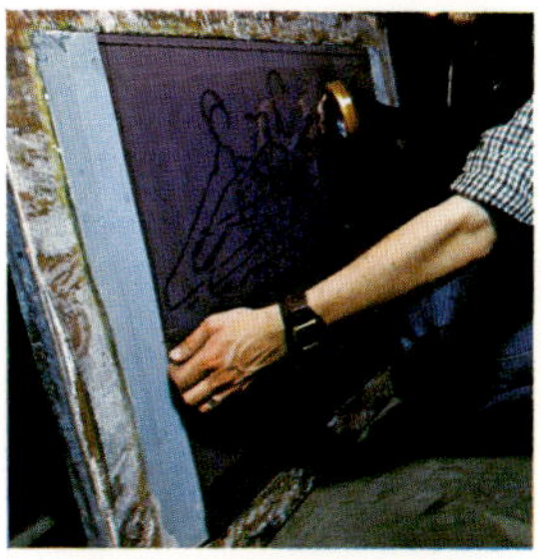

2. *Diapositiv mit Schichtseite nach unten mit Klebeband auf dem Sieb befestigen. Man benötigt durchsichtiges, auf der Schablone nicht sichtbares Klebeband.*

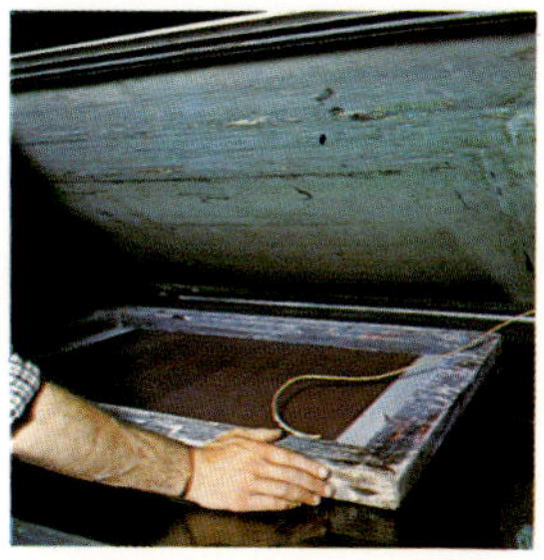

3. *Sieb in den Kopierrahmen legen und diesen fest verschließen. Dies ist wichtig, damit ein guter Kontakt zwischen der Siebschablone und dem Dia entsteht.*

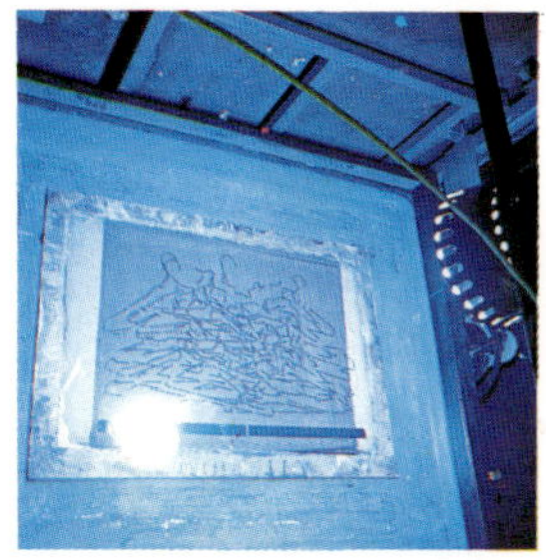

4. *Kopierrahmen aufstellen und von vorne mit UV-Licht belichten. Die Belichtungsdauer wird am besten mit einem Teststreifen ermittelt.*

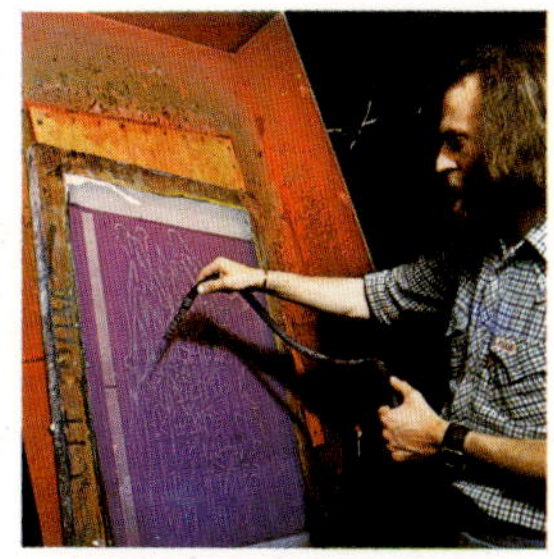

5. *Sieb aus dem Rahmen nehmen, Diapositiv entfernen und das Bild mit Wasser herauswaschen. Schablone mit Fön trocknen.*

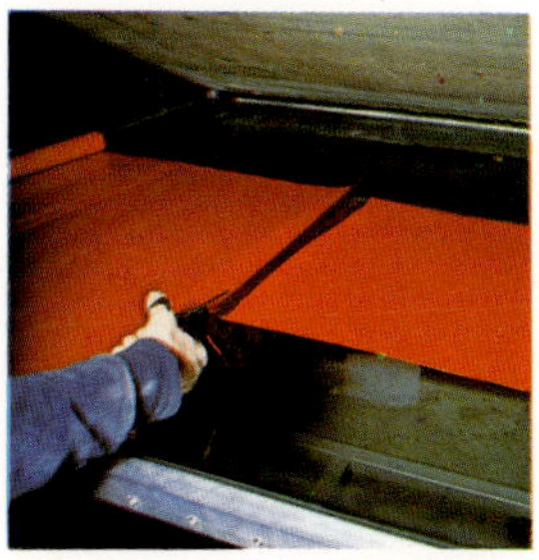

Indirekte Schablone anfertigen 1. *Diapositiv in den Kopierrahmen einlegen. Schablonenfilm darüberlegen und zuschneiden.*

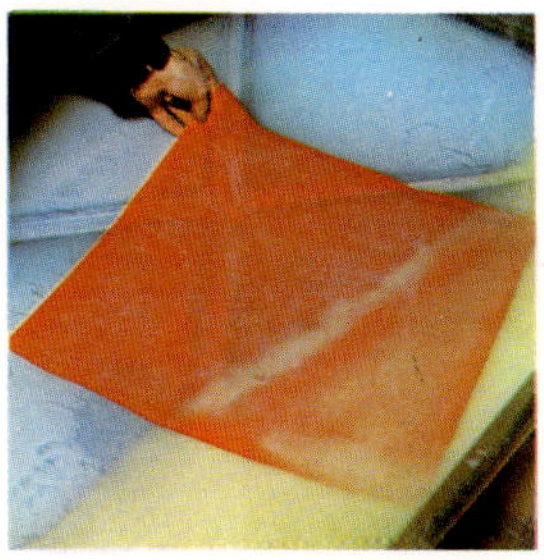

2. *Rahmen für guten Kontakt zwischen Schablonenfilm und Diapositiv fest verschließen. Mit UV-Licht belichten.*

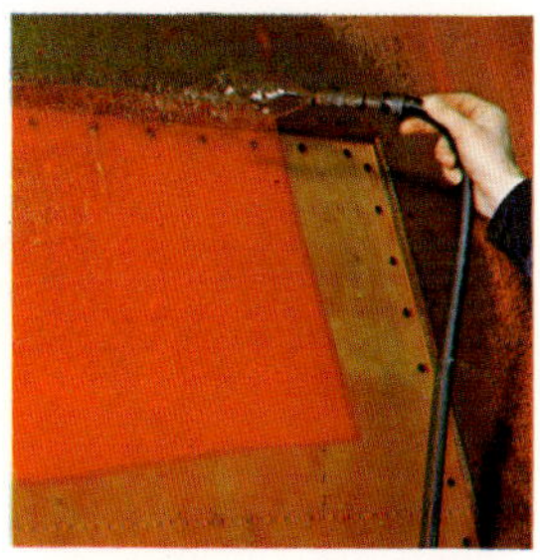

3. *Schablone aus dem Rahmen nehmen und ggf. nach Vorschrift des Herstellers entwickeln. Schablone auf hochgestellter, ebener Unterlage mit Wasser spülen, bis das Bild völlig herausgewaschen ist.*

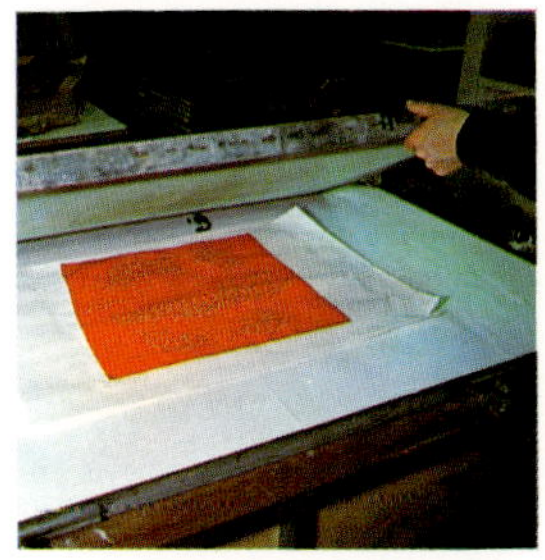

4. *Schablone mit der Schichtseite nach oben auf saugfähiges Papier legen. Sauberes Siebgewebe darüberlegen.*

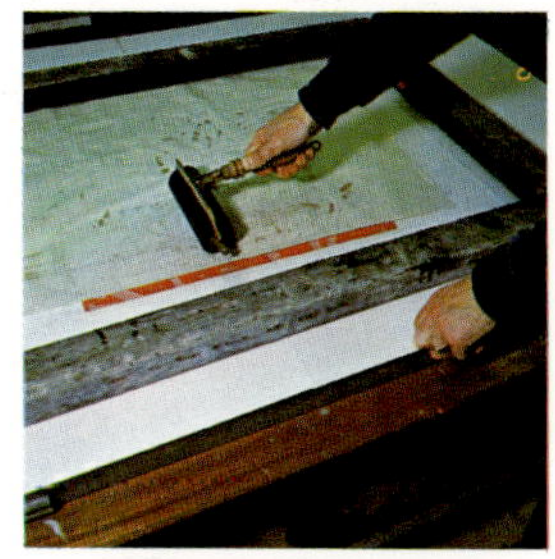

5. *Saugfähiges Papier auf das Sieb legen und darüberwalzen, damit die Feuchtigkeit aufgesogen und die Schablonenschicht ins Gewebe eingewalzt wird. Mit Fön trocknen. Sieb anheben und Acetatträgerschicht abziehen.*

ne Schablonen gut zum Drucken eignen. Die ausgeschnittene Papierschablone wird mit Klebeband auf der Unterseite des aufgespannten Gewebes befestigt. Allerdings neigt die Schablone während des Druckvorganges zum Verrutschen.

Der Handel bietet einige ungleich bessere Ausschneideschablonen an. Autocut etwa besteht aus einem Gelatinefilm mit einer Acetatträgerschichtfolie (siehe Abb.).

Andere Schablonen wie Stemplex und Profilm funktionieren nach dem gleichen Prinzip, müssen aber mit denaturiertem Spiritus statt Wasser und mit einem Bügeleisen statt einem Roller behandelt werden.

Photo-Siebdruck Schablonen kann man auch von Photographien anfertigen. Man benötigt dazu ein Diapositiv, also ein auf Film statt auf Papier vergrößertes Negativ. Die Vergrößerung muß entweder als Hartkopie („Strichzeichnung") oder als Rasterkopie ausgeführt werden, bei der die Tonstufen in unterschiedlich dichte Rasterpunkte aufgelöst sind. Der Positivfilm kann entweder für direkte oder indirekte Photoschablonen verwendet werden.

Direkte Schablonen Das Material für Direktschablonen wird meist emulsionsförmig angeboten und besteht in der Regel aus zwei Komponenten, die vor Gebrauch zusammengemischt werden müssen (siehe Abb.).

Indirekte Schablonen Indirekte Schablonen werden von Rollen lichtempfindlichen Materials mit einer Acetatträgerschicht abgeschnitten. Man nennt die hieraus angefertigten Schablonen „indirekt", weil Belichtung und Entwicklung (siehe Abb.) vor der Befestigung der Schablone im Siebgewebe durchgeführt werden.

Untergründe für den Siebdruck Siebdrucke kann man auf fast allen Papieren und auf vielen Geweben anfertigen.

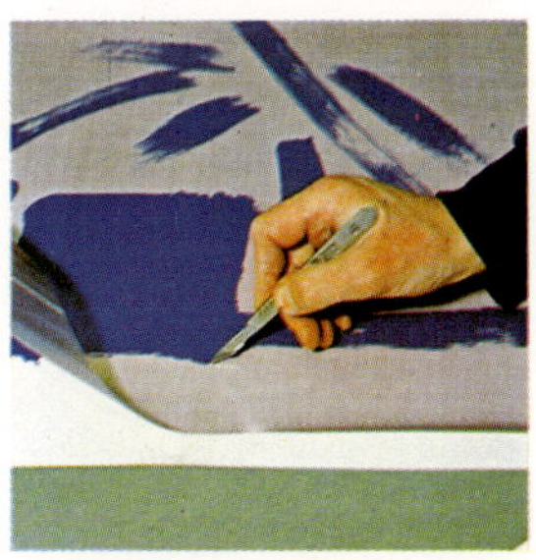

Siebdruck mit Autocut 1. *Autocut-Schablonenfilm mit der matten Seite nach oben auf das Motiv legen. Obere Schicht mit Skalpellmesser durchschneiden und die nicht benötigten Teile abziehen.*

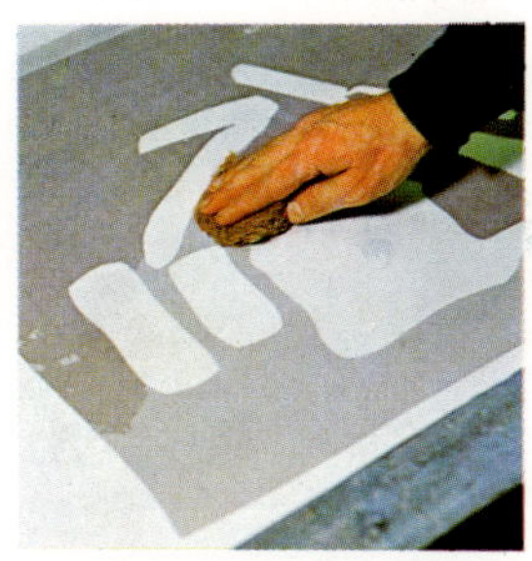

2. *Film auf ein Brett legen, Sieb darüberlegen und mit feuchtem Schwamm fest wischen. Saugfähiges Papier auf das Gewebe aufwalzen, damit es die Feuchtigkeit aufnimmt.*

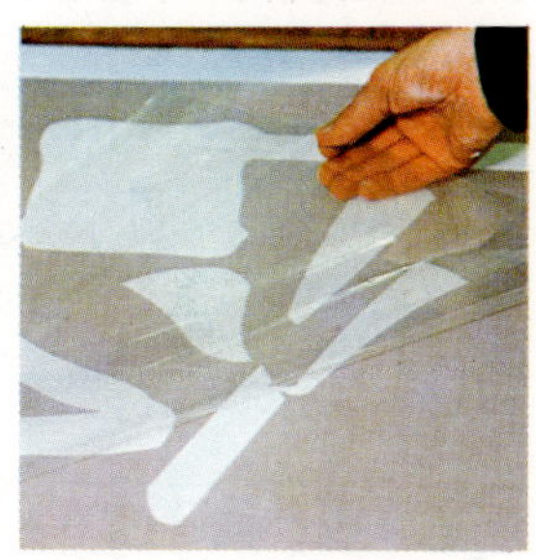

3. *Sieb schrägstellen und Film mit Fön trocknen. Acetatträgerschicht des Films erst abziehen, wenn er trocken ist, da sonst die Schablone mit vom Sieb abgezogen wird.*

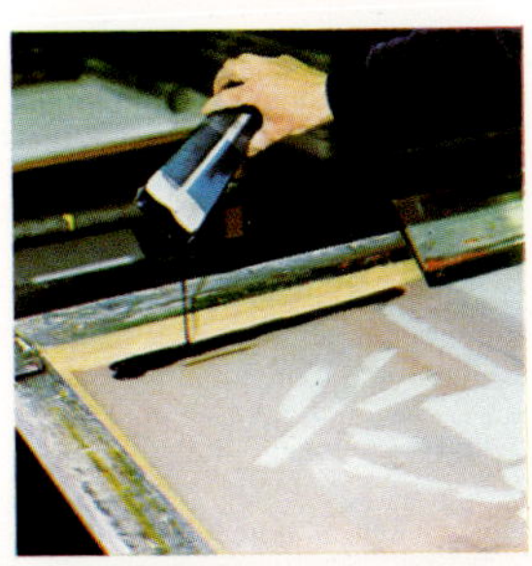

Drucken 1. *Sieb anheben und Papier darunterlegen. Sieb wieder auflegen und Farbe auf eine Ecke ohne Schablonenöffnung gießen.*

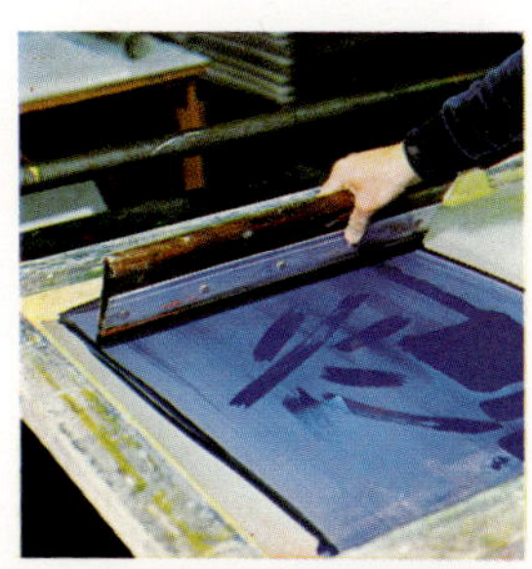

2. *Farbe mit der im Winkel von 45° gehaltenen Rakel unter gleichmäßigem Druck über das Sieb ziehen. Dabei wird sie durch das Gewebe aufs Papier gedrückt.*

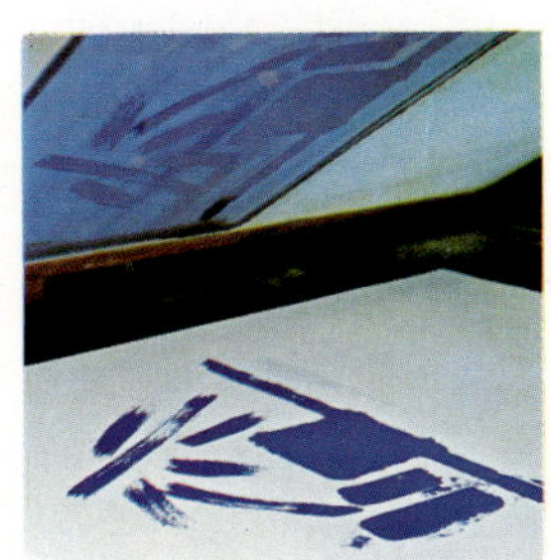

3. *Sieb anheben und Druck entnehmen. Anlegestellen markieren und gleichen Vorgang für weitere Drucke wiederholen.*

Flachdruck

Flachdrucke fertigt man nach einer als „Lithographie“ eingeführten Drucktechnik an. Vom Standpunkt des Künstlers aus ist dies die einfachste Methode zur Herstellung eines Druckstockes. Er malt ein Motiv auf einen Spezialstein oder eine Metallplatte; davon lassen sich dann positive Abdrucke herstellen.

Alois Senefelder erfand die Lithographie (deutsch: „Steindruck“) 1797 in Böhmen. Alle gewerblichen und die meisten der künstlerischen „Litho“-Drucke werden heute von biegsamen Zink- oder Aluminiumplatten angefertigt.

Das technische Prinzip bleibt dabei gleich. Senefelder machte sich mit seiner Erfindung die Unverträglichkeit von Fett und Wasser zunutze, von denen eines das andere abstößt. Der Lithostein ist ein poröser Kalkstein, dessen Oberfläche feinkörnig bleibt, obwohl sie poliert ist. Wenn man daher mit ölhaltiger Farbe oder mit Kreide auf ihr malt, so bleibt die Farbe haften. Spült man den Stein mit Wasser, so nimmt der Stein es ebenfalls an, nur nicht da, wo die ölhaltige Farbe haftet; dort wird das Wasser sofort abgestoßen. Wird dann ölhaltige Druckfarbe aufgewalzt, so bleibt sie an den bemalten Flächen haften und wird von den mit Wasser benetzten Flächen zurückgestoßen. Wird mit der so vorbehandelten Platte gedruckt, so bilden sich die ölhaltigen Farbschichten auf dem Papier ab.

Heute kann man Metallplatten eine der Wirkung des Lithosteines ähnliche, feinkörnige Oberflächenstruktur geben. Die feinsten Arbeiten stammen von Steinen. Steine sind aber schwer, unhandlich, bei zu starkem Druck bruchanfällig, und ihre Kornstruktur ist beim Reinigen und Entfetten zum Zwecke neuer Drucke nur schwer wiederherzustellen. Platten sind leicht, billig, kräftig und können zur Wiederherstellung der Körnung eingesandt werden.

Lithokreide Kreide ist das überlieferte Zeichenhilfsmittel für die Lithographie. Lithokreiden werden auch als „Lithostifte“ angeboten. Sie sind rechteckig zugeschnittene, schwarze Hartfettstifte, die beim Zeichnen ein sichtbares Bild entstehen lassen. Sie werden in verschiedenen Härtegraden angeboten und müssen von der Spitze her nach rückwärts zugespitzt werden.

Lithofederhalter Federlinien kann man mit ölhaltiger Tusche auf die Lithoplatte zeichnen. Die Tusche wird aus einer Mischung von Farbstücken und destilliertem Wasser hergestellt. Dazu werden die Farbstücke in einer Schüssel verrieben und so lange mit dem Wasser versetzt, bis die entstehende Tusche von der Feder fließt. Sie darf nicht so flüssig sein, daß sie auf der Platte zerläuft. Die Federn müssen häufig gewechselt werden, weil sich ihre Spitzen auf der Metallstruktur rasch abschleifen.

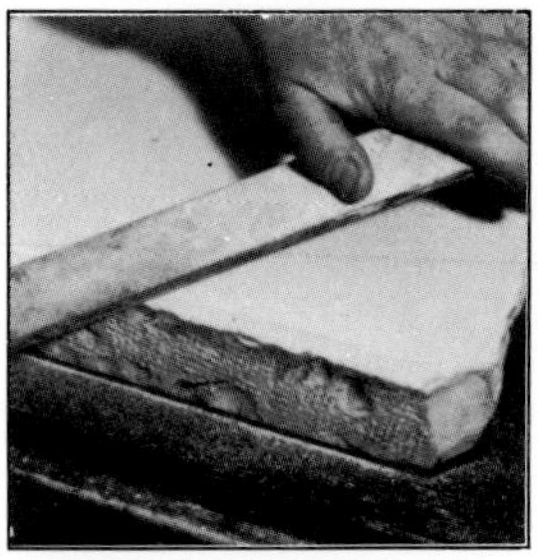

Lithostein vorbereiten
1. *Kanten mit der Feile brechen. Tut man dies nicht, so können sie abbröckeln oder das Papier beschädigen.*

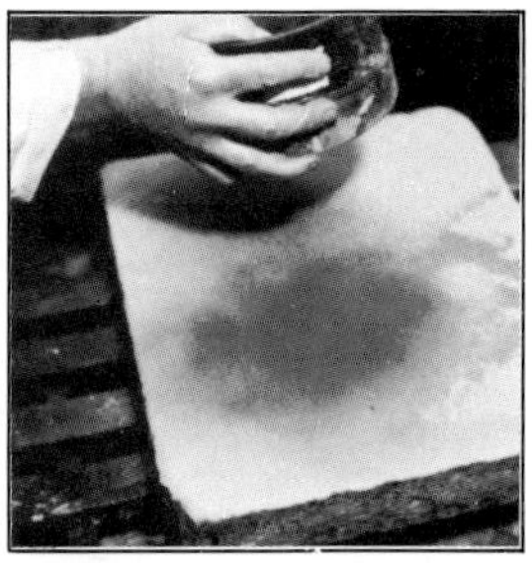

2. *Stein ins Waschbecken stellen und Wasser darüberlaufen lassen. Groben Sand auf den Stein streuen.*

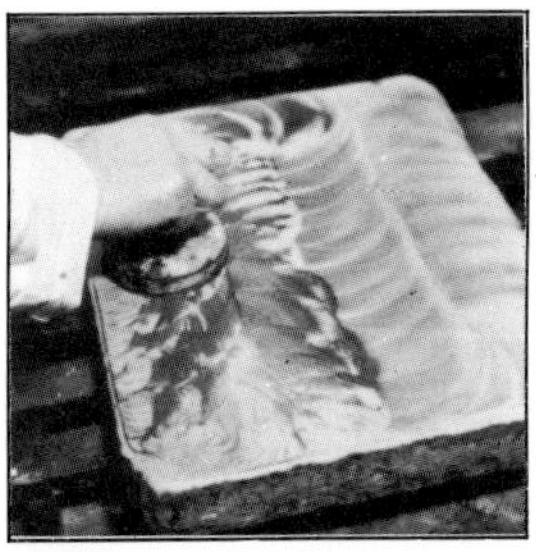

3. *Sand mit Reibstein kreisförmig über den Stein verreiben, um ihm eine ausgeglichene Struktur zu geben. Man kann die Oberfläche mit mehreren Sandkörnungen behandeln. Dazu wird zunächst grober und dann immer feinerer Sand benutzt, bis die gewünschte Oberflächenstruktur erreicht ist. Die Schlußbehandlung kann mit einem Reibstein oder einem Stück Lithostein vorgenommen werden. Stein waschen und trockenfönen.*

Unten **Henry Moore: Mutter mit Kind** *Eine Lithographie in fünf Farben. Der schwarze Entwurf wurde auf Papier gezeichnet und dann auf die Platte gepaust. Jede Farbe wurde auf eine eigene Platte gezeichnet.*

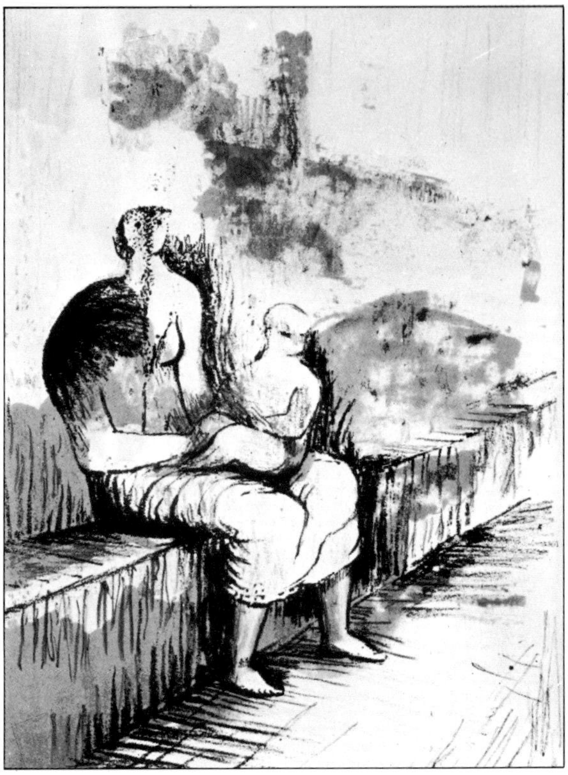

Die zähflüssige Lithofarbe kann so verdünnt werden, daß sie sich mit dem Pinsel verarbeiten läßt. Dies ist jedoch schwierig. Bleibt sie zu dick, wird der Druck kräftig und vielleicht nicht subtil genug. Wird sie zu dünn, so enthält sie zu wenig Fett und wird daher möglicherweise vom Stein gewaschen. Mit viel Erfahrung bei Herstellung und Druck kann man jedoch feine Tonabstufungen erzielen.

Man kann die Farbe auch mit dem Pinsel auf die Platte aufspritzen. Flächen, die freibleiben sollen, deckt man mit Gummiarabikum oder Papier ab.

Korrekturen Mit skalpellförmigen Messern kann man Bildteile vom Stein wegkratzen. Bei einer Metallplatte geht dies nicht; für sie muß eine „Erasol“ genannte Substanz verwendet werden. Dies ist ein Öllösemittel, welches mit sauberem Wasser von der Platte gespült werden muß.

Lithographie-Papier Für den Flachdruck eignen sich viele Papiere, besonders aber die weicheren. Der Künstler muß auch hier herausfinden, welche für ihn geeignet sind.

Drucken Am besten walzt man die Farbe zunächst nur sparsam auf die druckfertige Platte auf und fertigt Versuchsabzüge auf billigem, saugfähigem Papier an. Hat man die richtige Stärke für den Farbauftrag ermittelt, so kann man mit gutem Papier weiterdrucken.

Für Farbdrucke bringt man Anlegemarkierungen für die erste Platte an und übernimmt sie für die folgenden Platten. An ihnen wird das Papier ausgerichtet.

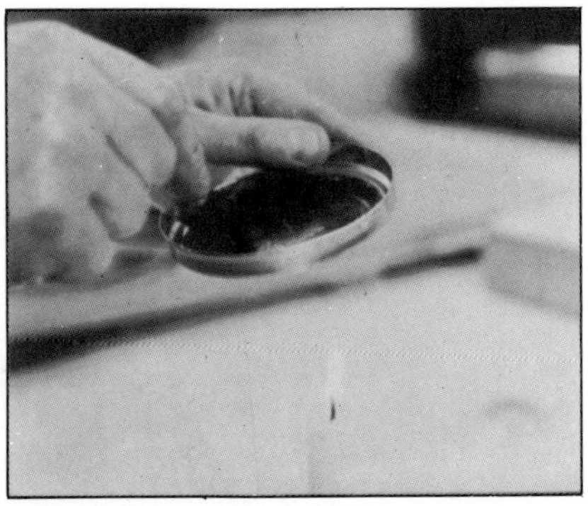

Lithographietusche zubereiten 1. *Mischdose oder Untertasse über Kerze erwärmen.*

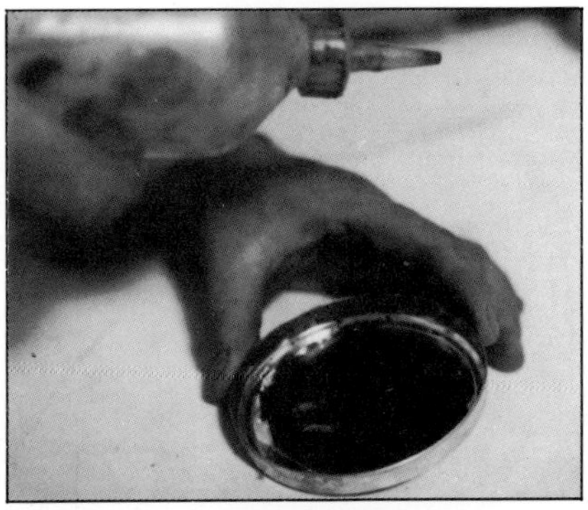

2. *Farbstück in das Gefäß reiben. Die Wärme verflüssigt die Farbe. Destilliertes Wasser zugeben, bis die gewünschte Verdünnung erreicht ist.*

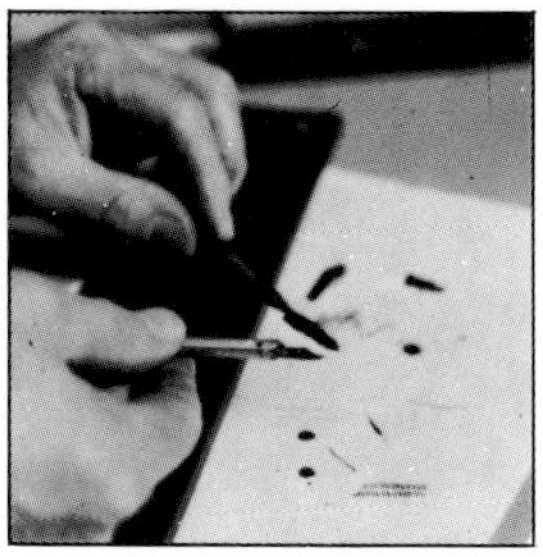

Mit der Feder zeichnen
1. *Farbe mit Pinsel auf die Feder geben, damit sie nicht verstopft.*

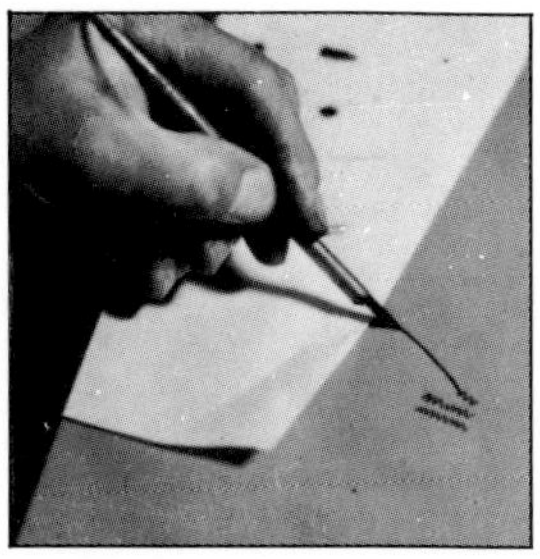

2. *Beim Zeichnen eine Unterlage verwenden, damit nicht Feuchtigkeit oder Schmutz von der Hand auf Stein oder Platte übertragen werden.*

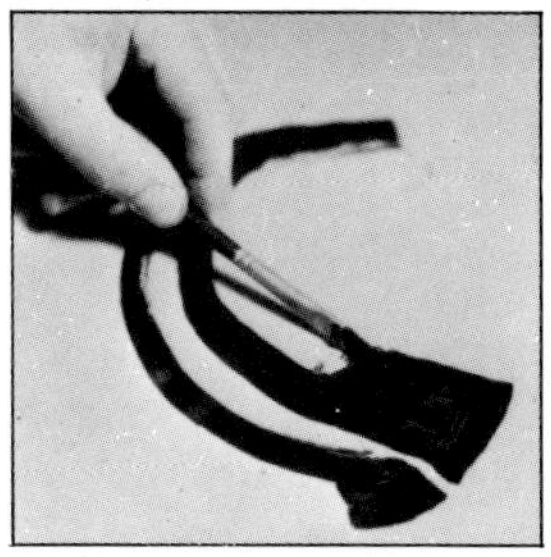

Pinsel *Motiv direkt auf Platten- oder Steinoberfläche malen.*

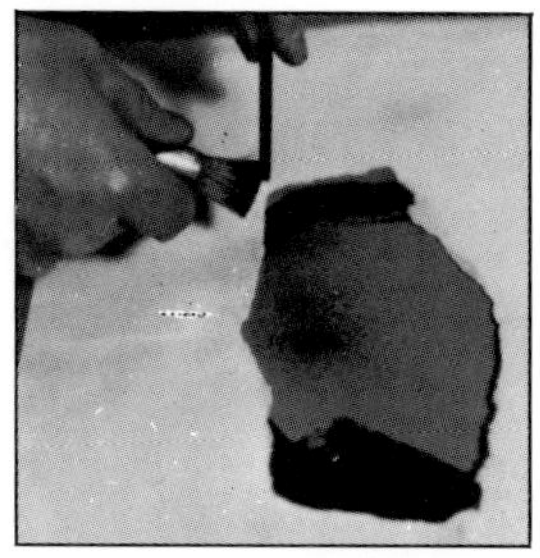

Aufspritzen 1. *Papiermaske auflegen. Mit Pinselgriff oder Messer so über den vollen Pinsel streichen, daß die Farbe auf den Untergrund spritzt.*

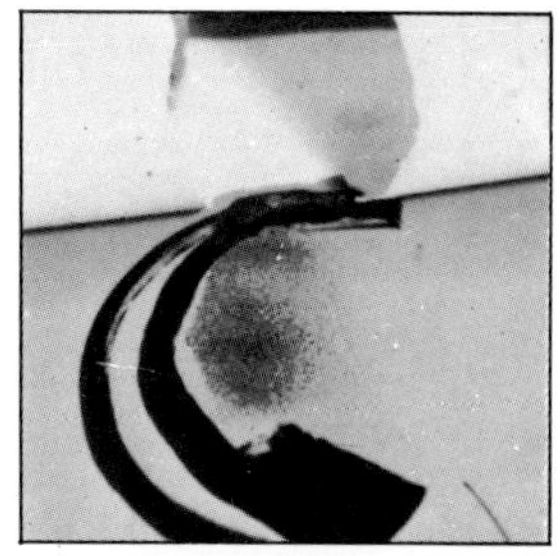

2. *Maske wegnehmen und Ergebnis prüfen. Die Maske kann – auch an anderer Stelle – neu aufgelegt und der Vorgang wiederholt werden.*

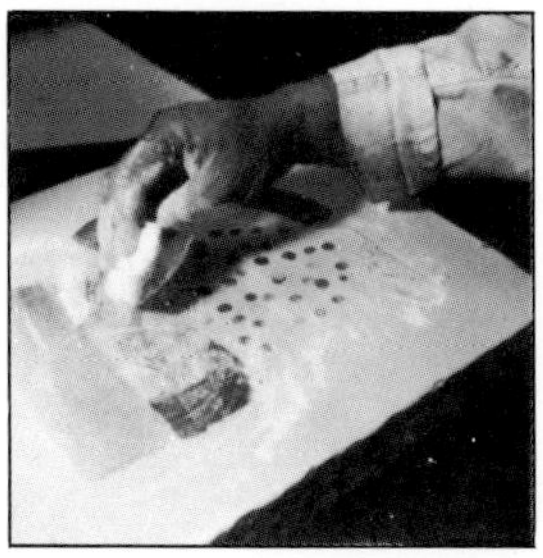

Druck vom Lithostein
1. *Stein mit Schlämmkreide abwischen.*

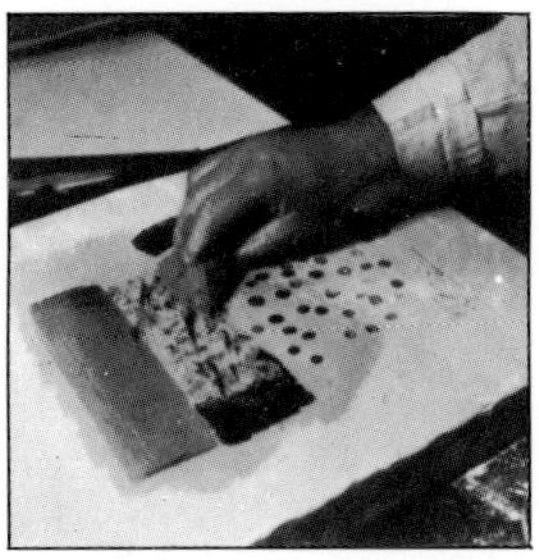

2. *Gummiarabikum mit Schwamm auftragen. Stein mit Lappen abwischen und abtrocknen.*

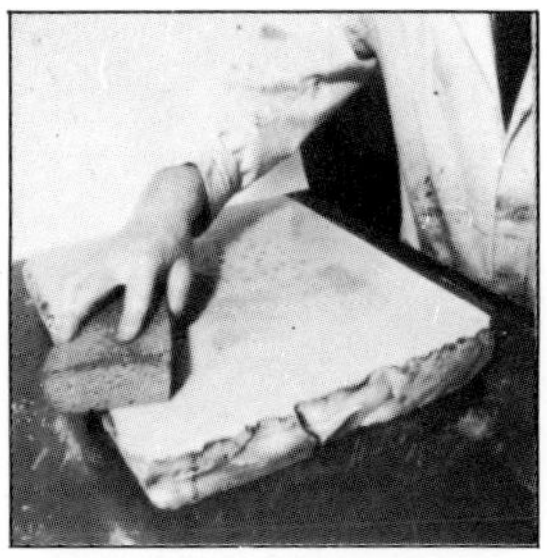

3. *Stein mit Wasser und Terpentin waschen, um Farbe und Kreide zu entfernen. Das zurückbleibende Fett nimmt die Druckfarbe an.*

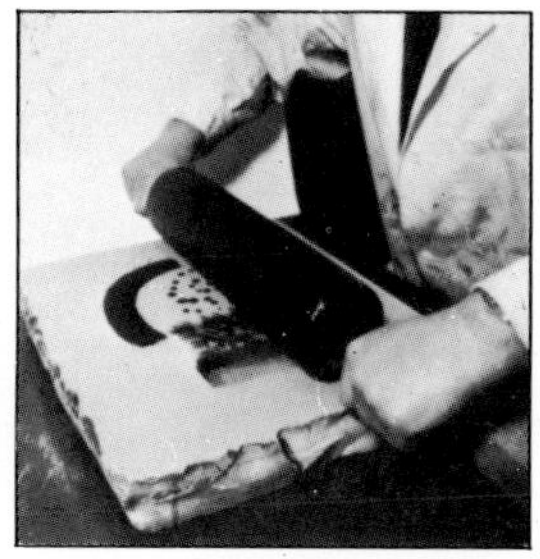

4. *Druckfarbe auf den feuchten Stein aufwalzen.*

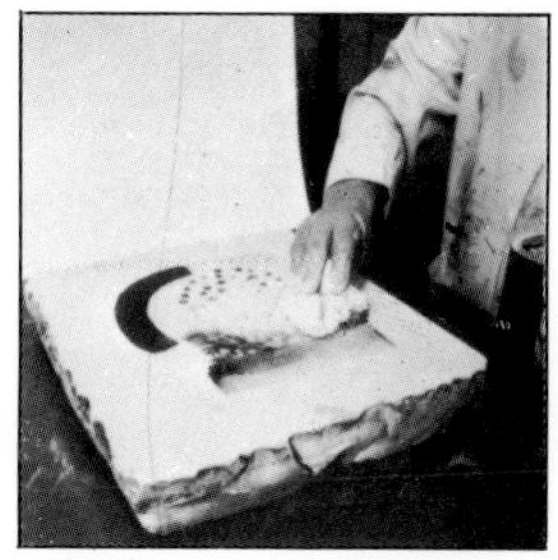

5. *Stein trocknen und eingefärbtes Motiv mit Harzpulver bestäuben.*

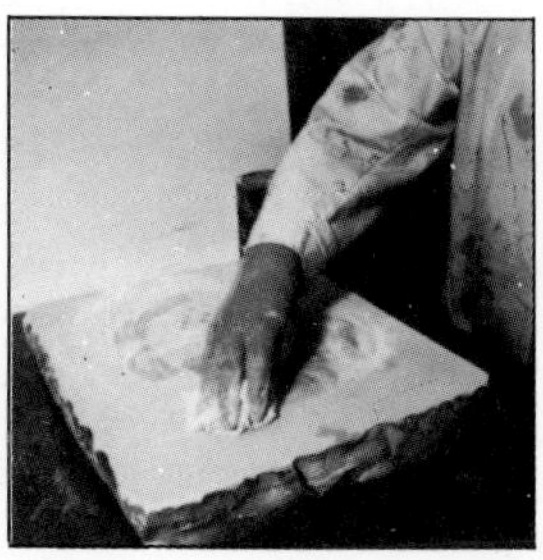

6. *Stein mit Kreidepulver bestäuben.*

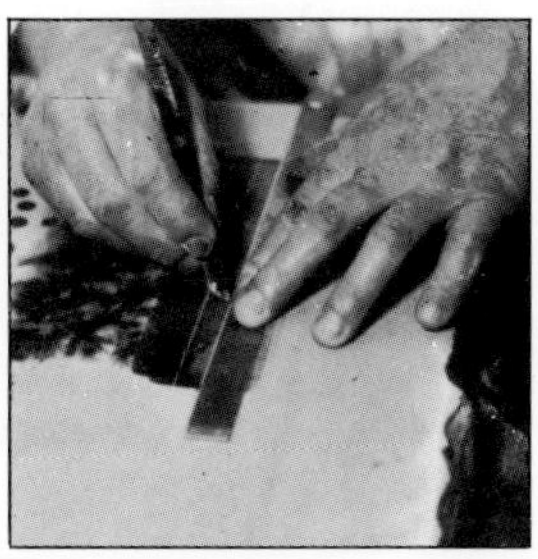

7. *Erforderlichenfalls können Motivteile mit dem Skalpellmesser weggekratzt werden.*

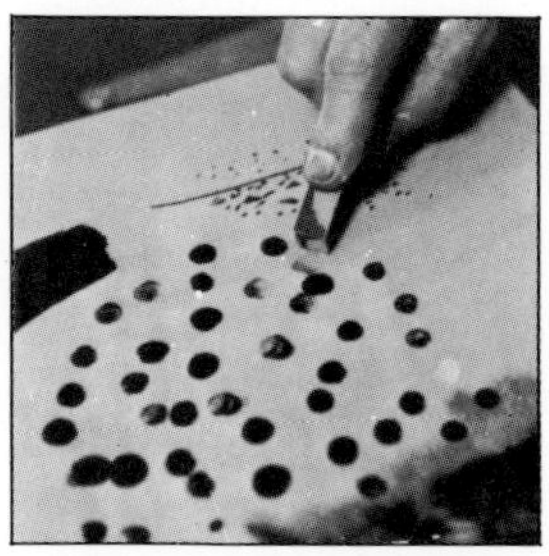

8. *Auch mit Schleifschiefer – einer Mischung aus Bimsstein und Gummi – kann man Motivteile wegradieren.*

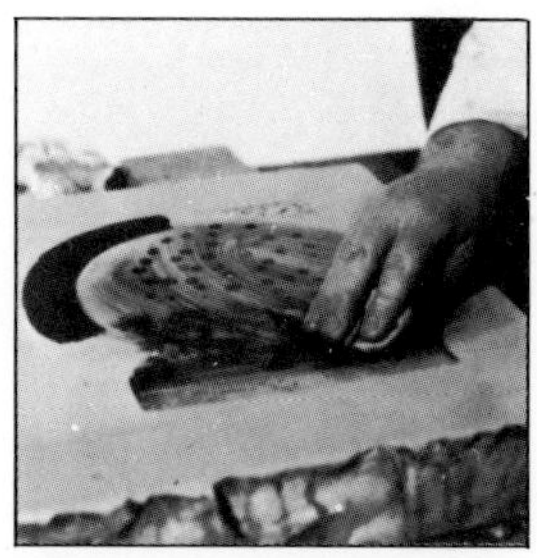

9. *Stein zur Reinigung und Öffnung der Poren mit verdünnter Salpetersäure (ein Teil Säure auf 40 Teile Wasser) ätzen.*

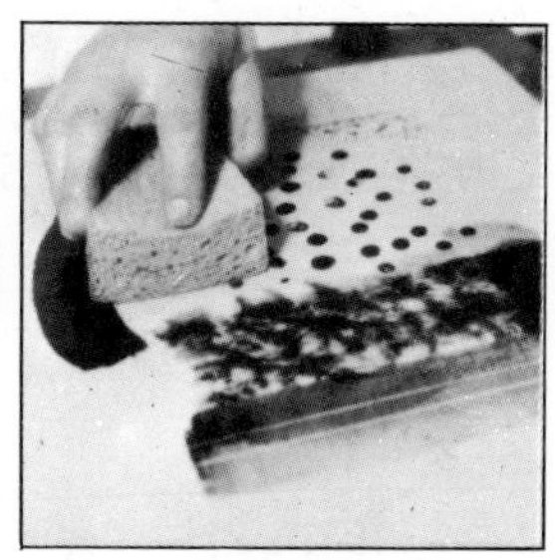

10. *Gummilösung mit Schwamm auf den Stein auftragen.*

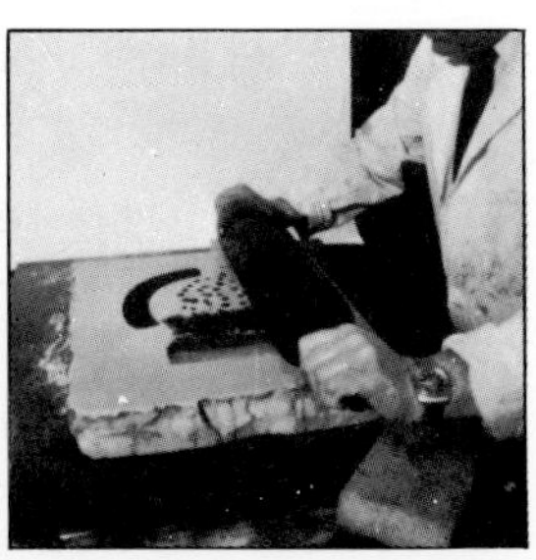

11. *Gummilösung abwaschen und die alte Farbe mit Terpentin entfernen. Stein sauberwaschen und – solange er noch feucht ist – frische Farbe aufwalzen.*

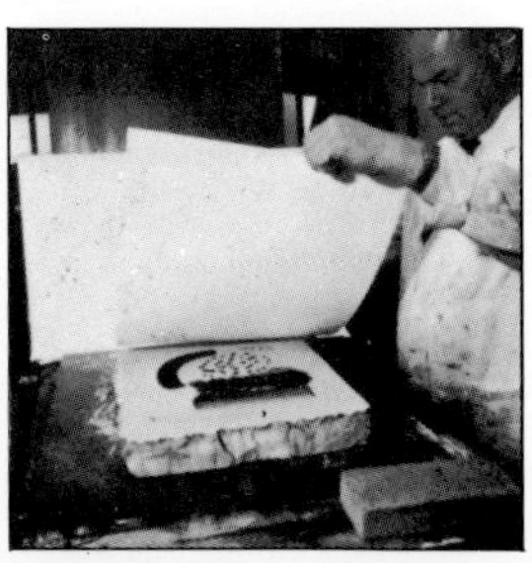

12. *Druckpapier auf den eingewalzten Stein legen und Abdeckpapier darüberlegen.*

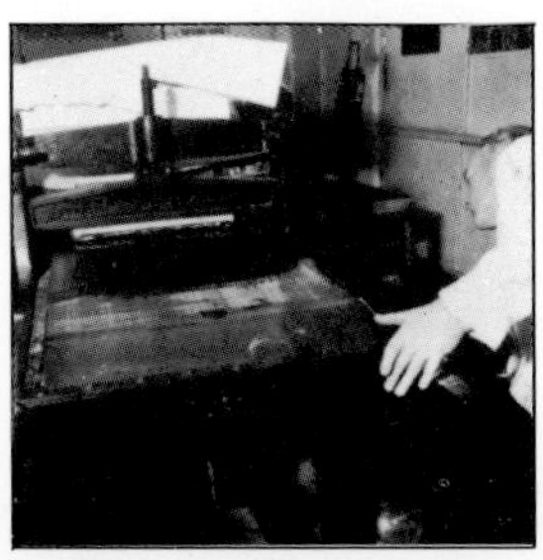

13. *Stein in die Presse geben und Druck anfertigen; zuvor sollte man den Druck der Presse auf den Stein prüfen, um sicherzustellen, daß er nicht beschädigt wird. Bei zu starkem Druck kann der Stein brechen.*

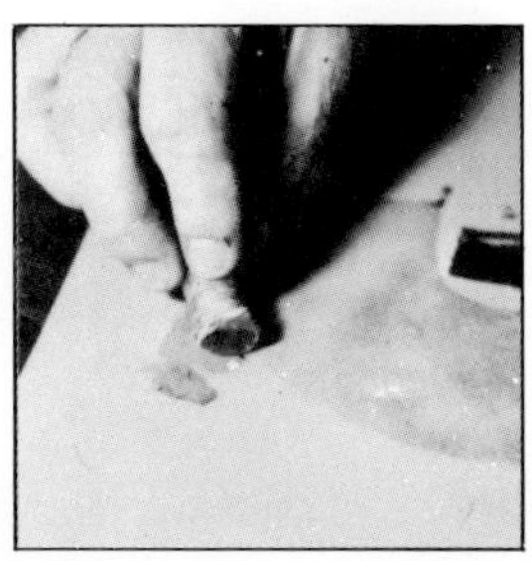

Erasol *Erasol mit dem Fiberglaspinsel auf die gewünschte Fläche auftragen, um sie zu löschen.*

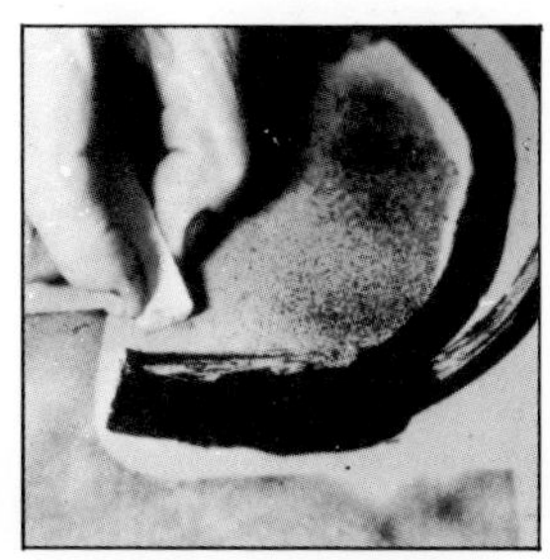

Ätzradierer *Diese Radiertechnik ist leicht kontrollierbar und damit für scharf abgegrenztes Arbeiten geeignet. Man radiert die gewünschte Fläche weg.*

17. Kapitel

Präsentation und Lagerung

Rahmen

Der Rahmen hat mehrere Aufgaben: Er umgibt das Bild, schützt es und bewahrt es erforderlichenfalls vor Verwerfungen. Zeichnungen, Drucke, Aquarelle und nicht gefirnißte Temperabilder sollten darüber hinaus mit Glas vor Staub und Feuchtigkeit geschützt werden; das Glas darf jedoch die Bildoberfläche nicht berühren. Ölgemälde werden nur manchmal verglast. Zeichnungen, Drucke und Aquarelle werden üblicherweise in die als Passepartout bekannten Kartonfensterrahmen gegeben.

Berufsmäßige Rahmenhersteller sind erfahrene Handwerker, die mit kompliziertem, für den Künstler normalerweise nicht verfügbarem Werkzeug arbeiten. Die Rahmenvergoldung ist ebenfalls eine handwerkliche Kunst, bei der es zur Erzielung eines guten Ergebnisses vieler Übung und Erfahrung bedarf, obwohl Werkzeuge und Arbeitstechniken an sich einfach sind.

Dennoch kann sich der Künstler selbst gute Rahmen herstellen. Er braucht nur wenig Werkzeug und Arbeitsfläche, bedarf aber einiger Übung, um gut passende Eckverbindungen schaffen und dem Holzrahmen eine ansehnliche Oberflächenstruktur verleihen zu können.

Die richtige Rahmenstruktur läßt sich nur durch Versuche herausfinden; es ist ja gerade der Vorteil des selbstgebauten Rahmens, daß der Künstler seine Struktur und Farbe genau auf seine Gemälde und Zeichnungen abstimmen kann. Rostfreie Metallrahmen lassen sich leichter als Holzrahmen zusammensetzen, sind aber sehr teuer (siehe Abb.). Für moderne oder experimentelle Arbeiten eignen sie sich besonders gut. Die im traditionelleren Stil angefertigten Gemälde und Zeichnungen kommen gewöhnlich im Holzrahmen besser zur Geltung.

Es gibt eine Menge von Rahmenbausätzen in Ausführungen aus Holz, Metall, Kunststoff oder Kunstglas, und die meisten davon lassen sich leicht zusammensetzen (siehe Abb.). Bilder lassen sich auch mit verschiedenen Klammern rahmen, wie sie teilweise auch im Büro verwendet werden (siehe Abb.).

Wahl der Holzrahmenformen Der Rahmen sollte nicht nach seinem Aussehen, sondern danach ausgewählt werden, wie er zum Bild paßt. Das Bild bestimmt nicht nur seine Form und Farbe, sondern auch seine Größe. Rahmen für Zeichnungen und Drucke, die üblicherweise im Passepartout stecken, sollten schmal sein. Breite Rahmen verwendet man eher für großflächige, auffallende Öl-, Acryl- und Temperagemälde.

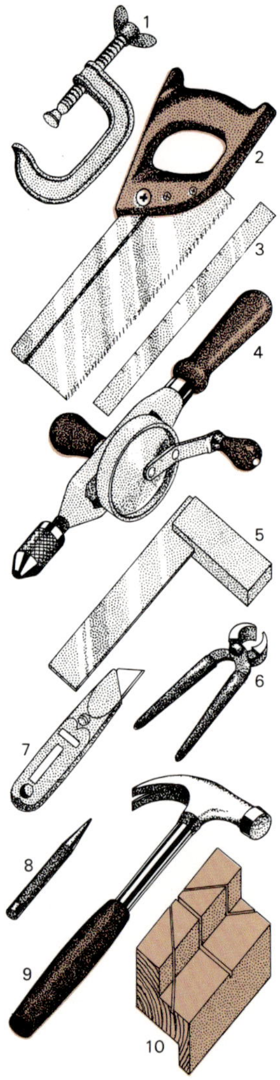

Werkzeuge zum Rahmen
1. *Schraubzwinge* **2.** *Fuchsschwanz* **3.** *Metallineal* **4.** *Handbohrer* **5.** *Anschlagwinkel* **6.** *Zange* **7.** *Universalmesser* **8.** *Körner* **9.** *Tischlerhammer* **10.** *Gehrungslehre.*

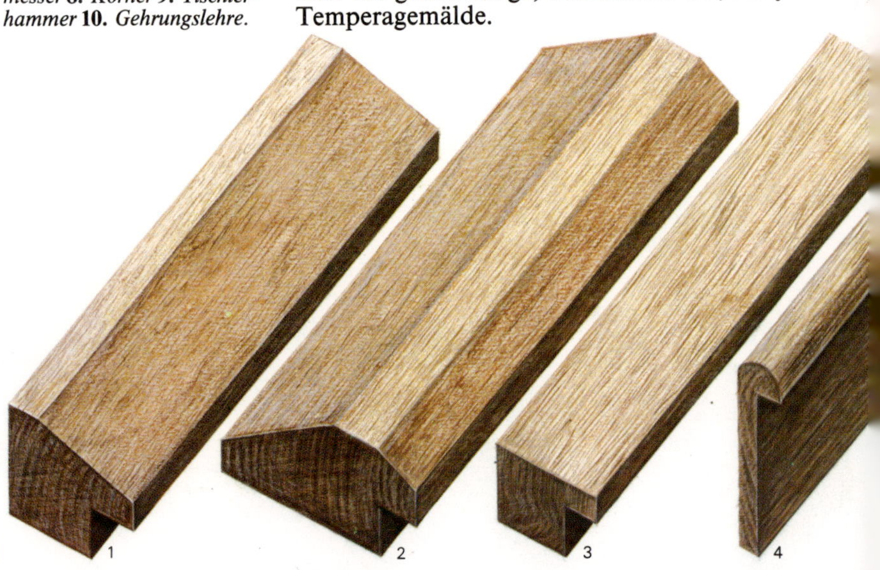

Bei der Auswahl der Rahmenform muß darauf geachtet werden, daß der Falz (siehe Abb.) tief genug zur Aufnahme des zu rahmenden Werkes ist. Ein zu flacher Falz erschwert die Befestigung eines starken Keilrahmens oder einer ähnlichen Bildhalterung und führt dazu, daß der aufgehängte Rahmen von der Wand weggedrückt wird.

Bild ausmessen Auch wenn die Bildgröße an sich bekannt ist, mißt man sie nochmals auf allen vier Seiten nach. Holzteile oder Keilrahmen ziehen sich oft noch zusammen, oder das Bild ist durch starkes Verkeilen gedehnt worden. Bei aufgespannter Leinwand muß geprüft werden, ob sie tatsächlich ein exaktes Rechteck bildet. Man halte sich an die Handwerkerregel „Miß zweimal und schneide einmal".

Zwischen dem Leinwandspannrahmen oder der Paneelkante und dem Rahmenfalz muß immer ein freier Zwischenraum bleiben, ein zu enges Einpassen ist zu vermeiden. Temperatur- und Feuchtigkeitsveränderungen – speziell beim Standortwechsel – können eine Ausdehnung des Spannrahmens verursachen, und dafür muß Platz vorhanden sein (siehe Abb.). Auch Kartonrahmen und Paneele brauchen Platz zum „Atmen". Für kleinere Arbeiten gibt man jeweils 6 mm zu. Für eine Bildgröße von 508 × 609 mm erhält man so Rahmenfalzabmessungen von 514 × 615 mm. Für Karton-Fensterrahmen genügt meistens ein Spiel von je 3 mm.

Man schneidet aus Kork oder weichem Holz kleine Abstandsklötzchen, fügt sie in den Zwischenraum zwischen Keilrahmen und Rahmenfalz ein und befestigt sie mit Furniernadeln.

Maßzahlen notieren Vor Arbeitsbeginn notiert man sich zweckmäßigerweise alle benötigten Maßzahlen und sonstigen Einzelheiten für die Rahmung. Besonders wichtig wird dies, wenn mehrere Rahmen auf einmal angefertigt werden sollen. Dabei gibt man immer zuerst die Höhe und dann die Breite an.

Ein Beispiel dieser Angaben könnte so aussehen:

Gemälde:	508 × 609 mm
Rahmen:	514 × 615 mm halbrund konkav, 5 cm stark
Behandlung:	Bemalen oder mit Farbe einlassen

Gehrungen sägen Zur leichteren Verarbeitbarkeit sollte man die Rahmenhölzer zunächst etwas länger als nötig grob zuschneiden. Dabei muß die Länge immer nach den Außenkanten des Rahmenholzes abgemessen werden, die stets länger als die Innenkanten sind. Für das Zuschneiden der Ecken verwendet man eine Gehrungslehre und den Fuchsschwanz (siehe Abb.). Es empfiehlt sich, zunächst die längeren Seiten zuzuschneiden; macht man da-

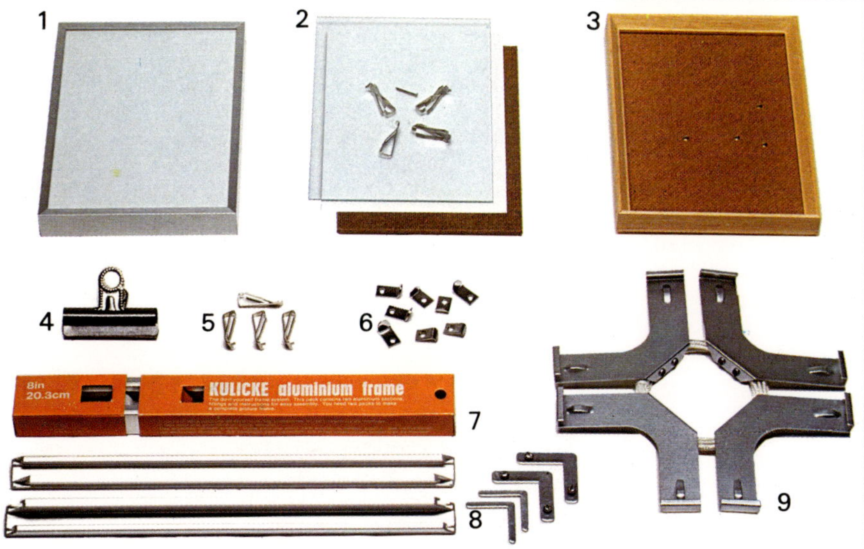

Oben **Fertigrahmen und Klammern 1.** *Emo-Metallwechselrahmen* **2.** *Emo-Rahmenset mit Glasscheibe, Faserplatte und einem Satz kleiner Klammern* **3.** *Fertigrahmen* **4, 5** *und* **6.** *Bulldoggen-, Feder- und Spiegelklammern* **7.** *und* **8.** *Metallrahmensets von Kulicke und Daler* **9.** *Verstellbarer Fertigrahmen.*

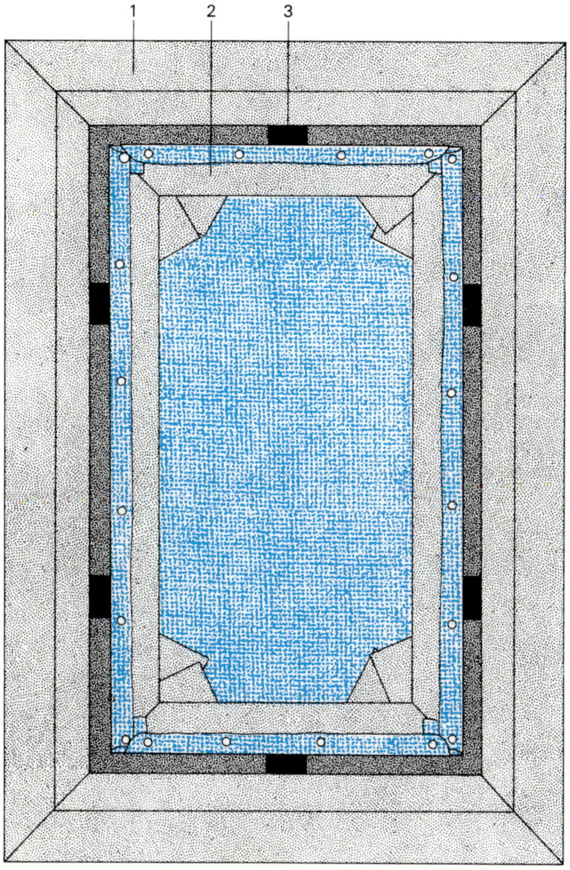

Links **Leinwand im Rahmen befestigen** *Der Leerraum zwischen Rahmen (1) und Leinwand (2) wird mit Distanzklötzchen (3) gefüllt.*

Unten **Gebräuchliche Rahmenformen** (von links nach rechts): Kasten; nach außen abgeschrägt; flach; halbrund; flach mit erhabenem Rand; Kasten; konkav; Verbundrahmen aus gehobelten Leisten und einem tragenden Formstück.

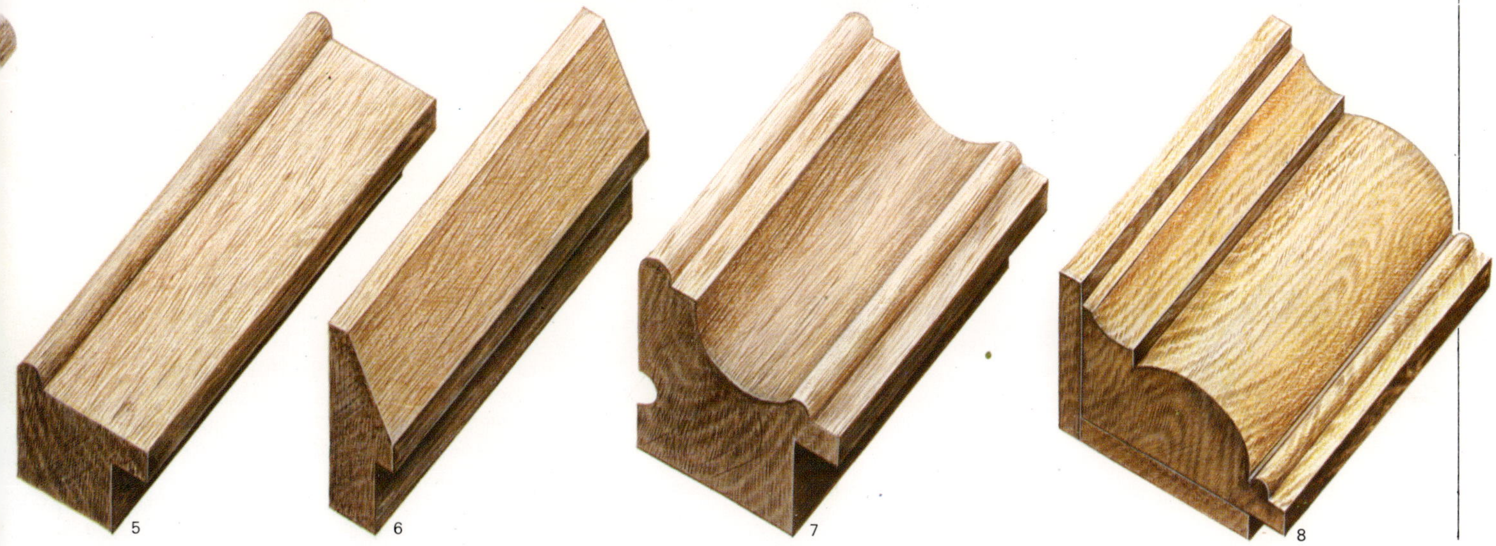

bei nämlich einen Fehler, so kann man sie immer noch als kurze Seite verwenden.

Müssen mehrere gleich große Rahmen angefertigt werden, so schneidet man je eine lange und eine kurze Seite sorgfältig und genau zu und markiert sie an einer Innenseite als Zuschneidemuster. Alle weiteren Teile werden dann nach ihnen ausgerichtet, zugeschnitten und auf richtige Länge überprüft. Keinesfalls sollte man das zuzuschneidende Stück jeweils anhand des gerade vorher geschnittenen ablängen, denn dadurch entstehen allmählich immer größer werdende Fehler.

Rahmen zusammensetzen Man achte darauf, daß man nicht versehentlich zwei kurze oder zwei lange Rahmenseiten aneinandersetzt, was gerade bei fast quadratischen Rahmen leicht passieren kann. Man notiert in diesen Fällen die Längen am besten auf die Rückseiten der Rahmenteile.

Man kann sich die Arbeit erleichtern und insbesondere die beiden letzten Eckverbindungen beim Einsetzen des vierten Rahmenstücks besser ausrichten, wenn man mit Eckverbindungszwingen arbeitet; unbedingt nötig ist dies aber nicht.

Größe und Anzahl der Nadeln oder Nägel zum Sichern einer Eckverbindung ist abhängig vom Gewicht und von der Form des Rahmens. Zwei Nadeln braucht man jedoch mindestens. Nimmt man nur eine, so wirkt sie als Drehpunkt; erst die zweite stellt die Ecke ruhig. Wo zusätzlicher Halt erforderlich ist, kann eine weitere Nadel im rechten Winkel über die beiden ersten eingetrieben werden. Längen, Winkel und Position der Nadeln müssen den Konturen und der Stärke des Rahmens sowie eventuell des Glases angepaßt werden. Man achte sorgfältig darauf, daß die Nadeln nie so eingetrieben werden, daß die Spitze vorne beim Rahmen wieder herausschaut.

Zusammengesetzte Formstücke Breitere Rahmen können aus einzelnen Formstücken von präpariertem oder unbehandeltem Holz zusammengesetzt werden.

Dabei ist es am besten, zunächst die inneren Formstücke zu schneiden und zusammenzusetzen

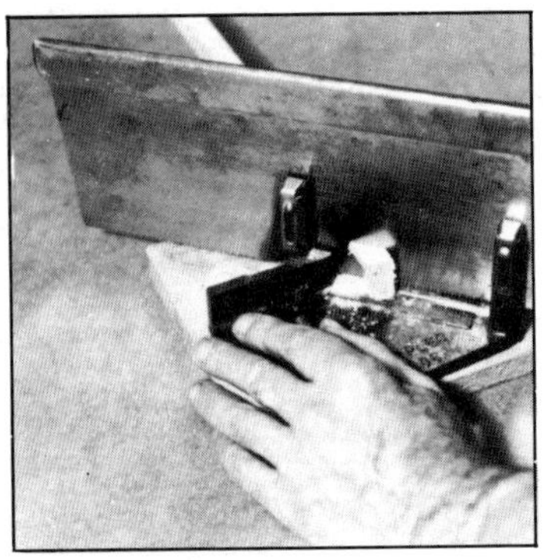

Gehrung schneiden 1. *Formstück in der Gehrungszwinge befestigen. Rechts und links Abfallholz anlegen, um Aussplittern zu vermeiden; erstes Ende zuschneiden.*

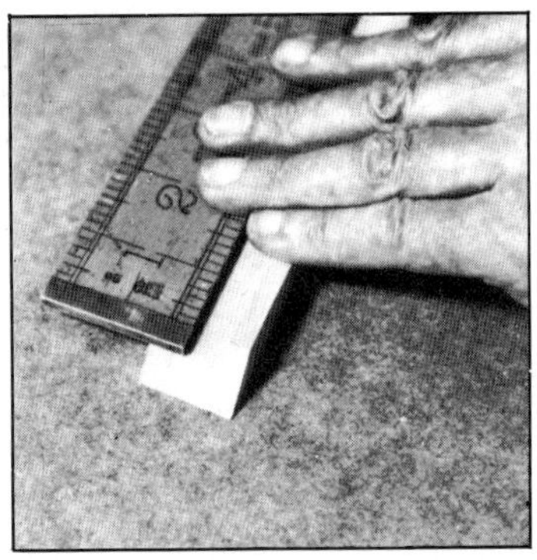

2. *Länge des Rahmenstückes von der Falzinnenkante aus abmessen.*

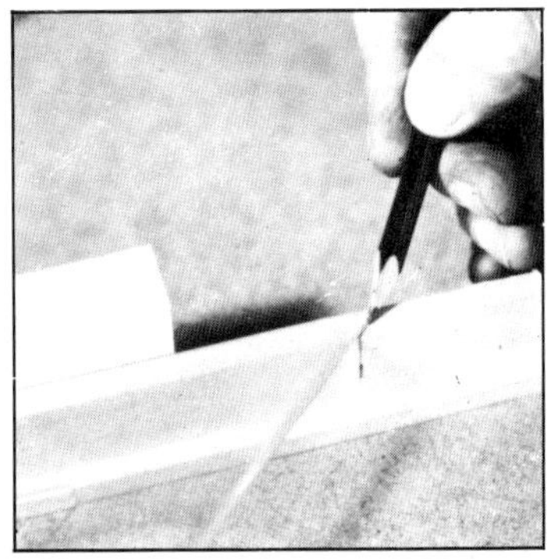

3. *Zweite Schnittstelle anzeichnen; da diese beim Sägen sichtbar bleiben muß, überträgt man sie mit Hilfe eines 45°-Dreiecks auf die Rahmenoberseite.*

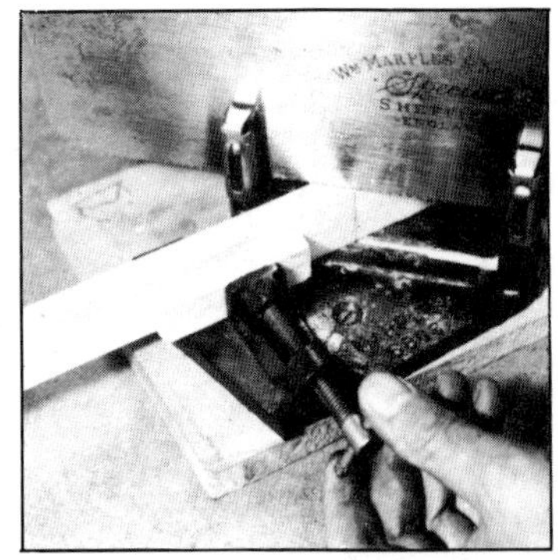

4. *Rahmenstück so in die Gehrungszwinge einklemmen, daß die Säge genau am Beginn des Abfallstücks ansetzt. Den Vorgang für die drei übrigen Rahmenseiten wiederholen.*

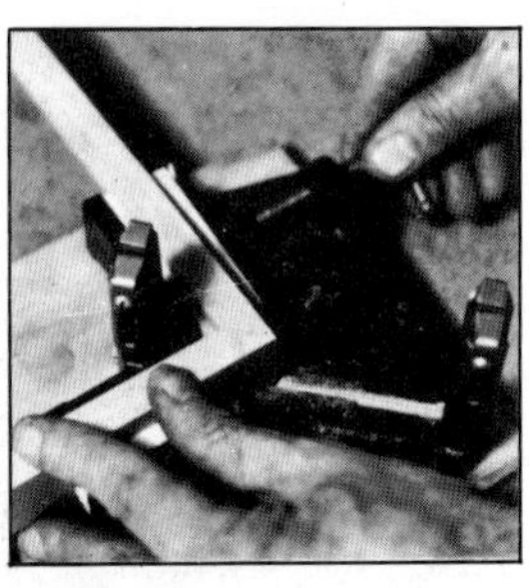

Rahmen zusammensetzen
1. *Lange und kurze Seite in der Gehrungszwinge L-förmig zusammensetzen, festklammern und auf richtigen Sitz prüfen.*

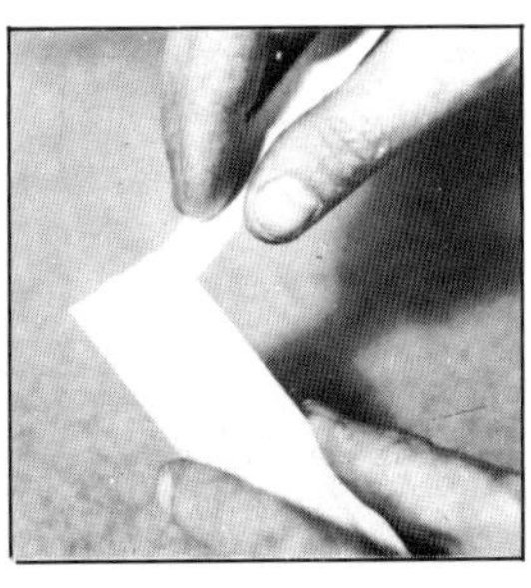

2. *Zwinge öffnen, linke Leiste herausnehmen und Leim auf die Gehrung auftragen.*

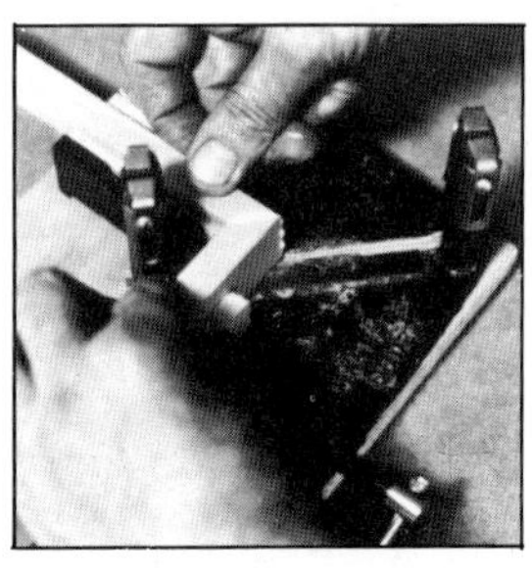

3. *Linke Leiste wieder einlegen, fest an die verbliebene Leiste andrücken und festklammern. Austretenden Leim wegwischen.*

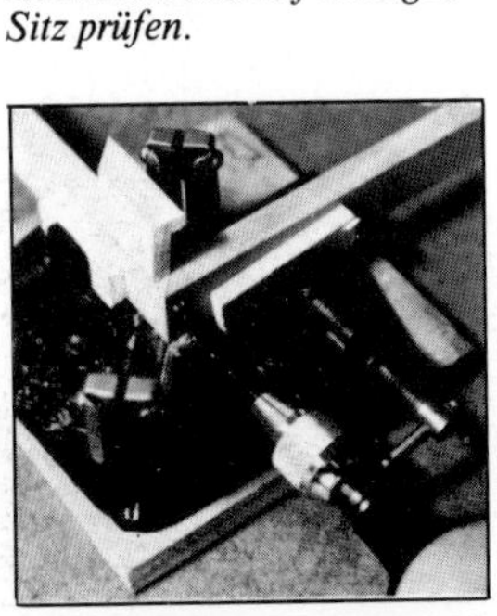

4. *Flache Löcher für die Heftstifte vorbohren, damit das Holz beim Einnageln nicht splittert.*

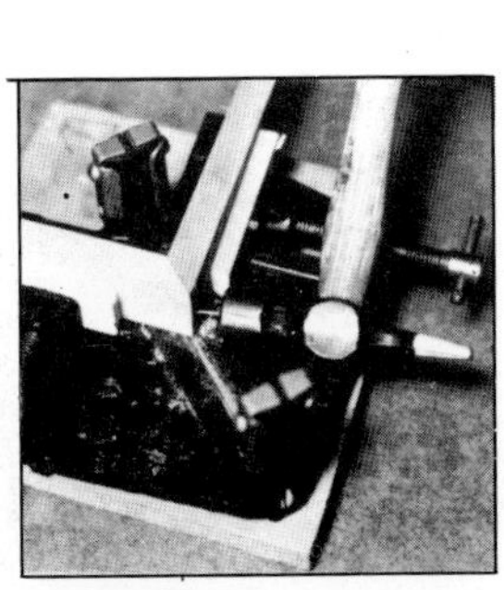

5. *Stifte leicht schräg nach außen einnageln. Die Splittergefahr wird dadurch herabgesetzt und die Verbindung kräftiger.*

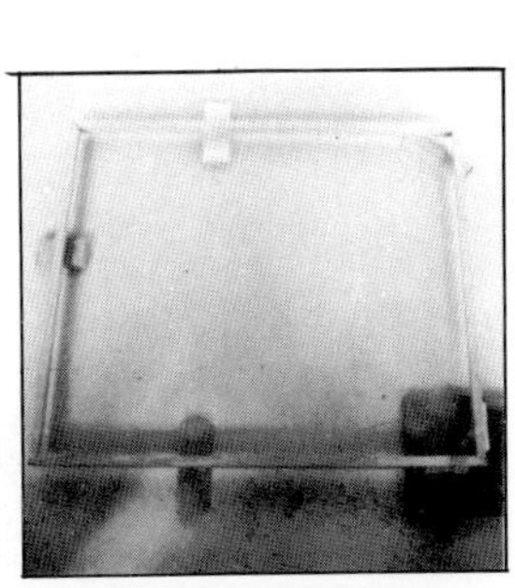

6. *Vorgang bei den beiden anderen Leisten wiederholen, dann beide L-Stücke zusammensetzen.*

und diese dann selbst wieder mit den äußeren Formstücken einzurahmen. Ausgemessen wird nach den bereits beschriebenen Grundsätzen. Die äußeren Formstücke kann man sorgfältig unter den Falz leimen und sie zusätzlich mit im Winkel eingenagelten Brettstiften sichern. Auch hier muß darauf geachtet werden, daß die Stifte nicht wieder vorne herauskommen.

Verbundrahmen dieser Art kann man sich aus beim Holz- oder Hobbyartikelhändler vorrätigen Formstücken selbst zusammenstellen. Mit etwas Geschick und Phantasie lassen sich aus unscheinbarem Rohmaterial attraktive Rahmen zusammenstellen.

Endbehandlung: Einige Rahmen, besonders die für Zeichnungen, bedürfen kaum einer Nachbehandlung, sofern das Holz fein gemasert und ansehnlich ist; man muß lediglich die Nagellöcher verspachteln und das Holz glattschleifen und einwachsen. Ist es zu hell, so kann es mit Lasurfarbe behandelt werden, die die Maserung nicht verdeckt. Die im Mal- oder Hobbygeschäft erhältlichen Lasurfarben trocknen schnell und sehen nach dem Wachsen gut aus. Lasuren oder Mischungen daraus sollte man zunächst an einem Abfallstück des Rahmenholzes auf ihre Wirkung hin ausprobieren, bevor man den Rahmen damit streicht.

Verbund- oder breite Ölbildrahmen bedürfen häufig einer anderen Behandlung. Die Maserung kann hier ablenkend wirken, und man sollte den Rahmen daher so mit Deckfarbe behandeln, daß ein guter Einklang mit dem Bild hergestellt wird. Dazu

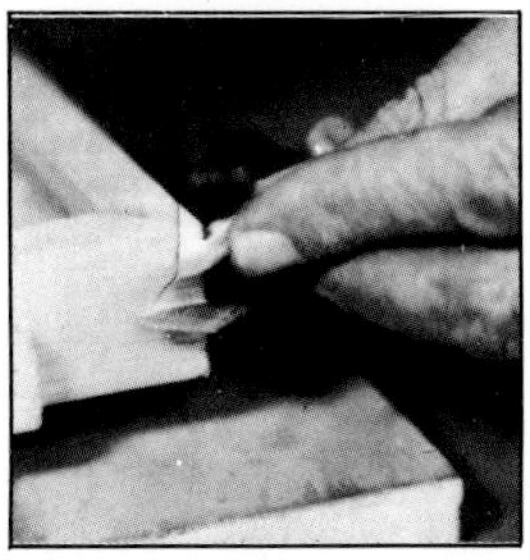

Weitere Möglichkeit der Eckverbindung 1. *Ecke zweimal einsägen, Leim in die Fugen geben und Furnierholz einschieben.*

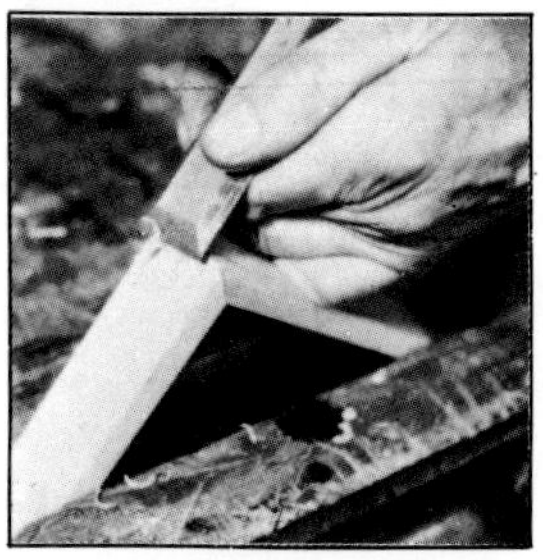

2. *Überstehendes Furnier wegschneiden und restlichen Überstand mit feinem Sandpapier planschleifen.*

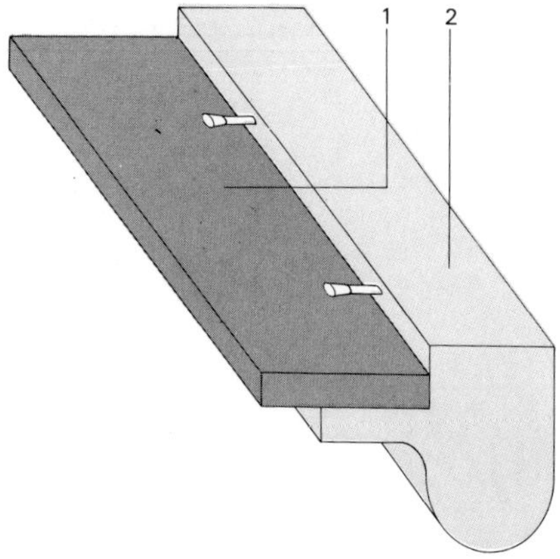

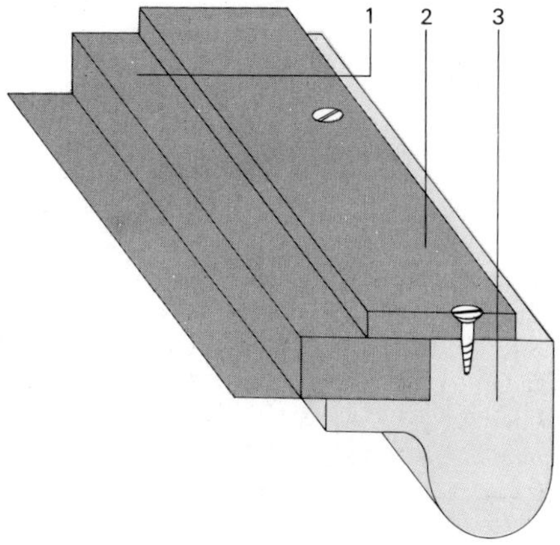

Oben links **Befestigung mit Nägeln** *Ein kleines Bild (1) kann man mit in den Rahmen (2) geschlagenen Nägeln befestigen.* Oben **Leisten** *Eine große Leinwand (1) kann man mit in den Rahmen (3) geschraubten Leisten (2) befestigen.*

sind sehr starke Farbtöne meist ungeeignet; kühle und gedämpfte Erdfarben sind meist – wenn auch nicht immer – für die Rahmen von Öl- und Temperagemälden am vorteilhaftesten.

Man kann den Rahmen preiswert und einfach mit gewöhnlicher Emulsionsfarbe bemalen, die man mit Farbpulver verändern oder färben und mit Wasser zur benötigten Dünnflüssigkeit anmischen kann. Diese Farbe trägt man am besten in mehreren relativ dünnen Schichten auf, wobei die vorangegangene Schicht jeweils trocken sein muß, bevor man mit der nächsten beginnt.

Will man den Rahmen transparenter wirken lassen, so kann man die trockene Farbe etwas abreiben oder mit einem Lappen über die noch feuchte Farbe wischen. Gleichgültig, ob man den ganzen Rahmen oder nur Teile davon bemalen will, die Farbe sollte in einem Zug auf alle vier Rahmenleisten aufgetragen werden, auch wenn man sie nachträglich teilweise wieder wegwischen will; verfährt man anders, so können Flecken und Farbunterschiede die Folge sein. Man sollte deshalb auch mehr Farbe anmischen, als man voraussichtlich benötigt.

Gesso ist eine weitere überlieferte und professionelle Art, einen Rahmen zu gestalten.

Bei Verbundrahmen bemalt man am besten die einzelnen Formstücke zunächst separat, läßt sie trocknen und setzt sie dann zusammen.

Verwendung von Geweben: An der Innenseite der Rahmen erscheinen oft noch Leinwandrahmenstreifen. Auch in der Mitte breiter Verbundrahmenleisten werden sie bisweilen verwendet. Um solche Gewebe zuzuschneiden und aufzukleben, braucht der Künstler Leim, ein Stahllineal und ein scharfes Messer.

Wenn ebene oder gebogene Rahmenmittelteile von Falzen der äußeren und inneren Formstücke überdeckt werden, so genügt es, das Gewebe auf die Breite des Mittelteiles zuzuschneiden. Grenzen die Formstücke dagegen glatt aneinander, muß das Ge-

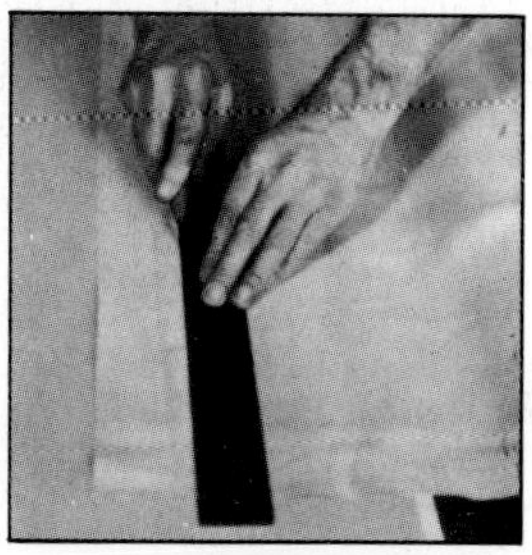

Leinwand auf Rahmenteile kleben 1. *Leinwandstücke mit Universalmesser etwas länger und breiter als das zu bedeckende Formstück zuschneiden.*

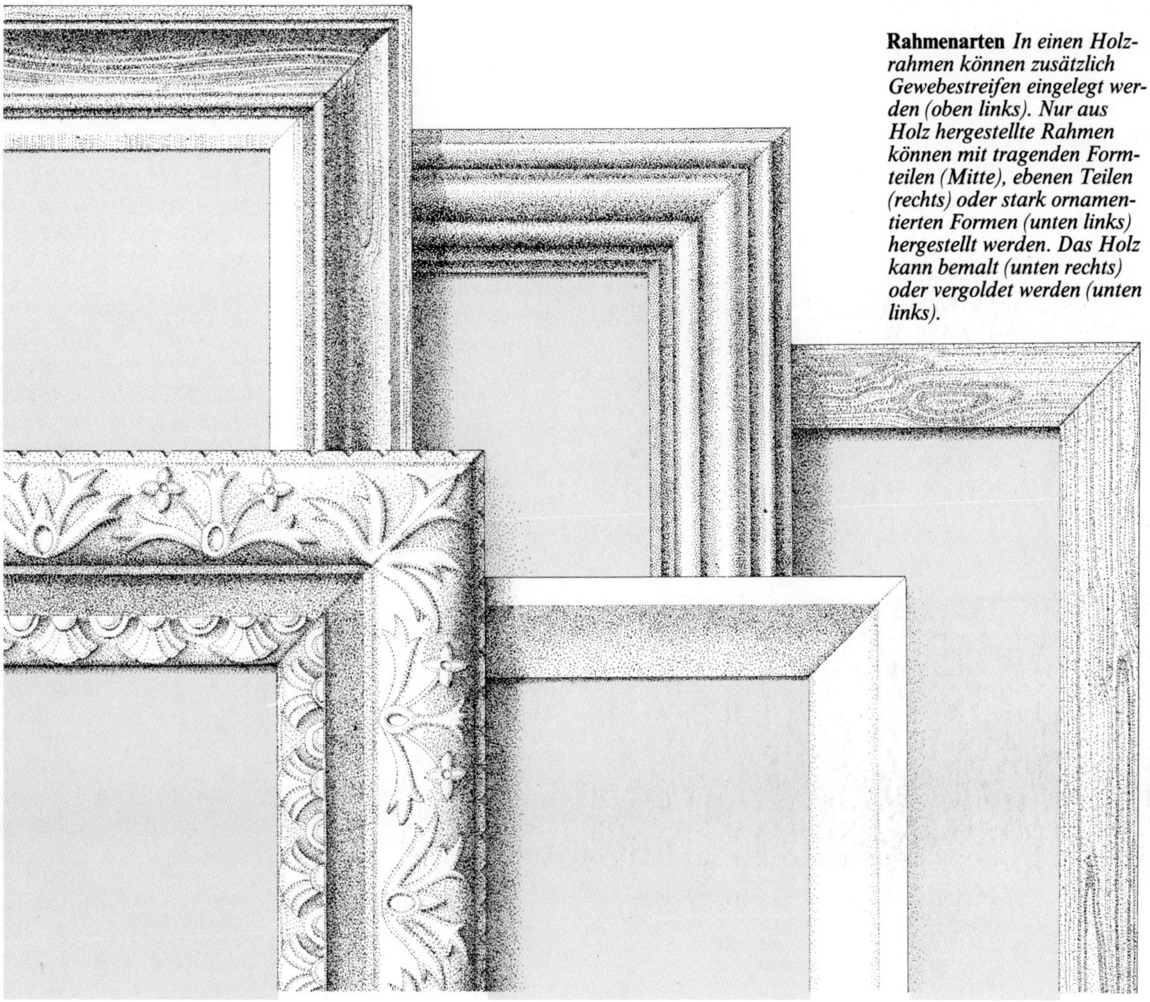

Rahmenarten *In einen Holzrahmen können zusätzlich Gewebestreifen eingelegt werden (oben links). Nur aus Holz hergestellte Rahmen können mit tragenden Formteilen (Mitte), ebenen Teilen (rechts) oder stark ornamentierten Formen (unten links) hergestellt werden. Das Holz kann bemalt (unten rechts) oder vergoldet werden (unten links).*

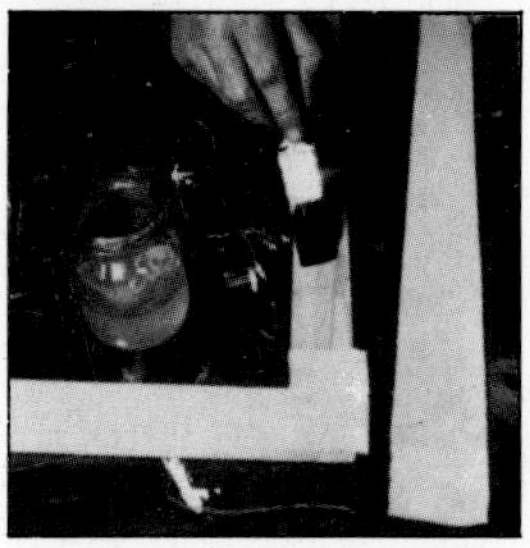

2. *Leim mit Pinsel auf Vorder- und Innenseiten des Formstücks auftragen. Gewebe auf der geleimten Fläche ausrichten und glätten.*

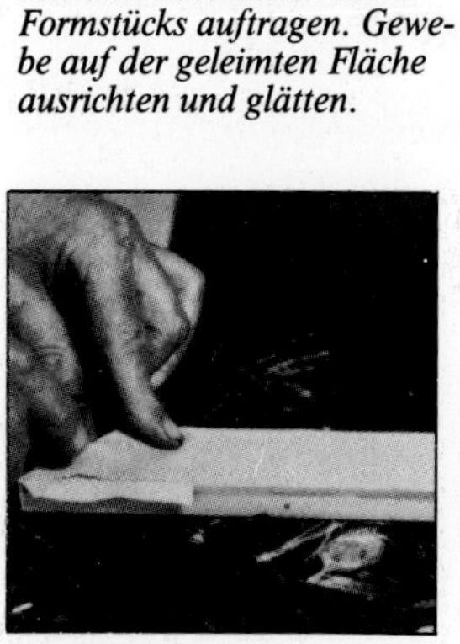

3. *Gewebe an der Gehrung so dicht wie möglich am Holz entlang abschneiden.*

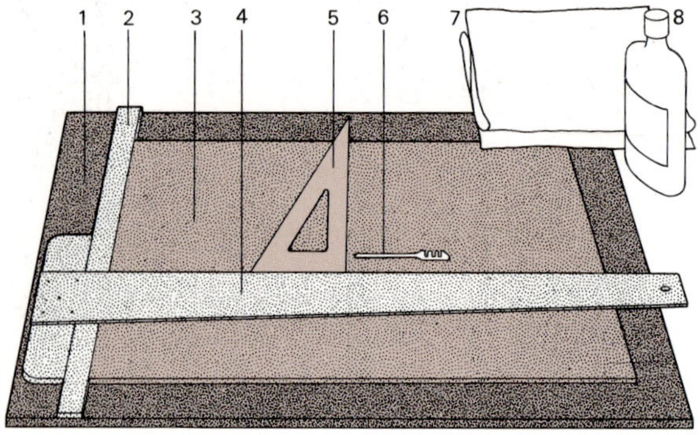

Oben **Ausrüstung und Werkzeug zum Glasschneiden** **1.** *Ebenes Brett mit* **2.** *aufgenagelter Anlegeleiste* **3.** *Bildglas* **4.** *Anschlagwinkel* **5.** *Dreieck* **6.** *Diamantglasschneider* **7.** *Tuch* **8.** *Glasreiniger.*

webe überstehend zugeschnitten und in der Stoßfuge zwischen den Formstücken verleimt werden.

Bildbefestigung im Rahmen: Kleinere Keilrahmen und Paneele kann man mit Heftstiften oder Springklammern im Rahmen befestigen. Große Leinwände werden rückseitig mit dünnen Holzleisten abgesichert, die so in den Rahmen geschraubt werden, daß sie den Keilrahmen überlappen. Ist der Rahmenfalz zu flach, so kann man ihn durch Aufnageln schmaler Leisten (Größe etwa 1,5 × 2,5 cm) vertiefen. Auch weiche, z-förmig zugebogene Metallstreifen aus Messing, Zink oder Aluminium können diesen Zweck erfüllen.

Zeichnungen und Drucke sollte man mit dünner, 3 mm starker Hartfaserplatte versteifen. Sperrholz eignet sich wenig, da es holzwurmanfällig ist und sich bei Feuchtigkeit verwirft. Karton und Pappe sind zu schwach.

Glas: Bildrahmenglas ist klarer als Fensterglas und schlierenfrei. Man wählt Stärke und Gewicht zur Rahmengröße passend aus (siehe Abb.).

Um Glas richtig zu schneiden, braucht man geeignetes Werkzeug (siehe Abb.), und man muß den Glasschneider mit dem richtigen Druck und im richtigen Tempo über die Glasoberfläche ziehen. Dies kann man nur durch Übung und dadurch lernen, daß man einem Fachmann bei der Arbeit über die Schulter schaut.

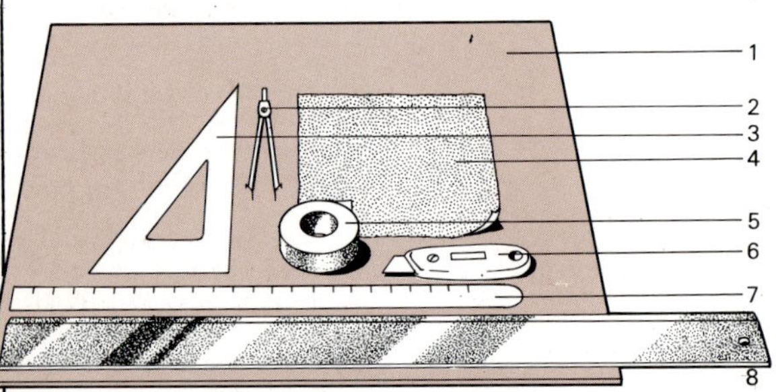

Links **Ausrüstung und Werkzeug zum Zuschneiden von Wechselrahmen** **1.** *Schneidbrett* **2.** *Stechzirkel* **3.** *Dreieck* **4.** *feines Sandpapier* **5.** *Maskierband* **6.** *Universalmesser* **7.** *langes Stahllineal* **8.** *langes Anlegelineal.*

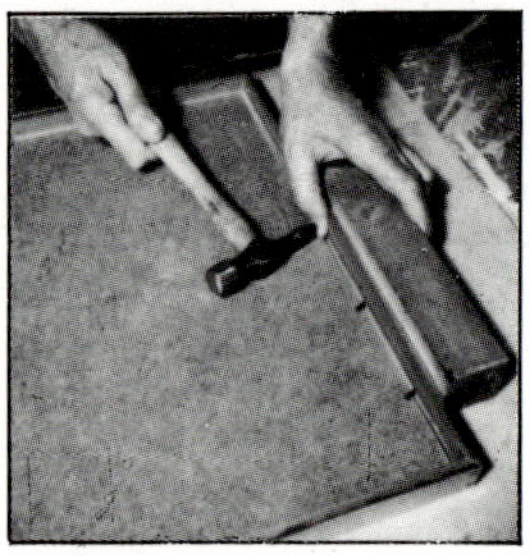

Hartfaserplatte auf der Rahmenrückseite befestigen
1. *Platte in den Rahmen einlegen und Nägel im leichten Winkel zur Platte einschlagen.*

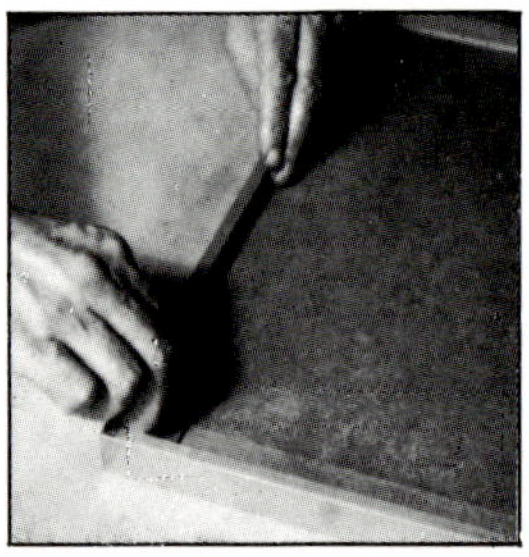

2. *Gummierband zuschneiden und über Rahmenkante, Nägel und Platte kleben.*

Aufziehen

Passepartouts Aquarelle, Zeichnungen und Drucke legt man gewöhnlich vor dem Rahmen in Passepartouts (Fensterrahmen) ein. Sie umrahmen das Bild und verhindern, daß es mit dem Glas in Berührung kommt. Mit Passepartouts kann man auch ungerahmte Arbeiten ausstellen und schützen, die zum Verkauf oder zur Veröffentlichung bestimmt sind. Man kann sie mit dem nötigen Werkzeug leicht selbst herstellen.

Rahmenkarton wird in vielen Farben angeboten, unter denen man nach eigenem Geschmack auswählen kann. Weißer Karton neigt dazu, helle Farben und feine Tonabstufungen blaß wirken zu lassen. Schwarzer Karton wirkt bei Aquarellen oder anderen zurückhaltend farbigen Originalen zu dominierend. Für Bilder dieser Art eignen sich am besten leicht beige- oder andere hellfarbige Wechselrahmen, die nicht zu sehr von den Farben des Motivs ablenken. Dunkelfarbige Kartons passen am besten zu dunklen, farbreichen oder dramatischen Drucken oder Zeichnungen.

Der Künstler muß entscheiden, ob der Wechselrahmen die Bildkanten abdecken soll oder er noch etwas Papier zwischen Motiv und Rahmen sichtbar lassen will. Bei Zeichnungen oder Drucken läßt man gewöhnlich ringsum einen solchen kleinen, nur unten für Signierung und Titel etwas größeren Zwischenraum stehen. Aquarell- und Guaschbilder sehen dagegen besser aus, wenn das Passepartout die Bildkanten gerade überlappt.

Das „Fenster" des Wechselrahmens sollte immer leicht oberhalb von der Rahmenmitte angeordnet werden. Wird es genau mittig herausgeschnitten, so hängt es optisch zu weit unten.

Schützt ein Passepartout ein sonst ungerahmtes Bild, so kann die Bildoberfläche durch ein Stück zwischen sie und den Fensterausschnitt gelegter klarer, dünner Kunststoffolie zusätzlich geschützt werden.

Trockenes und nasses Aufziehen Auf Papier angefertigte Zeichnungen, Drucke und Gemälde können auf Karton aufgezogen werden. Besonders gewerbliche Graphiker und Künstler ziehen ihre Zeichnungen so auf und schützen sie mit Deckblättern.

Trockenes Aufziehen – gewöhnlich bei Photographien angewendet – ist bei jeder Papierart möglich. Man verwendet dazu gewöhnlich eine beheizbare Spezialpresse, kann das gleiche Ergebnis aber auch mit dem Bügeleisen erzielen (siehe Abb.). Zum nassen Aufziehen verwendet man Gummi- oder Sprayleim (siehe Abb.).

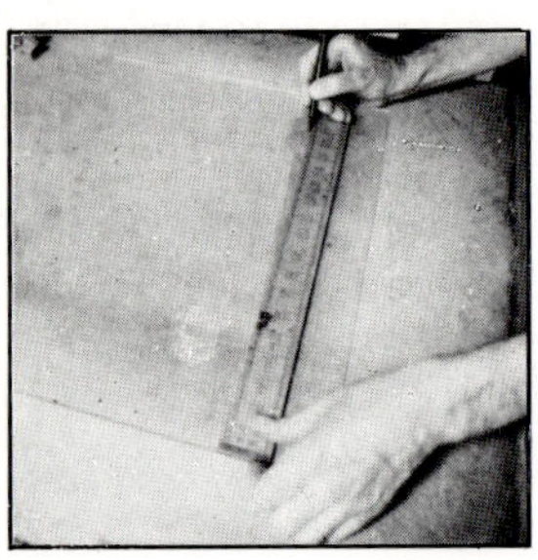

Glas schneiden 1. *Lineal auf Glasplatte legen und Schneidkante mit Filzstift oben und unten markieren.*

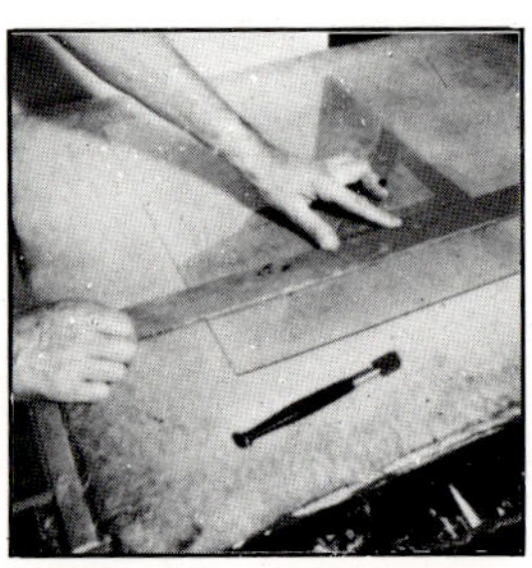

2. *Mit Hilfe des rechtwinkeligen Dreiecks das Schneidlineal an den Markierungen ausrichten.*

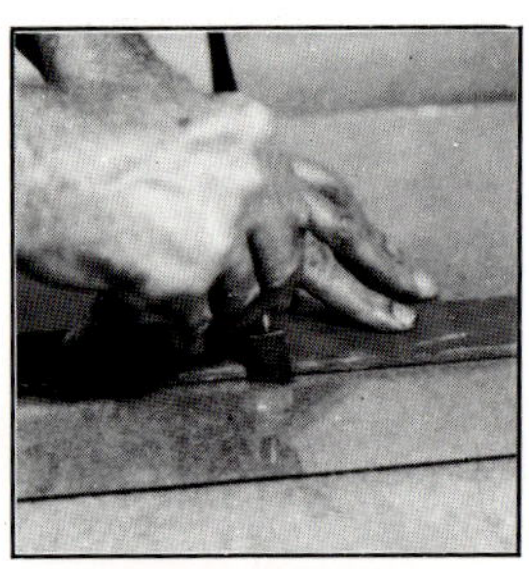

3. *Glasschneider hinten ansetzen und vorziehen; dabei fest, aber nicht zu fest aufdrücken.*

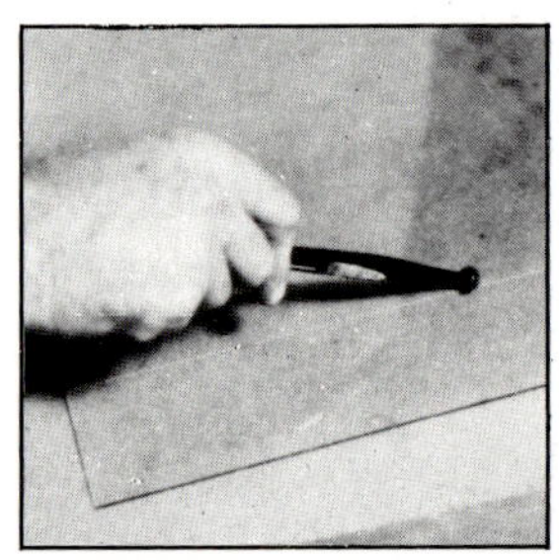

4. *Schnittlinie mit dem Griff des Schneiders leicht anklopfen.*

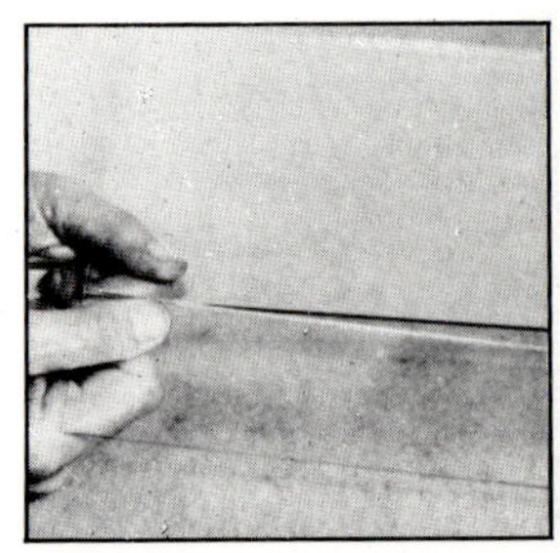

5. *Platte dicht rechts und links der Schnittstelle mit den Fingern fassen und an der Schnittlinie auseinanderbrechen.*

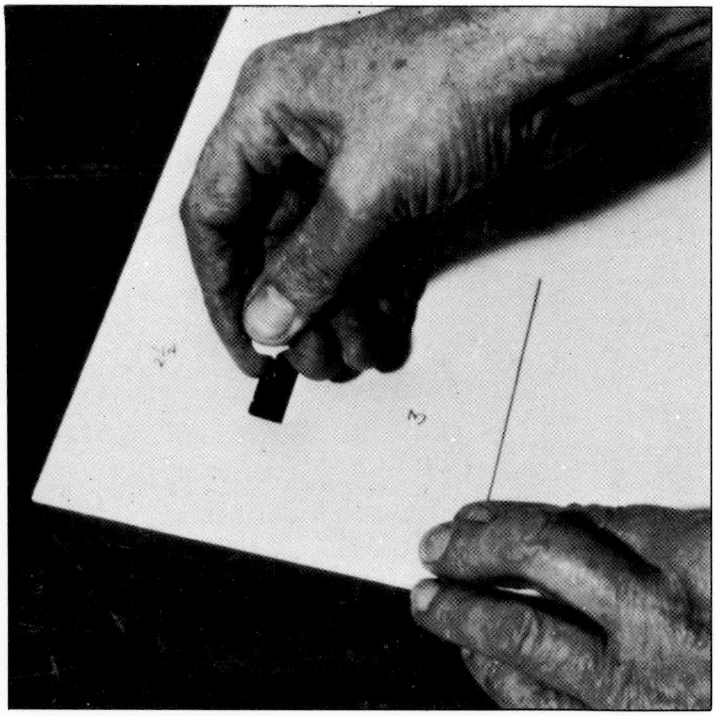

Fensterrahmen zuschneiden 1. *Hat man die Randbreite festgelegt (hier 64 mm oben und seitlich und 76 mm unten), schneidet man den Karton auf die richtige Größe zu. Ein Loch in ein Stück Pappe stechen, von ihm aus die Randbreiten abmessen und markieren und Pappe zuschneiden. Pappe bündig an jede Kartonecke anlegen und mit der Markiernadel durchs Loch stechen.*

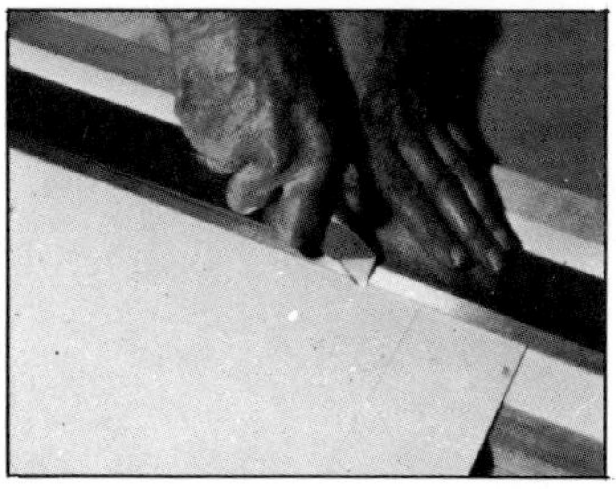

2. *Die vier Nadelstiche markieren die Ecken des Sichtfensters. Mit im 45°-Winkel gehaltenem Universalmesser Karton von Loch zu Loch durchschneiden.*

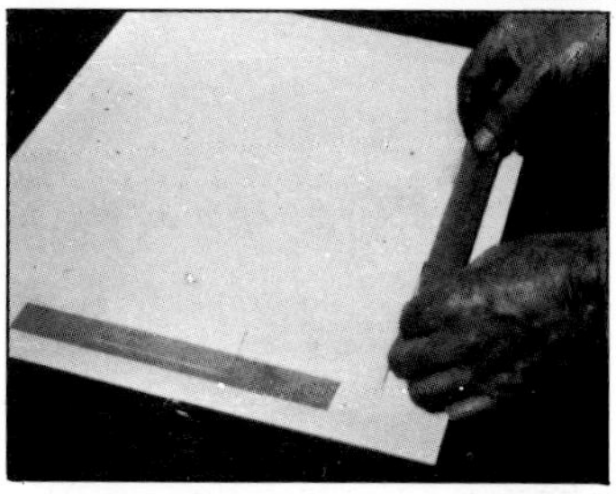

3. *Bild zur Prüfung probeweise unter das Fenster legen. Bild auf der Rückseite des Fensters mit Kartonstreifen und darübergeklebtem Gummierband so befestigen, daß diese die Bildkanten überlappen.*

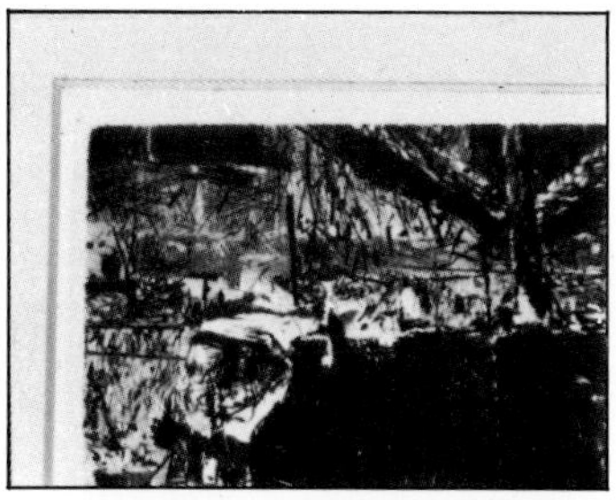

4. *Bild im Fensterrahmen, an welchem der 45°-Schrägschnitt erkennbar ist. Man probiert diese Schnitttechnik am besten zunächst auf Abfallkarton aus.*

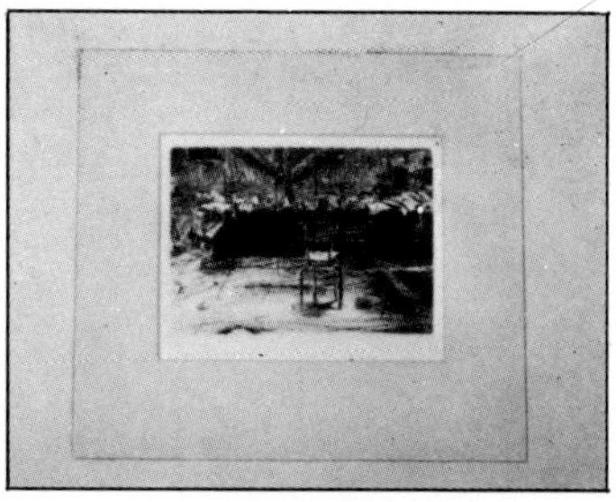

5. *Das gerahmte Bild. Bei Drucken und Zeichnungen beläßt man üblicherweise einen kleinen Papierfreiraum bis zum Fensterrahmen, der unten für Titel und Signierung etwas breiter ist.*

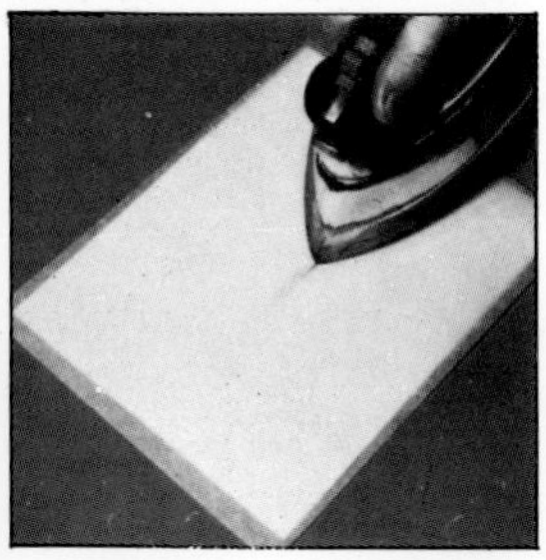

Trockenes Aufziehen mit Bügeleisen 1. *Schellackblatt mit leichtem Überstand zuschneiden und mit der Spitze des Bügeleisens in der Mitte der Bildrückseite festheften.*

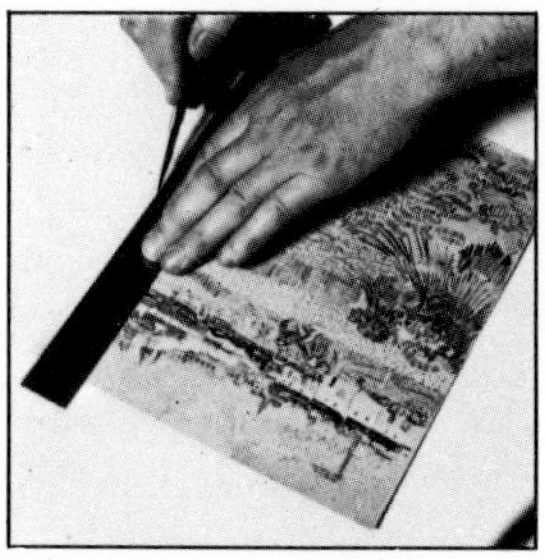

2. *Überstand mit Skalpell und Stahllineal genau auf Größe des Drucks wegschneiden.*

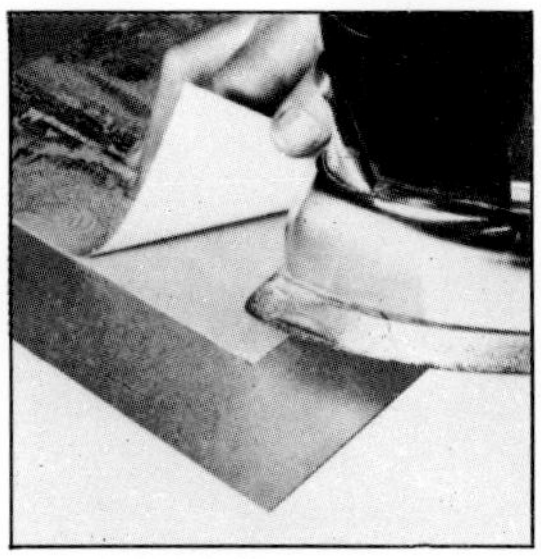

3. *Druck auf Rahmen auflegen und das Schellackgewebe an den Ecken mit mittlerer Hitze auf dem Rahmen festheften.*

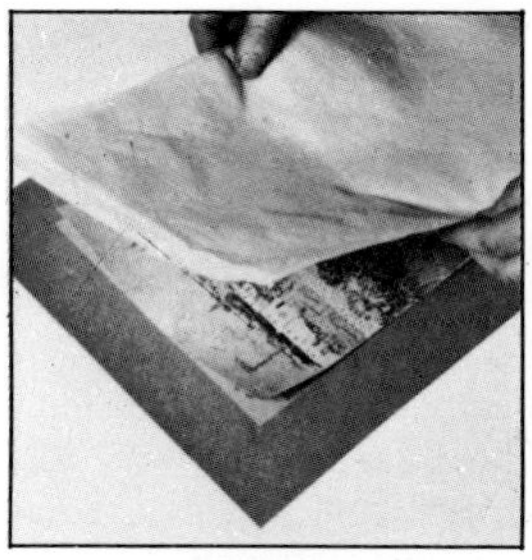

4. *Druck mit hitzefestem Papier schützen.*

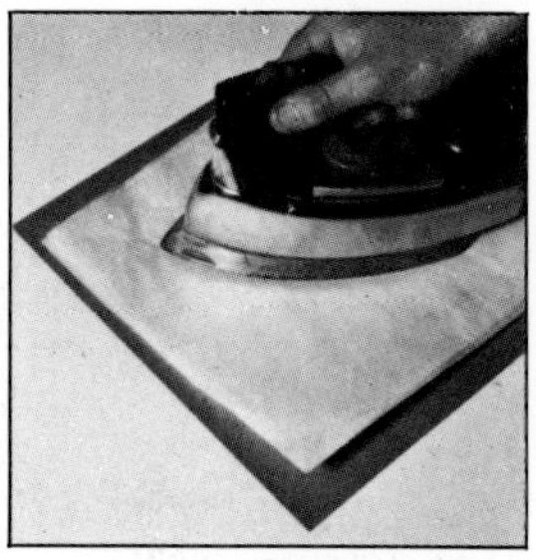

5. *Mit gleichmäßig starkem Druck von innen nach außen über das Papier bügeln.*

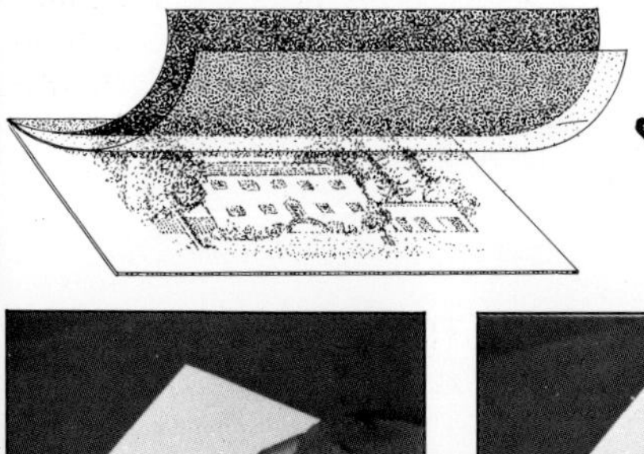

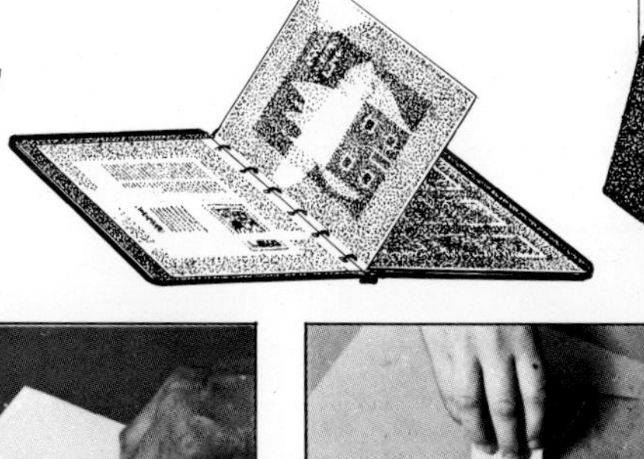

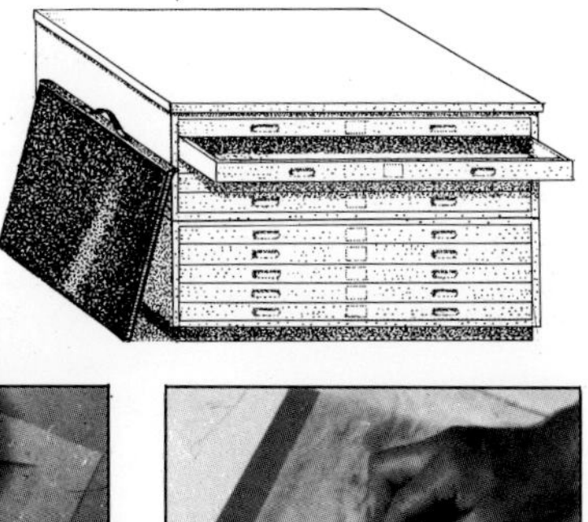

Schutz der fertigen Arbeit *Kartonrahmen mit Acetat- und Papierabdeckung für den kurzzeitigen Schutz (links außen). Für den kommerziellen Graphiker sind Loseblatt-Einlegemappen ideal (Mitte). In einem Schubladenschrank (rechts daneben) kann man größere Mengen von Bildern unterbringen.*

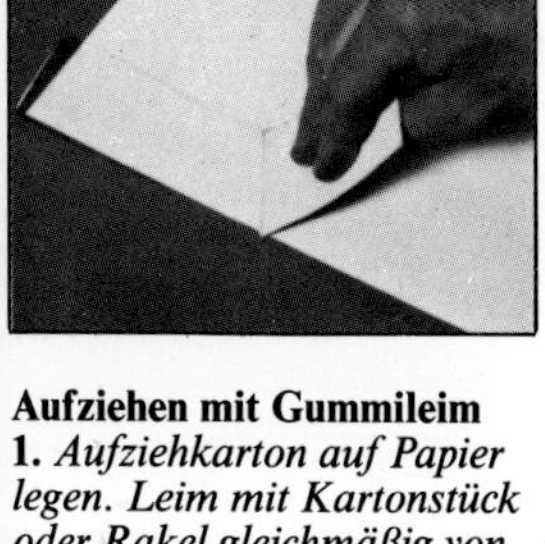

Aufziehen mit Gummileim 1. *Aufziehkarton auf Papier legen. Leim mit Kartonstück oder Rakel gleichmäßig von oben nach unten ziehen.*

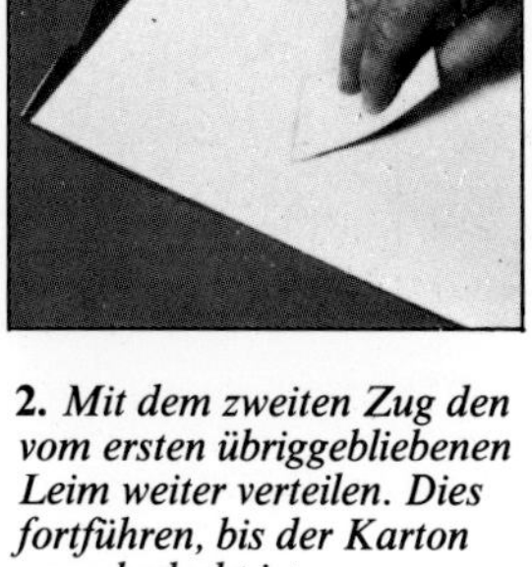

2. *Mit dem zweiten Zug den vom ersten übriggebliebenen Leim weiter verteilen. Dies fortführen, bis der Karton ganz bedeckt ist.*

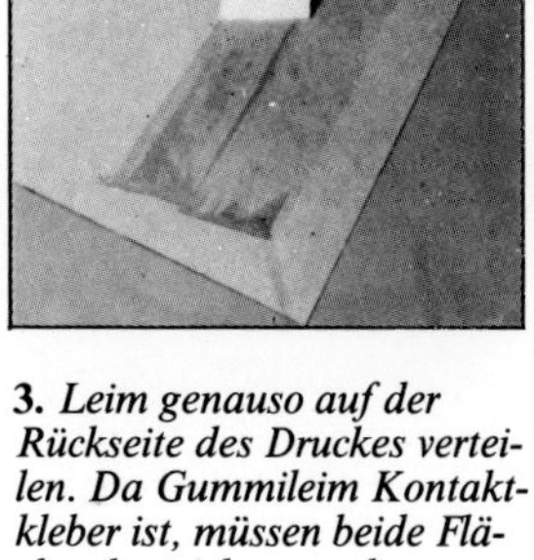

3. *Leim genauso auf der Rückseite des Druckes verteilen. Da Gummileim Kontaktkleber ist, müssen beide Flächen bestrichen werden.*

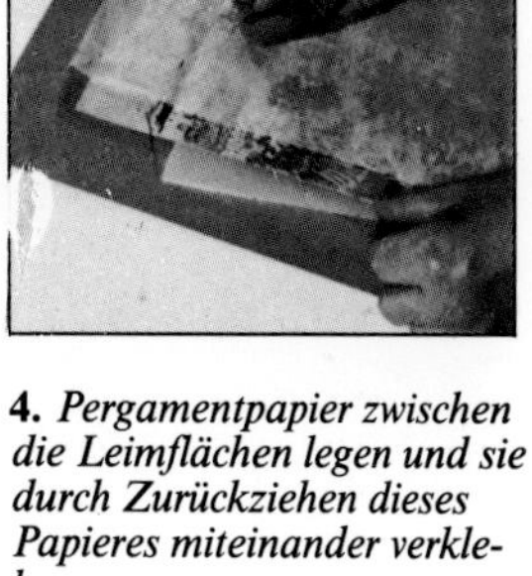

4. *Pergamentpapier zwischen die Leimflächen legen und sie durch Zurückziehen dieses Papieres miteinander verkleben.*

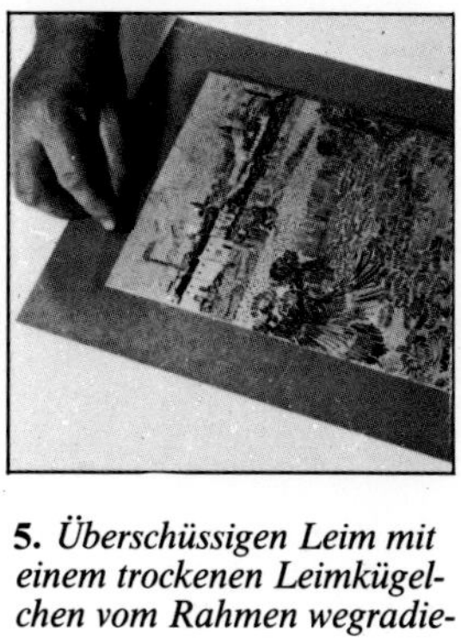

5. *Überschüssigen Leim mit einem trockenen Leimkügelchen vom Rahmen wegradieren.*

Begriffs-erläuterungen

A

Acryl Ein Polymer auf Kunstharzbasis. Acrylfarbe besteht aus Pigment in Acryllösung und trocknet zu einem zähen, ungiftigen und flexiblen Film. Acryllösung wird hauptsächlich als Farbträger, aber auch als Firnis für Acrylgemälde verwendet.
Alchimie Die Chemie früherer Zeit, besonders des Mittelalters, die vor allem versuchte, Gold aus unedlen Metallen herzustellen.
Alizarin Teerfarbstoff zur Herstellung von Farbpigmenten.
Alla prima Maltechnik zur Fertigstellung eines Bildteiles in einem einzigen Arbeitsgang.
Amylacetat Aus Amylalkohol gewonnenes Lösemittel für Kunststoffe.
Aquatinta Ein Kupferstichverfahren zur Erzielung feiner Töne durch Aufstreuen von Kunstharzpulver auf die Platte vor dem Säurebad.
Ätzen Aus einer Metallplatte mit Säure Vertiefungen herausarbeiten.
Ätzkalk Entsteht durch Brennen von kristallinem Kalkstein.
Auftupfen Mal- oder Graviertechnik mit nebeneinandergesetzten (Farb-) Punkten.
Ausblühung Bildung weißer Kristalle durch Eindringen von Feuchtigkeit in bemalte Wände – speziell in Ziegel, Platten und unverputzten Gips.

B

Baryt Ein weißlich-durchscheinendes Bariummineral, verwendet zur Farbherstellung und als Grundstoff von Färbemitteln.
Beständigkeit Farben oder Färbemittel, deren Farbkraft und -intensität wegen Qualitätsmängeln durch Lichteinwirkung oder andere Natureinflüsse nachläßt, werden als nicht beständig bezeichnet.
Bindeeigenschaften Bei Papier: Art der Oberfläche, die für die Farbhaftung auf dem Papier von Bedeutung ist.
Bindemittel Oberbegriff für alle Bindestoffe, Verflüssigungsmittel und Bindekörper, die zusammen mit dem Pigment die Farbe bilden.
Bitumen Teersubstanz, die früher als Ölfarbe verwendet wurde. Heute wegen ihrer Neigung zum Nachdunkeln und zur Rißbildung ungebräuchlich.
Bolus Rötliches Tonmineral. Wird als Grund für Blattgold verwendet.

C

Chiarusco Halbtonbildung durch Wischtechnik.
Chinesische Rußtusche Tiefschwarze Tusche.
Chinesischweiß s. Zinkweiß.
Chlorophyll In Pflanzen vorkommendes grünes Pigment.

D

Dammar Weichharz zur Verwendung als Firnis.
Deckkraft Die Fähigkeit eines Pigments, eine Oberfläche vollkommen zu verdekken.
Distemper Wasserlösliche Farbe mit Eigelb oder Leim als Bindemittel. Meist für Innenwanddekoration verwendet.
Durchschlagpapier Papier mit Farbschicht zum Übertragen einer Zeichnung auf einen anderen Untergrund.

E

Eiemulsion Eiweiß-Tempera-Farbträger.
Eigenfarbe Die typische Farbe eines Objekts ohne Verfälschung durch getöntes Licht oder reflektierende Nachbarfarben. Beispiel: das Gelb der Zitrone.
Eisenoxid Mineral zur Herstellung vieler gelber und roter Farbpigmente von hoher Farbbeständigkeit.
Email Emailpigmente werden aus Silikaten hergestellt, auf verschiedene Weisen auf Metalloberflächen aufgebracht und bei hoher Temperatur eingebrannt.
Emulgatoren Katalysatoren zur Bildung von Trägerflüssigkeiten aus Wasser, Öl und Firnis.
Enkaustik Maltechnik, bei der die Farbe entweder eingebrannt wird (Lehmfarbe im Ziegel) oder bei welcher heißes Wachs als Träger verwendet wird.
Erdfarben Pigmente aus Mineralien wie Ocker, Siena und Umbra.
Erhaben In der Drucktechnik: hochstehende Plattenteile, die die Farbe aufnehmen.

F

Falz Beim Bildrahmen: Einschnitt auf der Rückseite zur Aufnahme des Bildträgers.
Farbtonwert Dichtewert einer Farbe, bestimmt anhand einer Grautonskala.
Fase Berührungslinie von rechtwinkelig aneinanderstoßenden (Holz-) Ecken.
Figürliche Malerei Sammelbegriff für nicht abstrakte Malweisen.
Filbert (engl.) Konisch zulaufende Pinselform.
Fixativ Dünner Natur- oder Synthetikfirnis. Wird aufgesprüht, um Wischfestigkeit zu erzielen.
Füllstoffe Material zum Vermehren der Pigmentmasse, speziell bei Farben geringerer Qualität.

G

Glimmer Aluminium- und andere Silikatmineralien. Kommt in Granit kristallförmig oder schuppig vor.
Graphit Kohlenstoffmineral, wird mit anderen Zusatzstoffen zur Bleistiftherstellung verwendet.
Grisaille Untermalung in grauen Tonwerten, zum späteren farbigen Übermalen.
Grundierleim Gelatineartige Lösung (z. B. Hasenleim) zur Vorbereitung des Bildträgers für das Grundieren und Bemalen.
Gummiarabikum Aus Akazien gewonnenes Pflanzensekret; als Klebstoff und Bindemittel verwendet.

H

Harze Von Koniferen gewonnene natürliche Substanzen, die auf verschiedene Weise in Trägerlösungen und Firnissen verwendet werden. Kunstharze werden durch Polymerisation gewonnen.
Hasenhaut Grundstoff für hervorragenden dunklen Plattenleim (Hasenleim).
Hirnring Metallhülse, die Haare oder Borsten am Pinsel festhält.

I

Impasto Dicker Farb- oder Pastellauftrag.

J

Japanlack Hochwiderstandsfähiger, harter Lack.

K

Kadmium Aus Kadmiumsulfat werden für den Maler leuchtende lichtbeständige Farben hergestellt.
Kaltnadeltechnik Mechanisches Einkerben einer Metallplatte mit Spezialwerkzeugen.
Kasein Eiweißbestandteil der Milch. Wird aus Quark gewonnen. Es wird getrocknet, mit Säure versetzt und als Leim oder Bindemittel verwendet.
Katalyse Katalysatoren beschleunigen chemische Reaktionen anderer Stoffe, ohne sich selbst zu verändern. Beispielsweise können Eier als Katalysatoren Wasser und Öl zu einer Emulsion vereinigen.
Keile Schmale Holzdreiecke zum Verkeilen des Leinwandspannrahmens auf dem Untergrund.
Kielfeder Schreib- und Malgerät, meist aus Gänsefedern, zum Zeichnen und für die Kalligraphie (Schreibkunst).
Kobalt Nickelähnliches Metall. Grundstoff für zahlreiche Pigmente.
Kopal Fossiles Naturharz zur Verwendung für Firnis und als Farbträger.
Kreidegrund Gemahlene und getrocknete Kalkkreide zur Reinigung von Platten und zur Herstellung von Gips.

L

Lapislazuli Blauer Halbedelstein zur Gewinnung von natürlichem Ultramarin. Früher häufig verwendet, heute sehr teuer.
Lasur Dünne Farbschicht, die tieferliegende Schichten noch durchschimmern läßt.
Lichtbeständigkeit, Lichtechtheit s. Beständigkeit

M

Mager Bei Farben: wenig ölhaltiges Pigment.
Marder (Zobel) Sein Fell dient zur Herstellung feiner, weicher Pinsel.
Marmorieren Farbpunkte oder -kleckse auf das Papier aufbringen.
Marspigment Mit Substraten versetztes Eisenoxid. Ergibt starke Farbpigmente von Gelb über Braun bis ins Violett.
Mastix Harz des Pistazienstrauches zur Verwendung in Firnis, als Farbträger und zum Oberflächenschutz von Bildern.
Monotypie Herstellen von Einmaldrucken von bemalten Metall- oder Glasplatten per Hand oder Maschine.
Musterheft Probenkataloge der Textil-, Stoff- oder Papierhersteller.

N

Nerz Das Fell des sibirischen Nerzes wird für die Herstellung feinster Pinsel verwertet (s. auch Zobel/Marder).

O

Ocker Brauneisenerz zur Pigmentherstellung.
Opazität Deckkraft eines Pigments als Folge seiner Lichtundurchlässigkeit.

P

Palette Brett aus Holz, Metall, Glas, Porzellan, Marmor, Papier zum Farbmischen. Auch als Synonym für „Farbskala" verwendet.
Papierhülse Papierrolle zum Schutz von weichem Zeichenmaterial wie Kohlenstiften.
Pergament Papierähnliche Substanz pflanzlichen oder tierischen (Kalbshaut) Ursprungs, früher für Handschriften verwendet.
Pigment Von natürlichen oder synthetischen Substanzen hergestelltes Farbmittel zur Verwendung in Farben und Färbemitteln.
Plein-air Malen im Freien.
Polierwerkzeug Dient zur Oberflächenpolierung von Blattgold und Kupferstichplatten.
Polymerfarben Farben auf der Basis von Acryl oder anderer Kunstharze.
Polymerisation Aufbau von Molekülverbindungen zur Herstellung von Acryl und anderen Kunststoffen sowie zur Verwandlung von Leinsamenöl in Standöl.
Polyvinylacetat Kunstharz zur Verwendung als Trägerlösung oder Firnis.
Porosität Fähigkeit von Festkörpern wie Ziegeln und Platten, durch Kleinstöffnungen Feuchtigkeit aufzunehmen.

R

Retuschefirnis Schwacher, flüchtiger Firnis für die Ölmalerei.
Rohbewurf Grundputz aus Mörtel, Beton oder Zement auf Ziegel, Stein usw.
Rötel Stifte aus roten Toner-den.
Rotes Pauspapier Dem Kohlepapier ähnliches Übertragungspapier, zum Durchpausen von Zeichnungen. Die roten Linien sind leicht zu entfernen.

S

Schellack Natürliches Wachs, Grundstoff kommt u. a. von der Lackschildlaus. Wird in Platten geschmolzen und dient zur Herstellung von Firnissen.
Schneidnadel Spitzes Werkzeug zum Gravieren weicher Flächen.
Schraffierung Dichtes Aneinanderlegen einzelner Striche in der Graphik.
Sgraffito Herausschneiden einer farbigen Putzoberfläche zum Freilegen eines andersfarbigen Zwischenputzes.
Silberstift Extrem harter Zeichenstift aus Silber, der Gravurelemente in die Zeichnung bringt.
Silicat Mineralgestein aus Quarz (silica), Sand, Lehm, Asbest und Glas; ergibt hochlichtbeständige Pigmente.

T

Tempera Maltechniken bzw. Trägerlösungen auf der Basis einer Öl-/Wasser-Emulsion mit Ei als Katalysator.
Tenebroso Malerei mit pointiertem Licht-/Schattenkontrast.
Thixotropie Die Fähigkeit mancher Gele, beim Rühren von der steifen zur flüssigen Form überzugehen. Verwendung bei Trägerlösung für Ölfarben und Ölgrund. Meist schnelltrocknend.
Titandioxid Mineral für weißes Pigment von hoher Deckkraft und Lichtbeständigkeit. Wird zur Verbesserung seiner Auftragbarkeit und Trocknungseigenschaften mit anderen Weißpigmenten gestreckt.
Toxisch Gifthaltiges Material. Giftfarben sind z. B. Neapelgelb und Bleiweiß, welche man als Pigmentpulver meiden sollte.
Tragant Wasserlöslicher Leimbinder aus Dornensträuchern.
Trägerlösung Wird mit Pigment zu Farbe gemischt; etwa Öl für Ölfarbe und Gummiarabikum für Wasserfarbe. Bei Ölfarbe auch als Zusatz zum besseren Haften der Farbe auf dem Untergrund verwendet (Mischung aus Öl, Terpentin, Firnis, Wachs usw.).

U

Übertönen Aufbringen einer dünnen, häufig unterbrochenen, Farbschicht über eine dunklere Schicht, um diese abzutönen. Zuerst von den Venezianern geübte Technik.
Ultramarin Blaues Pigment vom Halbedelstein Lapislazuli. Selten verwendet, da sehr teuer. Auch künstlich in verschiedenen Farbtönen herstellbar.

V

Venezianerterpentin Edelterpentin aus Lärchenholz.
Vergilben Gelbverfärbung. Bei Bindemitteln besonders bei Leinsamenöl auftretend.
Vergolden Technik zum Aufbringen von Gold, Silber oder Blattgold auf eine Oberfläche wie Rahmen, Gemäldeteile oder Initialen.
Verseifung Trübung einer Öldispersion durch Einrühren von dünner Natronlauge.
Viskosität Steifheitsgrad einer Flüssigkeit im Verhältnis zum Fließdruck.

W

Wachs Bindemittel in der Malerei. Arten: Bienenwachs, pflanzliches und synthetisches Wachs.
Wäßrig Verwaschener Farbauftrag. Maltechnisch für wasserlösliche oder in Wasser aufschwemmbare Arbeitsmittel und Pigmente.

Z

Zermahlen Materialzerkleinerung zur Herstellung von Pulver und feiner, weicher Paste.
Zinkweiß Zinkoxidweiß; kaltes Weiß; benötigt in Ölfarbe viel Trägerlösung und neigt zur Rißbildung; bei Wasserfarbe als Chinesischweiß bezeichnet.
Zinnobergrün Andere Bezeichnung für Chromgrün.

Ergänzende Literatur

ALLGEMEIN

Ursula Kaiser
Das große Ravensburger Buch für Hobbymaler
360 Seiten mit 430 farbigen und schwarzweißen Abbildungen.
Otto Maier, Ravensburg.

Kurt Wehlte
Werkstoffe und Techniken der Malerei
Mit einem Anhang über Farbenlehre.
856 Seiten Text, dazu 470 Abbildungen auf 32 Farbtafeln und 64 einfarbigen Tafeln.
Otto Maier, Ravensburg.

Max Doerner
Malmaterial und seine Verwendung im Bilde
282 Seiten, dazu 27 Farbtafeln.
Ferdinand Enke, Stuttgart.

Lothar Kampmann
Malerische, graphische und räumlich-plastische Techniken
244 Seiten mit 240 farbigen und schwarzweißen Abbildungen.
Otto Maier, Ravensburg.

Johannes Pawlik (Hrsg.)
Malen lernen
Eine Einführung in die künstlerischen Maltechniken.
160 Seiten mit 24 Farbtafeln und 30 einfarbigen Abbildungen.
DuMont, Köln.

Bodo W. Jaxtheimer
Knaurs Mal- und Zeichenbuch
430 Seiten mit 525 meist farbigen Abbildungen.
Droemer Knaur, München.

Fritz Lüdtke
Malen, Zeichnen, Gestalten
192 Seiten mit 230 farbigen und 165 schwarzweißen Abbildungen.
Schuler, Herrsching.

Ursula Kaiser
Grundkurs Blumen malen
80 Seiten mit 145 farbigen Abbildungen.
Otto Maier, Ravensburg.

Terence Dalley
Illustration und Grafikdesign
224 Seiten mit zahlreichen farbigen und schwarzweißen Abbildungen.
Otto Maier, Ravensburg.

ACRYL

Wendon Blake
Grundkurs Acrylmalerei
80 Seiten mit 82 farbigen und 48 schwarzweißen Abbildungen.
Otto Maier, Ravensburg.

Wendon Blake
Landschaften in Acryl
80 Seiten mit 82 farbigen und 61 schwarzweißen Abbildungen.
Otto Maier, Ravensburg.

Wendon Blake
Wasserlandschaften in Acryl
80 Seiten mit 88 farbigen und 62 schwarzweißen Abbildungen.
Otto Maier, Ravensburg.

AQUARELL

Wendon Blake
Grundkurs Aquarellmalerei
80 Seiten mit 80 farbigen und 46 schwarzweißen Abbildungen.
Otto Maier, Ravensburg.

Wendon Blake
Landschaften in Aquarell
80 Seiten mit 85 farbigen und 62 schwarzweißen Abbildungen.
Otto Maier, Ravensburg.

Wendon Blake
Landschaften am Wasser – in Aquarell gemalt
80 Seiten mit 90 farbigen und 66 schwarzweißen Abbildungen.
Otto Maier, Ravensburg.

Wendon Blake
Farbe in der Aquarellmalerei
80 Seiten mit 91 farbigen und 56 schwarzweißen Abbildungen.
Otto Maier, Ravensburg.

Michael Wilcox
Das praktische Mischbuch für Aquarellfarben
44 Seiten
Otto Maier, Ravensburg.

Kurt Wehlte
Das Malen mit Wasserfarben
Eine einfache Anleitung für Anfänger beim Gebrauch von Aquarell- und Deckfarben.
80 Seiten mit 18 Kunstdrucktafeln.
Otto Maier, Ravensburg.

DRUCKEN

Felix Brunner
Handbuch der Druckgraphik
380 Seiten mit über 400 Abbildungen.
Arthur Niggli, Niederteufen.

Robert Reindl
Linolschnitt-Techniken
42 Seiten mit zahlreichen ein- und mehrfarbigen Abbildungen.
Don Bosco, München.

Erich Rhein
Die Kunst des manuellen Bilddrucks
Eine Unterweisung in den graphischen Techniken.
240 Seiten mit 15 farbigen und 225 schwarzweißen Abbildungen.
Otto Maier, Ravensburg.

Gerd Rinne
Siebdruck in Schule und Atelier
128 Seiten mit 80 schwarzweißen Zeichnungen und Abbildungen und 16 Farbtafeln.
Johannes Gerstäcker, Eitorf.

Lieselotte Schober
Die Radierung und ihre Technik
96 Seiten, 19 Illustrationen, 8 farbige und 74 einfarbige Abbildungen.

Kristian Sotriffer
Die Druckgraphik
144 Seiten mit 17 farbigen und 78 schwarzweißen Abbildungen.
Schroll, Wien/München.

FARBENLEHRE

Alfred Hickethier
Ein-mal-eins der Farbe
40 Seiten mit 32 Abbildungen, 7 farbige Arbeitsbogen.
Otto Maier, Ravensburg.

Johannes Itten
Kunst der Farbe – Studienausgabe
96 Seiten mit 64 farbigen und 7 schwarzweißen Abbildungen.
Otto Maier, Ravensburg.

Michael Wilcox
Die praktische Farbenlehre für den Ölmaler
62 Seiten mit zahlreichen Abbildungen.
Otto Maier, Ravensburg.

Michael Wilcox
Die praktische Farbenlehre für den Aquarellmaler
62 Seiten mit zahlreichen Abbildungen.
Otto Maier, Ravensburg.

ÖLMALEREI

Wendon Blake
Grundkurs Ölmalerei
80 Seiten mit 78 farbigen und 60 schwarzweißen Abbildungen.
Otto Maier, Ravensburg.

Wendon Blake
Landschaften in Öl
80 Seiten mit 86 farbigen und 58 schwarzweißen Abbildungen.
Otto Maier, Ravensburg.

Wendon Blake
Wasserlandschaften in Öl
80 Seiten mit 60 farbigen und 68 schwarzweißen Abbildungen.
Otto Maier, Ravensburg.

Wendon Blake
Porträts in Öl
80 Seiten mit 86 farbigen und 68 schwarzweißen Abbildungen.
Otto Maier, Ravensburg.

Wendon Blake
Kinderporträts in Öl
80 Seiten mit 86 farbigen und 68 schwarzweißen Abbildungen.
Otto Maier, Ravensburg.

Wendon Blake
Aktmalerei in Öl
80 Seiten mit 86 farbigen und 62 schwarzweißen Abbildungen.
Otto Maier, Ravensburg.

Wendon Blake
Farbe in der Ölmalerei
80 Seiten mit 91 farbigen und 55 schwarzweißen Abbildungen.
Otto Maier, Ravensburg.

Leo Musch
Praktische Hinweise für das Atelier des Ölmalers
64 Seiten mit 95 schwarzweißen Abbildungen.
Otto Maier, Ravensburg.

Michael Wilcox
Das praktische Mischbuch für Ölfarben
44 Seiten
Otto Maier, Ravensburg.

Kurt Wehlte
Ölmalerei
Eine gründliche Einführung in Techniken und Bildaufbau.
144 Seiten mit 22 Textabbildungen und 21 Tafeln.
Otto Maier, Ravensburg.

John Raynes
Ölmalerei als Hobby
80 Seiten mit 3 farbigen und 68 schwarzweißen Abbildungen.
Otto Maier, Ravensburg.

PASTELL

Friedrich Salzmann
Grundkurs Pastellmalerei
80 Seiten mit 130 farbigen und schwarzweißen Abbildungen.
Otto Maier, Ravensburg.

Ernest Savage
Pastellmalerei als Hobby
112 Seiten mit 80 z. T. farbigen Abbildungen.
Otto Maier, Ravensburg.

TEMPERA

Kurt Wehlte
Temperamalerei
Eine gründliche Einführung in Werkstoffe und Malweisen.
248 Seiten mit 61 Abbildungen.
Otto Maier, Ravensburg.

WANDMALEREI

Kurt Wehlte
Wandmalerei
Eine praktische Einführung in Werkstoffe und Techniken.
276 Seiten mit 93 Abbildungen und 4 Farbtafeln.
Otto Maier, Ravensburg.

ZEICHNEN

Wendon Blake
Grundkurs Zeichnen
80 Seiten mit 174 schwarzweißen Abbildungen.
Otto Maier, Ravensburg.

Wendon Blake
Landschaften zeichnen
80 Seiten mit 184 schwarzweißen Abbildungen.
Otto Maier, Ravensburg.

Wendon Blake
Aktzeichnen mit Bleistift, Kreide und Kohle
80 Seiten mit 170 schwarzweißen Abbildungen.
Otto Maier, Ravensburg.

Wendon Blake
Porträtzeichnen mit Bleistift, Kreide und Kohle
80 Seiten mit 178 schwarzweißen Abbildungen.
Otto Maier, Ravensburg.

Jeffery Camp
Zeichnen lernen
256 Seiten mit durchgehend zweifarbigen, teilweise vierfarbigen Abbildungen.
Otto Maier, Ravensburg.

Axel von Criegern
Skizzieren und Zeichnen von A–Z
160 Seiten mit zahlreichen schwarzweißen Abbildungen.
Otto Maier, Ravensburg.

Ruth Baessler
Grundkurs Federzeichnen
80 Seiten mit 26 farbigen und 113 schwarzweißen Abbildungen.
Otto Maier, Ravensburg.

Ruth Baessler
Landschaftszeichnen als Hobby
80 Seiten mit 6 farbigen und 50 schwarzweißen Abbildungen.
Otto Maier, Ravensburg.

Gerhard Gollwitzer
Freude durch Zeichnen
Das Handbuch für den Hobbyzeichner.
96 Seiten mit 175 Abbildungen.
Otto Maier, Ravensburg.

Gerhard Gollwitzer
Zeichenschule für begabte Leute
Ein Arbeitsbuch, das zum Engagement herausfordert.
144 Seiten mit 250 Fotos und Zeichnungen.

Kenneth Jameson
Zeichnen als Hobby
Anregungen und Anleitungen.
104 Seiten mit 99 Abbildungen.
Otto Maier, Ravensburg.

Register

Kursive Ziffern = Abbildungen
Halbfette Ziffern = Hauptbinweise

A

B

G

H

I

J

K

R

S

T

U

V

W

Z

Quellennachweise

Zahlenangaben = Seitenzahlen

9 Mittelalterlicher Druck: Diasammlung, The Courtauld Institute, University of London. 10 Massys: Mit frdl. Gen. von The National Gallery, London. 11 Renoir: Louvre, Paris (© S. P. A. D. E. M.). 13 Dürer: Photo-Snark/Leonardo: Akademia, Venedig (Photo-Snark)/Leonardo: Photo-Snark. 14 Nicholson: Victoria and Albert Museum, London (Crown Copyright)/Degas: Jeu de Paume, Paris (Photo-Scala) (© S. P. A. D. E. M.)/Ägyptisches Mumienbild: British Museum (Photo-Michael Holford). 15 Derain: The Tate Gallery, London (© A. D. A. G. P.). 16 Ucello: Gabinetto dei Disegni, Uffizien Florenz (Photo-Scala). Schichtaufbau venezianischer u. flämischer Malerei: Photo-The Courtauld Institute, University of London/Übertragung eines Gemäldes: Photo-The Courtauld Institute, University of London. 19 Tizian: Chiesa dei frari, Venedig (Photo-Scala). 20 Tizian: Mit frdl. Gen. des Fitzwilliam Museum, Cambridge. 21 Duccio: Mit frdl. Gen. von The National Gallery, London. 22 Lascaux: Farbphoto Hans Hinz, Basel/Mappae Clavicula, f.1: The Corning Museum of Glass, New York. 23 Duccio: Sienna, Museo del Duomo (Photo-Scala). 24 Turner: The Tate Gallery, London. 25 Holman Hunt: The Lady Lever Art Gallery, Port Sunlight/Van Eyck: Mit frdl. Gen. von The National Gallery, London. 26 Campin: Mit frdl. Gen. von The National Gallery, London/Tindle: Aus der Sammlung des Künstlers. 32 Rembrandt: Rijksmuseum, Amsterdam. 34 Tizian: Mit frdl. Gen. von The National Gallery, London. 35 Rembrandt: Mit frdl. Gen. von The National Gallery, London. 36 Manet, Gauguin: Louvre, Paris (Photo-Giraudon). 38 Monet: Louvre, Paris (Photo-Snark) (© S. P. A. D. E. M.)/Picasso: The Solomon R. Guggenheim Museum, New York (Photo-Robert E. Mates) (© S. P. A. D. E. M.). 41 Vermeer: Louvre, Paris (Photo-Scala). 42 Gauguin: Metropolitan Museum of Art, New York. 43: Bacon The Tate Gallery, London/Cézanne: Mit frdl. Gen. von The National Gallery, London. 45 Grosz: Sammlung, The Museum of Modern Art, New York (© Mitgliederliste). 46 Hockney: The Tate Gallery, London (© beim Künstler). 49 Kandinsky: The Solomon R. Guggenheim Museum, New York (Photo-Robert E. Mates, © A. D. A. G. P.). 58 Van Gogh: Jeu de Paume, Paris (Photo-Scala). 59 Van Oost: Mit frdl. Gen. von The National Gallery, London. 61 Rembrandt: Mit frdl. Gen. von The National Gallery, London. 62 Michelangelo: Mit frdl. Gen. von The National Gallery, London. 63 Turner: Mit frdl. Gen. von The National Gallery, London/Sutherland: Privatsammlung (Photo-Marlborough Fine Art, Ltd. London)/Manet: Jeu de Paume, Paris (Photo-Scala)/Cassatt: Photo-Snark (© A. D. A. G. P.). 64 Morisot: Jeu de Paume (Photo-Snark). 65 Seurat: Art Institute of Chicago/Klimt: Mit frdl. Gen. von The National Gallery, London. 66 Degas: Louvre, Paris (Photo-Scala, © S. P. A. D. E. M.)/Lowry: Privatsammlung, London/Hockney: The Arts Council of Great Britain (© beim Künstler). 69 Rosoman, Riley: George Rowney & Co. Ltd/Hockney: The Tate Gallery, London (© beim Künstler). 70 Rosoman: Aus der Sammlung des Künstlers. 72 Rosoman: George Rowney & Co. Ltd/Millington: Aus der Sammlung des Künstlers. 74 Johns: Stedelijk Museum, Amsterdam (Photo-Walter Rawlings). 76 Blake: George Rowney & Co. Ltd/Phillips: The Tate Gallery, London (© beim Künstler). 77 Pollock: Metropolitan Museum of New York. 79 Rosoman: Aus der Sammlung des Künstlers. 80 Botticelli: Uffizien, Florenz. 81 Unbekannter byzantinischer Meister: Metropolitan Museum of New York/Duccio: National Gallery of Art, Washington DC, Samuel H. Kress Sammlung. 82 Lorenzetti: Uffizien Florenz (Photo-Scala)/Piero della Francesca: Mit frdl. Gen. von The National Gallery, London/Fra Angelico: Museo San Marco, Florenz. 84 Botticelli: Mit frdl. Gen. von The National Gallery, London. 85 Wyeth: Sammlung, The Museum of Modern Art, New York/Palmer: The Tate Gallery, London. 91 Armstrong: The Tate Gallery, London/Tindle: Aus der Sammlung des Künstlers. 92 Cohen: The Tate Gallery, London/Tindle: Privatsammlung. 93 Shahn: Sammlung des Whitney Museum of American Art-Geschenk von Edith und Milton Lowenthal in memoriam Juliana Force. 94 Barrs: Aus der Sammlung des Künstlers. 95–97 Tindle: Privatsammlung. 98 Michelangelo: Sixtinische Kapelle, Vatikan (Photo-Farbphoto Hans Hinz). 99 Michelangelo: Sixtinische Kapelle, Vatikan (Photo-Scala)/Pontormo: Chiesa S. Felicita, Florenz (Photo-Scala). 102 Fra Angelico: Museo San Marco, Florenz (Photo-Scala). 103 Masaccio: Brancacci Chapel, Chiesa del Carmine, Florenz (Photo-Scala). 104 Tiepolo: Würzburg, Residenz (Photo-Farbphoto Hans Hinz)/Michelangelo: Sixtinische Kapelle, Vatikan (Photo-Scala)/Giotto: Scrovegni, Padua (Photo-Scala). 106 Sigiriya, Sri Lanka: Photo-Walter Rawlings. 107 Photo: Walter Rawlings. 108 Photos: Graham Cooper; David Mallott. 110 Photos Walter Rawlings; Graham Cooper. 114–5 Photos: Graham Cooper. 116 White: British Museum (Photo-Freemans): 117 Dürer: Albertina, Wien. 118 Klee: Kunstmuseum Basel (Photo-Farbphoto Hans Hinz, © S. P. A. D. E. M.). 119 Turner: Victoria and Albert Museum, London (Crown Copyright). 125 Girtin: The Courtauld Institute, University of London (Sammlung Witt). 126 Cézanne: Privatsammlung, Paris (Photo-Giraudon). 131 Smith: Aus der Sammlung des Künstlers. 134 Turner: British Museum/Dürer: Albertina, Wien. 135 Daumier: Metropolitan Museum of Art, New York. 136 Hogarth: Mit frdl. Gen. von British Museum.138 Millington: Aus der Sammlung des Künstlers/Smith: Aus der Sammlung des Künstlers. 139 Holbein: Städelsches Kulturinstitut, Frankfurt (Photo-Kurt Hase). 142 Brabazon: Privatsammlung, London (Photo-Walter Rawlings). 143 Sutherland: Privatsammlung (Photo-Marlborough Fine Art Ltd., London). 145 Smith: Aus der Sammlung des Künstlers. 146 Degas: Louvre, Paris (Photo-Snark, © S. P. A. D. E. M.). 147 Leonardo: Accademia, Venedig (Photo-Scala)/Carriera: National Gallery of Art, Washington DC (Sammlung Samuel H. Kress). 148 Degas: Louvre, Paris (Photo-Snark, © S. P. A. D. E. M.)/Chardin: Louvre, Paris (Photo-Lauros-Giraudon)/Manet: Louvre, Paris/Liotard: Staatliche Kunstsammlungen, Dresden (Photo-Giraudon) 150 Perronneau: Mit frdl. Gen. von The National Gallery, London. 151 Kennington: The Imperial War Museum, London/Turner: (Photo-Freemans). 152 Vuillard: The Tate Gallery, London (© S. P. A. D. E. M.)/Roddon: Aus der Sammlung des Künstlers/Degas: Louvre, Paris (Photo-Snark, © S. P. A. D. E. M.). 154 Redon: The Cleveland Museum of Art (Hinman B. Hurlbut Sammlung, © S. P. A. D. E. M.). 158 Degas: Louvre, Paris (Photo-Snark, © S. P. A. D. E. M.). 160 Lascaux: Photo-Farbphoto Hans Hinz/del Sarto: Mit frdl. Gen. von British Museum. 161 Whistler: Mit frdl. Gen. von Smithsonian Institution, Freer Gallery of Art, Washington DC. 162 Matisse: The Baltimore Museum of Art (Sammlung Cone zusammengestellt von Dr. Clairbel Cone und Miss Etta Cone, Baltimore, Maryland, © S. P. A. D. E. M.). 165 Matisse: Musée des Beaux-Arts, Grenoble (Photo-Giraudon, © S. P. A. D. E. M.). 166 Rembrandt: Staatliche Graphische Sammlung, München. 167 Van Gogh: Museum of Art, Rhode Island School of Design (Geschenk von Mrs. Murray S. Danforth)/Beardsley: Mansell Collection, London. 170 Guercino, Hockney: Mit frdl. Gen. von British Museum. 172 Holbein: Windsor Royal Library (Reproduktion mit frdl. Gen. von Ihrer Majestät der Königin Elisabeth II). 173 Hockney: Mit frdl. Gen. von British Museum/Degas: Metropolitan Museum of Art, New York (© S. P. A. D. E. M.)/Ingres: Farbphoto-Hans Hinz. 176 Valenti: Mit frdl. Gen. von Nicholas Treadwell Gallery, London. 177 Hayes: Aus der Sammlung des Künstlers (Photo-Walter Rawlings)/Lowry: Privatsammlung, London (Photo-Walter Rawlings). 178 Johnson: Fischer Fine Art, London. 193 Metallschnitt: Photo-Freemans. 194 Hiroshige: Victoria and Albert Museum (Photo-Freemans)/Picasso: Mit frdl. Gen. von Waddington & Tooth Gallery, London (© S. P. A. D. E. M.). 196 Dürer: Photo-Freemans. 198 Hockney: Mit frdl. Gen. von Redfern Gallery, London (Photo-Walter Rawlings). 201 Schiele: Hunterian Museum, University of Glasgow. 202 Caulfield: Privatsammlung, London (Photo-Walter Rawlings). 204 Moore: Sammlung Alistair Grant (Photo-Walter Rawlings). Wir danken George Rowney & Co. Ltd. für die Erlaubnis zur Reproduktion von Farbdias von Gemälden der Maler Leonard Rosoman, Peter Blake und Bridget Riley.